JN246917

古代東北アジア史の復元

辰国残映
sinkoku zanei

日本国の源流が見えてきた

安部 裕治 著

ブックウェイ

「ざん—えい【残映】
　　　①夕映え。夕焼け。残照。
　　　②転じてかつては華やかであったものの名残。」

（新村出編『広辞苑』第五版、岩波書店、1998）

はじめに

　本書の主題は、太古の中国に発祥したと考定される辰国の移動の軌跡を、文献資料および考古学の成果をもとに素描することにあります。
　甲元眞之氏は「燕の成立と東北アジア」（田村晃一編『東北アジアの考古学』[天池]所収、六興出版、1990）において、東北アジアに散見する鏡と銅剣を組み合わせて副葬する墓の時系列分布を示されました。すなわち、前一千年紀（前1000～前1）の東北アジアにおいて、燕山山脈の南→燕山山脈の北→遼西→遼東→朝鮮半島→日本と連なる分布です。また、王建新氏は『東北アジアの青銅器文化』（同成社、1999）において、遼西地域から遼河平野を経由して朝鮮半島へと推移する「短茎曲刃青銅短剣（いわゆる遼寧式銅剣）・銅斧・銅鑿・多鈕鏡・石鋳型など」で代表される東北アジア系青銅器文化の発現の様相を、単なる文化の伝播ではなく、東北アジア系青銅器文化を担った勢力の移動に伴うものであることを強く示唆する見解を示されました。王建新氏の見解は、甲元眞之氏が示された鏡と銅剣を組み合わせて副葬する墓の、燕山山脈の南→燕山山脈の北→遼西→遼東→朝鮮半島→日本と連なる時系列分布を、鏡と銅剣のセットを祭器とする祭儀を執り行う、固有のイデオロギーに根ざした祭祀を護持継承する勢力の移動の軌跡として捉える着想を後押しするものでした。
　また、多鈕鏡と細形銅剣を組み合わせて副葬する前一千年紀の朝鮮半島の石槨墓は辰国の王墓であると考定されることから、辰国は前一千年紀に亘って、燕山山脈の南→燕山山脈の北→遼西→遼東→朝鮮半島→日本という経路を辿って移動したとする仮説を設けました。『魏志』や『後漢書』の韓伝にその名が登場する辰国は朝鮮半島における存在です。なお、この仮説は、最終的には日本を除いた、燕山山脈の南→燕山山脈の北→遼西→遼東→朝鮮半島と改められることになります。なんとなれば、前一千年紀の日本列島における多鈕鏡と細形銅剣を組み合わせて副葬する墓は辰王墓ではなく、辰国から分かれた倭を始めとする勢力の王墓と考えられるからです。
　ところで、『魏志』や『後漢書』の韓伝には辰国それ自体についての具体的記述はありません。辰国とは一体どのような勢力だったのでしょうか。その答えを与えてくれたのが浜名寛祐著『神頌契丹古伝』（八幡書店、2001）でした。『神頌契丹古伝』とは、契丹国の名臣耶律羽之が同国に伝わる古伝旧記を撰録編纂してなった〔浜名いうところの〕『神頌叙伝』の解読書であり解説書でもあります。
　『神頌契丹古伝』に拠ると、「〔日〕神」の観念を有し、鏡（日神体）を御神体とし、

「日祖」(名は「阿乃・辰沄翅報・云憂霊明」)は「高天使鶏」に命じて、子である「日孫」(名は「阿珉美・辰沄繿翅報・順瑳檀弥固」)を載せて「日孫」に支配させようとする国に降らせ、「日孫」は「神祖」となったという伝承を有する族がありました。八咫鏡を御神体とする伊勢の皇大神宮(内宮)で執り行われている神道や、我が国の天孫降臨伝承を彷彿させます。族は四方八方に広がり繁栄し、国を営み、国を「辰沄繿」と称し、〔自らの〕族を「辰沄固朗」と称し、その皇(王)を尊んで「翅報」といいました。すなわち「『辰沄繿』の皇(王)」を「辰沄繿翅報」と称しました。ところが、「辰沄繿翅報」は『魏志』韓伝の辰王の優呼中にある文言「臣雲遣支報」と同音同義と解されることから、辰〔国〕王は「辰沄〔繿〕翅報」であり、辰国の国号(国の正式名称)は「辰沄繿」であると知れました。

『神頌契丹古伝』の記述に照らして、辰国(「辰沄繿」)とは『史記』周本紀に登場する息慎(粛慎)であり、『詩経』大雅・韓奕に謡われた韓侯の勢力であり、『史記』匈奴列伝他に登場する山戎であると考定されることから、燕山山脈の南から朝鮮半島へと連なる辰国(「辰沄繿」)移動の軌跡の素描が可能となりました。また、辰国(「辰沄繿」)は『史記』封禅書の伝える斉国「八神」の一つである「兵主」すなわち「兵器の神」として祭られた蚩尤の勢力と考えられ、『尚書』禹貢の九州より前の太古の中国の地理的範囲である「五原」(今日の中国山東省西部地域)を領域とした蚩尤と、燕山山脈の南(今日の北京市を中心とする地域)をその領域に擬定した殷末周初の息慎(粛慎)との結節点を、『拾遺記』の記述に見出すことができました。読者諸氏には知的好奇心を大いに刺激され、推理小説を楽しむ感覚で本書を読み進めること請け合いです。

さらに、辰国(「辰沄繿」)移動の軌跡を素描する過程の副産物として、夏家店上層文化は『詩経』大雅・韓奕に謡われた韓侯の勢力が遺したものであり、遼寧省朝陽県十二台営子1号〜3号墓は山戎の勢力が遺したものであることがわかりました。したがって、東胡の遺した遺跡は、「八」字状の鐔をもつ有柄式短剣に代表される簡素なオルドス青銅器群を副葬する、春秋前期から戦国期にかけての燕山地域の「軍都山類型」の集団墓が該当すると考えられます。

弥生中期初頭に時の辰王家であった「安晃辰沄氏」の分派は南部朝鮮半島から北部九州に侵出し、「安晃辰沄氏」出身の王は「大皇(阿輩雞弥)」を号し、姓を「阿毎氏」とし、漢は「東委」(東夷)である「阿毎氏」の勢力を「倭」と表記呼称したとする仮説を提示しました。『神頌契丹古伝』の記述から、前1世紀に入って、南部朝鮮半島の「安晃辰沄氏」は辰王位を「賁弥辰沄氏」に譲り、分家筋にあたる北部九州の倭と合体したと

推測されます。「安晃辰氾氏」改め「阿毎氏」の王族を中心とする朝鮮半島南部の倭人の主力が北部九州に移動したことで、細形銅剣を代表とする青銅器文化の中心も南部朝鮮半島の栄山江流域から北部九州に移りました。したがって、朝鮮半島の細形銅剣文化は古韓の旧支配勢力であった日本人の一部祖先集団が作ったといえます。なんとなれば、北部九州に移住し、阿毎氏の倭の支配階級となり、日本人の祖先となった旧辰王勢力の「安晃辰氾氏」の勢力は、細形銅剣文化に係る製作技術および青銅原料調達ルートを独占していたと推察されるからです。

『漢書』地理志の「楽浪海中」の倭人とは北部九州の倭の住民一般を指す呼称でもなければ、ましてや日本列島の住民一般を指す呼称でもありません。当時の阿毎氏の倭の支配階級や、「賁弥辰氾氏」の辰国の支配階級を指す呼称でした。また、『漢書』地理志が記した「楽浪海中」の倭人の百余国という数は、前漢代の北部九州および朝鮮半島南部にあった阿毎氏の倭の諸国の数と馬韓諸国の数を合わせた数と推断しました。なお、『後漢書』倭伝に記載の「倭国大乱」とは、「桓霊間」（147～189）の末頃に北部九州へ侵出した「賁弥辰氾氏」の分派と阿毎氏の倭との間で繰り広げられた、北部九州の覇権をめぐっての争いであったと解されます。

また、楽浪郡領東七県中の一県である夫租県は「夫租薉君」墓および高常賢墓の発見された「北部朝鮮半島の大同江流域に位置する今日の平壌市に置かれた」との仮説を設け、沃沮の地理的範囲については、その大半が高句麗の領域となった渾江流域を中心とする鴨緑江北岸支流域および鴨緑江北岸部に擬定でき、不耐（不而）・華麗の両県は沃沮に存在したとの考えを示しました。その結果、『魏志』東沃沮伝の新たな解釈が可能となりました。また、漢楽浪郡ほかの地理的位置の比定を試み、楽浪郡治は当初、古朝鮮の領域であった遼河平野南西部に置かれ、後漢の安帝の時代（106～125）に北部朝鮮半島の大同江流域に移動したとの仮説を提示しました。

第3章第2節ではHLAハプロタイプの視点から、韓国人と日本人の保有する主要HLAハプロタイプを主にもたらした古代集団を濊族その他の古代集団に比定することを試みました。その結果、前1世紀頃の南部朝鮮半島と西日本を中心とした日本列島においては、濊族や孔列文土器人〔の流れを汲む集団〕や辰国および阿毎氏の倭の支配階級である「辰族」（倭人）が主要な勢力であり、濊族は遼東および朝鮮半島から西日本にまたがって分布し、孔列文土器人〔の流れを汲む集団〕および「辰族」（倭人）は主に南部朝鮮半島から西日本にまたがって分布していたと推測されます。濊族は支石墓文化を担った勢力であり、孔列文土器人に続いて、日本列島に水田稲作を伝播・普及させ

た勢力と考えられます。弥生中期初頭（前2世紀頃）に時の辰王家である「安晃辰汎氏」の勢力を日本列島に迎えたことで、日本民族の形成は最終段階に入ります。朝鮮民族の形成要素が朝鮮半島に出揃うのは、百済や新羅に遅れて高句麗が南下する紀元4世紀を待たねばならず、その形成が本格化するのは統一新羅の成立（676）を受けての紀元8世紀以降です。「白村江の戦い」を境に朝鮮半島の均質化（標準化）すなわち朝鮮民族の形成が進み、朝鮮半島は次第に朝鮮民族の国となっていきます。

　第3章第3節では上代日本語と古代朝鮮語との関係について、各々の成立時期に焦点を当てて考察しました。南部朝鮮半島の馬韓を中心に主に辰国の支配階級によって使用されていた言葉（古韓語）を母体に前2世紀頃の北部九州においてその形成が始まり、『万葉集』（7世紀〜8世紀に詠まれた和歌集）・『古事記』（712）・『日本書紀』（720）の成立年代を根拠に遅くとも紀元7世紀には日本列島の畿内において完成されていたと考えられる上代日本語に、紀元8世紀以降の朝鮮半島において、新羅で使われた言葉を核に、百済遺民や高句麗遺民などの東北アジア系騎馬民の言葉や、住民の多くを占める濊族や孔列文土器人〔の流れを汲む集団〕など先住勢力の言葉、さらには楽浪・帯方郡遺民などの古代漢族系の言葉を取り込みながらその形成が本格化する古代朝鮮語が、紀元7世紀以前に完成した上代日本語の形成過程において影響を与えることはあり得ないことを述べました。朝鮮語と通ずる日本語の基礎語は古代朝鮮語に由来するとの論考が一部に見受けられますが、朝鮮語と通ずる日本語の基礎語があるとすれば、古代朝鮮語に由来するのではなく、古代朝鮮語に取り込まれた濊族や孔列文土器人〔の流れを汲む集団〕など南部朝鮮半島の先住勢力の言葉に由来すると考えられます。すなわち、上代日本語や古代朝鮮語に取り込まれた濊族や孔列文土器人〔の流れを汲む集団〕などの言葉を介して古代朝鮮語と上代日本語が、さらには〔古代朝鮮語を母体とする〕朝鮮語と〔上代日本語を母体とする〕日本語が通ずるものと考えられます。したがって、朝鮮語と通ずる日本語の一部基礎語を古代朝鮮語に由来すると表現するのは見当違いであり、日本語の一部基礎語と通ずる朝鮮語があるとすれば、日本語の一部基礎語と通ずる朝鮮語は古代南部朝鮮半島の住民の多くを占めた濊族や孔列文土器人〔の流れを汲む集団〕など先住勢力の言葉に由来すると表現するのが適切であるとの考えを示しました。

　「韓」〔の語〕は辰国の領地を意味する普通名詞であり、南部朝鮮半島（朝鮮半島南半部）を指す固有名詞ではありません。かつて南部朝鮮半島に韓族という種族は存在しませんでした。南部朝鮮半島は多くの日本人の祖先となった人々の故地であり、百済・新羅の東北アジア系騎馬民勢力の南下侵入を許す迄、濊族や孔列文土器人〔の流れを汲

む集団〕や「辰族（辰氿固朗）」や倭人などのフィールド（活動領域）でした。朝鮮民族が国号に「韓」を使用するのは近代の「大韓帝国」に始まります。古韓と近現代の韓とに継承関係はなく「韓」〔の語〕は朝鮮民族とは本来無関係です。中国正史に記述された紀元3世紀以前の古韓の歴史は辰国の歴史であり、日本人の祖先となった人々の歴史であるといえるのではないでしょうか。そう理解すると、『魏志』や『後漢書』の韓伝に記述された古韓の文化や習俗は、もっと身近に感じられるはずです。

　特筆すべきは、太古の中国に発祥した辰国（「辰氿繻」）が、「〔日〕神」崇拝信仰を絶やすことなく護持し続け、前一千年紀には鏡と銅剣に代表される特徴的な青銅器文化を東北アジアに開花させたことです。辰国（「辰氿繻」）精神文化の神髄ともいえる、鏡を「〔日〕神」の御神体とする祭儀は脈々と受け継がれ、我が国においては今日なお、その流れを汲む祭祀が奉斎され、人々の暮らしと心情に深く根ざしています。それらの祭祀や祭儀を数千年以上に亘って守り続けた先人の弛まぬ尽力を思う時、深い感慨と畏敬の念を抱かずにはおれません。日本は辰国（「辰氿繻」）の遺風を伝える唯一の国であり、日本人の精神文化において、辰国（「辰氿繻」）はその残映を鮮やかに放ち続けているといえましょう。

目　次

はじめに …………………………………………………………………………… 3

第1章　考古学の成果からみえてきた辰国移動の軌跡

第1節　辰国とは
- 1　正史東夷伝にみえる辰国………………………………………………… 25
  - 1）『魏志』韓伝……………………………………………………………… 25
  - 2）『魏志』辰韓伝…………………………………………………………… 28
  - 3）『魏志』弁辰伝…………………………………………………………… 31
  - 4）『後漢書』韓伝…………………………………………………………… 32
- 2　辰国および辰王の存在を肯定する……………………………………… 33

第2節　朝鮮半島の細形銅剣文化は辰国の文化遺産である
- 1　朝鮮半島の細形銅剣文化………………………………………………… 35
- 2　細形銅剣文化第一段階…………………………………………………… 35
- 3　細形銅剣文化第二段階…………………………………………………… 36
- 4　朝鮮半島の細形銅剣文化の起源………………………………………… 39
- 5　朝鮮半島の細形銅剣文化を担った勢力………………………………… 42

第3節　辰国の考古学的指標と移動の軌跡
- 1　鏡と銅剣を組み合わせて副葬する墓の時系列分布…………………… 45
- 2　鏡と銅剣を組み合わせて副葬するという、時空を超えた共通の墓葬からみえてくること……………………………………………………………… 48
- 3　「鏡と銅剣のセットを祭器とする祭儀を執り行う、固有のイデオロギーに根ざした祭祀」を護持継承する勢力の移動の軌跡……………………… 49
- 4　「鏡と銅剣のセットを祭器とする祭儀を執り行う、固有のイデオロギーに根ざした祭祀」を護持継承する勢力とは辰国である……………………… 50

第4節　辰国の国号は「辰沄繾(しうく)」であった

1　『神頌契丹古伝(しんしょうきったんこでん)』とは……………………………………………… 52
2　「辰沄繾(しうく)」とは………………………………………………………… 53
　1）鏡の本義………………………………………………………… 53
　2）『頌叙(しょうじょ)』の伝える『日本書紀』の天照大神(あまてらすおおみかみ)の原像…………… 54
　3）「日孫(かも)」の降臨……………………………………………… 56
　4）その国は「辰沄繾(しうく)」…………………………………… 58
　5）「神祖」の別名と別号ならびに「辰沄氏(しうし)」の二宗家(そうけ)の発祥(はっしょう)…… 61
3　「古頌(こしょう)」の発見と『頌叙(しょうじょ)』編纂(へんさん)の経緯(けいい)…………………… 62
　1）「古頌(こしょう)」の発見………………………………………… 62
　2）『頌叙(しょうじょ)』編纂(へんさん)の経緯……………………………… 65
　3）「古頌之一(こしょうの)〜古頌之二(こしょうの)」……………………… 67
　4）「古頌之三(こしょうの)」…………………………………………… 68
4　なぜ「辰沄繾(しうく)」は辰国の国号であるといえるのか………………… 71
　1）『魏志』韓伝の「臣雲遣支報」は「辰沄繾翅報(しうくしふ)」と同音同義だった…… 71
　2）『魏志』韓伝の辰王の優呼(ゆうこ)の解読について………………… 73
　3）「古頌之三」の文言「拘邪秦弁支廉」の読解について……………… 76
5　「鏡と銅剣のセットを祭器とする祭儀を執(と)り行う、固有のイデオロギーに根ざした祭祀(さいし)」とは……………………………………… 78
　1）はじめに………………………………………………………… 78
　2）祭器としての鏡と銅剣の役割とは…………………………… 79
　3）固有のイデオロギーに根ざした祭祀とは…………………… 80
　4）「日神系神道(かかしんとう)」…………………………………………… 84
　5）「日神系神道(かかしんとう)勢力」および「天孫族」について………… 86
　6）「天孫族」および「珂洛(から)」(神族)・「辰族」・「辰沄固朗(しうから)」の概念の包含関係について……………………………………………… 89
6　宝器としての鏡と銅剣が象徴するもの……………………………… 91
7　紀元3世紀の馬韓諸国では「日神系神道(かかしんとう)」が執りおこなわれていた…… 93

第5節　古代中国にあった辰国（「辰氵㔾繻」）

1. 「日孫」を「神祖」とする王統の二大系統……………………………100
2. 「医父辰氵㔾氏」の系統………………………………………………101
   1) 『西征頌疏』にみる「神祖」の「西征」譚……………………101
   2) 「神祖」の「西征」前に誕生した「神子」たち………………103
3. 「鞍綏辰氵㔾氏」の系統………………………………………………104
   1) 「神祖」の「西征」後に誕生した「神子」たち………………104
   2) 「神祖」降臨の地「巫軻牟」を治めた「耆麟馭叡阿解」……105
   3) 「高令」・「安晃辰氵㔾氏」ほかの諸王統……………………108
4. 『秘府録』にみる「神祖」の「五原」開拓譚………………………110
5. 「日孫」を「神祖」とする王統の系図………………………………115
6. 東表および「五原」の地理的範囲……………………………………120
7. 堯・舜は「辰氵㔾翅報」であった……………………………………121
8. 蚩尤伝説…………………………………………………………………125
   1) 「蚩尤」とは………………………………………………………125
   2) 蚩尤と兵器…………………………………………………………126
   3) 蚩尤終焉の地………………………………………………………128
   4) 『尚書』禹貢の九州の地理的範囲………………………………129
   5) 蚩尤は「辰氵㔾翅報」であった…………………………………130

第2章　文献資料と考古資料から探る前一千年紀の辰国

はじめに………………………………………………………………………134

第1節　粛慎
―殷末から周初にかけての辰国―

1. 燕山山脈の南にあった辰国……………………………………………135
2. 粛慎は辰国（「辰氵㔾繻」）だった……………………………………138
3. 「牧野の戦い」における粛慎（「朱申」）……………………………141
4. 北京市平谷県劉家河の殷後期墓の被葬者……………………………144
5. 古代の中原を逐われた「辰族（辰氵㔾固朗）」………………………147

6　「〔武〕伯」および「〔智〕淮」の本拠地…………………………………151
　　　　1）「〔武〕伯」の本拠地 …………………………………………………151
　　　　2）「〔智〕淮」の本拠地 …………………………………………………152
　　7　「牧野の戦い」における「武伯」・「智淮」の働きと箕子の建国…………154
　　8　周武王と箕子との密約……………………………………………………157
　　9　周武王が破棄した箕子との密約…………………………………………159
　　10　周武王と「辰汜翅報」（辰王）（「朱申之宗」）との密約………………161
　　11　粛慎（息慎）受命…………………………………………………………162
　　12　朝貢という行為について…………………………………………………165
　　13　当初の密約にあった「賄」の内容の変質………………………………166
　　14　粛慎（息慎）の王は「韓侯」になった…………………………………168
　　15　粛慎（息慎）の王が賜った国号「韓」の語源…………………………170
　　16　北京市昌平県白浮村の3基の木槨木棺墓を遺した勢力を粛慎（息慎）に
　　　　比定したことの妥当性について……………………………………………171

第2節　箕子の国「辰汜殷」
　　1　殷滅亡と「辰汜殷」の建国………………………………………………181
　　2　「韓燕來攻」の時期について……………………………………………182
　　3　「督抗貢國密矩」は「韓侯」の御子である……………………………184
　　4　「辰汜殷」建国の地「葛零基」とは……………………………………186
　　5　大凌河上流域の青銅器埋納遺跡…………………………………………187
　　6　大凌河上流域の青銅器埋納遺跡を遺した勢力…………………………188
　　7　遼寧省朝陽県魏営子木槨墓を遺した勢力………………………………191

第3節　「韓侯」
　　　　―周初～春秋前期の辰国―
　　1　燕山山脈の北にあった辰国………………………………………………195
　　2　『詩経』大雅・韓奕に謡われた「韓侯」………………………………198
　　3　「溥彼韓城　燕師所完」の解釈…………………………………………203
　　4　夏家店上層文化圏の青銅器副葬墓は、なぜ「韓侯」の勢力が遺したものと
　　　　言えるのか…………………………………………………………………204

1）内蒙古自治区寧城県南山根M101号墓の被葬者……………………204
　　　2）内蒙古自治区寧城県南山根M102号墓出土の骨板に描かれた2頭立て
　　　　戦車と、青銅礼器が副葬されなかった理由……………………………206
　　　3）内蒙古自治区寧城県小黒石溝石槨墓の被葬者………………………207
　5　周初〜春秋前期の「韓」の勢力範囲…………………………………………210
　6　「大辰」の自立復興と「レコンキスタ」……………………………………211
　　　1）「武伯山軍」の造反と「韓」の滅亡…………………………………211
　　　2）自立復興した「大辰」の「レコンキスタ」…………………………215
　　　3）「寧義雛(にきし)」の正体……………………………………………217
　7　息慎の王は「韓侯」になったとする仮説13の妥当性についての検討……222
　　　1）仮説13と契合する事象…………………………………………………223
　　　2）仮説13と契合しない事象………………………………………………227

第4節　「韓侯」にまつわる旧来説の批判的検討
　1　「韓侯」の出自ならびに「韓」および梁山(りょうざん)の地理的位置についての旧来説 …234
　　　1）①前漢の毛亨(もうこう)・毛萇(もうちょう)の説…………………234
　　　　(1)　『詩経』大雅・韓奕の詩序に付された「毛伝(もうでん)」……234
　　　　(2)　『史記』韓世家の関係箇所……………………………………………236
　　　　(3)　『春秋左氏伝』襄公二十九年の関係箇所…………………………236
　　　　(4)　「毛伝(もうでん)」にみる「韓侯」の出自と「韓」の終始……237
　　　　(5)　「毛伝(もうでん)」にみる「韓」の地理的位置……………………237
　　　　(6)　「毛伝(もうでん)」にみる〈韓奕(うた)〉に謡われた梁山(りょうざん)の地理的位置……238
　　　　(7)　①前漢の毛亨(もうこう)・毛萇(もうちょう)の説の要約………238
　　　2）②清の陳奐(ちんかん)の説……………………………………………238
　　　　(1)　陳奐『詩毛氏伝疏(しもうしでんそ)』の記述………………………239
　　　　(2)　周の侯国には「武穆之韓(ぶぼくの)」と「姫姓之韓(きせいの)」の二つの韓があったとする
　　　　　　陳奐(ちんかん)の説……………………………………………………243
　　　　　－1　「武穆之韓(ぶぼくの)」……………………………………………243
　　　　　－2　「姫姓之韓(きせいの)」……………………………………………245
　　　　(3)　『詩毛氏伝疏(しもうしでんそ)』にみる『詩経』大雅・韓奕(うた)に謡われた「韓城」の地理
　　　　　　的位置……………………………………………………………………247

13

(4)　『詩毛氏伝疏』にみる『詩経』大雅・韓奕に謡われた梁山の地理的位置 …247
　　　(5)　「韓城」と梁山の地理的位置が遠く離れていることについての陳奐
　　　　　の説明……………………………………………………………………………248
　　　(6)　②清の陳奐の説の要約……………………………………………………250
　2　「韓侯」の出自についての旧来説①・②に対する批判的検討………………250
　　1)　「韓侯」の出自についての本書の考え……………………………………250
　　2)　「韓侯」の出自についての旧来説①・②の批判的検討…………………251
　　　①前漢の毛亨・毛萇の説に対して……………………………………………251
　　　②清の陳奐の説に対して………………………………………………………252
　　3)　『春秋左氏伝』・『国語』には漢儒による「韓」の一文字挿入がなされた …252
　3　『詩経』大雅・韓奕に謡われた「韓」の地理的位置についての旧来説①・
　　　②に対する批判的検討……………………………………………………………253
　　1)　「韓」の勢力範囲および「韓」の都城の地理的位置についての本書の考え ……253
　　2)　『詩経』大雅・韓奕に謡われた「韓」の地理的位置についての旧来説①・②
　　　　の批判的検討……………………………………………………………………254
　　　①前漢の毛亨・毛萇の説に対して……………………………………………254
　　　②清の陳奐の説に対して………………………………………………………254
　4　『詩経』大雅・韓奕に謡われた梁山の地理的位置についての旧来説①・②
　　　に対する批判的検討………………………………………………………………255
　　1)　梁山の地理的位置についての本書の考え…………………………………255
　　2)　『詩経』大雅・韓奕に謡われた梁山の地理的位置についての旧来説①・②
　　　　の批判的検討……………………………………………………………………257
　　　①前漢の毛亨・毛萇の説および②清の陳奐の説に対して…………………257

第5節　「遼西辰国」（山戎）
　　　―前8世紀末～前7世紀前半の辰国―
　1　遼西にあった辰国…………………………………………………………………260
　2　遼西の十二台営子1号～3号墓を遺した勢力…………………………………262
　3　斉の桓公による北伐………………………………………………………………263
　4　「遼西辰国」の勢力範囲…………………………………………………………265
　5　東胡：燕山地域に「軍都山類型」の集団墓を遺した勢力……………………268

1）軍都山南麓一帯の集団墓……………………………………………………268
　　　2）玉皇廟遺跡……………………………………………………………………269
　　　3）「軍都山類型」の集団墓の年代的位置付け………………………………269
　　　4）「軍都山類型」の集団墓を遺した勢力……………………………………271
　　6　「遼西辰国」の東遷……………………………………………………………273

第6節　遼東・遼河平野の辰国
　　　　―春秋晩期～戦国早期にかけての辰国―
　　1　遼東にあった辰国………………………………………………………………278
　　2　遼東の石棺墓を造営した勢力…………………………………………………279
　　3　遼東の卓子式支石墓・大石蓋墓を造営した勢力……………………………282
　　4　「遼東辰国」の朝鮮半島への侵出……………………………………………284
　　5　遼河平野にあった辰国…………………………………………………………291
　　6　異質の辰王墓、鄭家窪子6512号墓の被葬者像……………………………293
　　7　鄭家窪子6512号墓の被葬者の出自…………………………………………296
　　8　「古頌之三」の文言「拘邪秦弁支廉」の読解について（再論）……………301
　　9　医巫閭山の石碑の建立者ならびに契丹の起源伝承について………………303
　　10　「遼東辰国」の南遷と「弁那(匈奴)辰国」の終焉…………………………305

第7節　辰国
　　　　―戦国時代から前漢代にかけての辰国―
　　1　朝鮮半島にあった辰国…………………………………………………………309
　　2　錦江流域の辰国（「辰汎繻」）とは……………………………………………310
　　3　伝平壌出土銅鏡ならびに伝平安南道成川出土銅鏡および銅剣の位置付け………311
　　4　青銅原料の調達について………………………………………………………313
　　5　古朝鮮考…………………………………………………………………………315
　　　1）戦国時代の燕・秦・趙、三国北辺の情勢…………………………………315
　　　2）戦国燕の攻勢と「辰汎殷」の遷都…………………………………………315
　　　3）「辰汎殷」および「徐珂殷」の燕に対する反撃…………………………320
　　　4）始皇の孫・有秩の「辰汎殷」への亡命……………………………………322
　　　5）「辰汎殷」の滅亡と満の朝鮮建国…………………………………………325

6　真番考：『史記』にみえる辰国……………………………………………328
　　　1）「辰国」表記の初出と「辰国」の存在に対する認識………………328
　　　2）「真藩」の意義………………………………………………………329
　　　3）「辰藩」はなぜ「真藩」と表記されたのか…………………………330
　　　4）「真番」および「真番朝鮮」の意義…………………………………330
　　7　中国典籍にみる満の「朝鮮」建国……………………………………333
　　8　遼東の明刀銭の分布範囲が示す意味について………………………338
　　9　右渠の「朝鮮」の滅亡と「徐珂殿」の動静…………………………339
　　10　漢郡の侵出と辰の抗拒…………………………………………………342
　　11　「安晁辰氾氏」が「賁弥辰氾氏」に辰国を譲った時期………………346

第8節　「安晁辰氾氏」の北部九州への侵出
　　　　― 天孫降臨 ―
　　1　北部九州における「日神系神道勢力」の王墓…………………………352
　　2　天孫降臨と吉武高木3号木棺墓の被葬者………………………………353
　　3　吉武高木3号木棺墓を遺した勢力とは…………………………………360
　　4　「倭」の表記呼称の由来について ………………………………………361
　　5　辰王統の交代………………………………………………………………362
　　6　一部辰国関係の仮説の改訂………………………………………………364
　　7　朝鮮半島の細形銅剣文化は日本人の一部祖先集団が遺したもの……366
　　8　北部九州の阿毎氏の倭の王墓……………………………………………368
　　9　『後漢書』倭伝の「倭国大乱」とは………………………………………370

第9節　沃沮および漢四郡の位置ならびに『魏志』東沃沮伝の新解釈
　　1　「夫租薉君」墓および高常賢墓の発見の意義……………………………375
　　2　沃沮および漢四郡等の位置………………………………………………377
　　　1）『魏志』東沃沮伝記載の「不耐・華麗・沃沮諸県皆為侯国」の一文につ
　　　　いての解釈、ならびに「沃沮」の意義……………………………377
　　　2）夫租県の地理的位置…………………………………………………379
　　　3）単単大領の地理的位置………………………………………………383
　　　4）玄菟郡の置郡と移動変遷……………………………………………384

5）第一玄菟郡治の置かれた「沃沮」中心部の地理的位置……………………386
　　6）不耐・華麗の地理的位置………………………………………………………388
　　　(1) 楽浪郡東部都尉の治所であった不耐（而）城と魏代の不耐侯国の位置…388
　　　(2) 楽浪郡「領東七県」中の華麗（県）の位置………………………………390
　　7）「沃沮」の地理的範囲…………………………………………………………391
　　8）「沃沮」の主要先住民…………………………………………………………394
　　9）楽浪郡「領東七県」の地理的範囲と設置時期………………………………395
　　10）楽浪郡の中核郡域……………………………………………………………398
　　11）楽浪郡の移動と地名遷移……………………………………………………399
　　12）遼東郡の郡域…………………………………………………………………403
　　13）臨屯郡および真番郡の郡域…………………………………………………405
　3　楽浪郡治の遼河平野から大同江流域への移動時期について………………406
　4　遼東郡の遼東半島進出……………………………………………………………413
　5　『魏志』が箕子の説話を始めとする古朝鮮に関する事柄を濊伝に記載した
　　理由…………………………………………………………………………………413
　6　『魏志』東沃沮伝の新たな解釈…………………………………………………416
　　1）『魏志』東沃沮伝に対するかねてからの疑問………………………………416
　　2）『魏志』東沃沮伝の抄訳を試みる……………………………………………417
　　3）『魏志』東沃沮伝にみる『魏志』の原文主義と漢代に「沃沮」が存在し
　　　ていたことの傍証………………………………………………………………421
　　4）不耐が東沃沮には位置していなかったことの傍証…………………………422
　　5）『魏志』や『後漢書』の記述のみから「沃沮」の存在を肯定し、その地
　　　理的範囲を特定することはできない…………………………………………423
　　6）『魏志』が沃沮伝を設けなかった理由………………………………………425
　　7）『後漢書』濊伝に対する不信…………………………………………………426

第10節　辰王支配の終焉と辰国消滅

　1　『漢書』地理志にいう「楽浪海中」の倭人とは………………………………432
　　1）「楽浪海中」の倭人の居住域…………………………………………………432
　　2）前1世紀の漢の楽浪郡に貢献した「楽浪海中」の倭人の国の候補地……434
　　3）前1世紀の漢の楽浪郡に貢献した「楽浪海中」の倭人とは………………436

4）阿毎(あめ)氏の倭はなぜ漢に貢献したのか………………………………438
　　5）「楽浪海中」の倭人の百余国とは……………………………………439
　　6）『漢書』地理志はなぜ馬韓諸国を「楽浪海中」の倭人の国に含めたのか …441
　　7）『魏志』および『後漢書』の倭人認識…………………………………442
　2　弁韓および弁辰の起源……………………………………………………456
　　1）北方騎馬民の半島東南部への南下……………………………………456
　　2）朝鮮半島東南部へ南下してきた北方騎馬民の出自……………………458
　　3）「責弥辰汎氏(ひみしょう)」の辰国の三韓体制の崩壊…………………460
　　4）弁韓は弁辰になった……………………………………………………463
　3　韓について…………………………………………………………………466
　　1）「韓」とは………………………………………………………………466
　　2）馬韓の名称の由来………………………………………………………468
　　3）「韓」を「韓(から)」と訓(よ)むのはなぜか…………………………468
　　4）『魏志』韓伝の「弁韓」は「弁辰」の誤りではなかった……………473
　4　辰韓に対する辰王支配の終焉(しゅうえん)と辰国消滅……………………475
　5　朝鮮半島周縁部の「日神(かか)系神道(しんとう)勢力」とその流れ………478
　　1）朝鮮半島周縁部の細形銅剣と多鈕鏡を伴出する遺跡の性格について……478
　　2）『魏志』挹婁伝の「古之粛慎氏之国」………………………………480
　　3）『日本書紀』にみえる粛慎…………………………………………481
　　4）渤海国(ぼっかい)の前身と遠祖………………………………………486
　　5）『続日本紀(しょくにほんぎ)』にみえる渤海国(ぼっかい)……………489
　　6）渤海王は「天孫」を自認していた……………………………………492
　　7）渤海王が日本に対して抱く同族意識…………………………………499
　6　「沃沮」の地理的範囲（仮説31）を傍証する「挹婁」の族称の起源説話(ゆうろう)……503

第3章　古代の朝鮮半島の住人

第1節　朝鮮半島前史
1　櫛文土器時代の朝鮮半島には多様な人々が地域文化圏を形成して暮らしていた …510
2　櫛文土器時代の朝鮮半島南部多島海地域と西北九州との間には「漁民の交流」がおこなわれていた………………………………………………511

3　紀元前4000年紀以降、山東半島と遼東半島の間には継続した文化交流があった…512
　　4　前2000年紀の新岩里1期文化が成立した頃から朝鮮半島での本格的な農耕
　　　　が開始された……………………………………………………………………512
　　5　前1000年紀の朝鮮半島を巡る古代集団の動き………………………………513
　　6　紀元後の朝鮮半島を巡る古代集団の動き……………………………………516

第2節　HLAハプロタイプからみた、
　　　　　前1世紀頃の南部朝鮮半島と日本列島の有力居住集団

　　1　HLAハプロタイプとは………………………………………………………527
　　2　HLAハプロタイプからみた韓国人と日本人…………………………………528
　　　1）韓国人の主要HLAハプロタイプと頻度分布………………………………529
　　　2）日本人の主要HLAハプロタイプと頻度分布………………………………530
　　　3）韓国人および日本人のHLA 5-locusハプロタイプの頻度分布から読み
　　　　　取れること………………………………………………………………533
　　3　日韓の主要HLAハプロタイプの比較…………………………………………535
　　4　韓国人および日本人の保有する主要HLAハプロタイプの「由来比定」と
　　　　仮想「先祖集団」族の「族区分」の設定……………………………………536
　　　1）韓国人および日本人の保有する主要HLAハプロタイプを「由来比定」
　　　　　するにあたっての原理的問題点……………………………………………536
　　　　(1)　「初来先祖」および「先祖集団」ならびに「先祖集団」族…………537
　　　　(2)　仮想「初来先祖」および仮想「先祖集団」ならびに仮想「先祖集団」族…539
　　　　(3)　仮想「先祖集団」を、あらかじめ設定したいくつかの仮想「先祖集団」
　　　　　　族の「族区分」に振り分けることは〔原理的に〕可能か………………544
　　　　(4)　仮想対象集団Nの保有する任意のハプロタイプについて、当該ハプロタイプ
　　　　　　に係る仮想「初来先祖」各々の延べ人数の合計を、仮想「初来先祖」の属
　　　　　　する仮想「先祖集団」族毎に得ることは〔原理的に〕可能か……………545
　　　2）仮想「先祖集団」族の「族区分」の設定……………………………………548
　　5　日韓の主要HLAハプロタイプを「由来比定」するに当たっての仮説………552
　　　1）表13に掲出した日韓の主要HLAハプロタイプの「日韓比率」と、各々の
　　　　　ハプロタイプの「延べHLAハプロタイプ」の由来する仮想「先祖集団」
　　　　　の来住時期の早晩との関係…………………………………………………552

  2）表13において、②のルートで来住した仮想「先祖集団」に主に由来する「延べHLAハプロタイプ」に係るHLAハプロタイプの「日韓比率」と、当該「延べHLAハプロタイプ」の由来する仮想「先祖集団」の朝鮮半島への来住時期との関係についての仮説……………………554

6　日韓主要HLAハプロタイプの「由来比定」……………………555
 1）「由来比定」の結果……………………555
 2）「由来比定」の手順……………………557
  （1）主に紀元前の朝鮮半島に来住した仮想「先祖集団」に由来する「延べHLAハプロタイプ」に係ると考えられる日韓の主要HLAハプロタイプ……………………558
  （2）主に紀元後の朝鮮半島に来住した仮想「先祖集団」に由来する「延べHLAハプロタイプ」に係ると考えられる日韓の主要HLAハプロタイプ……………………559

7　日韓主要HLAハプロタイプの「延べハプロタイプ」の「主に由来する仮想『先祖集団』族」および「由来比定」理由……………………559
 1）仮想「孔列文土器族」……………………560
 2）仮想「濊族」……………………563
 3）仮想「『辰族』」……………………565
 4）仮想「東夷」……………………567
 5）仮想「東北アジア系騎馬民族」……………………570
 6）仮想「古代漢族」……………………571
 7）仮想「その他集団」族……………………573

8　前1世紀頃の南部朝鮮半島および日本列島に跨（また）がって居住していた有力集団……575

9　表22において「日韓比率」が0.2以上であるための、仮想「先祖集団」の来住ルートに係る限界保有頻度……………………578

10　南米インディアンやイヌイットの一部HLAハプロタイプと近縁な日本人のHLAハプロタイプ……………………582
 1）南米インディアンの一部HLAハプロタイプと近縁な日本人の一部HLAハプロタイプ……………………582
 2）イヌイットの一部HLAハプロタイプと近縁な日本人の一部HLAハプロタイプ……………………583

11　日本人と韓国人の成り立ち……………………583

第3節　上代日本語と古代朝鮮語との関係について
　1　古韓で話されていた諸語………………………………………………587
　2　古韓語は上代日本語の母体となった…………………………………588
　3　濊族や孔列文土器人〔の流れを汲む集団〕その他の言葉は古代朝鮮語にも
　　　取り込まれた……………………………………………………………589
　4　上代日本語が古代朝鮮語の影響を受けることはありえない………590
　5　朝鮮語と通ずる日本語の基礎語とは…………………………………590
　6　「六国諸軍事安東大将軍・倭国王」の持つ意味……………………592

むすびに

表一覧

　表1　多鈕粗文鏡と細形銅剣を伴出する朝鮮半島の錦江流域を中心とする主要
　　　遺跡……………………………………………………………………… 36
　表2　多鈕細文鏡と細形銅剣を伴出する朝鮮半島の錦江流域を中心とする主要
　　　遺跡……………………………………………………………………… 37
　表3　多鈕細文鏡と細形銅剣を伴出する朝鮮半島の栄山江流域を中心とする主
　　　要遺跡…………………………………………………………………… 38
　表4　細形銅剣と多鈕粗文鏡・多鈕細文鏡を伴出する朝鮮半島周縁部の主要遺跡 … 38
　表5　『詩経』大雅・韓奕に謡われた「韓侯」の出自についての、旧来説①・
　　　②および本書の考えの要点……………………………………………251
　表6　『詩経』大雅・韓奕に謡われた「韓」の地理的位置についての、旧来説
　　　①・②および本書の考えの要点………………………………………254
　表7　『詩経』大雅・韓奕に謡われた梁山の地理的位置についての、旧来説①
　　　・②および本書の考えの要点…………………………………………257
　表8　前1世紀に年代比定されている南部朝鮮半島および北部九州の前漢鏡出
　　　土主要遺跡………………………………………………………………434
　表9　朝鮮半島を巡る古代集団の動き（前1000年紀）…………………518
　表10　朝鮮半島を巡る古代集団の動き（紀元1世紀〜4世紀）………519
　表11　韓国人の主要HLAハプロタイプと頻度分布 …………………………529

表12	日本人の主要HLAハプロタイプと頻度分布 ……………………530
表13	日韓の主要HLAハプロタイプの比較 ……………………………535
表14	②のルートで来住した仮想「先祖集団」に主に由来する「延べHLAハプロタイプ」に係ると考えられる、表13の韓国人の保有頻度が0.9％以上のHLAハプロタイプとそれらHLAハプロタイプの「延べハプロタイプ」の「主に由来する仮想『先祖集団』族」……………………………………556
表15	1）仮想「孔列文土器族」に「由来比定」したHLAハプロタイプ ……560
表16	2）仮想「濊族」に「由来比定」したHLAハプロタイプ ……………563
表17	3）仮想「『辰族』」に「由来比定」したHLAハプロタイプ …………565
表18	4）仮想「東夷」に「由来比定」したHLAハプロタイプ ……………567
表19	5）仮想「東北アジア系騎馬民族」に「由来比定」したHLAハプロタイプ……………………………………………………………570
表20	6）仮想「古代漢族」に「由来比定」したHLAハプロタイプ ………571
表21	7）仮想「その他集団」族に「由来比定」したHLAハプロタイプ ……573
表22	主に紀元前の朝鮮半島に来住した仮想「先祖集団」に由来する「延べHLAハプロタイプ」に係ると考えられる日韓の主要HLAハプロタイプ …………576
表23	表22において「日韓比率」が0.2以上であるための、来住ルートに係る限界保有頻度……………………………………………………581
表24	南米インディアンの一部HLAハプロタイプと近縁な日本人の一部HLAハプロタイプ…………………………………………………………582
表25	イヌイットの一部HLAハプロタイプと近縁な日本人の一部HLAハプロタイプ……………………………………………………………583
表26	諸命題（仮説・定義・実証）の連関……………………………601

挿図一覧

［図1-1　「天孫族」と「辰族（辰汯固朗）」の包含関係］
［図1-2　「珂洛」（神族）ならびに「天孫族」および「韃珂洛」（領民）の概念の包含関係］
［図2　「日孫」を「神祖」とする王統の系図］

［図3　「毛伝」にみる毛亨・毛萇の想定する、『詩経』大雅・韓奕に謡われた「韓」の終始］

［図4　陳奐の想定する、「武穆之韓」すなわち『詩経』大雅・韓奕に謡われた「韓」の推移］

［図5　陳奐の想定する「姫姓之韓」の終始ならびに大夫韓万に始まる韓の推移］

［図6　国・国邑・中小の邑の概念の包含関係］

［図7　故真番（「辰藩」）・〔右渠の〕「朝鮮」・胡族の国（後の玄菟郡）の地理的範囲の包含関係］

［図8　前漢代（前1世紀後半頃）の朝鮮半島の諸勢力の位置関係（概念図）］

［図9　前1世紀後半の遼河平野における楽浪郡と遼東郡の位置関係（概念図）］

［図10　魏代の朝鮮半島と北部九州の諸勢力の位置関係（概念図）］

［図11　後漢の光武帝・建武中元二年（57）頃の朝鮮半島と北部九州の諸勢力の位置関係（概念図）］

［図12　魏代・後漢代における、「古韓語を話す『天孫族』」と倭の支配階級である倭人および『魏志』辰韓伝の「馬韓人」・『後漢書』韓伝の「馬韓種人」の概念の包含関係］

［図13　対象集団Nの保有する「延べHLAハプロタイプ」A1〜A4・B5・C6、「先祖集団」Ⅰの要素：「初来先祖」X、「先祖集団」Ⅱの要素：「初来先祖」Y、「先祖集団」Ⅰ・Ⅱを部分集合とする「先祖集団」族Fにおける対応関係の一例］

［図14　韓国人および日本人の保有する主要HLAハプロタイプを主にもたらした古代集団］

第1章　考古学の成果からみえてきた辰国移動の軌跡

第1節　辰国とは

1　正史東夷伝にみえる辰国

　本書の論考対象となる辰国は太古の中国に発祥した古国ですが、朝鮮半島における存在が、『魏志』韓伝や『後漢書』韓伝などにその名が登場するあの辰国です。『魏志』および『後漢書』の辰国・辰王関係部分を以下に抄出し、拙訳を添えます。拙訳にあたっては、東洋文庫『東アジア民族史Ⅰ』（井上秀雄他訳注、平凡社、1995）を参考しました。なお、東洋文庫『東アジア民族史Ⅰ』において『魏志』の辰韓伝および第一弁辰伝とされている各章は辰韓伝として一つにまとめ、第二弁辰伝とされている章を弁辰伝としました。そのように章立てすることによって、弁辰伝に「〔弁辰の〕衣服や住居は辰韓と同じである。〔弁辰と辰韓とは〕言語や法俗は互いに似ているが」とある、辰韓で織られる布や住居や言語や法俗の一端が、前出の辰韓伝によって明かされることになり、章題と内容とが整合するようになるからです。すなわち、『魏志』辰韓伝にある「弁辰亦十二国，又有諸小別邑，・・・」は弁辰伝の書き出しではなく、辰韓の国数と弁辰の国数を対比させるための辰韓伝中の一節と解しました。『通典』巻一百八十五辺防一においても同様の章立てがなされています。

1）『魏志』韓伝

『魏志』韓伝[1]
「韓在帯方之南，東西以海為限，南与倭接，方可四千里。
　有三種，一曰馬韓，二曰辰韓，三曰弁韓*。辰韓者，古之辰国**也。
　馬韓在西。其民土着，種植，知蚕桑，作綿布。各有長帥，大者自名為臣智，其次為邑借，散在山海間，無城郭。有爰襄国、牟水国、桑外国、小石索国、大石索国、優休牟涿国、臣濆沽国、伯済国、速盧不斯国、日華国、古誕者国、古離国、怒藍国、月支国、咨離牟盧国、素謂乾国、古爰国、莫盧国、卑離国、占離卑国、臣釁国、支

侵国、狗盧国、卑弥国、監奚卑離国、古蒲国、致利鞠国、冉路国、児林国、駟盧国、内卑離国、感奚国、万盧国、辟卑離国、臼斯烏旦国、一離国、不弥国、支半国、狗素国、捷盧国、牟盧卑離国、臣蘇塗国、莫盧国、古臘国、臨素半国、臣雲新国、如来卑離国、楚山塗卑離国、一難国、狗奚国、不雲国、不斯濆邪国、爰池国、乾馬国、楚離国，凡五十余国。大国万余家，小国数千家，総十余万戸。
辰王治月支国。臣智或加優呼臣雲遣支報安邪踧支濆臣離児不例拘邪秦支廉之号。
其官有魏率善邑君、帰義侯、中郎将、都尉、伯長。

・・・　　・・・　　・・・

　　魏略曰：初，右渠未破時，朝鮮相歷渓卿以諫右渠不用，東之辰国，
　　　　時民随出居者二千余戸，亦与朝鮮貢蕃不相往来。」

(拙訳)
韓は帯方〔郡〕の南にあって、東西は海で限られ、南は倭と〔境を〕接しており、広さは四千里四方ほどである。〔かつての辰国の領地***であった韓には〕三種があり、一を馬韓、二を辰韓、三を弁韓といった。
辰韓は〔歷渓卿が民を随えて移住したという、あの〕昔の辰国〔の地〕である。
馬韓は西にあって、人々はその土地に代々住んでおり、種を蒔いて作物を育て、蚕を飼い桑を栽培することを知っており、〔棉を植え〕木綿の布を織っている。〔邑（集落）には〕それぞれ長帥（邑の首長）がおり、大きな〔勢力の長帥〕はみずからを臣智****と称し、それに次ぐ〔勢力の長帥〕は邑借*****と称し、〔邑（集落）はそれぞれ〕山と海との間に散在し、〔邑（集落）を囲む〕城郭はない******。
〔馬韓には〕爰襄国・牟水国・桑外国・小石索国・大石索国・優休牟涿国・臣濆沽国・伯済国・速盧不斯国・日華国・古誕者国・古離国・怒藍国・月支国・咨離牟盧国・素謂乾国・古爰国・莫盧国・卑離国・占離卑国・臣釁国・支侵国・狗盧国・卑弥国・監奚卑離国・古蒲国・致利鞠国・冉路国・児林国・駟盧国・内卑離国・感奚国・万盧国・辟卑離国・臼斯烏旦国・一離国・不弥国・支半国・狗素国・捷盧国・牟盧卑離国・臣蘇塗国・莫盧国・古臘国・臨素半国・臣雲新国・如来卑離国・楚山塗卑離国・一難国・狗奚国・不雲国・不斯濆邪国・爰池国・乾馬国・楚離国などがあり、全部で五十余国になる。
〔馬韓諸国のうち〕大国は万余戸、小国は数千戸で、〔馬韓の〕総〔戸数〕は十余万戸である。
辰王は月支国を治めている。臣智は特別な尊称（「優呼」）として

「臣雲遣支報、安邪踧支濆臣離児不例、拘邪・秦支廉」*******の号を
〔辰王に〕加えることがある。
〔魏から長帥に与えられた〕官には率善邑君・帰義侯・中郎将・都尉・伯長などがある。

　　　　・・・　　　・・・　　・・・
『魏略』は〔次のように〕伝えている。
「昔、右渠がまだ〔漢の武帝の軍に〕破られていなかったとき、
　朝鮮の大臣である歴渓卿は、右渠を諫めたのが原因で
　〔右渠に〕用いられなくなったので、東の辰国に移住した。
　この時〔歴渓卿に〕随って〔朝鮮を〕出〔て辰国に移住し〕た者は二千余戸に
　及び、また、朝鮮や朝鮮に朝貢する蕃国********とは往来しなかった。」

「弁韓」*
　　「弁韓」は「弁辰」の誤りではありません。
　☞　本書第2章第10節第3項4）参照。

「古之辰国」**
　　「古之辰国」といわれても、読者は無論のこと『魏志』の編者陳寿も古の時代を生きたわけではありませんから、文献や伝承から得た昔の辰国についての情報がなければ、「古之辰国」がどのような国であったか思い描きようがありません。陳寿が「古之辰国」と表現したことは、「古之辰国」についての情報を陳寿と読者皆が共有でき、「古之辰国」の意味を読者皆が理解できると思っていたからに違いありません。読者皆が「古之辰国」情報を共有できるためには、「古之辰国」情報が『魏志』東夷伝の中にあることが望まれます。果たして「古之辰国」情報は『魏志』東夷伝の中にあるのでしょうか。『魏志』韓伝の『魏略』引く「古之辰国」情報がありました。すなわち、昔、朝鮮の歴渓卿が民を随えて辰国に移住したという辰国情報がそれです。

「辰国の領地」***
　　ここで辰国の領地とは辰王の直轄地を意味し、辰王によって任命（封建ではない）された〔行政官としての〕首長〔臣智〕が治める国邑（支配拠点である邑）および国邑の統治作用が及ぶ範囲をいう。

「臣智」****・「邑借」*****
　　「臣智」の称号は、もとは辰王によって、国邑（支配拠点である邑）の首長に授与された

ものと推測します。

「臣智(シチ)」・「邑借(オサ)」の読み「シチ」・「オサ」は『神頌契丹古伝』(202ページ)の浜名の読解に従いました。

『魏志』辰韓伝の「険側(キシ)」・「樊濊(ハイ)」・「殺奚(セヘイ)」の読みも同様です。

「〔邑(集落)を囲む〕城郭はない」******

『魏志』韓伝に別にある「其国中有所為及官家使築城郭」:「国邑において何事かを行うときや、〔諸国の〕官家が城郭を築かせる時には」における「城郭」は居所(建物)の城郭と解されます。

「『臣雲遣支報(しうくしふ)、安邪踧支濆臣離児不例(あやしきひしりにふる)、拘邪(かや)・秦支廉(しんしら)』」*******

この部分の読解は『神頌契丹古伝』に紹介された西川權氏の音訳に準じたものです。
訓訳(拙訳)は「『辰沄繻翅報(しうくしふ)』、神しき、日占りに、振(あや)る、拘邪・秦治(しら)す」、
現代語訳(拙訳)は「『辰沄繻翅報(しうくしふ)』(辰国王)、神秘な霊力をもち、日を占い、祖神の御霊(みたま)をお招きし、拘邪〔韓国〕および秦〔韓〕を治められます」となります。
☞ 本書第1章第4節第4項2)参照

「蕃国(ばんこく)」********

『周礼』秋官・大行人に「九州之外，謂之蕃国」:「九州(中国)の外〔である夷・鎮・藩の三服〕を蕃国という」とあります。
☞ 本書第2章第1節第14項参照

2)『魏志』辰韓伝

『魏志』辰韓伝(しんかん)

「辰韓在馬韓之東，其耆老伝世，自言古之亡人避秦役来適韓国，馬韓割其東界地与之。有城冊。其言語不与馬韓同，名国為邦，弓為弧，賊為寇，行酒為行觴。相呼皆為徒，有似秦人，非但燕、斉之名物也。名楽浪人為阿残；東方人名我為阿，謂楽浪人本其残余人。今有名之為秦韓者。

始有六国，稍分為十二国。弁辰亦十二国，又有諸小別邑，各有渠帥，大者名臣智，其次有険側，次有樊濊，次有殺奚，次有邑借。有已抵国、不斯国、弁辰弥離弥凍国、弁辰接塗国、勤耆国、難弥離弥凍国、弁辰古資弥凍国、弁辰古淳是国、冉奚国、弁辰半路国、弁楽奴国、軍弥国、弁軍弥国、弁辰弥烏邪馬国、如湛国、弁辰甘路国、

第1章　考古学の成果からみえてきた辰国移動の軌跡

戸路国、州鮮国、馬延国、弁辰狗邪国、弁辰走漕馬国、弁辰安邪国、馬延国、弁辰瀆廬国、斯廬国、優由国。

弁、辰韓合二十四国，大国四五千家，小国六七百家，総四五万戸。

其十二国属辰王。辰王常用馬韓人作之，世世相継。辰王不得自立為王。

　　魏略曰：明其為流移之人，故為馬韓所制。

土地肥美，宜種五穀及稲，暁蚕桑作縑布，乗駕牛馬。嫁娶礼俗，男女有別。

以大鳥羽送死，其意欲使死者飛揚。

　　魏略曰：其国作屋，横累木為之，有似牢獄也。

国出鉄，韓，濊，倭皆従取之。諸市買皆用鉄，如中国用銭，又以供給二郡。

俗喜歌舞飲酒。有瑟，其形似筑，弾之亦有音曲。児生，便以石圧其頭，欲其褊。今辰韓人皆褊頭。

男女近倭，亦文身。便歩戦，兵杖与馬韓同。其俗，行者相逢，皆往譲路。」

(拙訳)

辰韓は馬韓の東にあり、そこの老人たちは代々の言い伝えとして、

　「自分たちは昔〔秦から〕亡命して来た者〔の子孫〕であり、秦の戦役を避け、
　　韓の国を頼って来た。
　　馬韓は東部の地域を割いて〔我々〕に与えてくれたのである」と。

〔辰韓の国邑(支配拠点である邑)には〕城冊がある。その言葉は馬韓と異なり、国を邦といい、弓を弧といい、賊を寇といい、酒宴することを行觴という。互いを呼び合うときは皆、徒といい、〔これらの言葉は〕秦人〔の言葉〕に似ており、単に物品の名称だけが燕や斉のそれと異なっているというのではない。

楽浪人を名づけて阿残という*；東方人は自分のことを阿(吾)というが、
楽浪人は昔の自分たちの仲間で〔韓の国に来ることができずに、
かつての楽浪郡に取り〕残された人たちの子孫であるという意味である。

今、〔辰韓の〕名を秦韓とする人もいる。

〔辰韓は〕はじめ六国であったが、しだいに分かれて十二国になった。

〔後漢代の〕**弁辰もまた十二国あり、また多くの小さな別邑(集落)があり、

〔邑(集落)には〕それぞれ渠帥(邑の首長)がおり、その勢力の大きな者は臣智と名づけられ、そのつぎには険側があり、その次には樊濊があり、その次には殺奚があり、その次には邑借がある。

已抵国・不斯国・弁辰の弥離弥凍国・弁辰の接塗国・勤耆国・難弥離弥凍国・弁辰

29

の古資弥凍国・弁辰の古淳是国・冉奚国・弁辰の半路国・弁楽奴国・軍弥国・弁軍弥国・弁辰の弥烏邪馬国・如湛国・弁辰の甘路国・戸路国・州鮮国・馬延国・弁辰の狗邪国・弁辰の走漕馬国・弁辰の安邪国・馬延国・弁辰の瀆廬国・斯廬国・優由国があり、弁辰と辰韓とを合わせて二十四国である。

大国は四、五千家、小国は六、七百家で、総計して四、五万戸である。

〔辰韓の〕十二国は辰王に臣属している。

辰王には常に馬韓人***が〔任〕用されて〔辰王と〕なり、代々引き継がれている。

辰王は〔馬韓諸国の臣智等（国邑の首長や有力家臣等）に共立されており〕自らが立って王になることはできない。

　『魏略』は、

　「明らかに〔辰韓人は〕他所から移住して来た人たちで〔辰王に馬韓の土地を分けてもらい、住まわせてもらっている立場に〕あるので、〔辰王を共立する〕馬韓〔諸国〕によって〔今も〕支配されているのである」と伝えている。

〔辰韓の〕土地は肥沃で五穀や稲〔の栽培〕に適しており、蚕を飼い、桑を植え、糸をつむぎ、縑布を織ることをよく知っており、牛車や馬車に乗る。嫁を娶る時の礼儀作法は、男女で異っている。

大鳥の羽根を用いて死者を送るが、それは死者〔の霊魂〕を〔天に〕飛揚させたいからである。

　『魏略』は、

　「その国では、家屋を作るのに横に木を積み重ねて作るので、牢獄に似ている」と伝えている。

国は鉄を産出し、韓・濊・倭は皆、それらの鉄を取る作業をしている。あちこちの市場では皆、〔商品を〕購買する際に〔決済手段として〕鉄を用いているが、〔それは〕中国で銭を用いるようなものであり、また〔楽浪・帯方〕二郡にも鉄を供給している。

〔辰韓の〕習俗は、歌い舞い飲酒することが好きである。瑟（大琴）があって、その形は筑に似ており、この瑟を弾き、またそのための楽曲もある。

子供が生まれると石で子供の頭を圧さえるが、頭を扁平にしたいからである。〔そのせいで〕今の辰韓人はみな偏平（短頭型）な頭をしている。

〔辰韓の〕男女の格好は倭に近く、また文身（入れ墨）をしているものがいる。

歩戦をし、武器は馬韓と同じである。

第1章　考古学の成果からみえてきた辰国移動の軌跡

路を歩いていて相手とすれ違った場合、皆、互いに路を譲りながら通行する。

　　「楽浪人を名づけて阿残という」*
　　　ここでの「楽浪人」とは、後に楽浪郡治が置かれた遼河平野南西部に取り残された
　　同族（秦人の末裔）を指称する、辰韓人特有の用語と解されます。
　　　「阿残」は「吾残」の意と解されます。

　　「〔後漢代の〕」**
　　　『魏志』において、土着首長を表す「渠帥」は漢の用語であり、同じく「長帥」は魏の
　　用語です。この一節に「渠帥」の用語があることから、後漢代の情報と判別しました。
　　　☞ 本書第2章第9節第6項3）参照

　　「馬韓人」***
　　　支配階級である馬韓の「天孫族」を指すと解されます。
　　　「天孫族」の定義については、本書第1章第4節第5項3）の定義2⁻²を参照下さい。
　　　「天孫族」の定義から、「馬韓人」は種族名称ではないことになります。

　　　3）『魏志』弁辰伝

『魏志』弁辰伝
「弁辰与辰韓雑居，亦有城郭。衣服居処与辰韓同。言語法俗相似，祠祭鬼神*有異，
　施竈皆在戸西。其瀆盧国与倭接界。十二国亦有王**，其人形皆大。衣服絜清，長髪。
　亦作広幅細布。法俗特厳峻。」
（拙訳）
　弁辰と辰韓〔の国々〕は入り交じって割拠し、また城郭がある。〔弁辰の〕衣服や
住居は辰韓と同じである。〔弁辰と辰韓とは〕言語や法俗は互いに似ているが、
鬼神の祠や祀り方には違いがある。竈は皆、家の西側に作る。〔弁辰の〕瀆盧国は
倭と境界を接している。〔弁辰の〕十二国には〔それぞれ〕王（国邑の首長）がいる。
〔弁辰の〕人々の体格は皆大きく、衣服は清潔で髪は長い。
　また、幅の広い、薄い布を作る。法俗は特に厳格である。

　　「鬼神」*
　　　弁辰伝における「鬼神」とは「祖先の霊」あるいは「祖神（神として祭る祖霊）」の義に

31

解されます。

☞　本書第1章第4節第7項参照

「王」**
　「王」は漢語です。弁辰の国邑（支配拠点である邑）の首長の意に解されます。『魏志』が引用した文献資料には弁辰の国邑の首長を「王」と漢訳してあったものと思われます。

4）『後漢書』韓伝

『後漢書』韓伝[2]

「韓有三種：一曰馬韓，二曰辰韓，三曰弁辰。馬韓在西，有五十四国，其北与楽浪，南与倭接。辰韓在東，十有二国，其北与濊貊接。弁辰在辰韓之南，亦十有二国，其南亦与倭接。凡七十八国，伯済是其一国焉。大者万余戸，小者数千家，各在山海間，地合方四千余里，東西以海為限。皆古之辰国也。馬韓最大，共立*其種**為辰王，都目支国，尽王三韓之地。其諸国王先皆是馬韓種人***焉。」

（拙訳）
〔辰国の領地や旧領地である〕韓〔およびその後継〕には三種がある。一を馬韓といい、二を辰韓(しんかん)といい、三を弁辰(べんしん)という。馬韓は西にあって、五十四国があり、北は楽浪〔郡〕と、南は倭(わ)と〔境を〕接している。辰韓は東にあって、十二国あり、北は濊貊(わいはく)と〔境を〕接している。弁辰は辰韓の南にあって、これまた十二国あり、南は〔馬韓と同じく〕また倭と〔境を〕接している。〔韓には〕およそ七十八国があり、伯済〔国〕はその中の一国である。〔諸国の中の〕大きなものは一万余戸、小さなものは数千家で、それぞれ山と海との間にある。〔韓の〕地は全体で四千余里四方である。東と西とは海である。みな昔の辰国〔の領地〕である。馬韓がもっとも強大で、共に〔馬韓の〕種をたてて辰王とし、〔辰王は〕目支国に都(みやこ)して、〔かつての〕三韓（馬韓・辰韓・弁韓）の地すべての王であった。それら〔かつての三韓を構成した〕諸国の王（国邑の首長）も、以前はすべて馬韓種人であった。

「共立」*
　「共立」とは、「馬韓諸国の臣智(シチ)等（国邑の首長や有力家臣等）によって、辰王が推戴(すいたい)されること」と解されます。

「其種」**・「馬韓種人」***
　いずれも、辰国の支配階級である馬韓の「天孫族」を指すと解され、『魏志』辰韓伝の「馬韓人」と同義です。
　なお、上に抄出していませんが、『後漢書』韓伝の「準後滅絶、馬韓人復自立為辰王」：「準の後裔は滅んで絶えたので、馬韓人はまた自立して辰王となった」中の「馬韓人」も馬韓の「天孫族」を意味し、『魏志』辰韓伝の「馬韓人」と同義と解されますが、この一節には疑義があります。なんとなれば、辰王は魏代まで途切れることなく、共立されていたと解されるからです。

2　辰国および辰王の存在を肯定する

　『魏志』韓伝の引く『魏略』に記述された辰国は、右渠の朝鮮の東方にあって、朝鮮に同調しない勢力として描かれているようにみえます。『後漢書』韓伝や『魏志』韓伝の記述から辰国が朝鮮半島にかつて存在していたことは疑いのないところですが、その国がいつ頃起こり、いつ頃滅んだのか定かではありません。また、その国の実在を証明する考古学的遺物も必ずしも明らかとはいえません。辰国の実体は不明ですが、辰国および辰王の存在を肯定し、次の仮説1を提示します。

仮説1（H1）：H1
　『魏志』東夷伝や『後漢書』東夷列伝に「辰王」・「辰国」の語を散見するように、かつて辰王が統治する辰国が存在した。

　本書では論考過程の整理のために、重要な命題を仮説として提示しました。また、各仮説が成立することを前提に論を進めています。

1 『魏志』韓伝

　（国学导航『三国志』巻三十魏書三十烏丸鮮卑東夷伝第三十：http://www.guoxue123.com/shibu/0101/00sgzf/029.htm）

2 『後漢書』韓伝

　（国学导航『後漢書』巻八十五東夷列伝第七十五：http://www.guoxue123.com/shibu/0101/00hhsf/107.htm）

第2節　朝鮮半島の細形銅剣文化は辰国の文化遺産である

1　朝鮮半島の細形銅剣文化

　前3世紀頃、朝鮮半島西南部の錦江流域を中心とした地域に多鈕粗文鏡と細形銅剣が組み合う青銅器文化が突如出現します。細形銅剣を代表させて細形銅剣文化と呼ばれています。「突如」と表現した理由は、その青銅器文化の完成度が高いにもかかわらず、同一系譜上の先行する青銅器文化遺産がこの地域に見当たらないからです。突如出現した理由は、この文化の起源と関係すると考えられています。

　多鈕鏡と細形銅剣が組み合う朝鮮半島の青銅器文化の主要遺跡とそれらの主な副葬品を、王建新著『東北アジアの青銅器文化』（同成社、1999）に拠り、細形銅剣文化第一段階（表1）と細形銅剣文化第二段階（表2・表3・表4）とに分けて表示しました。

2　細形銅剣文化第一段階

　細形銅剣文化第一段階の主要な遺跡は朝鮮半島南西部の錦江流域を中心とした地域に分布する厚葬の石槨墓で、多鈕粗文鏡と細形銅剣を組み合わせて副葬する点に特徴があります。勾玉に代表される天河石製装飾品を伴出します。細形銅剣文化が出現する以前の朝鮮半島は、琵琶形銅剣（非実戦用の遼寧式銅剣）・支石墓などを中心とする文化[1]を形成していました。

　多鈕粗文鏡と細形銅剣を伴出する、朝鮮半島の錦江流域を中心とする、細形銅剣文化第一段階の主要遺跡を表1にまとめました。

表1 多鈕粗文鏡と細形銅剣を伴出する朝鮮半島の錦江流域を中心とする主要遺跡

所在地 遺跡名	副葬品		
	銅鏡	銅剣・銅戈・銅矛	その他
大田直轄市 槐亭洞石槨墓[20]	多鈕粗文鏡　2 円盤形銅器　1	細形銅剣　1	竹節形銅器　3 盾形銅器　1 銅鐸　2 天河石製勾玉　2 小玉　50余 磨製石鏃　3 黒陶長頸壺　1 粘土帯土器　1
忠清南道 扶餘郡 蓮花里石槨墓[21]	多鈕粗文鏡　1 （破片）	細形銅剣　4	天河石製勾玉　1 土器　2
忠清南道 牙山郡 南城里石槨墓[22]	多鈕粗文鏡　2	細形銅剣　9	竹節形銅器　3 防牌形銅器　1 銅斧　1 銅鑿　1 天河石製勾玉　1 管玉　103 黒陶長頸壺　1 粘土帯土製罐　3
忠清南道 禮山郡 東西里石槨墓[23]	多鈕粗文鏡　2 細文鏡　1 素文鏡　1 同心円文鏡　1 円盤形銅器　1	細形銅剣　9	竹節形銅器　3 喇叭形銅器　2 天河石製小玉　22 管玉　104 石鏃　7 黒陶長頸壺　1 粘土帯土器　1

王建新著『東北アジアの青銅器文化』（同成社、1999、96-100 ページ）より作成[2]

3　細形銅剣文化第二段階

　細形銅剣文化第二段階の主要な遺跡は朝鮮半島西南部の錦江流域を中心とする地域および栄山江流域を中心とする地域に主として分布する厚葬の石槨墓で、多鈕粗文鏡に替えて多鈕細文鏡を細形銅剣と組み合わせて副葬します。細形銅剣文化第二段階に、この文化を担った勢力の中心が、錦江流域から栄山江流域に移動したと推定されます。また、錦江流域や栄山江流域から遠く離れた朝鮮半島周縁部にも多鈕鏡と細形銅剣を伴出する遺跡が点在します。

第1章　考古学の成果からみえてきた辰国移動の軌跡

　細形銅剣文化第二段階の、多鈕細文鏡と細形銅剣を伴出する朝鮮半島の錦江流域を中心とする主要遺跡を表2に、同じく朝鮮半島の栄山江流域を中心とする主要遺跡を表3に、同じく朝鮮半島周縁部の主要遺跡を表4にまとめました。なお、表2の黄海北道鳳山郡松山里石槨墓は錦江流域から遠く北に離れた、「朝鮮半島北西部の平壌平野南部に流れている載寧江流域にあり」[3]、全羅北道長水郡南陽里石槨墓は錦江の最上流域にあたる、「朝鮮半島南西部にある小白山脈の南端に位置」[4]しています。

表2　多鈕細文鏡と細形銅剣を伴出する朝鮮半島の錦江流域を中心とする主要遺跡

所在地 遺跡名	副葬品		
	銅鏡	銅剣・銅戈・銅矛	その他
忠清南道 扶餘郡 九鳳里石槨墓[(32)]	多鈕粗文鏡　1 多鈕細文鏡　1	細形銅剣　11 銅戈　2 銅矛　1	銅斧　2 銅鑿　1 銅鉇　1 石斧　1 砥石　1 黒陶長頸壺　1 扁球腹土製壺　1
忠清南道 扶餘郡 合松里 積石石槨墓[(37)]	多鈕細文鏡　1 円盤形銅器　1	細形銅剣　2 銅戈　1	異形銅器　1 銅鐸　2 鉄斧　2 鉄鑿　18 ガラス管玉　8 黒陶長頸壺破片
忠清南道 唐津郡 素素里遺跡[(42)] 積石石槨墓（推定）	多鈕細文鏡　2	細形銅剣　1 銅製剣把頭　1 銅戈　1	鉄斧　1 鉄鑿　2 管玉　2 石鏃　1 砥石　1 黒陶長頸壺残片
黄海北道 鳳山郡 松山里石槨墓[(35)]	多鈕細文鏡　1	細形銅剣　1	銅鉇　1 有肩円刃銅斧　1 鉄斧　1
全羅北道 長水郡 南陽里 積石石槨墓[(43)]	多鈕細文鏡　1	細形銅剣　1 銅矛　1	鉄斧　1 鉄鑿　1 石包丁　1 磨製石鏃　2

37

表3　多鈕細文鏡と細形銅剣を伴出する朝鮮半島の栄山江流域を中心とする主要遺跡

所在地 遺跡名	副葬品		
	銅鏡	銅剣・銅戈・銅矛	その他
全羅南道 和順郡 大谷里石槨墓[31]	多鈕細文鏡　　2	細形銅剣　　　3	八頭銅鈴具　　2 双頭銅鈴具　　2 銅斧　　　　　1 銅鉇　　　　　1
全羅南道 咸平郡 草浦里石槨墓[33]	多鈕細文鏡　　3	細形銅剣　　　4 銅製剣把頭　　2 桃氏銅剣　　　1 銅戈　　　　　3 銅矛　　　　　2	竿頭鈴　　　　2 双頭鈴　　　　1 組合わせ式双頭鈴　1 単頭鈴　　　　1 有肩銅斧　　　1 銅鑿　　　　　2 銅鉇　　　　　1 勾玉　　　　　3 砥石　　　　　2
全羅南道 霊岩郡 犢川里 霊岩出土鋳型[36]	多鈕鏡　1面2個	剣　　　　6面6個 戈　　　　2面2個 矛　　　　1面1個	斧　　　10面10個 鑿　　　　4面6個 鉇　　　　1面1個 釣針　　　2面4個 針状具　　3面5個

表4　細形銅剣と多鈕粗文鏡・多鈕細文鏡を伴出する朝鮮半島周縁部の主要遺跡

所在地 遺跡名	副葬品		
	銅鏡	銅剣・銅戈・銅矛	その他
前ソ連 沿海州 イズウェストフ丘遺跡*[34]	多鈕粗文鏡　　1	細形銅剣　　　2 銅矛　　　　　1	銅鑿　　　　　1 銅鉇　　　　　1 石斧　　　　　1 不明石器　　　1
咸興南道 咸興市 梨花洞土壙墓[44]	多鈕細文鏡　　1	細形銅剣　　　2 十字形剣柄頭具　1 銅矛　　　　　2 銅戈　　　　　1	鉄斧　　　　　1 土器　　　　　2

表2・表3・表4共に王建新著『東北アジアの青銅器文化』(同成社、1999、106–117ページ)より作成[5]

「前ソ連沿海州イズウェストフ丘遺跡」*
　　　王建新氏は、細形銅剣および多鈕粗文鏡は細形銅剣文化第一段階に属するものの、銅矛と銅鉇(どうやりがんな)は細形銅剣文化第二段階に属することから、本遺跡を細形銅剣文化第二段階の遺跡としています。

4　朝鮮半島の細形銅剣文化の起源

　錦江流域に突如出現した朝鮮半島の細形銅剣文化（細形銅剣文化第一段階）の起源について、王建新氏は次のように述べています。

「　朝鮮半島の南西部のこの段階の青銅器文化の全体的な様相を見ると、当地の前期青銅器文化から直接生まれた可能性はほとんど見られない。主流が十二台営子から鄭家窪子を経て、それに遼東半島の青銅器文化と朝鮮半島の地元の青銅器文化の要素が加味されて形成された文化と思われる。そうすると、遼西地域から遼河平野*を経由したこの文化は、朝鮮半島の錦江流域を中心とする地域に移動してきたということと同時に、東北アジア系青銅器文化の中心が朝鮮半島に移動してきたということも考えられる。この文化の移動によって、朝鮮半島および日本列島の古代文化は、大きな変化を起こすことになった。」

（王建新『東北アジアの青銅器文化』同成社、1999、104ページ）

「遼河平野」*
　　　遼寧省の東西にある丘陵部に挟まれた、遼河及びその沖積平野に位置するのが遼河平野です。東遼河と西遼河が合流して遼河（下遼河）となります。

　すなわち、朝鮮半島の細形銅剣を代表とする青銅器文化は琵琶形銅剣・支石墓を中心とする当地の前期青銅器文化から直接生まれたのではなく、東北アジア系青銅器文化の中心が遼西の遼寧省朝陽県十二台営子から遼河平野の遼寧省鄭家窪子(ていかわし)を経由して錦江流域へ移動したことによってもたらされた可能性が高いとする見解を示されています。東北アジア系青銅器文化とは「短茎曲刃青銅短剣・銅斧・銅鑿・多鈕鏡・石鋳型など」[6]に代表される青銅器文化です。短茎曲刃青銅短剣とは、いわゆる遼寧式銅剣のことです。

朝鮮半島での本格的な青銅器製作は錦江流域を中心とする地域における細形銅剣文化第一段階であることに異論はないでしょうが、細形銅剣文化第一段階に先立って、その前段階としての青銅器製作が大同江流域でおこなわれたとする見方もあります。細形銅剣文化第一段階で出土する多鈕粗文鏡や細形銅剣より古式の多鈕粗文鏡や銅剣が大同江流域で出土したとされているからです。伝平壌出土多鈕粗文鏡や伝成川（平安南道成川郡）出土多鈕粗文鏡・銅剣がそれです。また、<u>伝平壌出土多鈕粗文鏡は鄭家窪子出土鏡と同様の型式とされ</u>[7]、<u>伝成川出土多鈕粗文鏡の形式は、鄭家窪子の多鈕鏡から蓮花里と槐亭洞石槨墓などの多鈕鏡へ変化する中間段階に位置するとされ、同じく伝成川出土銅剣の全体形式が鄭家窪子の銅剣から細形銅剣へ変化する中間段階に位置している</u>[8]とされていることからも、東北アジア系青銅器文化が十二台営子から鄭家窪子を経由して錦江流域へ移動する過程で、朝鮮半島の大同江流域に寄着した可能性が考えられます。
　全榮來氏は多鈕鏡の編年を適用した伝播経路の推定および随伴する土器との関係から、錦江流域青銅器文化人の、鄭家窪子→大同江流域→錦江流域への遷居を想定しています。

　「錦江流域青銅器文化人は、鄭家窪子系の多鈕鏡・銅剣などをもって、一旦大同江流域に寄着する。そして細形銅剣と多鈕鏡Ｂ型を標識とする<u>古朝鮮</u>*青銅器文化を形成する一方土着文化の粘土帯土器を吸収し、二次的ショックによって錦江流域に遷居したと思われる。遼東地方から大同江流域に寄着した一次的ショックは、燕昭王の東胡攻撃で遼東千里の地を斥けたという記事に照し合せて、前４世紀末～３世紀初に当てられ、二次的ショックは衛満建国による準王の浮海南遷で説明されるほかない。」

　　　　　　　　　　（全榮來『韓国青銅器時代文化研究』北九州中国書店、1991、621ページ）

　　「古朝鮮」*
　　　　全榮來氏は古朝鮮（準王の朝鮮・衛満朝鮮）の位置を大同江流域に比定していますが、
　　　　筆者は古朝鮮の位置を遼河平野に擬定しています。また、錦江流域青銅器文化の荷担者
　　　　を南遷した準王の旧古朝鮮勢力とする全榮來氏の見解には同意できません。

　錦江流域青銅器文化に随伴する粘土帯土器と黒色磨研長頸壺の共伴関係については、鄭漢徳氏により、先行する中国東北地方の瀋陽鄭家窪子遺跡・渾江流域の撫順県李家郷

蓮花堡石棺墓遺跡などにおける粘土帯土器と黒色磨研長頸壺との共伴関係が指摘されています。

「　近年、黒色磨研長頸壺については、中国東北地方の瀋陽鄭家窪子遺跡、渾江流域の撫順県李家郷蓮花堡石棺墓遺跡などでも粘土帯土器との共伴関係が確認され、蓮花堡遺跡の壺が吉林猴石山遺跡の長頸壺と相似することにより、戦国時代中期ごろにその年代が比定されている。また粘土帯土器に伴う黒色磨研長頸壺は美松里型壺の後期形式であり、これは前5世紀ごろ、瀋陽鄭家窪子遺跡の段階以後、遼寧式銅剣に象徴される遼寧青銅器文化が大きく変質する過程で派生した土器型式である。」

（鄭漢徳「3　東アジアの稲作農耕」坪井清足他監修『新版古代の日本②　アジアからみた古代日本』角川書店、1994、57ページ）

　錦江流域青銅器文化に随伴する粘土帯土器が遼東からの流れであるのならば、粘土帯土器の製作技術の吸収に限って言えば、全榮來氏が説くような大同江流域への寄着を特に必要としません。王建新・全榮來両氏の所説を筆者なりに総合すると、朝鮮半島の多鈕鏡と細形銅剣の起源は十二台営子の多鈕粗文鏡と遼寧式銅剣にあり、朝鮮半島の細形銅剣文化は、それら遼西の青銅器文化を担った勢力の移動に伴い、遼西から遼河平野の瀋陽鄭家窪子を経由して錦江流域にもたらされたということになります。これを仮説2として提示します。

　　仮説2（H2）：H2
　　　　朝鮮半島の多鈕鏡と細形銅剣の起源は十二台営子の多鈕粗文鏡と遼寧式銅剣にあり、朝鮮半島の細形銅剣文化は、それら遼西の青銅器文化を担った勢力の移動に伴い、遼西から遼河平野の瀋陽鄭家窪子を経由して朝鮮半島の錦江流域にもたらされた。

　仮説2の眼目は、朝鮮半島の細形銅剣文化は単に青銅器の製作技術だけが遼西から伝わったのではなく、多鈕粗文鏡と遼寧式銅剣に代表される遼西の青銅器文化を担った勢力の移動に伴い、遼西から遼河平野を経由して朝鮮半島にもたらされたというものです。なお、仮説2は遼西の青銅器文化を担った勢力の遼河平野から朝鮮半島の錦江流域へ移

動する過程での中間経由地の存在（全榮來氏は大同江流域への寄着と、その地での青銅器製作を想定しています）を排除するものではありません。

5　朝鮮半島の細形銅剣文化を担った勢力

　ところで、朝鮮半島の細形銅剣文化を担った勢力とは文献上のどの勢力だったのでしょうか。

　細形銅剣文化の存続年代について、王建新氏は前3世紀～紀元1世紀、全榮來氏は前2世紀初～紀元1世紀前半を想定しています。文献にみえるこの時期の朝鮮半島の有力勢力といえば、前2世紀後半になりますが、『魏志』韓伝に引用された『魏略』の「昔、右渠（うきょ）がまだ〔漢の武帝の軍に〕破られていなかったとき、朝鮮の大臣である歴渓卿（れきけいけい）は、右渠を諫（いさ）めたのが原因で〔右渠に〕用いられなくなったので、東の辰国に移住した」の記事にみえる「辰国」があります。そこで、朝鮮半島の細形銅剣文化は辰国の文化遺産であるとの前提に立ち、朝鮮半島の細形銅剣文化の各段階の中心地と目される錦江流域や栄山江流域に集中的に遺された多鈕鏡と細形銅剣を組み合わせて副葬する石槨墓を辰国の王墓であるとする仮説3を提示します。

　　仮説3（H3）：H1×H3
　　　朝鮮半島の細形銅剣文化は辰国の文化遺産であり、
　　　多鈕鏡と細形銅剣を組み合わせて副葬する前一千年紀の朝鮮半島の石槨（せきかく）墓は
　　　辰国の王墓である。
　　　　但し、表4に示した朝鮮半島周縁部の主要遺跡の墓を除く。

　表4〔細形銅剣と多鈕粗文鏡・多鈕細文鏡を伴出する朝鮮半島周縁部の主要遺跡〕に示した、前ソ連沿海州イズウェストフ丘遺跡や咸興市梨花洞土壙墓も多鈕鏡と細形銅剣を組み合わせて副葬しますが、仮説3本文の適用対象からは除外します。細形銅剣文化の各段階の中心地である南部朝鮮半島（朝鮮半島南半部）の錦江流域や栄山江流域から遠く離れたこれらの地に存在する、多鈕鏡と細形銅剣を組み合わせて副葬する墓の性格については、本書第2章第10節第5項1）で改めてふれることにします。

第1章　考古学の成果からみえてきた辰国移動の軌跡

1　琵琶形銅剣（非実戦用の遼寧式銅剣）・支石墓などを中心とする文化

「また、琵琶形銅剣・支石墓などを中心とするこの文化系統は、細形銅剣を中心とする文化が朝鮮半島に入った後にも、いくつかの地域で継続していたと思われるので注意しなければならない。」

　　　　　　　　　　　　　　（王建新『東北アジアの青銅器文化』同成社、1999、95ページ）

　王建新氏は東北アジア系青銅器文化の銅剣を①～⑦に分類しています（同書151-167ページ）。甲類は実戦用、乙類は非実戦用の区分です。

　①甲類A型、②乙類A型（琵琶型銅剣）、③甲類B型（細形銅剣）、④甲類C型（主に長白山周辺地域に分布）、⑤乙類B型（日本の中細形銅剣）、⑥乙類C型（日本の中広形銅剣）、⑦乙類D型（日本の平形銅剣）。

　A型（①・②）が遼寧式銅剣（短茎曲刃青銅短剣）に該当します（筆者）。遼寧式銅剣（短茎曲刃青銅短剣）の中でも乙類A型にあたる②を、王建新氏は特に琵琶型銅剣と称しているようです。

2　（王建新著『東北アジアの青銅器文化』同成社、1999、96-100ページ）より作成

　(20)　韓国考古学会「大田槐亭洞出土一括遺物」、『考古学』2、1969。
　(21)　金載元「扶餘・慶州・燕岐出土銅製遺物」、『震檀学報』、25・26・27合輯、1964。
　(22)　韓炳三・李健茂「南城里石棺墓」、国立博物館古跡調査報告書第十冊、1977。
　(23)　池健吉「禮山東西里石棺墓青銅一括遺物」、『百済研究』、9、1974。

　　　　　　　　　　　　　（王建新『東北アジアの青銅器文化』同成社、1999、129-130ページ）

3　「朝鮮半島北西部の平壌平野南部に流れている載寧江流域にあり」

　　　　　　　　　　　　　　（王建新『東北アジアの青銅器文化』同成社、1999、111ページ）

4　「朝鮮半島南西部にある小白山脈の南端に位置」

　　　　　　　　　　　　　　（王建新『東北アジアの青銅器文化』同成社、1999、115ページ）

5　表2・表3・表4共に（王建新『東北アジアの青銅器文化』同成社、1999、106-117ページ）より作成

　(31)　趙由典「全南和順青銅遺物一括出土遺蹟」、『尹武炳博士回甲記念論叢』、通川文化社、1984。
　(32)　李康承「扶餘九鳳里出土青銅器一括遺物」、『三仏金元龍教授停年退任記念論叢（考古学篇）』、一志社、1987。
　(33)　李健茂・徐声勲「咸平草浦里遺蹟」、国立光州博物館、1988。
　(34)　平井尚志「沿海州新出土の多鈕鏡とその一括遺物について」、『考古学雑誌』、46-3、1960。
　(35)　黄基徳「1958年度春夏期御池屯地区灌漑工事遺蹟整理簡略報告」、『文化遺産』、1959-1。
　(36)　林炳泰「霊岩出土青銅器鎔範について」、『三佛金元龍教授停年退任記念論叢Ⅰ（考古学篇）』、一志社、1987。
　(37)　李健茂「扶餘合松里遺蹟出土一括遺物」、『考古学誌』、2、1990。
　(42)　李健茂「唐津素素里遺蹟出土一括遺物」、『考古学誌』、3、1991。
　(43)　池健吉「長水南陽里出土青銅器・鉄器一括遺物」、『考古学誌』、2、1990。
　(44)　朴晋煜「咸鏡南道一帯の古代遺跡調査報告」、『考古学資料集』、4、1874。

　　　　　　　　　　　　　　（王建新『東北アジアの青銅器文化』同成社、1999、130ページ）

6　「短茎曲刃青銅短剣・銅斧・銅鑿・多鈕鏡・石鋳型など」

43

(王建新『東北アジアの青銅器文化』同成社、1999、51 ページ)

短茎曲刃青銅短剣とは、いわゆる遼寧式銅剣のことです。注1のA型（①・②）が該当します。

7　<u>伝平壌出土多鈕粗文鏡は鄭家窪子出土鏡と同様の型式とされ</u>

「この鄭家窪子で出土した鏡と同様の型式のものは韓半島でもみることができる。伝平壌、伝忠南といわれる二面の鏡で、直径が9.4センチ、11.3センチと小型で鏡厚も薄い[38]。」

(甲元眞之「燕の成立と東北アジア」田村晃一編『東北アジアの考古学』六興出版、1990、80 ページ)

(38) 梅原末治他『朝鮮古文化綜鑑』第一巻、一九四六年。

(甲元眞之「燕の成立と東北アジア」田村晃一編『東北アジアの考古学』六興出版、1990、85 ページ)

8　<u>伝成川出土多鈕粗文鏡の形式は、鄭家窪子の多鈕鏡から蓮花里と槐亭洞石槨墓などの多鈕鏡へ変化する中間段階に位置するとされ、同じく伝成川出土銅剣の全体形式が鄭家窪子の銅剣から細形銅剣へ変化する中間段階に位置している</u>

「細形銅剣の形式ともっとも近いものは、韓国国立中央博物館に所蔵されている伝朝鮮半島北部の平安南道成川から出土した銅剣[28]である。この銅剣の刃部は突起部の幅が狭くなり、細形銅剣の扶入部の形態に近くなっている。銅剣の全体形式は、鄭家窪子の銅剣から細形銅剣への変化する中間に位置している。同じ伝成川から出土した多鈕粗文鏡の形式も、鄭家窪子の多鈕鏡から蓮花里と槐亭洞石槨墓などの多鈕鏡へ変化する中間段階に位置しているので、これは偶然ではないと思われる。」

(王建新『東北アジアの青銅器文化』同成社、1999、103-104 ページ)

(28) 国立中央博物館・国立光州博物館『韓国の青銅器文化』(p.18、図版29-8)、汎友社、1992。

(王建新『東北アジアの青銅器文化』同成社、1999、130 ページ)

第3節　辰国の考古学的指標と移動の軌跡

1　鏡と銅剣を組み合わせて副葬する墓の時系列分布

　東北アジアに散見する副葬品としての鏡と銅剣のセットにいち早く着目し、鮮烈な論考を展開したのは、甲元眞之氏の「燕の成立と東北アジア」（田村晃一編『東北アジアの考古学』、六興出版、1990）でした。副葬された（または伝出土）鏡および銅剣の型式学的編年によって得られた副葬墓（または伝出土地）の時系列分布をとおして、鏡と銅剣のセットを祭器とする祭儀の展開の軌跡を鋭く看取した以下の記述は、我が国皇室が継承する「三種の神器」にみられる、王位を象徴する宝器としての鏡と銅剣と勾玉のセットの原形が鏡と銅剣のセットにあることを示唆すると共に、鏡と銅剣のセットを祭器とする祭儀を護持継承する勢力の、前一千年紀（前1000～前1）に亘っての移動の軌跡を浮き彫りにするものでもありました。

　すなわち、

　「・・・鏡と銅剣との関係からすれば、単鈕無文鏡と有柄式銅剣、多鈕粗文鏡と遼寧式銅剣、多鈕精文鏡と細形銅剣が最も深くつながるものであり、燕山山脈の南と北、遼東と遼西、韓半島と時代が下り、分布域を異にしながらも武器（剣）と鏡という組み合わせは一貫したものであることを知ることができる。・・・西周の後半以降、燕の勢力の低下とともに燕山山脈の北側では中国的な礼器を欠如させた有柄式銅剣と鏡というセットで祭儀が展開し、春秋の頃の遼西と遼東では多鈕粗文鏡と遼寧式銅剣という新しい組み合わせでこれを行い、その余波は韓半島中部以南の地を中心として、多鈕精文鏡と細形銅剣という新しいセットを成立させながらも、シャマニスティックな世界を形成していたのであり、異形銅器や防牌形器にみられるように馬具を変形させて、シャーマン的な世界を高めていった。こうした装飾的要素の追加は、燕山山脈から遼東へかけての地の武装した戦うシャーマンから、支配するシャーマンへの転化を物語るものであり、日本の畿内地方の多鈕精文鏡のあり方の中にその極点をみることができる。」

　（甲元眞之「燕の成立と東北アジア」田村晃一編『東北アジアの考古学』六興出版、1990、83-84ページ）

甲元氏が着目した鏡と銅剣を組み合わせて副葬する主要墓（または鏡と銅剣の伝出土地）の時系列分布を例示すると以下のようになります。

燕山山脈の南
　　単鈕無文鏡と有柄式銅剣のセット
　（西周早期）
　　　　中国　　北京市昌平県　　白浮村2号墓
　　　　中国　　北京市昌平県　　白浮村3号墓
　　　＊　年代観は王建新著『東北アジアの青銅器文化』（同成社、1999、32ページ）に拠る。

燕山山脈の北
　　単鈕無文鏡と有柄式銅剣または遼寧式銅剣のセット
　（西周末〜春秋早期：前8世紀）
　　　　中国　　内蒙古自治区寧城県　　南山根M101号墓
　　　＊　年代観は王建新著『東北アジアの青銅器文化』（同成社、1999、43ページ）に拠る。
　（春秋前期）
　　　　中国　　内蒙古自治区建平県　　水泉城子M7701号墓
　　　　中国　　内蒙古自治区建平県　　水泉城子M7801号墓
　　　　中国　　内蒙古自治区建平県　　大拉罕溝751号墓
　　　＊　年代観は甲元眞之著『東北アジアの青銅器文化と社会』（同成社、2006、175ページ）を参考した。

遼西
　　多鈕粗文鏡と遼寧式銅剣のセット
　（前8世紀末〜前7世紀前半）
　　　　中国　　遼寧省朝陽県　　十二台営子1号墓
　　　　中国　　遼寧省朝陽県　　十二台営子2号墓
　　　　中国　　遼寧省朝陽県　　十二台営子3号墓
　　　＊　年代観は本書第2章第3節第6項2）仮説15に拠る。

遼東
　　多鈕粗文鏡と遼寧式銅剣のセット
　　（春秋晩期〜戦国早期：前6世紀〜前5世紀）
　　　　中国　　遼寧省本渓市　梁家村1号墓
　　　　　＊　年代観は王建新著『東北アジアの青銅器文化』（同成社、1999、54-55ページ）に拠る。

遼河平野
　　多鈕粗文鏡と遼寧式銅剣のセット
　　（戦国前期：前5世紀末〜前4世紀前半）
　　　　中国　　瀋陽市　鄭家窪子第3地点　6512号墓
　　　　　＊　年代観は本書第2章第6節第7項、仮説19に拠る。

北部朝鮮半島（朝鮮半島北半部）　大同江流域
　　多鈕粗文鏡と細形銅剣のセット？
　　　　北朝鮮　伝平壌出土銅鏡
　　　　北朝鮮　伝平安南道成川郡出土銅鏡
　　　　北朝鮮　伝平安南道成川郡出土銅剣

南部朝鮮半島（朝鮮半島南半部）　錦江流域
　　多鈕粗文鏡と細形銅剣のセット
　　（前3世紀）
　　　　　韓国　　忠清南道扶餘郡　　蓮花里石槨墓
　　　　　韓国　　大田直轄市　　　　槐亭洞石槨墓
　　　　　韓国　　忠清南道礼山郡　　東西里石槨墓
　　　　　韓国　　忠清南道牙山郡　　南城里石槨墓
　　　　　＊　年代観は王建新著『東北アジアの青銅器文化』（同成社、1999、105ページ）に拠る。

　　多鈕細文（精文）鏡と細形銅剣のセット
　　（前2世紀）
　　　　　韓国　　忠清南道扶餘郡　　九鳳里石槨墓
　　　　　＊　年代観は王建新著『東北アジアの青銅器文化』（同成社、1999、118ページ）に拠る。

南部朝鮮半島　栄山江流域
　　　多鈕細文（精文）鏡と細形銅剣のセット
　　（前2世紀）
　　　　韓国　　全羅南道和順郡　大谷里石槨墓
　　　　韓国　　全羅南道咸平郡　草浦里石槨墓
　　　　＊　年代観は王建新著『東北アジアの青銅器文化』（同成社、1999、118ページ）に拠る。

日本　北部九州
　　　多鈕細文（精文）鏡と細形銅剣のセット
　　（弥生中期初頭）
　　　　日本国　福岡県福岡市　吉武高木3号木棺墓
　　　　＊　年代観は王建新著『東北アジアの青銅器文化』（同成社、1999、139ページ）に拠る。

　以上に例示した前一千年紀の鏡と銅剣を組み合わせて副葬する墓を時系列で辿れば、中国北京市昌平県白浮村2号・3号墓を起点に日本国福岡市吉武高木3号木棺墓へと至ることができます。
　ところで、例示した鏡と銅剣を組み合わせて副葬する墓の多くは石槨墓ですが木槨墓が一部含まれています。北京市昌平県白浮村2号・3号墓および瀋陽市鄭家窪子6512号墓です。墓制（墓の構造様式）の相違はそれ相応の意味を持つと考えられますが、ひとまず墓制の相違を無視して論を進めたいと思います。

　　2　鏡と銅剣を組み合わせて副葬するという、
　　　　時空を超えた共通の墓葬からみえてくること

　前一千年紀の東北アジアにおいて、時代と分布域を異にしながらも鏡と銅剣を組み合わせて副葬するという共通の墓葬の存在は、単なる偶然の一致ではないと考えます。甲元氏は鏡と銅剣を組み合わせて副葬する特異な墓葬に、鏡と銅剣のセットを祭器とする祭儀の存在を看取し、鏡と銅剣を組み合わせて副葬する墓の時系列分布から、前一千年紀の鏡と銅剣のセットを祭器とする祭儀の、燕山山脈の南→燕山山脈の北→遼西→遼東→朝鮮半島→日本という展開の軌跡を示されました。

第1章　考古学の成果からみえてきた辰国移動の軌跡

　祭儀とは祭祀の発現形式としての祭祀儀礼のことです。鏡と銅剣のセットを祭器とする特異な祭儀の存在はまた、固有のイデオロギーに根ざした祭祀の存在を前提としているはずです。すなわち、「鏡と銅剣のセットを祭器とする祭儀を執り行う、固有のイデオロギーに根ざした祭祀」を護持継承する勢力の存在を示唆しています。
　そこで、仮説4を提示します。

　　仮説4（H4）：H4
　　　前一千年紀の東北アジアにおいて、
　　　「鏡と銅剣のセットを祭器とする祭儀を執り行う、
　　　固有のイデオロギーに根ざした祭祀」を護持継承する勢力が存在した。

　3　「鏡と銅剣のセットを祭器とする祭儀を執り行う、
　　　固有のイデオロギーに根ざした祭祀」を護持継承する勢力の移動の軌跡

　仮説2で「朝鮮半島の多鈕鏡と細形銅剣の起源は十二台営子の多鈕粗文鏡と遼寧式銅剣にあり、朝鮮半島の細形銅剣文化は、それら遼西の青銅器文化を担った勢力の移動に伴い、遼西から遼河平野の瀋陽鄭家窪子を経由して朝鮮半島の錦江流域にもたらされた」としました。「鏡と銅剣のセットを祭器とする祭儀を執り行う、固有のイデオロギーに根ざした祭祀」についても、祭祀が伝わったのではなく、仮説4の「鏡と銅剣のセットを祭器とする祭儀を執り行う、固有のイデオロギーに根ざした祭祀」を護持継承する勢力の、燕山山脈の南→燕山山脈の北→遼西→遼東→朝鮮半島→日本という経路を辿っての移動によってもたらされたと考えられますので、仮説4⁻²と表現できます。

　　仮説4⁻²（H4⁻²）：H4×H4⁻²
　　　仮説4の「鏡と銅剣のセットを祭器とする祭儀を執り行う、
　　　固有のイデオロギーに根ざした祭祀」を護持継承する勢力は、
　　　前一千年紀に亘って、燕山山脈の南→燕山山脈の北→遼西→遼東→
　　　朝鮮半島→日本という経路を辿って移動した。

　また、「鏡と銅剣のセットを祭器とする祭儀を執り行う、固有のイデオロギーに根ざ

した祭祀(さいし)」を護持継承する勢力の王は単に主権者であるばかりでなく、祭祀権者でもあったと考えられます。祭儀の具体的内容は不明ですが、王が主宰する祭祀において、鏡と銅剣は本来の用途を超えた特別な意味ないし役割を有する祭器であったに違いありません。したがって、王が主宰する祭祀において特別な意味ないし役割を有する鏡と銅剣のセットを副葬する墓は王墓でなければなりません。そのことを裏付けるかのように、先に例示した前一千年紀の鏡と銅剣を組み合わせて副葬する東北アジア各地の墓は、同じ地域における、同時期の、鏡と銅剣の組み合わせをもたない墓と比べて、墓の構造、副葬品の質・量ともに卓越しています。

　そこで、仮説5を提示します。

　　仮説5（H5）：H4×H5
　　　　前一千年紀の東北アジアにおける鏡と銅剣を組み合わせて副葬する墓は、
　　　　仮説4の「鏡と銅剣のセットを祭器とする祭儀を執(と)り行う、
　　　　固有のイデオロギーに根ざした祭祀(さいし)」を護持継承する勢力の王墓である。

　甲元氏は鏡と銅剣を組み合わせて副葬する墓の被葬者を「シャーマン」すなわち「司祭者」と考定しましたが、鏡と銅剣を組み合わせて副葬する墓を王墓とした仮説3および仮説5は許容されるものと考えます。なんとなれば、古代社会においては祭政一致が一般的であり、王は主権者であると同時に祭祀権者であったと考えられるからです。

4　「鏡と銅剣のセットを祭器とする祭儀を執(と)り行う、
　　　　固有のイデオロギーに根ざした祭祀」を護持継承する勢力とは辰国である

　仮説3の成立を前提に「多鈕鏡と細形銅剣を組み合わせて副葬する前一千年紀の朝鮮半島の石槨(せきかく)墓は辰国の王墓である」ことを敷衍(ふえん)すると、仮説5の「前一千年紀の東北アジアにおける鏡と銅剣を組み合わせて副葬する墓」は辰国の王墓であり、「前一千年紀の東北アジアにおける鏡と銅剣を組み合わせて副葬する墓」を遺した、「鏡と銅剣のセットを祭器とする祭儀を執(と)り行う、固有のイデオロギーに根ざした祭祀(さいし)」を護持継承する勢力は辰国であることになります。

そこで、仮説5⁻²を提示します。

　　仮説5⁻² (H5⁻²)：H1×H3×H5×H5⁻²
　　　　　　　　　：H1×H3×H4×H5×H5⁻²
　　多鈕鏡と細形銅剣を組み合わせて副葬する前一千年紀の朝鮮半島の石槨墓は辰国の王墓であるとする仮説3を敷衍すると、
　　前一千年紀の東北アジアにおける鏡と銅剣を組み合わせて副葬する墓は辰国の王墓であり、
　　仮説5の前一千年紀の東北アジアにおける鏡と銅剣を組み合わせて副葬する墓を遺した、仮説4の「鏡と銅剣のセットを祭器とする祭儀を執り行う、固有のイデオロギーに根ざした祭祀」を護持継承する勢力は辰国である。
　　したがって、前一千年紀の東北アジアにおける鏡と銅剣を組み合わせて副葬する墓は辰国の考古学的指標である。
　　但し、表4に示した朝鮮半島周縁部の主要遺跡の墓を除く。

また、仮説4⁻²の前一千年紀に亘って、燕山山脈の南→燕山山脈の北→遼西→遼東→朝鮮半島→日本という経路を辿って移動した「『鏡と銅剣のセットを祭器とする祭儀を執り行う、固有のイデオロギーに根ざした祭祀』を護持継承する勢力」とは、仮説5⁻²の成立を前提として、辰王を戴く勢力すなわち辰国であることになり、仮説4⁻³が導かれます。

　　仮説4⁻³ (H4⁻³)：H4⁻²×H4⁻³×H5⁻²
　　　　　　　　　：H1×H3×H4×H4⁻²×H4⁻³×H5×H5⁻²
　　仮説5⁻²の「鏡と銅剣のセットを祭器とする祭儀を執り行う、
　　固有のイデオロギーに根ざした祭祀」を護持継承する勢力である辰国は、
　　仮説4⁻²により、前一千年紀に亘って、燕山山脈の南→燕山山脈の北→遼西→遼東→朝鮮半島→日本という経路を辿って移動した。

それでは、「鏡と銅剣のセットを祭器とする祭儀を執り行う、固有のイデオロギーに根ざした祭祀」とはどのような祭祀なのでしょうか。その手がかりが浜名寛祐著『神頌契丹古伝』の記述にありました。次節で見ることにしましょう。

第4節　辰国の国号は「辰沄縺」であった

1　『神頌契丹古伝』とは

　『神頌契丹古伝』という復刻書があります。原書は浜名寛祐が著した『日韓正宗溯源』で大正十五年（1926）十二月十二日に発行されました。『神頌契丹古伝』は、契丹国の名臣耶律羽之が同国に伝わる古伝旧記を撰録編纂してなった〔浜名いうところの〕『神頌叙伝』（略して、以下『頌叙』という）を解読し、解説を加えた書です。『頌叙』入手の経緯は「神頌叙伝序」に次のように記されています。「これを入手したのは、今から二十年あまり昔の日露戦争中（1904〜1905）の事であった。当時、鴨緑江軍兵站経理部長として奉天（現瀋陽）城外の黄寺（ラマ教黄帽派の寺）に、やや長く滞陣していた際、部内に廣部精という軍人でしかも学者である人物がいた。人となりは磊落で酒を嗜み、詩を謡い、かつて『亜細亜言語集』の著作もある程だから、その一方で支那語（中国語）を得意とし、寺僧と行き来して詩文を作ったり書画を書いたりの交友をもっていた。ある日、寺僧が一軸の巻物を繙いて〔廣部氏に〕示し、どのように考えてみても読む事ができないこの古書、もしや、日韓諸部〔族〕の古語でも混じっているのではないかとの質問に、廣部氏は引き受けて読んでみたものの理解できなかった。そこで、自分（浜名）に『ご覧になってはいかがですか、不思議な物です』との〔声がかかった〕ことで、見に行ったのだが、勿論自分にも読めるわけがないので、写し取っておけば誰かが読める事もあるだろうと廣部氏に写本を依嘱したところ、寺僧は頑として〔写本を〕許可せず、聞けばどこかの陵墓のどこことかの秘物であるとか。兵禍に罹るのを恐れて東方のどこかへ移したが、その付近もまた危険が迫ったので、密かにその保管を黄寺に委託したものという。それより何日か経った後、支那（中国）で行われているある種の事（袖の下）が、廣部氏によつて庫院の内のある者に施され、遂に写し取ることができた」[1]と。

　浜名によって解読された『頌叙』には驚くべき内容が含まれており、古代東北アジア史の通説に少なからぬ変更を迫ること必定です。『神頌契丹古伝』第一章〜第五章に拠ると、「〔日〕神」の観念を有し、鏡（日神体）を御神体とし、「日祖」（名は「阿乃・沄翅報・云憂霊明」）は高天使鶏に命じて、子である「日孫」（名は「阿珉美・辰沄縺翅報・順瑳檀弥固」）を載せて日孫に支配させようとする国に降らせ、「日孫」は「神

祖」（名は「図己曳乃訶斗」。号は「辰汜須瑳珂」）となったという伝承を有する族がありました。八咫鏡を御神体とする伊勢の皇大神宮（内宮）で執り行われている神道や、我が国の天孫降臨伝承を彷彿させます。族は四方八方に広がり繁栄し、国を営み、国を「辰汜繻」と称し、族を「辰汜固朗」と称し、皇を「辰汜繻翅報」と尊称しました。

それでは浜名寛祐著『神頌契丹古伝』に拠り、『頌叙』の「辰汜繻」関係原文と浜名の「譯文」を適宜掲出しながら論を進めていきたいと思います。なお、僭越ながら文語体になじみのうすい世代の読者が親しみやすいよう、浜名の「譯文」には口語訳（拙訳）を併記し、浜名の解説については、その口語訳（拙訳）を本文に示し、原文を脚注に示しました。短い解説については原文と口語訳（拙訳）を本文に併記しました。また『神頌契丹古伝』その他の引用文中の難読と思われる漢字には断りなくふりがなを付しました。なお、『神頌契丹古伝』全四十六章の章立て・章題は『頌叙』を解読した浜名によるものであり、耶律羽之の撰録編纂した『頌叙』には本来なかったものです。

2　「辰汜繻」とは

1）鏡の本義

「第一章　鏡の本義
曰若稽諸傳有之曰神者耀體無以能名焉維鑑能象故稱鑑曰日神體讀如憂珂旻
　　　　　譯　文
曰若に諸を稽ふるに。
傳にこれあり曰く。神は耀體。以て能く名つくる無し。
維鑑能く象る。故に鑑を稱して日神體と曰ふ。讀むで憂珂旻の如し。」

（浜名寛祐『神頌契丹古伝』八幡書店、2001、294 ページ）

「譯文」の口語訳（拙訳）
神と鏡（鑑）の関係を考えてみると、言い伝えにはこうある。〔曰〕神は耀体（光り輝くもの）で〔定まった形がないので〕、うまく〔神の形代を見出して、その形代に御神体の〕名を冠することができなかった。
ところが、鏡〔の放つ光彩〕は〔耀体である日神の身体を〕見事に象っているので、鏡を称して「日神体」というようになった。「カカミ」と読むようである。

この言い伝えを代々受け継いできた族の崇拝する「〔日〕神」は耀体でした。耀体とは日（太陽）のことと思われます。日は光り輝きはするものの定まった形がありませんので、「〔日〕神」の形代を見出して、その形代に御神体の名を冠することができませんでした。ところが、この日神崇拝民族が銅鏡を入手すると、日の光を反射して光り輝く鏡が、耀体である「〔日〕神」の身体を見事に象っていることに気づきました。彼らが初めて手にした銅鏡は外来品であり、これまで目にしたことのないものでしたから、自族語での名称はありませんでした。そこで、日の光を反射して光り輝く鏡を「〔日〕神」の体（身）に見立て、鏡を「日神体」（御神体）と称するようになったというのです。

　『古事記』にみえる「加賀美（鏡）」の語から知れるように、我が国の上代には既に「かがみ」という言葉がありました。皇祖神（皇室の祖神）とされる天照大御神（『古事記』における表記）を御祭神とする伊勢の皇大神宮（内宮）では、八咫鏡が御神体として奉安されており、上代日本語の「かがみ」の語源が「日神体」であることに疑いの余地はありません。「かがみ」の呼称は、仮説4⁻²により「仮説4の『鏡と銅剣のセットを祭器とする祭儀を執り行う、固有のイデオロギーに根ざした祭祀』を護持継承する勢力」が我が国へもたらした蓋然性が高く、弥生時代中期初頭に多鈕細文（精文）鏡と細型銅剣のセットをもたらした福岡市吉武高木3号木棺墓を遺した勢力は、すでに銅鏡を「かがみ」と呼称していたと考えられます。そうであるならば、『神頌契丹古伝』第一章記載の「憂珂旻」の呼称の由来を伝える伝承は古く、弥生時代中期初頭以前に起源することになります。「憂珂旻」の呼称の起こりは、単鈕無文鏡と有柄式銅剣のセットを副葬する中国北京市昌平県白浮村2号・3号墓の埋葬年代とされる、西周早期にまで溯るのではないでしょうか。

2）『頌叙』の伝える『日本書紀』の天照大神の原像

「　第二章　日祖東大海に禊して日孫を生む
　　恭惟日祖名阿乃汎翅報云憂靈明澡乎辰云珥素佐烦奈清悠氣所凝日孫内生
　　　　　譯　文
　　恭しく惟みるに。日祖名は阿乃汎翅報云憂靈明。
　　辰云珥素佐烦奈に澡す。
　　清悠の氣の凝る所。日孫内に生る。」

第1章　考古学の成果からみえてきた辰国移動の軌跡

(浜名寛祐『神頌契丹古伝』八幡書店、2001、299ページ

「譯文」の口語訳（拙訳）
　謹んで思い起こしますのに（古事伝承口述職者が神話を語る際の発語と思われる）、日祖の名は阿乃・泛翅報・云憂霊明。
　東大海の清白の穂波で身体を洗い浄められ、
　清らかで静かな雰囲気の濃く漂う場所で、日孫を身ごもられた。

　浜名は「阿乃・泛翅報・云憂霊明」は「天大君霊大日霊」あるいは「天大君霊大日霊」であり、我が国の天照大神（『日本書紀』における表記。別名「大日孁貴」・「大日孁尊」）の尊名がはっきりと現われたものであるとしています。また、「辰云珥素佐煩奈」を「東大海清白穂波」と解読しています。すなわち、『神頌契丹古伝』第二章に『日本書紀』の天照大神の原像を見ることができます。「辰云」の語義は『神頌契丹古伝』第三章に「東大」とありますが、文字どおり「東の大きな」という意味でありましょう。浜名はさらに、日祖が海原で身体を洗い浄められ「ミソギ」されたことと、『古事記』の伊邪那岐の神が河原で「ミソギ」されたこととを対比させて、次のように解説しています。

（浜名の解説の口語訳：拙訳）
「我が国と大陸とが神話を共通にしていたと解釈した場合、我が国の原神たる伊邪那岐のミソギと、大陸の原神たる日祖のミソギとになんらかの連鎖がなければならないであろう、・・・〔ミソギの場所に河原と海原の違いはあるが〕しかし、ミソギの結果、貴子を得たのは、伊邪那岐も日祖も同じである。そこに双方の神話を繋げる大連鎖が認められる、我が国の古典によれば、伊邪那岐の神がミソギによってお生みになられた御子二十六柱のうち、最後の三柱は天照大神・月読命・建速須佐之男命であるとされており、本『頌叙』のいわゆる日孫は、その三柱のうちの須佐之男命ではないかと思われるふしが多いだけに、それだけ双方の神話のミソギに、或る心的な共通があったと思われるのである、そうして我が国の神話では、天照大神と須佐之男命とを兄弟の序列に配しているが、本『頌叙』では日祖と日孫の関係をより親しい母子の関係としている。須佐之男が日孫であるかどうかは、しばらく別問題として、須佐之男が母を恋慕する様子の異常さは、青山を枯山のように泣き枯らし、河海をことごとく泣き乾したとあるくらい、そして僕は妣の国に行き

たいから泣くのだと言われてもいる。本『頌叙』の日祖・日孫の関係とは、その有様は異なっても、母を恋慕する日孫の切実な心は、このように激しくもあるだろうと思われるふしもあって、母である日祖の名が、我が国の天祖（天照大神）の名に訓（よ）め、日孫の名もまた順瑳（次章詳出）であり、古代大陸神話と我が国の神話との霊的連鎖があったことは、ほとんど疑いの余地はないと思われる。」[2]

（浜名寛祐『神頌契丹古伝』八幡書店、2001、301-303 ページ）

浜名は、大陸神話の「日祖」の名が天照大神の名に訓（よ）め、大陸神話の「順瑳檀弥固（すさなみこ）」（次掲『神頌契丹古伝』第三章）の名が我が国神話の「須佐之男命（すさのをのみこと）」の名に投影されていると解されることから、古代大陸神話と我が国の神話に繋（つな）がりがあることに疑いの余地はないとしています。

3）「日孫（かも）」の降臨

「　　　第三章　日孫の天降（あまくだり）

日孫名阿珥美辰汎繈翅報順瑳檀彌固日祖乳之命高天使鶏載而降臻是爲神祖
蓋日孫讀如憂勃高天使鶏讀如胡馬可兮辰汎繈翅報其義猶言東大國皇也

　　　　譯　文
日孫名は阿珥美（あめみ）・辰汎繈翅報（しうくしふ）・順瑳檀彌固（すさなみこ）。
日祖之（これ）に乳（ちち）す。高天使鶏に命（の）し。載せて而（しか）して降り臻（いた）らしむ。
是（これ）を神祖と爲（な）す。蓋（けだし）日孫讀むで憂勃（よぼ）の如く。
高天使鶏讀（よ）むで胡馬可兮（こまかけ）の如し。
辰汎繈翅報（しうくしふ）は其の義（ぎ）猶（なほ）東大國皇と言ふが如き也（ごと）。」

（浜名寛祐『神頌契丹古伝』八幡書店、2001、303 ページ）

　　　「譯文」の口語訳（拙訳）
日孫の名は阿珥美（あめみ）・辰汎繈翅報（しうくしふ）・順瑳檀弥固（すさなみこ）。
日祖は日孫に授乳し〔養育した〕。高天使鶏に命じて、〔日孫を〕載せて
〔日孫に支配させようとする国に〕降（くだ）らせた。〔日孫は〕神祖（しんそ）となった。
日孫は憂勃（よぼ）と読むと思われる。高天使鶏は胡馬可兮（こまかけ）と読むと思われる。
辰汎繈翅報（しうくしふ）は東大国皇というような意味である。

第1章　考古学の成果からみえてきた辰国移動の軌跡

　続く第四章に「国を『辰汿繻』といい」とあることから、第三章の「日孫」の尊称と思われる「辰汿繻翅報」は以下のような意義に対応すると解されます。

　　　　「辰」　⇔　「東」
　　　　「汿」　⇔　「大」
　　　　「繻」　⇔　「国」
　　　　「翅報」　⇔　「皇（王）」

　浜名は、「シウクシフ（辰汿繻翅報）は東大国皇というような意味だとあるから、東大国君霊と訳すことにする」と述べています。
　また、「日孫」の名「阿珎美・辰汿繻翅報・順瑳檀弥固」と『古事記』の「建速須佐之男命」の名とを照応させて、次のように解説しています。

（浜名の解説の口語訳：拙訳）
「　ここで問題となるのは、我が神話の『須佐之男』と本『頌叙』の『順瑳檀』との、名称・原義（もともとの意味）の異同（違い）である。『之男』はこれを約音すれば『ナ（檀）』となるだろうし、『檀』はこれを延音すれば『ノヲ（之男）』となるだろうから、両者ともにその呼び名の上での異同は認められない、しかしその原義については『須佐之男』の『スサ』は『荒』の意味に解されている。その祭ってある社名を須賀神社といい、『須賀』は『清々しさ』の『スガ』であると聞いてはいるが、それはこの神がおっしゃった言葉の中にそれがあるからのことで、本体の名の『須佐』はどこまでも荒まじき神の名とされている。ところが、本『頌叙』の『順瑳檀』は『清らかで静かな雰囲気の濃く漂う場所で、日孫を身ごもられた』とあって清の清なる神とされている。すなわち、その『スサナ』は『清白波』でなければならない。
　したがって、日祖が禊なされた『東大海』の波を『荒振る浪』の意味には取れないので、どこまでも『清白之波』と解釈すべきである。ここにおいて彼我二神の名（大陸神話の『順瑳檀』と我が国神話の『須佐之男』）は、その音は同じであるが、その意味は異なるとしなければならない。
　・・・　・・・　・・・
〔伊邪那岐の神が禊をされ、御鼻をお洗いになった時に成った神が素尊であること

57

に関連して〕もしも素尊(すさのを)が高天原神話以外の神話から高天原神話へ割り込んで来たのであったのなら、『ハナ』も一緒に割り込んで来たとされるだろう、しかしその『ハナ』は、顔についてる『鼻(はな)』とも、樹についてる『花(き)』とも、その他の何ともまだ判(わか)らぬ未知の『ハナ』でなければならないだろう。それを日月二神が左右の目から生まれたとする或る伝説の中に割り込ませようとすれば、その未知の『ハナ』が『鼻』とされるのは、無理のない自然なことではないだろうか、こう前置きした上で、それではその未知の『ハナ』が何であったかを考えるとき、考えに入って来る『ハナ』は、先の第二章の『東大海清白穂波(しうみすきほな)』の『穂波』である、『穂波』の原文は『煩奈』であって、字音(じおん)の上からは『ハナ』と読める、これを『ホナ』と読んだのは前に言うとおり『煩』に『ホン(おん)』の音があり、『波の穂(せいご)』という成語があるからのことで、大陸族は『穂』を『ハ』と言っていたかとも思われる、何はともあれ素尊(須佐之男(すさのを))は大陸神話中の者に違いなく、そして出雲神話は大陸神話の分影(ぶんえい)と思われるので、その神話上の造化神(ぞうかしん)で英雄神でもある素尊(すさのを)は大陸の『天御東大国君霊清白波御子(あめみしうくしふすきなみこ)』に違いないだろうから、〔『古事記』では、素尊(すさのを)は亡(な)き母(伊邪那美神(いざなみのかみ))の国に行きたいと泣きわめいたとなっているが、それを大陸神話に置き換えた場合、『天御東大国君霊清白波御子(あめみしうくしふすきなみこ)』が〕母である日祖の懐(ふところ)に抱(いだ)かれたいと願うことであり、また、なくてはならない自然のことである。」³

(浜名寛祐『神頌契丹古伝』八幡書店、2001、305–309 ページ) より

浜名は古代大陸神話と我が国の神話との繋がりを認めた上で、大陸神話の「順瑳檀(すさな)」と我が国神話の「須佐之男(すさのを)」の二神の名は、その音(おん)は同じであるが、その意味は異なるとし、また、大陸神話の「穂波(ほな)」(原文「煩奈(はな)」)が高天原神話では「鼻(はな)」と誤解されたと推断しています。

4) その国は「辰沍繿(しうく)」

「　　第四章　東大神族
族延萬方廟曰弗菟毘廷曰蓋瑪耶國曰辰沍繿稱族竝爲辰沍固朗稱民爲韃珂洛
尊皇亦謂辰沍繿翅報神子神孫國于四方者初咸因之
　　　　譯　　文

第1章　考古学の成果からみえてきた辰国移動の軌跡

族萬方に延る。廟を弗菟毘と曰ひ。廷を蓋瑪耶と曰ひ。
國を辰汴繻と曰ひ。族を稱して竝びに辰汴固朗と爲し。
民を稱して韈珂洛と爲す。皇を尊むで亦辰汴繻翅報と謂ふ。
神子神孫*四方に國する者。初め咸これに因れり。」

(浜名寛祐『神頌契丹古伝』八幡書店、2001、311 ページ)

「譯文」の口語訳（拙訳）

族は四方八方に広がり繁栄しました。廟を「弗菟毘」といい。宮廷を「蓋瑪耶」といい。国を「辰汴繻」といい。〔自らの〕族を称して「辰汴固朗」といい。
民を称して「韈珂洛」といいました。
〔辰汴繻の〕皇を尊んで、また、「辰汴繻翅報」といいました。〔神祖の〕神子や神孫で四方に国を営んだものは、初めは皆このとおりの呼称を用いたのでした。

「神子神孫」*
　「神子」とは「『神祖』の御子」の意義に、
　「神孫」とは「『神祖』の子孫」の意義に解されます。

「弗菟毘」および「蓋瑪耶」について、浜名は以下のように解説しています。

（浜名の解説の口語訳：拙訳）
「廟の名とされる『弗菟毘』は、字面の上では『ホトヒ』と読むべきであるが、ここでは『フトヒ』と読んで『太霊』の意味と理解する。『蓋瑪耶』は『高天使鶏』から意味を取った宮廷の名であろう、『耶』は『宮』である、すなわち宮廷名〔『蓋瑪耶』〕の意味は『高天宮』ということなのであろう」[4]

(浜名寛祐『神頌契丹古伝』八幡書店、2001、311 ページ) より

「民」を称して「韈珂洛」というとありますが、「韈珂洛」は「韈」と「珂洛」で成り立っています。「韈」とはどのような意味でしょうか。浜名の解説を以下に掲げます。

（浜名の解説の口語訳：拙訳）
「民を『タカラ』と称することは我が古典にもあり、『大宝』の優呼さえあるが、その『タカラ』は珠玉財貨の宝に例えての美称であり、親しみの意味だけでなく、大切にする意味が含まれていると理解されている。この本章にある『タカラ』はそれ

とは意味が違う『国神族(くにのかみつやから)』の意味に取れる、『韃(た)』は檀君神話にも『都を白嶽山阿斯達(アシタ)に移す。また今弥達(キミタ)と名づけた』とあり、その他にも『達(タ)』字のつく地名が少なくない。『魏志』ではこの『阿斯達(アシタ)』を『月支国(タシタ)』と訳しているが、確かに『達(タ)』は国の意味と思える。我が国の地名にはこの『達』を『田』字によって表しているが、仮に字を替えて見ると碩達(大分県)(おおいた) 阿含達(即ち県)(あがた) 等となる。これから考えると昔の日本語の『田』の意味は、必ずしも『水田』の意味ではなく、『ある広い地域に対する呼び名』がもともとの意味であったから、小さければ村落を、大きければ郡や国を『田』と呼んでいたのであろう。『珂洛(から)』の『珂(か)』は『憂珂旻(カカミ)(日神体(かか))(み)』の『珂(か)』、すなわち『神(か)』であれば、『カラ』とはすなわち『神族(から)』の意味と知ることができ、財宝に例えた比喩(たと)(ひゆ)的美称でもなく、形容的優呼でもなく、『国(くに)の神(か)の族(やから)』実質そのままの直接的で単純な名称である。日本の古典『タカラ』の意味について、喜田博士は次のように言われた。

　　農民のことを古い言葉では『おほみたから』と云っていた、これまで普通に国学者の解釈(かいしゃく)では、農民は国家の宝(たから)である、天皇の大御宝(おほみたから)であるという説明に満足していたが、これはどうも間違っているようである。『おほみたから』とは天皇の大御田(おほみた)の『やから』ということであろう、原則として日本の田地はみな天皇の御所有で即(すなわ)ち大御田(おほみた)である、また『から』は、『やから』・『うから』・『ともがら』等の『から』で『族』という意味であるから、つまり農民のことを『おほみたから』と申したのである（民族と歴史）」[5]

　　　　　　　　　（浜名寛祐『神頌契丹古伝』八幡書店、2001、312–313 ページ）より

「昔の日本語の『た（田）』は、必ずしも『水田』の意味ではなく、『ある広い地域に対する呼び名』がもともとの意味であった」とする浜名の解説に従い、筆者は『韃(た)』を『広い地域』と解します。そのように解すると『韃珂洛(たから)』とは『広い地域に住む神族(から)』・『領域の民』すなわち『領民』という意味になります。

「辰沨固朗」、「韃珂洛」、「固朗」・「珂洛」の語義は、各々以下のような意義に対応することがわかります。

　　　　　　　「辰沨固朗(しうから)」　　⇔　　「東大神族(しうから)」
　　　　　　　「韃珂洛(たから)」　　⇔　　「領民」
　　　　　　　「固朗(から)」・「珂洛(から)」　⇔　　「神族(から)」

60

「神族」は「古代『辰氿繼』の住民」の義で、「辰氿固朗」および「韃珂洛」の総称と解されます。

5）「神祖」の別名と別号ならびに「辰氿氏」の二宗家の発祥

第五章には「神祖」の別名・別号と「神祖」を始祖とする「辰氿氏」の二つの宗家が発祥したことが記されています。

「　　第五章　辰氿氏の起原
或云神祖名圖己曳乃訶斗號辰氿須瑳珂
初降於鼞父之陰聿肇有辰氿氏居於鞅綏之陽載還有辰氿氏是爲二宗
別嗣神統顯于東冥者爲阿辰氿須氏其後寧義氏著名五原諸族之間
　　　　　譯　文
或は云ふ。神祖名は圖己曳乃訶斗。號は辰氿須瑳珂。
初め鼞父之陰に降り、聿に肇めて辰氿氏あり。
鞅綏之陽に居り。載　還辰氿氏あり。是を二宗と爲す。
別に神統を嗣いで東冥に顯る、者を。阿辰氿須氏と爲す。
其後寧義氏。名を五原諸族の間に著はす。」

　　　　　　　　　　　　（浜名寛祐『神頌契丹古伝』八幡書店、2001、321 ページ）

　　　「譯文」の口語訳（拙訳）
あるいはいう。神祖の名は図己曳乃訶斗。号は辰氿須瑳珂。
初め医父の陰（医父〔嫛山〕の北側の意か）に降り、〔そこに居城を構え〕
ここに初めて辰氿氏（本書は以下「医父辰氿氏」と呼ぶ）が発祥した。
〔のちに神祖は〕鞅綏の陽（葦の生い茂った川の北岸の意か）に居〔城を移〕し、
また辰氿氏（本書は以下「鞅綏辰氿氏」と呼ぶ）が発祥した。
これらを二つの宗家とした。
別に神統を継いで東冥に顕れた王家を阿辰氿須氏とした。
その後裔の寧義氏は五原の諸族の間にその名を馳せた。

第三章では「日孫」の降臨が記され、「日孫」の名を「阿珉美・辰氿纑翅報・順瑳檀弥固」としています。また、「日孫」は「神祖」となったと記しています。

　第五章は「神祖」の名を「図己曳乃訶斗」、号を「辰氿須瑳珂」としています。浜名は「神祖」の別号「辰氿須瑳珂」は「東大清白神」の義で、「清白神」は「須佐之男」に投影されたとみています[6]。「神祖」とは「『辰氿氏』の二宗家の始祖である祖神（神として祭る祖霊）」の義に解されます。「神祖」の別号「辰氿須瑳珂」：「東大清白神」は神となった「日孫」の諡号（諡：おくりな）と解しておきます。

　「東冥」について浜名は、「東冥は荘子の北冥有㆑魚の註に冥は溟也とあるによりて、我が東海を言へるものなりと知る」[7]：「東冥は荘子の『北冥有㆑魚』の注に『冥』は『溟』(海）なりとあるので、我が国の東海（太平洋）を言ったものであると知った」と解説していますが、筆者は「東冥」は古代の中国を基点にしての東海であり、今日の渤海を指すと考えます。

　『神頌契丹古伝』第一章〜第五章に記載の伝承を有する勢力とは「辰氿纑」であったと解されます。

3　「古頌」の発見と『頌叙』編纂の経緯

1）「古頌」の発見

　本節ではここまで、『頌叙』の解読書である『神頌契丹古伝』をもとに、『頌叙』に記録された「辰氿纑」の伝承についてご紹介してきましたが、『頌叙』とはどのような性格の文書なのでしょうか。『頌叙』編纂の端緒は会同元年（938）六月乙酉、「医巫閭山」で得られた奎瓏石の表面の紅紫繊細な文様により自然に描かれた文（すなわち「古頌」）の発見にありました。契丹王家の元祖である「神子奇契丹燕」と所縁の深い医巫閭山で発見された「古頌」の解読とからめて、応天太后が諸学士に、「誰かよく契丹の源流を究め、その宗支（宗家と支流：系譜）を説明できる者はいないのか」と問われたことを受け、当時の契丹国の学士が総力を挙げて編纂した文書が『頌叙』です。

　契丹は紀元10世紀に王の耶律阿保機が大契丹国を建国し、北はタタル、ケレイト、南は甘州のウィグル王国を攻め、東は渤海国を滅ぼし東丹国を建て、あとを継いだ太宗徳光は満州からモンゴル高原東部にまで及ぶ帝国を築き、国号を「遼」と改めました。

第1章　考古学の成果からみえてきた辰国移動の軌跡

『神頌契丹古伝』の第四十一章・第四十二章に「古頌」発見の経緯が、第四十六章に『頌叙』編纂の経緯が記されていますのでご紹介します。

「　　第四十一章　丹鶏の祥に因り契丹古頌を得
　天顯元年元朔太祖天皇王拜日乎東閣丹鶏從日邊降翔旋閣上
　勅使旁求其所止未得
　會同元年六月乙酉丹鶏復現因得奎瓏石于毉巫閭山
　紅紫綾細自然成文即古頌也
　　　　　　　譯　　文
　　天顯元年元朔。太祖天皇王。日を東閣に拜す。丹鶏日邊より降り。閣上に翔旋す。
　　勅して旁く其の止まる所を求めしむ。未だ得ず。
　　會同元年六月乙酉。丹鶏復た現はる。因つて奎瓏石を毉巫閭山に得。
　　紅紫綾細。自然に文を成す。即古頌なり。」

　　　　　　　　　　　　　（浜名寛祐『神頌契丹古伝』八幡書店、2001、651ページ）

　　　　「譯文」の口語訳（拙訳）
　　天顯元年（926）元日、
　　〔契丹国の〕太祖（耶律阿保機）天皇王は、東の楼閣から初日を拝した。
　　丹鶏（朱鷺と思われる）が日の辺りから舞い降りて来て、
　　楼閣の上空を〔ゆっくり〕旋回し〔どこかへ翔んでいっ〕た。
　　〔めでたい兆しであるにちがいないと〕勅命を下して、
　　広くその丹鶏の居場所を探させたが、わからずじまいであった。
　　〔代が替わって太宗徳光の〕会同元年（938）六月乙酉、丹鶏がまた現れた。
　　すると、ひとまたぎ程の大きさの光り輝く石が医巫閭山で発見された。
　　〔その石の表面の〕紅がかった紫色の繊細な文様が自然に文章になっていた。
　　その文章が「古頌」である。

「　　第四十二章　契丹の太宗古頌を神廟に進む
　皇上喜然曰
　朕之先者出自神子奇契丹燕矣所謂炎帝者是也
　五原於今不克復之何以能見哉朕當輒善也
　於是新興神廟于明殿之領親齋進頌

譯　文

皇上※太宗德光※喜然として曰く。

朕の先は神子奇契丹燕より出でたり。謂はゆる炎帝は是なり。

五原※日孫の支那古五原※今に於て之を復する克はずんば、何を以て能く見へんや。

朕當に輙ち善くすべきなりと。

是に於いて新に神廟を明殿の領に興し。親ら齋して頌を進む」

（浜名寛祐『神頌契丹古伝』八幡書店、2001、654–655 ページ）

「譯文」の口語訳（拙訳）

皇上（太宗德光）が

〔医巫閭山で「古頌」が発見されたことを大いに〕喜んでいうには、

「自分の先祖は神子奇契丹燕より出た。

〔神子奇契丹燕とは〕いわゆる炎帝のことである。

〔失った〕五原（日孫の支那古五原）の地を今こそ回復できなければ、

どうして〔神廟に祀った先祖に〕顔向けできようか。できるわけがない。

自分は、早速〔五原の地を回復するよう〕尽力しなければならない」と。

そこで、新しく神廟を明殿の領域内に築造し、皇上自らが身を清めて、

「古頌」を神前に供えた。

　「古頌」は契丹国の会同元年（938）に「医巫閭山」で発見された奎瓏石の表面の文様によって自然に描き出されていたとされていますが、これは「古頌」の神秘性を高めるための修辞的表現であり、実際は人の手になる碑文であったと思われます。第四十一章の「医巫閭山」は遼河平野西方の遼寧省北鎮市西部に位置する今日の医無閭山に比定されます。『神頌契丹古伝』第二十四章（本書第2章第1節第7項に掲出）に「言い伝えによると、翳父婁（医巫閭）は奚契旦爰が〔神事のための〕神聖な杙（真杙）を打った所であり、また、奚契旦爰は神子耆麟馭叡の別号であるという」とあり、「翳父婁」は契丹王家の元祖である「神子奇契丹燕」が神事のための神聖な杙を打った所と伝承されています。「医巫閭山」は「神子奇契丹燕」所縁の地である「翳父婁」の地と信じられていたことから、その由緒ある「医巫閭山」で「古頌」が発見されたことを、皇上（太宗德光）は大いに喜んだわけです。しかしながら、「神子奇契丹燕」が神事のための神聖な杙を打った所と伝承されている「翳父婁」は、『神頌契丹古伝』第五章の「瞖父之陰」の「瞖父」（「医父〔婁山〕」）であり、次節第3項2）および第2章第8節第2項で述べ

るように、古代より泰山と共に古代の天子が封禅の祭祀をおこなったとされる中国山東省にある梁父〔山〕（泰山の東南20kmに位置する徂徠山の南麓）と考えます。すなわち、「医父〔婁山〕」は中国山東省から遼河平野西方の「医巫閭山」への地名遷移（集団の移動に伴い、なじみの深い地名も共に移されること）がなされたと推測されます。

それはさておき、明殿について浜名は次のように解説しています。

（浜名の解説の口語訳：拙訳）
「明殿は太祖の墓の側にある宮殿の名で、『五代史』には次のように記述している。
　その国の君主が亡くなって葬ると、その墓の側に宮殿を建てる。
　これを明殿といい、時々に〔亡き国君に〕文書を奉り、日常のふるまいは、生きている人にお仕えするようにふるまう。
　明殿学士一人を置き、答書詔を掌らせ、国に大きな祝い事や弔い事がある毎に、学士は『先君の命』として文書を作成し、〔現在の〕国君にお渡しする。
　その文書は常に『子である皇帝に告げる』という〔書き出しで始まる〕。
　以上から、明殿がどれほど尊厳であるかを充分に知ることができる。」[8]

（浜名寛祐『神頌契丹古伝』八幡書店、2001、659ページ）より

2）『頌叙』編纂の経緯

契丹国の名臣耶律羽之によって『頌叙』が撰録編纂されるに至った経緯は次のように記されています。

「　　第四十六章　契丹の應天太后神頌を琴曲に上す

應天太后徵諸學士曰

太祖有言我先世葛禹圖可汗冒稱乎神賚之甲

可汗其義猶言日神之體也誰能究源流辨宗支者因問頌義

學士恐惶對曰隔世既杳語音亦革雖旁求匪懈古義未可遽攷也

太后曰韻心所通神必能格輒攪而上諸琴命樂人作譜

嚠渺森嚴眞是神韻也臣羽之謹錄竝爲之叙傳云會同五年六月日

譯　文

應天太后。諸學士を徴して曰く。

太祖言へることあり。

我が先世葛禹圖可汗〔遼史には葛烏菟可汗〕稱を神賚の甲に冒し〔葛禹圖は即かぶと〕

可汗其義猶日神之體と言ふが如しと　本頌叙は冒頭に鑑を掲揚し、中間に洲鑑を引いて東族史傳の終始を明かにし、

此に可汗の原義の鑑なるを謂ひ、以て収束す、照應頗る妙、誰か能く源流を究め宗支を辨ずる者ぞ。

因って頌の義を問はる〔前出古頌の意義〕。學士恐惶して對へて曰く。

世を隔つること既に杳かに。語音亦革まる。

旁求懈るにあらずと雖。古義未だ遽に攷ふ可からざるなり。

太后曰く。韻心通ずる所。神必能く格らんと。

輒ち攬つて而して諸を琴に上せ。樂人に命じて譜を作らしむ。

嚠渺森嚴。眞に是れ神韻なり。

臣羽之謹んで錄し。竝に之が爲に傳を叙づと云ふ。會同五年六月日。」

　　　　　　　　　(浜名寛祐『神頌契丹古伝』八幡書店、2001、673-674 ページ)

　　　「譯文」の口語訳（拙訳）

応天太后（契丹の太祖阿保機の后、太宗徳光の母）が諸学士を召し集めて、次のように言われた。

「太祖が〔生前に〕言われたことがある。自分の先祖である葛禹図可汗（遼史には葛烏菟可汗とある）は神からの賚である甲（鎧）に名を借り（葛禹図は即かぶと）、また、可汗の意義は『日神之体』であると。（本頌叙は冒頭に鑑を掲揚し、中間に洲鑑を引いて東族史伝の終始を明かにし、ここに可汗の原義が鑑であることを言って、収束している。照応が絶妙である）

誰かよく契丹の源流を究め、その宗支（宗家と支流：系譜）を説明できる者はいないのか」と。

また、そのこととも関連して「〔古〕頌」の意味をお尋ねになられた。（〔第四十三章～第四十五章に〕前出の「古頌」の意義）

学士たちが恐れ謹んで答えて言うには、

「〔「古頌」が現れ出た時から〕年月がかなり過ぎたせいで、言語の発音もまた変わってしまったものと思われます。広く文献を探し求めましたが、古語の意味を直ぐには考え出すことができません」と。

太后は「語音の響きが心に通ずれば、神は必ず、うまく解明できるようにして

下さるでしょう」と言われると、手に取って〔「古頌」を〕琴にのせ、楽人に命じて楽譜を作らせた。〔でき上がった〕楽曲の響きは嘐渺森厳。まことに、それは神の音色であった。臣下である羽之は謹んで「古頌」を採録すると共に、「古頌」のための伝を述べたと云う。会同五年（942）六月　日。

　耶律羽之の没年は会同四年（941）とされていますので、黄寺に保管されていた『頌叙』の写し〔のもと〕は羽之の没した翌年に書写されたものであることがわかります。『頌叙』に撰録された古伝旧記の多くは契丹本来のものではなく、その由来については、本書第２章第10節第５項7）に後述するように、馬韓（旧辰国勢力）から靺鞨、さらには渤海国を経て契丹国にもたらされたものと思われます。また、「古頌」の語義を契丹の学士たちが解読できなかったことから、「古頌」は契丹語で書かれたものではないことがわかります。「古頌」の刻まれた石碑はその昔、「辰沄繻」の関係者によって「医巫閭山」に建立されたものと思われます。それでは、『神頌契丹古伝』第四十三章～第四十五章に記載の「古頌」を以下にご紹介します。

３）「古頌之一～古頌之二」

　『神頌契丹古伝』第四十三章の「古頌之一」および第四十四章の「古頌之二」については、原文と浜名の「音譯」（音訳）を掲出します。浜名は「古頌之一」・「古頌之二」についての義解も試みていますが、「此等神頌は音誦すべく義解すべからざる者なのであらうから、之が義解を試みんは當らぬことであらう」[9]：「これらの『神頌』は、音誦するものであって、意義を解明するものではなかろうから、これらの義解を試みるのは不適当なことであろう」と述べています。

　「古頌之一」・「古頌之二」いずれも「辰沄繻翅報」の文言で始まることから、「辰沄繻翅報」（東大国皇）を讃美する内容と推察されます。

「　　第四十三章　古頌之一
　頌云
　辰沄繻翅報幹南易羅祺駿蔘冉謨律辨扈陪蘊杜乍喃吟綿杜乍喃蜜
　　　伊寧枚薰汝枚氣冉満婆載娜摩矩泥克羊袁暘弭沘緬。

音　譯
辰汯繿翅報。幹南易羅祺。駿蔘冉謨律辨扈陪。
蘊杜乍喃吟。綿杜乍喃蜜。伊寧枚薫汶枚氣冉。
滿婆載娜摩矩泥克。羊裦暘强沚緬。」

（浜名寛祐『神頌契丹古伝』八幡書店、2001、659–660 ページ）

「　第四十四章　古頌之二
辰汯繿翅報幹南遏浪祺億扈瑪尹冉濟紆凱湄烏架樂遊絶斿麗奄斿例
幹浸播圭婁可洛資斿麗絆斿例耶那奈資婁可洛固牟畢滿呂魏克遏浪謨納岐緬

音　譯
辰汯繿翅報。幹南遏浪祺。億扈瑪尹冉濟。
紆凱湄烏架樂遊。絶斿麗。奄斿例。幹浸播圭婁可洛。資斿麗。絆斿例。
耶那奈資婁可洛。固牟畢滿呂魏克。遏浪謨納岐緬。」

（浜名寛祐『神頌契丹古伝』八幡書店、2001、667–668 ページ）

4）「古頌之三」

『神頌契丹古伝』第四十五章「古頌之三」については、原文と浜名の「音譯」および「訓譯」（訓訳）を掲出します。

「　第四十五章　古頌之三
辰汯繿翅報案斜跋岐賣申鼇倪叔斿厲珂洛秦弁支廉勃刺差笏那蒙緬

音　譯
辰汯繿翅報。案斜跋岐賣申鼇倪叔斿厲。
珂洛秦弁支廉。勃刺差笏那蒙緬 。

訓　譯
東大國君靈。神しき聖にしふる。神族統治す。群醜猶召す 。」

（浜名寛祐『神頌契丹古伝』八幡書店、2001、670 ページ）

読者諸氏には、この「古頌之三」の文言「辰汯繿翅報案斜跋岐賣申鼇倪叔斿厲珂洛秦

第1章　考古学の成果からみえてきた辰国移動の軌跡

弁支廉勃剌差笏那蒙緬」に似た文言をどこかで目にした記憶がおありではないでしょうか。お察しのとおり『魏志』韓伝の辰王に対する優呼「臣雲遣支報安邪踧支濆臣離児不例拘邪秦支廉」です。この優呼について浜名は、「是れ辰王に對して臣智等が斯ういふ優呼（尊稱の詞）を奉ると云ふのである」[10]：「これは辰王に対して臣智等が、こういう優呼（尊称の詞）を差し上げるというのである」と述べています。また「臣智」に注して「辰の爵名王侯の稱」[11]：「辰の爵名で王・侯の称」と説いています。「古頌之三」の浜名の「音譯」は、後述する『日韓上古史裏面』の著者西川權氏による『魏志』韓伝の「辰王に対する優呼」の音訳におおむね従ったものです。

　それでは、西川權氏による『魏志』韓伝の「辰王に対する優呼」の音訳の検討に入る前に、まずは「古頌之三」の浜名の「訓譯」からみていきたいと思います。

　「古頌之三」の浜名の「訓譯」を再掲します。

訓　譯
東大國君靈。神しき聖にしふる。神族統治す。群醜猶召す。

浜名は「古頌之三」について次のように解説しています。

（浜名の解説の口語訳：拙訳）
「　本頌は前の二つの頌（古頌之一・二）と大いに歌調を異にするが、やはり東大国君霊と起し、召すと結んであるから、同一時代に於ける同格の歌頌に違いないであろう。それにしても『聖にしふる』がたいそう妙である、前二頌にはこの『にし』というような助副詞が見えていないのに、本章にこれがあるのが不思議でならない。これはまったく我が国の古い言葉である。その『ふる』の意味も千早振る神、櫛振る稲田姫などの振るである、群醜は異族に対する貶称であり、神族を統治し且つ異族をも治しめすと讚美したもの、古韓語*に海島の異種を州胡といったのも、また醜の意味に解される、本頌は『魏志』韓伝にも載っている。」[12]

（浜名寛祐『神頌契丹古伝』八幡書店、2001、670–671 ページ）より

「古韓語」＊
　　浜名は『魏志』韓伝等の記述の中に垣間見える非漢語（辰王に対する優呼「臣雲遣支報、安邪踧支濆臣離児不例、拘邪秦支廉」や「臣智」・「邑借」・「州胡」などの語）を

　　　　　古韓語とみています。

　浜名は「案斜跛岐」を「あやしき」と音訳し、「神しき」と訓訳しています。上代日本語「あやし」の意義は白川静著『字訓』に拠ると、

「あやし【霊(靈)・異・怪・奇】
　　霊妙でふしぎである。常識では理解し難いようなことに対して、驚きの感情をもつことをいう。・・・〔霊異記、上四〕に『奇異之事』とあり、〔名義抄〕に『神カミ、クスシ、アヤシ。靈アヤシ、メツラシ、カミ。偉・恠・奇アヤシ』とみえる。・・・」
　　　　　　　　　　（白川静『字訓』〔普及版〕平凡社、2010、45-46ページ）

とあり、浜名の「訓譯」にみえる「神しき」は、古くは『類聚名義抄』に用例のあることが知れます。「あやし」に「神」の字を充てたのはなぜでしょうか。
　『広漢和辞典』に拠ると、

「【神】・・・②霊妙ではかり知れない働き。〔廣韻〕神、靈也。
　　　〔易經、繋辭上〕陰陽不ルヲ測ラレ之謂フレ神ト。・・・」
　　　　　　　　　（諸橋轍次他『広漢和辞典中巻』大修館書店、1987、1388ページ）

とあり、〔廣韻〕は「神は霊である」としていることから、そもそも漢語としての「神」に「霊妙」の意義があったことがわかります。そこで、我が国では「あやし」に「霊」や「神」の字を充て「霊アヤシ・神アヤシ」と訓ませたわけです。
　「聖ひじり」、「振る」は同じく白川静著『字訓』に

「ひじり【聖(聖)】
　　神秘な霊力をもつ人。『ひ』は日また霊、『しり』は知る、また占るの意。
　　わが国ではもと天皇の意に用い、のち仙・仏の行者をいう語となった。・・・」
　　　　　　　　　　（白川静『字訓』〔普及版〕平凡社、2010、609ページ）

「ふる【振・震】
　　四段。小さくふり動かす。ゆり動かすことによって、その生命力がめざめ、

発揮されると考えられた。招魂のことを『みたまふり』、神霊のあらわれることを『みたまのふゆ』のようにいう。・・・」

(白川静『字訓』［普及版］平凡社、2010、636 ページ)

とあります。

なお、『魏志』にはない「古頌之三」の第四句「勃刺差笏那蒙緬」を浜名は「むらしこなもめ」と音訳し、上代日本語に即して「群醜猶召す」と訓訳しています。現代語に直すと「諸々の異族までをも支配されます」となります。

「古頌之三」の浜名の「訓譯」を現代語に訳してみます。

(「古頌之三」の浜名の「訓譯」の現代語訳：拙訳)
　東大国君霊（辰沄縺翅報）、神秘な霊力をもつ貴いお方であり、祖神の御霊をお招きし、神族を統治されるだけでなく、諸々の異族までをも支配されます。

4　なぜ「辰沄縺」は辰国の国号であるといえるのか

1）『魏志』韓伝の「臣雲遣支報」は「辰沄縺翅報」と同音同義だった

ところで、本節の節題でもあります「辰国の国号は『辰沄縺』であった」という根拠はどこにあるのでしょうか。それは「第四十五章　古頌之三」にある「辰沄縺翅報」の文言と『魏志』韓伝の辰王の「優呼」中にある文言「臣雲遣支報」が照応することにあります。

それでは、「古頌之三」の文言と『魏志』韓伝記載の辰王の優呼とを浜名がしたように比較対照してみましょう。

		しうく　しふ	あやしき　ひしりに　しふる
「古頌之三」	「辰沄縺 翅報	案斜踧岐	貢申鼇倪 叔胯厲
	⇕	⇕	
		しうく　しふ	あやしき　ひしりに　　ふる
『魏志』韓伝	「臣雲遣 支報	安邪踧支	濆臣離児 ○不例

```
                        から すべ しら      むら しこ なもめ
「古頌之三」    珂洛 秦弁 支廉    勃刺 差笏 那蒙緬」
                  ⇅              ⇅
                        から す   しら
『魏志』韓伝    拘邪 秦〇 支廉    〇〇 〇〇 〇〇〇」
```

　浜名は「古頌之三」の文言と『魏志』韓伝の辰王の優呼とを比較対照し、次のように解説しています。

　（浜名の解説の口語訳：拙訳）
「右の対照において、『魏志』は第二句に『叔』を脱し第三句に『弁』を脱し、第四句は全然載せていない、そして珂洛（神族）を南韓の拘邪韓国と解し秦弁（統べ）を秦韓のことに取ってその心で字を当てはめたものらしい、第四句が全然見えないのは『魏志』の脱漏であろう、これらの相違はあるが、本頌と『魏志』の言っている所が同一であることはわかる、・・・」[13]

　　　　　　　　　　　　　（浜名寛祐『神頌契丹古伝』八幡書店、2001、671 ページ）より

　「古頌之三」の文言と『魏志』韓伝の辰王の優呼とを比較対照した結果は、「古頌之三」にある「辰沄繾翅報」の文言と辰王の優呼中にある「臣雲遣支報」の文言は照応し、表記は異なりますが同音同義と解されます。すなわち、「臣雲遣支報」は「しうくしふ」と読み、「辰沄繾翅報」と同義と解されます。また、「臣雲遣支報」は辰王であることから、辰王は「辰沄繾翅報」であることになります。
　そこで、仮説6を提示します。

仮説6（H6）：H1×H6
　「古頌之三」の文言「辰沄繾翅報案斜趺岐貢申鼇倪叔胯廬珂洛秦弁支廉」と
　『魏志』韓伝記載の辰王に対する優呼
　「臣雲遣支報安邪趺支濆臣離児〇不例拘邪秦〇支廉」との比較対照において、
　「古頌之三」の文言と辰王に対する優呼とは照応し、
　「古頌之三」の「辰沄繾翅報」の文言と辰王に対する優呼「臣雲遣支報」とは同音同義と解される。すなわち辰〔国〕王は「辰沄〔繾〕翅報」である。

仮説6より「辰沄縐翅報」と「臣雲遣支報」とは同音同義であり、辰〔国〕王は「辰沄〔縐〕翅報」であることから、「辰国」と「辰沄縐」とは同義となります。浜名は「辰は辰沄縐の略称である」[14]と述べています。中国の国名は一字名称が通例ですから「辰沄縐」を一字で「辰」と略称したものと思われます。「辰」は中国側からの表記呼称であり、辰の国号は「辰沄縐」であったといえます。

そこで、仮説6^{-2}を提示します。

　仮説6^{-2}（H 6^{-2}）：H 1×H 6×H 6^{-2}
　　仮説6より、辰〔国〕王は「辰沄〔縐〕翅報」であるから、
　「辰国」と「辰沄縐」は同義である。
　　すなわち、辰国の国号は「しうく（辰沄縐）」であり、
　　中国側からの呼称表記である「辰〔国〕」は「辰沄〔縐〕」の略称である。

仮説6および仮説6^{-2}の成立を前提に、特に断りなく「辰沄〔縐〕翅報」（辰〔国〕王）・辰〔国〕王（「辰沄〔縐〕翅報」）・辰国（「辰沄縐」）等と補記することがありますのでご了承願います。

因みに、「古頌之三」の文言には『魏志』韓伝記載の辰王の優呼中にない文言があることから、「古頌之三」の文言が『魏志』韓伝からの引用でないことは明らかです。次節で考察するように「辰沄縐」の起源は古く、「辰沄縐翅報」は「辰沄縐」の「翅報」（皇）に対する伝統尊称として古来より使用されてきたと考えられます。仮説4^{-3}により、辰国は前一千年紀に亘って、燕山山脈の南→燕山山脈の北→遼西→遼東→朝鮮半島→日本という経路を辿って移動したとするならば、「医巫閭山」（遼河平野西方に位置する今日の医無閭山に比定）で発見されたという「古頌之三」の文言の方が『魏志』韓伝記載の魏代の辰王の優呼より古形であるといえそうです。

2）『魏志』韓伝の辰王の優呼の解読について

それでは、『魏志』韓伝の辰王の優呼の解読について検討したいと思います。「古頌之三」の文言に照応する辰王の優呼を含む『魏志』韓伝の一節を抄出します。

『魏志』韓伝
「辰王治月支国。臣智或加優呼臣雲遣支報安邪踧支濆臣離児不例拘邪秦支廉之号」

東洋文庫『東アジア民族史Ⅰ』はこの一節を次のように訳しています。

「辰王は月支国〔に都をおき〕統治していて、臣智あるいは特殊な呼称として臣雲〔新国の〕遣支報、〔弁辰〕安邪〔国〕の踧支、濆臣離児（臣濆活）〔国〕の不例、〔弁辰〕拘（狗）邪〔国〕の秦支廉の号がある⁽三⁾。
・・・　・・・　・・・
　注三　この部分の読み方は従来不明とされていたが、ここでは震檀学会『韓国史』古代編の解読にしたがった。」

（井上秀雄他訳注『東アジア民族史Ⅰ』東洋文庫、平凡社、1995、197ページ）

全榮來氏はこの「優呼」を次のように解読しています。

「　三国志、韓伝に辰王臣智の優号がのっている。
　『辰王治目支国、臣智或加優号、臣雲・遣支報、安邪・踧支濆、臣離児・不例・拘邪・秦支廉之号』
　私は、既に、『百済南方境域の変遷』(1986) という論文で、上のように句読し、且つ次のように解読を試みたことがある[21]。
　『臣雲・遣の支報であり、安邪・踧の支濆であり、臣離児・不例・拘邪・秦の支廉という号である』
　支報 (Chih-pao)・支濆 (Chih-fen)・支廉 (Chih-lien) などは俟汾 (Chi-fen) と同語である。皆君長を指す語である[22]。臣雲は、『臣雲新国』、遣 (Chien)・秦 (Chin) は『秦韓』、安邪は『安邪国』、踧は韓音『적―텩』、日音『テキ』で、卓・啄国に当てられる。
　拘邪は『狗邪国』（金海）、臣離児は恐らく『斯廬国』（斯羅、新羅）に当たると思われる。
　不例は東部都尉治であった『不耐城』、後の『比例忽』（安邊）に比定される。三国志に『不耐濊侯、至今猶置功曹・主簿、諸曹皆濊民作之』といっているように、不耐・不例は濊の侯城であった。」[15]

第 1 章　考古学の成果からみえてきた辰国移動の軌跡

(全榮來『韓国青銅器時代文化研究』北九州中国書店、1991、333-334 ページ)

　『神頌契丹古伝』に引用された『日韓上古史裏面』の著者西川權氏はこの「優呼」を次のように音訳しています。

　　(西川權氏による「優呼」の音訳)
　　「臣雲遣支報・安邪踧支濆臣離児不例・拘邪・秦支廉」
　　　シウケ シホ　アヤシキ ヒ シリ ニ フル　　　　　シラス

　西川權氏による「優呼」の音訳の訓訳と、その現代語訳は以下のようです。

　　(西川權氏による「優呼」の音訳の訓訳：拙訳)
　　「臣雲遣支報」、神しき、日占りに、振る、拘邪・秦治す。
　　　シウケ シホ　　あや　　　ひし　　　ふ　　　　　しら

　　(西川權氏による「優呼」の音訳の訓訳の現代語訳：拙訳)
「辰沄繾翅報」(辰国王)、神秘な霊力をもち、日を占い*、祖神の御霊をお招きし、
　しうくしふ　　　　　　　　　　　　　　　　　　　　　　　　　　みたま
拘邪〔韓国〕および秦〔韓〕を治められます。
かや

　　「日を占い」*
　　　　日を占う（日占り）とは、暦〔法〕を司ることと解されます。
　　　　　　　　　　ひし　　　　　　　　　つかさど

　『神頌契丹古伝』に引用された、辰王の「優呼」についての西川權氏自身の解説の一部を以下に掲出します。

(辰王の「優呼」についての西川權氏の解説の口語訳：拙訳)
「　魏志に拠れば馬韓の王号は略して辰王といい、詳しくいえば、その美言的尊称と
　　　　よ　　　　　　　　　　　　　　　　　　　　　　　　　　　　　　くわ
認められる全称は『臣雲遣支報・安邪踧支濆臣離児不例・拘邪・秦支廉』の二十字
　　　　　　　　　　シウケ シホ　アヤシキ ヒ シリ ニ フル　　　　シラス
(此の字面には、あるいは『魏志』伝写の誤りがあるかもしれないが推測できない) にして、
辰王はその頭の臣（辰と臣は同韻同声）字を以て略称したもののようである。
　　原注にいう。拘邪は拘邪韓国名であり秦は秦韓をも領有するという意味であろ
う。・・・　」[16]

(浜名寛祐『神頌契丹古伝』八幡書店、2001、182 ページ) より

75

ところで、震檀学会『韓国史』古代編の解読にせよ、全榮來氏の解読にせよ、「臣雲遣支報」以下の文言を『魏志』韓伝や『魏志』弁辰伝に記載された秦韓や馬韓・弁辰諸国の名と結びつけて、秦韓や馬韓・弁辰諸国の支配者である辰王に対する複数の称号を連ねた尊称として解釈している点で共通しています。これに対して『日韓上古史裏面』の著者西川權氏の解読は、上代日本語に即している点に特徴があります。いずれの解読を是とすべきでしょうか。震檀学会や全榮來氏が「臣雲遣支報」を「臣雲・遣支報」あるいは「臣雲・遣・支報」と区切り、「臣雲」の語義を「臣雲新国」と結びつけて解釈したことは、仮説6により、「臣雲遣支報」が「辰泓繻翅報」と同音同義であることから、「臣雲遣支報」または「臣雲遣・支報」と区切るのが適切であり、「辰泓繻翅報」の語義が「辰国王」であることに照らして明らかに誤りです。他方、西川權氏は「臣雲遣支報」（「辰泓繻翅報」）と音訳し、「辰王」はその略称と解しています。また、『魏志』記載の辰王の優呼中の文言「安邪踧支濆臣離児不例」の解読において、「震檀学会『韓国史』古代編」や全榮來氏が採った「秦韓や馬韓・弁辰諸国の名と結びつける解読法」の場合、牽強付会のそしりを免れず、「安邪踧支濆臣離児不例」を解読できたとは認められません。他方、西川權氏の上代日本語に即した解読法では、「安邪踧支濆臣離児不例」を「安邪踧支濆臣離児不例」と音訳し、「神しき、日占りに、振る」と訓訳することが可能です。『魏志』韓伝の辰王の優呼「臣雲遣支報安邪踧支濆臣離児不例拘邪秦支廉」の解読に関しては、西川權氏の上代日本語に即した解読法に筆者は軍配を上げたいと思います。

3）「古頌之三」の文言「拘邪秦弁支廉」の読解について

　ところで、浜名が「古頌之三」の「辰泓繻翅報案斜踧岐賁申鼇倪叔斿厲珂洛秦弁支廉勃剌差笏那蒙緬」の音訳にあたって、西川權氏の音訳に準じなかった箇所があります。「珂洛秦弁支廉」の文言です。西川權氏の音訳に準じるならば、「古頌之三」中の文言「珂洛秦弁支廉」は領域（国）名等と結びつけて読解すべきところを、浜名は「珂洛秦弁支廉」と音訳し、「神族統治す」と訓訳しています。浜名は「古頌之三」の解読にあたっては終始上代日本語による読解にこだわったともいえます。その上で、〔筆者が推察するに〕浜名は「古頌之三」が古形であり本来の形であるとの認識にもとづき、「〔魏志は〕珂洛（神族）を南韓の拘邪韓国と解し、秦弁（統べ）を秦韓のことに取ってその

第1章　考古学の成果からみえてきた辰国移動の軌跡

心で字を当てはめたものらしい、第四句が全然見えないのは『魏志』の脱漏であろう」
と述べ、「拘邪」は「珂洛」の誤解と推断し、〔「弁」の文言や〕「勃刺差笏那蒙緬」の句
を欠くのは『魏志』の脱漏との見方を示しています。

　浜名は「古頌」の文言を古来より不変との立場に立っているように見受けられますが、
この点については筆者は直ちには同意できません。辰王に対する優呼の文言中に辰王が
支配する領域を述べた箇所があるとするならば、支配領域の変化に応じてその箇所の文
言も変化することが考えられるからです。換言すれば、『魏志』が採取した辰王の優呼
は、辰王が馬韓や弁韓の支配権を失った後の、拘邪〔韓国〕と秦韓（辰韓）のみを支配
していた時点の優呼であるとの解釈も成り立ち得るからです。『魏志』韓伝の辰王の優
呼中の「拘邪」の文言は〔『魏志』による〕「珂洛」（神族）の誤解ではなく、時の辰王
の支配領域であったと解されます。また、「珂洛」・「弁」の文言および第四句の「勃刺
差笏那蒙緬」を『魏志』韓伝記載の辰王の優呼が欠くのは、時の辰王には不要な文言で
あったことによると解されます。時の辰王は「珂洛」（神族）（後出、定義5参照）の多く
を支配できておらず、支配領域に「弁韓」はなく、辰王が支配する「諸々の異族」（周
囲の異民族）など〔もはや〕存在しなかったとの認識からです。

　それでは、「古頌之三」の「珂洛秦弁支廉」を浜名が訓訳したように「神族統治す」
としないのならば、「秦弁」を領域名と結びつけて「『珂洛』（神族）・秦〔韓〕・弁〔韓〕
治す」と訓訳することは可能でしょうか。

　『魏志』辰韓伝に拠ると、秦韓の名称は秦の戦役を避けて韓土に亡命して来た秦人に
因む名称と解されますが、この「亡命秦人」について『頌叙』は異聞を伝えています。
『神頌契丹古伝』第三十三章・第三十四章（本書第2章第7節第5項に掲出）に拠ると、秦
始皇（前210没）の殂後、始皇の太子であった「夫胥（扶蘇）」の子「有扶」が秦人の
一団を率いて、当時遼河平野にあった「辰沄殷」（いわゆる箕子朝鮮）を頼って亡命し
て来たので、「辰沄殷」は領内の「白提奚」にこれを置いたとあり、前195年頃、満の
攻撃を受けた「辰沄殷」王（『魏志』韓伝の引く『魏略』云うところの準王）が辰国に
奔った際、秦氏も随行して辰国に移住したとあるのがそれです。いずれにしろ、秦韓が
辰国に於ける亡命秦人に因む名称であるのならば、秦韓の成立は「辰沄殷」が満に滅ぼ
された前195年頃以降のこととなります。

　仮に、この「古頌之三」が前195年頃以前に記されたものだとすると、「古頌之三」
が記された当時、辰（辰沄繼）の支配領域として珂洛・弁韓はさておき、秦韓が存在し
た可能性は皆無といえます。したがって、「秦弁」を領域名と結びつけて「秦」を「秦

77

韓」、「弁」を「弁韓」と解し、「『珂洛』(神族)・秦〔韓〕・弁〔韓〕治す」と訓訳する余地はなく、明かに浜名の訓訳に軍配が上がります。他方「古頌之三」が前195年頃以降に記されたものであれば、「古頌之三」を辰王が三韓すべてを支配していた時期の辰国の状況を記したものと捉え、「珂洛秦弁支廉」の「秦」を南部朝鮮半島にあった秦韓と結びつけて、「『珂洛』(神族)・秦〔韓〕・弁〔韓〕治す」と訓訳する余地は残されます。しかしながら、秦韓が成立した頃の前漢代の「医巫閭山」(今日の医無閭山に比定)を含む遼河平野方面は、満の朝鮮に支配され、その後は漢の遼東郡(無慮県)に支配され、辰国の領域外である遼河平野西方の「医巫閭山」に「古頌之三」を刻んだ石碑を設置できる可能性は低いと言わざるを得ません。したがって、「古頌之三」の「珂洛秦弁支廉」の訓訳については「神族統治す」とする浜名の訓訳に大いに歩がありそうです。

ところが、「古頌之三」の「珂洛秦弁支廉」の読解に関して思わぬ展開が待ち受けていました。それというのは「古頌之三」の「珂洛秦弁支廉」の文言には伝写の誤りがあり、「秦」は「辰」が本来の文言ではなかったかとの疑いが生じることになるからです。その場合、「古頌之三」の「珂洛秦(「秦」は「辰」の誤伝写：筆者)弁支廉」の文言を「珂洛辰(『秦』を『辰』に訂正：筆者)弁支廉」と訂正した上で、「珂洛辰・弁」を領域(国)名等と結びつける読解法が再浮上することになります。この件については、本書第2章第6節第8項で改めて取り上げたいと思います。

5　「鏡と銅剣のセットを祭器とする祭儀を執り行う、固有のイデオロギーに根ざした祭祀」とは

1）はじめに

前節で『神頌契丹古伝』にその手がかりがあると申し上げた、「鏡と銅剣のセットを祭器とする祭儀を執り行う、固有のイデオロギーに根ざした祭祀」とはどのような祭祀だったのでしょうか。

仮説4⁻²で「鏡と銅剣のセットを祭器とする祭儀を執り行う、固有のイデオロギーに根ざした祭祀」を護持継承する勢力の、前一千年紀に亘る移動の終着点は日本でした。

仮説4⁻²を再掲します。

仮説4⁻²（H4⁻²）：H4×H4⁻²
　　仮説4の
　　「鏡と銅剣のセットを祭器とする祭儀を執り行う、
　　固有のイデオロギーに根ざした祭祀」を護持継承する勢力は、
　　前一千年紀に亘って、燕山山脈の南→燕山山脈の北→遼西→遼東→朝鮮半島→
　　日本という経路を辿って移動した。

　我が国に「鏡と銅剣のセットを祭器とする祭儀を執り行う、固有のイデオロギーに根ざした祭祀」がもたらされた蓋然性は高いといえます。事実、『古事記』中つ巻に、倭建命が景行天皇の命を受けての東征に赴くに先立ち、「伊勢の大御神の宮」に詣でた時、姨の倭比売命は倭建命に「草那芸劔」（草薙剣）を授け、また「もし危急のことがあったならば、この袋の口を解きなさい」[17]とおっしゃって、〔火打石の入った〕「御囊」を授けたとあり、この故事から、「伊勢の大御神の宮」には八咫鏡と「草那芸劔」（草薙剣）の二つ、すなわち鏡と銅剣のセットが奉安されていたことが知れます。我が国の伊勢の皇大神宮で執り行われている神道は、「鏡と銅剣のセットを祭器とする祭儀を執り行う、固有のイデオロギーに根ざした祭祀」の流れを汲む祭祀と考えます。そこで、伊勢の皇大神宮で執り行われている神道を適宜参考しながら、当該祭祀の具体像を順を追って推理したいと思います。

2）祭器としての鏡と銅剣の役割とは

　それでは、「鏡と銅剣のセットを祭器とする祭儀を執り行う、固有のイデオロギーに根ざした祭祀」において、鏡と銅剣は各々どのような役割をもっていたのでしょうか。はじめに、鏡の役割から考えてみたいと思います。

　仮説5⁻²により、「鏡と銅剣のセットを祭器とする祭儀を執り行う、固有のイデオロギーに根ざした祭祀」を護持継承する勢力とは辰国であり、仮説6⁻²により、辰国の国号は「しうく（辰㳛繻）」でした。本節第2項でみたように、『神頌契丹古伝』の伝承記録から「しうく（辰㳛繻）」は「〔日〕神」を崇拝し、鏡を「日神体」と名づけて「〔日〕神」の御神体とする祭祀を有していたことが窺えます。すなわち、祭器としての鏡は「〔日〕神」の御神体の役割を果たしたと考えられます。我が国の伊勢の皇大神宮

（内宮）で執り行われている八咫鏡を御神体とする神道から類推して、鏡は「〔日〕神」の御神体として神殿に奉安されたものと思われます。

祭器としての銅剣の役割については『頌叙』に関連する記載がなく不明です。「祓い」の道具とも考えられますが、「古頌之三」の浜名の「訓譯」にある「神しき聖にしふる」の「ふる」の文言に着目して、本書では「御霊振り（招魂）」の道具と考えておきます。辰王（「辰沄翅報」）は銅剣を佩き、神殿に奉安された「〔日〕神」の御神体である鏡を前にして、銅剣を小さくふり動かし、祖神の御霊を招いたのではないでしょうか。

そこで、仮説7を設けます。

仮説7（H7）：H4×H7

仮説4の
「鏡と銅剣のセットを祭器とする祭儀を執り行う、固有のイデオロギーに
根ざした祭祀」を護持継承する勢力における「鏡と銅剣のセットを祭器
とする祭儀」とは、「鏡を『〔日〕神』の御神体とし、
銅剣を『御霊振り（招魂）』の道具とする祭儀」である。

仮説7の成立を前提とするならば、祭器であった「草那芸釼」（草薙剣）を欠いた伊勢の「大御神の宮」は何を以て「草那芸釼」の代わりとされたのでしょうか。

『日本書紀』垂仁天皇二十七年秋条に、兵器を神祇に祭る（兵器を神宝として奉安する）ようになったのはこの時に始まったと思われるとありますが、厳然たる祭儀上の役割を有する祭器としての銅剣の奉安とはまた別の事柄でありましょう。筆者は、祭祀権者に代わって巫女が「御霊振り（招魂）」をおこなうようになり、銅剣に代わって鈴が「御霊振り（招魂）」の道具となっていたのではないかと推察しています。

3）固有のイデオロギーに根ざした祭祀とは

続いては「固有のイデオロギーに根ざした祭祀」について考えてみたいと思います。「しうく（辰沄繻）」の護持継承する「鏡と銅剣のセットを祭器とする祭儀を執り行う、固有のイデオロギーに根ざした祭祀」における「固有のイデオロギー」とは、どのようなイデオロギーだったのでしょうか。『神頌契丹古伝』第一章〜第五章に記述された「辰

第1章　考古学の成果からみえてきた辰国移動の軌跡

うく」の伝承から推し量ると、「『日祖』の子である『日孫』の降臨によって国が開かれたとする伝承にもとづく、『日孫』を『神祖』とする王統を継ぐ王を戴く自らを『神孫』であるとする信条」と表現できます。

そこで、仮説8および定義1を設けます。

仮説8（H8）：H4×H8

　仮説4の
　「鏡と銅剣のセットを祭器とする祭儀を執り行う、固有のイデオロギーに根ざした祭祀」を護持継承する勢力における「固有のイデオロギー」とは、
　「『日祖』の子である『日孫』の降臨によって国が開かれたとする伝承にもとづく、『日孫』を『神祖』とする王統*を継ぐ王を戴く自らを『神孫』であるとする信条」である。

　　「『日孫』を『神祖』とする王統」*
　　　「『日孫』を『神祖』とする王統」とは
　　　「『日孫』（『神祖』）を始祖とする『辰汎氏』の二宗家の王統ならびに二宗家から分かれた王家の王統」と換言できます。
　　　次節［図2　「日孫」を「神祖」とする王統の系図］で示した、「日孫」（「神祖」）に繋がる王統です。「日孫」（「神祖」）は「『辰汎氏』の二宗家の始祖である祖神（神として祭る祖霊）」です。
　　　二宗家から分かれた王家は別にそれぞれの始祖と祖神を有しますが、「日孫」（「神祖」）の存在に対する認識の有無に関わらず、「日孫」（「神祖」）は、二宗家から分かれた王家にとっての大始祖あるいは大祖神ともいうべき存在にあたります。なお、「日孫」を「神祖」とする王統は辰（辰汎）王統であるとは限りません。

定義1（D1）：D1

　「『日祖』の子である『日孫』の降臨によって国が開かれたとする伝承」を「天孫降臨伝承」という。

仮説8は、定義1の「天孫降臨伝承」の用語を用いると、仮説8^{-2}のように表現することができます。

仮説8⁻² (H8⁻²)：D1×H8：H4×H8
　　　仮説4の
　　　「鏡と銅剣のセットを祭器とする祭儀を執（と）り行う、固有のイデオロギーに根ざした祭祀」を護持継承する勢力における「固有のイデオロギー」とは、「『天孫降臨伝承』にもとづく、『日孫（かも）』を『神祖』とする王統を継ぐ王を戴（いただ）く自（みずか）らを『神孫』であるとする信条」である。

また、定義2を設けます。

　　定義2 (D2)：D2×H8⁻²：H4×H8
　　　仮説8⁻²において、
　　　仮説4の「鏡と銅剣のセットを祭器とする祭儀を執（と）り行う、固有のイデオロギーに根ざした祭祀」を護持継承する勢力における「固有のイデオロギー」とした、「『天孫降臨伝承』にもとづく、『日孫（かも）』を『神祖』とする王統を継ぐ王を戴（いただ）く自（みずか）らを『神孫』であるとする信条」を「天孫思想」という。

また、定義2⁻²を設け、「天孫思想」を有する集団を「天孫族」ということにします。

　　定義2⁻² (D2⁻²)：D2×D2⁻²：H4×H8
　　　「定義2の『天孫思想』を有する集団」を「天孫族」という。

定義2⁻²の「天孫族」は疑似血縁集団であるといえます。
　仮説8⁻²は、定義2の「天孫思想」の用語を用いると、仮説8⁻³のように簡潔に表現することができます。

　　仮説8⁻³ (H8⁻³)：D2×H8⁻²：H4×H8
　　　仮説4の
　　　「鏡と銅剣のセットを祭器とする祭儀を執（と）り行う、固有のイデオロギーに根ざした祭祀」を護持継承する勢力における「固有のイデオロギー」とは「天孫思想」である。

また、仮説4の「固有のイデオロギーに根ざした祭祀(さいし)」の「固有のイデオロギー」を定義2の「天孫思想」に置き換えると、仮説4は仮説4^{-4}のように表現できます。

仮説4^{-4}（$H4^{-4}$）：$D2×H4:H4×H8$
　　前一千年紀の東北アジアにおいて、
　　「鏡と銅剣のセットを祭器とする祭儀を執(と)り行う、
　　『天孫思想』に根ざした祭祀(さいし)」を護持継承する勢力が存在した。

また、仮説4の「鏡と銅剣のセットを祭器とする祭儀を執(と)り行う、固有のイデオロギーに根ざした祭祀」を仮説4^{-4}の「鏡と銅剣のセットを祭器とする祭儀を執(と)り行う、『天孫思想』に根ざした祭祀(さいし)」に置き換えると、仮説4^{-2}・仮説5・仮説5^{-2}は仮説4^{-5}・仮説5^{-3}・仮説5^{-4}のように表現できます。

仮説4^{-5}（$H4^{-5}$）：$H4^{-2}×H4^{-4}:H4×H4^{-2}×H8$
　　仮説4^{-4}の
　　「鏡と銅剣のセットを祭器とする祭儀を執(と)り行う、『天孫思想』に根ざした祭祀(さいし)」を護持継承する勢力は、前一千年紀に亘(わた)って、燕山山脈の南→燕山山脈の北→遼西→遼東→朝鮮半島→日本という経路を辿(たど)って移動した。

仮説5^{-3}（$H5^{-3}$）：$H4^{-4}×H5:H4×H5×H8$
　　前一千年紀の東北アジアにおける鏡と銅剣を組み合わせて副葬する墓は、
　　仮説4^{-4}の「鏡と銅剣のセットを祭器とする祭儀を執(と)り行う、
　　『天孫思想』に根ざした祭祀(さいし)」を護持継承する勢力の王墓である。

仮説5^{-4}（$H5^{-4}$）：$H5^{-2}×H5^{-3}:H1×H3×H4×H5×H5^{-2}×H8$
　　多鈕鏡と細形銅剣を組み合わせて副葬する前一千年紀の朝鮮半島の石槨墓(せきかくぼ)は辰国の王墓であるとする仮説3を敷衍(ふえん)すると、前一千年紀の東北アジアにおける鏡と銅剣を組み合わせて副葬する墓は辰国の王墓であり、仮説5^{-3}の前一千年紀の東北アジアにおける鏡と銅剣を組み合わせて副葬する墓を遺した、仮説4^{-4}の「鏡と銅剣のセットを祭器とする祭儀を執(と)り行う、『天孫思想』に根ざした祭祀(さいし)」を護持継承する勢力は辰国である。

したがって、前一千年紀の東北アジアにおける鏡と銅剣を組み合わせて副葬する墓は辰国の考古学的指標である。
　但し、表4に示した朝鮮半島周縁部の主要遺跡の墓を除く。

　また、仮説4^{-4}の「『天孫思想』に根ざした祭祀」とは、「『日孫』を『神祖』とする王統の祖神を祀り、『日孫』を『神祖』とする王統を継ぐ王を祭祀権者とする祭祀」と考えます。
　そこで、仮説7^{-2}を提示します。

　　仮説7^{-2}（H7^{-2}）：H4^{-4}×H7^{-2}：H4×H7^{-2}×H8
　　　仮説4^{-4}の「『天孫思想』に根ざした祭祀」とは、
　　　「『日孫』を『神祖』とする王統の祖神を祀り、
　　　『日孫』を『神祖』とする王統を継ぐ王を祭祀権者とする祭祀」である。

4）「日神系神道」

　仮説7および仮説7^{-2}により、「鏡と銅剣のセットを祭器とする祭儀を執り行う、『天孫思想』に根ざした祭祀」についての仮説7^{-3}を提示します。

　　仮説7^{-3}（H7^{-3}）：H4^{-4}×H7×H7^{-2}×H7^{-3}
　　　　　　　　　　　　：H4×H7×H7^{-2}×H7^{-3}×H8
　　　仮説4^{-4}の「鏡と銅剣のセットを祭器とする祭儀を執り行う、
　　　『天孫思想』に根ざした祭祀」とは、
　　　仮説7により、「鏡を『〔日〕神』の御神体とし、
　　　銅剣を『御霊振り（招魂）』の道具とする祭儀」を執り行う、
　　　仮説7^{-2}により、「『日孫』を『神祖』とする王統の祖神を祀り、
　　　『日孫』を『神祖』とする王統を継ぐ王を祭祀権者とする祭祀」である。

　ここで定義3および定義4を設けます。

第1章　考古学の成果からみえてきた辰国移動の軌跡

定義3（D 3）：D 3×H 7⁻³：H 4×H 7×H 7⁻²×H 7⁻³×H 8
　　仮説7⁻³の「鏡を『〔日〕神』の御神体とし、銅剣を『御霊振り（招魂）』の道具とする祭儀を執り行う、『日孫』を『神祖』とする王統の祖神を祀り、『日孫』を『神祖』とする王統を継ぐ王を祭祀権者とする祭祀」を「日神系神道」という。

定義4（D 4）：D 3×D 4：H 4×H 7×H 7⁻²×H 7⁻³×H 8
　　定義3の「日神系神道」を護持継承する勢力を「日神系神道勢力」という。

　仮説7⁻³は、定義3の「日神系神道」の用語を用いると、仮説7⁻⁴のように簡潔に表現することができます。

仮説7⁻⁴（H 7⁻⁴）：D 3×H 7⁻³：H 4×H 7×H 7⁻²×H 7⁻³×H 8
　　仮説4⁻⁴の「鏡と銅剣のセットを祭器とする祭儀を執り行う、『天孫思想』に根ざした祭祀」とは、定義3の「日神系神道」である。

　「日神系神道」において、鏡は「〔日〕神」の御神体であることから、「日神系神道」は日（太陽）を神格化し、信仰の対象とした「〔日〕神」崇拝信仰（太陽信仰）と深く結びついていたと推測されます。
　我が国の伊勢の皇大神宮（内宮）で執り行われている神道は、皇祖神とされる天照皇大神を御祭神とし、八咫鏡を御神体とする、固有の祭祀儀礼を備えた信仰体系ですが、定義3の「日神系神道」を淵源とし、その祭儀を継承する信仰体系と考えます。「日神系神道」において鏡は「〔日〕神」の御神体でした。八咫鏡も同じく「〔日〕神」の御神体と解するならば、その根底に「〔日〕神」崇拝信仰を看取することができます。
　『日本書紀』用明紀に次の記述があります。

「壬申、詔曰、云々。以酢香手姫皇女、拝伊勢神宮奉日神祀。是皇女、自此天皇時逮乎炊屋姫天皇之世、奉日神祀。自退葛城而薨。見炊屋姫天皇紀。或本云、卅七年間奉日神祀、自退而薨」
（訓読文）
「壬申に、詔して曰へらく、云々。酢香手姫皇女を以て、伊勢神宮に拝して、日神の祀に奉らしむ。是の皇女、此の天皇の時より、炊屋姫天皇の世に逮ぶまでに、

日神の祀に奉る。自ら葛城に退きて薨せましぬ。炊屋姫天皇の紀に見ゆ。或本に云はく、卅七年の間、日神の祀に奉る、自ら退きて薨せましぬといふ。」

(坂本太郎他校注『日本書紀』下、日本古典文学大系68、岩波書店、1965、154ページ)

用明紀に見える「日神」とは天照大神をさすのではなく、文字通り「日神」であり、伊勢の皇大神宮にあっては、太陽神である「日神」（御神体は「八咫鏡（日神体）」）と皇祖神とされる天照皇大神が並び祀られていると解されます。伊勢の皇大神宮で執り行われている神道は、「〔日〕神」崇拝信仰と皇室の祖先崇拝信仰の融合した祭祀であるといえるのではないでしょうか。

伊勢の皇大神宮の御祭神である天照大神は、垂仁天皇二十五年、伊勢の五十鈴川上の地に鎮座されました。のちに伊勢神宮が「珂洛（神族）」（後出、定義5参照）一般に開かれたことで、天照大御神は日本人の総氏神となって今日に至っています。

5）「日神系神道勢力」および「天孫族」について

定義3・定義4および仮説7^{-4}により、仮説4^{-4}の「鏡と銅剣のセットを祭器とする祭儀を執り行う、『天孫思想』に根ざした祭祀」とは「日神系神道」であり、「日神系神道」を護持継承する勢力とは「日神系神道勢力」であると表現できます。

そこで、仮説9を提示します。

 仮説9（H 9）：D 4 ×H 4^{-4}×H 7^{-4}×H 9

     ：H 4 ×H 7 ×H 7^{-2}×H 7^{-3}×H 8 ×H 9

 仮説7^{-4}により、仮説4^{-4}の「鏡と銅剣のセットを祭器とする祭儀を執り行う、

 『天孫思想』に根ざした祭祀」とは、定義3の「日神系神道」であるので、

 仮説4^{-4}の「鏡と銅剣のセットを祭器とする祭儀を執り行う、

 『天孫思想』に根ざした祭祀」を護持継承する勢力は

 定義4の「日神系神道勢力」である。

仮説9により、仮説4^{-4}の「『鏡と銅剣のセットを祭器とする祭儀を執り行う、『天孫思想』に根ざした祭祀』を護持継承する勢力」を定義4の「日神系神道勢力」に置き換

第1章　考古学の成果からみえてきた辰国移動の軌跡

えると、仮説4^{-4}は仮説4^{-6}のように表現できます。

　　仮説4^{-6}（H4^{-6}）：D4×H4^{-4}×H9：H4×H7×H7^{-2}×H7^{-3}×H8×H9
　　　仮説9により、仮説4^{-4}の「鏡と銅剣のセットを祭器とする祭儀を執り行う、
　　　『天孫思想』に根ざした祭祀」を護持継承する勢力は
　　　定義4の「日神系神道勢力」であるので、
　　　前一千年紀の東北アジアにおいて、定義4の「日神系神道勢力」が存在した。

　また、仮説4^{-5}・仮説5^{-3}・仮説5^{-4}において、仮説9により、仮説4^{-4}の「『鏡と銅剣のセットを祭器とする祭儀を執り行う、『天孫思想』に根ざした祭祀』を護持継承する勢力」を定義4の「日神系神道勢力」に置き換えると、仮説4^{-7}・仮説5^{-5}・仮説5^{-6}となります。

　　仮説4^{-7}（H4^{-7}）：D4×H4^{-5}×H9
　　　　　　　　　　　：H4×H4^{-2}×H7×H7^{-2}×H7^{-3}×H8×H9
　　　仮説9により、仮説4^{-4}の「鏡と銅剣のセットを祭器とする祭儀を執り行う、
　　　『天孫思想』に根ざした祭祀」を護持継承する勢力は
　　　定義4の「日神系神道勢力」であるので、
　　　定義4の「日神系神道勢力」は、前一千年紀に亘って、燕山山脈の南→
　　　燕山山脈の北→遼西→遼東→朝鮮半島→日本という経路を辿って移動した。

　　仮説5^{-5}（H5^{-5}）：D4×H5^{-3}×H9
　　　　　　　　　　　：H4×H5×H7×H7^{-2}×H7^{-3}×H8×H9
　　　仮説9により、仮説4^{-4}の「鏡と銅剣のセットを祭器とする祭儀を執り行う、
　　　『天孫思想』に根ざした祭祀」を護持継承する勢力は
　　　定義4の「日神系神道勢力」であるので、
　　　前一千年紀の東北アジアにおける鏡と銅剣を組み合わせて副葬する墓は、
　　　定義4の「日神系神道勢力」の王墓である。

　　仮説5^{-6}（H5^{-6}）：D4×H5^{-2}×H5^{-5}×H5^{-6}
　　　　　　　　　　　：H1×H3×H4×H5×H5^{-2}×H5^{-6}

×H7×H7^{-2}×H7^{-3}×H8×H9

　仮説5^{-5}より、
　前一千年紀の東北アジアにおける鏡と銅剣を組み合わせて副葬する墓は、
　定義4の「日神系神道勢力」の王墓であり、
　仮設5^{-2}より、
　前一千年紀の東北アジアにおける鏡と銅剣を組み合わせて副葬する墓
　（但し、表4に示した朝鮮半島周縁部の主要遺跡の墓を除く）は
　辰国の王墓であるので、
　辰国は定義4の「日神系神道勢力」である。

　また、仮説7^{-4}より「日神系神道」は「天孫思想」に根ざした祭祀であるので、「日神系神道」を護持継承する「日神系神道勢力」は「天孫思想」を有する勢力であり、定義2^{-2}の「天孫族」を中核とする集団であるといえます。
　そこで、仮説4^{-8}を提示します。

　　仮説4^{-8}（H4^{-8}）：D2×D2^{-2}×D3×D4×H4^{-8}×H7^{-4}
　　　　　　　　　　　：H4×H4^{-8}×H7×H7^{-2}×H7^{-3}×H8

　仮説7^{-4}より、
　「日神系神道」は「天孫思想」に根ざした祭祀であるので、
　「日神系神道」を護持継承する「日神系神道勢力」は
　「天孫思想」を有する集団であり、
　定義2^{-2}の「天孫族」を中核とする集団である。

　仮説5^{-6}より、辰国は「日神系神道勢力」であり、また、仮説4^{-8}により、「日神系神道勢力」は定義2^{-2}の「天孫族」を中核とする集団であるので、辰国は「天孫族」を中核とする国であるといえます。
　そこで仮説8^{-4}を提示します。

　　仮説8^{-4}（H8^{-4}）：H4^{-8}×H5^{-6}×H8^{-4}
　　　　　　　　　　：H1×H3×H4×H4^{-8}×H5×H5^{-2}×H5^{-6}
　　　　　　　　　　×H7×H7^{-2}×H7^{-3}×H8×H8^{-4}×H9

仮説5⁻⁶より、辰国は「日神系神道勢力」であり、また、仮説4⁻⁸により、
「日神系神道勢力」は定義2⁻²の「天孫族」を中核とする集団であるので、
辰国は「天孫族」を中核とする国であった。

6）「天孫族」および「珂洛」(神族)・「辰族」・「辰沄固朗」の概念の
包含関係について

また、「珂洛」(神族)および「辰族」・「辰沄固朗」を次のように定義します。

定義5（D5）：D2⁻²×D5：H4×H8
　定義2⁻²の「天孫族」を中核とする国の〔「天孫族」を含む〕住民を
「珂洛」(神族)という。

また、「日神系神道勢力」の国の住民は定義5の「珂洛」(神族)であるとする、仮説4⁻⁹を提示します。

仮説4⁻⁹（H4⁻⁹）：D5×H4⁻⁸×H4⁻⁹
　　　　　　　　：H4×H4⁻⁸×H4⁻⁹×H7×H7⁻²×H7⁻³×H8
　仮説4⁻⁸より、
「日神系神道勢力」は定義2⁻²の「天孫族」を中核とする集団であるので、
「天孫族」を中核とする「日神系神道勢力」の国の住民は
定義5の「珂洛」(神族)である。

また、「辰族」あるいは「辰沄固朗」を次のように定義します。

定義6（D6）：D2⁻²×D6×H6⁻²：H1×H4×H6×H6⁻²×H8
　辰国（「辰沄繿」）の「天孫族」を、「辰族」あるいは「辰沄固朗」という。

定義6により、以下断りなく「辰族（辰沄固朗）」・「辰沄固朗（辰族）」等と補記
することがありますのでご了承願います。

「天孫族」および「辰族（辰㳒固朗）」の概念の包含関係を図示すると図１-１のようになります。

[図１-１　「天孫族」と「辰族（辰㳒固朗）」の包含関係]

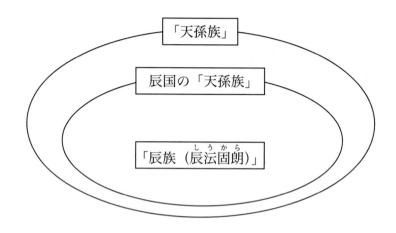

　「珂洛」（神族）と「天孫族」および「韃珂洛」（領民）の概念の包含関係を図示すると、図１-２のようになります。

[図１-２　「珂洛」（神族）ならびに
　　　　「天孫族」および「韃珂洛」（領民）の概念の包含関係]

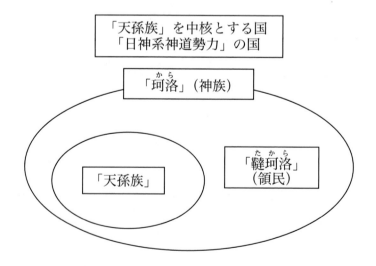

定義5から「珂洛」(神族)とは「『天孫族』を中核とする国の〔『天孫族』を含む〕住民」をいいます。したがって、図1-2から明らかなように「珂洛」(神族)は「天孫族」および「韃珂洛」(領民)を含む概念となります。

6　宝器としての鏡と銅剣が象徴するもの

　定義3の「日神系神道」において、「鏡を『〔日〕神』の御神体とし、銅剣を『御霊振り(招魂)』の道具」としました。鏡と銅剣は祭祀の場においては共に祭器として機能しますが、祭祀の場を離れた鏡と銅剣は各々が宝器であり、それらを保有することは「日神系神道勢力」において特別な意味を有していたと考えられます。また、鏡や銅剣は副葬されたことから、それらの保有者は鏡や銅剣を単に保有していただけではなく所有していたと考えられます。
　宝器としての鏡と銅剣に着目すると、「日神系神道勢力」が遺したと思われる墓の中には鏡と銅剣のセットではなく銅剣を単独(鏡と銅剣のセットの一方を欠くという意味での単独)で副葬する墓が多数見受けられます。その一方で鏡を単独(鏡と銅剣のセットの一方を欠くという意味での単独)で副葬する墓は見受けられません。鏡を副葬する墓には銅剣が共伴します。但し、単鈕無文鏡を出土した南山根M102号墓からの銅剣の伴出を筆者は文献上確認できていません(本書第2章第3節第4項2)参照)。仮説5⁻⁵で前一千年紀の東北アジアにおける鏡と銅剣を組み合わせて副葬する墓を定義4の「日神系神道勢力」の王墓としましたが、鏡を単独で副葬する墓が存在しないであろうことから推すと、「日神系神道勢力」にあっては、鏡と銅剣のセットになってはじめて王位を象徴する宝器として機能したと考えられます。換言すれば、宝器としての銅剣の所有は王位を継承するための必要条件であり、鏡は銅剣所有者の中から選ばれて王となった人物だけに所有が許された、祭祀権(王権)を象徴する格別の宝器であったと考えられます。したがって、王だけに所有が許された鏡は常時祭殿に安置されていたのではなく、祭儀が執り行われる際に限って祭祀権者である王によって祭殿に奉安され、「〔日〕神」の御神体すなわち祭器として機能したと推察されます。
　宝器としての銅剣の所有は王位を継承するための必要条件であると解されることから、宝器としての銅剣は、その所有者が「日孫」を「神祖」とする王統を継ぐ資格がある人物すなわち王位継承権を有する王族であることを表象する役割を担ったと考えま

す。次節でふれるように、兵器は古代「辰氾翅報」(辰王)の象徴でした。そこで、兵器の代表としての銅剣に王位継承者の正統性を象徴させる役割を持たせたのではないでしょうか。

　そこで、仮説10を提示します。

　　仮説10（H10）：D４×H10：H４×H７×H７⁻²×H７⁻³×H８×H10
　　　　定義４の「日神系神道勢力」にあっては、
　　　　宝器としての鏡は祭祀権（王権）を象徴し、
　　　　宝器としての銅剣は王位継承者の正統性を象徴した。

　天照大神（『日本書紀』における表記）を皇祖神とし、「日神系神道」の一典型である皇室神道を主宰し、「三種の神器」の構成要素としての鏡と銅剣のセット¹⁸を継承する我が国の皇室は、「日孫」を「神祖」とする王統を継ぐ王家と思われます。すなわち、我が国には「日孫」を「神祖」とする王統と鏡を「〔日〕神」の御神体とする定義３の「日神系神道」の両方がもたらされた結果、「日神体（体：身）（御神体）」という本来の祭儀上の観念が定着したものと思われます。

　他方、契丹にあっては「神子奇契丹燕」を元祖とする王統となんらかの形で「日神之体」観念がもたらされ、「日孫」を「神祖」とする王統（本書第１章第５節第５項［図２「日孫」を「神祖」とする王統の系図］参照）を継ぐ自ら（契丹）の首長・帝王を神格化し、「日神之体」すなわち「可汗」（前掲『神頌契丹古伝』第四十六章）とする「現人神」観念として発現したものと思われます。

　我が国皇室の「三種の神器」が歴代天皇に継承される伝世品であるのと異なり、前一千年紀の「日神系神道勢力」にあっては、王位を象徴する宝器としての鏡と銅剣のセットは、副葬されたことから推して王個人の所有物でした。鏡や銅剣の製造に携わる技術者集団に対し、どのような地位の人物が、どのような基準の下にそれらの製造を指示し、製造物を管理したのでしょうか。また、鏡や銅剣の配布基準や配布権限と関係することでしょうが、「日神系神道勢力」の王墓の中に複数の銅剣や複数の鏡が副葬される墓が存在する理由も筆者には大きな謎です。あるいは、御神体として用いられた鏡とは別に後述する「鏡と真玉」を懸けた神事に用いる鏡が存在し、複数の鏡がそれぞれ使い分けられていたのかも知れません。

7　紀元3世紀の馬韓諸国では「日神系神道(かかしんとう)」が執(と)りおこなわれていた

　紀元3世紀の魏代の馬韓諸国では「日神系神道(かかしんとう)」が執(と)りおこなわれていたのではないかと思わせる記述が『魏志』韓伝にあります。

『魏志』韓伝
「常以五月下種訖，祭鬼神，群衆歌舞，飲酒昼夜無休。
　其舞，数十人俱起相随，踏地低昂，手足相応，節奏有似鐸舞。
　十月農功畢，亦復如之。信鬼神、国邑各立一人主祭天神、名之天君。
　又諸国各有別邑。名之為蘇塗。立大木、縣鈴鼓、事鬼神。
　諸亡逃至其中，皆不還之，好作賊。其立蘇塗之義，有似浮屠，而所行善悪有異。」

（拙訳）
毎年、五月に種を播(ま)き終えると、鬼神を祭る。人々は寄り集まって、昼夜休むことなく歌い舞い、酒を飲む。
その舞いは、数十人が一緒に起(た)って、互いに付き従い〔移動し〕ながら、足を高く上げたり、低く上げたりして地を踏み、拍子に合わせて手と足でふりをつける。拍子(ひょうし)は鐸舞(たくぶ)のそれに似ている。十月に収穫を済ませると、また同じように祭る。
〔馬韓の人々は〕鬼神(きしん)を信奉(しんぽう)しており、
〔諸〕国邑では、それぞれ一人を立てて天神を祭らせ、
この〔「主祭」者〕を天君(てんくん)と名づけている。
また諸国には、それぞれ別邑（神域）がある。〔そこでは〕蘇塗(そと)と名づけられた、大木を立てて、それに鈴や鼓をかけたものを作り、鬼神に仕えている。
〔事情はともあれ〕その別邑（神域）の中に逃げ込んだら、連れ戻すことはできない。そこで、賊がよく逃げ込むのである。その蘇塗を立てる意義は、浮屠(ふと)（仏塔）を立てる意義に似ているが、一連の儀式や宗教的価値観は異なっている。」

　「鬼神(きしん)」の義は、『広漢和辞典』に拠ると、

「【鬼神】キシン　①死者の霊魂。祖先の霊。〔論語、先進〕季路問フレ事フルヲニ鬼神ニ。
　　　　②神明叡智な神霊。〔易經、乾〕文言ニ曰ク、與二鬼神一合ス其ノ吉凶ヲ。・・・」
　　　　　　　　　　　　　　（諸橋轍次他『広漢和辞典下巻』大修館書店、1987、1321ページ）

とありますが、『魏志』韓伝における「鬼神」は「①祖先の霊」でも「祖神（神として祭る祖霊）」でもなく、はたまた「天神」ほか諸神を含む包括概念としての「神」でもなく、「②神明叡智な神霊」である「日神系神道」における「〔日〕神」のことと解されます。五月の種まきの後と、十月の収穫の後に盛大に祭りを催すのも、「鬼神」が農耕と関係する太陽神であることを示唆しています。領民である農耕民の信奉する太陽神と支配階級である「辰族」の信奉する「日神系神道」の「〔日〕神」とが馬韓では一体視されていたものと思われます。

　「天神」とは時の辰王家の「祖神（神として祭る祖霊）」である「天つ神」のことと解されます。また、「天君」とは「天神を祭る神主（神職）」の意義と解されます。すなわち、「天神」や「天君」の語は「辰族（辰氾固朗）」の言葉ではなく、『魏志』韓伝における「天神」は「天つ神」を漢訳した漢語であり、「天君」は諸国〔邑〕の祭殿において「天つ神を祭る神主（神職）」を漢訳した漢語であると考えます。広義の「天つ神」とは「『日孫』を『神祖』とする王統を継ぐ王家の祖神（神として祭る祖霊）」の義と解されます。漢語の「天君」の本義は、『荀子』天論に「心居中虚，以治五官，夫是之謂天君」：「心は存在するが形はなく（心、中虚に居りて）、〔思惟器官として〕五官（耳、目、鼻、口、身）を治める。そのような心と心の働きを天君という」とあり、「心〔の働き〕」とされています。「天つ神を祭る神主（神職）」という意義での漢語「天君」は『魏志』韓伝が初出でありましょう。

　余談ですが、金思燁氏は『トンカラ・リンと狗奴国の謎』（六興出版、1977、p.200）の中で、檀君神話の「檀君」の語義についての崔南善氏の説を紹介されています。それに拠ると、「巫覡」を朝鮮語で「タンクル」といい、これを「檀君」の字であらわしたものであり、この語は蒙古語の「天・拝天者」の意をあらわす語、「テングリ」(Tengri) と一致し、また、馬韓諸国に設けられてあった神邑（蘇塗）の長である「天君」も同意・同音の語であると崔氏は説かれています。筆者は『魏志』韓伝にみえる「天つ神を祭る神主（神職）」を漢訳した漢語の「天君」が、蒙古語の「テングリ」（「天・拝天者」）や朝鮮語の「タンクル」（「巫覡」）さらには「タングン」（「檀君」）の語源であると考えています。

　「蘇塗」[19]と名づけられた、大木を立てて、それに鈴や鼓をかけたものを作り、鬼神に仕える祭事は、魏代の馬韓で執り行われていた「日神系神道」にまつわる神事の一つと思われますが、この神事に鏡は用いられていません。次節でもふれますが、『古事記』歌謡89の衣通王の歌に「斎杙には。鏡を掛け。真杙には。真玉を懸け」とあるように、

上代日本では「斎杙(いくひ)」には鏡を掛(か)け、「真杙(まくひ)」には真玉を懸(か)けての神事が執り行われていました。村松洋介氏は「韓半島では〔多鈕細文鏡の〕鈕孔が明確に摩滅した例が多く、懸垂(けんすい)して使用したと推測される」[20]と述べておられ、紀元前の馬韓(辰国)においては、我が国にもたらされたと同様の鏡と真玉を懸けての神事が執り行われていたと推察されます。「安晁辰氾氏(あめしょう)」の辰国(馬韓)で執り行われていた「日神系神道(かかしんとう)」にまつわる神事と考えます。但し、「日神系神道勢力(かかしんとう)」にとっての鏡は、王のみに所有が許された格別の宝器であったことから、鏡と真玉を懸けての神事は辰王の居した都邑において執り行われたと思われます。そのことは南部朝鮮半島における多鈕鏡の出土分布からも裏付けられます。

　東北アジア系騎馬民勢力の百済(くだら)が本格的に南下支配する以前の紀元3世紀の馬韓においては、辰王支配のもとで諸国に根付いていた「日神系神道(かかしんとう)」が、支配階級である「天孫族」によって依然継承されていたと推察されます。今日、南部朝鮮半島にそれらの祭祀体系が残されていないのは、「日神系神道(かかしんとう)」を奉祀(と)する「日神系神道勢力(かかしんとう)」が日本列島や中国東北部・沿海州方面に移動したことと、それに追い打ちをかけるように、後に南部朝鮮半島に南下してきた百済(くだら)や新羅(しらぎ)など東北アジア系騎馬民勢力がその地の支配権を握るや、その地に継承されていた旧支配勢力の祭祀である「日神系神道(かかしんとう)」を排除したことによると考えられます。

1　原文「之を得たるは今を距る二十餘年の昔なる日露戰役中の事であった。當時鴨緣江軍兵站經理部長として奉天城外の黃寺に良久しく滯陣し居たる際、部内に廣部精といへる軍人にして且つ學者なる人がゐた、人と爲り磊落にして酒を嗜み詩を哦し、嘗て亞細亞言語集の著もある程なれば、旁ら支那語を善くし、寺僧と往來して文墨の交を爲せるが、或日寺僧一軸の巻物を繙き示し、如何に按し見ても不可讀なる此の古書、若しや日韓諸部の古語にても混じ居れるには非ざるかとの問に、廣部氏受けて讀んで見たれど讀めず、因って予に見たまはずや、不思議なる物なりとのことに、赴きて觀覧したれど、勿論予に讀めるわけもないので寫取って置かば何人か讀みもすべしと、氏にそれを依囑したるが、寺僧頑として容さず、聞けば某陵のどことかの秘物なりとか、兵禍に罹るを恐れて東方のどことかへ移したのを、その附近また危しとあつて、密に保管を黃寺に託せるものと云ふ、それより幾日か經て後、支那に行はるゝ或種の事が、廣部氏によつて庫院の内の或者に施され、遂に寫取ることを得た」

(浜名寛祐『神頌契丹古伝』八幡書店、2001、291 ページ)

2　それを大陸神話に置き換えた場合

「我と大陸とが神話を共通にして居たとの解釋よりすれば、我が原神たる伊邪那岐のミソギと、大陸の原神たる日祖のミソギとに何等かの連鎖が無ければならぬとされやう、・・・併しミソギの結果貴子(うづのみこ)を得たるは、伊邪那岐も日祖も同じである。其處に雙方の神話を繋げる大連鎖が認められる、我が古典によれば、伊邪那岐の神ミソギによりて生(な)しませる御子二十六柱のうち、最後の三柱は天照大神・月読命・建速須佐之男命(たけはやすさのをのみこと)なりとある、本頌叙の謂はゆる日孫は、その三柱のうちなる須佐之男命にあらずやと思はれるふしの多いだけ、それだけ雙方神話のミソギに或る心的の共通があつたと思惟されるのである、而して我が神話では、天照大神と須佐之男命とを兄弟の序に配しあるに、本頌叙では日祖と日孫の關係を母子の親きに結むである。須佐之男が日孫なりや否は姑く別問題として、須佐之男が母を戀慕するの異常なりしは、青山を枯山の如くに泣き枯らし、河海を悉く泣き乾したとあるくらゐ、そして僕は妣(はは)の國に行きたい爲に泣くと言はれてもゐる、本頌叙の謂はゆる日祖日孫の關係に於て、その状は異つても、母を戀慕する日孫切實の心は、かくこそありつらめと思はれるふしもあって、而して母たる日祖の名が、我が天祖の名に訓め、日孫の名も亦順瑳(すさ)次章詳出なるに於て、古代大陸神話と我が神話との靈的連鎖ありたること、殆ど疑の餘地なしと思はれる。」

(浜名寛祐『神頌契丹古伝』八幡書店、2001、301-303 ページ)

3　原文「爰(ここ)に問題となるは、我が神話の須佐之男(すさのを)と本頌叙の順瑳檀との、名稱原義の異同である、之男はこれを約音すればナ(檀)となるべく、檀はこれを延音すればノヲ(之男)となるべきに因り、二者ともに其の稱呼の上に異同は認めない、併し其の原義に至っては須佐之男のスサは荒の義に解されて居る、其の祭つてある社名を須賀神社といひ、須賀は清々(すがすが)しさのスガなりと聞けど、それは此の神の詔(のら)せた言の中にそれがあるからのことで、本體の名の須佐はどこまでも荒(すさ)まじき神の名とされて居る。ところが本頌叙の順瑳檀は清悠氣所(すき)凝、日孫内生とあつて清の清なる神とされて居る、乃ち其のスサナは清白波であらねばならぬ、從(したが)つて日祖の禊(みそぎ)せる東大海の波を荒振る浪とは取れぬ、どこまでも清白之波と解すべきである、是に於て彼我二神の名は、其の音を同うして其の訓を異にすとしなければならぬ。・・・　何は兎もあれ素尊は大陸神話中の者に違ひなく、そして出雲神話は大陸神話の分影と思はれるのであれば、その神話上の造化神兼英雄神たる素尊は、大陸

の天御東大國君靈清白波御子に相違あるまいから、それが妣とする所の日神*の懐に歸納し來るは、亦無ければならぬ自然のことである。・・・」

(浜名寛祐『神頌契丹古伝』八幡書店、2001、305–309 ページ)

「日神」*

「日祖」の錯誤（あるいは誤植）と思われます（筆者）。

4 原文「廟名弗菟毘は、字面の上ではホトヒと讀むべきなれど、こゝではフトヒと讀むで太靈の義と解す。蓋瑪耶は高天使鷄から取義した廷名であらう、耶は宮である、即ち廷名の義は高天宮と云ふことなのであらう。」

(浜名寛祐『神頌契丹古伝』八幡書店、2001、311 ページ)

5 原文「民をタカラと稱すること我が古典にも存し、大寶の優呼さへあれど、其のタカラは珠玉財貨の寶になぞらへての美稱で、睦まじき裏に貴ぶ意が含まれあると解されてゐる、今本章にいふタカラはそれと意義を異にし國の神族の義に取れる、韃は檀君神話にも

移_都於白嶽山阿斯達_。又名_今彌達_。

とあり、其の他にも達字のつく地名少からずある、魏志には此の阿斯達を月支國と譯しあるが、如何にも達は國の義と思へる、我が國の地名には此の達を田字によって現はしあるが、假に字を替えて見ると碩達大分縣 阿含達即ち縣等となる。因つて考ふるに我が古訓の田は、必しも水田の義でなく、或る廣い地域を稱するを原義としてゐたのであるから、小なれば村邑、大なれば郡國を田と稱して居たのであらう。珂洛の珂は憂珂旻（日神體）の珂、即神であればカラとは乃ち神族の義と知られ、財寶になぞらへたる比喩的美稱でもなく、形容的優呼でもなく『國の神つ族』實質そのまゝの直指單稱である。我が古典タカラの義に就き喜田博士は左のやうに言はれた。

農民のことを古い言葉では『おほみたから』と云つてゐた、是まで普通に國學者の解釋では、農民は國家の寶である、天皇の大御寶であるといふ説明に滿足して居たが、これはどうも間違つて居るやうである『おほみたから』とは天皇の大御田の『やから』といふことであらう、原則として日本の田地はみな天皇の御所有で即ち大御田である、また『から』は、やから・うから・ともがら等のからで『族』といふ意味なれば、つまり農民のことを『おほみたから』と申したのである民族と歴史」

(浜名寛祐『神頌契丹古伝』八幡書店、2001、312–313 ページ)

6 「神祖」の別号「辰沄須瑳珂」は「東大清白神」の義で、「清白神」は「須佐之男」に投影されたとみています

「但其別號なる辰沄須瑳珂の東大清白神なるは、前諸章に考へ復た動かぬ所と思ふ。今その清白神を我が神話の須佐之男として、・・・」

(浜名寛祐『神頌契丹古伝』八幡書店、2001、322 ページ)

7 「東冥は荘子の北冥有_魚の註に冥は溟也とあるによりて、我が東海を言へるものなりと知る」

(浜名寛祐『神頌契丹古伝』八幡書店、2001、324 ページ)

8 原文「明殿は太祖の墓側に在る宮屋の名にして、五代史には左の如くいふてある。

其の國君死して葬れば則其の墓側に屋を起す、之を明殿と謂ひ、歲時表を奉り起居生に事ふる如くす、明殿學士一人を置き、答書詔を掌らしめ、國に大慶弔ある毎に、學士『先君之命』として書を爲り、以て國君に賜ふ、其の書常に『兒**皇帝に報す』と曰ふ。

97

以て明殿の如何に尊嚴なりしかを知るに足る。」

(浜名寛祐『神頌契丹古伝』八幡書店、2001、659 ページ)

「兒」**

「【児】〔兒〕ジ・・・②《名》親が自分の子を呼ぶときのことば。・・・」

(藤堂明保編『学研漢和大字典』学習研究社、1995、107 ページ)

9 「此等神頌は音誦すべく義解すべからざる者なのであらうから、之が義解を試みんは當らぬことであらう」

(浜名寛祐『神頌契丹古伝』八幡書店、2001、660 ページ)

10 「是れ辰王に對して臣智等が斯ういふ優呼^{尊稱の詞}を奉ると云ふのである。」

(浜名寛祐『神頌契丹古伝』八幡書店、2001、182 ページ)

11 「辰の爵名王侯の稱」

「臣智^{辰の爵名王侯の稱}」

(浜名寛祐『神頌契丹古伝』八幡書店、2001、182 ページ)

12 原文「本頌は前二頌とすこぶる歌調を異にすれど、やはり東大國君靈と起し、召すと結んであるから、同一時代に於ける同格の歌頌に相違なからう、それにしても『聖にしふる』が頗る妙である、前二頌にはこの『にし』といふやうな助副詞が見えて居ないのに、本章にこれがあるのが不思議でならぬ、是は全く我が古言である、その『ふる』の意も千早振る神、櫛振る稲田姫などの振るである、群醜は異族に對する貶稱にて、神族を統治し且異族をも治しめすと讚美したるもの、古韓語に海島の異種を州胡と云ひしも亦醜の意に解される、本頌は魏志韓傳にも載ってゐる。」

(浜名寛祐『神頌契丹古伝』八幡書店、2001、670–671 ページ)

13 原文「右對照に於て、魏志は第二句に叔を脱し第三句に弁を脱し、第四句は全然載せてゐない、そして珂洛(神族)を南韓の拘邪韓國と解し秦弁(統べ)を秦韓のことに取つて其の心で塡字したものらしい、第四句の全然見えないのは魏志の脱漏であらう、これ等の相違はあれど、本頌と魏志の言へる所の同一なるは知れる、・・・」

(浜名寛祐『神頌契丹古伝』八幡書店、2001、671 ページ)

14 原文「辰は辰汯纏の略稱である」

(浜名寛祐『神頌契丹古伝』八幡書店、2001、181 ページ)

15 21) 全栄来：「百済南方境域変遷의研究」〈千寛宇回甲記念史学論叢〉1985

22) 資治通鑑（巻81、晋紀三、世祖中）太康6年　注（何氏姓苑曰…鮮卑呼草為俟汾。遂号俟汾氏。后世通称俟汾、盖音訛也、代為鮮卑単于）

(全榮來『韓国青銅器時代文化研究』北九州中国書店、1991、334 ページ)

16 原文「魏志ニ據レハ馬韓ノ王號ハ略シテ辰王ト云ヒ、詳シク言ヘハ其ノ美言的尊稱ト認メラルル全稱ハ臣雲遣支報・安邪踧支濆臣離兒不例・拘邪・秦支廉。ノ二十字^{此ノ字面ニハ或ハ魏志傳寫ノ誤アランモ測ラレス}ニシテ辰王ガ其ノ頭ノ臣^{辰臣ハ同韻同聲}字ヲ以テ略稱セルモノノ如シ。原註に曰ふ。 拘邪ハ拘邪韓國名ニシテ秦ハ秦韓ヲモ領有スル義ナルベシ。・・・　」

(浜名寛祐『神頌契丹古伝』八幡書店、2001、182 ページ)

17 「もし危急のことがあったならば、この袋の口を解きなさい」

（中村啓信訳注『新版 古事記 現代語訳付き』角川ソフィア文庫、2009、356ページ）

[18] 「三種の神器」の構成要素としての鏡と銅剣のセット
「レガリアとしての宝器は、具体的には鏡と剣で、八世紀の養老神祇令では『神璽之鏡剣』と表記されている。記紀神話に登場する八咫鏡と草薙剣（天叢雲剣）にあたるともされ、中世以後には、これに八坂瓊勾玉を加えて『三種の神器』と総称するようになった。」
（大隅清陽「第二章 君臣秩序と儀礼」『古代天皇制を考える 日本の歴史08』講談社、2001、45ページ）

[19] 「蘇塗」
　永留久恵氏はその著『海人たちの足跡』（白水社、1997、197–199ページ）において、馬韓の「蘇塗」と対馬の「卒土」を比較し、また今日の韓国の「蘇塗的祭祀」や「ソッテ」についても言及されています。

[20] 「韓半島では〔多鈕細文鏡の〕鈕孔が明確に摩滅した例が多く、懸垂して使用したと推測される」
「5－2研究発表概要」：村松洋介氏「多鈕鏡調査の成果」
　「韓国錦江流域と日本列島の多鈕細文鏡は製作技法が共通しており、韓半島で一元的に生産された鏡が列島に流入した可能性が高い。しかし、韓半島では鈕孔が明確に摩滅した例が多く、懸垂して使用したと推測されるが、日本列島の例は必ずしも懸垂したと判断できる資料ばかりではない。更に、韓半島においては多鈕鏡の殆どが副葬される一方、列島では埋納される事例が少なくない。このような差異は、彼我の多鈕鏡が果たしていた性格・役割の相違を反映したものと考えられる。」
（「シンポジウム『東アジアにおける鏡祭祀の源流とその展開』」：於國學院大學常磐松２号館大会議室：平成17（2005）年7月23日(土)：http://21coe.kokugakuin.ac.jp/modules/wfsection/article.php?articleid=208)

第5節　古代中国にあった辰国（「辰汦繿」）

1　「日孫(かも)」を「神祖(しんそ)」とする王統の二大系統

　前節で掲出した『神頌契丹古伝』第三章・第五章の「譯文」の口語訳（拙訳）を再掲します。

　　再掲：第三章　日孫の天降(あまくだり)
　　　　「譯文」の口語訳（拙訳）
　　日孫の名は阿珉美(あめみ)・辰汦繿翅報(しうくしふしほう)・順瑳檀弥固(すさなみこ)。
　　日祖は日孫に授乳し〔養育した〕。高天使鶏に命じて、〔日孫を〕載せて
　　〔日孫に支配させようとする国に〕降(くだ)らせた。〔日孫は〕神祖(しんそ)となった。
　　日孫は憂勃(かも)と読むと思われる。高天使鶏は胡馬可兮(こまかけ)と読むと思われる。
　　辰汦繿翅報(しうくしふ)は東大国皇というような意味である。

　　再掲：第五章　辰汦氏の起原(しう)
　　　　「譯文」の口語訳（拙訳）
　　あるいはいう。神祖の名は図己曳乃訶斗(とこよみかと)。号は辰汦須瑳珂(しうすさか)。
　　初め医父(いふ)の陰（医父〔婁山〕の北側の意か）に降(くだ)り、〔そこに居城を構え〕
　　ここに初めて辰汦氏（本書は以下「医父辰汦氏」と呼ぶ）が発祥した。
　　〔のちに神祖は〕鞅綏(あし)の陽（葦の生い茂った川の北岸の意か）に居(しう)〔城を移〕し、
　　また辰汦氏（本書は以下「鞅綏辰汦氏」と呼ぶ）が発祥した。
　　これらを二つの宗家(そうけ)とした。
　　別に神統を継いで東冥(とうめい)に顕(あらわ)れた王家を阿辰汦須氏(あしむす)とした。
　　その後裔(こうえい)の寧義(にきし)氏は五原(ごげん)の諸族の間にその名を馳せた。

　第三章・第五章を総合すると、「高天使鶏(こまかけ)」に載せられた「日孫(かも)」が「医父之陰(いふのいん)」（医父〔婁山〕の北側の意か）に降り、「神祖」となったことで初めて「医父辰汦氏」が発祥しました。のちに「神祖」は「鞅綏之陽(あしのよう)」（葦の生い茂った川の北岸の意か）に遷(せん)都し、「鞅綏辰汦氏(あししう)」が発祥しました。「日孫(かも)」を「神祖(しんそ)」とする王統は「医父辰汦氏(いふしう)」

の系統と「鞅綏辰沄氏」の系統の二大系統に分かれます。「神祖」は「辰沄氏」の二宗家である「医父辰沄氏」および「鞅綏辰沄氏」両宗家の始祖である祖神です。「辰沄氏」の二宗家ならびに二宗家から分かれた各王統は「日孫」を「神祖」(「辰沄氏」の二宗家の始祖である祖神) とする王統ですが、二宗家から分かれた王家は別にそれぞれの始祖と祖神を有したと考えられます。繰返しになりますが、「日孫」を「神祖」とする王統は辰 (「辰沄」) 王統であるとは限りません。

2 「医父辰沄氏」の系統

1)『西征頌疏』にみる「神祖」の「西征」譚

語り継がれたであろう辰国 (「辰沄繼」) の前史は、『西征頌疏』や『汗美須鉎』また『秘府録』や『費弥国氏洲鑑の賛』などにわずかながら記録として残されています。第十六章は「神祖」降臨後の「西征」譚と解されます。

「　　第十六章　東大神族の西征
　西征頌疏曰神祖將征于西
　乃教云辰阿饌城于介盟奈敦
　教察賀阿饌城于晏泗奈敦
　教悠麒阿饌城于葛齊汭沫
　於是濟怒洌央太至于斐伊岬倭之岡而都焉
　蓋怒洌央太西海之名也斐伊岬倭陸塞日之處也
　　　　　譯　文
　西征頌疏に曰く。神祖將に西に征せんとす。
　乃ち云辰阿饌前の阿解に同じをして介盟奈敦に城かしめ。
　察賀阿饌をして晏泗奈敦に城かしめ。
　悠麒阿饌をして葛齊汭沫に城かしむ。
　是に於て怒洌央太を濟り。斐伊岬倭の岡に至り、而して都す。
　怒洌央太は西海の名なり。斐伊岬倭は西陸塞日の處なり。」

(浜名寛祐『神頌契丹古伝』八幡書店、2001、412–413 ページ)

「譯文」の口語訳（拙訳）
『西征頌疏』に拠ると、神祖は西方の地を征服しようとして、
云辰阿饋（〔阿饋は〕前出の阿解に同じ）には介盟奈敦に城を築かせ、
察賀阿饋には晏泗奈敦に城を築かせ、悠麒阿饋には葛斉汭沫に城を築かせた。
それから、怒洌央太を渡り、斐伊岣倭の岡に到達して、都した。
怒洌央太は西海の名である。
斐伊岣倭は西方の地で、日を祭って、その恩に報いるところと思われる。

浜名は「塞日」は「賽日」と同義であるとして、「塞日之處」の意義を「日を祭って其の恩に報賽する処」[1] としています。
「斐伊岣倭」の意義については次のように解説しています。

（浜名の解説の口語訳：拙訳）
「想うにヒイクイは日斎杙であろう、イは即ち斎垣・斎串等のイで、斎仕（祭り仕える）の意味である、衣通王の歌に、

こもりくの。　初瀬の川の。　上つ瀬に。　斎杙を打ち。
下つ瀬に。　真杙を打ち。　斎杙には。　鏡を掛け。
真杙には。　真玉を懸け。　真玉如す。　吾が思ふ妹。

すなわち、斎杙を打つのは塞日の典儀であるから、塞日之処をヒイクイと名づけたのは、情意がよく表されていて、原義は明瞭である。この太古の東族の地名が嵎夷（即ち杙）と記録されて堯帝の代に著われ、郁夷（即ち斎杙）と書かれて漢初まで伝わったのは、実に珍しい事で、この発見は幾千年来、闇黒裏に葬り置かれていた古代東族の墳墓を探り当てたに等しく、確かに野原の東の空から射してくる太陽の光のように明るいきざしであろう。なお、斎杙についての傍証を求めようとするならば、馬韓では魏晋の際まで立柱の祭事が行われていて、大木を建て、それに鈴鼓を懸けて〔天〕神〔地〕祇に奉斎したとある[2]、即ち斎杙を打ち真杙を打った我が国の古代の儀式と同じであったことを知る、杙が長ければ柱となり、柱が太ければ大木となり、物は換わっても心に変りはない。又、珠申族最後の大帝者である清の朝廷には、立杆之儀というのがあって、これを『満州立杆祭天の古俗』と称した、

杆は即ち柱である、・・・之を我が国の古代に照らして考えると、諾冊（伊奘諾尊と伊奘冊尊）二神が天之御柱をお廻りになられたのは口にするのも畏れ多いことであるが、信濃国の諏訪神社には立柱祭が今なお伝わっていると聞いている、これは太古において東大神族が広範囲に、誠実に守り続けた斐伊崎倭の遺風であるとされる。只、齋杙と伊崎倭とはヒとイの違いがあるのをどうかとは思うけれど、互いに隔たっていること幾千里、時代を隔てることまた幾千年、その間に生じた転訛とすれば、問題にはならないであろう。」[3]

(浜名寛祐『神頌契丹古伝』八幡書店、2001、421-422ページ) より

すなわち、「斐伊崎倭」は「日齋杙」であり、『尚書（書経）』堯典に「嵎夷」と著され、『史記』五帝本紀に「郁夷」と著されているが、いずれも「日を祭るための祭儀の一環としての杙打ちをした場所」の意と解されるとしています。浜名は、『尚書』堯典の「嵎夷」は東族語の「斐伊崎倭」を略訳したものであるとして、『書経集伝』の「嵎夷」の注釈[4]を根拠に「斐伊崎倭」を山東省内にあった地名としています。

2）「神祖」の「西征」前に誕生した「神子」たち

『西征頌疏』に拠ると、「神祖」は「云辰阿餓」・「察賀阿餓」・「悠麒阿餓」に城を築かせ、防御を固めた上で「西征」の途につき、「怒洌央太」を渡ります。後述するように、「神祖」降臨の地は今日の中国山東省泰安市方面に比定されることから、『西征頌疏』が「西海」の名とした「怒洌央太」は外海ではなく、山東省西部に位置する今日の東平湖あるいは昭陽湖・微山湖などが古代においては連なって広大な沼沢を形成し、あたかも「西海」と呼ぶにふさわしい景観を呈していたのではなかろうかと想像します。因みに、「央太」は上代日本語で「海」を意味する「わた」、「海神（綿津見）」の「海」と同音同義です。第五章の記述と併せると、「神祖」は「医父〔婁山〕」のある「医父辰汜氏」発祥の地を出発して「西海」の名とされる「怒洌央太」を渡り、葦の生い茂った川の北岸（「鞍綏之陽」）の「斐伊崎倭の岡」に到達して都したと読み取れます。したがって、「神祖」が都した「斐伊崎倭の岡」は「怒洌央太」の西側に位置したことになり、今日の山東省西部の菏沢市巨野県方面が想定されます。「医父〔婁山〕」（「毉父」）や「医父〔婁山〕」の北側に位置する「神祖」降臨の地および「云辰阿餓」・「察賀阿餓」・「悠麒阿

103

餽」が築いた城は、「怒洌央太」の東側に位置したことになります。「斐伊峋倭」を「西陸」：「西方の地」としたのは、「西征」前の「神祖」が都した「医父辰氿氏」発祥の地を基点とする地理観に拠ると考えます。

「神祖」の「西征」前（「靰綏辰氿氏」発祥以前）に誕生していた「云辰阿餽」・「察賀阿餽」・「悠麒阿餽」の三人の「神子」たちは「医父辰氿氏」の「神子」たちです。

3　「靰綏辰氿氏」の系統

1）「神祖」の「西征」後に誕生した「神子」たち

「靰綏辰氿氏」の系統は第五章の他に、第十一章〜第十五章および第三十七章に略記されています。また、第十七章に異伝があります。

「　　第十一章　八千國主及び平壌
　汗美須銈曰神祖都于靰綏韃曰畢識耶神京也
　教漾緻遣翅雲兢阿解治焉」
　　　　　　譯　文
　　汗美須銈に曰く。神祖靰綏韃に都す。畢識耶と曰ふ。神京なり。
　　漾緻遣翅雲兢阿解に教して治めしむ。」
　　　　　　　　　　　（浜名寛祐『神頌契丹古伝』八幡書店、2001、380ページ）
　　　「譯文」の口語訳（拙訳）
　　『汗美須銈』に拠ると、神祖は靰綏韃に都した。畢識耶という。神京である。
　　漾緻遣翅雲兢阿解に命じて治めさせた。

「神祖」が都した「靰綏韃」と「斐伊峋倭の岡」（第十六章）は同一の地と解されます。

「　　第十二章　神子シラヒキ別と新羅
　又教崇礫潰兮阿解居憂牟駕曰高虚耶是爲仲京
　　　　　　譯　文
　　また崇礫潰兮阿解に教して。憂牟駕に居らしむ。高虚耶と曰ふ。

是を仲京と爲す。」

(浜名寛祐『神頌契丹古伝』八幡書店、2001、384ページ)

「譯文」の口語訳（拙訳）
また崈磔濆兮阿解に命じて、憂牟駕に住まわせた。高虛耶という。
これを仲京とした。

「　　第十三章　神女アタカシ媛と薩摩
教曷旦鸛濟扈枚居覺穀啄刾曰節覇耶是爲海京

譯　文
曷旦鸛濟扈枚に教して。覺穀啄刾に居らしむ。節覇耶と曰ふ。
是を海京と爲す。」

(浜名寛祐『神頌契丹古伝』八幡書店、2001、392ページ)

「譯文」の口語訳（拙訳）
曷旦鸛済扈枚に命じて、覚穀啄刾に住まわせた。節覇耶という。
これを海京とした。

「　　第十四章　神女ウサハミ媛と撫期範紀
教尉颯濴美扈枚居撫期範紀曰濆冽耶齋京也

譯　文
尉颯濴美扈枚に教して。撫期範紀に居らしむ。濆冽耶と曰ふ。齋京なり。」

(浜名寛祐『神頌契丹古伝』八幡書店、2001、395ページ)

「譯文」の口語訳（拙訳）
尉颯濴美扈枚に命じて、撫期範紀に住まわせた。濆冽耶という。斎京である。

「神祖」の「西征」後、「軑綏韃」に都して誕生した「漾緻遣翅雲兢阿解」・「崈磔濆兮阿解」・「鸛濟扈枚」・「尉颯濴美扈枚」の四人の「神子」は「軑綏辰泆氏」の「神子」たちです。

2)　「神祖」降臨の地「巫軔牟」を治めた「耆麟馭叡阿解」

「　　　第十五章　神子キリコヱ阿解と長白山
　教耆麟馭叡阿解治巫軔牟曰芝辣漫耶
　神祖初降于此故稱曰秦卒母理之京
　阿解又宮於然矩丹而居曰叙圖耶是爲離京
　阿解生而異相頭有刃角好捉鬼魑乃頒蘇命遮厲立桿禁呪二十四般之法于今有驗也
　　　　譯　文
　耆麟馭叡阿解に教して。巫軔牟に治せしむ。芝辣漫耶と曰ふ。
　神祖初め此に降る。故に秦卒母理の京と曰ふ。
　阿解又然矩丹に宮して居る。叙圖耶と曰ふ。是を離京と爲す。
　阿解生れながらにして異相。頭に刃角あり。好むで鬼魑を捉ふ。
　乃ち蘇命・遮厲・立桿*・禁呪二十四般の法を頒つ。今に于いて驗あり。」

　　　　　　　　　　　（浜名寛祐『神頌契丹古傳』八幡書店、2001、404–405 ページ）

　　　　「譯文」の口語訳（拙訳）
　耆麟馭叡阿解に命じて、巫軔牟を治めさせた。〔耆麟馭叡阿解がその地に建設した宮殿を〕芝辣漫耶という。
　神祖は初めここに降られた。それで秦卒母理の京という。
　〔耆麟馭叡〕阿解はまた然矩丹に宮殿を建設して住まわれた。叙図耶という。これを離京とした。
　〔耆麟馭叡〕阿解は生れながらにして異様な容貌をしていた。頭に鋭利な角が生えており、服従しない者を積極的に捕まえた。すなわち、蘇命・遮厲・立桿・禁呪二十四般の法を広く行き渡らせた。今においても、法の効果が続いている。

　　　「立桿」*
　　　　「立桿とは満州では『立桿祭天』、三韓では『立柱祭祀』、我が国の古言では『真枚〔を打ち〕』などと称されているが、それらの意義は、本来互いに同じと思われる」[5]
　　　　　　　　　　　（『神頌契丹古傳』412 ページ）より

　「神祖」降臨の地である「巫軔牟」は「耆麟馭叡阿解」に治めさせたとあります。「神祖は初めここに降られた。それで秦卒母理の京という」とありますが、「秦卒母理」の「秦卒」は『神頌契丹古傳』第三章にある「神祖」の名「順瑳檀弥固」の「順瑳」あるいは同第五章にある「神祖」の別号である「辰洰須瑳珂」の「須瑳」であり、

106

「秦卒母理」は「順瑳（須瑳）降り[6]」：「〔『神祖』である〕『順瑳檀弥固』（『辰沄須瑳珂』）が降られた所」の意と解されます。この解釈が妥当ならば、古代大陸神話と我が国神話との繋がりを認める浜名の見解に添うと、「秦卒母理」は『日本書紀』神代上の「曽戸茂梨」に投影されていると考えられます。

すなわち、

『日本書紀』神代上

「一書曰、素戔嗚尊所行無狀、故諸神、科以千座置戸而遂逐之。是時、素戔嗚尊、帥其子五十猛神、降到於新羅國、居曾尸茂梨之處。乃興言曰『此地、吾不欲居。』遂以埴土作舟、乘之東渡、到出雲國簸川上所在、鳥上之峯。」

「一書（第四）にいう。素戔嗚尊の行ないがひどかった。そこで神々が、千座の置戸の罰を科せられて追放された。このとき素戔嗚尊は、その子五十猛神をひきいて、新羅の国に降られて、曽戸茂梨（ソホル即ち都の意か）のところにおいでになった。そこで不服の言葉をいわれて、『この地に私は居たくないのだ』と。ついに土で舟を造り、それに乗って東の方に渡り、出雲の国の簸の川の上流にある、鳥上の山についた。」

（宇治谷孟『全現代語訳日本書紀上』講談社学術文庫、1993、49-50ページ）

にみえる「曽（曾）尸茂梨」は「素戔嗚尊が降られた所」すなわち「素戔降り」の意と解され、「曽戸茂梨」は本来「素戔降り」ではなかったかと考えます。

したがって、素戔嗚尊が降られた時点では「曽尸茂梨」の地名はなく、後代に「素戔嗚尊の降臨」に因んで、「曽戸茂梨」の地名が当地に命名されたと考えます。

なお、「降到於新羅國」とあるのは、『日本書紀』成立の時点に於ける国名「新羅」を、素戔嗚尊が活躍した紀元前3世紀〜前2世紀の時代にまで遡及させた遡及的表現であり、素戔嗚尊が活躍した頃は「曽尸茂梨（そしもり）」の地は「新羅国」ではなく、「馬韓」の一部（のちの「辰韓（秦韓）」もしくは「弁韓」の地）であったと考えます。

話を戻しますと、「神祖」降臨の地「巫軻牟」を治めた「耆麟馭叡阿解」も「神祖」の「西征」後に誕生した「神子」の一人で「鞁綏辰泟氏」と考えられます。「耆麟馭叡阿解」の別号が「奚契旦爰」（『神頌契丹古伝』第二十四章：本書第2章第1節第7項に掲出）であり、契丹王家の祖神である「神子奇契丹燕」（『神頌契丹古伝』第四十二章：前節に掲出）です。

『神頌契丹古伝』第十九章（本書第2章第8節第2項に掲出）の浜名の解説に従うと、太古の辰国（「辰沄繿」）は泰山の位置する中国山東省を領域とした時期があったと解されます。また、そのことを受けて「医父〔婁山〕」を泰山の姉妹山とされる梁父〔山〕（泰山の東南20kmに位置する徂徠山の南麓）に擬定すると（本書第2章第8節第2項参照）、「医父〔婁山〕」の北側（「盬父之陰」）に位置する「神祖」降臨の地「巫軻牟」は梁父〔山〕の北側にあたる今日の中国山東省泰安市方面に比定されます。

3）「高令」・「安晃辰沄氏」ほかの諸王統

「　　第三十七章　古韓の王統日韓の一域を證す
　蓋辰者古國上代悠遠也
　傳曰神祖之後有辰沄謨率氏本與東表阿斯牟須氏爲一
　辰沄謨率氏有子伯之裔爲日馬辰沄氏叔之裔爲干靈辰沄氏
　干靈岐爲干來二干隔海而望干來又分爲高令云
　然有今不可得攷焉
　其最顯者爲安晃辰沄氏本出東表牟須氏與殷爲姻
　讓國於貢彌辰沄氏貢彌氏立未日漢寇方薄其先入朔巫達擊退之
　淮委氏沃委氏竝列藩嶺東爲辰守郭潘耶又觀兵亞府閭以掣漢
　　　　　譯　文
　蓋し辰は古國。上代悠遠なり。傳に曰く。
　神祖の後に。辰沄謨率氏あり。本と東表の阿斯牟須氏と一たり。
　辰沄謨率氏子あり。伯の裔を日馬辰沄氏と爲し（伯は兄也）
　叔の裔を干靈辰沄氏と爲す（叔は弟也）
　干靈岐れて干來と爲り。
　二干海を隔て而して望む（韓半島の干と、山東半島の干と、海を隔て聲息相通ぜるを云ふ）
　干來又分れて高令と爲ると云ふ。
　然れども今得て攷ふ可からざるものあり。
　其最も顯かなるを安晃辰沄氏と爲す。本と東表の牟須氏に出て。殷と姻たり。
　國を貢彌辰沄氏に讓る。貢彌氏立つて未だ日あらず。
　漢寇方に薄り。其の先・朔巫達に入る。擊つて之を退く。

淮委氏^{濊族}沃委氏^{沃沮族}竝に藩を嶺東に列ね。辰の爲に郭を守る。
潘耶又兵を亞府閭に觀し。以て漢を掣す。」

(浜名寛祐『神頌契丹古伝』八幡書店、2001、621-622 ページ)

「譯文」の口語訳（拙訳）

思うに辰は古国であり、はるか遠い昔から続いている。伝承によると
神祖の後に辰汸謨率氏があった。もと東表の阿斯牟須氏と一体であった。
辰汸謨率氏には子があり、年上の子を日馬辰汸氏とし、（伯とは兄である）
年下の子を干霊辰汸氏とした（叔とは弟である）。
干霊〔辰汸氏〕から、干来が分かれた。
二干は海を隔てて、互いに遠くに見える位置にあった。（韓半島の干と、山東半島の干と、海を隔て、互いの消息が通じていることをいう）
干来は又分れて高令が興ったという。
しかしながら、今となってはそれ以上のことはわからない。
その中で最もはっきりしているのは安晃辰汸氏である。
もと、東表の〔阿斯〕牟須氏より出て。〔辰汸〕殷とは姻戚関係にあった。
〔安晃辰汸氏は辰〕国を貴弥辰汸氏に譲った。
貴弥氏は立ってからまだ日が浅かった。侵略者である漢がちょうど迫ってきて、漢の先〔鋒〕は朔巫達に侵入して来たが、これを撃退した。
淮委氏（濊族）および沃委氏（沃沮族）ならびに〔辰の〕従属国は千山山脈の東に〔軍兵を〕配置して、辰のために国境を守った。
潘耶*はまた兵を鴨緑江〔北岸〕に配置して、漢の進軍を牽制した。

「潘耶」*
　浜名は『神頌契丹古伝』第二十三章の「潘」に注して「潘耶族なり、後に扶餘と稱す」と説いています。
　☞ 本書第2章第1節第3項参照

『神頌契丹古伝』第十八章（次項に掲出）に「辰藩」の用例もあることから、「淮委氏^{濊族}沃委氏^{沃沮族}竝に藩を嶺東に列ね」における「藩」を「〔辰〕藩」：「〔辰の〕従属国」と訳しましたが、「藩」の意義について補足しておきます。

『広漢和辞典』に拠ると、

「【藩】[一]・・・③まがき。かきね。かき。・・・⑦地方を鎮めて王室の守りとなる諸侯。また、諸侯の国。〔廣韻〕藩〵、又藩屏也。〔後漢書、和帝紀〕外ニ有二大國賢王一、竝ビニ爲ル二藩屏ト一。・・・【藩屏】ハンペイ　まがき。かこい。また、かきねとなって守る。また、王室の守りとなる諸侯。〔左氏、昭公二十六〕並ク建テテ二母弟ヲ一、以テ藩-屏トス二周ニ一。・・・」

(諸橋轍次他『広漢和辞典下巻』大修館書店、1987、484–485 ページ)

とあり、「藩」は「藩屏」と同義で、「藩屏」には「・・・かきねとなって守る。また、王室の守りとなる諸侯」の意義があります。本書では「辰藩」を「辰の従属国」と訳しました。「辰の藩屏」という意義で「辰藩」が用いられるのなら、同様に「漢の藩屏」という意義での「漢藩」の用例があるはずです。「漢藩」の用例を『史記』に探ると、『史記』荊燕世家第二十一に係る「太史公自序」にありました。

『史記』太史公自序第七十
「・・・天下未集，賈・沢以族爲漢藩輔。作荊燕世家第二十一」
(訳)
「・・・天下がまだ統一されないときに、劉賈と劉沢は、一族を率いて漢室の藩屏・輔臣となったので、『荊燕世家第二十一』を作った（太史公自序第七十）。」

(吉田賢抗『新釈漢文大系 87 史記七（世家下）』明治書院、1998、963 ページ)

『史記』荊燕世家第二十一に係る「太史公自序」における「漢藩」の意義は明らかに「漢の藩屏」と解されます。

4　『秘府録』にみる「神祖」の「五原」開拓譚

「神祖」の「西征」後の「五原」開拓譚については、『神頌契丹古伝』第十七章に『秘府録』が伝えています。また、本章は「鞅綏辰泣氏」の系統の異伝と解されます。

「　　第十七章　　日孫の支那古五原開拓
秘府錄曰神祖拓地于幹浸遏區爲五原
伯屹紳濃和氣治於馬姑峋焉是爲西原也
決汰辰夒和氣治於羊姑峋焉是爲東原也
納兢禹俊戶栂治於尹樂淇焉是爲中原也
湮皦太墜和氣治於柵房熹焉是爲北原也
沄冉瀰墜和氣治於枏峕藐焉是爲南原也
于是御旦貶安閦調波那阿氻教矩乃古諸勿有幾覬怙曾矣

　　　　　譯　文

秘府錄に曰く。神祖地を幹浸遏に拓く〔幹は幹の誤寫なるべし〕區して五原と爲す。
伯屹紳濃和氣〔前諸章に阿解又は阿皸に作る〕馬姑峋に治す。是を西原と爲す。
決汰辰夒和氣羊姑峋に治す。是を東原と爲す。
納兢禹俊戶栂〔前諸章に扈枚に作る〕尹樂淇に治す。是を中原と爲す。
湮皦太墜和氣柵房熹に治す。是を北原と爲す。
沄冉瀰墜和氣枏峕藐に治す。是を南原と爲す。
是に于て。旦貶安閦に御し。波那阿氻を調し。
矩乃古諸をして。幾覬怙曾あること勿らしむ。

右譯文中、是に于て以下二十二字何の義とも稽へ得ず、
僅かに句読だけは附けて見たが、それが當って居るか否も亦判らぬ・・・」

　　　　　　　　　　（浜名寬祐『神頌契丹古伝』八幡書店、2001、422-423 ページ）

　　　「譯文」の口語訳（拙訳）

『秘府錄』に拠ると、神祖は幹浸遏を開拓し（幹は幹の誤写であろう）、〔幹浸遏を含む領域を〕区画して五原としました。伯屹紳濃和氣（前諸章に阿解又は阿皸に作る）には馬姑峋を治めさせ、その地を西原としました。決汰辰夒和氣には羊姑峋を治めさせ、その地を東原としました。納兢禹俊戶栂（前諸章に扈枚に作る）には尹楽淇を治めさせ、その地を中原としました。湮皦太墜和氣には柵房熹を治めさせ、その地を北原としました。沄冉瀰墜和氣には枏峕藐を治めさせ、その地を南原としました。是に于て。旦貶安閦に御し。波那阿氻を調し。矩乃古諸をして。幾覬怙曾あること勿らしむとある。

上の譯文中、「是に于て」以下二十二字はどのような意味か考えつかなかった。かろうじて、句読だけは付けて見たが、それが当たっているかどうかも判らない・・・

浜名は『神頌契丹古伝』第十七章の「五原」の地を、『尚書』堯典および禹貢に出てくる地名と次のように対応させています。

「　　堯典の暘谷は　　本頌叙の羊姑峒（東原）
　　同　　昧谷は　　同　　馬姑峒（西原）
　　同　　朔方は　　同　　柵房熹（北原）
　　同　　南交は　　同　　柟嶹甏（南原）
　　禹貢の伊・洛は　同　　尹楽淇（中原）　　」

（浜名寛祐『神頌契丹古伝』八幡書店、2001、425ページ）より

ところで、第十六章の『西征頌疏』では「神祖」は「西征」して「斐伊峒倭」に都したとあります。第十七章の『秘府録』では「神祖」は「幹浸遏」を開拓し、〔「西征」前の領域と併せて〕「羊姑峒（東原）」・「馬姑峒（西原）」・「柵房熹（北原）」・「柟嶹甏（南原）」・「尹楽淇（中原）」の「五原（東原・西原・北原・南原・中原）」に分けたとあります。前節で契丹の皇上（太宗徳光）が神前に失地回復を誓った「五原」がこれです。契丹王家は「五原」を元祖（「神子奇契丹燕」）誕生の地すなわち契丹王家の根本の地と認識していたようです。

「神祖」が新たに開拓した「幹浸遏」を加えた「五原」は太古の辰国（「辰沄繻」）の全領域と解されますので、第十六章の神祖が都した「斐伊峒倭の岡」（第十一章の「鞁綏韃」と同一の地）は第十七章の「尹楽淇（中原）」に位置することになり、「中原」に位置する「斐伊峒倭」と「東原」を意味する「羊姑峒」は互に別の場所となります。
すなわち嵎夷（「斐伊峒倭」）と暘谷（「羊姑峒」）は同一の地ではないことになります。

『尚書』堯典では帝堯が羲氏と和氏の四岳（羲仲・羲叔・和仲・和叔）に「日月星晨〔の歩度〕をはかり、〔そうして〕敬んで民の時（農耕暦）を教え〔定め〕よ」[7]と命じ、業務を分担させた際に、羲仲には次のように命じたとあります。

『尚書』堯典

「分命羲仲宅嵎夷曰，暘谷，寅賓出日，平秩東作。

　日中星鳥，以殷仲春，厥民析，鳥獸孳尾。」

「（通釈）

　わけて羲仲に命じて、嵎夷におらせ、『暘谷から、出る日をつつしみみちびいて、

　東方の作（春の耕作）を順序立てよ。日の〔長さ〕では昼夜の均等により、

　星では〔昏に現れる〕朱雀によって、春分の日を正せ。

　〔そうすれば〕その人民は〔耕作のため野に出て〕分居し〔て耕作にはげみ〕、

　鳥獣は交尾し子を産んで〔繁殖するであろう〕』といった。」

(加藤常賢『新釈漢文大系25 書経 上』明治書院、2002、21-22ページ)

「分命羲仲宅嵎夷曰、暘谷、寅賓出日、平秩東作。日中星鳥、以殷仲春、厥民析、鳥獸孳尾」の読み下しは、加藤常賢氏が説くように「曰」以下を帝堯の言葉と解し、「分けて羲仲に嵎夷に宅（＝居）るを命じて曰く、『暘谷に、出日を寅賓し、東作を平秩せよ。日は中にして星を鳥にて、以て仲春を殷せ。厥の民は析れ、鳥獸は孳尾せん』と。」[8]が正鵠を得た読み下しであることが、『神頌契丹古伝』第十六章・第十七章の記述から明らかとなりました。したがって、「分命羲仲宅嵎夷。曰暘谷」：「〔帝堯は〕分けて羲仲に嵎夷に宅（＝居）るを命じた。暘谷と曰ふ」と読み下し、嵎夷と暘谷とを同一の地と解釈する[9]のは誤りであることになります。「尹楽淇（中原）」に位置する嵎夷（「斐伊峋倭」）の東方に暘谷すなわち「羊姑峋」（東原）はあったからです。

　浜名は『尚書』と『頌叙』との地名の大体の一致を認めた上で、従来の漢籍観からすれば後代成立の『頌叙』が『尚書』堯典および『尚書』禹貢をもとに作為したものと結論されがちであるがそうではなく、「日孫の支那五原区分」の名が魯の儒者の校訂を経て猶「周代的堯典」に記載され、『頌叙』も「日孫の支那五原区分」の名を今日まで伝えたのであり、「只〔ひたすらに〕本『頌叙』がこれ（日孫の支那五原区分の名）を今日にしっかりと伝え、ついにこれ（日孫の支那五原区分の名）をここにはっきりと表したのは、古今を通じてきわめて希有な状景と言わねばならないであろう」[10]と述べています。

　「神祖」が「西征」した「幹浸遏」には先住民がいたことを、『神頌契丹古伝』第十八章は伝えています。

「　　第十八章　五原以前の支那原住種族
　初五原有先住之種沒皮龍革牧於北原魚目姑腹穴於西原熊耳黄眉棲於中原
　苗羅孟馮田於南原菟首狼裾舟於海原咸善服順
　但南原箔箘籍兇狠不格神祖伐放之海
　疏曰箔箘籍三邦之名鳥人梧盟舒之族也
　後歷海踏灘波據蔚都猾巨鐘遂入辰藩者其遺孽云
　　　　譯　　文
　　初め五原に先住の種あり。沒皮・龍革北原に牧し。
　　魚目・姑腹西原に穴し。熊耳・黄眉中原に棲み。
　　苗・羅・孟馮南原に田し。菟首・狼裾海原に舟す。
　　皆善く服順す。但南原の箔箘籍。兇狠にして格らす。神祖伐つて之を海に放つ。
　　疏に曰く。箔箘籍は三邦の名にして鳥人梧盟舒の族なり。
　　後海を歷て灘波を踏み。蔚都に據り。巨鐘を猾し。
　　遂に辰藩に入る者は。其の遺孽と云ふ。」

（浜名寛祐『神頌契丹古伝』八幡書店、2001、427–428 ページ）

　　　「譯文」の口語訳（拙訳）
　初め五原には先住の種族がいた。沒皮・龍革は北原に牧し、魚目・姑腹は西原に
穴居し、熊耳・黄眉は中原に棲み、苗・羅・孟馮は南原に田〔作〕し、
菟首・狼裾は海原に舟上生活をし、皆善く服順した。
但し、南原の箔・箘・籍は兇暴で狼藉を働き、改めなかったので、
「神祖」は征伐して、海外に放逐した。
『〔西征頌〕疏』は〔次のように〕記述している。「箔・箘・籍とは三邦の名で、
鳥人梧盟舒の一族である。後に海を渡って、灘波に上陸し、蔚都を根拠地とし、
巨鐘を猾し、遂に辰藩に入った集団は、その子孫であるという」と。

「東原」の先住種の記載がないのは、「東原」には「神祖」を戴く「東族」がいたからにほかなりません。「神祖」は「東原」から出発したことがわかります。すなわち、「神祖」降臨の地「巫軻牟」や「医父〔夔山〕」は「東原」に位置したことが知れます。「巫軻牟」は西征後に「耆麟馭叡阿解」（「神子奇契丹燕」）が治めた地です。「五原」から「東原」を除いた範囲が「神祖」の西征後に領域に加わった「幹浸遏」におおむね相当すると思われます。「辰藩」はすでに述べたように「辰の従属国」の義に解されます。

5 「日孫」を「神祖」とする王統の系図

「辰氾氏」の二宗家ならびに二宗家から分かれた王統の系譜に関する『神頌契丹古伝』の記述を、筆者なりに解釈して系図にしたものが［図2 「日孫」を「神祖」とする王統の系図］です。

『神頌契丹古伝』第二章・第三章・第五章は「辰氾氏」の二宗家が共有します。

「神祖」の「西征」前（「鞅綏辰氾氏」発祥以前）に誕生した第十六章の「云辰阿饌」・「察賀阿饌」・「悠麒阿饌」の三人の「神子」たちは、第五章の「医父辰氾氏」の系統としました。記載順により「云辰阿饌」を「医父辰氾氏」宗家の第二代宗主と推察しました。初代宗主は申すまでもなく「神祖」（「辰氾氏」の二宗家の始祖である祖神）とされた「日孫」です。

「漾緻遣翅雲兢阿解」を「鞅綏辰氾氏」宗家の第二代宗主と推察しました。初代宗主は「医父辰氾氏」宗家と同様に「神祖」（「辰氾氏」の二宗家の始祖である祖神）とされた「日孫」です。

『神頌契丹古伝』第二十四章の「奚契旦爰は神子耆麟馭叡の別号であるという」の記述に拠り、「神子奇契丹燕」を元祖と仰ぐ契丹王家（前節『神頌契丹古伝』第四十二章）は「鞅綏辰氾氏」の系譜に連ねました。

第十七章「日孫の支那古五原開拓」の『秘府録』の伝える諸「和饌」・諸「戸栂」は「幹浸遏」開拓後に登場する「神子」達で、「幹浸遏」は「鞅綏〔之〕陽」と同義と解されることから、「鞅綏辰氾氏」の系譜に異伝として連ねました。

第三十七章に拠ると「安晃辰氾氏」は東表の「阿斯牟須氏」より出たとされています。東表の「阿斯牟須氏」と「東冥」の「阿辰氾須氏」は同音同義で一体と考え、「安晃辰氾氏」を「東冥」の「阿辰氾須氏」出身の寧義氏の分かれと解しました。また、「阿辰（阿斯）」は『神頌契丹古伝』第五章の「鞅綏之陽」の「鞅綏」、同第十一章の「鞅綏韃」の「鞅綏」および同第十七章の「幹浸遏」の「幹浸」と同音同義で、「阿辰（阿斯）」：「鞅綏」：「幹浸」と解されることから、「阿斯牟須氏」および「阿辰氾須氏」は、「辰氾氏」の二宗家の一つとされる第五章の「鞅綏辰氾氏」の系統と考えました。『神頌契丹古伝』第三十八章（本書第2章第6章第7項に掲出）は「月氏」を「鞅氏」と表記しており、浜名は「鞅氏」に「月氏である。月を東族はアツと発音する」と注しています。また、『魏志』韓伝の「辰王治月支国」：「辰王は月支国を治めている」の「月支国」について浜名は、「月支はアツシと発音されたのであった、其の月のツは入声尾韻であれば、発音の上で

自然に省かれて、月支はアシと訓まれたのである、即ち壇君神話に阿斯達とあるのがそれで、達は田と同義であるので、魏志がこれを国と訳したのはよく当たっている」[11]と解説しています。すなわち、辰王は「阿斯達」に都し、「阿斯達」を『魏志』は「月支国」と訳したと浜名は推察しています。

　ところで、檀君神話に出てくる都の名「阿斯達」には『神頌契丹古伝』第五章の「居於鞅綏之陽」の「鞅綏之陽」や同第十七章の「神祖拓地于幹浸遏」の「幹浸遏」さらには同第十一章の「神祖都于鞅綏韃」にある「鞅綏韃」との結びつきが見て取れます。また、そのことと関連して、檀君が「阿斯達」に都したことを伝える檀君神話の檀君とは「鞅綏韃」に都した「神祖」のことではないかと思われる向きもおありなのではないでしょうか。誤解のないよう申し添えますと、前節で『魏志』韓伝にみえる「天つ神を祭る神主（神職）」を漢訳した漢語の「天君」が、蒙古語の「テングリ」（「天・拝天者」）や朝鮮語の「タンクル」（「巫覡」）さらには「タングン」（「檀君」）の語源であるとの卑見を述べましたが、その場合、蒙古語の「テングリ」（「天・拝天者」）や朝鮮語の「タンクル」（「巫覡」）あるいは「タングン」（「檀君」）の語は〔『魏志』韓伝の成立以降に発生した語となり〕それほど古い言葉ではないことになります。事実、檀君神話の初出とされる高麗時代の一然著『三国遺事』（13世紀末頃の成立）には「魏書云，乃往二千載，有檀君王倹，立都阿斯達 経云無葉山，亦云白岳，在白州地，或云在開城東，今白岳宮是，開国号朝鮮，与高（堯）同時」：「『魏書』に云う、二千年前に檀君王倹が居た。〔王として〕立って阿斯達（『経』は〔阿斯達を〕無葉山と云い、また白岳と云う。白州の地にある。或いは開城の東に在ると云う。今の白岳宮がこれである）に都を定めた。国を開き、『朝鮮』と号した。堯と同時代である」とあり、檀君神話は『魏書』に典拠したとあります。なお、李丙燾著『韓国古代史研究』（学生社、1976）に拠ると、現存する『三国志』魏書（いわゆる『魏志』）にも後魏の『魏書』にも檀君に関する記述は見出せないそうです。すなわち、檀君神話はさほど古い神話ではなく、朝鮮民族が次第に形成され、朝鮮民族としての民族意識が芽生え始めた高麗時代の十三世紀に、一部祖先集団に伝承されていた民話と旧馬韓地域に遺されていた「阿斯達」に関する古伝承（古記録）および『魏志』韓伝〔の「天君」〕を材料に、一然によって創作された建国神話と考えられるのです。「タングン」（「檀君」）の語も漢語「天君」の音写であり、一然によって創出された朝鮮語といえそうです。朝鮮民族の祖先集団が「神祖」に関する伝承を本来持たなかった〔あるいは失っていた〕ことは、「日孫」を「神祖」とする王統を継ぐ王家を戴かないことからも明らかです。

　話をもとに戻しますと、「鞅綏辰洃氏」はいくつかの王統に分かれますが、そのうち

第1章　考古学の成果からみえてきた辰国移動の軌跡

の一つである〔東表の「阿斯牟須氏」から出た〕「安晃辰沄氏」は、『隋書』倭（俀）国伝ほかの中国の正史に記述された倭（俀）国あるいは日本国の王の姓とされる「阿毎氏」に繋がっていったと考えられます。これについては、本書第２章第８節第３項で改めてふれたいと思います。「賁弥辰沄氏」の系譜についての記載はありませんが、「安晃辰沄氏」と同様に東冥の「阿辰沄須氏」出身の「寧義氏」の系譜に連なると解しました。

[図２　「日孫」を「神祖」とする王統の系図]

```
         第二章
日祖　名阿乃・沄翅報・云憂霊明
 │
 │       第三章
日孫　名阿珉美・辰沄繾翅報・順瑳檀彌固
 │       命高天使鶏載而降臻是爲神祖
 │       第五章
神祖　名圖己曳乃訶斗號辰沄須瑳珂
         初降於毉父之陰　聿肇有辰沄氏
      ［医父辰沄氏］

         第十六章
         西征頌疏曰神祖將征于西
  ┌─云辰阿鯼───────
  │      城于介盟奈敦
  │
  └─察賀阿鯼・・・朱申之宗＝韓侯・・・┐
         城于晏泗奈敦                  │
                                      │
         ┌──督坑賁國密矩・・・┬・・・辰沄殷
         │                    └・・・弁那縉耘伊逗氏

         第二十八章
         辰殷大記曰殷叔老無子當尉越之將旋于東
         養密矩爲嗣尋殂壽八十九
         督坑賁國密矩立時尹兮步乙酉秋七月也
```

第三十章
於是殷大築味諏君徳
　　・・・　　・・・
内新興神廟祭察賀亶唫號爲和饘城
　　　第三十八章
先是弁那有二汗落曰繬耘伊逗氏曰繬耘刀漫氏
伊逗氏者殷密矩王孫所入而繼

悠麒阿饘————
　　　　　城于葛齊汭沫

　　　第五章
居於鞅綏之陽　　載 還 有辰汜氏是爲二宗
[鞅綏辰汜氏]

　　　第十一章
神祖都于鞅綏韃曰畢識耶神京也
漾緻遣翅雲兢阿解————
　　　　　治焉

　　　第十二章
崀礫潰分阿解————
　　　居戛牟駕曰高虚耶是爲仲京

　　　第十三章
曷且鸛濟扈枚————
　　　居覺穀啄刺曰節覇耶是爲海京

　　　第十四章
尉颯潑美扈枚————
　　　居撫期範紀曰潰冽耶齋京也

　　　第十五章
耆麟馭叡阿解・・・・・・契丹王家—
　　（奚契旦爱：神子奇契丹燕：炎帝）
治巫軻牟　日芝辣漫耶

第1章　考古学の成果からみえてきた辰国移動の軌跡

神祖初降于此故稱曰秦卒母理之京
　　　　　　　　　　　　　　　　　すさもり
阿解又宮於然矩丹而居曰叙圖耶是爲離京
　　　　　ねくた　　　　　そとや
阿解生而異相頭有叉角好捉鬼䰷
乃頒蘇命遮厲立桿禁呪二十四般之法于今有驗也
　　第二十四章
傳云翳父婁者奚契旦爰麻峋秘處也
又云奚契旦爰神子耆麟馭叡別號也
　　第四十二章
朕之先者出自神子奇契丹燕矣所謂炎帝者是也
　　　　　　　　　　きき たえ

【異伝】
　　第十七章
秘府錄曰神祖拓地于幹浸遏區爲五原
　　　　　　　　　あしあ
├─伯屹紳濃和氣治於馬姑峋焉是爲西原也
　　はきしのわけ　　　まこく
├─泱汰辰憂和氣治於羊姑峋焉是爲東原也
　　わたしかわけ　　　やこく
├─納兢禺俊戸栩治於尹樂淇焉是爲中原也
　　なきくしこめ　　　いらき
├─湮皫太墜和氣治於柵房熹焉是爲北原也
　　いかたちわけ　　　さはき
└─沄冄瀰墜和氣治於柟峙貎焉是爲南原也
　　うなみちわけ　　　なかは

　　第三十七章
傳曰神祖之後有辰氵爲謨率氏本與東表阿斯牟須氏爲一
　　　　　　　　　　　しうむす
辰氵爲謨率氏有子伯之裔爲曰馬辰氵爲氏叔之裔爲干靈辰氵爲氏
干靈岐爲干來二干隔海而望干來又分爲高令云
　　・・・　　　・・・

東表
　［阿斯牟須氏］
　　あしむす

　　　　　　　　伯之裔
　　　　　　　　はくのえい
└─辰氵爲謨率氏──日馬辰氵爲氏───

第五章
別嗣神統顯于東冥者爲阿辰沄須氏其後寧義氏著名五原諸族之間

第三十七章
・・・　　　・・・
　　　　あめしう
其最顯者爲安晁辰沄氏本出東表牟須氏與殷爲姻
　　　　　　ひみしう
讓國於貢彌辰沄氏・・・

東冥
　　　あしむす
　　［阿辰沄須氏］
┗
　　　にぎし
　　寧義氏・・・┳
　　 にぎ
　　（「和族」）　　辰王家
　　　　　　　　　あめしう
　　　　　　　┗安晁辰沄氏・・・
　　　　　　　　⇅　姻戚関係
　　　　　　　〔辰沄〕殷王家

　　　　　　　　　　　　　　　まっかつ
　　　　　　　辰王家　　　　靺鞨（末合）を建国
　　　　　　　　　ひみしう　　　　いよとめ
　　　　　　┗貢弥辰沄氏・・・逸予台米・・・

6　東表および「五原」の地理的範囲

　『神頌契丹古伝』第三十七章に「東表阿斯牟須氏」：「東表の阿斯牟須氏」とある「東表」とは今日のどの辺りになるのでしょうか。
　『春秋左氏伝』襄公三年（前570）の条で、魯の孟献子が晋の知武士の挨拶に答えた言葉の中に「東表」の語が見えます。

「〔左氏、襄公三〕孟献子曰、以テ敝邑介-在スルヲ東表ニ、密-邇ス仇讎ニ。・・・

（通釈）
〔左氏、襄公三〕孟献子は、「わたしどもの国は東のはずれで強国の間にはさまっており、貴国の仇同士の斉・楚と近接しておりますので、・・・」と答えた。

（鎌田正『新釈漢文大系 31 春秋左氏伝 二』明治書院、1998、839–841 ページ）

　鎌田正著「春秋左氏伝二」は「東表」を漠然と「東のはずれ」と訳しています。魯の襄公三年（前 570 年）当時の東周の都である洛陽から見ての「東のはずれ」という意味です。『倭人のルーツと渤海沿岸』の著者佃収氏は同じく『春秋左氏伝』襄公三年条を「孟献子曰く、弊邑（私どもの邑＝魯国）は東表に介在しているを以て」と訳し、「魯国は東表にあるという。魯国は孔子の出た国であり、都は曲阜である。魯国を含む東方を東表という」[12] と述べています。『神頌契丹古伝』における「東表」の語は、第三十七章、第三十章（本書第２章第７節第５項２）に掲出）にみえますが、両章は共に〔『頌叙』が〕『費彌国氏洲鑑賛』から引いたものであり、両章にみえる「東表」の意義は同じと解されます。筆者は「東表」の意義を、〔春秋時代以来の「東表」の意義と思われる〕「おおよそ、今日の中国山東省地域」に解したいと思います。

　また、「神祖」が開拓した「幹浸遏」を含む「五原」は太古の辰国（「辰沄繿」）の全領域と解されます。「神祖」降臨の地であり「医父辰沄氏」発祥の地と解される「巫軻牟」（今日の泰安市方面に比定）は「東原」に位置します。先に「神祖」が都した「尹楽淇（中原）」に位置する「斐伊峋倭の岡」（すなわち「鞅綏韈」）を今日の山東省西部の〔菏沢市〕巨野県方面に想定しました。以上から、太古の辰国（「辰沄繿」）の全領域を意味する「五原」は、「巫軻牟」や「斐伊峋倭の岡」を包摂する今日の山東省泰安市や巨野県を含む中国山東省西部地域に擬定できます。

7　堯・舜は「辰沄翅報」であった

　ところで、辰国（「辰沄繿」）が夏の禹より前の太古から存在したことを示す興味深い記述が、『神頌契丹古伝』第二十一章にあります。

「　　第二十一章　東西兩種の雑擾(ざつじょう)

費彌國氏洲鑑贊曰

海漠象變而地縮于西乃后禊爲海而天遠於東矣

又經洚火災西族漸入

神牛首者鬼蛇身者詐吾神子號造犧農黃昊陶虞濫命蕃祀

自謂予聖寧識堯與舜者東族翅報也

渾族有君肇自夏禹雖然禹㳅也夏繨也

　　　　　譯　文

　費彌國氏洲鑑の贊に曰く。
　海漠象變して地西に縮まり。乃后禊海と爲つて天東に遠し。
　又洚火の災を經て西族漸入し〔漸は進なり〕
　牛首を神とする者。蛇身を鬼とする者。吾が神子の號を詐り。
　犧〔伏義氏〕農〔神農氏〕黃〔黃帝〕昊〔少昊〕陶虞を造り＊。〔濫りに蕃祀を命し。〕
　自ら予を聖なりと謂ふ。寧んぞ識らん堯と舜とは。東族＊＊の翅報（君霊）なり。
　渾族〔混血族の義ならん漢民族の混血なるを云ふ〕君あるは。夏禹より肇む。
　然りと雖。禹は㳅（大）也　夏は繨（國）也。」

(浜名寛祐『神頌契丹古伝』八幡書店、2001、473-474ページ)

　　　譯文の口語訳（拙訳）
　『費弥国氏洲鑑贊』の云うには、海と陸地に大異変が起り、地は〔水に浸かり〕西に縮まり。乃后禊は海となり、天は東に遠ざかった。また、「洚火の災」以降、西族が進入してきた（漸は進である）。牛首を神とする者。蛇身を鬼とする者。我らの神子の号を騙り、犧（伏義氏）農（神農氏）黃（黃帝）昊（少昊）陶（堯）虞（舜）を造り、〔勝手に蕃族（西族）の流儀で祀るよう命令し〕自ら、自分たち〔西族〕を聖〔族〕であると言っている。堯と舜は東族（太古の「辰族」）の翅報（君霊）であると知っているのだろうか。〔いや、知らないからこそ、東族（太古の「辰族」）の翅報の名を騙り、祀っているにちがいない。〕渾族（混血族の意味であろう。漢民族が混血民族であることをいう）の君王の存在は夏の禹が最初である。そうであるとはいっても、「禹」は〔東語（太古の「辰族」の言葉）＊＊＊の〕「㳅」で「大」を意味し、「夏」は〔東語の〕「繨」で国を意味するのである。

122

「犠^{伏羲氏}農^{神農氏}黄^{黄帝}昊^{少昊}陶虞を造り」＊

『易経』繋辞下に「古者包犠氏之王天下也，・・・包犠氏沒，神農氏作・・・神農氏沒，黄帝，堯，舜氏作」:「古は包犠氏が天下に王となった。包犠氏が没落すると神農氏が王となった。神農氏が没落すると黄帝、堯、舜氏が王となった」とあります。

少昊については『春秋左氏伝』定公四年に「分魯公・・・因商奄之民，命以伯禽，而封於少皞之虛」:「魯公に封地を分つに・・・商奄の遺民を領民とし、伯禽に命じて、少皞の城址に封じた」とあり、『春秋左伝正義』の杜預注に「少皞虛，曲阜也，在魯城内」:「少皞の城址とは曲阜である。魯城内にある」とあります。

「東族」＊＊

浜名は「東族」を〔西族侵入以前の〕中国の先住民と解しています[13]。本書は「東族」を「〔太古の〕東〔大神〕族」すなわち「太古の『辰族』」の意義に解しておきます。（「東大神族」の意義は定義6の「辰汯固朗」と同義）

「東語（太古の『辰族』の言葉）」＊＊＊

浜名は「東族の言葉」すなわち「東族語」を「東語」と命名しています[14]。

本書は「東語」を「太古の『辰族』の言葉」の意義に解します。

「海漠象變」:「海と陸地の大異変」を経て、「西族」が侵入して来たとあります。天災に加えて異族の侵入を受け、国が大いに乱れたことは想像するに難くありません。この「海と陸地の大異変」とは『漢書』地理志第八上に「堯遭洪水，襃山襄陵，天下分絶，為十二州，使禹治之」:「堯帝の時に洪水に遭い、〔洪水は〕山を包み、丘陵をかけあがり、〔洪水によって新たにできた河川は〕国全体を十二の州に分断した。〔堯帝は〕禹に〔復興のための〕治山治水工事を命じた」とある記述が照応すると考えられます。『漢書』の「襃山襄陵」:「山を包み、丘陵をかけあがり」は、『尚書』堯典の「湯湯洪水方割，蕩蕩懷山襄陵，浩浩滔天。下民其咨」:「あふれ出た洪水は地域を分割し、〔押し出される〕水は山を包み、丘陵を駆け上がり、広域にわたって勢いが盛んだったので、人々は救いを求めた」にある「懷山襄陵」を引いたと解されます。『漢書』地理志の十二州は、堯帝の時代の大洪水がもたらした新たな河川の流れによって、各々地域が区切られたことで形成されたと考えられていたことがわかります。師古は「十二州」に注して「九州以外に并州、幽州、營州があるので十二州といった。〔河川や湖沼などの〕水に囲まれた居住可能な土地を州という。洪水は大規模で広範囲にわたり、人々はそれぞれ高い場所に避難し、水没を免れた人々が居住した所は、およそ十二地域（州）あったのである」

と述べています。大地震により、津波が引き起こされ、河道が変わり、新たな河川が形成され、地盤が沈下したことで居住地の一部は水没し、地形が大きく変わったものと推察されます。したがって、堯(ぎょう)より前の時代の中国には『尚書』禹貢の九州の区分は存在せず、存在したのは太古の辰国(「辰沄繿」)の全領域である「五原(ごげん)」であったわけです。「五原(ごげん)」とは、『尚書』禹貢の九州より前の太古の中国ということになります。

また、「渾族(こん)」の君〔主〕は夏の禹に始まるとして、「東族」(太古の「辰族」)の「翅報(しふ)」である「堯」・「舜」を「渾族(こん)」の帝として取り込んだことを不当であると非難しています。「犠(ぎ)(伏羲氏)農(のう)(神農氏)黄(こう)(黄帝)昊(こう)(少昊)陶(とう)(堯)虞(ぐ)(舜)を造り」の記述から、華夏族(かか)(「西族」と「渾族(こん)」の総称か)が黄帝(こうてい)を先王として受け入れたのは、さほど古いことではなく、『史記』五帝本紀によって人口に膾炙(じんこう)(かいしゃ)したと推察されます。もっとも、後述するように「辰沄翅報」である炎帝(えんてい)や蚩尤(しゅう)を打倒し、「辰沄(辰)」王朝に替わって新たな支配者となった勢力と、その勢力を率いた王がいたことは否定できない事実であり、それらの存在が伝承の過程で次第に美化され、黄帝として『史記』五帝本紀に著(あらわ)されたと想像されます。このことは、司馬遷(しばせん)(太史公)自らが『史記』五帝本紀の終わりに次のように総論していることからも裏付けられます。

「司馬遷みずから五帝本紀の終わりに総論(しょう)していうには、学者が多数五帝のことを称揚(しょうよう)しているのは、ずいぶん古くからだ。だが、尚書(しょうしょ)はただ堯(ぎょう)以後のことしか記載していない。百家の書には黄帝のことを言っているが、その文は正しさを欠き、理に合わぬところもある。だから、身分の高い者や、知識人たちは、これを口にすることを憚(はばか)っている。孔子が伝えたところの孔子家語(こうしけご)の宰予問五帝徳(さいよもんごていとく)や、大戴礼(だたいれい)の帝繋姓(ていけいせい)などについては、今の儒者の中には或(あるい)は正経(せいけい)でないとしてこれを伝えようとしないものもあった。わたしは嘗(かつ)て、西は(黄帝が広成子から至道の要を受けた所と伝える)甘粛の空峒山(くうどう)に至り、北は涿鹿(たくろく)を過ぎ、東は海に達し、南のかたは江淮(こうわい)の流れる地まで踏査したことがある、その土地の長老が、みんなして時折り黄帝や堯・舜を称揚したが、そのところについて観察してみると、風俗や教化がはっきりとちがって大いにすぐれたものがあった。要するに、長老の話は、おそらく五帝徳や帝繋姓の古文を離れないもので、これが正しいもののようだ。わたしが、春秋や国語を読んでみると、それが五帝徳や帝繋姓の記載を発(ひ)らき明らかにしたこともはっきりする。思うに、ただあまり深く考えないだけのようだ。よく考究してみれば、五帝徳や帝繋姓に書かれている記事は、みなでたらめというのではない。尚書はそ

の篇の欠けたところがあってから久しい年月を経ているが、その散佚したところは折々他の文献に見えている。それは、学を好み、思いを深めて考究し、心でその意を汲みとるものでなくてはわからず、まことに浅見・寡聞のものには説明しがたいのである。わたしは、多くの書を併せ論じて整理し、その言うところのうち、もっとも正しいものを択んで、ことさらに五帝本紀を著わして本紀のはじめとしたのである。」

(吉田賢抗『新釈漢文大系 38 史記 一（本紀）』明治書院、1973、70–71 ページ)

ちなみに『史記』五帝本紀の五帝を①〜⑤を付して列記すると以下のとおりです。

五帝　①黄帝、②帝顓頊（黄帝の孫）、③帝嚳高辛（黄帝の曾孫）、
　　　④堯帝（帝嚳高辛の子）、⑤舜帝（黄帝から九世の子孫）

(吉田賢抗『新釈漢文大系 38 史記 一（本紀）』明治書院、1973、72 ページ）より作成

なお、『史記』三皇本紀は司馬遷の筆になるものではなく、唐の司馬貞によって書き加えられたものです。

　五帝に列せられる堯と舜が、「東族」（太古の「辰族」）の「皇」であったとは驚きです。また、「夏の禹」の「禹」は「大」を意味する「東語」（太古の『辰族』の言葉）の「汙」であり、「夏」は「国」を意味する「東語」の「纐」であると述べています。「東族」は自分たちの国「辰汙纐」を略して「纐」（国）と呼び、「渾族」はそれに「夏」の字を充て、「夏」は「東語」の国を意味する普通名詞から「夏王朝」を意味する漢語の固有名詞「夏」に転じたと推測されます。「東語」の普通名詞が漢語の固有名詞（人名）に転じた例として他に漢語の「蚩尤」（「東語」の「〔辰汙〕翅報」）が挙げられます。

8　蚩尤伝説

1)　「蚩尤」とは

『史記』五帝本紀第一に「蚩尤」が登場します。
　「黄帝は少典の子である。姓は公孫で、名は軒轅といった。生れながらにして神の

ように霊妙な働きがあった。幼少の頃からものいうことができ、からだの発育もよく、才智のひらめきがあった。少年時代から心根が敦厚、才気敏速、成人して聡明な人となった。

　当時、すなわち軒轅の時代は、神農氏の子孫の徳が衰えていて、諸侯が互いに侵し攻め合って、人民をしいたげ苦しめたが、神農氏はその悪を正すことができなかった。そこで、軒轅は武器の使い方の練習をして、朝貢しない諸侯を征伐した。諸侯はほとんど進んで軒轅の徳に服した。蚩尤が一番乱暴だったが、誰も討伐できるものがなかった。ところが、炎帝の子孫が諸侯を侵略しようとした。諸侯はみな軒轅に帰服して来た。軒轅はそこで徳を修め、兵備をととのえ、木・火・土・金・水の五行の気を治めて春・夏・秋・冬の四時をととのえ、五穀を植えてみのらせ、万民を愛撫して、四方の民の安定をはかった。熊・羆・貔・貅・貙・虎などの猛獣を馴らし教え、軒轅はそれらのものを率いて、炎帝と阪泉の野で戦い、三たび戦ってのち、やっと志を行うことができた。ところが、蚩尤が天下を乱して命令をきかなかったので、黄帝（軒轅）は軍隊を諸侯から徴集して、蚩尤と涿鹿の野に戦って、ついにとりこにして殺した。このようにして、諸侯はみな軒轅を尊んで天子とし、神農氏の子孫に代わらせた。これが黄帝である。」

（吉田賢抗『新釈漢文大系38 史記 一（本紀）』明治書院、1973、30ページ）

　黄帝は華夏族の始祖として崇められている伝説上の人物ですが、黄帝以前に神農氏が支配する時代があったことがわかります。神農氏の世が衰え国が乱れると、黄帝は神農氏に替わって天下を安定させるために、炎帝の子孫と「阪泉の野」で三度戦った末に遂にこれを破り、さらに黄帝の命に従わない蚩尤とも「涿鹿の野」で戦い、蚩尤を捕えて殺したとあります。

2）蚩尤と兵器

　蚩尤は兵器を作ったとされています。前漢代初期の『山海経』巻十七「大荒北経」は蚩尤について次のように記述しています。

　「蚩尤は兵器をつくって黄帝を伐つ。そこで黄帝は応竜をしてこれを冀州（国のまな

か）の野に攻めさせた。応竜は水をたくわえ、蚩尤は風伯と雨師をまねき、暴風雨をほしいままにした。そこで黄帝は天女の〔魃〕妭をあまくだした。雨はやんでついに蚩尤を殺した。

(高馬三良訳『山海経』平凡社ライブラリー34、平凡社、1994、171ページ)

すなわち、蚩尤は兵器をつくり、黄帝を伐とうとしたとあります。また、『史記』五帝本紀で「涿鹿の野」とされている古戦場は、『山海経』では「冀州の野」とされています。『山海経』の話は大洪水によって衰亡した古代「辰沄纑」の姿を物語風に仕立てたようにも受け取れます。

また、中国北宋代の『太平御覧』（983成立）は漢代の『龍魚河図』を引いて、次のように伝えています。

『太平御覧』巻七九
「龍魚河図曰・・・又曰：黄帝摂政前，有蚩尤。兄弟八十一人，并獣身人語，銅頭鉄額，食沙石子，造立兵仗刀戟大弩，威振天下，誅殺無道，不仁不慈。万民欲令黄帝行天子事，黄帝仁義，不能禁止。蚩尤遂不敵，乃仰天而嘆。天遣玄女下授黄帝兵信神符，制伏蚩尤，以制八方。蚩尤没後，天下復擾乱不寧，黄帝遂画蚩尤形象，以威天下，天下咸謂蚩尤不死，八方万邦皆為殄伏。」

(拙訳)
『龍魚河図』に云う・・・又云う、黄帝が天下の政治を執り行う前、蚩尤が〔天子で〕あった。〔蚩尤は〕兄弟が八十一人おり、獣の身体をしながらも人の言葉を話し、銅の頭と鉄の額を持ち、砂や小石を食べた。兵器としての刀や戟や大弩を製作し、武力で天下を鎮圧し、悪事を取り締まり、厳しく罰したが、民を慈しむことはなかった。
そこで、万民は黄帝に天子なってほしいと願ったが、黄帝には〔臣下としての〕仁義の心があったので、〔天子である〕蚩尤のおこないをやめさせることができなかった。そんなわけで、蚩尤の敵ではなかった。〔黄帝が〕天を仰いで嘆いていると、〔見かねた〕天帝は玄女を地上に降ろして、黄帝に兵信神符を授けた。〔これにより黄帝は〕蚩尤を倒し、八方を平定した。蚩尤が没した後、天下は再び乱れ、安らかではなくなったので、黄帝は遂に蚩尤の姿形を描いて〔天下に示し〕、天下を威圧した。天下〔の人々〕は皆、蚩尤は死んではいないと言い、八方の国々は皆〔蚩尤

を恐れて黄帝に〕服従した。

　蚩尤が食べた「砂や小石」とは砂鉄や鉱石などの金属製兵器の原料を意味し、「銅の頭と鉄の額」とは金属製の兜を意味すると思われます。『山海経』や『太平御覧』引く『龍魚河図』の記述は蚩尤を兵器の創出者（発明者）としています。『史記』封禅書は、斉では「八神」を祀り、蚩尤はその第三番目の神である「兵主」すなわち「兵器の神」として祀られていたことを伝えています。

　3）蚩尤終焉の地

　『史記』五帝本紀では軒轅（黄帝の号）と蚩尤が戦った地は「涿鹿の野」とされていました。『山海経』大荒北経では「冀州の野」とあります。後述するように（第2章第1節第5項参照）、「涿鹿の野」は「冀州の逐鹿の野」が本来の名称（原形）と推察されます。
　それでは、蚩尤終焉の地とされる「冀州の野」はどこにあったのでしょうか。『中国神話伝説大事典』には次のように記されています。

　　「しゆう【蚩尤】　・・・三国時代の劉劭（りゅうしょう）ら編の『皇覧』「冢墓記（ちょうぼき）」にも、『蚩尤冢。東平の寿張県の闞郷（かんきょう）城〔現在の山東省汶上（ぶんじょう）県の南西部〕にあり、高さが七丈で、毎年十月に祭りが行われる。赤気が立ち昇り、赤い絹のようなので、蚩尤旗とよばれている。肩髀冢（けんぴちょう）。山陽の巨野県（現在の同省巨野県）の重聚（ちょうしゅう）にあり、大きさは闞郷の蚩尤冢と同じである。言い伝えによれば、黄帝と蚩尤は涿鹿（たくろく）の野〔現在の河北省涿鹿県の南東部〕で戦い、黄帝が蚩尤を殺し、首を斬り落としたので、首と胴は別々に葬った』とある。そして、南宋代の羅泌（らひ）の『路史』「後紀（四）」では、ついに『黄帝は蚩尤を中冀（ちゅうき）〔現在の河南省〕で捕えて首を斬り落とし、首と胴を別べつに葬った』となる。・・・」

　　　　　　　（袁珂、鈴木博訳『中国神話伝説大事典』大修館書店、1999、296ページ）

　蚩尤の墓である「蚩尤冢」も「肩髀冢」も山東省西部にあります。いずれも、先に太古の辰国（「辰法繻」）の全領域を意味する「五原」に擬定した、今日の山東省泰安市や

巨野県を含む中国山東省西部地域に納まります。堯帝の時代の大洪水がもたらした新たな河川の流れによって「五原」が区切られ、『尚書』禹貢の九州は形成されたと考えられますので、蚩尤終焉の地とされる「冀州の野」は、かつての「五原」(山東省西部)に位置することになります。『路史』「後紀(四)」では、蚩尤は中冀で捕えられ、殺されたとされています。「中冀」とは「〔『五原』の一つである、かつての〕『中原』に位置する冀州」の意ではないでしょうか。

4)『尚書』禹貢の九州の地理的範囲

冀州といえば『史記』五帝本紀第一に「舜冀州之人也」:「舜は冀州の人である」とあります。冀州は『尚書』禹貢の九州(冀州・兗州・青州・徐州・揚州・荊州・豫州・梁州・雍州)の一つで、『尚書正義』の『尚書』禹貢第一に係る釈文(東晋の梅賾の偽作とされている注釈)は「冀州」に注して「堯所都也」:「堯が都したところである」としています。『神頌契丹古伝』第二十一章でも、堯や舜は「辰泜翅報(辰王)」であるとされていることから、冀州は大洪水後の太古の辰国(「辰泜繼」)の新たな都城の地とも解されます。堯が都した冀州と神祖が都した「斐伊峋倭の岡」(すなわち「鞍綏轜」)の位置する「尹楽淇(中原)」の地理的範囲が一部重なるとするならば、先に「斐伊峋倭の岡」を今日の山東省西部の〔菏沢市〕巨野県方面に想定したことから、『尚書』禹貢の冀州も今日の山東省西部の〔菏沢市〕巨野県方面を地理的範囲とすると考えられます。そのことを裏付けるかのように、『尚書』禹貢の冀州の「梁〔山〕」と同名の梁山が巨野県近くの今日の山東省済寧市梁山県に位置します。「尹楽淇(中原)」の名は『尚書』禹貢の豫州に「伊〔河〕・洛〔河〕」としてその名を留めていますので、豫州もまた、その一部は「尹楽淇(中原)」と重なると考えられます。『尚書』禹貢の豫州に「導菏沢」とある「菏沢」も今日の山東省西端部の菏沢市にその名を留めており、豫州もまた山東省西部に位置していたと思われます。同じく『尚書』禹貢の「兗州」および兗州の「岱山(泰山)」も山東省西部に今日なおその地名が残されています。同じく『尚書』禹貢の徐州の「泗水」も山東省西部の済寧市に泗水県の地名が残されています。兗州および徐州もまた山東省西部に位置していたと思われます。『尚書』禹貢の梁州の「華〔山〕」は今日の山東省済南市歴城区に黄河と小清河に挟まれて位置する華山に比定できます。水面に咲く蓮の花(華)の姿にその名(「華不注」)が由来する独立した小山で、標高197m

ながら唐の李白の詩〈古風〉にも「昔我遊斉都，登華不注峰。玆山何峻秀，緑翠如芙蓉」と謡われた歴史的名山です。『春秋左氏伝』成公二年（前589）には「斉師敗績。逐之，三周華不注」：「斉軍は敗れ、〔晋軍は〕これを追い回して、華不注（華山）を三周した」とあり、『尚書』禹貢の梁州は山東省中部に位置していたと思われます。『尚書』禹貢の青州で牧畜をしていた「莱夷」の名は今日の山東半島の莱州湾や莱州の名に残されています。以上から、『尚書』禹貢の九州の地理的範囲は、太古の辰国（「辰沄繡」）の全領域を意味する「五原」（今日の山東省泰安市や巨野県を含む中国山東省西部地域に擬定）を包摂する、たかだか今日の河南省東部と山東省を併せた範囲と推定されます。この範囲ならば、禹の〔復興のための〕治山治水工事も可能であったと思われます。

5）蚩尤は「辰沄翅報」であった

筆者は次の①〜③の理由から、蚩尤は「辰沄翅報」であったと考えます。

① 「蚩尤」と「〔辰沄〕翅報」は音が類似している。
② 太古の辰国（「辰沄繡」）の全領域を意味する「五原」を、今日の山東省泰安市や巨野県を含む中国山東省西部地域に擬定しましたが、蚩尤の墓とされる「蚩尤冢」および「肩髀冢」は今日の山東省西部にあり、また、蚩尤を「兵主」すなわち「兵器の神」として祀った古代の斉国も今日の山東省を中心とする地域であり、蚩尤に所縁の場所と太古の辰国（「辰沄繡」）に擬定した領域とが契合する。
③ 『史記集解』は「蚩尤」に注して、応劭曰く「蚩尤、古天子」とあり、蚩尤を古代の天子としている。上掲『太平御覧』巻七九の記述も、蚩尤を古天子と解して、はじめて意味がよく通る。古代の天子とは「翅報」（皇）のことである。すなわち、蚩尤は「〔辰沄〕翅報」である。

「蚩尤」が「翅報」の音写ならば、「蚩尤」は本来は人名ではなく「東語」（太古の「辰族」の言葉）の「〔辰沄〕翅報」であったことになります。すなわち、漢語の固有名詞「蚩尤」は、「東語」の普通名詞「〔辰沄〕翅報」から転じた語と解されます。

契丹王家は「神子奇契丹燕」より出た、「神子奇契丹燕」は炎帝であると『神頌契丹古伝』第四十二章は伝えています。また、同書第二十四章に「㚤契旦爰は神子耆麟馭叡

第1章　考古学の成果からみえてきた辰国移動の軌跡

の別号であるという」とあります。これらの関係は、[図2　「日孫（かも）」を「神祖」とする王統の系図] に示したとおりです。ところで、『路史』後紀（四）は「蚩尤姜姓、炎帝后裔也」：「蚩尤（しゅう）は姜姓（きょうせい）で、炎帝の後裔（こうえい）である」としています。そうであるならば、蚩尤は「辰沄翅報（しふ）」と解されることから、蚩尤の先祖である炎帝（えん）もまた「辰沄翅報（しふ）」であったと思われます。すなわち、『路史』後紀（四）の当該記述は、「神子奇契丹燕（みこきたえ）」（耆麟馭叡（こえ））が炎帝とされ、[図2　「日孫（かも）」を「神祖」とする王統の系図] に示したように、炎帝が「日孫（かも）」を「神祖」とする王統の系譜に連なることになる『神頌契丹古伝』の記述を補強するものとなります。

　古代の斉国において蚩尤が「兵主」すなわち「兵器の神」として祀（まつ）られていたことは、蚩尤すなわち「〔辰沄（しょう）〕翅報（しふ）」と兵器との強い結びつきが古くから斉の人々に知られていたことを示すものといえます。本書第1章第4節〔6　宝器としての鏡と銅剣が象徴するもの〕において、「兵器は古代『辰沄翅報（しふ）』（辰王）の象徴でした」と述べたのは、「辰沄翅報」を擬人化（固有名詞化）した存在と考えられる蚩尤にまつわる、これら中国典籍の記述が念頭にあったからに他なりません。

　本節では「日孫（かも）」を「神祖」とする王統の系譜と太古の中国を舞台とした辰国（「辰沄纜（しうく）」）の前史を見て来ました。次章にみるように、「五原」から北に逃れた「辰族（辰沄固朗（うから））」は紆余曲折の歴史の序幕を『拾遺記（しゅういき）』の鄒屠氏（すうと）の娘の逸話（いつわ）（本書第2章第1節第5項掲出）の中に記され、あるいは『史記』周本紀の息慎（そくしん）（粛慎（しゅくしん））にその名を表し、東に避けた「辰族（辰沄固朗（うから））」は「阿辰沄須氏（あしむす）」として東冥（東海：渤海）（あらわ）に顕（あらわ）れ、『頌叙（じょ）』は「寧義雒（にぎし）」（「寧義氏」）を春秋時代の歴史の表舞台に登場させました。特筆すべきは、太古の中国に発祥したと考定される辰国（「辰沄纜（しうく）」）が、「五原」を逐われた後も、「〔日（か）〕神」崇拝信仰を絶やすことなく護持し続け、前一千年紀には多鈕鏡と遼寧式銅剣や細形銅剣に代表される特徴的な青銅器文化を東北アジアに開花させたことです。辰国（「辰沄纜（しうく）」）精神文化の神髄ともいえる、鏡と銅剣のセットを祭器とする祭儀を執（と）り行う、「天孫思想」に根ざした祭祀である「日神系神道（さいし）（かか）（しんとう）」は脈々と受け継がれ、我が国においては今日（こんにち）なお、その流れを汲む祭祀（さいし）が奉斎（ほうさい）され、人々の暮らしと心情に深く根ざしています。これらの祭祀を数千年以上に亘って守り続けた先人の弛（たゆ）まぬ尽力を思う時、深い感慨（いけい）と畏敬（いだ）の念を抱かずにはおれません。次章では、「日神系神道（かか）（しんとう）」を護持継承してきたと考えられる辰国（「辰沄纜（しうく）」）あるいは「日神系神道勢力（かか）（しんとう）」の前一千年紀の足跡を、文献資料および考古資料を通して探ってゆきたいと思います。

131

1 「塞日之處」の意義を「日を祭つて其の恩に報賽する処」

「先づ塞日より解釋を試むれば、周禮の春官都宗人に、既祭反命於國、註に祭謂報塞也。又、前漢書郊祀志に、冬塞禱祠、師古の註に塞報其所祈也。之に依りて見れば塞は賽である、賽の音は塞にて説文に報なりとあり、長箋に今俗に報祭を賽神と曰ふとある、即ち我が國でいふ賽錢は神に報する所以のものとされる。然らば塞日之處は、日を祭つて其の恩に報賽する處である」

(浜名寛祐『神頌契丹古伝』八幡書店、2001、418 ページ)

2 馬韓では魏晋の際まで立柱の祭事が行われていて、大木を建て、それに鈴鼓を懸けて〔天〕神〔地〕祇に奉斎したとある

☞ 本書第1章第4節第7項参照

3 原文「想ふにヒイクイは日齋代であらう、イは即齋垣・齋串等のイで、齋仕の意である、衣通王の歌に、

　　　こもりくの。　初瀬の川の。　上つ瀬に。　齋代を打ち。
　　　下つ瀬に。　眞代を打ち。　齋代には。　鏡を掛け。
　　　眞代には。　眞玉を懸け。　眞玉如す。　吾が思ふ妹。

乃ち齋代を打つは塞日の典儀なれば、塞日之處をヒイクイと名づけたは、情意能く叶ひ、原義明瞭である。此の太古の東族地名が嵎夷と録されて堯代に著はれ、郁夷と書かれて漢初まで傳つたは、實に珍しい事で、此の發見は幾千年來闇黑裏に葬り置かれたる古代東族の墳墓を探り當てたに等しく、確に原頭の曙光であらう。猶齋代に就て其の旁證を求むれば、馬韓では魏晋の際まで立柱の祭事が行はれ居て、大木を建て、それへ鈴鼓を懸けて神祇に奉齋したとある、即ち齋代を打ち眞代を打てる我が古儀に同じかりしを知る、代長ければ柱、柱太ければ大木、物は換れど心に變りはない。又珠申族最後の大帝者なる清廷には、立杆之儀と云ふのがあつて、これを滿州立杆祭天之古俗と稱した、杆は即柱である、・・・之を我國の古に稽ふるに、諾冊二神が天之御柱を行き廻りたまへるは申すも畏し、信濃國諏訪神社には立柱祭が今も猶傳つてゐると聞く、是れ太古に於て東大神族の一般に恪守せる斐伊岣倭の遺風なりとされる。只齋代と伊岣倭とはヒとイの違あるをいかがと思へど、相距ること幾千里、世を隔つる亦幾千年、其の間に生じたる轉訛とすれば、問題にはならぬであらう。」

(浜名寛祐『神頌契丹古伝』八幡書店、2001、421-422 ページ)

4 『書経集伝』の「嵎夷」の注釈

「されど書傳には左の如くある。

嵎夷は海嵎の諸夷にして今の登州なり、或は寧海州とも云ふ、或は云ふ萊夷にして今の登州府萊州府なりと諸説區區なれども、書傳を以て得たりとすべく、今の山東省と思惟して間違なからう。」

(浜名寛祐『神頌契丹古伝』八幡書店、2001、420 ページ)

5 「立杆とは滿州の立杆祭天、三韓の立柱祭祀、我が古言の眞代などいへるに、その義自ら相通ずることゝ思はれる」

(浜名寛祐『神頌契丹古伝』八幡書店、2001、412 ページ)

6 降り

「我が神話の中にまします天孫の天降りが、大陸東族古傳には歴史後半の廻轉期に於ける樞軸に置

　　　　　　　　　　　　　　　　　　　　　　　　（浜名寛祐『神頌契丹古伝』八幡書店、2001、2 ページ）
7　「日月星晨〔の歩度〕をはかり、〔そうして〕敬んで民の時（農耕暦）を教え〔定め〕よ」
　　　　　　　　　　　　　　　　　　　　　（加藤常賢『新釈漢文大系 25 書経 上』明治書院、2002、22 ページ）
8　「日」以下を帝堯の言葉と解し、「分けて羲仲に嵎夷に宅（＝居）るを命じて曰く、『暘谷に、出日を寅賓し、東作を平秩せよ。日は中にして星を鳥にて、以て仲春を殷せ。厥の民は析れ、鳥獣は孳尾せん』と。」
　　　　　　　　　　　　　　　　　　　　（加藤常賢『新釈漢文大系 25 書経 上』明治書院、2002、21-23 ページ）
9　嵎夷と暘谷とを同一の地と解釈する
　　この誤った解釈は『史記』の解釈記述を踏襲したことに由ると思われます。『史記』五帝本紀は郁夷と暘谷とを同一の地と解釈し、「分命羲仲，居郁夷，曰暘谷」：「分けて羲仲に郁夷に居るを命じた。〔その地を〕暘谷という」と記述しているからです。『後漢書』東夷列伝序も「昔堯命羲仲宅嵎夷，曰暘谷，蓋日之所出也」：「昔、〔帝〕堯は羲仲に嵎夷に宅るを命じた。暘谷という。思うに日の出る所であろう」としています。もっとも、『史記集解』は「尚書作『嵎夷』。孔安國曰：『東表之地稱嵎夷。日出於暘谷』」：「尚書は〔郁夷を〕『嵎夷』に作る。孔安国の云うには、『東表の地を嵎夷と称す。日は暘谷に出る』」と注しており、孔安国は正鵠を得ていたことが伺われます。
10　原文「只それ本頌叙が能く之を今日に傳へて、終に之を此に顯はせるは、千古の奇觀と謂はねばなるまい」
　　　　　　　　　　　　　　　　　　　　　　　　（浜名寛祐『神頌契丹古伝』八幡書店、2001、427 ページ）
11　原文「月支はアツシと發音されたのであつた、其の月のツは入聲尾韻なれば、發音の上に自然省かれて、月支はアシと訓まれたのである、即ち壇君神話に阿斯達とあるのがそれで、達は田と同義なるを、魏志これを國と譯せるはよく當つてゐる」
　　　　　　　　　　　　　　　　　　　　　　　　（浜名寛祐『神頌契丹古伝』八幡書店、2001、194 ページ）
12　「魯国は東表にあるという。魯国は孔子の出た国であり、都は曲阜である。魯国を含む東方を東表という」
　　　　　　　　　　　　　　　　　　　　　　　（佃　収『倭人のルーツと渤海沿岸』星雲社、1997、254 ページ）
13　「東族」を〔西族侵入以前の〕中国の先住民と解しています
「本頌叙がそれを神代を距ること未だ遠からざる人世の出來事として、歴史開始の最初に語つてゐるのは、實に千古の驚異である、而してその神話に於て、我が天照大神を日祖と崇め、素盞鳴尊を日孫と仰げる如きは、盡く以て我が神話と大陸神話との古代共通を證する者、異彩陸離として滿紙に漲るを覺ゆ、降つて歴史時代に入れば、堯舜を以て我が東族の君長と爲して其の漢族の君主にあらざるを説き、以て東族が支那の先住民たるを歴證し去る所、總て皆古今東西の史の未だ嘗て言はざる所の事に屬す。」
　　　　　　　　　　　　　　　　　　　　　　　　（浜名寛祐『神頌契丹古伝』八幡書店、2001、288 ページ）
14　浜名は「東族」の言葉すなわち「東族語」を「東語」と命名しています
　　　　　　　　　　　　　　　　　　　　　　　　（浜名寛祐『神頌契丹古伝』八幡書店、2001、405 ページ）
　　「東語」の用例は『神頌契丹古伝』17・181・290・343 ページ他にみえます。

第2章　文献資料と考古資料から探る前一千年紀の辰国

はじめに

　甲元眞之氏はその論考「燕の成立と東北アジア」において、前一千年紀の東北アジアに散見する、鏡と銅剣を組み合わせて副葬するという特異な埋葬形式を有する墓の被葬者を、鏡と銅剣のセットで祭儀を執り行うシャーマンであると看破し、鏡と銅剣を組み合わせて副葬する墓の時系列分布を通して、鏡と銅剣のセットを祭器とする祭儀の燕山山脈の南→燕山山脈の北→遼西→遼東→朝鮮半島→日本という展開の軌跡を示されました。筆者は甲元氏の示されたそれらの軌跡を、「鏡と銅剣のセットを祭器とする祭儀を執り行う、固有のイデオロギーに根ざした祭祀」を護持継承する勢力である辰国の移動の軌跡と捉え、前章で仮説4^{-3}を提示しました。仮説4^{-3}を再掲します。

　　　仮説4^{-3}（H4^{-3}）：H4^{-2}×H4^{-3}×H5^{-2}
　　　　　　　　　　　：H１×H３×H４×H4^{-2}×H4^{-3}×H５×H5^{-2}
　　　仮説5^{-2}の「鏡と銅剣のセットを祭器とする祭儀を執り行う、
　　　固有のイデオロギーに根ざした祭祀」を護持継承する勢力である辰国は、
　　　仮説4^{-2}により、前一千年紀に亘って、燕山山脈の南→燕山山脈の北→
　　　遼西→遼東→朝鮮半島→日本という経路を辿って移動した。

　本章では仮説4^{-3}を文献資料と考古資料に探りながら、辰国移動の軌跡を素描したいと思います。

第２章　文献史料と考古史料から探る前一千年紀の辰国

第１節　粛慎
しゅくしん

——殷末から周初にかけての辰国——

１　燕山山脈の南にあった辰国
えんざん

　前一千年紀の燕山山脈の南における辰国の考古学的指標である鏡と銅剣を組み合わせ
えんざん
て副葬する墓は、本書第１章第３節「辰国の考古学的指標と移動の軌跡」で例示した、
単鈕無文鏡と有柄式銅剣のセットを副葬する北京市昌平県白浮村の２基の木槨木棺墓で
たんちゅうむもん　　　ゆうへい　　　　　　　　　　　　　　　　　　　　　　　　　もくかくもくかん
す。北京市昌平県（現北京市昌平区）は北京市の北西部に位置し、これらの墓の年代は
西周早期に比定されています。

　　燕山山脈の南
　　えんざん
　　　単鈕無文鏡と有柄式銅剣のセット
　　　たんちゅうむもん　　　ゆうへい
　　　（西周早期）
　　　　　中国　　　北京市昌平県　　白浮村２号墓
　　　　　中国　　　北京市昌平県　　白浮村３号墓
　　　　　＊　年代観は王建新著『東北アジアの青銅器文化』
　　　　　　　（同成社、1999、32ページ）に拠る。

　北京市白浮村西周早期墓は１号墓を加え３基の木槨木棺墓で構成されています。以下
にその概要をご紹介します。

　　「西周初期に比定される白浮村墓地は３基の木槨木棺墓で構成され、木槨墓の墓底に
　　犬を容れた腰坑をもつなど、北方地域にあっても中原的な墓室構造をなしている。
　　２号墓では簋、鼎、壺などの青銅彝器や陶製礼器を人頭付近に配置し、左右には戈
　　や戟、短剣などの多数の武器が置かれていたが、中央には衣甲や装身具を着装した
　　中年女性が葬られ、木槨上には多くの車馬具がみられた。」
　　　　　　　　　　　　（甲元眞之『東北アジアの青銅器文化と社会』同成社、2006、49ページ）

　「３基の墓のうち、１号墓は老年男性の小型墓で玉璧のほかには副葬品がなく、１人

135

の中年女性が埋葬された2号墓は、規模も大きく副葬品も多い。副葬品は、鼎・簋・壺各1点の青銅祭器のほかに、40点以上の武器類と工具類も出土している。大部分の武器と工具は西周文化の様式を踏襲しているが、<u>馬頭と鷹頭柄の短剣、鷹頭柄の刀子、鈴状柄の匕首</u>*および銅泡を縫いつけた革靴などに、北方系青銅器の様相がうかがえる。」

(王建新『東北アジアの青銅器文化』同成社、1999、32ページ)

「<u>馬頭と鷹頭柄の短剣、鷹頭柄の刀子、鈴状柄の匕首</u>」*
　　鷹頭柄の刀子はM2号墓（2号墓）の、馬頭柄と鷹頭柄の短剣、鈴状柄の匕首は
　　M3号墓（3号墓）の副葬品です[1]。

また、<u>中年の男性が葬（ほうむ）られていたとされる3号墓</u>[2]からは、<u>簋（き）、鼎の青銅彝（い）器のほかに多数の武器や青銅の鏡が出土しています</u>[3]。また卜甲片（ぼっこうへん）が100片以上出土し、その中には「其祀」2字や「其尚上下韋馭」と刻んだ卜甲片[4]もあります。

3基の木槨木棺墓のうち、銅鏡を副葬する墓は2号墓と3号墓です。<u>「2号墓出土鏡は直径が9.5cmで、鏡面は凹面。3号墓から出土した鏡は直径が9.9cm、鏡面は微かに窪み、鏡背は無紋で中央に板状の鈕がつく（図48-1）」</u>[5]とあります。

中国古代銅鏡の研究者である孔祥星・劉一曼の両氏は、この2面の銅鏡の年代を西周早期に属するとしています。

「1975年には、北京市昌平県白浮の西周の2基の木槨墓から2面が出土している。1面は面径9.9センチをはかる。鏡面はわずかに凹み、鏡背には半環式鈕をもつ。他の1面も同じ形状で、鈕はすでに朽ちていた。面径9.5センチをはかる。両墓で出土した銅鼎、簋、戈の形式は、陝西省西周早期墓の出土例と類似しており、銅鏡の年代も西周早期に属する(14)。」[6]

(孔祥星・劉一曼共著、高倉洋彰・田崎博之・渡辺芳郎共訳『図説 中国古代銅鏡史』海鳥社、1991、17ページ)

2号墓（M2号墓）および3号墓（M3号墓）の被葬者像について甲元氏は次のように述べています。

第2章　文献史料と考古史料から探る前一千年紀の辰国

「M2号墓は太い根太状の木材で大きな槨を作り、内部中央に中年女性を収めた木棺があったらしい。棺内の副葬品は装身具のみで、足には革靴が着装されていた。棺と槨の間には多数の副葬品がみられるが、頭部よりには装飾品が、身体の左右両側には多数の武器や馬具があり、礼器は頭の左上側に置かれている。このような状態はM3号墓でも同様にみることができる。

　出土した武器のうち、戈には無胡直内式のものから、胡のはる四穿式のものまで変化が多く、戟も刺が曲折するものや内がうずまくものもある。剣は有柄式のものが5点あり、うち柄頭に鳥や馬を鋳出するものが2点みられる。玉器は魚形や蝉形をしたものなど11点出土した。また鏡があり、甲骨や卜骨も多く伴出していることからみると、『戦うシャーマン』を彷彿させよう[11]。」[7]

（甲元眞之「燕の成立と東北アジア」田村晃一編『東北アジアの考古学』六興出版、1990、73ページ）

　2号墓に埋葬されていた中年女性は、「木棺には青銅の兜を被り、腰に剣を吊るして脚には鋲留の革靴を履いた中年の女性が埋葬されていた。」[8]とされ、3号墓の被葬者と併せて、

「これら被葬者たちの装いや副葬された儀器は、胡服に身を固めた『戦うシャーマン』の姿を彷彿させるものである。

　この白浮村木槨墓の被葬者たちの出で立ちは町田章が指摘するように（町田1981）、北方胡族の軍装であり、劉家河墓の被葬者と同様に中原勢力との強力なつながりの中に出現した在地の特定有力者層とみることができる。」[9]

（甲元眞之『東北アジアの青銅器文化と社会』同成社、2006、49ページ）

と述べ、2号墓および3号墓の被葬者を、中原勢力との強力なつながりをもつ在地の特定有力者層に属する「戦うシャーマン」であるとしています。

　北京市昌平県白浮村の2号・3号墓は、前一千年紀の東北アジアにおける鏡と銅剣を組み合わせて副葬する墓に該当しますので、仮説5⁻²により辰国の王墓となります。玉璧（ぎょくへき）を副葬した1号墓もまた王の地位にあった人物の墓と考えられます。なお、2号墓の被葬者が女性であることから、辰国にあっては、辰王の地位に女性がつくことを妨げなかったようです。

それでは、周初の燕山山脈の南に単鈕無文鏡と有柄式銅剣のセットを副葬する大型木槨木棺墓を遺した辰国とは文献に登場するどの勢力に該当するのでしょうか。以下に探ってみたいと思います。

2　粛慎は辰国（「辰沄繡」）だった

　粛慎という呼称についてはすでにお聞き覚えがあると思われます。粛慎の語源について『神頌契丹古伝』の著者浜名は「元来粛慎は東語の辰沄翅報が漢訳されたもの」であるとして次のように述べています。

（浜名の解説の口語訳：拙訳）
「・・・〔『春秋左氏伝』昭公９年〕周の景王が粛慎・燕・亳は我が〔周の〕北部の領土であると言ったことを参照しても、燕（召公の封ぜられた所で今の北京はその中心）亳（殷の国都）と共に並び称された粛慎の昔の領土は、中国本土内に存在しなければならないはずである。そうではあるが、〔『今本竹書紀年』に〕虞舜（『史記』五帝本紀記載の五帝の一人）の二十五年に息慎（粛慎）が弓矢を献じたという事などは、早ければ魯の儒者の作為、その後ならば漢の儒者の作り事として見なければならない、元来粛慎は東語の辰沄翅報が漢訳されたもので、太古から夏の舜王の時代まで、古代中国の先住民であった東族宗家の美称であれば、東族の君主であった堯も舜も、その人自身が辰沄翅報（粛慎）であったのだから、自分自身の美称〔である辰沄翅報（粛慎）〕を夷狄〔の名称〕として扱うわけがない（虞舜とは東語のクシフすなわち繡翅報が漢訳された帝名である）。そんなわけで、虞舜の時代に粛慎が弓矢を献じたなどという話は、はるか後の時代の儒者が粛慎を〔古代中国から〕遠く離れた地に住んでいる蛮夷の一種族と思い考えるようになってからの作り事であることは勿論である。そして、東語の辰沄が太古からの伝承であることは、神農や黄帝などの号を縉雲と言つたので証拠立てられる、縉雲と辰沄とは、互いに同声同韻であることを示しているのであるが、魯の儒者にも漢の儒者にも、縉雲の原義（もとの意味）が分らないものだから、雲の端から出た号であるかのように言っているが、実は辰沄（東大）という意味なのである。」[10]

（浜名寛祐『神頌契丹古伝』八幡書店、2001、343-344 ページ）より

『神頌契丹古伝』第三章に「辰沄繾翅報は其義猶東大國皇と言ふが如き也」：「辰沄繾翅報は東大国皇というような意味である」とありましたが、「辰沄繾翅報」から「繾」を省いた「辰沄翅報」の語義は、「東大国皇」から「国」を省いた「東大皇」となります。「辰沄翅報」（辰王）も「辰沄〔繾〕翅報」（辰〔国〕王）同様、「辰沄〔繾〕」（辰〔国〕）の「翅報」（皇）に対する尊称です。「粛慎は東語の辰沄翅報が漢訳されたもの」とする浜名の慧眼には驚嘆させられますが、粛慎の語源については、「辰沄繾」の「翅報」（皇）に対する尊称「辰沄翅報」の漢訳（音写）との見解を採らずに、別にある「辰は辰沄繾の略称である」とした浜名の見解をもとに、本書では粛慎を国名「辰沄繾」の視点から捉えてみたいと思います。

　「粛慎」の「粛」は「東語」（太古の「辰族」の言葉）「しうく」の音写で、本来は「辰沄繾」と表記されていたと考えられます。本書第１章第４節第４項１）の仮説6^{-2}を提示した際にふれたように、中国の国名は一字名称が通例ですから「辰沄繾」を一字で「辰」と略称したものと思われます。「粛慎」は「辰沄繾・辰」の音写であり、「辰沄繾すなわち辰〔国〕」という意味の国名を表した語だと考えます。

　そこで仮説6^{-3}を提示したいと思います。

　　仮説6^{-3}（H 6^{-3}）：H 6^{-2}×H 6^{-3}
　　　　　　　　　　　　：H 1×H 6×H 6^{-2}×H 6^{-3}
　　「粛慎」は「辰沄繾・辰」の音写であり、
　　その意義は「辰沄繾すなわち辰〔国〕」である。

　仮説6^{-3}が成り立つためには、殷末に「辰沄繾」という国号表記を「しうく」がすでに使用していなければなりません。この点については、後ほどふれたいと思います。

　ところで、『神頌契丹古伝』第六章に以下の記述があります。

「　第六章　東大神族の傳統稱呼
　　因亦念之雖世降族敷瓜瓞猶可繹綿緒而格其原壤
　　例如瑪珂靺鞨渤海同聲相承珠申肅愼朱眞同音相襲傳統自明也矣
　　乃爰討探舊史作次第如左
　　　　譯　　文

因つて亦之を念ふ。世降り族斁ると雖。
瓜瓞猶綿緒を繹ねて而して其の原壤に格る可し。
例へば瑪玕・靺鞨・渤海同聲相承け。珠申・肅愼・朱眞同音相襲げるが如し。
傳統自ら明かなり。
乃爰に舊史を討探し次第を作すこと左の如し」

(浜名寬祐『神頌契丹古伝』八幡書店、2001、330–331 ページ)

「譯文」の口語訳（拙訳）

よって、またこう考える。時代が下がり〔我が〕族は敗れてしまったが、
〔各地に散らばった同族を〕大瓜小瓞〔に例えるならば、
その繋がっている蔓〕の緒を探しだし、それをたぐっていけば、
本の根の生えている土壌（根本の地）に達することが出来るであろうと。
例えば、瑪玕・靺鞨・渤海が〔表記は異なるが〕同声を受け継ぎ、
珠申・肅愼・朱真が〔表記は異なるが〕同音を受け継いでいるように、
伝統は自ずから〔現れ出て〕明らかである。
そこで、古代の歴史を尋ね、語の由来を探ると以下のようである。

すなわち、「珠申・肅愼・朱真」は表記は異なるものの同音を受け継いでいるように、伝統は自ずから現れ出て明らかであるから、いとぐちを探し出して、そこからたぐっていけば、その根本の地（ルーツ：大本の地）にたどり着くことができるであろうとしています。

殷と周の両陣営が激突した「牧野の戦い」を記述した『神頌契丹古伝』第二十三章に「朱申」という勢力が登場します。また、『史記』周本紀には「息愼」と称された勢力が登場します。この「朱申」や「息愼」こそが燕山山脈の南にあった辰国（「辰汦繿」）と目される勢力です。そこで、『神頌契丹古伝』第二十三章に登場する「朱申」ならびに『史記』周本紀に登場する「息愼」を「肅愼」と同義と考え、仮説11を提示します。

仮説 11 (H11)：H11
「朱申」および「息愼」は「肅愼」と同義である。

したがって、仮説 11 および仮説 6^{-3} より、仮説 11^{-2} が導かれます。

第２章　文献史料と考古史料から探る前一千年紀の辰国

　　仮説 11^{-2} （$H11^{-2}$）：$H6^{-3} \times H11$
　　　　　　　　　　　　：$H1 \times H6 \times H6^{-2} \times H6^{-3} \times H11$
　　「朱申(シウシン)」・「息慎(そくしん)」・「粛慎(しゅくしん)」は「辰汎繡・辰」すなわち「辰汎繡(しょうく)」（辰国）と同義である。

さらに、仮説 11^{-3} を提示します。

　　仮説 11^{-3} （$H11^{-3}$）：$H6 \times H11^{-2} \times H11^{-3}$
　　　　　　　　　　　　：$H1 \times H6 \times H6^{-2} \times H6^{-3} \times H11 \times H11^{-3}$
　　仮説 11^{-2} により、
　　「朱申(シウシン)」・「息慎(そくしん)」・「粛慎(しゅくしん)」は「辰汎繡」（辰国）と同義であるので、
　　「朱申(シウシン)」・「息慎(そくしん)」・「粛慎(しゅくしん)」の王は「辰汎〔繡〕翅報(しょう〔く〕しふ)」（辰〔国〕王）である。

仮説 11^{-2} により、粛慎(しゅくしん)は「辰汎繡」（辰国）と同義であることになりますが、周初の燕山山脈の南にあった辰国と目される粛慎(しゅくしん)とは一体どのような勢力だったのでしょうか。

３　「牧野(ぼくや)の戦い」における粛慎(しゅくしん)（「朱申(しゅしん)」）

　「殷周之際(いんしゅうのきわ)」の粛慎(しゅくしん)は『神頌契丹古伝』第二十三章に「朱申(しゅしん)」という表記で「牧野(ぼくや)の戦い」に登場します。有力親殷勢力として参戦するものの周の側に寝返り、激戦の最中(さなか)、突如兵器の向きを逆にすると殷の後陣に攻め進み、退路をさえぎる殷方の兵を掃討しながら、そのまま北に向かって撤収(てっしゅう)してしまいます。

「　　第二十三章　東族盡(ことごと)く頽(すた)る
　伯唱而不成和征而不克陽勇于津防而易賣節畔之周師次牧焉
　淮徐方力于郊戰而姜從内火之商祀終亡矣
　潢浮海潘北退宛南辟嘻朱申之宗毒賄倒兵東委盡頽
　　　　　　譯　文
　伯(錯なり、尭代四岳の長伯夷の後(とな))唱へて成らず、

141

和 ^(禹貢にいふ和夷の後か、其の傳詳かならず)、征して克たず。
陽 ^(族名) 津防に勇なりしも。易 ^(族名) 節を賣つて之に畔（そむ）き。周師牧に次す ^(11 牧は商郊の牧野)。
淮徐 ^(謂はゆる淮夷徐戎なり、漢族は南濊を淮と称し、東族は南濊北濊ともに淮と書す、蓋淮濊同音也、)
方に郊戰に力（つと）め。而して姜 ^(斉太公望の氏族を云ふ) 内より之を火（や）き。商祀終に亡ぶ。
澅 ^(澅弭族) 海に浮び。潘 ^(潘耶族なり、後に扶餘と稱す) 12 北に退き。宛 ^(越族) 南に辟（さ）く。
嘻朱申の宗 ^(朱申は所謂粛慎) 賄に毒せられ兵を倒（さかしま）にして。
東委 ^(委は夷なり東族の汎稱) 盡（ことごと）く頽（すた）る。」

（浜名寛祐『神頌契丹古伝』八幡書店、2001、489–490 ページ）

「譯文」の口語訳（拙訳）

伯（貊である。堯の時代四岳の長であった伯夷の後裔）は〔大義を〕高唱したが〔戦いを回避することは〕できなかった。

和（『書経』禹貢にいう和夷の末裔か。和についての詳しい伝承は残されていない）は征〔伐の軍を出したが〕勝つことができなかった。

陽〔族〕は津防で〔周軍の進軍を阻止するために〕勇敢に戦ったが、

易〔族〕が裏切って背（そむ）いたので、

周〔の武王の〕軍は牧野（牧は商の郊外の牧野）に進軍し布陣することができた。

淮と徐（いわゆる淮夷徐戎である。漢族は南濊を淮と称し、東族は南濊北濊ともに淮と書き表す。淮と濊は同音と思われる）が牧野での戦いに力を注いでいる時に、

姜（斉の太公望の氏族のことである）が都城に侵入し、城内から火をつけたので、〔紂は火中に身を投じ〕商（殷）はついに亡んだ。

澅（澅弭族）は船で海上に逃げ、潘（潘耶族である、後に扶余と称す）は北に後退し、

宛（越族）は南に避難した。

ああ〔なんと嘆かわしいことか、こともあろうに〕

「辰泛翅報」（辰王：「朱申之宗」）*（朱申はいわゆる粛慎）は

〔周の〕贈賄工作に負けて〔寝返り〕、

兵器を逆の方向に向けて、〔殷の後陣を攻めたので殷軍は敗れ、〕

東委（委は夷である。東族の汎称）はことごとく衰退してしまった。

「『辰泛翅報』（辰王：『朱申之宗』）」*
　　仮説 11 より「朱申」は「粛慎」と同義です。
　　本書は「朱申之宗」を粛慎宗家の主（王）すなわち粛慎の宗主（王）と解しました。

第2章　文献史料と考古史料から探る前一千年紀の辰国

仮説11⁻³より粛慎の宗主(王)とは「辰沄翅報」(辰王)と同義となります。

浜名はまた次のように解説しています。

(浜名の解説の口語訳：拙訳)
「この東族の不一致は、当時、族中の宗家である粛慎氏が周の知謀に引き込まれて、〔寝返りの報酬として周が約束した〕利益に心を奪われ、密かに周と結託したことに起因する。易族が信義に反して周に降ったのも、思うにまた、粛慎氏の意図からであろう、また牧野の血戦の際に、〔敵に向けた〕戈を倒にして〔味方であるはずの殷軍に向け〕周軍を迎え、共に殷を攻めたのも粛慎氏であろう。『尚書』等によって見ると、兵士たちの流した血が盾を漂わせる程の激しい戦の最中に、殷の後陣に裏切りの者が起って、全軍を崩壊させたとあるけれども、その裏切った者が何者であるかを語っていない。今それが粛慎氏と分ったことで、成王が栄伯に命じて粛慎氏へ贈賄するための詔書を作らせたことなど全部ひっくるめて、そのあたりの経緯が明らかになったのであるから、史学への貢献は少なくないものと思う。」[13]

(浜名寛祐『神頌契丹古伝』八幡書店、2001、491ページ) より

浜名が指摘した該当箇所を『尚書』(『書経』)にさがすと、『尚書』武成に次の一文がありました。文中の「倒戈」は『契丹古伝』にある「嘻朱申之宗毒賄倒兵」の「倒兵」に照応するものといえます。

『尚書』武成
「罔有敵于我師，前徒倒戈，攻于後以北。血流漂杵」
(拙訳)
　我が〔周〕軍に対抗することができず、〔殷軍の〕前陣にいた兵士が〔裏切り、敵に向けた〕戈を倒にして〔味方に向け〕、後陣に攻め進み、
　そのまま北に向かって撤収してしまった。
　〔殷軍の兵士の〕血は楯を漂わせるほどに流された。

以上から、殷末の粛慎(「朱申」)は有力な親殷勢力であり、周にとっても無視でき

143

ない存在であったことが理解されます。

　燕山山脈の南にあった辰国の王墓とした２基の墓を含む北京市昌平県白浮村の３基の木槨木棺墓を粛慎の王墓と考えた場合、殷末から周初にかけての粛慎の領域を、在地の文化と殷墟文化との地理的境界とされる北易水[14]以北の、今日の北京市を中心とする地域に擬定することができます。殷の有力諸侯と考えられる粛慎（「朱申」）ですが、この位置なら「牧野の戦い」に派兵可能であったと思われます。

　なお、西周早期とされる白浮村２号・３号墓の２基の木槨木棺墓より古い鏡と銅剣のセットを副葬する墓が今日まで発見されていないこと、玉璧が副葬され、同じく粛慎の王墓と考えられる白浮村１号墓に鏡と銅剣のセットが副葬されていないことから、粛慎すなわち辰国（「辰沄縕」）の王墓が鏡と銅剣のセットを副葬するようになるのは前一千年紀に入ってからで、北京市昌平県白浮村２号・３号墓の２基の木槨木棺墓からと考えられます。仮説5^{-2}において、辰国の存在の考古学的指標である鏡と銅剣のセットを副葬する墓を前一千年紀に限定した理由の一つがここにあります。因みに、燕山山脈周辺における早期銅鏡の発見は、白浮村の２基の西周早期墓の他に「河北省張北県の１点と遼寧省喀左県道虎溝の１点」[15]があげられますが、遼寧省喀左県道虎溝の１点が副葬されていた墓は殷末周初の魏営子類型文化に属するとされています。

　ここで、仮説12を提示します。

　　仮説12（H12）：$H5^{-2} \times H11^{-2} \times H12$
　　　　　　　　　：$H1 \times H3 \times H4 \times H5 \times H5^{-2}$
　　　　　　　　　$\times H6 \times H6^{-2} \times H6^{-3} \times H11 \times H12$

　　鏡と銅剣を組み合わせて副葬する北京市昌平県白浮村２号・３号墓は、
　　仮説5^{-2}により辰国の王墓であり、
　　仮説11^{-2}より辰国は「粛慎」と同義であるので、
　　１号墓を含む北京市昌平県白浮村の３基の木槨木棺墓は粛慎の王墓である。

4　北京市平谷県劉家河の殷後期墓の被葬者

　北京市平谷県劉家河に殷代の中国的礼器をもち二層台をもつ木槨木棺墓があります。北京市平谷県（現北京市平谷区）は北京市の北東部に位置し、北京市琉璃河遺跡から

第2章　文献史料と考古史料から探る前一千年紀の辰国

100kmほど離れた位置にあります。この墓の概要について甲元氏は北京市琉璃河遺跡内の董家林村古城址の築造者とのからみで次のように述べています。

「　琉璃河黄土坡村 [16] では、西周初めの墓により破壊された城牆(じょうしょう)があった。このことから少なくとも西周初以前にはかなりの政治的中心地であったことが知られてくる。黄土坡の近傍の劉李店村では夏家店下層に属する2基の土壙墓が発見されている[23]。副葬品は1号墓で陶器5点、2号墓で銅指輪1点と金耳飾1点と極めて少ないものであり、これらの墓の被葬者等が城牆の築造者とは考えがたい。2号墓と同様の耳飾を出す大型の墓は北京市平谷県劉家河で1基発見されている。二層台をもつ木槨木棺墓で、墓がほぼ半分破壊されたにもかかわらず、鼎(てい)、鬲(れき)、爵(しゃく)、卣(ゆう)、罍(らい)などの礼器16点や玉器など出土している。こうした中国的礼器をもち、木槨墓という殷的な墓の構造をもつものでも、その墓の被葬者について町田章氏は殷人とは考えていない。龍山文化から殷文化にかけてのころ、燕山山脈の南と北の一帯には夏家店下層文化に属するこの地固有の文化が展開していた。唐山市小官荘の箱式石棺墓群は彼らの残した墓制である[24]。このような人々が殷人と接することで、琉璃河劉李店村の土壙墓にみられるように、食器を副葬する風習を受け入れ、言わば殷化した夏家店下層文化の有力者が劉家河の墓を営んだとする[25]。黄土坡村の墓地の中に、殷代に遡上するものがある（黄土坡第Ⅰ期）とするなら、琉璃河の古城は殷人のたてたものとするのが妥当であり、夏家店下層文化に属する人々をもその支配の中に取りこんだ殷人の世界が、燕山山脈の南に展開していたことが知られる。」[17]

（甲元眞之「燕の成立と東北アジア」田村晃一編『東北アジアの考古学』六興出版、1990、75-76ページ）

北京市平谷県劉家河の二層台をもつ木槨木棺墓の被葬者像については「殷化した夏家店下層文化の有力者」とする町田氏の見解を支持しています。

また、甲元氏は後の著作において次のように述べています。

「この墓の被葬者に対して町田章は、殷勢力と結んで殷的青銅礼器を付与され、殷的な埋葬施設である木槨木棺墓に埋葬された在地の有力者とみなすことができるとする（町田1981）。劉家河の被葬者が権威の象徴である鉄刃の『銅鉞』を所持していることは、河北省藁城県台西村の被葬者に照らして（河北省文物研究所1985）、

殷により支配権の一部を分与された存在であったことを示している。」[18]

(甲元眞之『東北アジアの青銅器文化と社会』同成社、2006、47-48 ページ)

　この記述から、「殷化」の意味を「殷勢力と結んで殷的青銅礼器を付与され、殷的な埋葬施設である木槨木棺墓に埋葬され・・・、殷により支配権の一部を分与された存在となること」と解することができると思われます。換言すれば「殷の諸侯となること」と表現できます。
　この墓の年代については、

「この地方での殷代のもっとも古い足跡として想定されていた北京市平谷県の劉家河遺跡の墓は（北京市文物管理処 1977）、その後の検討で殷代後期のものであることが明らかとなり（陳公柔・張長寿 1990）、この地域に殷の勢力の及ぶのは、殷が安陽に遷都して以降である可能性が高いこととなった。」[19]

(甲元眞之『東北アジアの青銅器文化と社会』同成社、2006、132 ページ)

とあり、殷代後期に比定されています。
　甲元氏は、陝西(せんせい)省や山西省などの中国北部にみられる、いわゆる北方式青銅器群を多く副葬する墓の、主に帯銘銅器を手がかりとした分析を通して、

「殷代後期後半から、一部は西周前期にかけて形成された中国北方地域の青銅器群は、李伯謙や田広金が指摘するように、中原的な青銅礼器と武器で構成された集団、中原的な青銅彝器を少数伴うものの武器類が副葬品の中心となる集団、青銅武器類のみで副葬品が構成される集団に区分することが可能である。結局こうした遺構を残した集団の歴史的性格に関しては、中原的な青銅礼器と武器が伴う木槨木棺墓の集団をどのように考えるかが問題となる。・・・」[20]

(甲元眞之『東北アジアの青銅器文化と社会』同成社、2006、28 ページ)

とした上で、北方地域でみられる「中原的な青銅礼器と武器が伴う木槨木棺墓」の被葬者たちを、

「　こうした北方地域でみられる青銅器を副葬する墓の被葬者達は、殷的世界では中

型墓に埋葬された地位と同様の社会的位置づけがなされた在地首長層と考えられる。殷の勢力が北方地域に拡大する過程では、少なくとも殷の為政者にとっては北方地域が愁眉の対象であったと考えられる、近年こうした『北方式青銅器』を副葬する遺跡の近辺である、清澗県李家崖遺跡で古城址が発見されていることから（中国社会科学院考古研究所 2003）、この調査結果が公表されることで以上の点はさらに明確になるであろう。すなわち、殷の殖民支配の拠点としての城、城周囲にあって殷より支配権を賦与された在地首長層、在地首長層を支える地域的リーダーと階層構造を構成していたことが予想され、この種の遺跡の分析により、殷の地方支配の実態解明が進むものと考えられる。」[21]

（甲元眞之『東北アジアの青銅器文化と社会』同成社、2006、44 ページ）

と述べています。

　甲元氏が分析の対象とした陝西省や山西省などの遺跡とは地域を異にしますが、甲元氏の指摘をこれら河北省方面の遺跡に当てはめますと、「西周初めの墓により破壊された城牆があった」とされる北京市琉璃河遺跡内の董家林村古城址は「殷の殖民支配の拠点としての城」であり、「中国的礼器をもち、木槨墓という殷的な墓の構造をもつ」北京市平谷県劉家河の殷後期墓の被葬者は「城周囲にあって殷より支配権を賦与された在地首長層」に相当し、殷の諸侯となった在地首長である蓋然性が高いと考えられます。『神頌契丹古伝』第二十三章記載の親殷勢力から被葬者を探れば、先に殷末から周初にかけての領域を今日の北京市を中心とする地域に擬定した粛慎が第一に挙げられ、他に「潘耶族なり、後に扶餘と稱す北に退き」：「潘族（潘耶族である、後に扶餘と称す）は北に後退し」と記された、「潘耶族」の王が有力候補として挙げられます。

5　古代の中原を逐われた「辰族（辰汨固朗）」

　ところで、仮説11⁻²で「朱申」・「息慎」・「粛慎」を「辰汨繻」（辰国）と同義であるとしましたが、本書第 1 章第 5 節第 6 項で太古の辰国（「辰汨繻」）の全領域を意味する「五原」を今日の中国山東省西部地域に擬定しました。太古の辰国（「辰汨繻」）の領域と考えた山東省西部地域と、殷末から周初にかけての粛慎の領域と考えた今日の北京市を中心とする地域は繋がるのでしょうか。これを解くカギとなる余話が東晋（317 ～

147

420)・王嘉の撰になる『拾遺記』にありました。帝嚳の妃となった鄒屠氏の娘の逸話の中に、軒轅（黄帝の号）と戦って敗れた蚩尤の民に対する戦後処理ともいうべき処遇が記されています。

『拾遺記』巻一・六
「帝嚳之妃，鄒屠氏之女也。
　軒轅去蚩尤之凶，遷其民善者於鄒屠之地，遷悪者於有北之郷。
　其先以地命族，後分為鄒氏屠氏。
　女行不践地，常履風雲，遊于伊、洛。帝乃期焉，納以為妃。
　妃常夢呑日，則生一子，凡経八夢，則生八子。
　世謂為"八神"，亦謂"八翌"，翌，明也，
　亦謂"八英"，亦謂"八力"，言其神力英明，翌成万象，億兆流其神睿焉。」
（拙訳）
　帝嚳の妃は鄒屠氏の娘であった。
　軒轅（黄帝）は蚩尤の凶行を排除し、その民のうちで善良なものは鄒屠の地に
　移住させ、その民のうちで凶悪なものは北〔辺〕の地に移住させた。
　〔鄒屠氏の〕先祖は地名の鄒屠を姓としたのである。
　後に鄒氏と屠氏とに分かれた。
　〔鄒屠氏の〕娘は移動するのに地を踏んで歩くことをせず、
　いつも風雲を履いて〔移動し〕、伊・洛〔の河〕に遊んだ。
　帝〔嚳〕は覚悟を決めて〔鄒屠氏の娘を正〕妃として納れた。
　妃が夢に日（太陽）を呑み込むと、いつも一子を身ごもられた。
　総じて八回その夢を見たことで、八子を生んだのである。
　〔八子は〕世間で言う「八神」となり、また「八翌」とも言われるが、
　翌とは明〔の義〕である。
　また「八英」とも「八力」とも言われるのは、万象を明かに生成し、
　万民にその神叡を行き渡らせている、〔八神の〕その神力英明を言うのである。

帝嚳は黄帝の曾孫（ひまご）とされています。帝嚳が鄒屠氏の娘を正妃とするのに覚悟を必要としたのは、鄒屠氏の先祖が黄帝に敵した蚩尤の民であり、鄒屠氏が「〔日〕神」崇拝信仰を依然護持継承していたことに由ると解されます。なんとなれば、

「妃常夢呑日，則生一子」：「妃が夢に日（太陽）を呑み込むと、いつも一子を身ごもられた」とある記述に、鄒屠氏の娘と日（太陽）との強い結びつきが示唆されているからです。このことはとりもなおさず、蚩尤が「〔日〕神」崇拝信仰勢力の王であったことを意味します。

鄒屠氏は「後に鄒氏と屠氏とに分かれた」とあります。鄒の地は今日の山東省鄒県に比定されます。曲阜の南に隣接し、古代辰㳆繻の領域内と考えられます。西周代の屠の地は、今日の陝西省長安県西南に位置比定されています。『詩経』大雅韓奕に「韓侯出祖，出宿于屠」：「『韓侯』は道祖神を祭って〔道中の安全祈願を済ませると、周の都城を〕出て、屠の地に〔設けた宿舎に〕宿る」とある「屠の地」がそれです。屠氏は山東省方面から陝西省方面へ再移住させられたものと推察します。

軒轅（黄帝の号）と戦って敗れた蚩尤の民のうち「凶悪なものは北〔辺〕の地に移住させた」とあります。蚩尤の民が移住させられたという北〔辺〕の地こそが、河北省北西部の山間地帯に位置する『漢書』地理志の上谷郡涿鹿県と思われます。同地の蚩尤関係の地名を記述したものとして、6世紀初の成立とされる北魏の酈道元著『水経注』巻十三・灢水に次のような既述があります。なお、灢水は北京市を流れる今日の永定河に比定され、その上流部は支流である桑乾河に比定されます。

『水経注』巻十三・灢水

「灢水出鴈門陰館県，東北過代郡桑乾県南，

・・・　　・・・

又東過涿鹿縣北，

涿水出涿鹿山、世謂之張公泉、東北流径涿鹿県故城南、王莽所謂拽陸也。黄帝与蚩尤戦于涿鹿之野、留其民于涿鹿之阿。

即于是也。其水又東北与阪泉合、水導源県之東泉。魏土地記曰：下洛城東南六十里有涿鹿城、城東一里有阪泉、泉上有黄帝祠。

晋太康地理記曰：阪泉又地名也。泉水東北流与蚩尤泉会、水出蚩尤城、城無東面。・・・」

（拙訳）

灢水は鴈門陰館県より出て、東北に流れ、代郡桑乾県の南を通過する、

・・・　　・・・

また、東に流れ涿鹿県の北を通過する、

（涿水は涿鹿山より出る、世間ではこれを張公泉といっている。東北に流れ、涿鹿県故城の南を通る。王莽の時の、いわゆる拽陸である。黄帝と蚩尤は涿鹿の野に戦い、〔黄帝は〕蚩尤の民を涿鹿の丘に定住させた。それがここ涿鹿県（拽陸）である。〔涿水は〕さらに東北に流れ、

阪泉と合流し、〔涿鹿〕県にある東泉の水源となっている。『魏土地記』に云う：下洛城の東南六十里に涿鹿城があり、城の東一里の所に阪泉がある。阪泉には黄帝を祀った祠がある。『晋太康地理記』に云う：阪泉は地名でもある。阪泉の水は東北に流れ、蚩尤泉と合流したあと、蚩尤城から流れ出る。城の東面は〔欠けて〕ない。

「灅水」の水名は『尚書』禹貢の兗州に「灅水*」の名でみえています。蚩尤の民すなわち「〔辰汜〕翅報」（辰王）を戴く集団が『漢書』地理志の上谷郡涿鹿県方面に居住し、故郷の「五原」（大洪水後は『尚書』禹貢の九州の範囲に含まれる）を流れる「灅水」の水名をこの地に遷したものと考えられます。「中原に鹿を逐う」という成句がありますが、「涿鹿」は「逐鹿」が本来の名称ではないでしょうか。もしそうであれば、もとは「五原」（山東省西部）を構成した、かつての「中原」に位置した「冀州の逐鹿の野」の地名「逐鹿」がこの地に遷され、「涿鹿」に変化したものと考えられます。もっとも、「灅水（灅水）」の水名や「涿鹿（逐鹿）」の地名が蚩尤の民すなわち太古の「辰族（辰汜固朗）」によって地名遷移されたとしても、今日の河北省張家口市涿鹿県にある「黄帝祠」は後代に華夏族が建立したものであり、同じく「蚩尤血染山」も、華夏族が黄帝を崇めるあまりに蚩尤を貶める意図で命名したものと考えられます。

「灅水」*
「【灅】〔二〕ルイ　川の名。灅水。今の桑乾河とその下流の永定河。＝㶟・灅。
〔集韻〕灅ハ、水名。出ッ=鴈門一。或ハ作ル=㶟・灅一。」
（諸橋轍次他『広漢和辞典中巻』大修館書店、1987、955 ページ）

太古の辰国（「辰汜縉」）の全領域を意味する「五原」を包摂する『尚書』禹貢の九州は、たかだか今日の河南省東部と山東省を併せた範囲であったと考える筆者の立場からは、蚩尤を打倒した勢力がその当時、『漢書』地理志の上谷郡涿鹿県とされる今日の河北省張家口市涿鹿県方面まで支配していたとは到底考えられませんので、蚩尤の民を北〔辺〕の地に移住させたという『拾遺記』の記述を鵜呑みにするわけにはいきません。「五原」を逐われた「辰族（辰汜固朗）」は各地に散らばり、主力の一つが今日の河北省張家口市涿鹿県方面に逃れたと考えるのが事実に近いのではないでしょうか。いずれにせよ、太古の辰国（「辰汜縉」）の領域とした山東省西部地域（「五原」）と、殷末から周初にかけての粛慎の領域と考えた今日の北京市を中心とする地域は、『拾遺記』の記

述を結節点として繋がったといえそうです。蚩尤伝説に所縁の深い河北省張家口市涿鹿県からそう遠くない今日の北京市を中心とする地域に、粛慎が勢力を張っていたとしても不思議ではありません。

6 「〔武〕伯」および「〔智〕淮」の本拠地

1）「〔武〕伯」の本拠地

　殷の都城があった亳の所在地が河南省内に比定されており、また「伯」すなわち亳の地名（亳県）が安徽省北西部に遺されていることからも、「伯〔族〕」（以下「伯族」と記す）の原郷は河南省方面であったと推定されますが、殷の勢力の河南省方面への進出で次第に排除され、「伯族」の主力は北上し、河北省東部方面に移動したと考えられます。「伯族」は貊族と同義と考えます。『神頌契丹古伝』において、「伯」はまた「武伯」とも記されています。「武伯」は「武〔勇に秀でた〕伯」の意に解されます。『史記』伯夷列伝に拠ると、周の武王が殷の紂王を伐ちに往こうとするのを、「孤竹の君」の子である伯夷と叔斉は武王の馬をおさえ、武王を諌めて「父死不葬，爰及干戈，可謂孝乎。以臣弑君，可謂仁乎」：「父（武王の父、西伯昌）死んで葬らず、ここに干戈（戦争）に及ぶ、これを孝と言えるだろうか。臣の立場で君（紂王）を殺そうとする、これを仁と言えるだろうか」と言ったとあります。この諫言は『神頌契丹古伝』第二十三章の「伯唱えて成らず」：「伯は〔大義を〕高唱したが〔戦いを回避することは〕できなかった」の一文に照応します。すなわち、「伯」の擬人化された存在が伯夷と考えられますので、「〔武〕伯」は殷代の孤竹国であったことがわかります。孤竹国の位置については、『史記』秦本紀の「成公元年，梁伯、芮伯来朝。斉桓公伐山戎，次于孤竹」：「〔秦の〕成公元年（前663）に梁伯と芮伯が来朝した。斉の桓公は山戎征伐をおこない、〔その折、桓公の軍は〕孤竹で野営した」に『史記正義』が注して、「『括地志』云『孤竹故城在平州盧龍県十二里，殷時諸侯竹国也』」：「『括地志』云う、『もとの孤竹城は平州盧龍県城から十二里の所にある。殷の時代に諸侯〔国〕であった〔孤〕竹国である』」とあります。「平州盧龍県」は今日の河北省秦皇島市盧龍県に比定されることから、孤竹国は河北省秦皇島市盧龍県付近にあったことがわかります。また、唐山市小官荘には箱式石棺墓群が遺されています。「〔武〕伯」と関係すると目されます。以上から、殷末の「〔武〕伯」

の本拠地を唐山市を含むロワン河下流域にかけての地域に比定したいと思います。唐の杜佑(とゆう)の著作で紀元801年の成立とされている『通典(つてん)』に拠ると、唐の営州は殷代に孤竹国(「〔武(ぶ)〕伯(はく)」)の地となり、春秋時代は山戎に属したとされています。

『通典』巻一百七十八、州郡八
「営州殷時為孤竹国地。春秋時、地属山戎。
戦国時属燕。秦并天下, 属遼西郡。二漢及晋皆因之。
・・・煬帝初州廃, 置遼西郡。大唐復為営州, 或為柳城郡。領県一：柳城」
(拙訳)
〔唐の〕営州は殷の時代に孤竹国(こちく)の地となる。春秋時代、その地は山戎に属した。
戦国時代は燕に属した。秦が天下を併(あわ)せると、遼西郡に属した*。
二漢および晋は皆これに因った。
・・・〔隋の〕煬帝の初め、州を廃し、遼西郡を置いた。
大唐はまた営州とし、或は柳城郡とした。領県は一つ：柳城〔県〕」

「秦が天下を併(あわ)せると、遼西郡に属した」*
この記述については疑義があります。秦代の遼水はロワン河であり、
秦の置いた遼西郡はロワン河の西に位置したと考えられるからです。

唐の営州すなわち柳城県は遼寧省朝陽市付近に比定されており、「事実、朝陽十二台営子遺跡からは、柳城と読める銘文入りの瓦が出土している[27]」[22]とのことです。孤竹国(「〔武(ぶ)〕伯(はく)」)の勢力範囲は、殷代において既に遼寧省朝陽市方面まで達していたことになります。

上掲『史記正義』引く『括地志(かっちし)』に「殷の時代に諸侯〔国〕であった〔孤〕竹国である」の記述から、粛慎(「朱申(シウシン)」)のみならず、「〔武〕伯」(孤竹国)もまた殷の諸侯国であったと思われます。「〔智〕淮(わい)」も同じく殷の諸侯国であったのでしょう。

2) 「〔智〕淮(わい)」の本拠地

「淮(わい)」を淮夷の一派である濊(わい)族あるいは濊(わい)族の国と解し、「淮」の本拠地については、

『水経注』巻九・巻十に「濊邑」・「濊水」の地名・河川名が載っていますので、それをもとに推定したいと思います。なお、『神頌契丹古伝』において、「淮」はまた「智淮」とも記されています。「智淮」は「智〔略に秀でた〕淮」の意に解されます。

『水経注』巻九・淇水に
「又東北過浮陽県西，又東北過濊邑北濊水出焉」
（拙訳）
〔淇水は〕また東北〔方向に流れて〕、浮陽県（現河北省滄州市）の西を通過する、また東北〔方向に流れて〕、濊邑の北を通過する（濊水が出る）。

また、『水経注』巻十・濁漳水に
「又東北過章武県西，又東北過平舒県南，
東入海。清漳径章武県故城西、故濊邑也、枝瀆出焉、謂之濊水 ・・・」
（拙訳）
〔濁漳水は〕また東北〔方向に流れて〕、章武県（現河北省滄州市）の西を通過する、また東北〔方向に流れて〕、平舒県（現河北省大城県）の南を通過して、東〔方向に流れ〕、海に入る。（清漳〔水〕は章武県の故城の西を経由する、〔故城は〕もとの濊邑である。〔その地で清漳水から〕分かれて河が出る。その河を濊水という）・・・

とあります。

　『漢書』地理志に拠ると渤海郡の属県に章武県・浮陽県があります。いずれも、今日の河北省滄州市付近に比定されています（小竹武夫訳『漢書3 志下』ちくま学芸文庫、1998、322-323ページ）。平舒県は漢代の東平舒県にあたり、今日の河北省大城市付近に比定されています（同上『漢書3 志下』323ページ）。したがって、「濊邑」は河北省滄州市方面に位置していたと推定されます。殷代の「〔智〕淮」の本拠地と考えられます。在地の文化と殷墟文化との地理的境界とされる北易水の合流する大清河より、やや南にあたります。この方面を本拠地として、「〔智〕淮」は渤海沿岸部へも進出していたのではないでしょうか。

　なお、中国の凌純声氏が『松花江下游的赫哲族』（民国23年）の中で「穢人と貊人の問題に触れ、穢人は貊人が濊水流域に居住したことから生まれた名称」との考えを示されたことが、三上次男著『古代東北アジア史研究』（吉川弘文館、1966、352ページ）に紹

介されています。因みに「易〔族〕」の本拠地は易水流域（河北省易県方面）にあったと考えられます。

7 「牧野の戦い」における「武伯」・「智淮」の働きと箕子の建国

それでは、「牧野の戦い」の勝敗の帰すうが決した後の「武伯」と「智淮」の働きと、箕子の建国に至る様子を『神頌契丹古伝』第二十四章でみることにしましょう。

「　　第二十四章　辰沄殷國の肇造及び遷都
　惟武伯與智淮殿而止焉欲力保晉氬之原智淮奪子叔鼇賸於虜城于葛零基以舎焉
　國號辰沄殷時人又稱智淮氏燕以別邵燕
　姫發降志賄以箕封殷叔郤之韓燕來攻乃徙翳父婓都焉
　傳云翳父婓者奚契旦爰麻岣秘處也又云奚契旦爰神子耆麟馭叡別號也
　　　　　譯　　文
　惟武伯と智淮と殿して止る。力めて晉氬之原を保たんと欲す。
　智淮・子叔[23]鼇賸を虜より奪ひ。葛零基に城き以て舎く。
　國を辰沄殷と號す。時人又智淮氏燕と稱し。以て邵燕に別つ。
　姫發志を降し。賄するに箕封を以てす。殷叔之を郤く。
　韓燕來り攻む。乃ち翳父婓に徙つて都す。
　傳に云ふ。翳父婓は奚契旦爰の麻岣秘の處なりと。
　又云ふ奚契旦爰は神子耆麟馭叡の別號なりと。」

（浜名寛祐『神頌契丹古伝』八幡書店、2001、503ページ）

　　　「譯文」の口語訳（拙訳）
〔「辰沄翅報」（辰王：「朱申之宗」）率いる軍が撤収する中で〕
武伯と智淮の軍だけは殿を務めて止まり晉氬之原*を保守しようと力戦した。
〔殷都に入城した姜が内より火を放つ前に〕智淮の軍は虜囚となっていた
子叔鼇賸（いわゆる箕子）を奪還し、葛零基に城を築い〔て住まわせ〕た。
〔箕子の一党は箕子を王に戴いて国を建て、〕国号を辰沄殷とした。
当時の人は智淮氏燕と称して召氏の燕と区別した。
姫発（周武王）は志を降し、箕子を処遇するのに〔周の一諸侯として〕封建し

ようとしたが、殷叔(いわゆる箕子)はこれを拒絶した。

〔周康王の時代になって〕韓と燕が侵攻してきた。

やむなく〔辰沄殿は〕翳父婁(医巫閭)に遷都した。

言い伝えによると、翳父婁(医巫閭)は奚契旦爰が〔神事のための〕神聖な杙(真杙)を打った所であり、また、奚契旦爰は神子耆麟馭叡の別号であるという。

「晋氳之原」*

浜名は「其の晋氳之原といふは、古代縉雲氏の領域なる直隷・山東・山西(河南の一部も加はる)に跨がった地方名と推想する」(『神頌契丹古伝』、505ページ)と述べていますが、筆者は殷末の「晋氳之原」を、おおむね北易水以北の河北省方面と考えています。『史記』五帝本紀『集解』引く賈逵の説に「縉雲氏、姜姓也、炎帝之苗裔、當黄帝時任縉雲之官也」:『縉雲氏は姜を姓とし、炎帝の子孫で、黄帝の時に縉雲の官を任せられていた』とあり、浜名が指摘するように「縉雲と辰沄とは、互いに同声同韻」であり、「縉雲氏」即ち「辰沄氏」と考えられます。

「晋氳」は「縉雲」であり「辰沄」であり、「しう」と音読するのではないでしょうか。

「晋氳之原」は「辰沄之原」であり、太古の「辰沄之原」は「五原」のことと解されます。

「辰沄翅報」(辰王:「朱申之宗」)率いる軍が撤収する中で、武伯と智淮の軍だけは殿を務めて止まり、辰〔王〕を盟主とする辰藩の同盟体である「大辰」(『神頌契丹古伝』第三十章参照:本書第2章第7節第5項2)に掲出)の支配地域の呼称と思われる「晋氳之原」(おおむね北易水以北の河北省方面を想定)を〔周軍の進攻から防ぎ〕保守しようと力戦したとあります。先に、粛慎(「朱申」)・「〔武〕伯」(孤竹国)・「〔智〕淮」を殷の諸侯国であったとしましたが、殷の諸侯国である前に、「神孫」(「神祖」の子孫)としての絆にもとづく、「大辰」(辰〔王〕を盟主とする辰藩の同盟体)の一員であったと推察されます。「辰族」はもとより、「伯族」・「〔智〕淮」(濊族)もまた「神孫」(「神祖」の子孫)であることは、『神頌契丹古伝』第八章の東夷諸族の族称の由来についての記述から推断されます。

「　　第八章　七聯族の名稱原義

氏質都札曰阿藝也央委也陽委也潢弭也伯弭也潘耶也淮委也

列名聯族尋其所由皆因於秦率旦阿祺毗矣

　　　　譯　　文

氏質都札 この義判らず、故に如何に發音すべきかを知らず に曰く。
阿芸や央委や陽委や濊弭や伯弭や潘耶や淮委や。
名を列し族を聯ぬ。其の由る所 名の由来 を尋ぬるに。
皆秦率旦阿祺毗に因れり 阿藝は前章の阿其に同じく日本を云い、阿祺毗は阿其比と同じく和靈のことである 」

(浜名寛祐『神頌契丹古伝』八幡書店、2001、351ページ)

「譯文」の口語訳（拙訳）

『氏質都札』（この語の意義がわからないので、どのように発音するかを知らない）に
拠ると、阿芸や央委や陽委や濊弭や伯弭や潘耶や淮委や。
名を並べ、族を連ねる。その由る所（族称の由来）を尋ねたところ、
皆、秦率旦*阿祺毗の語に由来している。（阿芸は前章**の阿其に同じく日本を云い、
阿祺毗は阿其比と同じく和霊のことである）

「秦率旦」*
　　「秦率旦」は『神頌契丹古伝』第三章にある「日孫」の名「順瑳檀弥固」の「順瑳檀」
あるいは第五章にある「神祖」の号「辰沄須瑳珂」の「須瑳」と同義と解されます。

「前章」**
　　『神頌契丹古伝』第七章を指す。本書第2節第10章第5項7)に掲出。

　本章に拠れば、「阿芸」・「央委」・「陽委」・「濊弭」・「伯弭」・「潘耶」・「淮委」の族称
は「秦率旦阿祺毗」〔の阿祺〕に由来するとされています。浜名はさらに、「思うに、
阿芸のアはワ。キはイの叶音であるから、阿芸〔(アキ)〕は倭〔委（ワイ）〕である、
また『あい』である」[24] と述べ、阿芸〔(アキ)〕はまた倭でもあると説いています。す
なわち、浜名は「阿芸」（「アキ」:「ワキ」:「(w) aki」）の子音「k」の脱落による音便
変化から「倭〔委〕」（「ワイ」:「アイ」:「(w) ai」）が派生したと解し、「阿芸」は「倭
〔委〕」と同義としているのです。この浜名の解釈は「央委王は倭〔委〕王なのである」
との解釈に繋がっていきます（本書第2章第7節第5項2)参照）。また、我が国の古代に
おいて『ニギ』（和）と言ったのを、大陸においては『アキ』と言ったのであると推断
し、「阿祺毗」を「アキヒ」すなわち「和霊」と解したようです。筆者は「阿芸」を「現」
（「明」）と解し、「毗」の意義は〔「日」とも考えられますが〕浜名に従い「霊」と解し、
「阿祺毗」を「現霊」（「明霊」）と訓訳したいと思います（本書第2章第3節第6項3)参照）。
　「秦率旦」は『神頌契丹古伝』第三章にある「日孫」の名「順瑳檀弥固」の「順瑳檀」

156

であり、同第五章にある「神祖」の号「辰沄須瑳珂」の「須瑳」です。したがって、「秦率旦阿祺毗」の意義は「〔『神祖』である〕順瑳檀〔弥固〕の現霊（〔はっきりと〕現れた御霊）」と解されます。その族称を「秦率旦阿祺毗」に由来するとされる「阿芸」・「央委」・「陽委」・「潢弭」・「伯弭」・「潘耶」・「淮委」の諸族は「神孫」（「神祖」の子孫）であると解されます。そうであれば、同第二十三章記載の「牧野の戦い」において、親殷勢力として参戦した「伯」（伯弭）や「陽〔族〕」（陽委）や「淮」（淮委）や「潢」（潢弭〔族〕）や「潘」（潘耶〔族〕）などの東夷諸族は「神孫」（「神祖」の子孫）であったことになります。

8　周武王と箕子との密約

いわゆる「殷周革命」に備えての周の動きを『神頌契丹古伝』第二十二章は以下のように簡潔に記述しています。

「　　第二十二章　東西兩族の争闘ここに開かる
　及昌發帥羌蠻而出以賂猾夏戈以繼之遂致以臣弑君且施以咋人之刑

　　　　　譯　文
　昌發・羌蠻を帥ゐて出づるに及び〔昌は周文王の名、發は武王の名〕
　賂を以て夏を猾し。戈を以て之に繼ぎ。
　遂に臣を以て君を弑するを致し。且施くに咋人の刑を以てす。」

（浜名寛祐『神頌契丹古伝』八幡書店、2001、480 ページ）

　　　「譯文」の口語訳（拙訳）
　〔武王の父〕昌と〔武王〕發が羌族を帥いて出てくると（昌は周文王の名、
　發は武王の名）〔殷の諸侯を味方につけるための〕贈賄工作を行って
　国（夏）〔の秩序〕を乱し、武力（戈）を用いて引続いて〔殷王室に挑み〕、
　ついには臣下の立場でありながら主君である殷の紂王を殺害し、なおかつ
　〔統治の手段として〕咋人の刑（被処刑者が食肉とされる刑）を施行した。

『神頌契丹古伝』第二十一章（本書第１章第５節第７項に掲出）の「夏は纊（國）也」：「夏は〔『東語』の〕纊で国を意味するのである」に拠り、「夏」を「国」と訳しました。

「〔殷の諸侯を味方につけるための〕贈賄工作を行って国（夏）〔の秩序〕を乱し、武力（戈）を用いて引続いて〔殷王室に挑み〕」の記述から判断すると、「殷周革命」に先立つ相当期間、殷の諸侯に対する周の取り込み工作が図られた様子が窺われます。筆者は周武王と箕子との間には密約があったと考えています。その根拠は『神頌契丹古伝』第二十四章の訳文に「姫發志を降し。賄するに箕封を以てす。殷叔之を郤く」：「姫発（周武王）は志を降し、箕子を処遇するのに〔周の一諸侯として〕封建しようとしたが、殷叔（いわゆる箕子）はこれを拒絶した」の一文があるからです。姫発（「姫」は周王家の姓、「発」は武王の名）の表現には、「殷叔」（いわゆる箕子）が姫発（周武王）を王として認めていないとの強い意思表示が込められているように受け取れ、密約の内容とも深く関係していると思えるのです。それでは、姫発（周武王）の「志」とは、「殷叔」と姫発の密約とは一体どのようなものだったのでしょうか。以下に推理したいと思います。

『史記』殷本紀に拠ると、殷紂王の政道に対して多くの諸侯が不満を持ち、紂王に対する忠誠心が失われていく一方で、周武王の父でかつて三公の地位に在り、陰に徳を修め善政を行う西伯（後世諡されて文王と称された）を多くの諸侯が慕うようになったとあります。箕子は殷紂王の政治に批判的であったと考えられますが、そこに目を付けた周武王はひそかに箕子と接触し、紂王を倒した暁には、箕子に殷王となって新たな政道を行ってもらいたいともちかけ、打倒紂王のための協力を要請したものと推察されます。姫発の「志」とは、私心から発したものではなく、諸侯の期待に応え、殷紂王の悪政を終わらせるための「打倒紂王」であり、新たな善政を敷くための「箕子擁立の志」であったと考えます。密約の骨子は「殷紂王の廃位と箕子の殷王即位による殷王朝の存続」であり、殷に代わって天下を治めようとの意思は、この時の姫発（周武王）にはなかったと思うのです。

武王の九年、文王の木主（位牌あるいは木像か）を奉じて盟津に至った武王の軍は、一旦は黄河を渡ろうとしたものの、まだ天命が殷から去っていないことを感じ取り、軍を周に帰しました。それから二年が過ぎた武王十一年（前1024：平勢年表）十二月、遂に周軍は盟津から黄河を渡り、翌年二月には商郊外の牧野に達したとあります。

殷との決戦を改めて決断するに至った経緯を『史記』周本紀は次のように伝えています。

『史記』周本紀

「居二年，聞紂昏乱暴虐滋甚，殺王子比干，囚箕子。太師疵，少師彊抱其楽器而奔周。於是武王遍告諸侯曰：『殷有重罪，不可以不畢伐。』乃遵文王，遂率戎車三百乗，虎賁三千人，甲士四万五千人，以東伐紂。十一年十二月戊午，師畢渡盟津。」

（拙訳）

〔武王が盟津から軍を引き返して周に〕居ること二年、〔武王は〕紂〔王〕の混乱暴虐ぶりがますます激しくなり、〔紂王がおじの〕王子比干を殺し、〔同じくおじの〕箕子を幽閉し、〔殷の楽官であった〕太師疵と少師彊は〔祭祀用の〕楽器を抱えて周へ出奔したことなどを聞くと、武王は広く諸侯に向けて、『殷には重罪がある。徹底的に征伐しなければならない』と宣告し、文王〔の遺志〕に従い、戦車三百両、近衛兵三千人、甲冑を着た兵士四万五千人を率いて、紂〔王〕の征伐のために東に向かった。

〔武王の〕十一年十二月戊午の日、〔周〕軍はことごとく盟津を渡った。

　武王の十一年は克殷年の前年に当たります。克殷年（武王十二年）については諸説ありますが、筆者は平勢隆郎氏の作成された年表[25]に従って前1023年としました。したがって、〔武王の〕十一年は前1024年に該当します。平勢年表を採用した場合はその旨の注を付しています。

　姫発（周武王）に呼応した箕子の動きを察知したのでしょうか、紂王は先手を打って箕子を幽閉したものと思われます。この時点の武王にあっては、虜囚の身となった箕子を殷王として戴く考えは揺らいでいたのではないでしょうか。殷王朝を打倒した暁には、自らが天下を治めようとする強い意志が芽生えていたと思われます。

9　周武王が破棄した箕子との密約

　克殷後、周武王は「殷紂王の廃位と箕子の殷王即位による殷王朝の存続」を主眼とした「殷叔」（いわゆる箕子）との密約を反古にしました。「姫発（周武王）は志を降し、箕子を処遇するのに〔周の一諸侯として〕封建しようとしたが、殷叔（いわゆる箕子）はこれを拒絶した」とあります。浜名は「殷叔」が周武王の封冊を退けた理由を次のように解説しています。

（浜名の解説の口語訳：拙訳）

「　殷叔が敢然として周の封冊を断ったのは、道理に叶った、もっともなことである。ひとつには周の処遇の仕方がまったく夷狄扱いであったことに憤慨したからであろう。『史記』宋〔微子〕世家に、『武王は、箕子を朝鮮に封じ、臣としなかった』とあるのは、臣と仕損なった裏面の意味を体よく書いたものと思われる。それを俗学者は〔武王が〕箕子を貴んで臣下とせず、対等の礼を以て相対するようにしたのだと言っているが、もしそうならば、箕子を王者あつかいにすることになり、姫姓その他の諸侯の手前もあって、できるものではない、『礼記』の坊記にも、天に二つ太陽はなく、国に二人の王はなく、家に二人の主人はなく、もっとも尊い地位に二人の天子がいないのは、民に君臣の別があることを示しているのであって、周においては、最もこの区別を厳格にしたのである。したがって、臣とはしなかったとは夷狄の君とすることであり、中国諸侯の列に加えなかったという意味なのである。『曲礼』に東夷や北狄や西戎や南蛮の首長であった場合は、どんなに勢力が大きくても『子』というとあって、『子』は四夷の中の勢力の大きな者の資格名であれば、箕『子』と称する『子』の価値が、どの程度のものかこれで判るのである。
　・・・すなわち、殷叔を箕子としたのは夷狄として処遇しようとしたものであったから、それが周の封冊を断った一理由と考えられるのである。
　他の一理由は国名に就てであろう。辰汸殷は殷の祀を奉ずることに因んだ名であり、辰汸はこれを擁立した東族の総称であり、しかもその地に晋盦之原という古代歴史もあるのであれば、辰汸名を冠して辰汸殷としたのは、東族と殷とを併称するにもってこいの立派な国号である。それなのに、周の武王はこの意義ある国号を地方名に貶して朝鮮とし、この〔辰汸〕に代えて箕という子爵名の国を冠しようとしたのであるから、〔そのような封冊を〕受けられるわけがない。・・・」[26]

（浜名寛祐『神頌契丹古伝』八幡書店、2001、508–509ページ）より

　浜名の指摘するように、姫姓その他の諸侯の手前もあって、箕子を紂の後継王にすることなどできなかったでしょう。周武王にしてみれば、紂王の子である武庚を殷の旧地に封じて諸侯とし、殷祀を継がせ、武王の弟である管叔鮮と蔡叔度に武庚の輔佐を命じたことで旧主に対する礼は尽したとして、同じく箕子を封じて諸侯とすることで一件落着としたかったのではないでしょうか。ところが、「辰汸殷」の予想外の反発は、殷周革命を成し遂げたばかりの周武王にとって息つく間もない新たな火種となったわけで

す。本来「殷叔」(いわゆる箕子)擁立派であったであろう粛慎(息慎)は、周との関係においてのみならず、「大辰」内においても難しい立場に立たされることになったと推察されます。

10　周武王と「辰泛翅報」(辰王)(「朱申之宗」)との密約

『神頌契丹古伝』第二十二章に「賂を以て夏を猾し」：「〔殷の諸侯を味方につけるための〕贈賄工作を行って国(夏)〔の秩序〕を乱し」とありますが、殷の有力勢力であり「大辰」の盟主でもある粛慎を味方につけるため、周は「辰泛翅報」(辰王：「朱申之宗」)に対しても贈賄工作をおこないました。同第二十三章に「賄に毒せられ」：「〔周の〕贈賄工作に負けて〔寝返り〕」とあることから、この時、周武王と「辰泛翅報」(辰王：「朱申之宗」)との間で密約が交わされたようです。すなわち、「牧野の戦い」において殷の有力勢力として参戦したかに見えた「辰泛翅報」(辰王：「朱申之宗」)が、殷紂王を裏切り、突如兵の向きを逆にすると、殷の後陣に攻め進みそのまま北に向かって撤収してしまうという行動は、その時の密約にあった「辰泛翅報」(辰王：「朱申之宗」)が果たすべき契約の履行であったと考えます。この「辰泛翅報」(辰王：「朱申之宗」)の裏切り行為は、周軍の勝利におおいに貢献したに違いありません。次は武王が契約を履行する番です。

　ところが、武王は克殷(前1023：平勢年表)の翌年に崩御しました。武王の後継である成王は年少であったため、武王の弟で成王の叔父にあたる周公(在摂政位：前1022～前1010：平勢年表)が摂政として13年間国政を代行しました。「三監の乱」(武王の弟で周公の兄である菅叔鮮と周公の弟の蔡叔度が殷紂王の子である武庚禄父を擁立して起こした叛乱)を平定し、「践奄の役」(「三監の乱」を支援していた奄や淮夷等の東夷諸族の討伐)で旧殷の残存勢力である奄や淮夷といった東夷諸族を征伐し、国の基礎を固めると、周公は政権を成王に返還し、成王は即位しました。殷の官職制度や礼楽を周のそれに改め、周の支配が一定の安定をみたとされる成王(在位：前1009～前1002：平勢年表)の代に粛慎(息慎)の王は来賀しました。

11　粛慎（息慎）受命

　周初の粛慎は『史記』周本紀に「息慎」という表記で登場します。仮説11より「息慎」は「粛慎」と同義です。

　『史記』周本紀
　「成王既伐東夷，息慎 来賀，王賜栄伯作賄息慎之命。」

　『史記』周本紀のこの一節の解釈は、前一千年紀の辰国移動の軌跡を素描するにあたっての立脚点となるものですが、筆者は次の読み下しを採ります。

　「成王既に東夷を伐ち、息慎来りて賀す。
　　王、栄伯を賜い、『息慎を賄するの命』を作る。」
　（拙訳）
　成王が東夷を征伐した後、息慎〔の王〕が来賀した。
　〔成〕王は〔息慎の王に〕栄伯〔の地位〕を与え、「息慎を賄するの命」を作った。

　すなわち、周成王は粛慎（息慎）の王に錫命し、粛慎（息慎）の王は受命しました。粛慎（息慎）の王は周の成王より官職・封地・国号を賜り、官服や礼器や車馬具などの品々を賜与されたものと思われます。「賄息慎之命」：「息慎を賄するの命」とは、粛慎（息慎）の王に対するこのような待遇を記した、いわば「辞令書兼賜与品目録」ではないでしょうか。『史記』周本紀に記載された周成王（在位：前1009〜前1002：平勢年表）による粛慎（息慎）の王への錫命こそが、十数年の時を経て実現した、「辰洰翅報」（辰王：「朱申之宗」）と周武王が交わした密約にあった、周が果たすべき契約の履行であったと考えられるのです。
　粛慎（息慎）の王が賜った「栄伯」の「伯」とは周の王制における官（職）の一つで、『礼記』王制篇第五に「千里之外設方伯。・・・二百一十国以為州，州有伯。八州八伯」：「〔王畿の〕千里四方の外に方伯を設置する。・・・二百一十国を一州とし、州には伯を置く。八州に八伯」とある「方伯」を意味する「伯」のことと考えられます。天子の支配する地域（天下）を九州に分け、一州の広さは方千里（一千里四方）とされています。九州のうち、王都のある一千里四方は「王畿」と呼ばれ天子が直轄します。王畿の外を

「方」と呼び、王畿を除く八州それぞれに方伯を置き、それぞれの州の諸侯を束ねさせたとあります。『礼記』王制篇第五の記述は多分に理念に基づく形式的なものであり、実際に王畿を除く八州に一つずつ方伯が置かれたかどうかは不明です。

『広漢和辞典』(諸橋轍次他著、大修館書店、1987)は「方伯」の意義を「①方土の長。諸侯のはたがしら。一方面の地域の諸侯を統治する大諸侯」と説明しています。「栄伯」の「栄」は「栄誉」と解釈するのが自然ですが、その場合の「栄誉」とはいかなる意味でしょうか。筆者は息慎が賜った「栄伯」とは、それまでは王畿を中心とする中国（九州）の外であった北国地域に新たに置かれた、いわば特別枠としての方伯であったと考えます。すなわち、「栄誉」を「特別枠」という意味に解したいと思います。

筆者の採った読み下しは従来からあるものですが、「一説に『王賜㆓栄伯㆒』と訓読するが意義がはっきりしない」として採用しない研究者[27]もいます。その場合の別解釈は、

「成王既に東夷を伐ち、息慎來り賀す。
王賜あり。榮伯、『賄息慎之命』を作る。」[28]

と訓読し、「栄伯」を周と同姓の諸侯で、畿内にあって卿大夫の地位にある人物とし、息慎に王からの賜物があったので、「栄伯」は「賄息慎之命」を作ったとするものですが、筆者には納得がいきませんでした。

納得のいかない理由としては以下の①～③が上げられます。

① 「賄息慎之命」を作る役割の「栄伯」という人物の登場が唐突であり余分であること。
② 「王賜栄伯」の読み下しが不自然であり、明快さに欠けること。
③ この解釈に従うならば、『論衡』恢国篇に「成王之時，越常獻雉，倭人貢鬯」：「成王の時、越常は雉を献上し、倭人は鬯を貢献した」とある越常や倭人などと同列の蛮夷の一部族が成王にお祝いを申し上げに来たにすぎず、殊更に息慎の来賀を『史記』周本紀が取り上げる意味があるとは思えないこと。

もっとも、このような解釈がなされるのにはそれなりの理由があります。それは、上掲『史記』周本紀の一節に照応する箇所が唐の孔穎達疏の『尚書正義』周官第二十二[29]では次のように記述されているからです。

『尚書正義』巻十八周官第二十二
「成王既伐東夷，粛慎来賀。王俾栄伯作《賄粛慎之命》。」
（拙訳）
　成王が東夷を征伐すると、粛慎（しゅくしん）が来朝して〔成王〕に祝辞を述べた。
　王は粛慎に対する「辞令兼下賜品目録」を栄伯（えいはく）に作らせた。

　すなわち、『史記』周本紀の「息慎」に代えて「粛慎」が、「賜（し）」に代えて「俾（ひ）」が用いられています。さらに、次の釈文も付されています。「卿・大夫」とは「天子の臣で国政をつかさどる高官」を意味します。

「栄，国名。同姓諸侯，為卿大夫。王使之為命書，以幣賄賜粛慎之夷。」
（拙訳）
　栄は国名、〔周と〕同姓の諸侯、卿大夫（けいたいふ）となる。
　王は栄伯（えいはく）侯に命令書を作らせて、粛慎の夷に幣賄を賜うた。

　『尚書正義』の基となった『偽古文尚書』のうち、「周官」を含む二十五篇は今日では東晋の梅賾（ばいさく）の偽作とされています[30]ので、「賜（し）」に代えて「俾（ひ）」を用い、『史記』周本紀にある「王賜栄伯、作賄息慎之命」を「王俾栄伯、作賄粛慎之命」と改ざんした「周官」の一節は論外としても、読者諸氏には、むしろ筆者とは別の解釈にこそ同意できるが、筆者の解釈にはとても同意できないとされる方も多いのではないでしょうか。
　その大きな理由としては、『史記』周本紀の息慎と正史東夷伝に散見する粛慎は同義と解されることから、『後漢書』挹婁伝の「挹婁古粛慎之国」：「挹婁（ゆうろう）は古（いにしえ）（周初）の粛慎の国である」や『晋書』粛慎氏伝の「粛慎氏一名挹婁」：「粛慎氏は、またの名を挹婁（ゆうろう）という」の記述に拠り、挹婁族を「古之粛慎」の末裔と解し、正史東夷伝に描かれた挹婁像を周初にまで敷衍（ふえん）して作られた息慎像が、いわば先入観となって邪魔をするからだと思われます。すなわち、『魏志』挹婁伝や『後漢書』挹婁伝に記述された原初的な生活を営む挹婁は、邑落（ゆうらく）を束（たば）ねる長（大人）はいるものの君長あるいは大君長はいないと記されており、部族国家の段階にも到達していないと判断されますので、周初の息慎も同様であるとしたならば、邑落を束ねる程度の長を周王朝が方伯に任命することなど論外であるからです。正史東夷伝より得られた挹婁像を『史記』周本紀の息慎に当てはめ、周初の息慎の地理的位置を現吉林省東部から沿海州方面に設定する限り、筆者の解釈に

同意できないのは当然のことといえましょう。

12　朝貢という行為について

　ここで視点を変えて朝貢という行為について考えてみたいと思います。『論衡』恢国篇の越常や倭人の貢献記事にみるように、周辺の異族が強大国に朝貢し自国の特産品を献上することも、強大国側が朝貢に来た相手に過分の品を回賜（賜与）することも決して珍しいことではありません。『論衡』の記事はまた、朝貢する側の越常や倭人が朝貢しうるだけの国力や文化水準に達した政治勢力であったことを教えてくれています。それというのも朝貢という外交行為自体、自国の安全を守ることを第一目的に、強大国に対し恭順の姿勢を示すという極めて政治的な行為であり、少なくとも中国世界の情報を速やかに入手しうる情報網と、中国世界の言語を自国語に、自国語を中国世界の言語に〔重訳を含め〕翻訳できる人材と、使節を送るに足る十分な国力を有する政治勢力でなければ、なし得ない行為であるからです。
　筆者は、挹婁は周初の息慎の末裔でもなければ、『史記』周本紀の息慎も現吉林省東部から沿海州方面に位置してはいなかったと考えています。中国世界の情報入手もままならない僻遠の地である現吉林省東部から沿海州にかけての地から、地図もなく宿泊施設も交通路も整備されていない周初、はるか幾千里の道のりを言葉の通じない異族が割拠する地域を縫って、無事周都に至ることなど不可能であるからです。中国世界から隔絶した位置にある集団の長が周王朝に朝貢し自国の特産品を献上することなどあり得ず、またその必要もないといえましょう。このように朝貢という行為一つを取り上げてみても、周初の息慎の地理的位置を現吉林省東部から沿海州方面に比定することには無理があります。但し、『魏志』挹婁伝に「古之粛慎氏之国也」とある記述は誤りではないと筆者は考えます。周初に貢献してきたあの息慎と同じく、「日孫」を「神祖」とする王統を継ぐ王家出身の王族を戴いた勢力が後に沿海州方面に建国し、魏代には挹婁族の居住地を含む地域を支配していたと考えられるからです。このことと契合するかのように、『魏志』挹婁伝は「古之粛慎氏之国也」において、「粛慎之国」とせず、「氏」を挿入して「粛慎氏之国」としています。『魏志』挹婁伝の「古之粛慎氏国也」の文意は「〔挹婁の居住域は〕古の粛慎氏〔と同じく『日孫』を『神祖』とする王統を継ぐ王を戴く勢力〕の〔建国した〕国にある」となりますが、他方「古之粛慎之国也」とした場合

の文意は「〔挹婁の居住域は〕古(周初)の粛慎の国の領土にあたる」となるからです。

『魏志』挹婁伝の用語の的確さには舌を巻くばかりですが、原文主義を貫いた結果とも推察されます。「原文主義」とは、「中国史書に通暁していた内藤虎次郎［一九四九］によると、司馬遷の『史記』における材料の取り方は潤色訂正しない原文主義で、以後の史書撰述も原文主義で、文を改めるようになるのは范曄の『後漢書』(五世紀成立)からであるという」[31]と上野武著『女王卑弥呼の「都する所」』(NHK出版、2004)にあります。内藤虎次郎とは東洋史学者として著名な内藤湖南のことです。その一方で『後漢書』挹婁伝の「挹婁古粛慎之国」：「挹婁は古(周初)の粛慎の国である」や『晋書』粛慎氏伝の「粛慎氏一名挹婁」：「粛慎氏は、またの名を挹婁という」は、『魏志』挹婁伝の「古之粛慎氏之国也」の文意を正しく理解できなかったことに起因する誤った記述と言わざるを得ません。原文主義を採らなかった結果といえるのではないでしょうか。

殷末の粛慎（「朱申」）が有力な親殷勢力であり、周にとっても無視できない存在であったことは『神頌契丹古伝』第二十三章の記述にみたとおりです。正史東夷伝に登場する粛慎と挹婁の関係については、第2章第10節第5項2)であらためてふれることにし、いわば先入観となっている、『魏志』挹婁伝他に記された挹婁像を敷衍して作られた周初の粛慎（息慎）像を一旦白紙に戻して、『史記』周本紀に記載された息慎についての正当な理解を得るための新たな粛慎（息慎）像を引続き探ってみたいと思います。

13 当初の密約にあった「賄」の内容の変質

それでは「牧野の戦い」に先立ち、周武王が「辰氵沍翅報」（辰王：「朱申之宗」）を味方につけるために約束した「賄」の内容とはどのようなものだったのでしょうか。その内容の骨子は「諸侯としての地位の保全」と「領土の安堵」はもとより、加えてなんらかの褒賞が約束されたと推察されます。しかしながら、「栄伯」の錫命を骨子とする成王の「賄息慎之命」の内容は、「牧野の戦い」の論功行賞として武王との密約で交わした当初の「賄」の内容とは多分に異なったものに変質したように思われます。

そもそも粛慎（息慎）には、殷時より此の方、粛慎（息慎）みずからが支配してきた領土がありました。先に殷末から周初にかけての粛慎の領域と考えた今日の北京市を中心とする地域です。武王は粛慎（息慎）の本拠地であった今日の北京市を中心とする地域に召公奭を封じ、国号を燕（召氏の燕）としました。その一方で息慎の封建は暫く預

かりとされたようです。息慎の封建が預かりとされた最大の理由は、「辰汸殷」(箕子が建国した国)の取り込み工作が順調に進まなかった事にあると思われます。『神頌契丹古伝』第二十四章の記述にみたように、周の封建を「殷叔」(いわゆる箕子)が拒絶したからです。取り込み工作は燕の主導の下に粛慎(息慎)を介しておこなわれたのでしょうが、「辰汸殷」と粛慎(息慎)は親密な関係にあったことから、「辰汸殷」の位置付けが決まらない限り粛慎(息慎)の処遇も決められなかったからです。克殷後わずか一年で武王は没し、幼少の成王に代わり周公旦が政治を取り仕切っていた時(在摂政位：前1022～前1010：平勢年表)に、周公と同じく、武王の弟にあたる管叔・蔡叔の二人の兄弟が、紂王の子である武庚を担いで東方の山東省方面で「三監の乱」を起こし、その平定に注力せざるを得なくなった周王室は、「辰汸殷」の取り込み工作を一旦中断したと思われます。「三監の乱」は鎮圧に三年もの歳月を要しました。この間、粛慎(息慎)は燕国の都城建設に協力させられたのではないかと推察します。「三監の乱」を鎮圧し、「践奄の役」を経て東方を平定した周王室にとって、殷の王族である箕子を擁する北方の「辰汸殷」の存在は残された最大の脅威でした。これまで東方に傾斜させていた戦力を北方に振り向けることが可能となった今、成王は懸案であった対「辰汸殷」外交の再開に取りかかりました。それでは、武王との密約で交わした当初の「賄」の内容はどのように変質していったのでしょうか。粛慎(息慎)の封地から探ってみたいと思います。

　『春秋左氏伝』昭公九年(前533)の条に、周の景王(前544～前520)が詹桓伯に命じて晋を諭した言葉の中に周の領土についての記述があります。

『春秋左氏伝』昭公九年
「我自夏以后稷，魏、駘、芮、岐、畢，吾西土也。
　及武王克商，蒲姑、商奄，吾東土也。
　巴、濮、楚、鄧，吾南土也。
　粛慎、燕、亳，吾北土也。」
(拙訳)
我(周)は夏王朝以来、后稷の地位にあり、魏・駘・芮・岐・畢は
我が〔周の〕西部の領土である。
武王が商に克ってからは、蒲姑・商奄は我が〔周の〕東部の領土である。
巴・濮・楚・鄧は我が〔周の〕南部の領土である。
粛慎・燕・亳は我が〔周の〕北部の領土である。

この記述は克殷（前1023：平勢年表）から程ない時期の周の領土について述べたものです。そのことは、「三監の乱」で周に叛き滅ぼされた蒲姑（ほこ）や商奄（しょうえん）の名が「東土」に挙げられていることから知れます。なんとなれば、「三監の乱」は周公旦が成王の摂政（せっしょう）であった時代（在摂政位：前1022～前1010：平勢年表）の出来事であり、この記述にある蒲姑（ほこ）や商奄（しょうえん）が〔殷の〕諸侯国として存在した年代は「三監の乱」以前に限られるからです。「三監の乱」で滅ぼされた蒲姑（ほこ）の故地は斉の封地になり、商奄（しょうえん）の故地は魯の封地となりました[32]。

　「武王が商に克（か）ってからは、・・・粛慎（しゅくしん）・燕（えん）・亳（はく）は我が〔周の〕北部の領土である」との記述から推すと、周初においては、亳（はく）の北に燕や粛慎があったようです。燕は琉璃河遺跡のある今日の北京市とその周辺を包含する地域ですから、亳は殷の都城があった今日の安陽を中心とする黄河以北の河南省北部地域（かなん）および北易水以南の河北省南部地域（かほく）、粛慎は燕の北に比定されます。粛慎（息慎）は本拠地を燕に譲ることを余儀なくされ、当初の密約にあった「諸侯としての地位の保全」と「領土の安堵」は、対「辰沄殷」（しうぃん）外交の再開のための布石を兼ねた「移封」（いほう）へと変質していったと思われるのです。

14　粛慎（息慎）の王は「韓侯」になった

　筆者は『神頌契丹古伝』第二十四章にある「韓燕来攻」：「〔周康王の時代になって〕韓と燕が侵攻してきた」の韓を、周成王より錫命（しゃくめい）された粛慎（息慎）の国であり、『詩経』（きょう）大雅（たいが）・韓奕（かんえき）にある周宣王時の韓侯の先祖にあたる、周康王時（かんこう）（在位：前1002～前993：平勢年表）の韓侯の国と考えています。「三監の乱」の後、周成王は粛慎（息慎）をロワン河以東の地に封建し、この時に粛慎（息慎）が成王より賜った国号が「韓」であり、以来、粛慎（息慎）の王は周王朝から「韓侯」と称されるようになったと推測しています。「粛慎（しゅくしん）・燕・亳（はく）は我が〔周の〕北部の領土である」において、韓ではなく粛慎とあるのは、粛慎が韓侯に封ぜられる以前の状況を述べたものであることに由ると解されます。

　韓と聞くと、前403年に周王室から正式に諸侯として認められ、戦国七雄の一つに数えられることになる韓（前403～前230）が想起されます。戦国七雄の一つに数えられた韓と区別するため、周成王より国号「韓」を賜わった粛慎（息慎）の王の系譜に連な

第 2 章　文献史料と考古史料から探る前一千年紀の辰国

る韓および韓侯を、本書では以下「」括弧付きの「韓」・「韓侯」と表記します。

ここで、成王による粛慎（息慎）の王への錫命の骨子を仮説13として提示します。

　仮説13（H13）：H11×H13
　　　周成王は、粛慎（息慎）の王に「栄伯」すなわち「北国伯」を錫命した。
　　　この時、粛慎（息慎）の王は「韓」の国号を賜り、姓を「韓」とした。
　　　すなわち、『詩経』大雅・韓奕に「以先祖受命」とある
　　　周宣王時の「韓侯」の「先祖」にあたる初代「韓侯」となった。

また、仮説11^{-4}を提示します。

　仮説11^{-4}（H11^{-4}）：H11^{-3}×H11^{-4}×H13
　　　　　　　　　　　：H１×H６×H６$^{-2}$×H６$^{-3}$×H11×H11^{-3}×H11^{-4}×H13
　　　仮説13により、
　　　周成王より錫命を受けた粛慎（息慎）の王は加えて「韓侯」を称したので、
　　　仮説11^{-3}により、粛慎（息慎）の王である「韓侯」は
　　　「辰汦〔纙〕翅報」（辰〔国〕王）である。

　先に「栄伯」を、王畿を中心とする中国（九州）の外であった北国地域に新たに置かれた、いわば特別枠としての「方伯」であったと考えました。息慎（粛慎）の王が賜った「栄伯」を本書では以下「北国伯」（北国地域の諸侯の旗頭）と仮称します。「北国伯」の呼称は『詩経』大雅・韓奕（本書第2章第3節第2項に掲出）の「奄受北国　因以其伯」：「北国の平安を保つようにと、改めてその方伯とした」に準拠しました。

　「北国伯」といえば聞こえはよいものの、封ぜられた『詩経』大雅・韓奕にいう「百蛮」の地は、『周礼』夏官・職方氏の「九服の制」に照らしていえば、九等級に分けた九服（王畿を除く「侯・甸・男・采・衛・蛮・夷・鎮・藩」の地域）の第六番目に位置する「蛮服」であり、王畿と六服（侯・甸・男・采・衛・蛮）を併せた中国（九州）とされる範囲内では最も遠隔の地域です。因みに、『周礼』秋官・大行人に「九州之外，謂之蕃国」：「九州（中国）の外〔である第七番目以降の夷・鎮・藩の三服〕を蕃国という」とあります。ロワン河以東の地は「韓侯」が封ぜられるまでは蕃国であったと解されます。密約にあった「領土の安堵」は叶わず、ロワン河以東の地への封建（移封）と

169

なり、加えての褒賞は「榮伯」すなわち周の藩屏として「百蛮」の地を治める「北国伯」の錫命という厳しいものであったと推察します。粛慎（息慎）すなわち「韓」に課せられた当面の最大の任務は、ロワン河以東の地にあったと思われる「辰沄殷」との関係打開を図ることでした。粛慎（息慎）受命の背景には「夷を以て夷を制す」の考えの下に、「辰沄殷」との和戦両様に備えた周王室の深謀遠慮があったわけです。結果として、燕の主導の下に粛慎（息慎）すなわち「韓」を介して再開された「辰沄殷」との外交交渉は不調に終わり、『神頌契丹古伝』第二十四章の「韓燕来攻」の記述にあるように、後に「韓」は燕と共に「辰沄殷」征討の行動に出ざるを得なかったようです。

15　粛慎（息慎）の王が賜った国号「韓」の語源

　粛慎（息慎）の王すなわち辰王（「辰沄翅報」）が賜った国号「韓」の語源は「神孫」（「日孫」ではない）ではなかったかと推察します。「韓」は「東語」（太古の「辰族」の言葉）「神孫」の音写で、「かも」「kam(o)」と発音されたと考えます。「韓侯」は「神孫侯」であったわけです。周成王は粛慎（息慎）の王が「『日孫』を『神祖』とする王統を継ぐ王」すなわち「神孫」であることに因み、「神孫」すなわち「韓」の国号を賜われたのではないでしょうか。国号である「韓」はまた「韓」の領地をも意味するようになり、「韓侯」は辰王（「辰沄翅報」）であったことから、「韓」は辰国の領地の意義ともなり、後の朝鮮半島の辰国の領地を意味する「韓」へと引き継がれていったと考えられます。

　周王朝の思惑とは別に、「韓侯」の封ぜられた北国は豊穣の地でした。「韓侯」の周王室への献上品の豊富さは諸侯の中でも群を抜いていたと思われます。そうした「韓」の豊かさが背景にあって、周宣王（在位：前826～前781：平勢年表）の代には、『詩経』大雅・韓奕に謡われた周の王族の花嫁を娶ることに繋がったのではないでしょうか。

　ところで、『今本竹書紀年』に次の記述があります。

『今本竹書紀年』
「〔成王〕九年　・・・　・・・
　　　　　　肅慎氏來朝。王使榮伯錫肅慎氏命。
　　　　　（《尚書序》："成王既伐東夷，肅慎來賀，王俾榮伯作《賄肅慎之命》。"）

　　　　・・・　　・・・　・・・
　　十二年　王師・燕師城韓。
　　　　　　（《詩・大雅》："溥彼韓城，燕師所完。"）
　　　　　　王錫韓侯命。
　　　　　　（《左・僖二十四年傳》："邗、晉、應、韓，武之穆也。"）」
（方詩銘・王修齡撰『古本竹書紀年輯證』［修訂本］上海古籍出版社、2005、245–246 ページ）

（拙訳）
〔成王〕九年　・・・　・・・
　　　　　　　粛慎氏が来朝した。王は栄伯に〔命じて〕粛慎氏に命を錫う。
　　・・・　　・・・　・・・
　　十二年　王の軍隊と燕の軍隊は韓に城を築いた。王は韓侯に命を錫う。

　『今本竹書紀年』に拠ると、成王九年に栄伯に〔命じて〕粛慎氏に命を錫う、成王十二年には「韓侯」に命を錫うとあります。成王九年の錫命により「韓侯」になった粛慎氏へ、重ねて十二年に錫命があったとは考え難いので、この記事における粛慎氏と「韓侯」とは別々の存在として記述されたものと解されますが、『今本竹書紀年』は明代の偽作とされていますので、この記事に拠って仮説 13 が否定されるものではありません。仮説 13 の妥当性については、本書第 2 章第 3 節第 7 項で改めて論じたいと思います。

16　北京市昌平県白浮村の 3 基の木槨木棺墓を遺した勢力を粛慎（息慎）に比定したことの妥当性について

　仮説 12 により、1 号墓を含む北京市昌平県白浮村の 3 基の木槨木棺墓を粛慎の王墓としました。仮説 12 を再掲します。

　　仮説 12（H12）：$H5^{-2} \times H11^{-2} \times H12$
　　　　　　　　　：$H1 \times H3 \times H4 \times H5 \times H5^{-2}$
　　　　　　　　　　$\times H6 \times H6^{-2} \times H6^{-3} \times H11 \times H12$

　　鏡と銅剣を組み合わせて副葬する北京市昌平県白浮村 2 号・3 号墓は、
　　　仮説 5^{-2} により辰国の王墓であり、

仮説11⁻²より辰国は「粛慎(しゅくしん)」と同義であるので、1号墓を含む北京市昌平県白浮村の3基の木槨木棺墓は粛慎の王墓である。

さて、仮説12は仮説5⁻²と仮説11⁻²に依拠しています。仮説5⁻²で前一千年紀の東北アジアにおける鏡と銅剣を組み合わせて副葬する墓は辰国の王墓であるとしたのは考古学的視点からの設定でした。他方、仮説11⁻²で「朱申(シウシン)」・「息慎(そくしん)」・「粛慎(しゅくしん)」は「辰汦繥(しうく・しん)・辰(しうく)」すなわち「辰汦繥(しょうく)」（辰国）と同義であるとしたのは、音韻上の類似性からの設定です。仮説5⁻²（：H1×H3×H4×H5×H5⁻²）と仮説11⁻²（：H1×H6×H6⁻²×H6⁻³×H11）とは、辰国・辰王の存在仮説である仮説1（H1）を除くと互いに独立ですが、北京市昌平県白浮村1号～3号墓の3基の木槨木棺墓を粛慎の王墓としたことは、他の考古学的事実や文献の記述との整合性を損(そこ)なってはいないのでしょうか。仮説12に反するような考古学的事実や文献の記述を筆者は見出せておらず、以下に掲げる①～④の理由から仮説12と他の考古学的事実や文献の記述との整合性は十分保たれていると判断します。

① 北京市昌平県白浮村1号～3号墓の3基の木槨木棺墓がある地域を、殷末周初の粛慎（息慎）の領域であったと仮定しても、『神頌契丹古伝』や『史記』周本紀の殷末周初の粛慎についての記述と齟齬を生じない。

② 馬頭と鷹頭柄の短剣、鷹頭柄の刀子、鈴状柄の匕首および銅泡を縫い付けた革靴など、副葬された北方系青銅製品は被葬者の在地首長としての一面を強く示唆(しさ)するが、粛慎（「朱申(シウシン)」）の王が有力な在地首長であり同時に殷時以来の外様諸侯であったことと矛盾しない。

③ 文字の書かれた「卜甲片(ぼっこうへん)」の出土は、被葬者を擁する集団が文字を使用していたことを示し、その集団の殷時以来の文化伝統と文化水準の高さを窺(うかが)わせるものであるが、その集団が殷時以来の諸侯であったと考えられる粛慎（「朱申(シウシン)」）であることをなんら妨げない。

④ 白浮村2号・3号墓は大型で、中原的な墓葬様式である木槨木棺墓を採用していることや、中原青銅製品である鼎(てい)・甗(こ)・壺などの祭器ならびに戈(か)・戟(げき)・矛(ほこ)などの武器を副葬していることなどから、被葬者の地位の高さと周王室との強い繋(つな)がりが看取されるが、仮説13が成立するならば、粛慎（息慎）の王は周成王の錫命(しゃくめい)を受け「韓侯」となったので、そのような中原青銅製品を副葬してい

ても不思議ではなく、むしろ「韓侯」となった粛慎（息慎）の王の副葬品としてふわしいとさえいえる。

そこで仮説 13^{-2} を提示します。

仮説 13^{-2}（$H13^{-2}$）：$H12×H13×H13^{-2}$
　　　　　　　　：$H1×H3×H4×H5×H5^{-2}×H6$
　　　　　　　　$×H6^{-2}×H6^{-3}×H11×H12×H13×H13^{-2}$

鏡と銅剣を組み合わせて副葬する北京市昌平県白浮村2号・3号墓は、仮説12より粛慎（しゅくしん）の王墓であるので、仮説13により「韓」の王墓である。すなわち、2号・3号墓の被葬者は「韓侯」である。

それでは、仮説 13^{-2} により北京市昌平県白浮村2号・3号墓を「韓侯」の墓とした場合、ロワン河以東の地に封ぜられた(ほう)と想定した「韓侯」の墓が、なぜ燕の領地となったと思われる北京市昌平県白浮村にあるのでしょうか。この問いに対しては、次のように付会することができます。すなわち、「韓侯」に錫命される以前の粛慎（息慎）の王の墓と目される1号墓および「韓侯」の墓と目される2号・3号墓は、なんらかの事情で、例えば、「三監の乱」を鎮圧し、引き続く「践奄の役」(せんえん)を勝利して東方を平定するまでの間、粛慎（息慎）と「辰沅殷」(しんいん)との連携を断ちたかった、さらには、「辰沅殷」(しんいん)との戦いに備えての人質として燕の監視下に引続き置かれていた、あるいは、「韓侯」の都城（『詩経』大雅韓奕にある「韓城」ではないと考える）建設が完了するまで旧領に居住することが許されていた等、冊封(さくほう)後も暫くはこの地に留まり（あるいは留(とど)められ）、この地に葬られた粛慎（息慎）の王および「韓侯」の墓であると。

以上の推論は白浮村2号墓・3号墓の埋葬時期が西周早期であることを前提としたものです。楊建華氏（2002）[33] に拠ると、簡報では白浮村西周墓の埋葬時期は西周早期とされていましたが、その後、林澐氏からは西周中期であるとする異論が、朱鳳瀚氏からはM3号墓（3号墓）は成王・康王時、M2号墓（2号墓）は穆王時(しゅうおう)（在位：前985～前940：平勢年表）であるとする異論が出されたとあります。楊建華氏自身は白浮村墓と琉璃河Ⅱ区の類似性から白浮村墓の被葬者を燕国貴族とし、年代は西周中期に比定しています。また、琉璃河Ⅱ区と比較して白浮村墓が北方的工具や兵器を大量に副葬するのは、両者の地理的位置の違いから、白浮村墓は北方文化の影響を強く受けたことに因る

173

としています。朱鳳瀚氏の提示した年代については西周早期の範囲内に収まるものと考えます。仮に、林澐氏や楊建華氏が説くように白浮村M2号（2号）・M3号（3号）墓の埋葬時期が西周中期（10世紀半ば〜9世紀半ば）まで下がるとしても、仮説12が成立することを前提に、両墓が辰国の王墓すなわち粛慎（息慎）の王墓であることに変わりなく、仮説13^{-2}が成立することを前提に、被葬者についても歴代「韓侯」のうちの誰かとなります。ただし、封地から遠隔の燕の領地にわざわざ葬られた理由は問題として残ることになります。

話は少し戻りますが、仮説6^{-3}を設定した際に「仮説6^{-3}が成り立つためには、殷末に『辰汸縐』という国号表記を『しうく』がすでに使用していなければなりません」と申しました。ここで仮説6^{-3}を再掲します。

仮説6^{-3}（H6^{-3}）：H6^{-2}×H6^{-3}
　　　　　　　　　：H1×H6×H6^{-2}×H6^{-3}
「粛慎」は「辰汸縐・辰」の音写であり、
その意義は「辰汸縐すなわち辰〔国〕」である。

仮説12で北京市昌平県白浮村の3基の木槨木棺墓を粛慎の王墓としました。白浮村2号・3号墓からは、文字の書かれた「卜甲片」が出土しています[34]。殷の諸侯であったと思われる粛慎（息慎）が文字を使用し、「辰汸縐」という国号表記を使用していた蓋然性は高いと考えられます。

第 2 章　文献史料と考古史料から探る前一千年紀の辰国

1　鷹頭柄の刀子は M2 号墓（2 号墓）の、馬頭柄と鷹頭柄の短剣、鈴状柄の匕首は M3 号墓（3 号墓）の副葬品です

「M2 号墓では、鳥首刀子（図 35-1）、剣（図 35-2）、戈（図 35-10・11）矛があり、他に銅斧、銅盔（ヘルメット）、玉製品がみられる。M3 号墓には有柄式銅剣 4 本と鈴首匕（図 35-3〜7）、戈（図 35-8・9）、戟、矛があり、そのほかに斧、鉞、銅盔がある。」

図 35：北京市文物管理処 1976「北京地区又一重要考古収穫」

（甲元眞之『東北アジアの青銅器文化と社会』同成社、2006、129–130 ページ）

2　中年の男性が葬られていたとされる 3 号墓

「また 3 号墓は 2 号墓よりやや小さい木槨木棺墓で、多数の青銅製武器とともに卜骨があり、中年男性が葬られていた。」

（甲元眞之『東北アジアの青銅器文化と社会』同成社、2006、229 ページ）

3　簋、鼎の青銅彝器のほかに多数の武器や青銅の鏡が出土しています

（甲元眞之『東北アジアの青銅器文化と社会』同成社、2006、49 ページ）

4　「其祀」2 字や「其尚上下韋馭」と刻んだ卜甲片

http://www.hudong.com/wiki/ 白浮村

「白浮村西周墓　西周早期燕国貴族墓葬。位于昌平白浮村龍山脚下。1975 年共発掘 3 座。・・・
2 号墓保存最好，墓長 3.35 米，寛 2.5 米。墓室両端横放 2 条枕木，其上用方木壘出椁室，方木間以榫卯相接。随葬品均在椁室内，装飾品在屍骨附近。出土鼎、壺各 1 件。在人骨左上方発現卜甲数十片，其中有両小片刻有文字，一片刻有 " 貞 " 字，別一片刻有 " 不止 "2 字。3 号墓出土鼎 2 件。在椁室右側発現破砕的卜甲残片百片以上，其中 1 片刻有 " 其祀 "2 字，別 1 片刻 " 其尚上下韋馭 "。」

（『互动百科』互动在线 版权所有 Powered by HDwiki © 2005-2011）

5　「2 号墓出土鏡は直径が 9.5cm で、鏡面は凹面。3 号墓から出土した鏡は直径が 9.9cm、鏡面は微かに窪み、鏡背は無紋で中央に板状の鈕がつく（図 48-1）」

（甲元眞之『東北アジアの青銅器文化と社会』同成社、2006、171 ページ）

6　(14) 北京市文物管理処「北京地区的又一重要考古収穫」（『考古』1976 年–第 4 期）著者は「円形鏡飾り」、「銅鏡あるいは器蓋に似た」としている。

（孔祥星・劉一曼共著、高倉洋彰・田崎博之・渡辺芳郎共訳『図説 中国古代銅鏡史』海鳥社、1991、235 ページ）

7　(11) 町田章「殷周と孤竹国」『立命館大学』、430、431、432、1981 年。

（甲元眞之「燕の成立と東北アジア」田村晃一編『東北アジアの考古学』六興出版、1990、84 ページ）

8　「木棺には青銅の兜を被り、腰に剣を吊るして脚には鋲留の革靴を履いた中年の女性が埋葬されていた。」

（甲元眞之『東北アジアの青銅器文化と社会』同成社、2006、229 ページ）

9　（町田 1981）「殷周と孤竹国」『立命館大学』430・431・432 号

(甲元眞之『東北アジアの青銅器文化と社会』同成社、2006、270 ページ)

10　原文「・・・周の景王が肅愼・燕・亳は我が北土なりと言へるを參照しても燕（召公の封ぜられた處で今の北京は其の中心）亳（殷の國都）と共に並び稱された肅愼の故土は、支那本土内に在らねばならぬとされる。されど虞舜の二十五年に息愼が弓矢を獻じたといふ事の如きは、早ければ魯儒の作爲、其の後ならば漢儒の作り事として見なければならぬ、元來肅愼は東語辰沄翅報（シウシン）の漢譯されたもので、太古より虞夏の際まで、支那の先住民であった東族宗家の美稱なれば、東族の君主たる堯も舜も、其人人自身が辰沄翅報（肅愼）であるから、己の美稱を夷狄として扱ふわけがない（虞舜とは東語のクシフ（繼翅報）が漢譯された帝名である）故に虞舜の時代に肅愼が弓矢を獻じたなゝ云ふは、遙か後世の儒者が肅愼を極遠の夷と思念するやうになってからの作爲なること勿論である、而して東語の辰沄が、太古からの傳承なるは、神農黄帝などの號を縉雲と言つたので證據立てられる、縉雲と辰沄、是れ其の同聲同韻なるを示してゐるのであるが、魯儒にも漢儒にも縉雲の原義が分らないで、雲の端から出た號であるかのやうに言つて居れど、實は辰沄（東大）なのである。」

(浜名寛祐『神頌契丹古伝』八幡書店、2001、343–344 ページ)

11　次す

「【次】シ、ジ・・・⑦《動》やどる・とまる　もと、軍隊がざっと部署をととのえて宿営する。また、旅の間に宿泊する。・・・」

(藤堂明保編『学研漢和大辞典』学習研究社、1995、679 ページ)

12　潘（潘耶族なり、後に扶餘と称す）

浜名は「扶には蟠の音もあり蒲の音もある。前漢天文志の註に、鄭氏曰く扶聲近蟠とあつて、集韻の扶音波に一致す、又集韻には蓬蒲切音蒲ともある。次に餘には耶の音があつて、荘子の緒餘以治天下國家の註に、徐邈曰く緒音奢、餘音耶とある。因って漢魏史上の扶餘を蟠耶の音に訓むで、本頌叙の潘耶をそれに同じとしたのであるが」と説いています。

(浜名寛祐『神頌契丹古伝』八幡書店、2001、357 ページ)

13　原文「この東族の不一致は、當時族中の宗家たる肅愼氏が、周の知謀に引き込まれて心を賂に奪はれ、竊に歎を周に通じたに由る、易族が節を賣り周に降つたのも、蓋亦肅愼氏の意圖からであらう、又牧野血戰の際に、戈を倒にして周師を迎へ、共に殷を攻めたのも肅愼氏であらう。尚書等によつて見ると、流血杵を漂はす激しき戰の最中に、殷の後陣に裏切の者が起つて、全軍を崩潰せしめたとあれど、其の裏切つた者の何者なるかを語つてゐない、今それが肅愼氏と分つて見れば、成王が榮伯に命じて肅愼氏へ贈賄する爲の詔書を作らしめたことなど、皆ともに其の意義が擧つたわけで、史學への貢獻鮮少ならざる可しと思ふ。」

(浜名寛祐『神頌契丹古伝』八幡書店、2001、491 ページ)

14　在地の文化と殷墟文化との地理的境界とされる北易水

「殷文化揺籃の地とも考えられる太行山脈東側の一帯では、これまで正式に調査された遺跡は少な

第2章　文献史料と考古史料から探る前一千年紀の辰国

いが、分布調査の結果からみて、下七垣文化（先商期）、二里岡文化（殷王朝前期）の時期を通じて、殷系文化と夏家店下層文化との境界は、およそ河北省内の北易水（えきすい）あたりにあったと考えられている。」

(西江清高他『中国の考古学』同成社、1999、217ページ)

「殷墟文化の時期になると、燕山以南では夏家店下層文化（大坨頭類型）に代わって張家園上層類型、燕山以北では夏家店下層文化（薬王廟類型）に代わって魏営子類型が、それぞれの先行文化を継承しながら出現する。燕山以南の張家園上層類型と殷墟文化との地理的境界はやはり北易水あたりに求められ、殷王朝と燕山南北一帯の長期にわたる安定した関係がうかがわれる。」

(西江清高他『中国の考古学』同成社、1999、218ページ)

15　白浮村の２基の西周早期墓の他に「河北省張北県の１点と遼寧省喀左県道虎溝の１点」

「東北アジア系青銅器文化の分布地域およびその周辺地域における早期銅鏡の発見は、河北省張北県の１点[90]と遼寧省喀左県道虎溝の１点[91]および北京市昌平県白浮村の２点[92]があげられる。」

(『東北アジアの青銅器文化』p.174：王建新著：同成社 1999)

(90) J.G.Andersson. Hunting Magic in the Animal Style M F E A B No. 4. 1932。
(91) 郭大順「試論魏営子類型」、『考古学文化論集』、文物出版社、1987。
(92) 北京市文物管理処「北京地区的又一重要考古収穫」、『考古』、1976-4。

(王建新『東北アジアの青銅器文化』同成社、1999、197ページ)

16　黄土坡村（は）

　同書68ページに「北京市の西南郊外、大石河流域に存在する西周時代の遺蹟が初めて調査されたのは、1962年春からのことであった。大石河が南進して東に大きく屈曲するあたりの房山県琉璃河鎮の劉李店や董家村で試掘調査が行われ、西周時代に遡る陶器や道具の出土をみた。1972年以降の本格的調査により、董家村では古城が発見された。大石河の氾濫により城の一部が破壊されて、南北の長さは不明であるが東西は約850メートルと長く城牆が続き、北城牆の東端と東城牆の北端は西周初期の墓で破壊されている。このことから、この古城の創建は殷末以前に遡上するものと考えられている」との記述があることから、「黄土坡村」はあるいは「董家〔林〕村」の錯誤かと思われます。甲元氏の『東北アジア青銅器文化の形成』（「熊本大学学術リポジトリ」2007-12-01）には「そして董家林に隣接する黄土坡という台地上には西周の時期の大規模な墓地群が墓地群が発見されまして・・・」とあり、黄土坡村は董家林村（☞百度百科「琉璃河遺址」http://baike.baidu.com/view/177620.htm）に隣接することがわかります。

17　(23) 琉璃河考古工作隊他「北京琉璃河夏家店下層文化墓葬」『考古』 1976-1
　(24) 安志敏「唐山石棺墓及其関的遺物」『考古学報』 7　1954年
　(25) 町田章「殷周と孤竹国」『立命館大学』、430、431、432、1981年
　(甲元眞之「燕の成立と東北アジア」田村晃一編『東北アジアの考古学』六興出版、1990、85ページ)

18　(町田 1981)「殷周と孤竹国」『立命館大学』430・431・432号

177

(甲元眞之『東北アジアの青銅器文化と社会』同成社、2006、270 ページ)

[19] (北京市文物管理処 1977)「北京市平谷県発現商代墓葬」『文物』11 期

(陳公柔・張長寿 1990)「殷周青銅容器上獣面紋的断代研究」『考古学報』1 期

(甲元眞之『東北アジアの青銅器文化と社会』同成社、2006、277–278 ページ)

[20] 李伯謙　1988「従霊石旌介商墓的発現看晋陝高原青銅文化的帰属」『北京大学学報　哲学社会科学版』(後に『中国青銅文化結構体系研究』1998、科学出版社に所収)

(甲元眞之『東北アジアの青銅器文化と社会』同成社、2006、279 ページ)

田広金　郭素新・田広金　1995『中国青銅器全集』第 15 巻、文物出版社

(甲元眞之『東北アジアの青銅器文化と社会』同成社、2006、272 ページ)

[21] (中国社会科学院考古研究所 2003)『中国考古学　夏商編』中国社会科学出版社

(甲元眞之『東北アジアの青銅器文化と社会』同成社、2006、276 ページ)

[22] 「事実、朝陽十二台営子遺跡からは、柳城と読める銘文入りの瓦が出土している[27]」

(宮本一夫『中国古代北疆史の考古学的研究』中国書店、2000、315 ページ)

(27) 徐秉琨「遼寧発現戦国陶銘四種考略」、『遼海文物学刊』、1992 年第 2 期

(宮本一夫『中国古代北疆史の考古学的研究』中国書店、2000、325 ページ)

[23] 子叔

「子叔は世に謂ふ箕子と實質相同じく思はるれど、箕子といふ名が果して當時にあつたか否は更に詮議を要する。子叔といふは殷湯の後裔にして其の姓の子なるに因る、叔は伯夷叔齊の叔に同じく紂の庶弟なるに因る、從來の歴史にては箕子を紂の諸父と爲し、紂より遥か老年の賢人にしてあるが年令関係よりすれば紂より若年である、故に今その叔を叔父の叔に解さず、庶弟の義に解し置く、饕䬹はその名であらう。」

(浜名寛祐『神頌契丹古伝』八幡書店、2001、504 ページ)

[24] 原文「蓋、阿藝のアはワ。キはイの叶音なれば、阿藝は即倭である、即亦『あい』である」

(浜名寛祐『神頌契丹古伝』八幡書店、2001、157 ページ)

[25] 平勢隆郎氏の作成された年表

(平勢隆郎「表Ⅲ　西周紀年暦日と觀象授時暦」『中国古代紀年の研究』東京大學東洋文化研究所、1996)

[26] 原文「殷叔が敢然として周の封冊を郤けたは寔に道理あることで、一には周の仕向け方の全然戎狄扱ひなるを憤慨したにも由らう、史記宋世家に、武王乃封箕子於朝鮮而不臣也とあるは、臣と仕損なった裏面の意味を體よく書いたものと思はれる。それを俗學者は、箕子を貴び臣下とせず對等の禮を以て相見ることにしたのだと言つてゐるが、若さうならば箕子を王者あつかひにする譯になり、姫姓其他各諸侯の手前もあつて出來るわけのもので無い、禮記の坊記にも、天に二日なく、土に二王なく、家に二主なく、尊に二上なきは、民に君臣の別あるを示すなりとあって、周に於ては、

最もこの區別を嚴格にしたのである。故に臣とせずとは夷狄の君と爲すことで、中國諸侯の列に加へざる意味なのである。曲禮に東夷北狄西戎南蠻に在つては大なりと雖子と曰ふとあって、子は四夷の大なる者の資格名なれば、箕子と稱する子の價値の幾何なるかゞこれで判らう。・・・乃ち殷叔を箕子となせるは夷狄を以て取扱へるものなれば、それが周の封册を辭けた一理由と考へられるのである。

　他の一理由は國名に就てであらう、辰沄殷は殷の祀を奉ずる所以の名であり、辰沄は之を擁立せる東族の汎稱であり、且その地に晉虘之原という古代歷史もあるのであれば、取って以て辰沄殷と爲せるは、東族と殷とを併稱するに恰好な美號である。然るに周武は此の意義ある國號を地方名に貶して朝鮮と爲し、而してこれに代ふるに箕といふ子爵名の國を以てしやうとしたのであれば、受けられるわけのものでない。・・・」

(浜名寛祐『神頌契丹古伝』八幡書店、2001、508–509 ページ)

27　「一説に『王賜＿栄伯＿』と訓読するが意義がはっきりしない」として採用しない研究者
　「〇王賜　成王が来賀してきた息愼に幣物を下したまわった。一説に『王賜＿栄伯＿』と訓読するが意義がはっきりしない。」

(吉田賢抗『新釈漢文大系 38 史記 一（本紀）』明治書院、1973、173 ページ)

28　「成王旣に東夷を伐ち、息愼來り賀す。王賜あり。榮伯、『賄息愼之命』を作る。」

(吉田賢抗『新釈漢文大系 38 史記 一（本紀）』明治書院、1973、172 ページ)

29　『尚書正義』周官第二十二
(『国学导航』尚書正義巻十八周官第二十二：http://www.guoxue123.com/jinbu/ssj/ss/048.htm)

30　『尚書正義』の基となった『偽古文尚書』の内「周官」を含む二十五篇は今日では東晉の梅賾の偽作とされています
　「【偽古文】ギコブン　東晉の梅賾バイサクの偽作した古文尚書。・・・

　【偽孔伝（傳）】ギコウデン　東晉の元帝の時、予章の内史梅賾バイサクが孔安国の伝としてたてまつった尚書。唐の孔穎達クエイタツはこれに拠って尚書正義を作った。五十八編、内偽作二十五編。〔清、皮錫瑞、經學通論〕宋儒疑フ下書序ト與＿偽孔傳＿同出ナルヲ上。孔傳偽ナレバ、則チ書序モ亦偽ナリ。朱子已ニ辨ズレ之ヲ矣。」

(諸橋轍次他『広漢和辞典上巻』大修館書店、1987、225 ページ)

31　「中国史書に通暁していた内藤虎次郎［一九四九］*によると、司馬遷の『史記』における材料の取り方は潤色訂正しない原文主義で、以後の史書撰述も原文主義で、文を改めるようになるのは范曄の『後漢書』（五世紀成立）からであるという」

(上野武著『女王卑弥呼の「都する所」』NHK 出版、2004、78 ページ)

「内藤虎次郎［一九四九］」*　『支那史学史』（弘文堂）

(上野武著『女王卑弥呼の「都する所」』NHK 出版、2004、300 ページ)

32　「三監の乱」で滅ぼされた蒲姑の故地は斉の封地になり、商奄の故地は魯の封地となりました

　『春秋左氏伝』昭公二十年に「昔爽鳩氏始居此地，季䓁因之，有逢伯陵因之，蒲姑氏因之，而後大公因之」：「昔、爽鳩氏始めて此地に居り、季䓁之に因り、逢〔公〕・伯陵之に因りて有り、蒲姑氏之に因り、而る後に大公之に因る」とあり、『漢書』地理志第八下に「少昊之世有爽鳩氏，虞、夏時有季崩，湯時有逢公柏陵，殷末有薄姑氏，皆為諸侯，国此地。至周成王時，薄姑氏与四国共作乱，成王滅之，以封師尚父，是為太公」：「少昊の世に爽鳩氏があり、虞、夏の時に季䓁があり、〔殷の〕湯王の時に逢公柏陵があり、殷末に薄姑氏があり、みな諸侯となってこの地に国した。周成王の時に薄姑氏は四カ国と共に乱を起こしたので、成王はこれを滅ぼし、〔薄姑の地に〕師尚父を封ぜた。これが〔斉の〕太公〔望〕である」との記述から、蒲姑（薄姑）は斉の封地となったことがわかります。『春秋左氏伝』定公四年に「分魯公・・・因商奄之民，命以伯禽，而封於少皥之虚」：「魯公に分封するに・・・商奄の民に因りて、命ずるに伯禽を以てし、而して少皥の虚に封ぜり」：「魯公に封地を分つに・・・商奄の遺民を領民とし、伯禽に命じて、少皥の城址に封じた」とあり、商奄は滅ぼされ、魯の封地となったことがわかります。なお、『春秋左伝正義』の杜預注は「少皥虚，曲阜也，在魯城内」：「少皥の城址とは曲阜である。魯城内にある」としています。

33　楊建華氏（2002）

　「昌平白浮村附近的M2.和M3両座銅器墓，有容器、車馬器、工具和兵器，還有琉璃河西周墓中常見的陶鬲和玉器。関于其年代，簡報認為是西周早期，后有学者認為不早于西周中期[55]，或M3為成康之時，M2為穆王之時[56]。通過白浮墓与琉璃河Ⅱ区墓的相似性，可以認為白浮墓葬的主人応是燕国貴族，年代已進入西周中期。両者更大的区別是白浮墓葬有成批的具有北方風格的工具和兵器。従地理位置看，其比較靠北，因而接受了較多的北方文化。」

　（揚建華「燕山南北商周之際青銅器遺存的分群研究」『考古学報　2002年第2期』吉林大学考古学系，長春，130012，p.162）

　[55] 林澐：《早期北方式青銅器的幾箇年代問題》，《林澐学述文集》，中国大百科全書出版社，1998年。
　[56] 朱鳳瀚：《古代中国青銅器》，南開大学出版社，1995年。

　（揚建華「燕山南北商周之際青銅器遺存的分群研究」『考古学報　2002年第2期』，pp.172-173）

34　白浮村2号・3号墓からは、文字の書かれた「卜甲片」が出土しています

（同注4）

第2章　文献史料と考古史料から探る前一千年紀の辰国

第2節　箕子の国「辰氿殷」

1　殷滅亡と「辰氿殷」の建国

　本節では少し寄り道をして、本章の主題である辰国移動の軌跡を素描することから一旦離れ、箕子の国についてふれたいと思います。『神頌契丹古伝』第二十四章に拠ると、殷の滅亡後（克殷年、前1023：平勢年表）、殷の後継を自認する箕子の国「辰氿殷」が建国されましたが、「韓」・燕の侵攻に遭い、「辰氿殷」は「翳父婁」の地に遷都したとあります。「翳父婁」は遼河平野西方の遼寧省北鎮市西部に位置する今日の医無閭山付近と推定されます。『魏志』韓伝に引用された『魏略』には、「辰氿殷」王は「箕子之後朝鮮侯」と記されていますが、「辰氿殷」が国号（国の正式名称）であり、周武王の封冊を拒絶して以来、「辰氿殷」王が朝鮮侯であったことは一度もありません。『魏略』の「箕子之後朝鮮侯」という表現は周王朝の立場に立った建前上のものであり、『史記』宋微子世家の「於是武王乃封箕子於朝鮮而不臣也」：「そこで〔周の〕武王は、箕子を朝鮮に封じ、臣としなかった」とある記述を受けたものと推察されます。『史記』宋微子世家の「朝鮮」の呼称表記も、漢初に衛満が「智淮氏燕」の故事に因み国号としたことに始まる「朝鮮」の呼称表記を、周初にまで遡及させたものです（本書第2章第7節第5項5)参照）。「朝鮮」は「智淮氏燕」の音写です。

　それでは『神頌契丹古伝』第二十四章「譯文」の口語訳（拙訳）を再掲し、「辰氿殷」の建国時の様子を見ることにしましょう。

　　　再掲：第二十四章　辰氿殷國の肇造及び遷都
　　　　　「譯文」の口語訳（拙訳）
　　　〔「辰氿翅報」（辰王：「朱申之宗」）率いる軍が撤収する中で〕
　　武伯と智淮の軍だけは殿を務めて止まり晋盦之原*を保守しようと力戦した。
　　〔殷都に入城した姜が内より火を放つ前に〕智淮の軍は虜囚となっていた
　　子叔鬚睗（いわゆる箕子）を奪還し、葛零基に城を築い〔て住まわせ〕た。
　　〔箕子の一党は箕子を王に戴いて国を建て、〕国号を辰氿殷とした。
　　当時の人は智淮氏燕と称して召氏の燕と区別した。
　　姫発（周武王）は志を降し、箕子を処遇するのに〔周の一諸侯として〕封建し

181

ようとしたが、殷叔(いわゆる箕子)はこれを拒絶した。
　〔周康王の時代になって〕韓と燕が侵攻してきた。
　やむなく〔辰沄殷は〕翳父婁(医巫閭)に遷都した。
　言い伝えによると、翳父婁(医巫閭)は奚契旦爰が〔神事のための〕神聖な杙(真杙)を打った所であり、また、奚契旦爰は神子耆麟馭叡の別号であるという。

　殷の紂王により幽閉されていた「子叔釐賒」(いわゆる箕子)は、「智淮」の軍によって奪還され、「智淮」の勢力の支援を受けた「子叔釐賒」の一党は「葛零基」の地に城を築き、「子叔釐賒」を王に戴いて「辰沄殷」を建国したとあります。「智淮」の一連の動きは勿論、「大辰」の盟主であった「辰沄翅報」(辰王)の意向に添ったものでありましょうが、そうであるならば、「辰沄翅報」(辰王:「朱申之宗」)の裏切り行為の主眼は「殷紂王の廃位と箕子の殷王即位による殷王朝の存続」にあり、裏切り行為の動機を「賄に毒せられ」:「〔周の〕贈賄工作に負けて〔寝返り〕」(『神頌契丹古伝』第二十三章)と評したのはあたらないことになりましょう。
　浜名は次のように解説しています。

(浜名の解説の口語訳:拙訳)
「国号の辰沄殷 は『東大族が擁護して建造させた殷国』という意味で、紂王は亡んでも、殷の祭祀は猶ここにあるとの気概を示すことで、周に対抗したのである」[1]
　　　　　　　　　　(浜名寛祐『神頌契丹古伝』八幡書店、2001、504ページ)より

　国号の「辰沄殷」は「辰沄繻」から「辰沄」の二字をとって「殷」に冠したものに違いありません。このことは、殷末既に「しうく」が文字を使用し、国号を「辰沄繻」と表記していたことの傍証となります。「辰沄繻」という国号表記があればこそ、「辰沄繻」の「辰沄」を「殷」に冠し、「辰沄殷」という国号が成立しうるからです。

　2　「韓燕來攻」の時期について

　上掲『神頌契丹古伝』第二十四章の「譯文」「韓燕來り攻む。乃ち翳父婁に徙って都す」を「譯文」の口語訳(拙訳)で「〔周康王の時代になって〕韓と燕が侵攻してきた。

やむなく〔辰沄殷は〕翳父婁(医巫閭)に遷都した」と訳しましたが、「韓燕來攻」の
時期を康王の時代と特定したのは『神頌契丹古伝』第二十八章の辰沄殷の東遷年に関す
る以下の記述に拠ったものです。

「　　第二十八章　天孫の皇子立つて辰沄殷の祀を繼ぐ
　辰殷大記曰殷叔老無子當尉越之將旋于東養密矩爲嗣尋殂壽八十九
　督坑賫國密矩立時尹兮歩乙酉秋七月也
　　　　　譯　　文
　　辰殷大記に曰く。殷叔老て子なし。
　　尉越の將に東に旋らんとするに當り。
　　密矩を養ひ嗣と爲す。尋いで殂す。壽八十九。
　　督抗賫國密矩立つ。時に尹兮歩乙酉秋七月なり^{尹兮歩義未詳}。」

（浜名寛祐『神頌契丹古伝』八幡書店、2001、556 ページ）

　　　「譯文」の口語訳（拙訳）

『辰殷大記』に拠ると、殷叔は年老いてしまったが子がいなかった。
　上〔殷叔〕は、これから東に遷都するにあたり、密矩（御子）を養育し嗣にした。
〔後継に指名し、政務を〕尋ぐと没した。〔享年〕八十九歳であった。
　督抗賫國（彦）密矩（御子）[2]は〔辰沄殷王に〕即位した。
時に尹兮歩乙酉秋七月であったとある。（尹兮歩の意味は明らかでない）

「尉越」について浜名は次のように解説しています。

「尉越はヰヱと読むのが本当かも知れないが、尉にウツの音もあり、また思い当たる
　こともあればウヱと読んだのである、それは契丹語に于越という詞があつて、遼史
　に次のように字解されている。
　　　于越は貴い〔職〕官にして職掌はなく、その位は北南の大上に居るものである、
　　　大功徳のある者でなければ、授けられることはない（遼には北面南面の班がある）
　　　思うに于越は字解の言うように大上の義で、我が国訓の上と同じわけであ
　　　る、・・・」[3]

（浜名寛祐『神頌契丹古伝』八幡書店、2001、556-557 ページ）より

契丹国の職官における「于越」の義はさておき、「尉越」が「殷叔」(いわゆる箕子)を指示する敬語法上の婉曲表現「上」だとすると、「殷叔」は東遷に当って「督抗貢國密矩」を養子に迎え、程なく没したことになります。東遷の契機は「韓燕來攻」の情報を直前に入手したことにあると考えます。したがって、「殷叔」の没年であり「督抗貢國密矩」の即位年でもある東遷年は、「韓燕來攻」の年でもあったと思われます。克殷時、「殷叔」は既に成年に達していたことは疑いありません。そして、克殷後に到来した乙酉の年に「殷叔」は亡くなりました。乙酉の年は60年ごとに巡って来ますが、克殷の年を前1023年(平勢年表)と仮定すると、克殷後、最初に到来する乙酉は前996年(康王7年：平勢年表)に該当します。克殷から27年後です。その次に到来する乙酉の年は前936年(共王5年：平勢年表)で克殷から87年後ですが、「殷叔」の寿命八十九から判断して前936年の可能性はまったくありません。なんとなれば、「殷叔」が没した乙酉の年が前936年だったとした場合、克殷時の「殷叔」の年齢が二歳となるからです。以上から「督抗貢國密矩」が立った乙酉は前996年となり、「韓燕來攻」の事件は前996年の周康王時のことと推断されます。

3　「督抗貢國密矩」は「韓侯」の御子である

　また、「殷叔」が養子に迎え嗣とした「督抗貢國密矩」とは、時の「韓侯」の御子と考えられます(本書第2章第7節第5項2)参照)。すなわち、仮説11⁻⁴より「辰沄翅報」(辰王)の御子でもあることになります。「督抗貢國密矩」は粛慎が「韓」姓を称するようになってのちに、「韓」による「辰沄殷」の取り込み工作の過程で、「辰沄殷」に質として送られたのではないかと推察します。
　そのように考えると、『潜夫論』志氏姓にある以下の記述も無理なく理解できます。

『潜夫論』志氏姓
「昔周宣王亦有韓侯，其国也近燕，故詩云：普彼韓城，<u>燕師所完</u>*。
　其後韓西亦姓韓，為魏満所伐，遷居海中。」
(拙訳)
　昔、周宣王の時に「韓侯」がいた。その国は燕に近い所にあった。
　それで『詩経』に「大きなあの韓城は　燕の軍隊がしっかりと守っている所」と

謡われてもいるのである。

周宣王時の「韓侯」の後裔にあたる韓西（『魏略』云う朝鮮侯準）もまた、「韓」を姓としていたが、魏の満の攻撃を受け、〔逃れて〕海外に移り住んだ。

「燕師所完」*
　筆者は「燕師所完」を「燕の衆人〔または軍隊〕が築いた所」あるいは「燕の衆人〔または軍隊〕が改修した所」の意には解さず、「燕の軍隊がしっかりと守っている所」と解しました。燕の軍隊が守る「韓城」は、「韓侯」の都城ではなく、「韓」地に設けられた周（燕）の北国経営の拠点であり、燕の軍隊が駐屯し、「韓」の「百蛮」支配に対する後方支援と併せて「韓」に対する監視の役割を担ったとの考えからです。なお、「韓」地に築かれた韓城を本書では以下「」付きで「韓城」と表記します。

　韓西（『魏略』云う朝鮮侯準）の先祖である「督抗賁國密矩」が「韓侯」の御子であったことから、準は「韓侯」の後裔とされたわけです。但し、『潜夫論』志氏姓が「其後」すなわち「周宣王時の『韓侯』の後裔」としているのは誤りです。なんとなれば、準の先祖である「督抗賁國密矩」は康王時（在位前1002～前993：平勢年表）の「韓侯」の御子と考えられるからです。準の系譜が、どの時代の「韓侯」と繋がっているかまでは王符は知り得ていなかったようです。

　また『魏志』韓伝には「為燕亡人衛満所攻奪，将其左右宮人走入海，居韓地，自号韓王」：「〔朝鮮侯の準は〕燕からの亡命者である衛満の攻撃で国を奪われ、左右の宮人を引き連れて海路を逃れ、韓地に居し、自ら韓王を称した」との記述に引き続き、『魏略』からの引用として「魏略曰：其子及親留在国者，因冒姓韓氏」：「『魏略』云う：その子や親族で〔朝鮮〕国に留まったものは姓を偽って韓氏を名乗った」とあります。「韓侯」の御子は「殷叔」（いわゆる箕子）の跡継ぎになったとは言え、姓は韓氏のままであったのではないかと思われます。その場合、歴代「辰沄殷」王の王族は韓姓であったことになります。そうであるならば、『魏略』のいう「冒姓」（他人の名義を騙る）にはあたらないことになりましょう。殷が国号に「辰沄」の二文字を冠し「辰沄殷」としたのは、あるいは、辰（「辰沄」）王家出身の「督抗賁國密矩」が「殷叔」の後を継いで即位した時であったのかも知れません。

　「督抗賁國密矩」を康王時の「韓侯」の御子とした場合、「督抗賁國密矩」を戴く「辰沄殷」は「督抗賁國密矩」の父の国である「韓」に攻められることになったわけです。「韓」は周の「北国伯」としての立場上、「辰沄殷」と敵対することになりましたが、水

面下では「辰汸殷」と通じていたと考えられます。「韓燕來攻」の情報は事前に「辰汸殷」に通報され、「辰汸殷」は急ぎ「翳父婁」(遼河平野西方に位置する今日の医無閭山付近)に遷り、難を逃れたのではないでしょうか。

4 「辰汸殷」建国の地「葛零基」とは

　それでは、「辰汸殷」建国の地である「葛零基」とは今日のどのあたりでしょうか。「辰汸殷」建国の地とされる葛零基の位置について浜名は次のように述べています。

(浜名の解説の口語訳：拙訳)
「葛零基は昔の交黎即ち今の昌黎と考えられる」[4]

　　　　　　　　　　　　　(浜名寛祐『神頌契丹古伝』八幡書店、2001、504 ページ) より

　『漢書』地理志の遼西郡に交黎県があります。「交黎，渝水首受塞外，南入海。東部都尉治。莽曰禽虜」：「交黎県：渝水(河北省秦皇島市西部に位置する今日の戴河)は塞(始皇が蒙恬に築かせた長城)外より流れ始め、南流して海に入る。〔遼西郡〕東部都尉の治所である。莽の時代、禽虜といった」。後漢の応劭は『漢書』地理志の交黎に注して「今昌黎」：「〔交黎は〕今の昌黎である」と言っています。後漢代の昌黎は、ロワン河の東に位置する今日の河北省秦皇島市昌黎県に比定されます。浜名が「葛零基」を交黎と考えた理由は「葛零」と「交黎」の音韻の類似にあったと思われます。浜名の説に従えば、『漢書』地理志の交黎に「辰汸殷」は城を築き建国したことになります。殷滅亡(前1023：平勢年表)から間もない頃です。前節で唐山市を含むロワン河下流域にかけての地域を「武伯」の勢力範囲としましたが、当時の交黎付近は「智淮」の勢力範囲であったことになります。なんとなれば、「智淮」の直接支援により建国され「智淮氏燕」とも称された「辰汸殷」は「智淮」の勢力範囲に建国したと考えられるからです。この地域は燕国に近接していることから「智淮氏燕」と称されたことも頷けます。「韓燕來攻」によって「葛零基」の「智淮」の勢力も同地を追われ、「辰汸殷」を助けて遼河平野方面へ移住したと考えられます。

5　大凌河上流域の青銅器埋納遺跡

　ところで、考古学の視点から周初の有力旧殷残存勢力が居したと考えられる地域があります。大凌河上流域の喀左県を中心とする地域です。ご承知のように、この地域からは、殷晩期から西周早期に比定される中原系の青銅礼器を多数埋納する遺跡が集中して発見されました。土器の形態や材質による分類上、いわゆる魏営子類型文化圏とされる地域です。

　それでは、大凌河上流域の喀左県を中心とする主要埋納遺跡と埋納青銅器の概要を、王建新著『東北アジアの青銅器文化』(同成社、1999) に拠り、ご紹介したいと思います。

《遼寧省喀左県海島営子村馬廠溝小転山子埋納遺跡》
「1955 年 5 月、凌源県（現喀左県）海島営子村馬廠溝小転山子の北斜面を耕作中に、16 点の青銅器が発見された[11]。発見の際に壊された 2 点のほかに、卣 2、罍 2、甗 2、鼎・盂・壺・尊・盤各 1 点が出土している。青銅器はすべて礼器で、銘文がついているものもある。そのうち、『魚父癸』と 2 点の獣首耳渦文円罍が殷晩期の様子がうかがえ、ほかのものはおおむね西周初期の形式である。」[5]

（王建新『東北アジアの青銅器文化』同成社、1999、29 ページ）

《遼寧省喀左県平房子公社（郷）北洞村埋納遺跡 1 号坑・2 号坑》
「1973 年 3 月、喀左県平房子公社（郷）北洞村では石材採取中に 6 点の青銅器を発見した[12]。その後、遼寧省博物館・朝陽地区博物館および喀左県文化館は共同で現地調査を実施し、銅罍 5 と銅瓿 1 が発見された遺跡を 1 号坑として確認した。そして、1 号坑の北東約 3.5 m の場所でさらに方鼎 1、円鼎 2、簋・罍・鉢形器各 1 を埋蔵した 2 号坑を発見した[13]。北洞村 1 号坑から出土した 5 点の獣首耳渦文円罍の 2 号罍には『父丁、孤竹、微亜』の銘文があり、勾連雷文瓿とともに殷晩期の形式のものとされている。北洞村 2 号坑の円鼎は殷晩期の形式、『箕候亞疑』の銘文がついている方鼎は殷末期の様子が見られ、方座付け簋は西周初期の形式をとるものである。」[6]

（王建新『東北アジアの青銅器文化』同成社、1999、29 ページ）

《遼寧省喀左県平房子公社（郷）山湾子村埋納遺跡》

「1974年12月、平房子公社（郷）山湾子村で耕作中に、畑を平らにしていたところ、22点の青銅器を埋蔵した長径約1.2m、深さ0.9mの方円形土壙が発見された。遼寧省博物館・朝陽地区博物館および喀左県文化館の文化財関係者は現地で調査・収集し(14)、鼎1、鬲1、甗3、盂1、尊1、卣1、罍3、簋10、円盤状器1などが確認されている。『魚』尊と『亞？父乙』簋は殷晩期の形式が見られ、その他のものは殷周の際あるいは西周初期の様子がうかがえる。」[7]

（王建新『東北アジアの青銅器文化』同成社、1999、29ページ）

《遼寧省喀左県坤都営子公社（郷）小波汰溝》

「また、1978年に喀左県坤都営公社（郷）小波太溝で青銅器を埋納した遺構が発見されたが、詳しい報告がなかった。現在は14点の青銅器を発見したことが知られており、その中に円鼎1、簋1、罍4などがある。」

（王建新『東北アジアの青銅器文化』同成社、1999、29-30ページ）

この地域を周初の有力旧殷残存勢力の居住地と考えた理由は、これほど多数の殷代の青銅礼器を保有していた勢力は、殷の貴族階級の中でも上層に位置していた複数の貴族（諸侯）及びその一党からなる勢力と考えられるからです。これらの青銅礼器は各々の貴族グループの祭壇に供えられ、祭祀を執り行うのに用いられていたと考えられます。埋納遺跡が複数に分かれているのはそのためではないでしょうか。

また、大貫静夫氏はこれらの埋納遺跡の状況について次のように述べています。

「大・小凌河流域の青銅器は穴蔵の中に乱雑に入っているものが多く、突然の事件により急いで隠匿する必要があったためと解されるのが一般的である。・・・　」

（大貫静夫『東北アジアの考古学』同成社、1998、144ページ）

6　大凌河上流域の青銅器埋納遺跡を遺した勢力

以上、考古学の視点からみた周初の有力旧殷残存勢力が居したと考えられる地域として、大凌河上流域、喀左県を中心とする青銅器埋納遺跡の所在地域を挙げましたが、こ

れらの遺跡は「韓燕來攻」により、慌ただしくこの地から逃れた「辰汜殷」が遺したものと考えることはできるのでしょうか。

この地域が周初の辰汜殷が建国した「葛零基」の地であり、これらの青銅器埋納遺跡が「辰汜殷」の遺したものであるためには、以下の①・②の条件を満たすことがまずは必要です。

必要条件：① 出土した青銅礼器の製作年代が原則殷代であること。
② 周代の青銅器は辰汜殷の東遷以前、すなわち康王期（在位前1002～前993：平勢年表）以前の周初の製作品であること。

必要条件①を設定した理由は、これほど多数の殷代の青銅礼器を保有していた勢力は、旧殷の貴族階級の中でも上位に位置していた複数の貴族集団からなる有力旧殷残存勢力と思われることから、原則、周代の青銅礼器は持っていないはずとの考えからです。また、必要条件②を設定した理由は、周代の青銅器は、有力旧殷残存勢力に対する周王朝の取り込み工作の過程で、燕から贈与されたものと考える立場から、この有力旧殷残存勢力が「辰汜殷」であるには、「韓燕來攻」によりこの地を追われ、「翳父婁」（遼河平野西方に位置する今日の医無閭山付近）への東遷を余儀なくされた康王期以前の製作でなければならないからです。

大凌河上流域、喀左県を中心とする地域の青銅器埋納遺跡から出土した青銅器は大半が殷代の青銅器であることから①の条件を満たしていると判断されますが、周代の青銅器は必要条件②を満たしているのでしょうか。

筆者が燕国からの贈与品と考える青銅礼器の一つに、海島営子村馬廠溝小転山子の埋納遺跡から出土した「匽侯盂」（「匽」は「燕」と同義）があります。「匽侯乍饙盂」の銘文があることから「匽侯盂」と呼ばれています。「饙」および「盂」の意義を白川静氏は以下のように説明しています。

「饙は説文にみえ、また饙に作る。蒸飯をいう。盂は説文に『飯器也』とあり、蒸飯を盛る食器をいう。・・・　」
（白川静「金文通釈 三八」『白川静著作集 別巻 金文通釈1［下］』平凡社、2000、418–419ページ）

とあります。

「　これらの一連の発見は、北洞村1号坑の殷代青銅器の純な例を除き、だいたい殷晩期の青銅器と西周早期の青銅器が一緒に埋蔵され、遺跡の年代を西周早期に比定できる。」

(王建新『東北アジアの青銅器文化』同成社、1999、30ページ)

王建新氏の西周早期に比定できるとする見解がある一方で、廣川守氏は「匽候盂」について西周中期頃との見解を示しています。

「『匽候作饙盂』銘の盂は燕国との関連性を指摘できるものとして、注目されてきた器であるが、器形は深腹で西周中期頃のものと考えられる」
(廣川守「5 大凌河流域の殷周青銅器」秋山進午編著『東北アジアの考古学研究』同朋舎出版、1995、213ページ)

廣川氏は山湾子出土の簋のうち2点も西周中期に比定されています（上掲『同書』）。廣川氏の年代観に従うならば、大凌河上流域、喀左県を中心とする地域は辰沄殷建国の地「葛零基」ではありえないことになります。

青銅器の年代比定の問題を別にして、この地域を「辰沄殷」建国の地「葛零基」に比定する場合の問題点として文献資料との齟齬があげられます。『神頌契丹古伝』第二十四章の記述に拠れば、「智淮」の直接支援により建国され、「智淮氏燕」とも称された「辰沄殷」は「智淮」の勢力範囲に建国されたと考えられますが、「智淮」（濊族）が、大凌河上流域の喀左県を中心とする山間地域に勢力を張っていたとは考え難いからです。前節でみた『通典』巻一百七十八、州郡八の記述に拠ると、殷代において既に遼寧省朝陽市方面は孤竹国の勢力範囲とされています。筆者は孤竹国を「武伯」の勢力と考えていますので、『通典』の記述に従うならば、周初の大凌河上流域の喀左県を中心とする地域も旧孤竹国（「武伯」）の勢力範囲である蓋然性が高くなります。さらに、「智淮氏燕」と称されるにはこの地域は燕から遠隔に過ぎる感があります。

以上より、大凌河上流域、喀左県を中心とする青銅祭器埋納遺跡を遺した勢力は、「辰沄殷」とは別の〔旧孤竹国（「武伯」）を含む〕有力旧殷残存勢力と考えるのが妥当であり、出土した周初の青銅器については、同勢力に対する周王朝の取り込み工作の過程で、燕から贈与されたものと考えます。

7 遼寧省朝陽県魏営子木槨墓を遺した勢力

　喀左県を中心とする青銅礼器埋納遺跡のある地域は、いわゆる魏営子類型文化圏とされる領域ですが、魏営子類型文化が最初に発見された遼寧省朝陽県魏営子遺跡に9基の木槨土壙墓があります。
　この墓の性格について王建新氏は次のように述べています。

「魏営子の墓には、副葬品として集落遺跡から出土したような土器が存在しておらず、墓の埋土から集落遺跡と同じような土器の破片が出土した。そこで、層位上で魏営子集落遺跡と墓地が同じ時代のものではなく、集落遺跡が墓地より早かったと考えられる。また、魏営子木槨墓の形式が北京市昌平県白浮村西周早期墓[17]とほとんど同じで、銅轡鈴・銅製鈴状器・獣面銅當盧・銅車軎・銅製羊頭状車飾件・長方形銅泡・円形銅泡など、同じような形式の副葬品が白浮村西周早期墓からも出土している。このことによって、魏営子木槨墓の年代を西周早期（紀元前11世紀後半～前10世紀前半）と推定でき、魏営子集落遺跡の年代は、少なくともそれ以前（紀元前10世紀前半以前）と考えられる。魏営子木槨墓の年代も文化の特徴も、同地の集落遺跡とまったく違うので、魏営子木槨墓を魏営子集落遺跡を代表とする魏営子類型文化に属する見方[18]は、確実な根拠がないと私は考えている。
　魏営子木槨墓を代表とする文化が時代と文化様相とも一致しているのは、1975年に発掘された北京市昌平県白浮村にある3基の西周早期墓である。・・・
　魏営子木槨墓では、中原系の青銅祭器がまったく副葬されていないが、車馬具の中に西周様式のものが見られる。しかし、銅製鈴状器、獣面銅當盧・銅製羊頭状車飾件などの車馬具は、西周様式のものと違い、衣甲に縫いつけた銅泡を含めて北方式の文物と思われる。」[8]と述べています。

(王建新『東北アジアの青銅器文化』同成社、1999、32-33ページ)

　その出土品から判断して、魏営子木槨墓を遺した勢力は北方系青銅器文化との繋がりが強い集団であったと考えられますが、車馬具の中に西周様式のものが見られ、「魏営子木槨墓を代表とする文化が時代と文化様相とも一致しているのは、・・・北京市昌平県白浮村にある3基の西周早期墓である」ことから、白浮村西周早期墓と同時代の同じく非中原系の親周親燕勢力であると考えられます。また「魏営子の墓には、副葬品とし

て集落遺跡から出土したような土器が存在しておらず、墓の埋土から集落遺跡と同じような土器の破片が出土した」ことからも、魏営子木槨墓を遺した勢力は、この地に突然侵入し魏営子類型文化を終焉させた外部勢力であった蓋然性が高いと思われます。それでは、以上の条件に該当する勢力とは一体どのような勢力だったのでしょうか。

　前項で大凌河上流域の喀左県を中心とする青銅器埋納遺跡を遺した勢力を有力旧殷残存勢力と考えました。また、埋納遺跡の状況について、「大・小凌河流域の青銅器は穴蔵の中に乱雑に入っているものが多く、突然の事件により急いで隠匿する必要があったためと解されるのが一般的である」との見方を紹介しました。魏営子木槨墓は「辰沄殷」に対する侵攻（「韓燕來攻」）からそう遠くない時期に、この地に拠していた有力旧殷残存勢力の掃蕩をおこなった「韓」が遺したものと考えれば、「突然の事件」を「韓」の侵攻で説明でき、魏営子木槨墓と白浮村西周早期墓との間の木槨墓形式や副葬品の類似も、共に「韓」の勢力が遺したものであることに因ると説明できます。大凌河上流域の喀左県を中心とする青銅器埋納遺跡が西周早期の遺跡であることを前提として、魏営子木槨墓を遺した勢力は、白浮村西周早期墓を遺した勢力である「韓」と推定します。なお、魏営子木槨墓を遺した勢力が「韓」であったとしても、有力旧殷残存勢力の掃蕩は「韓」・燕の合同軍でおこなったと思われます。なんとなれば、大凌河上流域に拠していた有力旧殷残存勢力を旧親殷勢力である「韓」が単独で掃蕩する積極的理由を見出せないからです。

第 2 章　文献史料と考古史料から探る前一千年紀の辰国

1　原文「国號の辰浧殷は『東大族の擁護建造せる殷國』といふ義で、紂は亡びたるも殷祀ここに在りとの概を示し以て周に對抗したのである。」

(浜名寛祐『神頌契丹古伝』八幡書店、2001、504 ページ)

2　督抗貴國（彦）密矩（御子）
「密矩は御子に解せられ、督抗貴國密矩は督抗彦御子とも訓めるが、・・・」

(浜名寛祐『神頌契丹古伝』八幡書店、2001、557 ページ)

3　「尉越」
原文「尉越はヰヱと讀むのが本當かも知れぬが、尉にウツの音もあり、又思當ることもあればウヱと讀むだのである、それは契丹語に于越といふ詞があつて、遼史に左の如く字解されてある。于越は貴官にして職とする所のこと無く、其の位北南の大上に居るものなり、大功德ある者にあらざれば授けず 遼には北面南面の班あり 思ふに于越は字解の言ふ如く大上の義にして、我が國訓の上と同じわけである、・・・」

(浜名寛祐『神頌契丹古伝』八幡書店、2001、556–557 ページ)

『遼史』卷百十六國語解帝紀条
「于越　貴官，無所職。其位居北、南大王上，非有大功德者不授。」

『遼史』卷四十五志第十五百官志一
「大于越府。無職掌，班百僚之上，非有大功德者不授，遼國尊官，猶南面之有三公。太祖以遙輦氏于越受禪。終遼之世，以于越得重名者三人：耶律曷魯、屋質、仁先，謂之三于越。大于越。」

4　原文「葛零基は古の交黎即ち今の昌黎と考定し得」

(浜名寛祐『神頌契丹古伝』八幡書店、2001、504 ページ)

5　(11) 熱河省博物館籌備組「熱河凌源県海島営子村発現的古代青銅器」,『文物参考資料』、1995-8。

(王建新『東北アジアの青銅器文化』同成社、1999、84 ページ)

『魚父癸』銘の礼器の器種は簋とされています。
「北洞村より大凌河を少し遡った海島営子馬廠溝小転山で 16 点の青銅器が発見されたのは 1955 年のことである(20)。農作業中に検出したもので、北洞村の場合と同様に同様に窖蔵穴からの一括品と考えうる。それらの器種は鼎、盤、盂、尊、壺各 1 点、卣、甗、罍各 2 点、簋 3 点で、器形の不明なもの 2 点などである。これらには短い銘文をもつものがあり、簋に『蔡』『魚父癸』がある。『燕候が飲食器をつくった』の銘文をもつ盂、『史伐が父壬の宝器をつくった』『戈が父康の宝器をつくった』と記す卣もある。これらの青銅器群に対して陳夢家は成王の時代のものとするが(21)、北洞村の銅器よりも後出するようである。この馬廠溝の銅器とよく類似したものは、大凌河をはさんだ対岸にある山湾子遺跡でみることができる。」

(甲元眞之「燕の成立と東北アジア」田村晃一編『東北アジアの考古学』六興出版、1990、75 ページ)

(20) 熱河省博物館「凌源県海島営子村発現的古代青銅器」『文物参考資料』1955-8
(21) 陳夢家「西周銅器断代（二）」『考古学報』1955 年

(甲元眞之「燕の成立と東北アジア」田村晃一編『東北アジアの考古学』六興出版、1990、85 ページ)

6 　(12)　遼寧省博物館「遼寧喀左県北洞村発現殷代青銅器」、『考古』、1973-4。
　　(13)　喀左県文化館など「遼寧喀左県北洞村出土的殷周青銅器」、『考古』、1974-6。
7 　(14)　喀左県文化館など「遼寧喀左県山湾子出土商周青銅器」、『文物』、1977-12。
8 　(17)　北京市文物管理処「北京地区的又一重要考古収穫」、『考古』、1976-4。
　　(18)　郭大順「試論魏営子類型」、『考古学文化論集』、文物出版社、1987。

(王建新『東北アジアの青銅器文化』同成社、1999、84 ページ)

第3節　「韓侯」

—周初～春秋前期の辰国—

1　燕山山脈の北にあった辰国

　前一千年紀の燕山山脈の北における辰国の考古学的指標である鏡と銅剣を組み合わせて副葬する墓は、本書第1章第3節「辰国の考古学的指標と移動の軌跡」で例示した、単鈕無文鏡と有柄式銅剣または遼寧式銅剣のセットを副葬する、内蒙古自治区寧城県南山根のM101号石槨木棺墓・内蒙古自治区建平県水泉城子の2基の木棺墓・同建平県大拉罕溝の1基の墓です。夏家店上層文化圏にある厚葬墓で、各々の比定年代は西周末期～春秋前期の範囲に収まります。

燕山山脈の北
　　単鈕無文鏡と有柄式銅剣または遼寧式銅剣のセット

（西周末～春秋早期：前8世紀）

　　　中国　　内蒙古自治区寧城県　南山根M101号墓
　　　　＊　年代観は王建新著『東北アジアの青銅器文化』
　　　　　　（同成社、1999、43ページ）に拠る。

（春秋前期）

　　　中国　　内蒙古自治区建平県　水泉城子M7701号墓
　　　中国　　内蒙古自治区建平県　水泉城子M7801号墓
　　　中国　　内蒙古自治区建平県　大拉罕溝751号墓
　　　　＊　年代観は甲元眞之著『東北アジアの青銅器文化と社会』
　　　　　　（同成社、2006、175ページ）を参考した。

　それでは、単鈕無文鏡と有柄式銅剣または遼寧式銅剣のセットを出土した南山根M101号石槨木棺墓・内蒙古自治区建平県水泉城子の2基の木棺墓・同建平県大拉罕溝の1基の墓の概要をご紹介します。

　「内蒙古自治区（旧遼寧省）寧城県南山根遺跡が知られるようになったのは、1958

年春のことである。遺跡は老哈河上流の一支流である坤都河南岸の山下にあり、海抜が約500メートルほどのゆるやかにスロープを描く丘の中腹にある。59年の報文では、71点の青銅器が出土している。それらは、銅盔1、戈3、矛1、鐏1、銅鞘1、短剣2、刀4、斧4などをはじめとして、他に装飾品を混えるもので、戈は三穿をもつ型式である。矛とあるのは柄の部分が円筒になった有柄式銅剣であり、短剣2点のうち1点は刃部が遼寧式銅剣のように曲刃をなし、有茎式銅剣を基本に柄を別鋳したように思える。少なくとも遼寧式銅剣の存在を知っていたつくりと考えられ、事実1975年になって、刀やホール・シャフトになった戈とともに1点の遼寧式銅剣が58年当時採集されていたことが判明した。

本格的調査は61年と63年、それに81年以前に1回行われている。3回の調査で石槨木棺墓、石棺墓、土壙墓が計11基発掘されている。うち石槨木棺墓が8基と多く、石棺2基、土壙墓1基である。

M101号墓は長さ3.8メートル、幅1.8-2.2メートル、深さが2.4メートルとかなり大きな石槨木棺墓で、500点余りの青銅器が出土している[28]。青銅の礼器には簋1、鼎3、鬲1、瓿1、杯1、豆1、双連缶1点が出土し、他に勺2点もみれらる。これらの容器に対して、工具や武器の数が多い点は特徴的で工具は刀5、斧8、鑿2、鎬2、鍬1点で、武器には鏃45、戈3、矛3、鐓1、盾1、盔1、剣鞘4と剣7点があり、剣には有柄式6点、うち刃部が曲刃となるものが1点あり、遼寧式のものも1点みられる。この他、各種の車馬具、金製の耳飾と腕飾、石斧や骨鏃、鏡や卜骨も採集されている。

M102号墓はM101号墓から青銅の礼器を取り除いた組み合わせの副葬品をもつ[29]。また1961年に発掘された9基の墓では礼器や車馬具はなく、工具も刀が1点ずつで大部分が装飾品を少量もつにすぎない。

南山根M101号墓にみられる青銅礼器と武器、車馬具を多くもつという副葬品の組み合わせは、北京白浮村西周墓のそれと一致する。具体的品目をみても、両者とも銅盔をもち、有柄式短剣を有する。筒状の（ホール・シャフト）や援上に三条の突線をもつ戈なども同様である。また、鏡をもち、卜骨がみられることは被葬者は武人であるとともに祭儀の司であったことをしのばせる。M101号墓で伴出した銅器は西周の末—春秋初頃に属するもので、白浮村でみられる墓葬が北方に展開して、木槨を石槨に変化させるなど一部変形しながらも残存していったことが窺える。

白浮村や南山根で共通にみられる単鈕無文鏡を出土する遺跡は、南山根から努魯

児山脈を越えた南斜面の大凌河上流域でも発見されている。建平県水泉城子の２基の木棺墓[1]では、遼寧式銅剣や刀子などとともに、直径が10センチばかりの小型無文鏡が出土し(30)、同県大拉罕溝[2]でも、遼寧式銅剣、銅斧、銅鑿などとともに、直径が14.5センチと15センチのやや大型の鏡がみられる(31)。白浮村では有柄式銅剣、南山根では有柄式銅剣と遼寧式銅剣、水泉城子では遼寧式銅剣と、その組み合わせの剣の型式は異なるものの、鏡を伴出する点においては共通性がみられ、剣と鏡という組み合わせに大きな意味のあったことが窺える。」[3]

（甲元眞之「燕の成立と東北アジア」田村晃一編『東北アジアの考古学』六興出版、1990、77-78ページ）

「　素鏡　鏡の背面に文様のない鏡を指す。計14面が発見されている。
・・・
　1963年に内蒙古自治区寧城南山根の２基の石槨墓から３面が出土している。101号墓からは２面が出土し、１面は面径6.6センチをはかり、縁部が突起し、鏡背の中央に鈕をもつ。１面は面径約8.4センチ、鏡身はやや薄く、縁部は蒲鉾状にわずかにふくらむ。これはすでに壊れていた。102号墓から出土した１面は面径7.8センチをはかり、遺骸の腰部に置かれていた。101号墓から出土した銅鼎、甗、簠などの器物の形状・文様から、この両墓は西周晩期ないし春秋時代早期に属し、銅鏡の時期もほぼそれに近い(16)。」[4]

（孔祥星・劉一曼共著、高倉洋彰・田崎博之・渡辺芳郎共訳『図説 中国古代銅鏡史』海鳥社、1991、16-18ページ）

　また、M101号墓からは２面の銅鏡とは別に、直径が10.5cmから11.3cmを測る、いずれも無紋の蓋形器が８点出土しましたが、甲元氏は「蓋形器と分類された類も銅鏡と考えられる」[5]との見解を示されています。
　南山根M101号墓の豊富な副葬青銅製品の性格について、甲元氏は次にように述べています。

「これら多数の青銅製品は基本的に『中原製品』と『北方的、在地的製品』の組合わせで成り立っていて、青銅彝器には『中原的容器』と『北方化した容器』がみられ、戈や矛、三稜鏃などは中国中原地域と共通する武器であるが、有柄式銅剣や遼寧式

銅剣は非中原的性格を帯びている。また、刀子や銅斧などの工具や金属製耳飾は北方的であるのに対して、卜骨や鏡は中原的な遺物とみられる。」

(甲元眞之『東北アジアの青銅器文化と社会』同成社、2006、230 ページ)

　これらの墓は、前一千年紀の東北アジアにおける鏡と銅剣を組み合わせて副葬する墓に該当しますので、仮説5⁻²により辰国の王墓となります。
　それでは、燕山山脈の北の単鈕無文鏡と有柄式銅剣または遼寧式銅剣のセットを副葬する墓を遺した辰国とは、文献に登場するどの勢力に該当するのでしょうか。以下に探ってみたいと思います。

2　『詩経』大雅・韓奕に謡われた「韓侯」

　西周晩期の周宣王（在位：前826〜前781：平勢年表）の時代、「韓侯」と称される人物が『詩経』大雅・韓奕に登場します。この「韓侯」こそが、燕山山脈の北にあった辰国の王と目される人物です。『詩経』は儒教の重要経典である五経（『易経』・『書経』・『詩経』・『礼記』・『春秋』）の一つで、西周初期から春秋中期に及ぶ歌謡305編が収められた中国最古の詩集とされています。「大雅」は『詩経』における三つの体裁（部類）「風」・「頌」・「雅」のうちの一つである「雅」（大雅・小雅）に属し、「周王室の伝承、祭祀や儀礼、並びに王室と直接の関係を持つ貴族の公的活動に関する歌」（中田昭栄『詩経　新編下』郁朋社、2005、414 ページ）とされています。
　〈韓奕〉の主題について、高田眞治氏は

「韓奕篇は、韓侯に命じて北方の諸侯を懐けて、北狄に備うることを言うものである。宣王中興の業を叙ぶるのである。中間に親迎の事をいうのは帯説であるが、亦宣王が外戚と結んで天下を固くするの意をみるべきであろう。」

(高田眞治『漢詩選2 詩經（下）』5 集英社、1996、527 ページ)

と述べ、「韓侯」への錫命を題材として、「宣王中興」の業を叙べたものとしています。
　〈韓奕〉の構成について白川静氏は、

「六章、章ごとに十二句。一章に韓侯の受命、二章に韓侯の入覲(にゅうきん)、三章に韓侯の出祖(そ)、四章に韓侯の取妻(しゅさい)、五章に韓土の樂(らく)、六章に韓侯の武威(ぶい)が北土に振(ふる)うことを歌う。」

(白川静『詩経雅頌2』東洋文庫636、平凡社、1998、185ページ)

としています。
　「受命(じゅめい)」とは天子の辞令書を戴くこと、「入覲(にゅうきん)」とは宮中に参内し天子に拝謁(はいえつ)すること、「出祖(しゅっそ)」とは旅立ちに際して道祖神(どうそじん)を祭ること、「取妻(しゅさい)」とは妻を娶(めと)ることの意です。
　それでは、以下に『詩経』大雅・韓奕の原文と白川氏の解説に沿って章立てした拙訳を掲(かか)げます。

『詩経』大雅・韓奕(かんえき)
　　奕奕梁山　維禹甸之　有倬其道　韓侯受命　王親命之　纘戎祖考
　　無廃朕命　夙夜匪解　虔共爾位　朕命不易　幹不庭方　以佐戎辟

　(第一章　「韓侯」の受命)
　　美しく大きい梁山(りょうざん)は　その昔、禹が治めた山
　　〔以来、都から梁山方面に通じる〕明かな道がある
　　「韓侯」は〔方伯を〕受命した
　　〔宣〕王は親しく「韓侯」に命じた　先祖の偉大な業績を継いで
　　朕(ちん)の命令をおろそかにせず　昼夜気をゆるめることなく
　　汝(なんじ)の職責を全(まっと)うせよ　朕の命令を叶えることは容易でないぞ
　　四方の不正を正し　汝(なんじ)の君(きみ)〔である朕〕を補佐せよと

　　四牡奕奕　孔脩且張　韓侯入覲　以其介圭　入覲于王　王錫韓侯
　　淑旂綏章　簟茀錯衡　玄袞赤舄　鉤膺鏤錫　鞹鞃淺幭　鞗革金厄

　(第二章　「韓侯」の入覲(にゅうきん))
　　四頭の牡馬は美しく　たいそう大きく力がみなぎっている
　　「韓侯」は王に拝謁(はいえつ)するために封ぜられた印となる玉(ぎょく)をもって参内(さんだい)した
　　〔「韓侯」が〕王に拝謁すると　王は「韓侯」に品々を賜与(しよ)された

淑旂（美しい旗）・綏章（旗の竿頭飾り）
簟茀（竹で編んだ車の乗降口の覆い）・錯衡（もようのついたくびき）
玄衮（黒の礼服）・赤舄（赤い二重底のくつ）
鉤膺（馬のむながい）・鏤錫（馬の額の金飾り）
鞹鞃（革あて付きの横木）・浅幭（虎の毛皮で作った横木おおい）
鞗革（革製の手綱）・金厄（手綱の先端の金輪）

韓侯出祖　出宿于屠　顯父餞之　清酒百壺　其殽維何　炰鼈鮮魚
其蔌維何　維筍及蒲　其贈維何　乗馬路車　籩豆有且　侯氏燕胥

（第三章　「韓侯」の出祖）
　「韓侯」は道祖神を祭って〔道中の安全祈願を済ませると、
　周の都城を〕出て　屠の地に〔設けた宿舎に〕宿る
　顯父は送別の宴を催し　百壺もの清酒を用意した
　その肉料理の献立は　蒸し焼きしたすっぽんと新鮮な魚
　その野菜料理の献立は　若タケノコと蒲の若芽
　その贈り物は　四頭の馬と路車
　籩や豆は盛りだくさんに並べられ　〔来賓の〕諸侯は宴を楽しむ

韓侯取妻　汾王之甥　蹶父之子　韓侯迎止　于蹶之里　百両彭彭
八鸞鏘鏘　不顯其光　諸娣從之　祁祁如雲　韓侯顧之　爛其盈門

（第四章　「韓侯」の取妻）
　「韓侯」は妻を娶る　厲王の姪にあたる　蹶父の娘を
　「韓侯」は親しく花嫁を迎えるために　蹶の里に〔立ち寄り
　花嫁の屋敷の門前に馬車を〕止めた
　嫁入り道具を載せた　たくさんの車列が続く
　馬の手綱につけた八つの鈴がシャンシャンと音立てて　光り輝かんばかりに
　新婦のお供の妹君たちが　ゆっくりと付き従う
　「韓侯」が顧り見すれば　門前は華やぎ　にぎわっている

蹶父孔武　靡国不到　為韓姞相攸　莫如韓楽　孔楽韓土　川沢訏訏
魴鱮甫甫　麀鹿噳噳　有熊有羆　有貓有虎　慶既令居　韓姞燕誉

(第五章　「韓」土の楽)
　蹶父は武勇にすぐれ　行こうとして行けなかった国はない
　〔娘の〕韓姞の為に〔嫁ぎ先として〕選んだ所〔は「韓」の国〕
　「韓」の豊かさに及ぶ国はない　安らかで楽しい「韓」の土地
　川や沢は広く大きく　魴や鱮はたくさん獲れ
　牝鹿と牡鹿は騒がしく鳴き合う
　熊もいれば羆もいる　貓もいれば虎もいる
　慶び祝って立派な住まいを定め　韓姞は安らかに楽しく暮らしている

溥彼韓城　燕師所完　以先祖受命　因時百蛮　王錫韓侯　其追其貊
奄受北国　因以其伯　実墉實壑　実畝実藉　献其貔皮　赤豹黄羆

(第六章　「韓侯」の武威が北土に振う)
　大きなあの「韓城」は　燕の軍隊がしっかりと守っている所
　先祖が〔周王室の〕命を受け　百蛮の地に封建されたので
　〔宣〕王は「韓侯」に〔百蛮の地にある〕追の居住地と貊の居住地を
　〔新たに〕賜与し　北国の平安を保つようにと　改めてその方伯とした。
　城壁を築き、堀を設け　畑を整備し、税を課す
　その地で獲れる貔や赤豹や黄羆の毛皮を天子に献上する

　〈韓奕〉には、「韓侯」が遠く北国の地から西周の京師(王都)である鎬京(今日の西安)に入京参内し、新たに追と貊の居住地を領地として賜り、改めて「北国伯」を錫命され、周宣王から品々を賜与されたことや、帰国に際して屠の地(陝西省長安県西南)に設けられた宿舎で催された送別の宴の様子、蹶の里に出向き、親しく花嫁を迎える嫁取りの様子、韓姞の「韓」での暮らしぶりなどが謡われています。余談ですが、筆者には「韓侯」が屠の地に宿ったのは偶然とは思えません。なんとなれば、「韓侯」は蚩尤(「〔辰沄〕翅報」)の系譜に連なり、屠の地は『拾遺記』に「蚩尤の民のうちで善良なものは鄒屠の地(山東省内と推定)に移住させ、〔鄒屠氏の〕先祖は地名の鄒屠を姓と

201

したのである。後に鄒氏（山東省鄒県方面に居住と推定）と屠氏とに分かれた」とある屠氏の〔山東省内から陝西省方面への再移住後の〕居住地であり、かつて「珂洛」（神族）であった屠氏は依然「〔日〕神」崇拝信仰勢力であったと考えられるからです。

「成康の治」と呼ばれる成王・康王時の天下が安定した時期を経て、懿王の時代（在位：前903～前876：平勢年表）に入り、周王室の威光にも翳りが見えてきました。『史記』周本紀に「懿王の時代、王室は遂に衰え、詩人は風刺の詩を作った」[6]とあり、『史記』楚世家に「周夷王の時代（在位：前863～前854：平勢年表）になると、周王室はますます衰え、諸侯の中には入朝しない者や、互いに攻伐する者が出た」[7]とあるように、周王室の衰退にともない、その威信は低下しました。錫命の儀も形骸化が進んだことは想像に難くありません。『史記』周本紀に拠ると、宣王の先代である厲王（在位：前854～前827：平勢年表）は失政を重ね、遂には反旗をひるがえした民衆に襲われ、彘へ出奔した[8]とあります。国政は厲王に代わり二人の大臣が執り行い、年号を「共和」としました。共和十四年、厲王の子である宣王が即位しました。衰退の一途を辿っていた周王室も宣王（在位：前826～前781：平勢年表）の時代の一時期、「宣王中興」と称されたように国勢がやや回復し、戎狄蛮夷に対し武威を振ったようです。『詩経』大雅・韓奕の詩序に「〈韓奕〉，尹吉甫美宣王也。能錫命諸侯」：「〈韓奕〉尹吉甫が宣王を誉め讃えたのである。〔宣王が〕諸侯によく命を錫う〔たので〕」とあるように、周王室が勢いを取り戻し、盛んに錫命の儀を執り行ったことは、王室に仕える家臣にとっても大きな喜びであり、誇りであったようです。宣王が盛んにおこなったとされる錫命は、宣王二十二年（前805：平勢年表）に弟「桓公・友」を鄭に封じたことや、『詩経』大雅・崧高の序に「〈崧高〉尹吉甫が宣王を誉め讃えたのである。天下をもとどおりに平定し、〔新たに〕侯国を建て、諸侯に親しみ、申伯を褒賞した〔ので〕」[9]とあるように新封のための錫命もありますが、「韓侯」の例にみられるような、既存の諸侯に対する「改めての錫命」が主であったと推測されます。ここで「改めての錫命」とは、「先代の後継として即位した諸侯が、未だ入朝して周王直々の錫命を受けていない場合の、入朝して改めて受ける錫命」の意味で用いています。『史記』管蔡世家に「周の厲王は国を失い彘に奔った。共和して政治をおこなう。諸侯の多くは周に叛いた」[10]とあります。筆者は、錫命の儀が久しく絶えていたため、辞令書（冊）のみの錫命で済まされ、襲位後も入朝せずにいた、あるいは周に叛いて入朝する意思のなかった諸侯が多くおり、そのような諸侯に対し「改めての錫命」をおこなったのではないかと考えています。「改めての錫命」が意図したところは、錫命の儀を通して親しく諸侯と接し、周王室と諸侯との主従関係を再

確認することで失墜した周王室の威信を回復することにあったといえます。宣王の長期に亘って繰返しおこなった征服戦争は西北方面（今日の陝西、山西，甘肅一帯）の戎狄（じゅうてき）および東南方面（今日の江蘇、安徽、湖北一帯）の蛮夷（ばんい）に対するものでした[11]。それに比べて「韓侯」の治める東北方面は周王室にとって手のかからない優良地域であったといえます。朱熹（しゅき）は『詩経集伝』において、「韓侯」の受命を「受命，蓋即位除喪」：「受命は〔『韓侯』の先代の〕喪が明けたことによる、即位〔のための錫命の儀〕であろう」としていますが、「韓侯」に対する直々の錫命はまた、歴代「北国伯」としての先祖の功績に対する褒賞（ほうしょう）と「韓侯」への督励（とくれい）の意味を込めた「改めての錫命」でもあったと思われます。周王室にとっての異族であり、最も遠隔に位置する「韓侯」への錫命を尹吉甫が取り上げたのは、宣王の威光が遠く北国は「百蛮」の地まで及んでいることを天下に示すための、格好の材料であったことに由りましょう。

　仮説13は、この「周宣王時の『韓侯』」の先祖である初代「韓侯」こそ、周成王より「栄伯（えいはく）」すなわち「北国伯」の錫命を受け、「韓」の国号を賜った粛慎（息慎）の王すなわち辰〔国〕王（「辰汎〔しう〕〔繨〔く〕〕翅報〔ふ〕」）であったと主張するものです。

3　「溥彼韓城　燕師所完」の解釈

　「溥彼韓城　燕師所完」の解釈については「完」の義を「築く」の意に解し、大意としては「大きなあの『韓城』は燕の衆人〔または軍隊〕が築いた所」と訳すのが一般的です。「韓侯」の都城である「韓城」を燕が築いたという解釈です。新たに封ぜられる諸侯のために、王が他の諸侯に命じて築城させることはあったようです。『詩経』大雅・崧高（すうこう）では、宣王が功臣申伯を謝に封ずるにあたり、召の穆公に命じて申伯（しんはく）の都城を築かせたことが謡（うた）われています。

　次節で述べるように、清代の学者・陳奐（ちんかん）は「〔『溥彼韓城　燕師所完』の〕『完』の意味を読みとると〔『春秋左氏伝』襄公三十一年の条にある〕『繕完葺牆（ぜんかんしゅうしょう）：塀を厚く覆い修繕して完全にする』にある『完』〔と同義〕のようである」と述べ、「完」を「〔修繕・改修して〕まっとうする」の意義に解しています。『広漢和辞典』（諸橋轍次他著、大修館書店、1987）に拠ると、「完」には確かに「つくろう」の意義がありますが、「まっとうする。たもつ。しっかりとまもる」が本来の意義と思われます。そこで、「燕師所完」を「燕の衆人〔または軍隊〕が築いた所」あるいは「燕の衆人〔または軍隊〕が改修し

た所」の意には解さず、「燕の軍隊がしっかりと守っている所」と解しました。燕の軍隊が守る「韓城」は、「韓侯」の都城ではなく、「韓」地に設けられた周（燕）の北国経営の拠点であり、燕の軍隊が駐屯し、「韓」の「百蛮」支配に対する後方支援と併せて「韓」に対する監視の役割を担ったとの考えからです。もっとも、「韓城」の築城にあたっては、燕の軍隊が主体となって築いたと思われます。築城時期を〈韓奕〉の記述から窺い知ることはできませんが、筆者は成王時から康王時にかけてと考えています。今日の北京市にあったと推定される自らの城邑建設を終えた燕は、粛慎（息慎）の王が初代「韓侯」としてロワン河以東に封ぜられると、その人力を周（燕）の北国経営の拠点となる〔燕の〕「韓城」の建設に振り向けたと考えられます。「韓」の「百蛮」支配が安定してくると、〔燕の〕「韓城」は主に燕の対「韓」外交・交易の窓口として機能したと思われます。筆者は、小諸侯の国は別にして、ロワン河以西は燕地、以東は「韓」および「百蛮」の地を想定しています。したがって、〔燕の〕「韓城」はロワン河東岸の「韓」地（燕の飛び地）に設けられたと考えます。燕の都城のあった今日の北京市方面と「韓」の中心部と目される寧城県や建平県方面とを結ぶ中継地として絶好の位置となります。

4 夏家店上層文化圏の青銅器副葬墓は、なぜ「韓侯」の勢力が遺したものと言えるのか

1）内蒙古自治区寧城県南山根M101号墓の被葬者

　考古学の視点から、南山根M101号墓の被葬者を『詩経』大雅・韓奕に謡われた「周宣王時の『韓侯』」に比定したいと思います。その根拠はこの墓の副葬品である中原系の青銅礼器にあります。南山根M101号墓の副葬青銅製品に代表される、夏家店上層文化[12]の青銅製品を遺した勢力は周王室から見ての異族です。異族である彼らが周王朝に敵対する勢力であったならば、これほどの青銅礼器を保有すること自体困難であると思われます。しかしながら、南山根M101号墓の被葬者が「周宣王時の『韓侯』」ならば、中原系の青銅礼器を保有していてもおかしくありません。『周礼』春官・大宗伯に「九儀の命を以て邦国の位を正す。壱命職を受け、再命服を受け、三命位を受け、四命器を受け、五命則を賜い、六命官を賜い、七命国を賜い、八命牧と作り、九命伯と作る」とあります。「九儀之命」とは天子が諸侯に賜う壱命から九命までの九等の命を定

めたものです。錫命の儀式には九段階あり、壱命から九命までの全ての段階の命を受ける「伯」とは、外州にある方伯を束ねる天子直属の「二伯」を意味し、「周宣王時の『韓侯』」が受命したと考えた仮説13の「北国伯」は八命の牧に相当します。したがって、「周宣王時の『韓侯』」は壱命から八命までの八段階の命を受けたと思われますが、その第四段階に青銅礼器の賜与である「四命受器」があるからです。『詩経』大雅・韓奕に「〔「韓侯」が〕王に拝謁すると王は『韓侯』に品々を賜与された」とありますが、副葬された中原系の青銅礼器は周宣王からの賜与品であると思われます。あるいは、その内の一部は中原から「韓侯」に嫁いだ韓姞の嫁入り道具の可能性も考えられます。さらには、中原系の車馬具が副葬されていてもおかしくありません。周宣王からの賜与品に車馬具があったからです。また、送別の宴での「韓侯」への贈り物が「四頭の馬と路車」であったことも謡われています。南山根M101号墓の副葬品の中に中原系の車馬具があれば被葬者を「周宣王時の『韓侯』」に比定するための格好の補強材料となります。

また、甲元氏は出土する単鈕粗紋凹面鏡の分布の偏りといった視点から「単鈕粗紋凹面鏡が排他的に出土する夏家店上層文化と中原地域との関連が深いこととなる」[13]と述べています。周の最北部に位置する寧城県南山根M101号墓の被葬者が周王朝の諸侯で「北国伯」の地位にあった「周宣王時の『韓侯』」であれば、中原地域との関連を有していてもなんの不思議もありません。

ここで、仮説14を提示します。

> 仮説14（H14）：H14
> 　周の北部に位置し、中原系の青銅礼器を多数副葬する内蒙古自治区寧城県
> 　南山根M101号墓の被葬者は、周の諸侯で「北国伯」の地位にあり、
> 　『詩経』大雅・韓奕に謡われた「周宣王時の『韓侯』」である。

また、仮説5^{-2}の成立を前提に、前一千年紀の東北アジアにおける鏡と銅剣を組み合わせて副葬する墓である内蒙古自治区寧城県南山根M101号墓は辰国の王墓であることから、仮説14^{-2}が導かれます。

> 仮説14^{-2}（$H14^{-2}$）：$H1 \times H5^{-2} \times H14 \times H14^{-2}$
> 　　　　　　　　：$H1 \times H3 \times H4 \times H5 \times H5^{-2} \times H14 \times H14^{-2}$
> 　鏡と銅剣を組み合わせて副葬する内蒙古自治区寧城県南山根M101号墓は、

仮説5⁻²により辰国の王墓であるので、

仮説14により同墓の被葬者とされた「周宣王時の『韓侯』」は辰王である。

2）内蒙古自治区寧城県南山根M102号墓出土の骨板に描かれた2頭立て戦車と、青銅礼器が副葬されなかった理由

　辰王墓である南山根M101号墓を「周宣王時の『韓侯』」に比定しました。南山根M102号墓からの銅剣の出土を筆者は文献上確認できていませんので、仮説5⁻²により南山根M102号墓を辰国の王墓とすることは保留しますが、祭祀権（王権）を象徴する格別の宝器と考えられる鏡すなわち単鈕無文鏡（たんちゅうむもん）が出土していることから辰王墓であり、歴代「韓侯」の墓の一つと目されます。ところで、『詩経』大雅・韓奕に拠ると「韓侯」が宣王に謁見した時に仕立てた馬車は4頭立てでした。また、送別の宴での贈り物に4頭の馬と路車（ろしゃ）がありました。『詩経』大雅・韓奕に4頭立てとある馬車は路車のことですが、戦車も西周時代は4頭立てであるとされています。ところが、歴代「韓侯」の墓の一つと目される南山根M102号墓からは殷様式とされる2頭立ての戦車が描かれた刻紋骨板が出土しました。「韓侯」は西周諸侯ですから、殷様式の2頭立ての戦車ではなく、西周様式の4頭立ての戦車が描かれてしかるべきです。このことは、南山根M102号墓を西周諸侯である歴代「韓侯」の墓の一つと目したことと、ひいては南山根M101号墓を「周宣王時の『韓侯』」に比定したことと齟齬（そこ）をきたすのではないでしょうか。これに対する反論としては、以下の①～③があげられます。

① 宣王に謁見（えっけん）した時に仕立てられた馬車は4頭立てであったが、これは周王朝が準備した西周様式に則った儀礼用の路車（ろしゃ）であり、「周宣王時の『韓侯』」が西周諸侯であるとはいえ、国元でも西周様式の4頭立てに則っていたかは別の話である。

② 一般に殷代の戦車は2頭立てで、西周時代は4頭立てとなり、春秋時代にはまた2頭立てに逆戻りする¹⁴とされており、南山根M102号墓が「周宣王時の『韓侯』」の後代の春秋時代の「韓侯」の墓である場合は、2頭立てに戻ったとして問題はない。

③ 西周時代の遺構である北京の燕国墓地第1100号車馬坑や西安・張家坡（ちょうかは）の車馬坑¹⁵の例では、副葬された馬と馬車の数から判断して4頭立てと2頭立てとを柔軟に

使い分けていた節があり、必ずしも固定的ではなかった。すなわち、時代によって厳密に使用区分できるものではない。

　それでは、辰国の王墓であり、歴代「韓侯」の墓の一つと目される南山根M102号墓に中原系の青銅礼器が副葬されなかったのはどうしてでしょうか。筆者は南山根M102号墓の被葬者である「韓侯」は入朝しておらず、周王直々の錫命を受けていないからではないかと考えます。そのことが、周王からの賜与品と考えられる中原系の青銅礼器が副葬されなかった理由です。「韓」は京師（西周の都は鎬京：今日の西安）から遠距離にあり、受命には献上品の調達以外に膨大な旅費等の負担を伴います。周王室には一行の受け入れをはじめとする儀式全般の差配と執行、賜与品等の調整があり、錫命の儀は双方にとって大きな負担です。周王室の衰退に連れて錫命の儀の形骸化が再び進んだことは想像に難くありません。歴代「韓侯」の多くは、周王室からの辞令書のみの錫命で済まされたのではないでしょうか。

3）内蒙古自治区寧城県小黒石溝石槨墓の被葬者

　南山根M101号墓と同じく中原系の青銅礼器を多く副葬する石槨墓に寧城県小黒石溝石槨墓があります。甲元眞之著『東北アジアの青銅器文化と社会』（同成社、2006）に拠ると、内蒙古寧城県は燕山山脈の北縁、老哈河上流に位置し、小黒石溝石槨墓は南北に延びる長い谷間に面した台地上に立地しています。墓葬は長さ3.1m、幅2.3m、深さ2.1mを測る石槨墓で、内部には木棺が据えられていました。副葬品は400点余り採取され、中でも青銅礼器が20点と際立った出土量を誇っています。青銅器は鬲・鼎・簋・豆・罍などの食器、尊・卣・壺・盃などの酒器、匜などの水器があり、ほぼ完備された礼器の組合わせであることが窺えるとしています。豆や罐の中にはこの地方独特の器形のものもみられることから、一部の青銅容器は内製品であると考えられます。青銅武器類には有柄式短剣・遼寧式銅剣・剣鞘・刀子・刀子鞘・戈・盔・鏃などが見られ、遼寧式銅剣は5点あり、T字形の柄が装着されていました。車馬具は70点余り、工具は斧28点をはじめ、錘・鑿・錐などがあり、青銅製飾りも各種見られ、金製品は20点余りで装身具とその部品であるとのことです。「これら青銅器は報告者により夏家店上層文化段階のものと位置づけられ、南山根101号墓との類似が指摘され、所

属年代は西周中期から春秋期に相当するとされる（赤峰市博物館・寧城県文物管理処1995）。」[16] とあります。

甲元氏は寧城県小黒石溝石槨墓の年代を検討するにあたって、副葬品である簋(き)の銘文「許季姜作尊簋其万年子々孫々永宝用」に着目しました。銘文中の「許季姜」と洛陽出土匜の銘文「仲原父作許姜宝匜」中の「許姜」を同一人物で、鄭に封建された友（桓公）のもとに嫁いだ姜姓許の末娘（季）とした上で、周宣王の弟・桓公友(かんこうゆう)の生きた時代から判断して、「許」（「従無従皿」：「〔許の字は〕無と皿を組み合せて表現されている」）の銘を有する青銅器は、いずれも西周末期に属するとの見解を示しています。

「　小黒石溝で発見された青銅器群が墓の副葬品として一括発見物ではあっても、それらの製作年代が同一時期の所産ではないことは明らかである。これら青銅器が本来的な場所で検出されたものではなく、二次的移動物であったことを示唆するものに、簋に記された銘文がある。これには、『許季姜作尊簋其万年子々孫々永宝用』[17]と、許の末娘が嫁いだ時の記念品であることを記述している。『従無従皿』で表現される銅器には西周前期の２器（『三代吉金文存』3・16・1、11・31・3）を除くと西周後期に属する青銅器である。すなわち、長安馬王村出土鼎（珠葆1984）、洛陽出土匜（蔡運章1996）、『金文大成』3-575が挙げられる。このうち洛陽出土匜の銘文『仲原父作許姜宝匜』、『仲原父』は伝世の『鄭饗原父』鼎（『三代』3・27・4）と簋（『三代』6・42・6）に記された『鄭饗原父』と同一人物とされ（蔡運章1996）、仲原は周宣王の弟『友』で鄭に封じられた人物であり、西周後期に比定される『従無従皿』銘の許関係青銅器は西周末期に属することがわかる。したがって宣王の時期に、鄭に封建された友（桓公）のもとに姜姓許の末娘が嫁いできたことの記念に製作された銅器であることを示す。姫姓の鄭と姜姓の許は近接するが、小黒石溝の存在する近隣に許があったことは考え難い。西周早期の２点の青銅器を除いて、『無』と『皿』に従う『許』の銘を有する青銅器は、いずれも西周末期に属する。・・・」[18]

（甲元眞之『東北アジアの青銅器文化と社会』同成社、2006、151-152ページ）

また、「姫姓の鄭と姜姓の許は近接するが、小黒石溝の存在する近隣に許があったことは考え難い」との理由から、小黒石溝石槨墓副葬品の簋(き)について「本来的な場所で検出されたものではなく、二次的移動物であったことを示唆する」との見解を示されまし

た。「二次的移動物」とは意味深長ですが、「略奪品か、あるいは交換のための見返り品」[19] の可能性も含め、何らかの事情で「中原的礼制」の世界に在った本来の所有者の手から離れ、「中原的青銅器組合わせでみられる『中原的礼制』の世界とは無関係な」[20] 内蒙古自治区寧城県小黒石溝の被葬者の手に渡り、礼器としての本来の使用目的とは別の目的で所有されたとの意義に解されます。

　筆者は小黒石溝石槨墓副葬品の簋銘中の「許季姜(きょききょう)」と洛陽出土匜の銘文「仲原父作許姜宝匜」中の「許姜」を同一人物ではなく、姜姓許の姉妹であると考えます。大野峻『新釈漢文大系 67 国語 下』（明治書院、1989、657・659 ページ）に拠ると、周宣王の弟・桓公友(かんこうゆう)が封ぜられた鄭(てい)は陝西省にあり、鄭の跡は〔陝西省の〕華山の西北にあたるとされています。また、鄭は西周の天子直属の畿内の旗本ともいうべき小藩で、司徒となった桓公友が幽王(けんじゅう)とともに犬戎に殺されると、鄭は河南省の新鄭（今日の河南省新鄭市）に移り、武公（前 770 ～ 742）が平王の東遷を輔佐して、春秋時代の重要な諸侯として長く活躍するとあります。鄭に嫁いだ姉の「許姜」の匜が洛陽で出土した理由は、西周末の不穏な情勢下、陝西省の鄭から河南省の洛陽に避難していたことによると推察します。小黒石溝石槨墓副葬品の簋は銘文にある末娘「許季姜(きょききょう)」の嫁入りの際の持参品で、嫁ぎ先が「韓」であったことを示すものと解されます。嫁いだ時期は西周末期となります。その場合、「許季姜(きょききょう)」簋は「二次的移動物」ではなく「本来的な場所で検出されたもの」となります。副葬された 20 点に及ぶ青銅礼器も「中原的青銅器組合わせでみられる『中原的礼制』の世界」を小黒石溝において再現したものであると考えられます。先に南山根 M101 号墓の被葬者を周王室に繋がる蹶父(けいほ)の娘姞(きつ)が嫁いだ「周宣王時の『韓侯』」に比定しましたが、小黒石溝石槨墓の被葬者は銅剣を副葬するものの鏡を副葬していませんので辰王墓すなわち「韓侯」の墓ではありません。しかしながら、副葬品の豪華さから判断して、被葬者は「韓侯」に非常に近い王族と考えます。姜姓許国の末娘「許季姜」の嫁入りの際の持参品と解した「許季姜作尊簋其万年子々孫々永宝用」銘の簋を始めとする、ほぼ完備された「中原的青銅器組合わせ」を重視すると、単なる威信財に止(とど)まらず、被葬者と「『中原的礼制』の世界」との深い繋がりが看取されます。被葬者は姜姓許国の末娘「許季姜」その人である可能性が高いと考えます。「許季姜」もまた、時の「韓侯」に嫁いだのではないでしょうか。『詩経』大雅・韓奕にある韓姞(かんきつ)が「周宣王時の『韓侯』」に嫁いだことで、「韓侯」と中原の有力者との間での婚姻の道筋がついたというわけです。ところで、小黒石溝石槨墓には銅剣が副葬されています。本書第 1 章第 4 節第 6 項で、「宝器としての銅剣は、その所有者が『日孫』を『神祖』とする王統を

継ぐ資格がある人物すなわち王位継承権を有する王族であることを表象する役割を担ったと考えます」と述べましたが、「許季姜」が時の「韓侯」に嫁いだとして、「許季姜」に王位継承権があったとは思えません。なんとなれば、「許季姜」は「韓侯」の姻族であって血族ではないからです。その場合、宝器としての銅剣の所有者の範囲を限定し直す必要があります。範囲を限定するに足る決め手はもとよりありませんが、「王位継承権を有する」というしばりをはずして、単に「王族」とすることが考えられます。いずれにせよ、寧城県小黒石溝石槨墓は「韓侯」の勢力が遺したものであり、埋葬時期は西周末期から春秋初期と推定されます。

仮説14の成立を前提に、以上の1）～3）を総合して、仮説14^{-3}を提示します。

仮説14^{-3}（$H14^{-3}$）：$H5^{-2} \times H14 \times H14^{-3}$
　　　　　　　　　　：$H1 \times H3 \times H4 \times H5 \times H5^{-2} \times H14 \times H14^{-3}$

仮説14により、内蒙古自治区寧城県南山根M101号墓の被葬者は
「周宣王時の『韓侯』」であるので、
南山根M101号・M102号墓に代表される夏家店上層文化圏の
青銅器副葬墓を遺した辰国とは「韓」である。

5　周初～春秋前期の「韓」の勢力範囲

仮説14^{-3}で寧城県南山根M101号・M102号墓に代表される夏家店上層文化圏の青銅器副葬墓を遺した辰国とは「韓」であるとしました。「韓」の勢力範囲は、夏家店上層文化の分布域におおむね重なるものと考えられます。また、前節で魏営子木槨墓の年代を王建新氏の年代観に従い西周早期とし、同墓を「韓」の勢力が遺したものと考えたことから、周初に大凌河上流域は「韓」の支配下に入ったことになります。以上から、西周時代から春秋時代前期（前10世紀～前8世紀）にかけての「韓」の勢力範囲は、ロワン河以東の地域で、七老図山脈東麓の老哈河上流域に位置する寧城県や建平県を中心とする、北はシラムレン河流域まで、東は大凌河上流域までの地域を想定します。

6 「大辰」の自立復興と「レコンキスタ」

1) 「武伯山軍」の造反と「韓」の滅亡

　「宣王中興」と称された宣王の治世も晩年は振わず、『史記』周本紀に拠ると、宣王三十九年（前788：平勢年表）の「千畝の戦い」では姜氏の戎に大敗しました。さらに、子の幽王の代（在位：前781〜前772：平勢年表）になると天災も加わって、周室はいよいよ衰退し、幽王の九年（前773：平勢年表）、幽王が正妃申后と太子宜臼を廃したことで、申后の父である申侯の怒りを買い、その翌年、申侯に呼応した繒・西夷・犬戎を含む申侯の側の勢力の襲撃を受け、幽王は驪山の下で殺されるという事態を招きました。この時、司徒の要職にあった宣王の弟、鄭の桓公友も幽王と運命を共にしました。新たに正妃となった褒姒は虜となり、周室の宝物は残らず奪い取られたとあります。
　諸侯を味方につけた申侯は、申后の子で幽王のもとの太子であった宜臼を立て、平王（在位：前770〜前720）としました。平王は戎の来寇を避けて東遷し、都を洛陽に定めました（前770）。東周時代の始りです。平王の時、周室は衰微し、力の強い諸侯は弱い諸侯を併合した結果、斉・楚・秦・晋は大国になり、政治は方伯によって動かされたとあります。ところが、事実は『史記』周本紀の記述よりやや込み入っており、東周の平王と西周の携王が並立した時期があったようです。平勢隆郎氏は「虢一族が携王を支えていた次第は、『竹書紀年』を読み取った注釈に残されている。『左伝』昭公二十六年の正義という注釈には、次のようにいう。褒姒の子の伯盤と幽王はともに戯において死去した。これに先んじて、申侯・魯侯と許の文公は、平王を申に立てた。もともとの太子であるとして、これを即位させ天王と称したのである。一方西周では、幽王が殺されてしまったので、虢公翰が別に王子余を携に立てた。周の二王がここに並び立つことになった。つまり、平王を推戴したのが申侯・魯侯と許の文公であり、携王を推戴したのが虢公翰だということである」（平勢隆郎『よみがえる文字と呪術の帝国』中央公論新社、2001、133-134ページ）と述べています。さらに、金文の解読をとおして、平王十二年（前759）に東周平王は西周携王（在位：前772〜前759：平勢年表）を滅ぼしたと説いています。
　周の「北国伯」として「百蛮」の地に君臨し、夏家店上層文化圏の青銅器副葬墓を遺した「韓侯」も、周の衰退により後ろ盾を失ったことで、その威光にも翳りが生じ、「寧義雛」を戴く「武伯山軍」の主導する勢力の造反により、遂に滅亡の時を迎えることになります。

それでは『神頌契丹古伝』に記述されている「韓」滅亡の様子を見ることにしましょう。

「　　第二十五章　天孫遠征して同族を救援す
　當武伯山軍糾合于冀跳破於南偶寧羲雛以其舟師及弩旅會于渝濱
　高令舉國前走歌曰鄿納番達謨孟珂讚唫隕銓孟、
　伊朔率秦牟黔突壓娜喃旺鳴孟
　　　　　　譯　　文
　　武伯山軍冀に糾合し。南に跳破するに當つて。
　　偶ま寧羲雛其の舟師と弩旅とを以て渝濱に會す。
　　高令國を擧げて前走し、歌つて曰く。鄿納番、達謨孟、珂讚唫、隕銓孟。
　　伊朔率秦牟黔突壓娜喃旺鳴孟 此六字讀めず　　」

　　　　　　　　　　　　　　（浜名寛祐『神頌契丹古伝』八幡書店、2001、524 ページ）

　　　　「譯文」の口語訳（拙訳）

武伯山軍が冀〔州〕に集結し、いよいよ南に遠征しようとする動きに合わせて、寧羲雛はその水軍（舟師）と弩（おおゆみ）の部隊を率いて渝浜*に合流した。高令は国を挙げて道案内役を務め、「鄿納番、達謨孟、珂讚唫、隕銓孟。伊朔率秦牟黔突壓娜喃旺鳴孟（此の六字読めず）」と高唱した。

「渝浜」*
　　　渝とは今日の戴河。渝浜は河北省秦皇島市北戴河から秦皇島市撫寧県南戴河にかけての海浜部。

　「寧羲雛」は『神頌契丹古伝』第五章では「別に神統を継いで東冥に顕れた王家を『阿辰沄須氏』とした。その後裔の寧羲氏は古代中国の諸族の間にその名を馳せた」とあり、「寧羲氏」と表記されています。辰（「辰沄」）王統の一つ「東冥」の「阿辰沄須氏」出身です。

　「武伯山軍」は後掲『史記』匈奴列伝〔斉の釐公二十五年（前706）〕では「山戎」と呼称されています。『通典』州郡八（本書第2章第1節第6項1）に抄出）の記事に拠り、遼寧省朝陽市方面に居住していた「武伯」勢力と解されます。「牧野の戦い」の後、親殷勢力であった「武伯」勢力の主力はロワン河西方の唐山市方面から遼寧省朝陽市方面に

移住を開始し、〔殷代に孤竹国の領地となって以来〕当地に先住していた「武伯」勢力と合流したものと推測されます。「武伯」勢力の本拠地であったロワン河西方の唐山市方面は燕や周の小諸侯国の領域となったと考えられます。さらに、「韓燕来攻」の後に「韓」（粛慎）も北京市を中心とする旧領からロワン河以東の移封地への移住を本格化させ、ロワン河以東から大凌河上流域にかけては、おおむね「韓」の支配下に入ったものと思われます。

　渝水は河北省秦皇島市西部に位置する今日の戴河に比定されています。「寧義雛」の軍と「武伯山軍」が集結した「渝浜」は、河北省秦皇島市北戴河から同市撫寧県南戴河にかけての海浜部に比定されます。それでは、「寧義雛」と「武伯山軍」の合同軍の前走を務めた「高令」はどのあたりに位置していたのでしょうか。『漢書』地理志の「交黎」は「高令」の音写と解され、本書第2章第2節第4項でみたように、『漢書』地理志の「交黎」は今日の河北省秦皇島市昌黎県に比定されます。「高令」の所領が前漢代の「交黎」方面であるならば、「高令」は秦皇島市からロワン河東岸下流域にかけての地理を熟知していた筈ですから、「渝浜」に会した「寧義雛」と「武伯山軍」の合同軍の前走（道案内）を買って出たのも頷けます。殷末には「智淮」の勢力範囲にあったと思われる「辰汦殷」建国の地である「葛零基」は、「韓燕来攻」の後に「武伯」勢力の支配下に移り、その地に拠した「武伯」勢力の一派は「高令」を称したと推測されます（本書第2章第6節第7項掲出の『神頌契丹古伝』三十八章に拠り、「高令」は貊族であることが知れます）。筆者は、「葛零」→「高令」→「交黎」の表記の推移を想定します。なお、「高令」など平地部の「武伯」勢力に対比させて、山間部にあたる遼寧省朝陽市方面に居住した「武伯」勢力を、特に「山軍」の名を付して「武伯山軍」と呼称したものと考えます。

　『神頌契丹古伝』は次のように続けています。

「　　第二十六章　天孫肅愼氏を斬って以て徇ふ
　武伯追獲夏莫且寧義雛斬之以徇諸族喜躍響應傳謂兪于入之誅

　　　　譯　文
　武伯追ふて夏莫且を獲。寧義雛之を斬つて以て徇ふ。
　諸族喜躍響應す。傳へて兪于入の誅と謂ふ。」

　　　　　　　　　　（浜名寛祐『神頌契丹古伝』八幡書店、2001、543ページ）

　　　「譯文」の口語訳（拙訳）
　武伯は追撃して夏莫且を捕えた。

寧義雛はこれを斬り、そのことを広く告げ知らせた（触れ回った）。
諸族は躍り上がって喜び、これに呼応して決起した。
「兪于入の誅」と伝承されている。

　大義名分の上からは、牧野の血戦の際に殷紂王を裏切り、突如兵の向きを逆にすると殷の後陣に攻め進み、そのまま北に向かって撤収してしまうという、「大辰」の盟主であった、時の「辰泓翅報」（辰王：「朱申之宗」）の背信行為に対し、およそ三世紀余りの時を経て、「武伯山軍」とその同調勢力が後代の「韓侯」に下した懲罰が、「兪于入の誅」という軍事クーデターだったともいえますが、直接の原因は宣王の錫命によって、追と貊（「武伯山軍」）とを「韓侯」の封地に組み入れたことにあったと思われます。「辰泓翅報」（辰王：「朱申之宗」）の背信行為の動機はともかく、結果的に「辰泓翅報」（辰王：「朱申之宗」）が「韓侯」となって周体制に組み込まれ、周王室への貢納品の上納などを長年月に亘って課した結果、「珂洛」諸族の少なからぬ反感を買っていたことも手伝ってのことでありましょう。「夏莫且」は時の「韓侯」の名でありましょうが、『記紀』ヤマトタケル西征譚の「熊曾（熊襲）」の名に投影されていると考えます。
『神頌契丹古伝』は次のように続けています。

「　　第二十七章　東族の戦圖
　於是降燕滅韓薄齊破周

　　　　譯　文
　是に於て。燕を降し韓を滅し。齊に薄り。周を破る。」

（浜名寛祐『神頌契丹古伝』八幡書店、2001、545ページ）

　　　「譯文」の口語訳（拙訳）
　この時の遠征で、燕を降伏させ、「韓」を滅亡させ、
　斉の都城近くまで攻め込み、それら周の側の勢力を破った。

　先に〔燕の〕「韓城」を燕の軍隊が駐屯する周（燕）の北国経営の拠点と考え、その位置をロワン河東岸に比定しましたが、今日の河北省秦皇島市北戴河から同市撫寧県南戴河にかけての海浜部である「渝浜」に集結した「寧義雛」と「武伯山軍」の合同軍は、始めに〔燕の〕「韓城」を攻略したものと推定します。「燕を降し」とは〔燕の〕「韓城」を陥落させたことを意味するのではないでしょうか。〔燕の〕「韓城」を陥落させたあと

ロワン河に沿って北上し、「韓」の中心部と目される寧城県や建平県方面を攻略し「韓を滅し」たものと思われます。

筆者は『通典』の記事に拠り、次掲『史記』匈奴列伝〔斉の釐公二十五年（前706）〕の山戎すなわち「武伯山軍」の拠点は遼寧省朝陽市方面にあったと考えていますので、「渝浜」に集結し、燕の「韓城」を攻略したあとロワン河に沿って北上したと想定した「寧羲騅」と「武伯山軍」の合同軍とは別に、遼寧省朝陽市方面から山伝いに西進した「武伯山軍」の別働隊があって、「韓」は挟撃された格好になったと思われます。この時の「寧羲騅」を戴く「武伯山軍」の主導する造反勢力の攻撃で「韓」は滅びましたが、「韓」の滅亡はとりもなおさず周の冊封体制からの「大辰」（辰〔王〕を盟主とする辰藩の同盟体）の自立復興を意味するものでした。

２）自立復興した「大辰」の「レコンキスタ」

「韓」を滅ぼした「寧羲騅」と「武伯山軍」の合同軍は、「寧羲騅」率いる水軍を輸送船として活用しながら、ロワン河や黄河を渡り、あるいは渤海湾や莱州湾を航行し、斉の都城のある営丘（今日の山東省淄博市臨淄区）を目指したものと思われます。「寧羲騅」率いる水軍は斉までの海路や地理に通じていたと解されます。このことは、「寧羲騅」が「東冥」の「阿辰泛須氏」出身であることとも契合します。なんとなれば、「東冥」とは古代の中国を起点にしての東海を意味し、今日の渤海を指すと考えられるからです。

上掲、『神頌契丹古伝』第二十七章の「寧羲騅」と「武伯山軍」の合同軍の斉国侵攻に照応する記述が『史記』にあります。「寧羲騅」と「武伯山軍」の合同軍は『史記』匈奴列伝〔斉の釐公二十五年（前706）〕では「山戎」と呼称され、『史記』鄭世家・斉太公世家では「北戎」とも呼称されています。

『史記』匈奴列伝および『史記』鄭世家・斉太公世家の該当箇所を抄出し以下に掲げます。

『史記』匈奴列伝
「（通釈）
　穆王ののち二百年余りして、周の幽王は寵姫の褒姒のことが原因で、外戚の申侯と

仲たがいをした。申侯は怒って、犬戎と結託して周を攻め、周の幽王を驪山の麓で殺害した。そして周の焦穫という湿地帯を奪い、涇水・渭水の間を占拠して、中国の国土を侵犯し暴行をはたらいた。この時、秦の襄公は（平王を擁立して）周王朝を救援した。そこで周の平王は酆京・鎬京の地を去って、東方の雒邑に移っ（てそこを都とし）た。この時、秦の襄公は犬戎を討伐して岐山まで行き、（その功によって岐山以西の地を与えられて）始めて諸侯の列に加わることとなった。その後六十五年して、山戎が燕の国を越えて斉の国を攻撃した（斉の釐公二十五年：前706）。斉の釐公は山戎と斉の城外で戦った。」

（青木五郎著『新釈漢文大系91 史記 十一（列伝四）』明治書院、2004、410–413ページ）

『史記』鄭世家
「三十八年，北戎伐斉，斉使求救，鄭遣太子忽将兵救斉。」
（拙訳）
〔鄭の荘公〕三十八年（前706）、北戎が斉に攻めてきた。斉が救援を求めてきた。鄭は太子〔の忽〕を派遣し、忽は兵を率いて斉を救援した。」

『史記』斉太公世家
「二十五年，北戎伐斉。鄭使太子忽来救斉，斉欲妻之。」
（拙訳）
〔斉の釐公〕二十五年（前706）、北戎が斉に攻めてきた。鄭は太子の忽を
よこして、斉を救援したので、斉は〔公女を〕忽に嫁がせたいと思った。

『神頌契丹古伝』第二十七章の記述にある「燕を降伏させ、『韓』を滅亡させ」た勢いを駆って、「寧羲騅」と「武伯山軍」の合同軍は「斉の都城近くまで攻め込み、それら周の側の勢力を破った」と解されますので、「韓」の滅亡年を斉の釐公二十五年（前706）とする仮説15を提示します。

仮説15（H15）：H15
「韓」は斉の釐公二十五年（前706）に、
「寧羲騅」を戴く「武伯山軍」の主導する造反勢力によって滅ぼされた。

また、仮説 15⁻²を提示します。

　　仮説 15⁻²（H15⁻²）：H15⁻²
　　　『史記』に記述された斉の釐公二十五年（前706）の山戎また北戎とは、
　　　『神頌契丹古伝』にある「寧義雛」と「武伯山軍」の合同軍のことである。

　『史記』匈奴列伝に斉の郊外で山戎との交戦があったと記述されていることから、「寧義雛」と「武伯山軍」の合同軍は当初優勢に戦いを進め、斉の都城に肉薄したものと思われます。斉の都城から地図上の直線距離で500km程も離れた新鄭（今日の河南省新鄭市）に都城を置く鄭の援軍の到着日数から勘案して、戦いは優に数ヶ月に亘ったものと推定されます。「寧義雛」と「武伯山軍」の合同軍は斉の都城を陥落させることはできませんでしたが、『神頌契丹古伝』第五章に「其後寧義氏。名を五原諸族の間に著はす」：「その後裔の寧義氏は五原の諸族の間にその名を馳せた」とあるように、「寧義雛（寧義氏）」は春秋時代の山東省方面の諸族の間で勇名を馳せたようです。「寧義雛」の軍が斉へ侵攻した理由は、斉が太古の辰国（「辰沄繻」）の全領域である「五原」（今日の山東省泰安市や巨野県を含む中国山東省西部地域）に相当する地域の大半を領有していたことに由ると考えます。「寧義雛」は「五原」の回復を企図したものと思われます。『神頌契丹古伝』第四十二章（本書第１章第４節第３項１）に掲出）で契丹の「太宗徳光」が神前に誓った「五原」の回復を、「寧義雛」は春秋時代前期に既に試みていたことになります。「寧義雛」と「武伯山軍」の合同軍による斉への侵攻は、「寧義雛」を「辰沄翅報」（辰王）として戴く、〔周の冊封体制から自立復興した〕「大辰」（辰〔王〕を盟主とする辰藩の同盟体）の「レコンキスタ」（Reconquista：国土回復戦争）であったわけです。

　　３）「寧義雛」の正体

　ここで、「寧義雛」について考えてみたいと思います。
　「寧義雛」の出発地（根拠地）は不明ですが、「寧義雛（寧義氏）」の正体を推測させる興味深い記述が『神頌契丹古伝』第二十章にあります。

「　　　第二十章　夷の族稱及び由來

神統志曰神統逖諸莫不恢處取義乎

阿祺毗以爲族稱者曰阿靳曰泱委曰淮委曰潢耳曰潘耶也

取諸暘靈毗者姚也陶也句黎也陶有皥陶唐三皐洛黎有八養洛矣

取諸寧祺毗者和羲也姒媯也猶隗也

取諸太祺毗者嶽也則號五族渾瀰爲句婁

初有四嶽後爲九伯蓋其音相同也姜濮高畎諸委屬焉

以上通稱諸夷因神之伊尼也廟腑爲汝率」

　　　　　　　譯　　文

神統志に曰く。神統逖諸として恢ならざる處なし。

義を阿祺毗に取つて以て族稱と爲す者。

曰く阿靳。曰く泱委 前に阿藝央委に作る、引書異るため文字亦異る

曰く淮委。曰く潢耳 前に弫に作る 曰く潘耶なり。

諸を暘靈毗に取る者は。姚なり陶なり句黎なり。

陶に皥・陶・唐の三皐洛あり。句黎に八養洛あり。

諸を寧祺毗に取る者は。和羲なり姒媯なり猶隗なり。

諸を太祺毗に取る者は。嶽（貊）也。則五族の渾瀰を號して句婁と爲す 此の義未詳

初め四嶽あり。後九伯と爲る。蓋其の音相同じきなり。

姜・濮・高・畎の諸委焉に屬す。

以上通して諸を夷と稱するは。神の伊尼に因るなり。 伯弫（貊）を前には阿祺毗に因るとし、本章には太祺毗に因るとし、彼此相違を起せるは、古傳の出處同じからざるに由るべし

腑を廟して汝率と爲す 此の義亦未詳」

　　　　　　（浜名寛祐『神頌契丹古伝』八幡書店、2001、470-471 ページ）

　　　「譯文」の口語訳（拙訳）

『神統志』に拠ると、神統は遠く広く及んでおり、行き渡っていない所はない。

その意義を阿祺毗に取って族称とする者は、阿靳と言い、泱委と言い、（前には阿芸・央委に作っている。引用した書が異なるため、文字もまた異なるのである）

淮委と言い、潢耳と言い、（前に弫に作る）潘耶と言っている。

その意義を暘霊毗に取〔って族称とす〕る者は、姚であり、陶であり、

句黎である。陶には皥・陶・唐の三皐洛がある。句黎には八養洛がある。

その意義を寧祺毗に取〔って族称とす〕る者は、和羲であり、姒媯であり、

なお、隗(かい)である。

その意義を太祺毗に取〔って族称とす〕る者は、嶽(たき)(〔武(たけ)〕貊)である。

則ち五族の渾瀰(こんび)を号して句婁となす(この意味はわからない)

初め四嶽*があった。後に九伯**となった。思うに、その〔嶽(たき)と武(たけ)伯の〕音は互いに同じである。姜・漢・高・猷の諸夷はこれに属する。

以上を通してこれを夷と称するのは、神の伊尼(いち)に因るなり。

(伯弭《貊》を前(第8章)には阿祺毗(あきひ)に因るとし、本章には太祺毗に因るとし、あちらと、こちらで相違が起きるのは、古伝の出処が同じではないからである)

腑(これ)を廟して汝率とするとある。(この意味もまたわからない)」

「四嶽」*
「【四岳】シガク①帝堯テイギョウの時の義和ギカの四人の子。
　　　　　　羲仲・羲叔・和仲・和叔。一説に、官名で、諸侯の長官。
　　　　　〔書経、堯典〕帝曰ク、咨ア_四岳ニ_。②=四嶽。」
　　　　　(諸橋轍次他『広漢和辞典上巻』大修館書店、1987、649ページ)
「○掌四岳　四岳は、四方の諸侯の長で、東西南北に四人があるからこの名があるという」
　　　　(吉田賢抗『新釈漢文大系38 史記一（本紀）』明治書院、1973、24ページ)

「九伯」**
「【九伯】キュウハク・キュウハ昔、中国を九つの州にわけた、その九人の長官。九州の長官。
　　　　　伯は覇で、長官の意。〔左氏、僖公四〕五侯・九伯、汝實ニ征シ_之ヲ、以テ侠-輔セヨ_ニ
　　　　　周室ヲ_。〔注〕五等ノ諸侯、九州之伯ハ、皆得ル_征-討スルヲ_其ノ罪ヲ_也。」
　　　　　(諸橋轍次他『広漢和辞典上巻』大修館書店、1987、95ページ)

浜名は次のように解説しています。

(浜名の解説の口語訳：拙訳)
「　本章は、漢族の古典と全然その言う所を異(こと)にしており、高城に嘯(うそぶ)いて四方を睨(にら)みつけているようなおもむきがある。神統逖諸とは神統の高遠(てきしょ)で広大であることをいう。諸は助字とする。阿祺毗(あきひ)は和霊であり、その語義は前に見たとおりである*。暘霊毗(やらひ)は和霊であって和(やわ)らげる御霊(みたま)をいう。寧祺毗(にきひ)は我が古訓そのままであって和(ニキ)**霊のことである。以上三つの霊は名称を異にしているが、意義は一つで同じであり、共に神の仁慈の方面をいったもの。太祺毗(たきひ)(タキヒ)は武霊であり。我が古訓の荒魂(あらみたま)と

219

同じであろう。我が日本上古の先民は、霊魂二元説をもっていた者で、一を和霊一を荒霊と称していた、この対神観は大陸族と共通であったに違いないから、大陸族がアキヒ・ヤラヒ・ニキヒ・タキヒの四元説をもっていたとは思えない。なにぶんにも多くの族が広い範囲に拡がっていたのであれば、族称を神の霊に取る時、詞の上に異同を生ずるのは免れがたい所である。各族の通称である夷を神の伊尼であるといったのは、実に破天荒の見解であって前代未聞である、<u>イチはすなわち稜威のことで、既に前章</u>*** にも言った通りである。我が古訓の解に逸・稜威・最は同じ語源より出た詞である、とあるのを考えるがよい。そして、伊・尼を反切すれば、その音はまちがいなく委・倭・夷のいずれにも帰納する、そうであるならば、稜威は伊尼にて委・倭・夷の延音と言うことができる。換言すれば倭夷は稜威の約音であって、神威を体した自尊称なのである。」[21]

（浜名寛祐『神頌契丹古伝』八幡書店、2001、471-472 ページ）より

「阿祺毗は和霊であり、その語義は前に見たとおりである」*
　　「前に見た」とは『神頌契丹古伝』第八章を指す。
　　本書第2章第1節第7項に掲出。

「和」**
　　浜名は「和」を「にぎ」・「ニギ」と訓んでいますが、本書は濁らず「にき」・「ニキ」の訓みに統一しました。「アギ」も濁らず「アキ」の訓みに統一しました。

「イチはすなわち稜威のことで、既に前章」***
　　「前章」とは『神頌契丹古伝』第十九章を指す。本書第2章第8節第2項に掲出。
　　『広辞苑』第五版に拠ると、稜威の義は「①尊厳な威光。威勢の鋭いこと。・・・②植物などが威勢よく繁茂すること。③斎み浄められていること。・・・」とあります。

　浜名は「毗」の意義を「霊」と解し、上古の日本が和霊と荒霊の霊魂二元説をもっていたことに照らし、「阿祺毗」を「和霊」、「晹霊毗」を「和霊」、「寧祺毗」を「和霊」と訓訳し、三つすべてを和霊に対応させ、「太祺毗」を「武霊」と訓訳し、荒霊に対応させています。

　筆者は「阿祺毗」を「現霊」（「明霊」）（典拠なし）に、「晹霊毗」を「遣霊」（典拠なし）に、「和霊」・「太祺毗」は浜名に従いそれぞれ「和霊」・「武霊」に訓訳し、以下のように対応させました。

第２章　文献史料と考古史料から探る前一千年紀の辰国

「阿祺毗_{あきひ}」 ⇔ 「現霊_{あきひ}」 ⇔ 〔はっきりと〕現れた御霊_{みたま}
　　　　⇔（「明霊_{あきひ}」）⇔（はっきりと現れた御霊_{みたま}）
「暘霊毗_{やらひ}」 ⇔ 「遣霊_{やらひ}」 ⇔ 送られる御霊_{みたま}
「寧祺毗_{にきひ}」 ⇔ 「和霊_{にきひ}」 ⇔ 和魂_{にきみたま}
「太祺毗_{たきひ}」 ⇔ 「武霊_{たきひ}」 ⇔ 荒魂_{あらみたま}

　「現霊_{あきひ}」（「明霊_{あきひ}」）とは「〔御霊_{みたまふ}振り（招魂）によってはっきりと〕現れた御霊_{みたま}」の意義に解しました。したがって、『神頌契丹古伝』第八章の「秦率旦阿祺毗_{すさなあきひ}」とは「〔御霊_{みたまふ}振り（招魂）によってはっきりと〕現れた『順瑳檀弥固_{すさなみこ}』の御霊_{みたま}」と意訳されます。「暘霊毗_{やらひ}」を「遣霊_{やらひ}」と訓訳したのは付会のそしりを免れませんが、「〔御霊鎮_{みたましずめ}（鎮魂）によって〕送られる御霊_{みたま}」の意義に解しました。
　すなわち、「寧義雛_{にきし}（寧義氏）」の正体を推測させる興味深い記述とは『神統志』に「諸_{これ}を寧祺毗_{にきひ}に取る者は。和義なり姒媯なり猶隗なり」：「その意義を寧祺毗に取〔って族称_{にき(かき)}とす〕る者は、和義であり、姒媯であり、なお、隗である」の一節です。「和義」を「和_{にき}」と同義と解すると、「寧祺_{にき}」が「和_{にき}」に照応することから、「寧義雛_{にきし}（寧義氏）」は「和氏_{にきし}」であり「和_{にき}〔族〕」（以下「和族_{にき}」と記す）の人格化された存在と解されます。そうであるならば、「寧義雛_{にきし}（寧義氏）」は「和族_{にき}」の「翅報_{しふ}」（皇）であったと推察されます。
　「和族_{にき}」は「牧野の戦い」に親殷勢力として参戦し、『神頌契丹古伝』第二十三章に「和_{禹貢にいふ和夷の後か、其の傳詳かならず}、征して克たず」：「和族（『尚書』禹貢にいう和夷の末裔か。和についての詳しい伝承_{でんしょう}は残されていない）は征〔伐の軍を出したが〕勝つことができなかった」と記された「和〔族〕」であり、『尚書』禹貢の梁州に「和夷底積」：「東夷の和族の住む地が遂に治まった」とある「和族_{にき}」と解されます。梁州の華〔山〕が今日の山東省済南市歴城区に位置する華山に比定できることから、『尚書』禹貢の梁州の「和族_{にき}」の居住地（本拠地）は山東省済南市方面であったと推定されます。「牧野の戦い」の後に周の封建により斉が建国されると、「和族_{にき}」は山東半島沿岸部へ本拠地を移したと考えます。春秋時代前期の「和族_{にき}」は渤海を舞台に交易活動を行っていた海人勢力であったと推察されます。済南市の東方には殷の諸侯国であった蒲姑の地とされる今日の博興県も位置しますが、「和族_{にき}」と蒲姑との関係は不明です。「和族_{にき}」が渤海を舞台に交易活動を行っていた海人勢力であり、「寧義雛_{にきし}（寧義氏）」の出身母体が「和族_{にき}」であったなら

221

ば、「寧義雛」が水軍を率いたことや、「寧義氏」が「東冥」の「阿辰沄須氏」出身であることとも契合します。本書は「寧義雛（寧義氏）」を「和族」の「翅報」（皇）であったと解し、以下の論を進めることにします。

「日孫」を「神祖」とする王統の系譜の概略は、本書第1章第5節第5項の［図2「日孫」を「神祖」とする王統の系図］に記載のとおりですが、二大系統の一方の「鞅綏辰沄氏」の系統である「阿辰沄須氏」出身の「寧義氏」は、二大系統のもう一方の「医父辰沄氏」の系統の「察賀亶唫」を祖神とする「韓侯」（本書第2章第7節第5項2）参照）とは系統を異にします。周の一諸侯（方伯）として冊封体制に組み込まれた「韓侯」の打倒と「大辰」復興を標榜して、「韓侯」とは系統を異にする、「東冥」の「阿辰沄須氏」出身の「寧義雛」を「武伯山軍」は担ぎ出した（擁立した）と考えられます。

「辰沄翅報」（辰王）である「韓侯」の地位は重く、「韓侯」を打倒するためには、系統を異にする「鞅綏辰沄氏」の系譜に連なる王統の「翅報」（皇）を擁立することでしか、「珂洛」諸族の納得と協力を得ることができなかったのではないでしょうか。

7　息慎の王は「韓侯」になったとする仮説13の妥当性についての検討

第2章第1節第14項で、周成王は粛慎（息慎）の王である辰〔国〕王（「辰沄〔繻〕翅報」）に「栄伯」すなわち「北国伯」を錫命し、息慎の王は初代「韓侯」となったとする仮説13を設けました。

仮説13を再掲します。

　　仮説13（H13）：H11×H13
　　　　周成王は、粛慎（息慎）の王に「栄伯」すなわち「北国伯」を錫命した。
　　　　この時、粛慎（息慎）の王は「韓」の国号を賜り、姓を「韓」とした。
　　　　すなわち『詩経』大雅・韓奕に「以先祖受命」とある
　　　　周宣王時の「韓侯」の「先祖」にあたる初代「韓侯」となった。

以下、仮説13の妥当性について検討したいと思います。

1）仮説13と契合する事象

仮説13が成立し、周成王時の粛慎（息慎）の王が初代「韓侯」になったとした場合、次の①〜⑤の諸点で契合します。

① 周成王は粛慎（息慎）の王に「栄伯」すなわち「北国伯」を錫命し、周成王時の粛慎（息慎）の王は初代「韓侯」になったとする仮説13が成立するならば、周成王時の粛慎（息慎）の王は周成王から「栄伯」を錫命されたとある『史記』周本紀の記述と、「周宣王時の『韓侯』」の先祖は周王室の命を受けたとされる『詩経』大雅・韓奕の記述とが契合します。

『史記』周本紀
「成王既伐東夷，息慎 来賀，王賜栄伯作賄息慎之命。」
（拙訳）
　成王が東夷を征伐した後、息慎〔の王〕が来賀した。
　〔成〕王は〔息慎の王に〕栄〔誉〕伯〔の地位〕を与え、
　「息慎を賄するの命」を作った。

『詩経』大雅・韓奕
「以先祖受命　因時百蛮　王錫韓侯　其追其貊　奄受北国　因以其伯」
（拙訳）
　先祖が〔周王室の〕命を受け　百蛮の地に封建されたので
　〔宣〕王は「韓侯」に〔百蛮の地にある〕追の居住地と貊の居住地を
　〔新たに〕賜与し、北国の平安を保つようにと、改めてその方伯とした。

② 辰〔国〕王（「辰泛〔繻〕翅報」）である粛慎（息慎）の王は周宣王時の「韓侯」の「先祖」にあたる初代「韓侯」になったとする仮説13が成立するならば、「周宣王時の『韓侯』」は辰〔国〕王であるとする仮説14^{-2}と契合します。
仮説14^{-2}を再掲します。

仮説 14^{-2}（$H14^{-2}$）: $H1 \times H5^{-2} \times H14 \times H14^{-2}$
　　　　　　　　　　　　: $H1 \times H3 \times H4 \times H5 \times H5^{-2} \times H14 \times H14^{-2}$

　鏡と銅剣を組み合わせて副葬する内蒙古自治区寧城県南山根 M101 号墓は、仮説 5^{-2} により辰国の王墓であるので、仮説 14 により同墓の被葬者とされた「周宣王時の『韓侯』」は辰王である。

　また、仮説 14^{-2}（: $H1 \times H3 \times H4 \times H5 \times H5^{-2} \times H14 \times H14^{-2}$）と
仮説 13（: $H11 \times H13$）は互いに独立です。

③　甲元氏は白浮村西周墓（2号・3号墓）と寧城県南山根 M101 号墓とのつながりを次のように述べています。

　「南山根 M101 号墓にみられる青銅礼器と武器、車馬具を多くもつという副葬品の組み合わせは、北京白浮村西周墓のそれと一致する。具体的品目をみても、両者とも銅盔をもち、有柄式短剣を有する。筒状の（ホール・シャフト）や援上に三条の突線をもつ戈なども同様である。また、鏡をもち、卜骨がみられることは被葬者は武人であるとともに祭儀の司であったことをしのばせる。M101 号墓で伴出した銅器は西周の末―春秋初頃に属するもので、白浮村でみられる墓葬が北方に展開して、木槨を石槨に変化させるなど一部変形しながらも残存していったことが窺える。」
　　（甲元眞之「燕の成立と東北アジア」田村晃一編『東北アジアの考古学』六興出版、1990、78 ページ）

　粛慎（息慎）の王は周宣王時の「韓侯」の「先祖」にあたる初代「韓侯」になったとする仮説 13 が成立するならば、〔仮説 13 に依拠した〕仮説 13^{-2} により「韓侯」とされた白浮村 2 号・3 号墓の被葬者と仮説 14 により「周宣王時の『韓侯』」とされた南山根 M101 号墓の被葬者は系譜上の繋がりを有することになり、考古資料に拠り北京白浮村西周墓（2 号・3 号墓）と南山根 M101 号墓との継承関係を示唆した甲元氏の記述と契合します。
　仮説 13^{-2}・仮説 14 を再掲します。

仮説 13⁻² (H13⁻²)：H12×H13×H13⁻²
　　　　　　　　：H1×H3×H4×H5×H5⁻²×H6
　　　　　　　　　×H6⁻²×H6⁻³×H11×H12×H13×H13⁻²

　　鏡と銅剣を組み合わせて副葬する北京市昌平県白浮村2号・3号墓は、仮説12より粛慎（しゅくしん）の王墓であるので、仮説13により「韓」の王墓である。すなわち、2号・3号墓の被葬者は「韓侯」である。

仮説 14 (H14)：H14
　　周の北部に位置し、中原系の青銅礼器を多数副葬する内蒙古自治区寧城県南山根M101号墓の被葬者は、周の諸侯で「北国伯」の地位にあり、『詩経』大雅・韓奕に謡（うた）われた「周宣王時の『韓侯』」である。

また、
仮説 13⁻² (：H1×H3×H4×H5×H5⁻²×H6×H6⁻²×H6⁻³×H11
　　　　　　×H12×H13×H13⁻²) と
仮説 14 (：H14) は互いに独立です。

④　『春秋左氏伝』昭公9年（前533）の条の記述に拠ると、粛慎も燕も共に周都から見て北部に位置し、粛慎と燕は近接しています。
　　また、『詩経』大雅・韓奕の記述に拠ると、韓地の「韓城」と燕は、燕の軍隊が守れる範囲に〔あるいは城を築ける位置に〕近接しています。
　　したがって、粛慎（息慎）の王は初代「韓侯」になったとする仮説13が成立するならば、周初の粛慎と燕が近接していたことと、〔燕と近接していた粛慎（息慎）の王が「韓侯」となって治める韓地に位置する〕春秋時代の「韓城」が燕の軍隊が守れる範囲に近接して存在することと契合します（矛盾しません）。

『春秋左氏伝』昭公9年
「粛慎、燕、毫，吾北土也」
（拙訳）
　　粛慎（しゅくしん）・燕（えん）・毫（はく）は我が〔周の〕北部の領土である。

『詩経』大雅・韓奕

「溥彼韓城　燕師所完」

（拙訳）

　　大きなあの「韓城」は　燕の軍隊がしっかりと守っている所

⑤　息慎の王は初代「韓侯」になったとする仮説13が成立するならば、『神頌契丹古伝』第二十四章（本書第2章第1節第7項掲出）および『詩経』大雅・韓奕の記述から、殷末周初の粛慎（「朱申」）も春秋時代の「韓」も共に貊の居住域と近接していたと推定されることと契合します（矛盾しません）。

再掲：第二十四章　辰洰殷國の肇造及び遷都
　　　「譯文」の口語訳（拙訳）
　〔「辰洰翅報」（辰王）（「朱申之宗」）率いる軍が撤収する中で〕
　武伯と智淮の軍だけは殿を務めて止まり晉鬣之原を保守しようと力戦した。
　〔殷都に入城した姜族が内より火を放つ前に〕智淮の軍は虜囚となっていた
　子叔鬐賖（いわゆる箕子）を奪還し、葛零基に城を築い〔て住まわせ〕た。
　〔箕子の一党は箕子を王に戴いて国を建て、〕国号を辰洰殷とした。

『詩経』大雅・韓奕

「王錫韓侯　其追其貊」

（拙訳）

　〔宣〕王は「韓侯」に〔百蛮の地にある〕追の居住地と貊の居住地を
　〔新たに〕賜与し、

　なお、筆者は『神頌契丹古伝』第二十四章にみえる「武伯」の居住地を殷末周初の頃の本拠地であった唐山市を含むロワン河下流域に、『詩経』大雅・韓奕にみえる貊の居住地を「武伯」勢力主力の移住先と考えた遼寧省朝陽市方面に想定しています。殷末周初の唐山市を含むロワン河下流域は、粛慎（「辰洰纉」）の勢力範囲を意味する「晉鬣之原」（「辰洰之原」）に位置したと考えます。

2）仮説 13 と契合しない事象

次の⑥〜⑦の諸点は仮説 13 と契合しません。

⑥　周成王時の粛慎（息慎）の王は初代「韓侯」になったとする仮説 13 が成立する場合、康王以降、春秋前期の斉の釐公二十五年（前706）に山戎の勢力により「韓」が滅ぼされる（仮説 15）までの間は、粛慎が登場することがあってはいけないのですが、『後漢書』東夷列伝に拠ると、周の第三代康王の時代に粛慎が貢献したとあります。

　　『後漢書』東夷列伝
　　「王制云：『東方曰夷。』夷者，柢也，
　　　・・・　　　・・・
　　及武王滅紂，粛慎来献石砮、楛矢。管、蔡畔周，乃招誘夷狄，周公征之，
　　遂定東夷。康王之時，粛慎復至。」
　　（拙訳）
　　　〔『礼記』〕王制 に云う「東方を夷と曰う」と。夷とは根である。
　　　・・・　　　・・・
　　　武王が紂を滅ぼすと、粛慎がやって来て石砮（せきど）と楛矢（こし）を貢献した。
　　　管と蔡が周に叛いて、夷狄（いてき）を誘い招き入れたが、周公はこれを征伐し、
　　　ついに東夷を平定した。康王の時代に粛慎はまた〔貢献に〕やって来た。

　　康王の時代、粛慎は既に「韓侯」になっていましたので、「康王の時代に粛慎はまた〔貢献に〕やって来た」とある『後漢書』東夷伝の記述は仮説 13 と契合しません。

⑦　『晋書』粛慎伝は周の武王の時代に貢献があり、成王の時代に遣使が入賀して以降、秦漢の時代にも来貢することはなかったとしています。

　　『晋書』粛慎伝
　　「周武王時，献其楛矢、石砮。逮於周公輔成王，復遣使入賀，

爾後千余年，雖秦漢之盛，莫之致也。」
　（拙訳）
　　　周の武王の時代、〔粛慎は来貢し〕楛矢(こし)、石砮(せきど)を献じた。
　　　周公が成王を補佐していた時に、また遣使が入賀した。
　　　その後一千余年、秦漢の隆盛時といえども来貢することはなかった。

　　仮説13が成立する場合、成王の時代から春秋前期までの「韓」が健在であった間は、粛慎が登場することはないはずですから、『晋書』粛慎伝の記述は仮説13と契合するようにみえます。

ところで、『晋書』粛慎伝の「周公が成王を補佐していた時に、また遣使が入賀した」という記述に問題はないのでしょうか。この「入賀」が『史記』周本紀にある「息慎来賀」と同一のものであったのならば、「遣使」という文言があってはならず、ひいては仮説13の錫命の事実の有無に関わってくるからです。なんとなれば、『春秋穀梁傳范甯(はんねい)集解(しっかい)』荘公元年（前693）に、来朝しないものに錫命するのは正しい錫命のあり方ではないとされているからです。

　　〔傳〕　禮　有受命　無來錫命、錫命非正也。

「〔傳〕禮では、（諸侯の方が京師まで行って）命を受けることはあるが、（天子の方が）來て命を與(あた)えることはない。（來て）命を與えるのは不正である。」
　　　　　　　　　　（岩本憲司『春秋穀梁傳范甯集解』汲古書院、1988、306–307ページ）

「〔注〕人を朝で賞するときには、士（衆）といっしょにするから、當然（京師に）召して與えるのである。『周禮』大宗伯に『王が諸侯に命を與える時に、諸侯を進める』とあるのが、（京師に？）來て命を受けるということである。」
　　　　　　　　　　（岩本憲司『春秋穀梁傳范甯集解』汲古書院、1988、56ページ）

　　すなわち、成王時の周王室は確立期でもあり、粛慎（息慎）の王に対する最初の錫命でもあることから、遣使ではなく粛慎（息慎）の王自ら入朝し受命しなければなりません。したがって、この「遣使入賀」は仮説13が主張する受命のための入賀ではなさそ

228

うです。また、『史記』周本紀の「息慎来賀」記事は「周公反政成王・・・成王既伐東夷、息慎来賀」：「周公は政を成王に反し、・・・成王は東夷を征伐し、息慎が来賀した」とあり、周公が政事を成王に返上した後の出来事ですから、『晋書』粛慎伝に記載の周公が成王を補佐していた時の遣使による入賀とは別のものと解されます。したがって、『晋書』粛慎伝記載の遣使による入賀記事は仮説13とは無関係となり、仮説13の成立を妨げるものとはなりません。しかしながら、『晋書』粛慎伝が、周公が成王を補佐していた時に遣使が入賀して「その後一千余年、秦漢の隆盛時といえども来貢することはなかった」としていることは、仮説13の前提となる『史記』周本紀記載の周公が政事を成王に返上した後の「息慎来賀」すなわち粛慎（息慎）の王自らの入朝受命の事実を認定していないことであり、契合しないと言わざるを得ません。

　以上、仮説13と契合する事象、仮説13と契合しない事象を挙げました。周成王時の粛慎（息慎）の王が初代「韓侯」になったとする仮説13を妨げる事象は、２）仮説13と契合しない事象⑥～⑦でした。しかしながら、⑥の周の第三代康王の時代に粛慎がまた貢献してきたとある『後漢書』東夷列伝序の記述と、⑦の周公が第二代成王を補佐していた時に遣使が入賀して後の一千余年、秦漢の隆盛時といえども来貢することはなかったとある『晋書』粛慎伝の記述との間にみられる粛慎来貢記事の不整合は、すくなくともどちらかの記述が誤りであることを意味します（本書の立場からすると、⑥・⑦共に誤り）。筆者には「１）仮説13と契合する事象」①～⑤を覆すだけの決定的な優位性・確実性が「２）仮説13と契合しない事象」⑥～⑦にあるとは思えません。なんとなれば、前説でふれた『尚書正義』周官第二十二の粛慎貢献記事同様、仮説13の主張する周成王時の粛慎（息慎）の王が初代「韓侯」になったという歴史事実を隠蔽しようとして、粛慎をことさら僻遠の地の蛮夷とみなし、石砮や楛矢を献じたとする後世の儒者の作為を、『後漢書』東夷列伝序や『晋書』粛慎伝の粛慎貢献記事は引き継いでいるからです。すなわち、仮説13を中国典籍（漢籍）のみによって論証しようとすることは、もとより無理な相談といえます。そこで、中国典籍に残された真実の痕跡を手がかりに、『神頌叙伝』という非中国資料および考古学の成果を援用して、隠された真実を掘り起こすことが本書の狙いでもあるわけです。ひとまず「１）仮説13と契合する事象」としてあげた①～⑤をより重視し、次のステップに進みたいと思います。

1　建平県水泉城子の２基の木棺墓
「遼寧省建平県水泉城子 M7701 号と M7801 号で各１点ずつ鏡が出土している（建平文化館・朝陽地区博物館 1983）。無紋で鏡面は凹面をなす直径が 10.8cm を測る（図 48-3）。・・・7801 号で出土した鏡は直径は 10.4cm。鏡面はやや凹面を呈している（図 48-6）。」

(甲元眞之『東北アジアの青銅器文化と社会』同成社、2006、171 ページ)
(建平文化館・朝陽地区博物館 1983)「遼寧建平県的青銅器時代墓葬及相関遺物」『考古』8 期。
(甲元眞之『東北アジアの青銅器文化と社会』同成社、2006、273 ページ)

2　同県大拉罕溝
「また大拉罕溝 751 号墓でも２点の鏡が出土している（建平文化館・朝陽地区博物館 1983）。直径は 14.5cm から 15cm、鏡面は凹状をなし、鏡背は無紋、鏡背中央には板状の鈕がみられる（図 47-6）」

(甲元眞之『東北アジアの青銅器文化と社会』同成社、2006、171 ページ)

3　(28) 遼寧省昭烏連盟文物工作站他「寧城県南山根石槨墓」『考古学報』 1973-2。
(29) 中国科学院考古研究所東北工作隊「内蒙古寧城県南山根 102 号石槨墓」『考古』 1981-4。
(30) 建平県博物館他「遼寧建平青銅器時代墓葬及相関遺物」『考古』 1983-1。
(31) 注 (30) に同じ
(甲元眞之「燕の成立と東北アジア」田村晃一編『東北アジアの考古学』六興出版、1990、85 ページ)

4　(16) 遼寧省昭烏達盟文物工作站ほか「寧城県南山根的石槨墓」(『考古学報』、1973 年第 2 期)
　　中国社会科学院考古研究所東北工作隊「内蒙古寧城県南山根 102 号石槨墓」(『考古』、1981 年第 4 期)
(孔祥星・劉一曼共著、高倉洋彰・田崎博之・渡辺芳郎共訳『図説 中国古代銅鏡史』海鳥社、1991、235 ページ)

5　「蓋形器と分類された類も銅鏡と考えられる」
「内蒙古寧城県南山根遺跡 101 号石槨墓から小型鏡が２点出土していると報告されている（遼寧省昭烏達盟文物工作站・中国科学院考古研究所東北工作隊 1973）。しかし蓋形器と分類された類も鏡と考えられる（図 46-12）。『鏡』として分類されたものは直径が 6.6cm と 8.4cm で、鏡の周辺部には突起がある。8 点の蓋形とされたものは直径が 10.5cm から 11.3cm で、いずれも無紋である。また、102 号墓でも１点の鏡が出土している（中国社会科学院考古研究所東北工作隊 1981）。」

(甲元眞之『東北アジアの青銅器文化と社会』同成社、2006、171 ページ)

6　『史記』周本紀に「懿王の時代、王室は遂に衰え、詩人は風刺の詩を作った」
「懿王之時，王室遂衰，詩人作刺」
(国学导航『史記』巻四周本紀第四：http://www.guoxue123.com/shibu/0101/00sj/004.htm)

7　『史記』楚世家に「周夷王の時代（在位：前 863～前 854：平勢年表）になると、周王室はます

230

第 2 章　文献史料と考古史料から探る前一千年紀の辰国

ます衰え、諸侯の中には入朝しない者や、互いに攻伐する者が出た」

「当周夷王之時，王室微，諸侯或不朝，相伐」

（国学导航『史記』巻四十楚世家第十：http://www.guoxue123.com/shibu/0101/00sj/040.htm）

8　『史記』周本紀に拠ると、宣王の先代である厲王（在位：前854〜前827：平勢年表）は失政を重ね、遂には反旗をひるがえした民衆に襲われ、彘（てい）へ出奔（しゅっぽん）した

「乃相与畔，襲厲王。厲王出奔於彘。〔一七〕」

〔一七〕集解韋昭曰：「彘，晋地，漢為県，属河東，今日永安。」正義括地志云：「晋州霍邑県本漢彘県，後改彘曰永安。従鄗奔晋也。」

（国学导航『史記』巻四周本紀第四：http://www.guoxue123.com/shibu/0101/00sj/004.htm）

9　『詩経』大雅・崧高（すうこう）の序に「〈崧高〉尹吉甫（いんきちほ）は宣王を誉め讃（たた）えた。天下をもとどおりに平定し、〔新たに〕侯国を建て、諸侯に親しみ、申伯（しんぱく）を褒賞した〔ので〕」

「《崧高》尹吉甫美宣王也。天下復平，能建国親諸侯，褒賞申伯焉」

（国学导航『毛詩正義』巻十八十八之三：http://www.guoxue123.com/jinbu/ssj/ms/060.htm）

10　『史記』管蔡世家に「周の厲王（れいおう）は国を失い彘（てい）に奔（はし）った。共和して政治をおこなう。諸侯の多くは周に叛（そむ）いた」

「周厲王失国，奔彘，共和行政，諸侯多叛周」

（国学导航『史記』巻三十五管蔡世家第五：http://www.guoxue123.com/shibu/0101/00sj/035.htm）

11　宣王の長期に亘って繰返しおこなった征服戦争は西北方面（今日の陝西、山西、甘粛一帯）の戎狄（てき）および東南方面（今日の江蘇、安徽、湖北一帯）の蛮夷（ばんい）に対するものでした

「周宣王五年至三十九年（公元前823——前789年），宣王命周軍于西北（今陝西、山西、甘粛一帯）、東南（今江蘇、安徽、湖北一帯）進攻戎狄和蛮夷的戦争。」（百度百科）

12　夏家店上層文化

「夏家店上層文化の地理的範囲と年代についてはまだ意見が分かれている。ラオハ（老哈）河流域に分布の中心があり、北はシラムレン河流域まで、南はヌルアルフ（努魯児虎）山東麓まで分布していることでは一致しているが、遼寧式青銅短剣が多く出ている大・小凌河流域については夏家店上層文化の地方類型とする理解と別の文化とする見解がある。見解が分かれる主な理由はこの地域の遺跡の多くが墓地で、集落遺跡の発見、調査が少なく、考古学文化決定の決め手となる土器の様相がよくわからないことにある。少なくともラオハ河流域を典型とする夏家店上層文化と異なることは確かである。・・・」

（大貫静夫『東北アジアの考古学』同成社、1998、148–149ページ）

13　「単鈕粗紋凹面鏡が排他的に出土する夏家店上層文化と中原地域との関連が深いこととなる」

（甲元眞之『東北アジアの青銅器文化と社会』同成社、2006、175ページ）

14　一般に殷代の戦車は2頭立てで、西周時代は4頭立てとなり、春秋時代にはまた2頭立てに逆戻（じゅう）りする

（来村多加史監修『歴史群像シリーズ44　秦始皇帝』学習研究社、1995、174ページ）

231

15　北京の燕国墓地第1100号車馬坑や西安・張家坡(ちょうかは)の車馬坑

「『北京の燕国墓地　第1100号車馬坑』ここからは5両の馬車と14頭の馬が出土した。」

(松丸道雄・永田英正共著『ビジュアル版世界の歴史⑤ 中国文明の成立』講談社、1995、91ページ)

「[西安・張家坡(ちょうかは)の車馬坑]豊京のごく近傍と思われる澧河西岸の張家坡遺跡からも、車馬坑が発見されている。車制は、地方の、たとえば燕国墓葬中のものと、ほとんど変わらないが、馬飾はさすがにこの方が立派である。右上は張家坡第2号車馬坑　車2両と6頭の馬、それに殉葬者1人が発見された。右下は同上、馬飾。左上は同上、馬面。」

(松丸道雄・永田英正共著『ビジュアル版世界の歴史⑤ 中国文明の成立』講談社、1995、96ページ)

「馬車の復元図 『周礼』をはじめとして、古典の中には、馬車についての各部の名称が、こと細かに記されている。出土遺物と比定できるものが少なくない。図は、林巳奈夫氏による。」

(松丸道雄・永田英正共著『ビジュアル版世界の歴史⑤ 中国文明の成立』講談社、1995、97ページ)

16　「これら青銅器は報告者により夏家店上層文化段階のものと位置づけられ、南山根101号墓との類似が指摘され、所属年代は西周中期から春秋期に相当するとされる(赤峰市博物館・寧城県文物管理処 1995)」

(甲元眞之『東北アジアの青銅器文化と社会』同成社、2006、146ページ)

(赤峰市博物館・寧城県文物管理処 1995)「寧城小黒石石槨墓調査清理報告」『文物』5期

(甲元眞之『東北アジアの青銅器文化と社会』同成社、2006、275ページ)

17　「許季姜作尊簋其万年子子孫々永宝用」

「簋は方座で口径が21.2cm、夔龍を象った両耳がつく。頚部と胴部、それに台座は特徴的な凹稜紋で飾られる(図39-1)。底部には次のような16字が3行にわたり記されている。「許季姜作尊簋其万年子子孫孫永宝用」(許は無と皿に従う)(図40-6)

(甲元眞之『東北アジアの青銅器文化と社会』同成社、2006、142ページ)

18　(珠葆 1984)「長安豊西馬王村出土"鄌男"銅鼎」『考古与文物』1期

(蔡運章 1996)「洛陽北窰西周墓制銅器銘文簡論」『文物』7期

(甲元眞之『東北アジアの青銅器文化と社会』同成社、2006、274-275ページ)

19　「略奪品か、あるいは交換のための見返り品」

「このことは近藤喬一が主張するように、これら青銅器は略奪品か、あるいは交換のための見返り品とすることができよう(近藤喬一 1997)」

(甲元眞之『東北アジアの青銅器文化と社会』同成社、2006、152ページ)

(近藤喬一 1997)「遼寧青銅短剣の起源について」『日本中国考古学会会報』8号

(甲元眞之『東北アジアの青銅器文化と社会』同成社、2006、268ページ)

20　「中原的青銅器組合わせでみられる『中原的礼制』の世界とは無関係な」

「以上の検討を通して、小黒石溝で発見された青銅器群は西周末期から春秋前期頃と比定すること

第 2 章　文献史料と考古史料から探る前一千年紀の辰国

が可能で、中原的青銅器組合わせでみられる『中原的礼制』の世界とは無関係な、内蒙古の一隅で墓に副葬品として納められたものとすることができる。」

(甲元眞之『東北アジアの青銅器文化と社会』同成社、2006、153 ページ)

[21]　原文「本章は、漢族の古典と全然其の言ふ所を異にし、高城に嘯いて四方に睥睨するの概がある。神統逖諸とは、神統の高遠にして宏恢なるをいふ、諸は助字とす、阿祺毗（アキヒ）は和靈なり其の義前に見ゆ、暘靈毗（ヤラヒ）は和靈にて和らげる御靈（みたま）をいふ、寧祺毗（ニギヒ）は我が古訓そのまゝにて和靈（にぎひ）のことである、以上三つの靈は稱を異にすれども、義は一にして齊しく神の仁慈の方面を謂へるもの、太祺毗（タキヒ）は武靈ならん、我が古訓の荒魂（あらみたま）に同じであらう。我が日本上古の先民は、霊魂二元説をもつて居た者で、一を和霊（にぎみたま）一を荒霊（あらみたま）と稱してゐた、この對神觀は大陸族と共通であつたに違ひないから、大陸族がアキヒ・ヤラヒ・ニキヒ・タキヒの四元説をもつてゐたとは思へぬ、何分にも多くの族が廣き範囲に擴がつてゐたのであれば、族稱を神之靈に取る時、詞の上に異同を生ずるのは免れがたき所である。各族の通稱なる夷を神の伊尼なりと謂へるは、實に破天荒の見であって前古未聞である、イチは即ち稜威（いつ）のことで、既に前章にも言へる通りである。我が古訓の解に逸（イチ）・稜威（イツ）・最（イト）は同じ語源より出たる詞なりとあるを考ふるがよい、而して伊・尼を反切すれば、其音正しく委・倭・夷のいづれにも歸納する、さらば稜威は伊尼にて委・倭・夷の延音と謂ひ得る、換言すれば倭夷は稜威の約音にして神威を體した自尊稱なのである。」

(浜名寛祐『神頌契丹古伝』八幡書店、2001、471–472 ページ)

第4節 「韓侯」にまつわる旧来説の批判的検討

1　「韓侯」の出自ならびに「韓」および梁山の地理的位置についての旧来説

　前節では、「1）仮説13と契合する事象」・「2）仮説13と契合しない事象」という視点から、仮説13の妥当性について検討しましたが、本節では視点を変えて、「韓侯」の出自ならびに「韓」または「韓城」および梁山の地理的位置についての旧来説と仮説13との比較検討を通して、仮説13の妥当性を吟味したいと思います。
　「韓侯」の出自ならびに「韓」または「韓城」および梁山の地理的位置についての旧来説を代表して、

　　　1）『詩経』(『毛詩』)の注釈である「毛伝」にみる
　　　　　①前漢の毛亨・毛萇の説、
　　　2）『毛詩』の注釈書である『詩毛氏伝疏』にみる
　　　　　②清の陳奐の説

以上二説をご紹介したいと思います。

1）　①前漢の毛亨・毛萇の説

(1)　『詩経』大雅・韓奕の詩序に付された「毛伝」

　はじめに、『毛詩正義』[1]から『詩経』大雅・韓奕の詩序「〈韓奕〉，尹吉甫美宣王也。能錫命諸侯」に付された前漢の学者毛亨・毛萇の注釈である「毛伝」を抄出します。

　『毛詩正義』大雅・韓奕
　「〈韓奕〉，尹吉甫美宣王也。能錫命諸侯。
　　梁山於韓国之山最高大，為国之鎮，祈望祀焉，
　　故美大其貌奕奕然，謂之韓奕也。梁山，今左馮翊夏陽西北。

第2章　文献史料と考古史料から探る前一千年紀の辰国

韓，姬姓之国也。后為晋所滅，故大夫韓氏以為邑名焉。
　　幽王九年，王室始騒。鄭桓公*問於史伯曰："周衰，其孰興乎？"
対曰："武実昭文之功，文之祚尽，武其嗣乎？ 武王之子応韓不在其晋乎？"」

（拙訳）
〈韓奕〉尹吉甫が宣王を誉め讃えたのである。
〔宣王が〕諸侯によく命を錫う〔たので〕。
梁山は「韓」の国の山の中で最も高く大きく、国鎮とされ、
〔人々は梁山を〕はるか遠くに見て祀り、祈りを捧げている。
美しく大きく、その姿が奕奕としているので、詩篇の名を〈韓奕〉としたのである。
梁山は〔前漢代の〕今、左馮翊の夏陽〔県〕西北に位置している。
「韓」は姬姓の国である。〔「韓」は〕後に晋に滅ぼされたが、
〔晋により封ぜられた〕大夫韓氏は〔封地の韓原に因み、韓を〕邑の名とした。
　〔周の〕幽王九年（前773：平勢年表）、王室に騒動**が持ち上がった。
鄭の桓公は史伯にこう質問した。
「周が衰亡したら、どの国が天下の政治を執り、興るだろうか」と。
〔史伯は〕答えて
「〔周の文王の子である〕武王は実に文王の功績を明かにしました。文王の天運が尽きれば、武〔王の子孫が治める国〕が天下の政治を引き継ぐことになるのではないでしょうか。〔とは申したものの〕武王の子〔が封ぜられた国〕の中でも応と韓ではありません。〔引き継ぐとすれば〕晋ではないでしょうか」と語った。

　　「鄭桓公」*
　　　鄭の桓公とは、前節第4項3）で登場した周宣王の弟で鄭に封ぜられた桓公友のことです。この『毛伝』の注釈にある鄭の桓公と史伯の問答は『国語』鄭語の記述に依拠したと思われます。鄭の桓公が周の存続に危機感をもっていたことが窺えます。

　　「騒動」**
　　　幽王が正妃申后と太子宜臼を廃したことで、申后の父である申侯の怒りを買った事件。翌十年（前772：平勢年表）、幽王は申侯と申侯に呼応した犬戎他の襲撃を受け驪山の下で殺されるという事態を招きました。この時、司徒の要職にあった宣王の弟、鄭の桓公友も幽王と運命を共にしました。

『毛伝』は、「〔晋により封ぜられた〕大夫韓氏」の封地である韓原を、「韓侯」の

235

「韓」の故地と考えているようです。

(2) 『史記』韓世家の関係箇所

「毛伝」の「故大夫韓氏以為邑名焉」：「〔晋により封ぜられた〕大夫韓氏は〔封地の韓原に因み、韓を〕邑の名とした」とある韓は、後に戦国七雄の一つに数えられる韓のことですが、この部分は『毛詩』より先に成立した『史記』韓世家の記述に依拠したものと考えられます。但し、『史記』韓世家には「大夫韓氏」という表現は見当りません。

『史記』韓世家の該当箇所を抄出します。

『史記』韓世家
「韓之先与周同姓，姓姫氏。
　其後苗裔事晋，得封於韓原，曰韓武子。
　武子後三世有韓厥，従封姓為韓氏。」
(拙訳)
　〔戦国七雄の一つに数えられた〕韓の先祖と周は同姓で、姓は姫氏である。
　後に子孫が晋に仕えることになり、韓原に封ぜられることになった。
　韓〔原に封ぜられた姫姓の〕武子という。
　武子の後三世に韓厥というものがいた。封地に従って姓を韓氏とした。

(3) 『春秋左氏伝』襄公二十九年の関係箇所

『史記』韓世家に「〔戦国七雄の一つに数えられた〕韓の先祖と周は同姓で、姓は姫氏である」とありますが、『史記』韓世家が姫姓であるとした韓はのちに戦国七雄の一つに数えられる韓であり、「韓侯」の「韓」ではありません。「毛伝」が「韓，姫姓之国也。后為晋所滅」：「〔『韓侯』の〕『韓』は姫姓の国である。〔『韓』は〕後に晋に滅ぼされたが」と記述したのは何に依拠したのでしょうか。それは『春秋左氏伝』襄公二十九年の条に拠ったようです。

『春秋左氏伝』襄公二十九年
「叔侯曰：『虞、虢、焦、滑、霍、揚、韓、魏、皆姫姓也，晋是以大。‥‥』」

(拙訳)
襄公二十九年（前544）
叔侯がいうには「虞・虢・焦・滑・霍・楊・韓・魏は皆、姫姓であるが、晋はこれらの国を攻め取って大国となったのです。・・・」

(4) 「毛伝」にみる『韓侯』の出自と「韓」の終始

「毛伝」は「以先祖受命」の句にある「先祖」に注釈して、「韓侯之先祖，武王之子也」：『韓侯』の先祖は武王の子である」としています[2]。「毛伝」のこの記述は何に依拠したのでしょうか。それは『春秋左氏伝』僖公二十四年の条に拠ったようです。

『春秋左氏伝』僖公二十四年
「富辰諫曰：『・・・邗、晋、応、韓，武之穆也。』」
(拙訳)
僖公二十四年（前636）
富辰諫めて曰く「・・・邗・晋・応・韓は武王の子〔を封じた国〕です。」

毛亨・毛萇は『春秋左氏伝』僖公二十四年の条に拠り、「韓」は姫姓の国で「韓侯」の先祖は武王の子であると認識し、さらには『春秋左氏伝』襄公二十九年の条により、「韓侯」の後代は晋に滅ぼされたと解したようです。毛亨・毛萇の想定する、『詩経』大雅・韓奕に謡われた「韓侯」の「韓」の終始を図示すると図3のようになります。

[図3 「毛伝」にみる毛亨・毛萇の想定する、
　　『詩経』大雅・韓奕に謡われた「韓」の終始]

姫姓・武王の子　　　詩経・大雅・韓奕に登場　　　晋に滅ぼされる

「韓」・・・　周宣王時の「韓侯」　・・・　滅亡

(5) 「毛伝」にみる「韓」の地理的位置

「毛伝」は「韓」の地理的位置については直接言及していません。

(6) 「毛伝」にみる〈韓奕〉に謡われた梁山の地理的位置

「毛伝」は〈韓奕〉に謡われた梁山を「〔前漢代の〕今、左馮翊の夏陽〔県〕西北に位置している」としています。『漢書』地理志の「左馮翊，・・・夏陽，故少梁，・・・禹貢梁山在西北，龍門山在北」：「左馮翊・・・夏陽〔県〕は昔の少梁・・・禹貢の梁山が西北にあり、龍門山が北にある」との記述に依拠したものと思われます。『漢書』地理志の左馮翊は「②三輔の一。今の陝西省中部、渭河の北の地。〔漢書、地理志上〕」（諸橋轍次他『広漢和辞典上巻』大修館書店、1987、1118ページ）とされています。本書第1章第5節第8項4）で述べたように、『尚書』禹貢の九州の地理的範囲を「たかだか今日の河南省東部と山東省を併せた範囲」と推定する本書は、『尚書』禹貢の梁山を山東省西部の済寧市梁山県に位置する梁山と考えています。したがって、本書の立場からすると『漢書』地理志で「禹貢梁山」とされた左馮翊の夏陽〔県〕西北に位置する梁山は、左馮翊が陝西省方面に比定されていることから、『尚書』禹貢の梁山とは別の梁山であることになります。

(7) ①前漢の毛亨・毛萇の説の要約

・「韓侯」の出自については、先祖は姫姓・武王の子であり、「韓侯」の後代は晋に滅ぼされたとしています。
・「韓」の地理的位置については直接言及していません。
・〈韓奕〉に謡われた梁山の地理的位置については『漢書』地理志に依拠して、前漢代の左馮翊の夏陽県西北としています。

2） ②清の陳奐の説

『詩経』大雅・韓奕の「韓」について、独自の説を展開した清代の学者に陳奐（1786～1863）がいます。陳奐の説は西周時代の韓には「武穆之韓」（〔姫姓である〕周武王の子の封ぜられた韓）と「姫姓之韓」（周武王の親戚の封ぜられた姫姓の韓）の二つあるとした上で、「武穆之韓」を『詩経』大雅・韓奕に謡われた「韓」とし、「姫姓之韓」を後に晋に滅ぼされた韓とするものです。

第２章　文献史料と考古史料から探る前一千年紀の辰国

　それでは、陳奐の説が述べられた『詩毛氏伝疏』の関係箇所を抄出します。抄出に際しては原文の旧字体を新字体に改めました。なお、陳奐は「溥彼韓城　燕師所完」の句中の「完」を「〔修繕して〕完全にする」の意義に解していますので、陳奐の記述の拙訳にあたっては、陳奐の解釈に従って「大きなあの『韓城』は燕の衆人が〔改修して〕完全にした所」と訳しました。また、陳奐は「韓城」を「韓」の都城と解しているようですが、本書第２章第２節第３項「燕師所完」注および第２章第３節第３項で述べたように、「韓城」は「韓」の都城ではなく、ロワン河東岸の「韓」地に設けられた周（燕）の北国経営の拠点と解するのが本書の立場です。なお『詩毛氏伝疏』とは、『詩〔経および〕毛氏伝（「毛伝」）〔に付した〕疏（注釈）』の意です。『詩毛氏伝疏』の引用文中［伝］とあるのは毛亨・毛萇による注釈である「毛〔氏〕伝」の略で、［疏］とあるのは陳奐による注釈です。また『鄭箋』とあるのは『〔毛伝〕鄭箋』のことで、後漢の鄭玄による『毛詩』の注解ですが、鄭玄の編纂した『毛詩』および「毛伝」ともいえます。したがって『鄭箋』に対する批判は、毛亨・毛萇の説に対する批判と解されます。

(1)　陳奐『詩毛氏伝疏』の記述

「溥彼韓城　燕師所完。［伝］師，衆也。
　以先祖受命　因時百蛮。王錫韓侯　其追其貊　奄受北国　因以其伯。
　［伝］韓侯之先祖，武王之子也。因時百蛮，長是蛮服之百国也。
　追、貊，戎狄国也。奄，撫也。・・・・・
　　　　　・・・・・　　　　・・・・・
　［疏］溥大也。韓侯九命作伯*。改営城邑，故大之也。
『水経』聖水注引王粛云『今涿郡方城県有韓侯城，世謂之寒号城，非也』。
『括地志』云『方城故城在幽州固安県南十里』。
今固安県在順天府西南，則韓城在燕国南矣
　　　　・・・・・
宣王時，燕人為韓築城。燕韓皆在周幽州域内。
完者読如繕完葺牆之完也。
○［伝］釈先祖云『韓侯之先祖』。『武王之子』者，謂『武王之子』為韓侯。
始封之先祖，然則韓侯為武穆**矣。
周有二韓。一為姫姓之韓。襄二十九年『左伝』叔侯曰霍楊韓魏皆姫姓也。是也。

239

一為武穆之韓。僖二十四年『左伝』富辰曰邗晋応韓，武之穆也。

『国語』鄭語史伯曰武王之子応韓不在是也。

武王克商，挙姫姓之国四十人，則姫姓之韓当受封於武王之世，其後為晋所滅。

以賜大夫韓万。

『続漢書』郡国志，河東郡河北県有韓亭，即姫姓韓国＊＊＊地。

武穆之韓封，自成王之世至西周之季尚存。其国在禹貢冀州之北。故得総領追貉北国載諸詩篇章章。

可考酈道元『水経注』聖水篇，聖水東径方城県故城，又東南径韓城東、

『詩』韓奕章曰，溥彼韓城，燕師所完。王錫韓侯，其追其貉，奄受北国，

王符『潜夫論』志氏姓篇，昔周宣王有韓侯其国也近燕故『詩』云，普彼韓城，

燕師所完、

又『五徳，志篇』韓武之穆也。韓姫姓也。其弁武穆、姫姓為二韓，尤足徴信。

『鄭箋』以武穆之韓，即是晋滅姫姓之韓，誤合為一。

杜注左伝、韋注国語、皆沿其説，姫姓韓在河東。

而後之言輿地者，梁山有夏陽西北，遂以今河西韓城県，隋始置者指為韓侯古城。

則謬之謬也。学者不可不弁。」

（〔清〕陳奐撰『詩毛氏傳疏 下冊』北京市中国書店、1984、47-48ページ）

（拙訳）

溥彼韓城　燕師所完。〔毛伝〕「師」とは「衆〔人〕」（大勢の人）のことである。

以先祖受命　因時百蛮。王錫韓侯　其追其貊　奄受北国　因以其伯。

〔毛伝〕「韓侯」の先祖は武王の子である。「因時百蛮」とは「蛮服」（「九服の制」における「蛮服」：本書第2章第1節第14項参照）である百国の長となったのである。「追」、「貊」とは戎狄の国である。「奄」とは平安を保つことである。

〔疏〕「溥」は「大きい」という意味である。「韓侯」は九命を受けて〔侯〕伯となった。そこで、城邑を改修した。それで、城が大きいのである。

〔北魏（386～557）の酈道元著〕『水経注』聖水の注は、〔魏代の学者である〕王粛の云った、「〔魏代の〕今涿郡の方城県に韓侯城がある。世間ではこれを寒号城と呼んでいるが〔寒号城では〕ない」を引用している。

また、『括地志』は「方城古城が〔唐代の〕幽州固安県の南十里にある」といっている。〔清代の〕今、固安県は順天府（今日の北京市の前身）の西南にある。

第2章　文献史料と考古史料から探る前一千年紀の辰国

すなわち、〔「韓」の都城である〕「韓城」は燕国の南にあったのである。

〔周〕宣王の時、燕人は「韓」のために城を築いた。燕と「韓」は共に周の幽州域内にあった。

「完」の意味を読みとると〔『春秋左氏伝』襄公三十一年の条にある〕「繕完葺牆」：「塀を厚く覆い修繕して完全にする」にある「完」〔と同義〕のようである。

○〔毛伝〕は「先祖」に注釈して「〔『先祖』とは〕『韓侯之先祖』である」とした。「武王之子〔也〕」とは、武王の子が「韓侯」になったことを言っているのである。この〔「武王之子」である「韓侯」の〕先祖を封じたことに始まるので、「韓侯」を「武穆〔之韓〕」とするのである。

周〔の時代〕には二つの韓があった。一つは「姫姓之韓」である。『春秋左氏伝』襄公二十九年（前544）の条に「叔侯がいうには・・・霍・楊・韓・魏は皆、姫姓であるが」がそれである。

もう一つは「武穆之韓」である。『春秋左氏伝』僖公二十四年（前636）の条に「富辰が諫めていうには・・・邘・晋・応・韓は武王の子〔を封じた国〕です」とあり、『国語』鄭語に〔鄭の桓公の質問に答えて〕史伯が言った「〔武王の子が封ぜられた国の中でも〕応と韓ではありません」とある韓がそれである。

〔『春秋左氏伝』昭公二十八年（前514）の条に拠ると〕武王が商に克ち、姫姓の国は四十人が挙げられた（用いられた）。すなわち、「姫姓之韓」は武王の世に封ぜられたのである。その後代は晋に滅ぼされたが、大夫韓万が〔その地を〕賜った。『続漢書』（『後漢書』）郡国志に河東郡河北県に韓亭がある〔と記述されている、後に戦国七雄の一つに数えられた〕姫姓韓国の地である。

〔他方の〕「武穆之韓」は封ぜられて、成王の世から西周の末に至ってもまだ存続していた。その国は〔『尚書』〕禹貢の冀州の北にあったので、追・貊をはじめとする北国を総て領有したと諸詩編の章々に載せられているとおりである。

酈道元が『水経注』聖水篇で「聖水は東に進み、方城県の故城（の北）を過ぎる。・・・〔聖水又〕東南に進み、韓城の東を過ぎる」と注釈し、

『詩経』韓奕の章に「大きなあの『韓城』は燕の衆人が〔改修して〕完全にした所。先祖が〔周王室の〕命を受け、百蛮の地に封建されたので、〔宣〕王は『韓侯』に〔百蛮の地にある〕追の居住地と貊の居住地を〔新たに〕賜与し、北国の平安を保つようにと、改めてその方伯とした」とあり、

241

王符の『潜夫論』志氏姓篇に「昔、周宣王〔の時代に〕『韓侯』がいた。その国は燕の近くにあった。だからこそ、『詩経』は大きなあの『韓城』は燕の衆人が〔改修し〕完全にした所と云ったのである」との記述を深く考えるべきである。

又、『潜夫論』五徳志篇にも「韓は武王の子である。・・・韓は姫姓である」とあるが、その説明については、「武穆」と「姫姓」の二つの韓があったと解するのがもっとも信憑性がある。

『〔毛伝〕鄭箋(ていせん)』は〔「武穆(ぶぼく)之韓」は姫姓でもあることから〕「武穆之韓」とは晋が滅ぼした「姫姓(きせい)之韓」でもあるとして、〔「武穆之韓」と「姫姓之韓」の二つを区別せずに〕誤って合わせて一つの「姫姓・武穆之韓」とし〔「武穆之韓」である「韓」を「姫姓之韓」の故地である韓原にあったとして誤っ〕た。

杜〔預(よ)〕注『左伝』も韋〔昭(しょう)〕注『国語』も、皆その〔「武穆之韓」である「韓」を、「姫姓之韓」の故地である韓原にあったとする誤った〕説に沿いながらも〔戦国七雄の一つに数えられた〕姫姓韓国〔の地である韓原〕を〔『続漢書』郡国志の〕河東〔郡河北県韓亭〕にあったと解していた。

それなのに、後にこの件に言及した『輿地志』は、梁山は夏陽〔県〕の西北にあった〔と『漢書』地理志に記載されていることを根拠に〕、遂に〔清代の〕今の河西の韓城県を、隋が始めて置いた〔県である〕にもかかわらず、〔姫姓韓国の地である韓原と誤り、「武穆之韓」である「韓」を、「姫姓之韓」の故地である韓原にあったとする誤った説に沿って〕「韓侯」の古城の地に指定している。

すなわち、〔「武穆之韓」と「姫姓之韓」の二つを区別せず、誤って合わせて一つの「姫姓・武穆之韓」とし、「武穆之韓」である「韓」を「姫姓之韓」の故地である韓原にあったと誤った上に、河東（黄河の東）にあったと解されていた姫姓韓国の地である韓原までをも、梁山のある河西（黄河の西）の韓城県に比定するという〕誤りの上に誤りを重ねている。学者は理解できておらず、説明しきれていない。

「韓侯九命作伯」*

「韓侯九命作伯」：『韓侯』は九命を受けて〔侯〕伯となった」。本書の立場は、本書第2章第3節第4項1)で述べたように、「韓侯」は八命を受けて「北国伯」になったとするものです。

「穆(ぼく)」**

「【穆】⑪宗廟の序列で子の位。⇔昭（父の位）・・・」

(諸橋轍次他『広漢和辞典下巻』大修館書店、1987、32ページ)

「姫姓韓国」***
　陳槃は「姫姓韓国」と「姫姓之韓」を書き分けて区別しています。「姫姓韓国」は戦国七雄の一つに数えられた姫姓の韓国を指すと解されます。

(2)　周の侯国には「武穆之韓」と「姫姓之韓」の
　　 二つの韓があったとする陳槃の説

　陳槃は周の侯国には二つの韓があったと述べています。一つは陳槃が『詩経』大雅・韓奕に謡われた「韓侯」の「韓」であるとする、『春秋左氏伝』僖公二十四年（前636）の条に「武之穆也」とある「武穆之韓」です。他の一つは武王の世に封ぜられ、その後代は晋に滅ぼされたとある、『春秋左氏伝』襄公二十九年（前544）の条に「皆姫姓也」とある「姫姓之韓」です。『春秋左氏伝』の該当箇所を以下に抄出し、『詩毛氏伝疏』にみる陳槃の想定する各々の韓の推移を図示したいと思います。

－1　「武穆之韓」

『春秋左氏伝』僖公二十四年

「富辰諫曰：『・・・昔周公弔二叔之不咸，故封建親戚以藩屏周。
　管、蔡、郕、霍、魯、衛、毛、聃、郜、
　雍、曹、滕、畢、原、酆、郇，文之昭也。
　邘、晋、応、韓，武之穆也。凡、蒋、邢、茅、胙、祭，周公之胤也。』」

(拙訳)
僖公二十四年（前636）
富辰が諫めていうには
「・・・昔、〔成王の摂政であった〕周公は、〔周公と同じく、武王の弟にあたる管叔・蔡叔の〕二人の兄弟が周室と心を一つにせず〔「三監の乱」を起こし周室に敵対し〕滅ぼされたことを嘆きました。それというのも、周室の藩屏とするために〔武王が〕親戚を封建した〔にもかかわらず、親戚同士が争う事態を

招いたからです〕。管・蔡・郕・霍・魯・衞・毛・聃・郜・雍・曹・滕・畢・
原・酆・郇は文王の子〔を封じた国〕です。
邘・晉・応・韓は武王の子〔を封じた国〕です。
凡・蔣・邢・茅・胙・祭は周公の子孫〔が封ぜられた国〕です。」

　陳奐は『春秋左氏伝』僖公二十四年（前636）の条にある武王の子を封じた「武穆之韓」について、「その国は〔『尚書』〕禹貢の冀州の北にあったので、追・貊をはじめとする北国を総て領有したと諸詩編の章々に載せられているとおりである」と述べています。「諸詩編章章」とは『詩経』大雅・韓奕の章を指すと解され、「武穆之韓」が「韓侯」の「韓」であることを説いています。また、「武穆之韓」は封ぜられて、「自成王之世至西周之季尚存」：「成王の世から西周の末に至ってもまだ存続していた」とも述べています。
　陳奐は「武穆之韓」を成王の代に封ぜられたと解していたようです。『今本竹書紀年』の記述「十二年　王師・燕師城韓。王錫韓侯命」：「〔成王〕十二年　王の軍隊と燕の軍隊は韓に城を築いた。王は韓侯に命を賜われた」に依拠したのであれば、本書第2章第1節第15項でふれたように『今本竹書紀年』は明代の偽作とされていますので、陳奐が「韓侯」の先祖と考える「武穆之韓」を成王の代に封ぜられたと解するのは論拠を欠くことになります。あるいは、上掲『春秋左氏伝』僖公二十四年の条の「・・・昔周公弔二叔之不咸，故封建親戚以藩屏周。管、蔡、郕、霍、魯、衛、毛、聃、郜、雍、曹、滕、畢、原、酆、郇，文之昭也。邘、晉、応、韓，武之穆也」の件を、（拙訳）と異なり「・・・昔、〔成王の摂政であった〕周公は、〔周公と同じく、武王の弟にあたる管叔・蔡叔の〕二人の兄弟が周室と心を一つにせず〔「三監の乱」を起こし周室に敵対し〕滅ぼされたことを嘆いて、〔二度とこのようなことが起らないように〕親戚を封建して、周室の藩屏とし〔周室の安泰を図りまし〕た。管・蔡・郕・霍・魯・衞・毛・聃・郜・雍・曹・滕・畢・原・酆・郇は文王の子〔を封じた国〕です。邘・晉・応・韓は武王の子〔を封じた国〕です」と〔誤〕訳した場合でも、「武穆之韓」は成王の代に封ぜられたとの認識につながります。しかしながら、そのように訳すと「三監の乱」を鎮圧した周公によって成王の代に滅ぼされた筈の「管」や「蔡」に、成王の代に再び文王の子（武王の兄弟）が周公によって封ぜられることになり文意が通りません。「昔周公弔二叔之不咸，故封建親戚以藩屏周」の一文において、「故」以下の「封建親戚以藩屏周」の文は「昔周公弔二叔之不咸」の理由を述べたものと解されます。したがって、（拙訳）のように「・・・昔、〔成王の摂政であった〕周公は、〔周公と同じく、武王の弟にあたる

管叔・蔡叔の〕二人の兄弟が周室と心を一つにせず〔「三監の乱」を起こし周室に敵対し〕滅ぼされたことを嘆きました。それというのも、周室の藩屏とするために〔武王が〕親戚を封建した〔にもかかわらず、親戚同士が争う事態を招いたからです〕」と訳すのがよいと思われます。すなわち、陳奐が「韓侯」の先祖と考える「武穆之韓」を〔周公が摂政であった〕成王の代に封ぜられたとする解釈は確たる根拠がありません。

陳奐の想定する、『詩経』大雅・韓奕に謡われた「韓」の推移を図示すると図4のようになります。

〔図4　陳奐の想定する、「武穆之韓」すなわち
　　　『詩経』大雅・韓奕に謡われた「韓」の推移〕

　　成王の代に封ぜられた　　　　『詩経』韓奕に登場、西周の末に至って猶も存続

　　「武穆之韓」　・・・　周宣王時の「韓侯」　・・・

－2　「姫姓之韓」

　陳奐は『春秋左氏伝』昭公二十八年（前514）の条の武王が商に克ち、姫姓の国は四十人が挙げられた（用いられた）との記述に拠り、「姫姓之韓」は武王の世に封ぜられたと解しています。

　また、『春秋左氏伝』襄公二十九年の条に拠り、その後代は晋に滅ぼされたと解しています。襄公二十九年の条を再掲します。

『春秋左氏伝』襄公二十九年
「叔侯曰：『虞、虢、焦、滑、霍、揚、韓、魏，皆姫姓也，晋是以大。・・・』」
（拙訳）
　襄公二十九年（前544）
　叔侯がいうには「虞・虢・焦・滑・霍・楊・韓・巍は皆、姫姓であるが、晋はこれらの国を攻め取って大国となったのです。・・・」

　『史記』韓世家は韓を晋に仕えていた韓武子に始まるとしていますが、陳奐は韓万*

245

を韓の祖としています。陳奐は『史記索隠』の引く『系本』の記述に従ったと思われます。因みに『史記』韓世家の「韓之先与周同姓」の注にみる『史記索隠』の説[3]は、『国語』晋語の叔向と韓宣子の逸話に拠り、〔服虔や賈逵の注で晋の分家筋とされた曲沃の桓叔とは無関係の〕「韓侯」の後裔から別れた〔と『索隠』の司馬貞が推断した〕桓叔を韓の初代とするものです。韓武子に始まるとする太史公(司馬遷)の考えとはまた違うようであるがと『史記索隠』は付言しています。

「毛伝」には「大夫韓氏」とありますが、陳奐は「大夫韓万」としています。「毛伝」が韓氏を大夫とした根拠は不明ですが、陳奐が「大夫韓万」としたのは、唐の孔穎達疏『毛詩正義』の韓万に付された注「服虔云:『韓万,晋大夫曲沃桓叔之子,庄伯之弟』」:「〔後漢の〕服虔云う。『韓万は晋の大夫で曲沃の〔初代当主〕桓叔の子であり、〔曲沃の第二代当主〕庄伯(荘伯)の弟である』」に拠ると思われます。また、『続漢書』(『後漢書』)郡国志に河東郡河北県に韓亭があると記述されている韓亭が、戦国七雄の一つに数えられた姫姓韓国の地(韓原)であるとしています。すなわち、陳奐は黄河の東(河東)に「姫姓之韓」の故地である韓原はあって、その韓原を韓万が賜わり、戦国七雄の一つに数えられた姫姓韓国になったと解しています。陳奐の想定する、「姫姓之韓」の終始ならびに戦国七雄の一つに数えられた姫姓韓国の推移を図示すると図5のようになります。

[図5　陳奐の想定する「姫姓之韓」の終始
　　　ならびに大夫韓万に始まる韓の推移]

　　　武王の代に封ぜられた　　　　　晋に滅ぼされる

　　　「姫姓之韓」　　・・・　　滅亡

　　　　　　　　　韓原に封ぜられる　　　　　戦国七雄の一つ

　　　　　　　　「大夫韓万」　・・・　姫姓韓国

「韓万」*

　『史記索隠』は韓世家の「武子後三世有韓厥」:「武子の後三世に韓厥というものがいた」に注して、『系本』云「万生賕伯,賕伯生定伯簡,簡生輿,輿生獻子厥」:『系本』云う「〔韓〕万は賕伯を生み、賕伯は定伯簡を生み、簡は輿を生み、輿は獻子厥を生んだ」とあります。『系本』に武子の名はみえず、『史記』韓世家で韓武子の後三世とある厥は、『系本』では〔韓〕万の後五世にあたります。南朝宋(420〜479)の裴駰による『史

記』の注釈書『史記集解』は『史記』晋世家に注して、「賈逵曰：『韓万，曲沃桓叔之子，荘伯弟』」：「賈逵が云うには『韓万は曲沃の桓叔の子で、荘伯の弟である』」との賈逵（30〜101）の説を引用しています。賈逵の注した韓万が『系本』に云う韓万と同一人物なら、韓は晋の分家筋にあたります。『春秋左氏伝』桓公三年（前709）の条に「韓万御戎」：「韓万は兵車の御者となり」の記事があり、この韓万が賈逵の云う曲沃の桓叔の子とされる韓万と同一人物なら、韓万の生きた時代の一端が垣間見えます。

(3) 『詩毛氏伝疏』にみる
『詩経』大雅・韓奕に謡われた「韓城」の地理的位置

陳奐は〈韓奕〉に謡われた「韓城」の地理的位置を、『水経注』聖水の注に引いた王粛の言に依拠して、魏代の涿郡の方城県としています。また、『括地志』の「方城古城は唐代の幽州固安県の南十里にある」に依拠して、「〔清代の〕今、固安県は順天府（今日の北京市の前身）の西南にある。すなわち、〔陳奐が『韓』の都城と考える〕『韓城』は燕国の南にあったのである」と述べています。

(4) 『詩毛氏伝疏』にみる『詩経』大雅・韓奕に謡われた梁山の地理的位置

梁山の地理的位置に関して陳奐は次のように述べています。

「漢書地理志，左馮翊夏陽故少梁，禹貢梁山在西北，龍門山在北。案梁山在今陝西同州府韓城県西北，即漢県夏陽地。梁与龍門倶在河西，二山比近。」
　　　　　　　　　　（〔清〕陳奐撰『詩毛氏傳疏 下册』北京市中国書店、1984、41ページ）

（拙訳）
　『漢書地理志』は左馮翊の夏陽〔県〕は昔の少梁で、
　禹貢の梁山が西北にあり、龍門山が北にある〔と言っている〕。思うに、梁山は
　〔清代の〕今の陝西同州府韓城県西北にある。即ち漢の夏陽県の地である。
　梁と龍門はどちらも河西（黄河の西の地域）にあって、二つの山は近接している。

陳奐は「梁山は〔清代の〕今の陝西同州府韓城県西北にあると思われる」と述べています。左馮翊の夏陽県西北に『尚書』禹貢の梁山があるとする『漢書』地理志の記述に依拠した上で、漢の夏陽県の地を清代の陝西同州府韓城県に比定したようです。清代の

陝西同州府韓城県は今日の陝西省渭南市韓城市です。すなわち、陳奐は梁山を黄河の西（河西）に位置すると考えています。

　　(5)　「韓城」と梁山の地理的位置が遠く離れていることについての陳奐の説明

　ところで、先に陳奐は「韓城」の位置を魏代の涿郡方城県（今日の河北省廊坊市固安県）に比定しました。〈韓奕〉に謡われた梁山と「韓」（「韓城」）とは近接すると考えるのが一般的ですが、梁山と「韓城」の位置を互いに遠く離れた陝西省内と河北省内に比定することに不都合はないのでしょうか。この点について陳奐は次のように説明しています。

「禹随山，道河，自東而西，由壺口而龍門，由梁而岐。
　梁山治，周都鎬京之北土尽成沃野。
　小雅「信彼南山維禹甸之」。終南山在鎬京之南。
　渭北之山既治，渭南之原隰亦得墾辟成耕。
　一在鎬南之山，一在鎬北之山。両詩立言義正相同。
　梁山在王畿東北交界処，又為韓侯帰国之所経。
　故尹吉圃美宣王錫命韓侯，章首即以禹治梁山除水災，比況宣王平大乱，命諸侯，与，信南山以禹比曾孫成王者，其伝意亦正同也。
　鄭箋拠漢志，梁山在夏陽西北，而誤以梁山為韓国之山，韓侯為晋所滅之韓。
　近儒能弁韓侯，為近燕之韓，復拠、水経灢水注，水径良郷県之北界歴梁山南，高梁水出焉，即為此詩奕奕梁山之証。則又誤梁山為近燕矣。
　梁自夏陽之梁山，韓自北国之韓侯解者，膠泥一処，齟齬難通。」
　　　　　　　〔清〕陳奐撰『詩毛氏傳疏　下册』北京市中国書店、1984、41ページ）
（拙訳）
　〔大雅・韓奕に「美しく大きい梁山はその昔、禹が治めた山」と謡われているように〕禹は山に沿って、河道を作り、東から西へ、壺口を経由して龍門へ、梁を経由して岐へと治山治水工事を進めた。
　梁山は治まり、周の都である鎬京の北の土地はすべてみな沃野となった。
　小雅・信南山に「実に、あの〔終〕南山*は禹が治めた山」とある。
　終南山は鎬京の南にある。渭水の北にある〔梁〕山は既に治まり、〔終南山のある

第2章　文献史料と考古史料から探る前一千年紀の辰国

渭水の南の原野は開墾されて耕地となった。
一つ〔小雅・信南山〕には鎬南の山（終南山）があり、一つ〔大雅・韓奕〕には鎬北の山（梁山）があり、両方の詩の立論構成の仕方は全く同じである。
梁山は王畿の東北と畿外との境界付近（漢の夏陽県西北）にあり、
また「韓侯」の帰国経路にあたる。
だからこそ、〔大雅・韓奕において〕尹吉圃は宣王が「韓侯」に命を錫うたのを讃えるのに、章の始めに、禹が梁山を治山し、洪水災害の危険を取り除いた偉業を持ってきて、宣王が大乱を平定し、諸侯によく錫命した偉業と比べたのであるが、〔小雅・〕信南山」において、禹が南山を治〔山〕した偉業と、〔禹の時代の先祖の〕子孫〔の力で鎬京の南の地を耕地にし、〕成王〔が見事にその地を治めた偉業と〕を比べたことと、〔両詩が〕伝えようとした趣意もまた全く同じである。
『〔毛伝〕鄭箋』は『漢書地理志』に依拠して梁山を夏陽〔県〕の西北にある山とした上で、梁山を「韓」国の山と解し、「韓侯」を晋が滅ぼした〔姫姓之〕韓と誤解した。
〔清代の〕近頃、儒者は「韓侯」について巧みに説明し、「韓」を燕の近くに位置比定し、また『水経〔注〕』灅水の注「〔灅〕水（今日の永定河）は良郷県（今日の北京市房山区南東部）の北の境界を過ぎ、梁山を経て南に流れる。高梁水が出る」との記述に依拠し、『詩〔経〕大雅・韓奕〕の「奕奕梁山」〔が燕の近くにあったこと〕の証拠としている。すなわち、梁山を燕の近くに位置する山と解して誤った。梁山を夏陽の梁山に解し、「韓」を北国の「韓侯」に解する者も、〔梁山と「韓」が遠く離れて存在しても不都合のないことを説明できず〕ぬかるみにはまった状態となり、齟齬を解消できないでいる。

　　　「南山」*
　　　　「【南山】①長安（今の西安市）の南方にある終南山の別名。
　　　　　〔詩経、召南、艸蟲〕陟リ_彼ノ南山ニ_、言采ル_其ノ蕨ヲ_。
　　　　　〔傳〕南山ハ、終南山也。」
　　　　　　　　　　　　　（諸橋轍次他『広漢和辞典上巻』大修館書店、1987、456 ページ）

　陳奐は『詩経』大雅・韓奕が梁山を詩の冒頭に持ってきたのは、梁山が「韓」あるいは「韓」の近くに位置し、昔、禹が梁山を治山したお陰で「韓侯」が国元と西周の京師（王都）である鎬京（今日の西安）との往復に困らないような〔都から梁山方面に通じ

る〕明らかな道が今も残されているとして、禹の功績を持ち出すことで「韓」地に対する中国支配の伝統を誇示したかったからではなく、王畿の東北と畿外との境界付近に位置し、「韓侯」の帰国経路にあたる梁山を治山した禹の功績と、宣王が大乱を平定し諸侯によく錫命した偉業を対比するために持ってきたのであると述べています。したがって、梁山が「韓」あるいは「韓」の近くに位置しなくても、陳奐の説にとって不都合はないことになります。

(6) ②清の陳奐の説の要約

- 陳奐は、周の侯国には〔周武王の子が封ぜられた〕「武穆之韓」と〔周王室と親戚の〕「姫姓之韓」の二つの韓があり、「韓侯」の「韓」は成王の代に武王の子が封ぜられた「武穆之韓」であり、『尚書』禹貢の冀州の北にあり、西周の末に至ってもなお存続していたと説いています。

- 「韓」の地理的位置については、燕と近接する魏代の涿郡方城県の地に「韓城」があったとしています。唐代の幽州固安県の南十里に位置し、〔清代の〕今も固安県は順天府（今日の北京市の前身）の西南にあるとしています。

  ちなみに「姫姓之韓」の地理的位置については、『続漢書』（『後漢書』）郡国志に河東郡河北県に韓亭があると記述されている、戦国七雄の一つに数えられた姫姓韓国の地が「姫姓之韓」の故地であるとしています。すなわち、陳奐は「姫姓之韓」を黄河の東（河東）にあったと考えています。

- 梁山の地理的位置については『漢書』地理志に依拠して、前漢代の左馮翊夏陽県西北にあるとし、清代の陝西同州府韓城県西北が前漢代の左馮翊夏陽県の地であるとしています。

すなわち、陳奐は梁山を黄河の西（河西）に位置すると考えています。

2　「韓侯」の出自についての旧来説①・②に対する批判的検討

1）「韓侯」の出自についての本書の考え

仮説13が本書の立場です。仮説13を再掲します。

第2章　文献史料と考古史料から探る前一千年紀の辰国

　　仮説13（H13）：H11×H13
　　　周成王は、粛慎（息慎）の王に「栄伯」すなわち「北国伯」を錫命（しゃくめい）した。
　　　この時、粛慎（息慎）の王は「韓」の国号を賜り、姓を「韓」とした。
　　　すなわち『詩経』大雅・韓奕に「以先祖受命」とある
　　　周宣王時の「韓侯」の「先祖」にあたる初代「韓侯」となった。

『詩経』大雅・韓奕に謡われた周宣王時の「韓侯」の出自は、周成王より「韓」の国号を賜り初代「韓侯」となった粛慎（息慎）の王に始まるとするのが本書の立場です。

　２）「韓侯」の出自についての旧来説①・②の批判的検討

　それでは、以下に「韓侯」の出自についての、旧来説①・②を批判的に検討しながら、併せて仮説13の妥当性を吟味したいと思います。
　「韓侯」の出自についての、①・②の旧来説および本書の立場である仮説13の要点を表5として一覧表にしました。

表5　『詩経』大雅・韓奕に謡われた「韓侯」の出自についての、
　　　旧来説①・②および本書の考えの要点

	旧来説 及び本書の立場	〈韓奕〉に謡われた 「韓侯」の出自
①	前漢の毛亨・毛萇の説	「姫姓（きせい）・武穆之韓（ぶぼくの）」の後裔
②	清の陳奐の説	「武穆之韓」の後裔
仮説13にもとづく 本書の考え		成王の錫命を受けた粛慎（息慎）の王（初代「韓侯」）の後裔

　①前漢の毛亨（もうこう）・毛萇（もうちょう）の説に対して
　「韓侯」の出自を「姫姓（きせい）・武穆之韓（ぶぼくの）」としていますが、武王の子を「百蛮」の地に封ずることなど考えられません。

251

②清の陳奐の説に対して

　陳奐は「韓侯」の出自を〔周武王の子が封ぜられた〕「武穆之韓」としています。また、「『〔毛伝〕鄭箋』は〔「武穆之韓」は姫姓でもあることから〕『武穆之韓』とは晋が滅ぼした『姫姓之韓』でもあるとして、〔『武穆之韓』と『姫姓之韓』の二つを区別せずに〕誤って合わせて一つの『姫姓・武穆之韓』とした」と〔毛亨・毛萇の説を〕批判していますが、はたして、陳奐の批判は正鵠を得ているのでしょうか。陳奐が「韓侯」を「武穆之韓」としたのは、「溥彼韓城　燕師所完」の二句と齟齬を生じさせないために〔『水経注』聖水篇の注に依拠し〕「韓城」の位置を燕に近い今日の河北省廊坊市固安県に比定したことから、かつて晋の近くの、『史記』韓世家に記述された「韓原」の名の由来となった地に位置したはずの、『春秋左氏伝』襄公二十九年条で晋に攻め取られたとされている「姫姓之韓」と区別する必要が生じたため、『春秋左氏伝』僖公二十四年（前636）の条にある「武之穆也」の記述に依拠した付会と考えます。同時代に同名の国が二つ並存すること自体ありえないことだと筆者には思われます。諸侯を封建するにあたり、国名も周王朝が賜与（あるいは追認）したからです。また、上述したように「武穆之韓」を「百蛮」の地に封ずることなど筆者には考えられません。

3）『春秋左氏伝』・『国語』には漢儒による「韓」の一文字挿入がなされた

　韓は同時代に二つはなかったとすれば、周成王時の粛慎（息慎）の王が初代「韓侯」になったとする本書の立場と、粛慎（息慎）の王が封ぜられた「韓」とは別に、武王の子が封ぜられたとする「武穆之韓」（『国語』鄭語、『春秋左氏伝』僖公二十四年の条）あるいは武王の代に封ぜられ（『春秋左氏伝』昭公二十八年の条）晋に滅ぼされた（『春秋左氏伝』襄公二十九年の条）とされる「姫姓之韓」の存在を記述する『春秋左氏伝』の当該箇所は同時代に二つ以上の韓の存在を認めることとなり相容れません。『春秋左氏伝』僖公二十四年（前636）の条の「邘・晋・応・韓は武王の子〔を封じた国〕です」の文中に「韓」の一文字が存在することは筆者には不可解です。『春秋左氏伝』と姉妹関係にあるとされ、別名「春秋外伝」とも称される『国語』鄭語に記載の鄭の桓公（～前771）と史伯との問答「武王之子応韓不在」：「武王の子〔が封じられた国〕の中でも応と韓ではありません」に「韓」の一文字が存在することも同様です。そもそも武王の子が封ぜられたとされる「武穆之韓」など存在しなかったと考えます。同様に、『春秋左氏伝』襄公二十

九年（前544）の条の「叔侯曰く『虞・虢・焦・滑・霍・楊・韓・巍は皆、姫姓であるが、晋はこれらの国を攻め取って大国となったのです。・・・』」との記述にある晋に滅ぼされたとされる「姫姓之韓」も同じく存在しなかったと考えます。そのことを裏付けるかのように、『史記』韓世家には「〔戦国七雄の一つに数えられた〕韓の先祖と周は同姓で、姓は姫氏である。後に子孫が晋に仕えることになり、韓原に封ぜられることになった。韓〔原に封じられた姫姓の〕武子という。武子の三世後に韓厥というものがいた。封地に従って姓を韓氏とした」とあるだけです。すなわち、『史記』韓世家は、『春秋左氏伝』僖公二十四年の条の「武之穆也」とある韓および『春秋左氏伝』襄公二十九年の条の晋に滅ぼされたとされる「姫姓之韓」には一切ふれていません。本書の立場からすると、『春秋左氏伝』僖公二十四年の条および『国語』鄭語ならびに襄公二十九年の条の当該箇所の「韓」の一文字は、『史記』韓世家の成立以降、『毛詩』の成立前に挿入された疑いが強くもたれます。浜名の言葉を借りれば、『春秋左氏伝』の当該箇所の「韓」の一文字の存在に漢儒（漢の儒者）の作為を感じないわけにはいきません。『詩経』大雅・韓奕に謡われた「韓」の出自を説明（捏造）するために、漢儒による「韓」の一文字挿入がなされたのではないでしょうか。

　以上から、「武穆之韓」あるいは晋に滅ぼされたとされる「姫姓之韓」の存在を記述する『春秋左氏伝』の当該箇所には、後世に「韓」の一文字が挿入されたと考えられ、架空の韓の記事に依拠した①前漢『毛伝』の説・②清の陳奐の説はそもそも成立しません。したがって、仮説13で提示した、周成王時の粛慎（息慎）の王が初代「韓侯」になったとする本書の立場に変更はありません。

3　『詩経』大雅・韓奕に謡われた「韓」の地理的位置についての旧来説①・②に対する批判的検討

1）「韓」の勢力範囲および「韓」の都城の地理的位置についての本書の考え

　西周時代から春秋時代前期にかけての「韓」の勢力範囲は、夏家店上層文化の分布域内に収まると考えられますので、前節で夏家店上層文化の分布域に想定した、老哈河上流域で七老図山脈東麓に位置する寧城県や建平県を中心とするロワン河以東の地域で、北はシラムレン河流域まで、東は大凌河上流域までの地域が相当します。「周宣王時の

253

『韓侯』」の都城の地理的位置は、南山根M101号・M102号石槨墓の位置する内蒙古自治区寧城県方面に比定されます。

2)『詩経』大雅・韓奕に謡(うた)われた「韓」の地理的位置についての旧来説①・②の批判的検討

それでは、「韓」または「韓城」の地理的位置についての旧来説①・②を批判的に検討しながら、併せて仮説13の妥当性を吟味したいと思います。

「韓侯」の「韓」の地理的位置についての、旧来説①・②および本書の立場である仮説13の要点を表6として一覧表にしました。

表6 『詩経』大雅・韓奕に謡われた「韓」の地理的位置についての、
　　 旧来説①・②および本書の考えの要点

	旧来説 及び本書の立場	〈韓奕〉に謡われた「韓」の所在	今日の 地理的位置
①	前漢の毛亨・毛萇の説	直接は言及していません	―
②	清の陳奐の説	『水経注』聖水の注にある韓侯城（方城故城）のあった魏代の涿郡方城県唐代の幽州固安県清代の順天府固安県	河北省廊坊市固安県
	仮説13にもとづく本書の考え	北国（百蛮の地）	内蒙古自治区の寧城県や建平県を中心とするロワン河以東の地域

①前漢の毛亨(もうこう)・毛萇(もうちょう)の説に対して
「韓」の地理的位置について直接は言及していません。

②清の陳奐(ちんかん)の説に対して
陳奐(ちんかん)は「韓城」は魏代の涿郡方城県(たくぐん)（今日の河北省廊坊市固安県）にあったとする説（以下「方城故城説」という）を支持しています。筆者は「方城故城説」には同意できません。その理由は、前節で「韓城」の位置を「韓」地であるロワン河東岸に想定したからです。しかも、「韓城」は「韓」の都城ではなく、「韓」地（燕の飛び地）に設けら

れた周（燕）の北国経営の拠点と解するのが本書の立場です。陳奐が「韓」の都城と考える「韓城」が、仮に今日の河北省廊坊市固安県にあったとすると、燕より「韓」のほうが周都である鎬京（こうけい）（今日の西安）に近い位置となり、「韓」は周の藩屏（はんぺい）として「百蛮」の地を治める「北国伯」の役目を果たすことはできません。陳奐が「韓」の都城と考える「韓城」がこの位置ならば燕が「北国伯」の地位にあって然るべきです。「韓」の都城の地は南山根M101号石槨木棺墓のある内蒙古自治区寧城県方面と考えます。

4　『詩経』大雅・韓奕に謡（うた）われた梁山（りょうざん）の地理的位置についての旧来説①・②に対する批判的検討

1）梁山（りょうざん）の地理的位置についての本書の考え

目加田　誠（めかだ まこと）氏が〈韓奕（かんえき）〉の主題について述べた中に、大変示唆に富んだ着想が示されていますので、該当箇所を掲出します。

「・・・史実、地名についていずれも判然しない。けれども、詩の本文から察すると、韓侯の国は初め同州の韓城にあり、これが宣王の時に夷狄の押えとして、燕の方城（河北、涿郡）に移された。詩の首章に出る梁山は、古、禹が龍門を開き、呂梁を開鑿して、黄河の水流を導いたといわれる陝西郃陽と韓城との間にある山である。涿郡の韓城、またその付近にあるという梁山の名は、この人々が遠く燕の地方にうつされて、そこに故国の地名をつけたのかも知れないと思う。・・・」

（目加田誠『定本 詩経訳注（下）・楚辞訳注』龍溪書舎、1983、118ページ）

目加田（めかだ）氏は〈韓奕（うた）〉に謡われた「韓城」と梁山の位置を方城（かほく、たくぐん）（河北、涿郡）方面に比定し、その地名の由来を陝西郃陽（せんせいたいよう）（今日の陝西省（せんせい）咸陽市武功県）と韓城（今日の陝西省（せんせい）渭南（いなん）市韓城市）との間にある山に求めました。韓侯の移封にともない、「韓」の人々は故国である同州にあった梁山の山名を移封先の河北、涿郡（かほく、たくぐん）にあった山に命名し、ふるさとを偲（しの）んだという地名遷移の着想です。筆者は目加田氏の地名遷移の着想にヒントを得て、〈韓奕（うた）〉に謡われた梁山（りょうざん）の位置について次のように考えました。

仮説15で、「寧義雛（にきし）」を戴（いただ）く「武伯山軍」の主導する勢力の造反によって滅ぼされた

「韓侯」の「韓」の滅亡年を、斉の釐公二十五年（前706）と想定しましたが、「韓」の遺民はその後どうなったのでしょうか。すべて、「武伯山軍」の支配下に置かれたのでしょうか。「韓」の遺民の一部は燕に逃れたと考えます。目加田氏とは逆の流れになるのですが、燕に逃れた「韓」の遺民の中、中原との繋がりが深かった一部遺民（『詩経』大雅・韓奕に謡われた韓姞や小黒石溝石槨墓の被葬者と推定した姜姓許国の末娘「許季姜」などの子孫）は燕から韓原（「韓」の遺民の移住後に、「韓」に因み「韓」原すなわち韓原と命名されたと思われる）に移され、その韓原に『史記』韓世家にある姫姓の韓武子が封ぜられたと考えられます。「毛伝」および陳奐が依拠した『漢書』地理志の左馮翊・夏陽〔県〕の条に記述されている梁山は、韓原に移された「韓」の遺民が故国の「韓」にあった梁山を偲んで、前706年以降に新たに命名した梁山であると考えます。

　筆者は以下の順序で梁山の地名遷移があったと考えています。すなわち、〔今日の山東省済寧市梁山県に位置比定される〕『尚書』禹貢の梁山→〔粛慎の故地である燕の近くは今日の北京市西方に位置した〕〈韓奕〉に謡われた梁山→〔内蒙古自治区寧城県方面に位置したであろう〕「韓」地の梁山→〔今日の陝西省方面に位置比定される〕漢代の左馮翊夏陽県西北に位置する『漢書』地理志で「禹貢梁山」とされた梁山、の順序で梁山は地名遷移があったものと想定しています。したがって、古代の韓原から望見できる山に梁山の名がつけられたのは「韓」の遺民が韓原に移された後のことですから、仮説15で「韓」の滅亡年と推定した前706年以降のこととなり、〈韓奕〉が作られた周宣王（在位：前826〜前781：平勢年表）の時代には、漢代の左馮翊とされる陝西省方面に梁山の名を冠した山はなかったことになります。

　以上から「韓」の遺民の故郷にあった梁山とは、今日の内蒙古自治区寧城県方面に位置した山と推定します。但し、〈韓奕〉に謡われた梁山は「韓」が粛慎であった頃の梁山で、燕の近くは今日の北京市西方に位置する山ではなかったかと考えます。なんとなれば、〈韓奕〉の作者尹吉甫が知る〔〈禹貢〉の梁山とされている〕梁山は、〔西周の都の鎬京と「韓」との往復の途上に位置する〕燕を通じて伝え聞いた燕の近くの梁山と思われるからです。筆者は〈韓奕〉に謡われた梁山の地理的位置を、陳奐が批判した〔清代の〕儒者と同じく、『水経注』灅水の注「灅水又東南径良郷県之北界、歴梁山南」：「灅水は又東南に流れ、良郷県の北界を経て、梁山の南を過ぎる」に依拠して、かつての燕国の地で、北魏の良郷県に近い、今日の北京市西方にある百花山に比定します。

　なお、韓原の位置について付言しますと、韓原は戦国七雄の一つに数えられた韓の地と目される後漢代の河東郡河北県韓亭にあったと考えられます。後漢代の河東郡河北県

韓亭の地理的位置は定かでありませんが、『漢書』地理志の左馮翊・夏陽〔県〕の条に記述されている梁山は、韓原に移された「韓」の遺民が故国の「韓」にあった梁山を偲んで、前706年以降に新たに命名した梁山であると考えていますので、韓原のあった河東郡河北県韓亭は梁山を望見できる位置になければなりません。陳奐の見解に従い、梁山の位置を清代の陝西同州府韓城県西北（陝西省延安市黄龍県か？）に比定するのであれば、黄河の東（河東）に位置し、黄河を隔ててその山を望見できる今日の山西省運城市河津市付近が韓原に比定されます。

2）『詩経』大雅・韓奕に謡われた梁山の地理的位置についての旧来説①・②の批判的検討

それでは、以下に〈韓奕〉に謡われた梁山の地理的位置についての、旧来説①・②を批判的に検討しながら、併せて仮説13の妥当性を吟味したいと思います。

〈韓奕〉に謡われた梁山の地理的位置についての、旧来説①・②および本書の立場である仮説13の要点を表7として一覧表にしました。

表7　『詩経』大雅・韓奕に謡われた梁山の地理的位置についての、
　　　旧来説①・②および本書の考えの要点

旧来説 及び本書の立場		〈韓奕〉に謡われた 梁山の所在	今日の 地理的位置
①	前漢の毛亨・毛萇の説	前漢代の左馮翊 夏陽県西北	―
②	清の陳奐の説	王畿の東北と畿外との境界付近、 前漢代の左馮翊 夏陽県西北（河西）	清代の陝西同州府韓城県西北、 今日の陝西省渭南市韓城市
仮説13にもとづく 本書の考え		粛慎の故地である燕国で、 北魏の良郷県の近く	北京市西方にある百花山か？

①　前漢の毛亨・毛萇の説および②清の陳奐の説に対して

毛亨・毛萇は「梁山は『韓』の国の山の中で最も高く大きく、国鎮とされ、〔人々は梁山を〕はるか遠くに見て祀り、祈りを捧げている。・・・梁山は〔前漢代の〕今、左馮翊の夏陽〔県〕西北に位置している」と注釈しています。陳奐は梁山の位置を清代の

陝西同州府韓城県西北に比定し、前漢代の左馮翊夏陽県の地であると述べています。清代の陝西同州府韓城県は今日の陝西省渭南市韓城市に比定されます。それはさておき、『漢書』地理志の左馮翊夏陽〔県〕の条に記述されている梁山は、韓原に移された「韓」の遺民が故国の「韓」にあった梁山を偲んで、前706年以降に新たに命名した梁山であると考える本書の立場からすると、〈韓奕〉が作られた周宣王（在位：前826〜前781：平勢年表）の時代には、漢代の左馮翊とされる陝西省方面に梁山の名を冠した山はなかったことになります。したがって、〈韓奕〉に謡われた西周時の梁山を、『漢書』地理志に依拠して前漢代の左馮翊夏陽県西北に位置する梁山に比定する①前漢の毛亨・毛萇の説・②清の陳奐の説はそもそも成立しないと考えます。

第2章　文献史料と考古史料から探る前一千年紀の辰国

1　　『毛詩正義』
　　（『国学导航』毛詩正義：毛詩正義巻十八十八之四：http://www.guoxue123.com/jinbu/ssj/ms/061.htm）

2　　「以先祖受命」の句にある「先祖」に注釈して、「韓侯之先祖，武王之子也」：「『韓侯』の先祖は武王の子である」としています
　　（『国学导航』毛詩正義巻十八十八之四：http://www.guoxue123.com/jinbu/ssj/ms/061.htm）

3　　『史記』韓世家の「韓之先与周同姓」の注にみる『史記索隠』の説
　　「索隠按：左氏伝云『邘、晋、応、韓、武之穆』，是武王之子，故詩称『韓侯出祖』，是有韓而先滅。今拠此文，云『其後裔事晋，封于韓原，曰韓武子』，則武子本是韓侯之後，晋又封之於韓原，即今之馮翊韓城是也。然按系本及左伝旧説，皆謂韓万是曲沃桓叔之子，即是晋之支庶。又国語叔向謂韓宣子能修武子之德，起再拝謝曰『自桓叔已下，嘉吾子之賜』，亦言桓叔是韓之祖也。今以韓侯之後別有桓叔，非関曲沃之桓叔，如此則与太史公之意亦有違。」：「『索隠』案ずるに：左氏伝の云う『邘・晋・応・韓は武の穆である』とは武王の子という意味である。それで『詩経』韓奕は『韓侯は〔周王室と同じ〕祖先から出た』*と称したのであるが、『韓』は先に滅んでしまった。今、この文（『史記』韓世家の『韓之先与周同姓・・・』）に拠ると、『その後裔が晋に仕え、韓原に封じられた。韓武子と曰う』とある。則ち〔韓〕武子は、本は〔武王の子に始まる姫姓の〕韓侯の後裔であり（韓世家には韓の先祖は周と同姓とあるだけです。武子を「韓侯」の後裔としたのは『索穏』司馬貞の理解です：筆者）、晋は又、韓武子を〔『春秋左氏伝』襄公二十九年条で晋に攻め取られたとされている『韓』の故地であった〕韓原に封じたというのである。即ち〔唐代の〕今の馮翊〔郡〕の韓城がその地である。それなのに、『系本』や『左伝』の旧説を考察すると、皆、韓万を曲沃の桓叔の子であるといっている。これは、晋の分家であることを意味する。又、『国語』〔晋語八〕には叔向が『韓宣子は、立派に〔欒〕武子の德を修めている』と云って〔韓宣子を〕褒めたので、〔韓宣子は〕起って再び拝し、〔叔向に〕感謝して『〔韓家の初代〕桓叔以下、あなたが私に下さったお褒めの言葉を喜んでいます』と言ったとあるが、〔このことは〕また、桓叔が韓家の始祖であると言っている〔のである〕。今、韓侯の後裔から別れて（韓の始祖は「韓侯」の後裔であるとの『索穏』司馬貞の理解にもとづく推断です：筆者）桓叔が出たことがわかったので、〔韓の初代桓叔は、『系本』や『左伝』の旧説のいう〕曲沃の桓叔とは無関係である。この考えは〔『史記』韓世家にみえる、韓武子に始まるとする〕太史公（司馬遷）の考えともまた違うようであるが。」

　　『韓侯は〔周王室と同じ〕祖先から出た』*
　　　　ここでは、『索隠』の意図を筆者なりに汲んで、『韓侯出祖』を「韓侯は〔周王室と同じ〕祖先から出た」と訳しましたが、『韓侯出祖』の訳は「『韓侯』は道祖神を祭って〔道中の安全祈願を済ませると〕」が適訳と考えます。

第5節　「遼西辰国」（山戎）

―前8世紀末～前7世紀前半の辰国―

1　遼西にあった辰国

　前一千年紀の遼西における辰国の考古学的指標である鏡と銅剣を組み合わせて副葬する墓は、本書第1章第3節〔辰国の考古学的指標と移動の軌跡〕で例示した、多鈕粗文鏡と遼寧式銅剣のセットを副葬する遼寧省朝陽県十二台営子の1号～3号の3基の石槨墓です。年代は前8世紀末～前7世紀前半に比定したいと思います。

遼西
　多鈕粗文鏡と遼寧式銅剣のセット
　（前8世紀末～前7世紀前半）
　　　中国　　遼寧省朝陽県　十二台営子1号墓
　　　中国　　遼寧省朝陽県　十二台営子2号墓
　　　中国　　遼寧省朝陽県　十二台営子3号墓
　　　＊　年代観は本書第2章第3節第6項2）仮説15に拠る。

　それでは、王建新著『東北アジアの青銅器文化』（同成社、1999）に拠り、多鈕粗文鏡と遼寧式銅剣のセットを出土した十二台営子1号～3号墓の概要をご紹介します。

　「　朝陽県十二台営子石槨墓[27]
　　十二台営子石槨墓は、1958年春、灌漑用水路工事中に3基が発見され、同年4月に東北博物館文物工作組によってそのうちの1基（1号墓）が発掘調査されたが、工事で破壊された2基の墓にも、2・3号墓と番号をつけた。十二台営子石槨墓は、朝陽県の南西約12.5km離れた十二台営子村の南約600mのところに位置し、大凌河の南東側にある柏山山脈の北の麓の台地にある。
　　1号墓は台地東端断面の上にあり、3基の中でもっとも東に位置している。地表よりの深さが約3.2mの床面は自然の塊石で水平にし、その南・北・東の3面を自然の塊石で6層に積み上げて墓室の壁をつくり、壁の上に長さ約1.3m、幅約1.1

m、厚さ約 0.2 m の三つの板石を置き、その上に幅約 60cm、厚さ約 9 cm の 8 枚の板石の蓋を置いている。墓室の西に墓門があり、高さ 70cm、幅 60cm、厚さ 9 cm の上広下狭の板石を立て、空隙を卵石で填め、板石の外側にまた卵石で組み立てて墓門を封鎖している。墓室内部は長さ 1.8 m、幅 1 m、高さ 1.2 m の長方形の空間となっており、その中に木製の葬具とそれを被った蒲の蓆も見つかっている。墓室の四つの隅に各々かなり大きな卵石を置いてあるが、ここに葬具を乗せたと考えられ、男女 2 体の伸展葬の人骨が蒲の蓆の上に置かれて、頭はすべて西（川のほう）に向かっていたといわれている。

　副葬品は、北の男性の頭と足のところに各 1 枚の多鈕鏡、右の足の北側に銅鏃 2、中腹部に銅剣 2 と銅斧 1、左の肩に石製剣把頭 2、右の肩に銅製の Y 型銅具などが置いてあり、南の女性の腰部の周辺に釦状銅具 6、人面銅牌 6、獣面銅牌 3、鋲形銅具 6、銅節約 12、管状銅飾 59、銅刀子 1、銅鑿 1、銅錐 3、銅釣針 3、石製漁錘 1、有孔砥石 1、土製紡錘車 1 などがあり、足の下にまた銅刀子 1 が置いてある（図 2-8）‥‥。

　2 号墓は、1 号墓の北の約 5 m のところに 1 号墓と平行してあり、墓室の構造が 1 号墓と大体同じで、2 人の合葬墓といわれている。副葬品は、銅剣 2、多鈕鏡 2、Y 型銅具 1、銅斧 1、銅鏃 14、環首銅刀子 1、銅錐 1、游環長板状銅具 2、双糾結銅具 1、鋲状銅具 6、長管状銅具 5、十字形銅具 12、釦状銅具 7、銅節約 20、円形銅釦 10 などである。

　3 号墓は 2 号墓の西の約 10 m のところにあり、工事で破壊されて出土品も不完全である。ただ勾連雷文の多鈕鏡 1 と 1 号墓とほぼ同形の石製剣把頭 1 が採集されている。‥‥　‥‥

　十二台営子石槨墓では、青銅容器がなく銅剣・銅斧・銅鑿・銅刀子・銅鏃などの武器と工具が中心であり、馬具が発達していることが大きな特徴である。」[1]

（王建新『東北アジアの青銅器文化』同成社、1999、40-43 ページ）

　これらの墓は、前一千年紀の東北アジアにおける鏡と銅剣を組み合わせて副葬する墓に該当しますので、仮説 5-2 により辰国の王墓となります。
　それでは遼寧省朝陽県十二台営子 1 号〜3 号の 3 基の石槨墓を遺した辰国とは文献に登場するどの勢力に該当するのでしょうか。以下に探ってみたいと思います。

2　遼西の十二台営子1号～3号墓を遺した勢力

　本書第2章第1節第6項1)で見たように、『通典』は唐代の営州を春秋時代の山戎の地としており、唐代の営州すなわち柳城県は十二台営子1号～3号墓のある遼寧省朝陽市付近とされています。朝陽県十二台営子1号～3号墓は山戎と関係する辰国の遺跡と目されます。仮説15⁻²で提示したように、斉の釐公二十五年（前706）の山戎とは『神頌契丹古伝』にある「寧義雛(にきし)」と「武伯山軍」の合同軍のことでした。したがって、春秋時代の山戎の地とされる遼寧省朝陽市に位置する朝陽県十二台営子1号～3号墓を遺(のこ)した辰国とは、「韓」を滅ぼし、その領土を継承した、「寧義雛(にきし)（寧義氏）」を「辰泛翅報(しうしふ)」（辰王）として戴く「武伯山軍」および「和族(にき)」を中核とする新生辰国と考えられます。周宣王からの賜与品と考えた中原系の青銅礼器を多数副葬した南山根101号墓の被葬者を、仮説14で「周宣王時の『韓侯』」としましたが、十二台営子石槨墓には中原系の青銅礼器の副葬は見られません。周王室の「北国伯」である「韓」を滅ぼし、「寧義雛(にきし)（寧義氏）」を「辰泛翅報(しうしふ)」（辰王）として戴いた「武伯山軍」および「和族(にき)」を中核とする新生辰国と周王室との関係を如実に物語っているといえます。

　「韓」は滅亡しましたが、遼寧式銅剣に代表される青銅器製作技術が十二台営子石槨墓の副葬品に継承されていることから、青銅器製作技術者を含む「韓」の遺民の大半は、「寧義雛(にきし)（寧義氏）」を「辰泛翅報(しうしふ)」（辰王）として戴く新生辰国の勢力下に入ったと考えられます。

　そこで、仮説16を提示します。

　　仮説16（H16）：H 5⁻² × H16
　　　　　　　　　：H 1 × H 3 × H 4 × H 5 × H 5⁻² × H16
　　鏡と銅剣を組み合わせて副葬する遼寧省朝陽県十二台営子1号～3号墓は、
　　「韓」を滅ぼし、その領土を継承した、
　　「和族(にき)」の「翅報(しふ)」（皇）と推察される
　　東冥の「阿辰泛須氏(あしむす)」出身の「寧義雛(にきし)（寧義氏）」に始まる、
　　「武伯山軍」および「和族(にき)」を中核とする辰国の王墓である。

　そこで、定義7を設けます。

定義7（D 7）：D 7×H16
　　　　　　　：H 1×H 3×H 4×H 5×H 5^{-2}×H16

　仮説16の「韓」を滅ぼし、その領土を継承した、「和族」の「翅報」（皇）と推察される東冥の「阿辰氻須氏」出身の「寧義雛（寧義氏）」に始まる、「武伯山軍」および「和族」を中核とする辰国を、「遼西辰国」と称する。

　定義7により、「遼西辰国」の支配階級は「和族」および「武伯山軍」の「伯族」（貊族）で主に構成されたと考えられます。
　王建新氏は上村嶺虢国墓地遺跡や洛陽市中州路遺跡からの出土品との比較の結果、「十二台営子1号墓の年代は南山根M101と大体同じ、西周末から春秋早期までの間（紀元前8世紀頃）になる可能性があると思われる」[2]との見解を示されています。筆者は十二台営子1号〜3号墓は「韓」を滅ぼした「武伯山軍」および「和族」を中核とする「遼西辰国」が遺したものであり、「韓」の保有した青銅器製作技術を継承したことで十二台営子1号〜3号墓に副葬された青銅製品の製作が可能になったと考えていますので、十二台営子1号〜3号墓の年代を、仮説15で「韓」の滅亡年とした斉の釐公二十五年（前706）以降の、前8世紀末〜前7世紀前半（春秋前期）に年代比定したいと思います。
　また、仮説15^{-2}で『史記』に記述された斉の釐公二十五年（前706）の山戎とは、『神頌契丹古伝』にある「寧義雛」と「武伯山軍」の合同軍としたことから、「韓」の滅亡（前706）後の山戎は定義7の東冥の「阿辰氻須氏」出身の「寧義雛（寧義氏）」に始まる、「武伯山軍」および「和族」を中核とする「遼西辰国」を指すことになります。
　そこで、仮説15^{-3}を提示します。

仮説15^{-3}（H15^{-3}）：D 7×H15×H15^{-3}
　　　　　　　　　　：H 1×H 3×H 4×H 5×H 5^{-2}×H15×H15^{-3}×H16
　中国典籍に記述された山戎とは、
　「韓」の滅亡（前706）後は「遼西辰国」を指す呼称である。

3　斉の桓公による北伐

　「北国伯」であった「韓侯」が滅ぼされた結果、「韓侯」のもとに束ねられていた北

州の諸侯は天子（周王室の王）の命令に従わなくなりました。「遼西辰国」の支配下に置かれたと考えられます。そこで「韓」の滅亡から26年後の前680年に斉の桓公主導の北伐がおこなわれたことが『管子』大匡第十八および『国語』巻第六斉語に記述されています。

『管子』大匡第十八
「狄人伐，桓公告諸侯曰：請救伐，諸侯許諾，・・・ ・・・ 北州侯莫来，
　桓公遇南州侯于召陵，曰：狄為無道，犯天子令，以伐小国，以天子之故，
　敬天之命令，以救伐。北州侯莫至，上不聴天子令，下無礼諸侯，寡人請，
　誅于北州之侯。諸侯許諾，桓公乃北伐令支，下鳧之山，斬孤竹，遇山戎」
（拙訳）
　〔斉の桓公六年（前680）〕狄人（てき）が侵攻してきた。桓公は諸侯に告げて言った。
　「〔狄人から〕侵攻された小国の救援を要請する」と。諸侯はこの要請に応えた。
　・・・ ・・・〔しかしながら〕北州の諸侯はだれも救援に来なかった。
そこで、桓公は南州の諸侯と召陵で会合して言った。「狄（てき）は無道にも、天子の令を犯し、小国を伐った。天子を奉る〔我ら諸侯は〕、天子の命令を尊重し、〔狄人の〕侵攻から小国を救おうとしたのであるが、北州の諸侯は誰一人として救援に来なかった。〔このことは〕上は天子の命令を聴かないことであり、下は〔我ら〕諸侯に対し礼を欠くことである。私は〔ここに、お集りのあなたがた南州の諸侯に、私と一緒に〕北州の諸侯を誅（ちゅう）することをお願いする」と。
　〔南州の〕諸侯は同意した。そこで、桓公は北に向かって進軍し、令支（れいし）を伐ち、
　鳧之山を下り、孤竹を伐った。〔その際に〕山戎に遭遇した。

『国語』巻第六斉語
「即位数年，・・・遂北伐山戎，制令支、斬孤竹而南帰。海浜諸侯莫敢不来服。・・・
　　韋昭注：二国，山戎之与也。制，撃也。斬，伐也。
　　　　　　令支，今為県，属遼西，孤竹之城存焉。」
（拙訳）
　〔斉の桓公が〕即位して数年たって、・・・遂に北の山戎を伐ち、令支を撃ち、
　孤竹を伐って〔斉国のある〕南に向けて帰った。
　海浜の諸侯で来朝して〔天子に〕恭順の意を示さないものはいなくなった。・・・

韋昭注：〔令支と孤竹の〕二国は山戎のなかまの国である。

「刜」は撃である。「斬」は伐である。

「令支」は〔中国三国時代の〕今、県となって遼西〔郡〕に属している。

孤竹の城が存〔在〕する。

「海浜諸侯」：「海浜の諸侯」とは『管子』大匡第十八の「北州侯」：「北州の諸侯」と同義と解され、渤海湾岸のロワン河下流域方面の小諸侯を指すと考えられます。令支国や〔殷代以来の孤竹国の流れかどうかは別として〕孤竹国がロワン河東岸下流域に存在したことが窺われます。山戎（「遼西辰国」）がロワン河を越えて侵攻し、ロワン河下流域方面の小諸侯を支配した状況が作られていたと推測されます。

ところで、『史記』匈奴列伝に「唐虞以上有山戎、獫狁，葷粥，居于北蛮，随畜牧而転移」：「堯・舜の時代より前から、山戎・獫狁・葷粥は〔知られて〕いて、北方の未開地に居住し、放牧した家畜を連れて移動生活を営んでいた」とあり、山戎を堯・舜の時代より前からの遊牧民と捉えています。本書第２章第３節第６項１）で「『高令』など平地部の『武伯』勢力に対比させて、山間部にあたる遼寧省朝陽市方面に居住した『武伯』勢力を、特に「山軍」の名を付して『武伯山軍』と呼称したものと考えます」と述べましたが、この考えが当たっていれば、仮説15⁻²で『神頌契丹古伝』にある「寧義鯢」と「武伯山軍」の合同軍と同一の存在とした『史記』匈奴列伝記載の斉の釐公と戦った山戎は「武伯山軍」（貊族）および「和族」を中核とする集団であり遊牧民ではありません。したがって、『史記』匈奴列伝が、堯・舜の時代より前から知られていて、北方の未開地に居住し、放牧した家畜を連れて移動生活を営んでいたと記述する山戎と斉の釐公と戦った山戎とは、同名ではあるものの互いに系統を異にする集団と言わざるを得ません。山戎とは居住地域（方面）にもとづく呼称であり、族称ではないのかも知れません。

4　「遼西辰国」の勢力範囲

『史記』匈奴列伝は斉の釐公二十五年（前706）の山戎侵攻記事に続けて、斉の桓公二十三年（前663）の山戎（「遼西辰国」）侵攻を記述しています。

『史記』匈奴列伝

「其後四十四年,而山戎伐燕。燕告急于斉,斉桓公北伐山戎,山戎走。」

(拙訳)

　その後四十四年して(斉の桓公二十三年：前663)、山戎が燕の国に侵攻して来た。

　燕は緊急事態を斉に連絡し〔救援を要請し〕た。

　斉の桓公は北に向けて進軍し、山戎を伐った。山戎は〔敗〕走した。

この事件を、『史記』斉太公世家は次のように記述しています。

『史記』斉太公世家

「二十三年,山戎伐燕,燕告急於斉。斉桓公救燕,遂伐山戎,至于孤竹而還。」

(拙訳)

　〔斉の桓公〕二十三年(前663)、山戎が燕に侵攻して来た。

　燕は緊急事態を斉に連絡し〔救援を要請し〕た。

　斉の桓公は燕の救援に向かい、遂に山戎を伐った。孤竹に至って引き返した。

この時の山戎の侵攻が周室に及ぼした影響は『春秋穀梁伝』荘公三十年(前664)条に「〔経〕斉人伐山戎」：「〔経〕斉人(斉の桓公)が山戎を伐った」、「〔伝〕貢職不至,山戎為之伐矣」：「〔伝〕〔燕から周室への〕貢納品が届かなかった。山戎が燕に侵攻したからである」と記述されています。

　また、『説苑』巻第十八弁物には次のような記述があります。

『説苑』巻第十八弁物[3]

「斉桓公北征孤竹,未至卑耳渓中十里,闋然而止,瞠然而視有頃,奉矢未敢発也。

　喟然歎曰：『事其不済乎！有人長尺,冠冕大人物具焉,左袪衣走馬前者。』

　管仲曰：『事必済,此人知道之神也。走馬前者導也,左袪衣者。前有水也。』

　従左方渡,行十里果有水,曰遼水。」

(拙訳)

　斉の桓公は〔山戎を伐つために〕北の孤竹へ遠征した。

　卑耳に至る手前十里の谷の中で、急に立ち止まると、驚いて目をみはり、

　矢をつがえ〔弓を高く構え〕たまま、発射しようとしなかった。

〔桓公は〕嘆息して、「道に迷ってしまったかも知れない。一尺程の背の高さで、冠をかぶった身分の高そうな装いの人物が、左に衣をかかげて馬の前を走っていった」と云うと、

管仲(かんちゅう)は「必ず目的地に着くでしょう。その〔身分の高そうな装いの〕お方は道の神です。馬の前を走って道案内をしてくれているのです。左に衣をかかげたのは、前方に河があることを示してくれているのです」と答えた。

左方より〔谷を〕渡って十里行くと、案の定〔大きな〕河があった。遼水という。

* 拙訳にあたっては、同じ故事が『管子(かんし)』巻第十六小問第五十一に記されていますので、遠藤哲夫著『新釈漢文大系43 管子 中』(明治書院、1998、865-867ページ)を参考しました。

ここでの遼水を佃収氏は今日のロワン河に比定されています[4]。ロワン河は『水経注』では「濡水(じゅすい)」とされています。漢が右渠の朝鮮を滅ぼし、漢の遼東郡が遼河を越えるまでは、ロワン河が遼水であり、ロワン河の東が遼東と呼ばれていたようです。『史記』斉太公世家の記述にある「至于孤竹」:「孤竹に至って」が「孤竹城」への到達を意味するのであれば、このとき、桓(かん)公の軍は遼水(ロワン河)を越えたものと解されます。遼水(ロワン河)を越えると、孤竹故城(こちくこじょう)の所在地とされる今日の河北省秦皇島市廬龍県(かほくしんこうとうろりゅう)があるからです。

「寧義雎(にきし)」と「武伯山軍」の合同軍が「韓」を滅ぼした前706年以降、燕の「韓城」の所在地に想定したロワン河東岸を含むロワン河以東の旧「韓」の領域は、「遼西辰国」の勢力範囲となったと考えられます。したがって、「遼西辰国」の西界はロワン河が想定されます。攻勢時の「遼西辰国」の支配域はロワン河を越えて西に拡げられたものと思われます。「遼西辰国」の東界は大凌河であったと思われます。大凌河の先には、「辰氿殷(しういん)」が拠しているからです。

「遼西辰国」と「辰氿殷(しういん)」の関係について付言しますと、周の「北国伯」である「韓」を倒した「武伯山軍」および「和族(にき)」を中核とする「遼西辰国」は周の敵対国です。「韓燕来攻」を受けた「辰氿殷(しういん)」もまた周の敵対国です。時の「韓侯」の御子と思しき「督抗貢國密矩(とこひこみこ)」が後を継いだ「辰氿殷(しういん)」王家は、滅ぼされた「韓侯」家に代わり、「察賀亶唲(さかたき)」を祖神として祭ったと解しました(本書第2章第7節第5項2)参照)。「日孫(かも)」を「神祖(しんそ)」とする王統の二大系統において、「韓侯」と系統を異にする「寧義雎(にきし)」を戴

き、〔「辰氿殷」王家の宗家筋にあたる〕「韓」を倒した「武伯山軍」および「和族」を中核とする「遼西辰国」を「辰氿殷」は内心快く思ってはいなかったでしょうが、「遼西辰国」と「辰氿殷」は共に周の敵対国同士でしたから、「遼西辰国」と「辰氿殷」は、すくなくとも敵対関係にはなかったろうと推察します。

5　東胡：燕山地域に「軍都山類型」の集団墓を遺した勢力

　　1）軍都山南麓一帯の集団墓

　仮説14⁻³で寧城県南山根M101号・M102号墓に代表される夏家店上層文化圏の青銅器副葬墓を遺した辰国を「韓」に比定し、仮説16・定義7で遼寧省朝陽県十二台営子1号～3号墓を遺した辰国を、「韓」を継承した「遼西辰国」に比定した行きがかり上、北京市西北の軍都山南麓一帯に「『ハ』字状（匕首式）の鐔をもつ有柄式短剣」に代表される青銅武器を副葬する集団墓を遺した勢力について言及しなければなりません。
　燕山の西端を構成する北京市西北の軍都山南麓一帯における集団墓出現の様相を、甲元眞之氏は考古学的見地から以下のように述べています。

「　・・・西周末期から春秋前期にかけて、この地域にみられる青銅器群は銎式銅剣や有茎式銅剣などを武器として具備する集団であるのに対して、春秋前期以降、『ハ』字状（匕首式）の鐔をもつ有柄式短剣に代表される青銅武器を所持する集団墓が出現する。その始まりは北京市の西北、軍都山南麓一帯に分布する葫蘆溝、西梁垙、玉皇廟の3ヵ所の墓地であり、いずれも木棺土壙墓で構成された集団墓を形成する（北京市文物研究所山戎文化考古隊1989）。」[5]

（甲元眞之『東北アジアの青銅器文化と社会』同成社、2006、154ページ）

　さらに、内蒙古自治区寧城県小黒石溝石槨墓や同南山根M101号墓の構成する墓域が「石槨墓を中核として、青銅礼器などの副葬品の多寡においても質においても、著しい差を示しながら墓域が構成されるのに対して」軍都山墓地群の場合は「青銅礼器をほとんどもたず、等質的な木棺土壙墓で共同墓地を構成するという明確な集団構成の差異がそこに認められる」[6] としています。

それでは、甲元眞之著『東北アジアの青銅器文化と社会』(同成社、2006) に拠り、軍都山南麓一帯の集団墓を代表して玉皇廟遺跡の概要をご紹介します。

2) 玉皇廟遺跡

「　玉皇廟遺跡では頭位を東に向けた 350 基の墓が整然と列状に配置されていて、墓相互には規模の格差はみられない。またほとんどの墓には人骨頭部にイヌ、ヤギ、ウシ、ウマの部分もしくは全身を随葬する習俗が認められ、その数は玉皇廟墓地で 60％に、葫蘆溝墓地と西梁垙墓地では 25％に達している。こうした習俗は中原地帯にはみることができない。

　副葬品は陶製の容器が基本で、青銅礼器はあまりみられない。主要な青銅容器には、鼎、豆、罍、簋、鍑、盤、匜、杯などであり、またその数量は少ない。武器には『ハ』字状の鐔をもつ有柄式短剣が特出し、素環頭刀子も多く見られる。鏃には両翼式と三翼式の両種があり、戈は三穿で援が尖り、内の長い型式が出土している。工具では斧や鑿が、馬具には銜や節約、轄がある。そのほかには銅製の装身具が各種発見されている。戈の形態が洛陽中州路の第 1 期 (中国科学院考古研究所 1959) や辛村 M17 号墓出土品 (郭宝鈞 1964) と類似することから、もっとも古い時期は春秋前期に収まる。

　ここで出土する数少ない青銅容器は、燕を初めとする各地から齎されたもので、ほぼ春秋前期の所産である。」[7]

(甲元眞之『東北アジアの青銅器文化と社会』同成社、2006、155 ページ)

3)「軍都山類型」の集団墓の年代的位置付け

甲元眞之氏は、簡素な木棺土壙墓で構成される「軍都山類型」の集団墓を時期別に以下のように例示し、この地域では、戦国中期まで[8]連綿としてこの種の墓地が継続築造されているとしています。

［春秋中期から後期にかけての墓地の例］
　北京市延慶県別埜区墓地（北京市文物研究所 1994）、
　河北省張家口市宣化県小白陽墓地（張家口市文物管理所・宣化県文化館 1987）、
　河北省承徳市灤平県梨樹溝門墓地（承徳地区文物保護管理所・灤平県文物保護管理所 1994、灤平県博物館 1995）、

［春秋後期の墓地の例］
　河北省環来県甘子堡山墓地（賀勇・劉建中 1993）、

［戦国期の墓地の例］
　河北省環来県北辛堡山墓地（河北省文化局文物工作隊 1966）、
　河北省灤平県虎什哈砲台山墓地（河北省文物研究所・承徳地区文化局・灤平県文物管理所 1983）、
　遼寧省凌源県五道河子山（遼寧省文物考古研究所 1989）。

（甲元眞之『東北アジアの青銅器文化と社会』同成社、2006、155–156 ページ）[9]

　さらに、甲元氏は、これら「軍都山類型」の集団墓を営んだ集団を牧畜騎馬民と想定し、以下のように述べています。

「またこうした青銅短剣を具備している春秋前期の玉皇廟遺跡、春秋後期の環来県北辛堡遺跡や戦国前期の河北省李家荘墓から青銅製の鍑（ふく）が発見されることは（河北省文化局文物工作隊 1963）、ヤギ、ウシ、ウマなどを随葬することと併せて、その出現の当初から最終段階まで、非中原的な牧畜を主要な生業とする民族の遺した遺産であることを物語っているといえよう（甲元 1992）。」[10]

（甲元眞之『東北アジアの青銅器文化と社会』同成社、2006、156 ページ）

「オルドス式短剣を装備した集団は埋葬址から出土する各種の馬具の卓越性から明らかに騎馬民と想定され、さらに銅鍑（ふく）をもつことで牧畜を生業としていたことを窺わせる。」

（甲元眞之『東北アジアの青銅器文化と社会』同成社、2006、162 ページ）

なお、甲元氏はこれらの集団が従来居住していた北方の地から南下してくる要因を、西周末期から春秋前期にかけての寒冷乾燥化[11]に起因する環境悪化に求めています。

4）「軍都山類型」の集団墓を遺した勢力

下掲『史記』匈奴列伝によると、春秋時代の晋の文公（在位：前637〜前628：平勢年表）や秦の穆公（在位：前660〜前621：平勢年表）[12]が活躍した頃、燕の北に居たとされる勢力に東胡と山戎があります。

『史記』匈奴列伝
「（通釈）
　この時代は、秦国と晋国が強国であった。晋の文公は戎狄を追いはらって河西の圁水と洛水の間に住まわせ、赤翟とか白翟と呼んだ。秦の穆公は〔祖先は晋人であるが戎王に仕えていた〕由余を味方につけ、そのはかりごとで西戎の八国が秦に服した。だから隴山から西には緜諸、緄戎、翟貕の戎族がおり、岐山・梁山・涇水・漆水の北には、義渠・大荔・烏氏・朐衍などの戎族がいた。そして晋国の北には林胡・楼煩の戎族がおり、燕国の北には東胡と山戎がいた。それらの諸戎はそれぞれ分散して谿谷に住み、自分たちの酋長がいた。各地で聚落を営んでいる部族が百余もあったが、それらを統一できる酋長はいなかった。」
（青木五郎『新釈漢文大系91 史記 十一（列伝四）』明治書院、2004、415–416ページ）

また、〔夏家店上層文化圏の〕主として内蒙古自治区寧城県小黒石溝石槨墓と軍都山南麓一帯の集団墓との対比において、甲元氏は次のように述べています。

「・・・西周末期から春秋時代前期にかけて、中原の青銅礼器をもちながらも非中原的な多数の武器類を備え、装飾品にみられる中原とは異なった出で立ちの集団が埋葬された石槨墓と、春秋前期以降戦国中期まで青銅礼器はあまりもたず、簡素なオルドス青銅器群を具備した等質的な木棺土壙墓で共同墓地を構成する集団という、明確に異なった二つの民族集団が存在していたことは明らかである。前者はやがて後者に押されて遼西地方から遼東地方へ居を移し、オルドス青銅器群は北アジアを

席巻するようになる。これら二つの民族集団をそれぞれ東胡と山戎に該当させる研究者は少なくない。」

(甲元眞之『東北アジアの青銅器文化と社会』同成社、2006、156ページ)

　しかしながら、南山根M101号墓や小黒石溝石槨墓に代表される「西周末期から春秋時代前期にかけて、中原の青銅礼器をもちながらも非中原的な多数の武器類を備え、装飾品にみられる中原とは異なった出で立ちの集団が埋葬された石槨墓」を遺した勢力は東胡(とうこ)ではありません。なんとなれば、本書第2章第3節第4項においてみたように、南山根M101号墓や小黒石溝石槨墓は「韓侯」の勢力が遺したものと考えられるからです。また、山戎は前8世紀末～前7世紀前半に比定した遼寧省朝陽県十二台営子1号～3号墓を遺した勢力です。なんとなれば、仮説16・定義7により、遼寧省朝陽県十二台営子1号～3号墓を遺した勢力は「遼西辰国」であり、仮説15^{-3}により「遼西辰国」は「韓」の滅亡（前706）後の山戎に相当するからです。したがって、「春秋前期以降戦国中期まで青銅礼器はあまりもたず、簡素なオルドス青銅器群を具備した等質的な木棺土壙墓で共同墓地を構成する集団」には、消去法により「韓」と山戎を除外すると、東胡が該当しそうです。それら「軍都山類型」の集団墓を遺した牧畜騎馬民の勢力を東胡に比定することで、下掲『史記』匈奴列伝の戦国時代の事件の記述ともよく契合します。

『史記』匈奴列伝
「其後燕有賢将秦開，為質於胡，胡甚信之。帰而襲破走東胡，東胡卻千余里。」
（拙訳）
　　その後、燕に秦開(しんかい)という賢将がいた。胡の人質とされていたが、
　　胡は秦開を大変信用していた。〔胡の人質から解放され、燕に〕帰国した秦開は、
　　東胡を急襲し、破り、追走した。東胡は千余里〔の地域を失い〕後退した。

　燕の賢将秦開(しんかい)に攻められて直ちに千余里も後退できる東胡は、「『ハ』字状の鐔をもつ有柄式短剣」に代表される簡素なオルドス青銅器群を副葬する「軍都山類型」の集団墓を遺した牧畜騎馬民の勢力にふさわしいからです。
　以上から仮説17を提示します。

第2章 文献史料と考古史料から探る前一千年紀の辰国

仮説17（H17）：H17
　燕山地域に「『ハ』字状の鐔をもつ有柄式短剣」に代表される
　簡素なオルドス青銅器群を副葬する、
　春秋前期から戦国中期にかけての「軍都山類型」の集団墓を遺した勢力とは、
　『史記』匈奴列伝に記載のある牧畜騎馬民の東胡である。

　また、第2章第3節第6項2）掲出の『史記』匈奴列伝「その後六十五年して、山戎が燕の国を越えて斉の国を攻撃した（斉の釐公二十五年：前706）」：「是後六十有五年，而山戎越燕而伐斉」の「山戎」に注した『索隠』の引く服虔が山戎を今（服虔の生きた後漢末）の鮮卑に比定しているのは誤りです。

　「山戎：『索隠』服虔云『山戎蓋今鮮卑』」[13]
　（拙訳）
　　山戎：『索隠』服虔は「山戎は今の鮮卑と思われる」といっている。

　仮説15⁻²で提示したように、『史記』に記述された斉の釐公二十五年（前706）の山戎とは『神頌契丹古伝』にある「寧義騅」と「武伯山軍」の合同軍のことであり、「寧義騅」は「和族」、「武伯山軍」は「伯族」（貊族）です。したがって、斉の釐公二十五年（前706）の山戎は〔後漢末の〕鮮卑の祖先集団ではありません。遊牧騎馬民である鮮卑の祖先集団は、『魏志』烏丸鮮卑東夷伝に「烏丸、鮮卑即古所謂東胡也」：「烏丸と鮮卑は昔の東胡と呼ばれた部族〔の後裔〕である」と記述されていることから、仮説17で簡素なオルドス青銅器群を副葬する、春秋前期から戦国中期にかけての「軍都山類型」の集団墓を遺した勢力に比定した牧畜騎馬民の東胡とするのが妥当と考えます。

6　「遼西辰国」の東遷

　『史記』を始めとする中国典籍に登場する山戎の記事は前8世紀末から前7世紀のものです。さしもの山戎（「遼西辰国」）も、度重なる燕・斉との抗争で疲弊したものと思われます。「武伯山軍」および「和族」を中核とする「遼西辰国」は遂に大凌河を越え、「辰汦殷」の本拠地（遼河平野西方に位置する医無閭山に近い今日の北鎮市付近に擬定）

をも越えて、王都を朝陽県十二台営子付近から遼東に遷しました。遷都があったとする根拠は、仮説5^{-2}により、辰国の考古学的指標である、前一千年紀の東北アジアにおける鏡と銅剣を組み合わせて副葬する墓が遼東に出現するからです。春秋晩期から戦国早期（前6世紀〜前5世紀）に年代比定がされている遼寧省本渓市梁家村1号墓がそれです。

　「遼西辰国」東遷の要因の一つに燕の東進圧力があげられます。「遼西辰国」が遼東に遷った後、「遼西辰国」の本拠地であった朝陽県十二台営子から遠くない大凌河上流域に対し燕の働きかけがあったようです。春秋晩期から戦国早期（前6世紀〜前5世紀）とされる喀左県南洞溝石槨墓の副葬品から、遼寧式銅剣などの辰国製品とは別に、「銅戈」や「圈足付き銅舟」や「銅車軎（えい）」などの中原文化の特徴を有する製品が看取できる[14]からです。但し、燕がロワン河を渡り、七老図（チーラオトウ）山脈を越え、大凌河上流域を支配地域に収めるのは、前3世紀初の賢将秦開の登場を待たなければなりません。

第 2 章　文献史料と考古史料から探る前一千年紀の辰国

1　(27) 朱貴「遼寧朝陽十二台営子青銅短剣墓」、『考古学報』1960-1。

(王建新『東北アジアの青銅器文化』同成社、1999、84 ページ)

2　「十二台営子 1 号墓の年代は南山根 M101 と大体同じ、西周末から春秋早期までの間（紀元前 8 世紀頃）になる可能性があると思われる」

(王建新『東北アジアの青銅器文化』同成社、1999、43 ページ)

3　『説苑(ぜいえん)』巻第十八弁物
（中華文化網離線閲覧『説苑』巻第十八弁物：http://ms.chgsh.chc.edu.tw/~chi/chi_ebook/sy.htm)

4　ここでの遼水を佃収氏は今日のロワン河に比定されています

(佃　収『倭人のルーツと渤海沿岸』星雲社、1997、68-82 ページ)

5　(北京市文物研究所山戎文化考古隊 1989)「北京延慶軍都山東周山戎部落墓地発掘紀略」『文物』8 期

(甲元眞之『東北アジアの青銅器文化と社会』同成社、2006、278 ページ)

6　内蒙古自治区寧城県小黒石溝石槨墓や同南山根 M101 号石槨木棺墓の構成する墓域が「石槨墓を中核として、青銅礼器などの副葬品の多寡においても質においても、著しい差を示しながら墓域が構成されるのに対して」軍都山墓地群の場合は「青銅礼器をほとんどもたず、等質的な木棺土壙墓で共同墓地を構成するという明確な集団構成の差異がそこに認められる」

(甲元眞之『東北アジアの青銅器文化と社会』同成社、2006、154-155 ページ)

7　(中国科学院考古研究所 1959)『洛陽中州路』科学出版社

(甲元眞之『東北アジアの青銅器文化と社会』同成社、2006、276 ページ)

(郭宝鈞 1964)『浚県辛村』科学出版社

(甲元眞之『東北アジアの青銅器文化と社会』同成社、2006、272 ページ)

8　戦国中期まで
「ところが、春秋前期になると有柄式（オルドス式）銅剣を具備した集団墓地で示される民族集団の墓制が河北省北部の地域で顕著になり、一方では有茎式銅剣を保持する集団を遼西、次いでは遼東に追いやるとともに、河北省中部一帯以北の地域では、戦国中期までその確固とした足跡をたどることができる状況が醸し出されている。」

(甲元眞之『東北アジアの青銅器文化と社会』同成社、2006、162 ページ)

9　(北京市文物研究所 1994)「龍慶峡別墅工程中発現的春秋時期墓葬」『北京文物与考古』第 4 輯
(張家口市文物管理所・宣化県文化館 1987)「河北宣化県小白陽墓地発掘報告」『文物』5 期
(承徳地区文物保護管理所・灤平県文物保護管理所 1994)「河北省灤平県梨樹溝門墓群清理発掘

簡報」『文物春秋』2 期

（灤平県博物館 1995）「河北省灤平県梨樹溝門山戎墓地清理簡報」『考古与文物』5 期

（賀勇・劉建中 1993）「河北環来甘子堡発現的春秋墓」『文物春秋』2 期

（河北省文化局文物工作隊 1966）「河北環来北辛堡戦国墓」『考古』5 期

（河北省文物研究所・承徳地区文化局・灤平県文物管理所 1983）「灤平県虎什哈砲台山山戎墓地的発現」『文物資料集刊』第 7 集

（遼寧省文物考古研究所 1989）「遼寧凌源県五道河子戦国墓発掘簡報」『文物』2 期

（甲元眞之『東北アジアの青銅器文化と社会』同成社、2006、272-280 ページ）

[10] （河北省文化局文物工作隊 1963）「行唐県李家荘発現戦国銅器」『文物』4 期

（甲元 1992）甲元眞之「大ボヤール岸壁画と銅鍑」『筑波大学比較民俗研究』第 6 巻

（甲元眞之『東北アジアの青銅器文化と社会』同成社、2006、268-273 ページ）

[11] 西周末期から春秋前期にかけての寒冷乾燥化

（甲元眞之『東北アジアの青銅器文化と社会』同成社、2006、161 ページ）

[12] 春秋時代の晋の文公（在位：前 637 ～前 628：平勢年表）や秦の穆公（在位：前 660 ～前 621：平勢年表)

（平勢隆郎『新編史記東周年表』http://edo.ioc.u-tokyo.ac.jp/edomin/edomin.cgi/shiki/_tJCEAvD.html）

[13] 「山戎：『索隠』服虔云『山戎蓋今鮮卑』」

（国学导航『史記』巻一百十匈奴列伝第五十：http://www.guoxue123.com/shibu/0101/00sj/110.htm）

[14] 喀左県南洞溝石槨墓の副葬品から、遼寧式銅剣などの辰国製品とは別に、「銅戈」や「圏足付き銅舟」や「銅車軎」などの中原文化の特徴を有する製品が看取できる

「(4) 喀左県南洞溝石槨墓[(36)]

南洞溝石槨墓は、喀左県城の北西約 10km のところにある南洞溝という小さな山谷中の西側の斜面の南西の辺縁に位置している。・・・　・・・副葬品には、銅剣 1、銅簋 1、銅戈 1、環首銅刀子 1、銅帯鉤 1、銅車軎 2、銅馬銜 1、魚形銅当鑪 2、魚形銅節約 8、節状銅器 2、骨鏃 1、石斧 1、有孔石飾 12、土罐 1 などがある（図 2-11）。南洞溝石槨墓の銅戈が安徽省寿県蔡侯墓[(37)]・河南省洛陽市中州路 M2717・輝県趙固 M 1[(38)] などから出土した春秋晩期から戦国早期までのものとよく似ており、環首銅刀子の形式も洛陽市中州路 M2717 のものと近い。圏足付き銅舟は、報告書には銅簋とあるが、楕円形の口縁部でやはり銅舟と称する方がよい。それは洛陽市中州路 M2729・2717 のものと形式が似ているが、ただ圏足がやや高い。・・・　」

（王建新『東北アジアの青銅器文化』同成社、1999、46 ページ）

(36) 遼寧省博物館・朝陽市博物館「遼寧喀左南洞溝石槨墓」、『考古』、1977-6。

(37) 安徽省文物管理委員会など「寿県蔡侯墓出土遺物」、科学出版社、1956。

(38) 中国科学院考古研究所「輝県発掘報告」、科学出版社、1956。
(王建新『東北アジアの青銅器文化』同成社、1999、85 ページ)

第6節　遼東・遼河平野の辰国

―春秋晩期～戦国早期にかけての辰国―

1　遼東にあった辰国

　東遷の時期は定かではありませんが、春秋時代後期の前6世紀頃、「遼西辰国」は遼寧省朝陽県十二台営子付近にあったと思われる王都を東に遷し、遼東に新たな王都を定めたものと思われます。

　前一千年紀の遼東における辰国の考古学的指標である鏡と銅剣を組み合わせて副葬する墓は、本書第1章第3節〔辰国の考古学的指標と移動の軌跡〕で例示した、多鈕粗文鏡と遼寧式銅剣のセットを副葬する遼寧省本渓市梁家村1号墓です。

遼東
　多鈕粗文鏡と遼寧式銅剣のセット
　（春秋晩期～戦国早期：前6世紀～前5世紀）
　　　中国　　遼寧省本渓市　梁家村1号墓
　　　　＊　年代観は王建新著『東北アジアの青銅器文化』
　　　　　　（同成社、1999、54-55ページ）に拠る。

　それでは、王建新著『東北アジアの青銅器文化』（同成社、1999）に拠り、多鈕粗文鏡と遼寧式銅剣のセットを出土した梁家村1号墓の概要をご紹介します。

「　本渓市梁家村1号墓[44]
　梁家村1号墓は、本渓市の北東、渾河支流の太子河の北より約1.5km、明山区高台子郷梁家村の北西約1kmの山の麓の斜面に位置している。1974年、唐殿忠氏は自宅の基礎工事中に古墳を発見し、1982年春、魏海波氏が現地の調査を行って、その後に遺構と遺物の出土状況を報告した。唐殿忠氏の話によると、地表より約1mのところで板石と青銅器を見つけたという。現地には長さ97cm、幅75cm、厚さ14cmの二つの板石が残されているが、それは石槨墓の蓋石かもしれない。副葬品は、剣把頭付け銅剣1と勾連雷文の多鈕鏡1が収集されている（図2-16）。銅剣の

刃部はすでに破損されているので形式の判断は難しいが、勾連雷文の多鈕鏡は完全に保存され、十二台営子の三鈕鏡と違って、鄭家窪子の双鈕鏡に近いことがわかる。それによって、梁家村1号墓の年代は鄭家窪子土壙墓とほぼ同時代か、あるいは少し古くなると考えられる。」[1]

(王建新『東北アジアの青銅器文化』同成社、1999、55ページ)

東遷した「遼西辰国」によって遼東に遺されたと考えられるこの墓は、前一千年紀の東北アジアにおける鏡と銅剣を組み合わせて副葬する墓に該当しますので、仮説5^{-2}により辰国の王墓です。

そこで、仮説18を提示します。

仮説18（H18）：$D\,7 \times H\,5^{-2} \times H18$
：$H\,1 \times H\,3 \times H\,4 \times H\,5 \times H\,5^{-2} \times H16 \times H18$
鏡と銅剣を組み合わせて副葬する遼寧省本渓市梁家村1号墓を遺した
辰国とは、王都を遼東に遷した「遼西辰国」である。

また定義8を設けます。

定義8（D 8）：$D\,8 \times H18：H\,1 \times H\,3 \times H\,4 \times H\,5 \times H\,5^{-2} \times H16 \times H18$
仮説18の遼東に王都を遷し、遼寧省本渓市梁家村1号墓を遺した辰国を
「遼西辰国」改め「遼東辰国」と称する。

2　遼東の石棺墓を造営した勢力

「遼東辰国」に関する記述は中国典籍はもとより『頌叙（しょうじょ）』にもほとんど残されていません。したがって、文献資料にもとづいて「遼東辰国」像を描くことはできません。そこで考古学の視点から素描を試みることにします。「遼西辰国」の東遷の事実は、遼東における鏡と銅剣を組み合わせて副葬する墓の出現によって確認できます。この時に随行したと思われる「珂洛（から）」（神族）の遼東への移住の事実は、遼東地域の墓葬の変化に反映されているようです。

宮本一夫氏は、遼東の支石墓の地名表および分布図を作成し、それをもとに中国東北部の支石墓は遼東地域に分布が限られており、遼河下流域や吉長地区は分布範囲に含まれないとの認識を示されました。また、遼東半島に分布する卓子式支石墓と大石蓋墓の各々の副葬遺物の年代比較をとおして、卓子式支石墓から大石蓋墓への変遷を想定されました。さらに、遼東の支石墓を遼東半島と遼東内陸部に地域細分した上で、遼東地域の墓葬の変遷過程を述べ、併せて、大石蓋墓時期と併行すると認められる遼寧式銅剣文化段階の石棺墓に着目し、卓子式支石墓の分布図と、別に大石蓋墓の分布と〔遼寧式銅剣や青銅工具を伴う〕石棺墓の分布を併記した分布図を示した上で、遼寧式銅剣を副葬する石棺墓の出現の様相についても言及されています。

「遼東半島では複数共同埋葬の卓子式支石墓から個人集団墓へと転化した大石蓋墓に対し、遼東内陸部は複数共同埋葬の卓子式支石墓から、埋葬方法において保守的に前段階の伝統を引きながら同じ複数共同埋葬がなされる大石蓋墓へと変化していく。年代的には卓子式支石墓が上馬石A区下層期の西周時期、大石蓋墓が上馬石A区上層期〜上馬石BⅡ区期の春秋〜戦国前半に相当する。
　大石蓋墓時期はいわゆる遼寧式銅剣文化の段階であるが、この段階は遼東において遼寧式銅剣が副葬される石棺墓が新たに認められる。」
　　　　　　　　　（宮本一夫『中国古代北疆史の考古学的研究』中国書店、2000、170ページ）

　すなわち、卓子式支石墓から大石蓋墓への変化を想定した上で、卓子式支石墓から大石蓋墓への変化は同一集団内での伝統を継承しながらの変化であり、卓子式支石墓を西周時期に、大石蓋墓を春秋〜戦国前半に時期比定しています。その上で、遼寧式銅剣が副葬される石棺墓が新たに認められる時期を大石蓋墓の時期としています。また、卓子式支石墓を複数共同埋葬すなわち集団の共同墓であるとし、大石蓋墓については、遼東半島の大石蓋墓〔群〕を個人集団墓すなわち単人葬からなる集団墓とし、遼東内陸部の大石蓋墓を前代の卓子式支石墓と同じく複数共同埋葬の共同墓とする見解を示されています。
　さらに、渾河・太子河流域の遼寧式銅剣を副葬する石棺墓の出現の様相について、

「さて、大石蓋墓と遼寧式銅剣あるいは青銅工具を伴う石棺墓の分布を示したのが図68である。この分布図と卓子式支石墓の分布図である図67とを比べれば明らか

なように、石棺墓の分布の外郭に大石蓋墓の分布が認められる。あたかもこれまでの卓子式支石墓の分布圏に、遼寧式銅剣などの青銅器を伴った石棺墓が分け入ったような印象を与える。それらの石棺墓の分布は、渾河や太子河の流域に限られていることが興味深い。すなわちそれらの流域に新たな文化の進出がもたらされたと解釈できるのではないだろうか。したがって、卓子式支石墓の終焉は、こうした石棺墓と遼寧式銅剣をもつ文化の広がりによってもたらされたと解釈できる。そしてまた、石棺墓の影響の中で大石蓋墓が成立していったと解釈すべきであろう。そしてこの段階は石棺墓が基本的に個人墓であり、遼寧式銅剣を持つように階層的な上位者を示している。この階層化社会の到来が大石蓋墓のような個人集団墓を生み出したと考えるべきであろう。」

(宮本一夫『中国古代北疆史の考古学的研究』中国書店、2000、170ページ)

「寧城地区や大凌河流域のような遼西の場合、石棺墓の階層的な位置づけは、石槨墓、変形石槨墓、木槨墓、木棺墓より劣るものであり、決して階層上位者の墓葬構造ではない。また、これまでの卓子式支石墓の分布圏へ、渾河・太子河流域といった山間部地域に遼寧式銅剣と石棺墓が分布していく様相は、あたかも新しい文化が流域を遡るように拡大していく様を表しているように感じられてならない。」

(宮本一夫『中国古代北疆史の考古学的研究』中国書店、2000、196ページ)

との見解を示し、渾河・太子河流域の石棺墓の構造については、

「石棺墓の構造は石塊を積み上げてさらに蓋石を置くものであり、箱式石棺状を呈するものはほとんどなく、基本構造は遼西のものと類似しているといえよう」

(宮本一夫『中国古代北疆史の考古学的研究』中国書店、2000、196ページ)

と述べ、遼寧式銅剣と石棺墓という新たな文化の出現は、遼西方面からの新たな集団の移住に起因することを強く示唆しています。

遼西地域においては〔石槨墓との比較において〕「決して階層上位者の墓葬構造ではない」石棺墓に遼寧式銅剣の副葬が見受けられ、石棺墓の被葬者の中に階層的な上位者が存在することを示す現象は、石棺墓を遺したと考えられる「遼西辰国」の「珂洛」(神族)が遼西方面から移住して来て、先住の支石墓文化を遺した集団の上位に位置したこ

とによってもたらされたと考えます。なお、石棺墓は「珂洛」(神族)の中でも、主要先祖集団の一つである「伯族」(貊族)の墓制を引き継ぐグループによって遺されたと考えられます。

3 遼東の卓子式支石墓・大石蓋墓を造営した勢力

　それでは、西周時期に遼河下流域を除く遼東に分布する卓子式支石墓・大石蓋墓を造営した先住集団とは、どのような勢力だったのでしょうか。
　『神頌契丹古伝』第三十一章に以下の記述があります。

「　　第三十一章　南方の徐族來って滿州に建國す
　先是宛之徐濟海舶臻倚殷居於宛灘　闢地數百千里築弦牟達稱昆莫城國號徐珂殷
　　　　　譯　文
　是より先き。宛の徐。海を濟り舶臻し。殷に倚り宛灘に居り。
　地を開く數百千里。弦牟達に築き。昆莫城と稱し。國を徐珂殷と號す。」
　　　　　　　　　　　　　　　(浜名寛祐『神頌契丹古伝』八幡書店、2001、582–583 ページ)
　　　　「譯文」の口語訳（拙訳）
　これ*（辰氾殷の遷都と新都建設）より先の時代に、
　宛（今日の渾河流域か）の徐〔族〕は、海を渡り、船でしきりにやって来て、
　〔辰氾〕殷に帰属し、宛灘（今日の渾河か）〔の流域〕に居住し始め、
　土地を数百里にわたって開拓し、弦牟達に城を築き、「昆莫城」と称し、
　国号を「徐珂殷」とした。

　　　「これ」*
　　　「これ」とは辰氾殷の遷都と新都建設を指します。
　　　　第二十九章（後出）および第三十章（本書第2章第7節第5項2）に掲出）に記述されています。遷都の時期は、燕の将軍秦開による辰氾殷（箕子朝鮮）攻略直後です。秦開による箕子朝鮮攻略の時期を、王建新氏は戦国時代後期の前290年前後とみています。

　「宛灘」を『漢書』地理志の「塩難水」、今日の渾河に擬定します。遼河支流の渾河上中流域や遼東半島には卓子式支石墓が比較的濃密に分布しています[2]。「徐〔族〕」（以下

「徐族」と記す）は沿岸航法を身につけた海人勢力（半農半漁民）と解されますが、「殷周之際」の「徐族」は有力親殷勢力（殷の諸侯か）の一つとして「牧野の戦い」に参戦（『神頌契丹古伝』第二十三章）しています。「徐族」は古代の徐州に住んでいた淮夷の一派（徐夷・徐戎）ではないでしょうか。なんとなれば、「徐族」が建国した「徐珂殷」の王である「徐珂王淮骨令南誾峙」（『神頌契丹古伝』第三十五章：本書第2章第7節第9項に掲出）は、『後漢書』濊伝（本書第2章第7節第9項に抄出）では「濊君南閭」と称されており、濊（淮）君とされているからです。遼東に分布する卓子式支石墓（西周時期）・大石蓋墓（春秋～戦国前半）を造営した勢力とは、「徐珂殷」を建国した「徐族」などの勢力であったと考えます。

　また、朝鮮半島の支石墓を造営した集団は濊族であったと考えられます。筆者は、濊族を中国の江淮地方（淮河・揚子江流域）を原郷とする淮夷系の半農半漁民に起源し、早くから沿岸航法による海上交易活動をおこなっていた海人勢力と考えます。

　周成王（在位：前1009～前1002：平勢年表）の叔父で摂政の周公旦は、「三監の乱」を支援していた奄や淮夷等の東夷諸族の討伐いわゆる「践奄の役」を実施しました。『後漢書』東夷伝に拠ると周穆王（在位：前985～前940：平勢年表）の代には徐国を滅ぼし、周厲王（在位：前854～前827：平勢年表）の代には逆に淮夷の侵入を許したものの、周宣王（在位：前826～前781：平勢年表）の代には召穆公に命じて淮夷の討伐をおこないこれを平定したとあります。長年に亘って周との緊張関係が続いた「徐族」を含む淮夷諸族の、新天地を求めての遼東や朝鮮半島への移住の契機には事欠きません。遼東から朝鮮半島にかけて広く分布する支石墓の分布域と文献上の「徐族」・濊族の居住域が重なることから、遼東から朝鮮半島にかけての支石墓文化は「徐族」・濊族の文化であったと言えそうです。中国浙江省方面の支石墓文化*は副葬品の印文陶器（原始青瓷・原始黒瓷）から殷末～西周に位置づけられるようです。支石墓文化が中国起源ならば、これら「徐族」・濊族を皆淮夷の一派とみなした場合、支石墓文化は淮夷の文化ということができましょう。

　　「中国浙江省方面の支石墓文化」*
　　　「これらの支石墓とは分布を異にする一群が中国浙江省瑞安市の一帯にある。もっとも規模が大きいのは岱石山支石墓（現地では石棚墓とよんでいる）群で、かつて28基があったが、今ではほとんど残っていない。1958年の『浙江新石器時代文物図録』に北方式的な支石墓の写真が載せられて、注目されたことがある。棋盤山支石墓は相対する丘陵の上にそれぞれ2基の支石墓があったというが、今は各1基が残っている。楊梅山

にも1基の支石墓があるという。以上は毛昭晰の示教によるが、これを合わせると瑞安には3ヶ所30基以上の支石墓があったことになる。
　このうちの棋盤山支石墓は残りがよく、見学の報告がある（江坂 1992）。私も1992年に遺跡を訪れたが、江坂とは異なった印象を得た。現存する遺構とたまたま現場に居合わせた農民の、墓の周囲を掘り下げたため変化する以前の形態の説明を総合すると、支石墓は地上または半地下の埋葬施設をもっている。それは分厚い長方形の板石を縦に長楕円形状に並べ、それに上石をのせる型式で、韓国済州島の済州市龍潭洞などの支石墓とよく似た構造になる。岱石山支石墓も写真で判断すると同様の構造に解釈できる。印文陶器（原始青瓷・原始黒瓷）が墓の中から出土していて、殷末〜西周に位置づけられている（愈 1990）。瑞安市文化館で3ヶ所の支石墓群の付近で採集したという原始瓷器をみせてもらったが、同様の時期のものであった。時期的な整合性という重要な問題が残されるが、朝鮮半島の支石墓と無縁ではなかろうとの印象を強くもっている。」[3]

（高倉洋彰『金印国家群の時代』青木書店、1995、46-47ページ）

ところで、第2章第1節第6項2)で「淮(わい)」を淮夷の一派である濊(わい)族あるいは濊(わい)族の国と解しましたが、殷代の「〔智〕淮(わい)」の本拠地に想定した河北省沿岸部に支石墓は確認されていません。

4　「遼東辰国」の朝鮮半島への侵出

朝鮮半島各地の支石墓または石棺墓から遼寧式銅剣（琵琶形銅剣）が出土することがあります。「朝鮮半島で発見された琵琶形銅剣の数はすでに50点を超えている」[4]とされていますが、朝鮮半島における遼寧式銅剣副葬墓のいくつかを、以下に例示したいと思います。

北部朝鮮半島（朝鮮半島北半部）地域
　　　① 北朝鮮　黄海南道白川郡　大雅里　箱式石棺墓
　　　② 北朝鮮　黄海北道新坪郡　仙岩里　箱式石棺墓
南部朝鮮半島（朝鮮半島南半部）地域
　　　③ 韓国　　忠清南道扶餘郡　松菊里　箱式石棺墓
　　　④ 韓国　　全羅南道昇州郡　牛山里　支石墓
　　　⑤ 韓国　　全羅南道高興郡　雲垈里　支石墓

⑥　韓国　　　全羅南道麗川市　　積良洞　　支石墓
　⑦　韓国　　　全羅南道麗水市　　五林洞　　支石墓
　⑧　韓国　　　慶尚南道昌原郡　　徳川里　　石槨墓
　⑨　韓国　　　慶尚南道義昌郡　　鎮東里　　石棺墓

　甲元氏は、朝鮮半島において特定有力者が出現する初期段階の墓制の変化を、遼寧式銅剣と銅鏃、大型管玉と磨製石鏃10点を副葬する黄海南道白川郡大雅里箱式石棺墓および遼寧式銅剣と大小の管玉に磨製石鏃4点を副葬する黄海北道新坪郡仙岩里の箱式石棺墓を例に挙げて、「遼寧式銅剣を伴う段階になると、墳丘をもつ箱式石棺墓が単独で存在するあり方をみせるようになる」[5]と述べています。また、忠清南道松菊里の箱式石棺墓も同様に考えることができるとしています。
　さらに、

「これら箱式石棺墓にやや先行する例として、平安北道豊龍里や黄海北道泉谷里の箱式石棺墓が挙げられる。泉谷里では石棺周囲に砂礫や土壌で保護壁を形成していることから、あたかも石槨墓の内部主体を思わせるつくりになっていて、石槨墓の外縁地域においては石槨墓の優位性を認め、それに類似した遺構に有力者は葬られるという『意識』が存在していたことを示唆する。」

（甲元眞之『東北アジアの青銅器文化と社会』同成社、2006、238ページ）

と述べています。
　また、遼東や西朝鮮における支石墓との対比において、中・南朝鮮の支石墓は「1支石墓1人埋葬」が原則であり、結果的に膨大な数の支石墓が分布する状況が醸し出されたとの認識の下に、従来の共同体的村落社会である南朝鮮の支石墓社会に特定有力者が生まれた状況にふれ、以下のように述べています。

「南朝鮮の支石墓は基本的に村落構成員の集団墓であったことは、全羅北道の高敞郡以南、慶尚南道統営郡以西の全羅南道を中心とする地域では3万基以上の支石墓が分布し、1里内に数十基の支石墓が普通に確認されている。しかも保存状態の良好な場所では1遺跡内において膨大な数の支石墓が列状配置をとり、副葬品として権威的な青銅製品は保有しないことも知られていて、たとえ村落構成員の全員が支石

墓に葬られたのではなくとも、共同体的村落構成をそのまま表現していると理解できる。この点において、武威や権威を象徴する各種の製品を多数副葬する特定有力者が単独にしか埋葬されない石棺墓や石槨墓とは、大いにその性格を異にしていることを知りうる。

　ところが南朝鮮南端部の支石墓の中には、戦前に調査された雲垈里支石墓を始めとして新しく発掘された全羅南道昇州郡牛山里支石墓、麗川市積良洞支石墓、麗水市五林洞支石墓のように遼寧式銅剣を出土する支石墓や、麗水市平呂洞支石墓のように多数の曲玉や管玉を共同墓地の中で排他的に伴出する支石墓の類例が増加している。これらは、いずれも大規模な集団墓地の中に存在するうちの数基であり、青銅製品や多数の装身具を伴わない支石墓の内部主体が石棺墓であるのに対して、石槨墓である点が通底しており、支石墓も後半期に入ると、その内部に特定有力者が創出されてきたことを窺わせる。」

（甲元眞之『東北アジアの青銅器文化と社会』同成社、2006、241-242ページ）

　さらに、「支石墓6基、石槨墓12基、石蓋土壙墓5基で構成される青銅器時代の墓地群である（李相吉 1994）」[6] 慶尚南道昌原郡徳川里遺跡の、「周囲には南北52.6m・東西が17.5mのL字形に配された石垣が設けられ、明らかに他の遺構とは区別される施設が伴う」[7] 1号支石墓に言及して、「特別な区画を設けて他の遺構とは区別するあり方の墓制の登場は、遼寧式銅剣を副葬品として保有する石槨墓と同一遺跡で共存することを念頭に置くと、支石墓を主体とする平等社会がその後半期になり、石槨墓形式のイデオロギーの影響を受けて階層社会へと転換を遂げることで、支石墓構築が終焉を迎えたことを暗示している」[8] としています。「石槨墓形式のイデオロギー」とは前掲甲元氏の「石槨墓の外縁地域においては石槨墓の優位性を認め、それに類似した遺構に有力者は葬られるという『意識』」を指すと解されます。なお、14基の支石墓と25基の石棺墓から7点の琵琶形短剣と1点の銅鉾が発見され、第7号支石墓からは完形の長さ33.0cmの琵琶形短剣が出土した[9] 麗川市積良洞遺跡の支石墓群にも、「敷石区画をもつ区画墓が長軸をそろえるようにならんで」[10] 存在します。

　以上の甲元氏の記述に拠り南部朝鮮半島の墓制の変化を通観すると、支石墓を主体とした平等社会に墳丘をもつ箱式石棺墓が出現し、さらに区画墓や内部主体が石槨墓である支石墓さらには石槨墓が出現することになります。

　それでは、朝鮮半島に遼寧式銅剣（琵琶形銅剣）を副葬する特定有力者の墓が出現す

る要因を何に求めたらよいのでしょうか。

　「徐族」・濊族の文化と考えられる支石墓は、中国の江淮地方(淮河・揚子江流域)を原郷とする淮夷系の海人勢力(「徐族」・濊族)が、主に山東(膠東)半島―遼東半島経由で海路、遼東から朝鮮半島にかけての地域に移住し、人口の増加にともない分村を進め、先住民との融和と抗争を繰返しながら津々浦々に淮夷系の集落(邑)を築いていく過程で、氏族共同体の構成員としてのアイデンティティーを確認するための特別な建造物としての性格が付与されるようになったと考えられます。そのような性格を有すると考えられる支石墓を造営した朝鮮半島の濊族社会に、新たに箱式石棺墓や石槨石棺墓あるいは区画墓や、内部主体を従来の石棺墓に替えて石槨墓とする「石槨墓形式のイデオロギー」の影響を受けた支石墓が出現するなどの墓制の変化に着目すると、これらの墓制の変化の背景として新たな外部勢力の侵入を想定すると説明し易くなります。

　筆者は遼寧式銅剣(琵琶形銅剣)は辰国によって独占的に製作された製品であるとの立場から、支石墓や石棺墓に副葬された遼寧式銅剣(琵琶形銅剣)を、辰王の直轄地の首長に対する辰王からの賜与品と解釈します。辰王の直轄地とは辰王によって任命(封建ではない)された〔行政官としての〕首長(臣智)が治める国邑(支配拠点である邑)および国邑の統治作用が及ぶ範囲の意味で用いています。「国邑」とは「支配拠点である邑」を意味し、『魏志』韓伝に「国邑各立一人主祭天神」：〔諸〕国邑では、それぞれ一人を立てて天神を祭らせている」とあり、『魏志』倭人伝に「倭人在帯方東南大海之中，依山島為国邑」：「倭人は帯方〔郡〕の東南大海の中に在り、山島に依って国邑を築いている」とある国邑です。国邑の周囲には中小の邑(集落)が点在し、国邑(支配拠点である邑)からの統治作用が及ぶ範囲が一つの国の領域であったと考えられます。すなわち、この時代の国とは地図上で余すことなく地域区分(行政区分)されるような存在ではなく、第一義的には国邑(支配拠点である邑)を意味し、また国邑からの統治作用が及ぶ範囲をも意味するようになったと考えます。そのように解すると、どの国邑からの統治作用も及ばない僻地の邑(集落)が少なからず存在したことが想像されます。国・国邑・中小の邑の概念の包含関係を図示すると図6のようになります。

[図6　国・国邑・中小の邑の概念の包含関係]

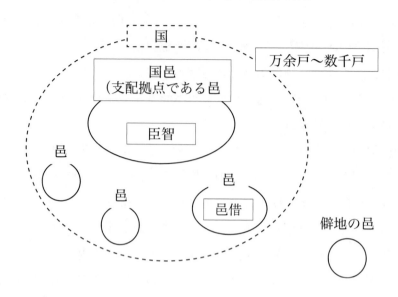

　図6からもわかるように、『魏志』韓伝に列挙された五十余国や『魏志』辰韓伝に列挙された国は国邑を意味すると解されます。
　それでは、支石墓を造営した朝鮮半島の濊族社会に侵入した新たな外部勢力は辰国であるとして、具体的にはどの時期の辰国なのでしょうか。遼寧式銅剣（琵琶形銅剣）が賜与された年代（上掲支石墓・石棺墓に副葬された年代ではない）を前5世紀～前4世紀頃と考えると、この時期の辰国とは「遼東辰国」または「弁那（匈奴）辰国」（後出、仮説20・定義10）が該当しますが、後述する「遼東辰国」の南遷を視野に入れて、「遼東辰国」と推断しました。
　本書第1章第1節第1項4）抄出の『後漢書』韓伝に「其諸国王先皆是馬韓種人焉」：「それら〔かつての三韓を構成した〕諸国の王（国邑の首長）も、以前はすべて馬韓種人であった」とあります。「馬韓種人」に注して「辰国の支配階級である馬韓の『天孫族』を指すと解され、『魏志』辰韓伝の『馬韓人』と同義」としましたが、朝鮮半島におけるかつての辰国は、辰王によって任命された馬韓の「天孫族」すなわち「辰族（辰汯固朗）」出身の首長が治める国邑の連合体であったと解されます。「遼東辰国」もまた、辰王によって任命された「遼東辰国」の「天孫族」すなわち「辰族（辰汯固朗）」出身の首長が治める国邑の連合体であったと推察されます。
　そこで、仮説1^{-2}および定義9を提示します。

第２章　文献史料と考古史料から探る前一千年紀の辰国

仮説１⁻²（H１⁻²）：D６×D８×H１⁻²×H６
　　　　　　　　：H１×H１⁻²×H３×H４×H５
　　　　　　　　×H５⁻²×H６×H６⁻²×H８×H16×H18
　「遼東辰国」は、辰〔国〕王（「辰㳒〔繿〕翅報」）によって任命された、
　「辰族（辰㳒固朗）」出身の首長が治める国邑の連合体であった。

定義９（D９）：D６×D９×H６：H１×H４×H６×H６⁻²×H８
　辰〔国〕王（「辰㳒〔繿〕翅報」）によって任命された、
　「辰族（辰㳒固朗）」出身の首長が治める諸国邑（国々）を「辰諸国」という。

　すなわち、支石墓を造営した朝鮮半島の濊族社会に対し、「遼東辰国」からの軍事力を背景とした強力な政治的働きかけがおこなわれ、その結果として、濊族社会の拠点集落は次第に「遼東辰国」の支配下に置かれ、「遼東辰国」の辰王の直轄地としての小国（国邑）が形成されていったと考えます。したがって、遼寧式銅剣（琵琶形銅剣）を副葬する特定有力者とは「遼東辰国」に臣属した在地勢力の首長ではなく、「遼東辰国」から濊族社会の国邑（支配拠点である邑）に直接派遣された「辰族（辰㳒固朗）」出身の首長で王族と考えます。

　その場合問題となるのは、遼寧式銅剣（琵琶形銅剣）を副葬する朝鮮半島の支石墓の被葬者です。遼寧式銅剣（琵琶形銅剣）を副葬する被葬者を外来の「辰族（辰㳒固朗）」出身の首長と考えた場合、なぜ在来の墓制である支石墓を採用したかの説明が必要となるからです。この点も含めて、被葬者を外来の首長とする理由として、以下の①・②が考えられます。

① 遼寧式銅剣（琵琶形銅剣）を副葬するという厚葬のあり方に在地勢力とは異質なイデオロギーが看取されること。
② 在地勢力の墓制である支石墓を採用しながらも、「石槨墓形式のイデオロギー」の影響を受け内部主体を石槨墓形式とするなどの折衷様式に、在地勢力との融和をはかり共存的な関係をつくりだそうとした外来首長の意図が窺われること。

　前５世紀頃に始まった「遼東辰国」の朝鮮半島への侵出とその後の南遷は、南部朝鮮半島に居住する濊族の日本列島への移住に拍車をかけたと推定されます。また、「遼東

辰国」による朝鮮半島の濊族社会への侵出は、結果的には「遼東辰国」の朝鮮半島への南遷のための下準備の役割を果たすことになりました。

　朝鮮半島における引き続いての墓制の変化を甲元氏は次のように簡潔に述べています。

「　朝鮮において朝鮮製の遼寧式銅剣が修正加工されて変形した段階になると、鎮東里を始めとして朝鮮南部にも本格的な石槨石棺墓が出現し始める。さらに典型的な細形銅剣段階になると、銅剣、多鈕粗文鏡と玉類を出す忠清南道の南城里や槐亭洞など、多数の青銅儀器を伴出する石槨石棺墓が各地に登場するようになってくる。」

（甲元眞之『東北アジアの青銅器文化と社会』同成社、2006、238ページ）

　上掲記述中の「朝鮮製の遼寧式銅剣」とは朝鮮半島で出土する琵琶形銅剣を指すと解されますが、筆者は遼寧式銅剣（琵琶形銅剣）は辰国によって独占的に製作された製品であるとの立場から、朝鮮半島出土の遼寧式銅剣（琵琶形銅剣）は朝鮮半島製ではなく、遼東で製作された「遼東辰国」の製品と考えます。

　王建新著『東北アジアの青銅器文化』（同成社、1999）に拠ると、忠清南道扶余郡松菊里石棺墓の副葬品の中に、鋒部が摩耗しているだけの、ほぼ完形の遼寧式銅剣（琵琶形銅剣）とは別に、破損した遼寧式銅剣（琵琶形銅剣）の茎部でつくられたと見られる銅鑿[11]があることや、全羅南道高興郡雲垈里支石墓・全羅南道昇州郡牛山里支石墓・全羅南道麗川市積良洞支石墓・慶尚南道義昌郡鎮東里石棺墓等に副葬された遼寧式銅剣（琵琶形銅剣）に二次加工を加えた痕や、その多くに破損が見受けられることから、非実戦用とされる琵琶形銅剣は単なる威信財として未使用のまま大切に保管されているだけの存在ではなかったことがわかります。朝鮮半島の各地で出土した遼寧式銅剣（琵琶形銅剣）には鏡を伴出していませんが、「日神系神道勢力」にとっての鏡は王のみに所有することが許された格別の宝器であったことに由ると解されます。

　なお、甲元氏のいう「典型的な細形銅剣段階」とは、「遼東辰国」が朝鮮半島に南遷し、錦江流域に都して以降の、中国典籍に散見するいわゆる辰国の時代に相当すると考えられます。したがって、細形銅剣については朝鮮半島の辰国によって製作された朝鮮半島製ということになります。青銅原料の調達については本書第2章第7節第4項において後述します。

5　遼河平野にあった辰国

　先に、遼寧省本渓市梁家村1号石棺墓を「遼東辰国」の王墓としましたが、遼河平野にはさらに規模の大きな、前一千年紀の辰国の考古学的指標である鏡と銅剣を組み合わせて副葬する墓があります。多鈕粗文鏡と遼寧式銅剣のセットを副葬する遼寧省瀋陽市鄭家窪子第3地点6512号墓です。

遼河平野
　　多鈕粗文鏡と遼寧式銅剣のセット
　（戦国前期：前5世紀末～前4世紀前半）
　　　中国　　瀋陽市　鄭家窪子第3地点　6512号墓
　　　　＊　年代観は本節第7項、仮説19に拠る。

　それでは、甲元眞之著『東北アジアの青銅器文化と社会』（同成社、2006）および王建新著『東北アジアの青銅器文化』（同成社、1999）に拠り、多鈕粗文鏡と遼寧式銅剣のセットを出土した遼寧省瀋陽市鄭家窪子第3地点6512号墓他の概要を以下にご紹介します。

「　鄭家窪子遺跡は瀋陽の南に展開する渾河流域の低地にあり、一帯からはこれまでに青銅短剣を副葬する墓が発見されているが、その第3地点では『首長墓』と想定される1基の巨大な木槨木棺墓が発掘されている（瀋陽故宮博物館・瀋陽市文物管理弁公室 1975）。長さ5mに幅3mの大きな土壙内には長さ3.2mに幅1.6mの木槨を据え、さらにその内部に長さ2mに厚さ0.7mの木棺を配置した墓式であり、木棺内部には頭部や頚部に玉製の飾りを着け、腰に遼寧式銅剣を吊り下げ、青銅製の釦飾りをつけた革靴を履いた一体の老人が埋葬されていた。さらに遺体の頭部、胸部、腰部、脚部には青銅製鏡飾りがあたかも遺体を保護するかのように置かれていた。棺槨の間には頭部側に2点の青銅短剣、左側には弓関係遺物が、右側には4頭立ての馬頭飾りを始めとする馬具が、脚部には土器が3点副葬され、副葬品の合計は42種797点にも及んでいる（図65）。・・・」[12]

　　　　　　　　　　（甲元眞之『東北アジアの青銅器文化と社会』同成社、2006、232ページ）

「　瀋陽市鄭家窪子土壙墓(43)

　鄭家窪子土壙墓は、瀋陽市の南西、瀋陽駅の西約5km、渾河の北約3kmのところにある。1958年春、農場の井戸を掘削中に割れた土製罐と銅剣など27点の銅器が発見された。瀋陽市文物工作組の報告によると、この地点を鄭家窪子第1地点と呼んでいる。その後、1962年秋、第1地点の南500mの地点から銅剣1点が発見されているが、ここを第2地点という。1965年8月、瀋陽故宮博物館と瀋陽市文物管理弁公室により、第2地点の南西500mの地点で14基の古墳を発掘した。そこを第3地点と呼ぶが、ここは南北2区に分けられ、北区に12基の小型土壙墓があり、それから80m離れた南区に2基の木棺木槨を伴う大型土壙墓が発見された。これらの中から南区の6512号墓と北区の659号墓が報告された。

　6512号墓は、長さ5m、幅3m、残深1.4mの長方形土壙で、木槨とその中の木棺が各1ある。木槨の底には蓆を敷き、槨と棺の間、西（頭部）の方に銅剣2、剣鐔1、勾連雷文の多鈕鏡1、銅簪(どうかんざし)2、骨簪2が置かれ、北（左）の方に、弓嚢1および弓1と2形式の矢柄付き銅鏃169枚などがあり、南（右）の方に銅製馬銜8、骨製馬銜8、銅製馬銜(かん)4、銅製節約16、喇叭(らっぱ)形銅器4、円形銅飾8、銅製游環絞具2組、銅泡7、銅管33、銅珠224など4組の馬頭用具が置かれ、また東（足）の方に土製壺3が置いてあった。棺内には、頭を西に向けている1体の老年男性の人骨があり、その頭の上と足の下に各1枚の大型鏡形銅器があり、胸から下肢骨までの間に同距離で4枚の中型鏡形銅器が発見された。頭は46枚のつなげた青緑色の有孔天河石(てんがせき)で飾られ、頸と胸の前にやはり青緑色の天河石の33枚の管状飾と1枚の半月形飾で組繋げた首飾りがあり、腰の右に銅剣1、下肢の右に刀嚢1と銅刀子1、銅錐1および斧嚢1と銅斧1、銅鑿1などが置かれ、両足は124枚の大銅泡と56枚の小銅泡で飾られており、長い革靴を履いたようである（図2-14、15）。

　659号墓は、長さ1.75m、幅0.5m、深さ不明の長方形土壙墓で、葬具は発見されていない。頭を西に向けている1体の老年男性の人骨があり、腰の左に骨製剣1と骨環1、右の足の側に土製壺1、人骨の右にある低い土台の上に牛の肢骨1などが置かれていた。

　第1地点墓は遺構の形式が不明で、副葬品には、銅剣1、銅斧1、銅鑿2、銅節約10、円形単鈕銅器（鏡？）3、円形双鈕銅器（鏡？）5、多孔単鈕銅飾1、双

半月形銅飾４などがあった。」[13]

（王建新『東北アジアの青銅器文化』同成社、1999、51-54 ページ）

鄭家窪子6512号墓の馬具について王建新氏は、

「発達した馬具は鄭家窪子土壙墓の副葬品のもう一つの特徴といえる。その中の三孔の銅馬鑣と銅馬銜などは、十二台営子と南洞溝石槨墓で見られ、夏家店上層文化の同類製品の形式とは明確に区別される。馬の頭に飾った喇叭形銅器と銅製斧嚢および刀嚢飾などは新しく出現してきた器形で、高い工芸技術と使用者の高い身分を表現している。死者の両足に履いている銅泡で飾った長い革靴のようなものは、北京市昌平県白浮村２号墓で同じ物が見られる。鄭家窪子土壙墓を代表とする文化は、東北アジア系青銅器文化の中の北方系遊牧民の文化要素を受け続けたが、それに加えて、独自の特徴のある馬具などに発展のあとも見られるのである。」

（王建新『東北アジアの青銅器文化』同成社、1999、54-55 ページ）

と述べています。また、鄭家窪子6512号墓の埋葬年代を春秋晩期から戦国早期までの間（前６世紀～前５世紀）に比定しています（同書、54 ページ）。

6　異質の辰王墓、鄭家窪子6512号墓の被葬者像

　筆者は辰国の王墓の中で、この鄭家窪子6512号墓に対してはある種の違和感を感じてなりません。その違和感を感じさせる理由は以下の①・②の諸点です。

① 　墓制において、辰国の王墓に特徴的な南山根M101号墓以来の石槨墓ではなく木槨木棺墓である。
② 　「発達した馬具」や弓関係遺物などに騎馬民集団の文化要素が著しく看取される。鄭家窪子6512号墓の被葬者と同一集団の下位墓と思しき659号土壙墓には牛の肢骨が随葬されており牧畜民の墓葬を思わせる。

①については、これより後の朝鮮半島の辰国の王墓と目される墓が石槨墓であること

から、辰国が鄭家窪子の段階以降、墓制を木槨木棺墓に変化させたわけではなく、鄭家窪子6512号墓のみが例外と考えられます。同じく被葬者が銅泡で飾った革靴を着装する北京白浮村Ｍ２号木槨木棺墓は、辰国に特徴的な石槨墓の墓制が発生する以前の、中原様式に倣った西周期の木槨木棺墓であり、鄭家窪子の段階とは事情が異なります。また、鄭家窪子6512号墓には青銅礼器の副葬がないので、鄭家窪子の木槨木棺墓を燕との関係で論じることも適切ではないと考えます。いずれにしろ、被葬者は「寧義雛」に始まる「遼西辰国」以来の東冥の「阿辰泛須氏」出身ではない蓋然性が高いと思われます。

②については、被葬者が北方遊牧民の文化を継承する牧畜騎馬民集団の出身であることを窺わせます。

①・②を合わせると、鄭家窪子6512号墓の被葬者については、「寧義雛」に始まる「遼西辰国」以来の東冥の「阿辰泛須氏」出身ではなく、北方遊牧民文化を継承する牧畜騎馬民集団出身の王という被葬者像が得られます。鄭家窪子6512号墓の被葬者像から推すと、辰王統の交替ないしは外来牧畜騎馬民勢力による「遼東辰国」支配が疑われます。果たして、そのような異変を窺わせるような記述は残されているのでしょうか。

『神頌契丹古伝』第二十九章に以下の記述があります。

「　　第二十九章　辰泛殷再度東遷
　賛繼前言曰爾来跳嘯三百餘載時運漸不利伯分爲二一連於弁一入于秦
　秦自是益豪燕亦加彊殷遂以孛浿勃大水爲界譲曼灌幹之壤而東。
　　　　　譯　文
　賛前言を繼いで曰く。爾来跳嘯三百餘載。
　時運漸く利ならず。
　伯分れて二と爲り、一は弁に連り。
　一は秦（『秦』は『辰』の誤伝写：筆者）に入る。
　秦是より益豪。燕も亦彊を加ふ。
　殷遂に孛浿勃大水を以て界と爲し。曼灌幹之壤を譲り而して東す。」

（浜名寛祐『神頌契丹古伝』八幡書店、2001、563-564ページ）

「譯文」の口語訳（拙訳）
賛は前言（第二十七章「於是降燕滅韓薄斉破周」）に続けて次のように言った。
〔紀元前706年に燕を降伏させ、「韓」を滅亡させ、斉の都城近くまで攻め込み、

第2章　文献史料と考古史料から探る前一千年紀の辰国

それら周の側の勢力を破って〕以来(いらい)、三百年余りにわたって
思いのままに振る舞って来たが、時の運が次第に有利に働かなくなった。
伯(はく)〔族〕(貊族)は二つに分れ、
一つは弁(はん)(匈奴)と連合し、一つは辰(「秦」を「辰」に訂正：筆者)に入った。
秦(しん)は是より、益々強国となっていき、燕(えん)もまた強さを加えていった。
殷(いん)は遂(つい)に孝涘勃大水(はしほ)(今日の遼寧省北票市の東を流れる牡牛河および
牡牛河と合流して以降の大凌河に擬定)を〔燕との〕境界として、
曼灌幹(まはかむ)の地域を〔燕に〕譲り、東(ひがし)〔に遷都〕した。

　第二十九章で「賛」が引き継いだ前言とは第二十七章（本書第２章第３節第６項１）に掲出）の記述になります。第二十八章は『辰殷大記』からの引用文であり「賛」（『費弥(ひみ)国氏洲鑑賛』）の言ではないからです。第二十九章の「伯(はく)分れて二と爲(な)り、一は弁(はん)に連(つら)なり。一は秦(しん)（『秦』は『辰』の誤伝写：筆者）に入る」において「秦」を「辰」の伝写の誤りとした理由は、第二十七の「燕を降伏させ、『韓』を滅亡させ、斉(せい)の都城近くまで攻め込み、それら周の側の勢力を破った」紀元前706年（仮説15）から三百年余り後の戦国前期、燕は健在であり、秦はまだ遼西に進出しておらず、遼西遼東方面に展開していた「伯(はく)族」が秦の支配下に入ることは起こりえないからです。伝写者は、後文の「秦自是益豪」：「秦は是より、益々強国となっていき」とある秦が強国となっていった理由を、二つに分かれた伯の一方が秦に入ったことに由ると解し、元来は「辰」であったものを〔誤伝写と判断し〕「秦」に改め、「伯分爲二一連於弁一入于秦」：「伯(はく)〔族〕（貊族）は二つに分れ、一つは弁(はん)（匈奴）と連合し、一つは秦に入った」と改変したものと推察されますが〔「秦」は「辰」が正しく〕「伯分爲二一連於弁一入于辰（「秦」を「辰」に訂正：筆者)」：「伯(はく)〔族〕（貊族）は二つに分れ、一つは弁(はん)（匈奴）と連合し、一つは辰に入った」で一節が完了すると考えます。筆者は第二十九章の解釈に長らく苦慮していましたが、「秦」を「辰」の伝写の誤りとすることで筋がとおるようになったと自賛しています。

　浜名は「弁(はん)は匈(はん)で匈奴のことである」と述べています。ちなみに、藤堂明保編『学研漢和大字典』（学習研究社、1995）に拠ると、「匈」の上古音は「hiuŋ」とあります。広東語では「匈」の音は「hun」です。「フン族」を匈奴とする認識と関係するのでしょうか、中国語ではハンガリーを「匈牙利(ハンガリー)」と表音表記するようです。「弁(はん)」の全称は「弁那(はんな)」（本節第７項に掲出の『神頌契丹古伝』第三十八章を参照下さい）で、匈奴の自称と考えられます。漢は「弁那(はんな)」を貶(け)して「匈奴」の字をあてたものと思われます。

295

「弁那」と「匈奴」の対応関係は以下のようです。

「弁」 ⇔ 「匈」
「那」 ⇔ 「奴」

　第二十九章に拠ると、「伯族」は二つに分れて、一つは「弁那」（匈奴）と連合し、一つは辰の傘下に入ったとされています。すなわち、「伯族」は「弁那」（匈奴）と連合したグループと、「遼東辰国」に入った（留まった）グループに二分されたわけです。
　留意すべきは、鄭家窪子6512号墓は多鈕粗文鏡と遼寧式銅剣のセットを副葬しており、被葬者の葬儀は「日神系神道」に則って執り行われたと推測されることです。また「馬の頭に飾った喇叭形銅器と銅製斧嚢および刀嚢飾などは新しく出現してきた器形で、高い工芸技術と使用者の高い身分を表現している」との王建新氏の指摘は、鄭家窪子6512号墓を遺した勢力が一定の青銅器製作の技術者集団を直接配下に置いていたか、もしくは「遼東辰国」勢力配下の青銅器製作技術者集団に、これら新出の馬具を製作させたと考えられることです。以上のことは、この勢力が「日神系神道」を信奉する「遼東辰国」を駆逐し、「遼東辰国」の領土や旧勢力が製作した青銅製品などの財物を単に略奪したのではなく、「遼東辰国」を傘下に収め、辰王（「辰氿翅報」）として君臨していた時期があったことを示唆しています。

7　鄭家窪子6512号墓の被葬者の出自

　それでは、鄭家窪子6512号墓の被葬者の出自を窺わせる記述はあるのでしょうか。『神頌契丹古伝』第三十八章にその鍵を握ると思われる記述があります。

「　　第三十八章　辰遠く貊を招く
　先是弁那有二汗落曰縉耘伊逗氏曰縉耘刀漫氏
　伊逗氏者殷密矩王孫所入而繼
　淮伯諸族合于弁者具瞻爲宗中微兒孫或爲刀漫氏所鞠育
　繆突幼有異相刀漫忌憚之質於鞨氏而急襲繆突亡奔迂而依殷殷善外計伯陰内應
　繆突入爲氿翅報圍漢幾獲轉掃弁殷之間殷乃爲康

第2章 文献史料と考古史料から探る前一千年紀の辰国

及繆突死於賂伯復坎軻久潛漠邊

至是辰招以率發符婁之谿臼斯旦烏厭旦之壤高令乃臻。

譯　文

是より先き。弁那（匈奴）に二汗落あり（二の神族あるをいふ）。

曰く繪耘伊逗氏（シウは辰沄にて東大を義とし、イツは稜威を義とす、史記に匈奴其の先祖は夏后氏の苗裔なり、淳維と曰ふとある、匈奴を桀の後と爲せるは貶なれども、淳維は繪耘伊の音譯なるべし）

曰く繪耘刀漫氏（トマは、史記に曰く、匈奴の單于を頭曼と曰ふ云々、蓋是れなるべし）

伊逗氏は殷の密矩王の孫の入つて而して繼げる所なり、（密矩王は天孫の皇子にして殷の第二世なること前に見ゆ、然らば天孫の曾孫入つて匈奴の一王統を繼げるなり、）

淮伯（濊貊）諸族の弁（匈奴）に合せし者。具に瞻て宗と爲す。

中ごろ微にして兒孫或は刀漫氏の鞠育する所と爲る。

繆突（匈奴の冒頓なり、伊逗氏にして天孫系に屬す）幼にして異相あり。刀漫之を忌憚し。

靰氏（月氏なり、月を東族はアツと發音す）に質として急に襲ふ（人質に送つておいて急に月氏を襲へるは月氏をして怒つて殺さしめん謀なり、史記に云ふ所亦同じ、但史記は冒頓を以て頭曼先妻の子とするを異とするのみ）

繆突亡奔し。迂して殷に依る（史記には月氏の厩馬を奪ひ直に匈奴に歸還すと爲す、）

殷善く外に計り。伯陰に内に應ず（冒頓を頭曼の子に非ずとし、幷に殷善く計りて之を匈奴に入れたりとするは、漢史の識らざる所、全く異聞たり）

繆突入つて沄翅報と爲り（翅報を漢人音譯して單于と爲し、且天の義と解す、蓋し沄翅報は大君靈の義なれば、天の義として叶ふべし）漢を圍むで幾ど獲（漢高祖を平城に圍み殆ど虜にするまでに爲したるを云ふ）

轉じて弁殷の間を掃ふ（史記に曰く、東胡王を滅し、其の民人及び畜産を虜にす云々、是れ匈奴と殷との間に在つて強に誇れる者、鮮卑族是なり）

殷乃爲に康し（是れ冒頓の殷の恩に報ずる所以）繆突賂に死するに及び（冒頓は壽を以て終れる者、蓋此に之を云ふは、漢力めて金帛を賂し、冒頓之に中てられて自ら其の志を殺せるを云ふ）

伯復た坎軻。久しく漠邊に潛む。

是に至り辰招くに率發符婁の谿、臼斯旦烏厭旦の壤を以てす。高令乃ち臻る。」

（浜名寛祐『神頌契丹古伝』八幡書店、2001、631-632 ページ）

　　「譯文」の口語訳（拙訳）

これより以前、弁那（匈奴）に二つの汗落（二つの神族があることをいう）があった。
〔一つは〕繪耘伊逗氏という。（繪耘は辰沄のことで東大という意味であり、伊逗は稜威*という意味である。史記に匈奴の先祖は夏后氏の子孫で淳維というとある。匈奴を桀の後裔としたのは貶したのであるが、淳維は繪耘伊の音訳であろう）

297

〔もう一つは〕繒耘刀漫氏(シウトマ)という。(刀漫(トマ)は、史記に、匈奴の單于を頭曼(とま)という云々(ぜんう)とあるのが、そうであろう)

伊逗氏は殷の密矩王(みこ)の孫(まご)が〔養子に〕入って後を継いだのである。(密矩《御子(みこ)》王は天孫の皇子で殷の第二世となったことは前に見たとおりであるが、この記述のとおりなら、天孫の曾孫《ひまご》が養子に入って匈奴の一王統を継いだことになる)

淮伯(濊貊)諸族の中で、弁那(ハンナ)(匈奴)と連合したものは、共に仰ぎ見て〔伊逗氏を〕宗主(そうしゅ)とした。

中ごろ、〔伊逗氏は〕衰退したので、〔伊逗氏の〕子孫の中には〔繒耘(シウ)〕刀漫(トマ)氏に養育されるようになった者もいた。

【以下は戦国時代末から秦代の弁那(ハンナ)(匈奴)についての記述：筆者注】

繆突(ぼくとつ)(匈奴の冒頓(ぼくとつ)のことである。伊逗氏の出身で天孫系に属す)は子供の時から、異様な顔かたちをしていたので、刀漫(トマ)(頭曼(とま))はそのことを嫌っていた。

〔繆突(ぼくとつ)を〕靺氏(アツ)(月氏である。月を東族はアツと発音する)に人質として出すと、すぐに〔刀漫(トマ)(頭曼(とま))は月氏(靺氏(アツ))を〕襲撃した。(人質に送っておきながら、急に月氏を襲撃したのは、月氏を怒らせて、月氏に繆突(ぼくとつ)を殺させようとたくらんだのである。史記の記述も同様であるが、史記は冒頓を頭曼の先妻の子としているところが違うだけである)

繆突は〔月氏から〕逃げ、迂回(うかい)して〔辰汃(しう)〕殷(いん)(いわゆる「箕子朝鮮」)に亡命した。(史記には月氏の厩馬を奪い、直ちに匈奴に帰還したとある)

〔辰汃〕殷は上手に立ち回って〔弁那(ハンナ)(匈奴)の〕外に協力者を探し、伯〔族〕(貊族)は密(ひそ)かにそれに応じた。(冒頓を頭曼の子ではないとし、また殷がうまく立ち回って繆突を弁那《匈奴(ハンナ)》に戻し入れたなどという話は、漢史には記されていないことで、全くの異聞である)

繆突は弁那(ハンナ)(匈奴)に戻ると汃翅報(うしふ)**(大皇)となり、(翅報を漢人は音訳して單于とし、また天の意味と解した。思うに、汃翅報は大君霊の意味であるから、天の意味と解してよく当てはまっている)

【以下は漢代の弁那(ハンナ)(匈奴)についての記述：筆者注】

漢を包囲して、幾度となく略奪し(〔紀元前200年に〕漢の高祖を平城に囲み、殆ど捕虜にするまでに追いつめたことを云う)、移動しながら弁那(ハンナ)(匈奴)と〔辰汃〕殷の間の〔敵対者を〕掃討(そうとう)した。(史記に、東胡王を滅ぼし、その人民および家畜を生け捕りにした云々(うんぬん)とあるが、これ〔東胡王とその人民と〕は匈奴と殷との間にあって、強さを誇った鮮卑族のことである)

298

〔辰泛〕殷は弁那(匈奴)のお陰で平安が保たれたが(これは冒頓が殷の恩に報いたから)、繆突は〔漢の〕賄賂攻勢に籠絡されてしまったので、(冒頓は寿命を全うして生涯を終えたのであって、ここで死んだと表現したのは、漢が積極的に〔冒頓に〕金銀や絹織物などを贈り続けた結果、冒頓はそれら財貨の力に負けて、漢に対する侵犯を止めたことを云う)
伯〔族〕(貊族)は再び不遇となり、長らく砂漠近辺におとなしく暮らしていた。〔漢の侵攻に反撃するために〕辰は〔高令を〕率発符婁の谷にある臼斯旦烏厭旦の地に招いた。そこで高令は〔招きに応じて〕移住して来たのである。

「稜威」*
　　「いつ【厳・稜威】
　　　　①尊厳な威光。威勢の鋭いこと。記上「一のをたけび踏みたけびて」
　　　　②植物などが威勢よく繁茂すること。
　　　　③斎み浄められていること。祝詞、神賀詞『一の幣の緒結び』」

(新村出編『広辞苑』第五版、岩波書店、1998)

「汢翅報」**
　　「汢翅報」の文言は、『神頌契丹古伝』第二章で、「日祖」の名「阿乃汢翅報云憂霊明」にみえています。「汢(云)」の義は「大」であり、「翅報」の義は「皇」です。
　　すなわち、「汢翅報」とは「大皇」の義です

『神頌契丹古伝』第三十八章の記述で注目すべきは以下の①～③の３点です。

① 「伊逗氏は殷の密矩王の孫が〔養子に〕入って後を継いだ」とあることから、「密矩王」の孫が入って後を継いだ「繻耘伊逗氏」と「密矩王」が養子に入って継いだ「辰泛殷」王家とは系譜上の繋がり(血縁関係)を有することになります。「繻耘伊逗氏」もまた、『日孫』を『神祖』とする王統に連なる王家といえます。月氏から逃げた〔「繻耘伊逗氏」出身の〕「繆突」が、迂回して「辰泛殷」(いわゆる「箕子朝鮮」)に亡命したのも、血縁意識に根ざしたものではなかったでしょうか。
② 「弁那」(匈奴)には二つの「珂洛」(神族)がありました。「繻耘伊逗氏」と「繻耘刀漫氏」です。「繻耘」の語義について浜名は次のように注しています。

「繻耘は辰汻のことで東大という意味であり、伊逗は稜威という意味である。
　　　史記に匈奴の先祖は夏后氏の子孫で淳維というとある。匈奴を桀の後裔とし
　　　たのは貶したのであるが、淳維は『繻耘伊』の音訳であろう」

　すなわち、「繻耘」は「辰汻」と同義と解しています。したがって、「繻耘刀漫氏」
も「繻耘伊逗氏」と同じく「密矩王」の孫の系譜に繋がる王家と推察されます。
③　前掲『神頌契丹古伝』第二十九章に「伯〔族〕（貊族）は二つに分れ、一つは弁
（匈奴）と連合し、一つは辰（「秦」を「辰」に訂正：筆者）に入った」という件があ
りましたが、「一つは弁（匈奴）と連合し」の記述は、「淮伯（濊貊）諸族の中で、
弁那（匈奴）と連合したものは、共に仰ぎ見て〔伊逗氏を〕宗主とした」との記
述に照応し、「共に仰ぎ見て〔伊逗氏を〕宗主とした」とは「辰〔国〕王（『辰汻
〔繻〕翅報』）」として戴いたことの意と解されます。
　「弁那」（匈奴）の「繻耘伊逗氏」と連合したと考えられる「伯族」（貊族）の一
派に「高令」がいます。「高令」は「兪于入の誅」では前走を努め、打倒「韓侯」
の一翼を担いました。

　②・③により、鄭家窪子6512号墓の被葬者を「弁那」（匈奴）の「繻耘伊逗氏」の
「汻翅報」（大皇）であるとするならば、同墓の被葬者像とした『寧義雛』に始まる『遼
西辰国』以来の東冥の『阿辰汻須氏』出身ではなく、北方遊牧民文化を継承する牧畜騎
馬民集団出身の王」という条件に合致し、『神頌契丹古伝』第三十八章記載の「淮伯（濊
貊）諸族の中で、弁那（匈奴）と連合したものは、共に仰ぎ見て〔伊逗氏を〕宗主とし
た」とある記述とも契合します。
　「弁那」（匈奴）の「繻耘伊逗氏」は、当初は「遼東辰国」の傘下にあったものの、
その後、「遼東辰国」をその支配下に置いたと考えられます。また、第二十九章の記述
に拠り、「伯〔族〕」（貊族）が二つに分れ、その一方が「弁那」（匈奴）と連合したのは、
第二十七章の「燕を降伏させ、『韓』を滅亡させ、斉の都城近くまで攻め込み、それら
周の側の勢力を破った」紀元前706年（仮説15）から三百年余り後の戦国前期の前5世
紀末～前4世紀初のことと解されます。
　以上より、仮説19を提示します。

仮説19（H19）：D 8 ×H19
　　　　　　　：H 1 ×H 3 ×H 4 ×H 5 ×H 5 $^{-2}$ ×H16×H18×H19

「遼東辰国」の傘下にあった「弁那_{はんな}」（匈奴）の「繻耘伊逗氏_{シウイツ}」は、
戦国前期の頃（前5世紀末～前4世紀初）からの一時期、
「遼東辰国」をその支配下に置いた。

また、仮説20および定義10を提示します。

仮説20（H20）：H 5 $^{-2}$ ×H 6 ×H19×H20
　　　　　　　：H 1 ×H 3 ×H 4 ×H 5 ×H 5 $^{-2}$ ×H 6 ×H16×H18×H19×H20

鏡と銅剣を組み合わせて副葬する鄭家窪子6512号墓は、
仮説19の「弁那_{はんな}」（匈奴）の「繻耘伊逗氏_{シウイツ}」の「氵こ羽報_{うしふ}」（大皇）を
辰〔国〕王（「辰氵こ〔繻〕羽報_{しうくしふ}」）として戴いた_{いただ}辰国の王墓である。

定義10（D10）：D10×H20
　　　　　　　：H 1 ×H 3 ×H 4 ×H 5 ×H 5 $^{-2}$ ×H 6 ×H16×H18×H19×H20

仮説20の「弁那_{はんな}」（匈奴）の「繻耘伊逗氏_{シウイツ}」の「氵こ羽報_{うしふ}」（大皇）を
辰〔国〕王（「辰氵こ〔繻〕羽報_{しうくしふ}」）として戴いた_{いただ}辰国を、
「弁那_{はんな}（匈奴）辰国」と称する。

8　「古頌之三」の文言「拘邪秦弁支廉」の読解について（再論）

　ここで、本書第1章第4節第4項〔3〕「古頌之三」の文言「拘邪秦弁支廉」の読解について〕において、第2章第6節第8項で改めて取り上げる旨を告げた「古頌之三」の「拘邪秦弁支廉」の文言の読解について再論したいと思います。
　『神頌契丹古伝』第二十九章では「伯分爲二一連於弁一入于秦」中の「秦」を「辰」の伝写の誤りとしました。第四十五章「古頌之三」の「珂洛秦弁支廉」の文言についても、同じく「秦」は「辰」の伝写の誤りと考え、古頌之三」の文言「珂洛秦弁支廉」は「珂洛辰弁支廉」が正しいとするならば、「珂洛辰_{からしん}・弁支廉_{はんしら}」と音訳できます。「秦」を「辰」に訂正後の「古頌之三」の文言「珂洛辰弁支廉」を『魏志』韓伝の優呼中の文言

「拘邪秦支廉」と比較対照すると次のようです。

　　　　　　　　　　　　からしん　　　　　はん　しら
　　「古頌之三」「珂洛辰　　　　弁　支廉　」
　　　　　　　　　　↕　　　　　↕
　　『魏志』韓伝「○○○ 拘邪　秦　○　支廉　」

　　から
「珂洛」（神族）とは、定義5より「『天孫族』を中核とする国の〔『天孫族』を含む〕住民」の意です。「珂洛」は「辰」の修飾語で、「珂洛辰」（三文字熟語）ひとまとまり
　　　から　　　　　　　　　　　　　　　じょうとうく
で「『珂洛』（神族）である『辰』」の意の常套句（決まり文句）と解しました。その場合、『魏志』韓伝の辰王の優呼は「珂洛辰」の文言を欠くことになります。「古頌之三」
　　　　　　　　　　　　　　　　　　　　　　　　　　はんな
の「辰」は本書でいう「遼東辰国」です。「弁」は「弁那（匈奴）辰国」の意義に解さ
　　はんな
ず、「弁那」（匈奴）の意義に解されます。なんとなれば、辰を「遼東辰国」と解したことから、辰王の優呼中に二つの辰国が並存することはありえないからです。以上より、「秦」を「辰」に訂正後の「古頌之三」の文言「珂洛辰弁支廉」の読解においても、「辰
　　　　　　　　　　　　　　　　　からしん　はんしら
弁」を領域（国）名と結びつけて「珂洛辰・弁治す」と訓訳することができそうです。因みに、「秦」を「辰」に訂正後の「古頌之三」に「辰弁」を領域（国）名と結びつけた解読法を適用した場合の音訳と訓訳および現代語訳は次のようです。

（「秦」を「辰」に訂正後の「古頌之三」の音訳）
　　　しうくしふ　あやしき　ひしりにしふる
　辰氾繵翅報案斜踂岐貢申釐倪叔垿厲
　　から しんはんしら むら しこ な もめ
　珂洛辰弁支廉勃剌差笏那蒙緇

（「秦」を「辰」に訂正後の「古頌之三」の訓訳：拙訳）
　　しうくしふ　　　あや　　　　ひし　　　　　ふ
　辰氾繵翅報、神しき、日占りにし、振る。
　から しん　はんしら　　むらしこなもめ
　珂洛辰・弁治す。群醜猶召す。

（「秦」を「辰」に訂正後の「古頌之三」の訓訳の現代語訳：拙訳）
　　　しうくしふ
　「辰氾繵翅報」、神秘な霊力をもち、日を占い、祖神の御霊をお招きし、
　　　　から　　　　　　　　　　　　　　　　　　　はんな
　「珂洛」（神族）である「遼東辰国」ならびに「弁那」（匈奴）を治められる
　だけでなく、諸々の異族までをも支配されます。

9　医巫閭山の石碑の建立者ならびに契丹の起源伝承について

　「古頌之三」において「珂洛秦弁支廉」は「珂洛辰弁支廉」が正しいとして、「珂洛辰・弁治す」と訓訳した場合、現代語訳は「『珂洛』(神族)である『遼東辰国』ならびに『弁那』(匈奴)を治められるだけでなく」となり、『神頌契丹古伝』第四十三章「古頌之一」～同第四十五章「古頌之三」を刻んだ「医巫閭山」の石碑の建立者が何者であったかの謎が解けてきます。すなわち、「古頌之三」に記された「珂洛」(神族)である「遼東辰国」ならびに「弁那」(匈奴)に君臨していた辰〔国〕王(「辰汯〔繾〕翅報」)は、定義8の「遼東辰国」の辰王以外にはないからです。その場合、上代日本語で解読できない「古頌之一」・「古頌之二」は「辰族(辰汯固朗)」が伝承してきた「東語」(太古の「辰族」の言葉)で書かれた祝詞であり、「古頌之三」のみが当時の「辰族(辰汯固朗)」の言葉すなわち「遼東辰国」時代の辰語で書かれたと考えます。なお、「医巫閭山」について付言しますと、本書第1章第5節第3項でみたように、元来は太古の辰国(「辰汯繾」)にあった地名〔「医父之陰」の〕「医父」〔婁山〕(今日の中国山東省の梁父〔山〕に擬定)であり、「遼西辰国」の頃は遼寧省朝陽県十二台営子方面にあったと推察され、「遼東辰国」の時代に「翳父婁」(遼河平野西方に位置する今日の医無閭山付近)の地への地名遷移が行われたと考えられます。したがって、『神頌契丹古伝』第二十四章の韓燕來り攻む。乃ち翳父婁に徙って都す」:「〔周康王の時代になって〕韓と燕が侵攻してきた。やむなく〔辰汯殷は〕翳父婁(医巫閭)に遷都した」という記述は、「辰汯殷」東遷後の〔おそらく「遼東辰国」による〕地名遷移によって当地の名称となった「翳父婁」を、「辰汯殷」東遷時にまで遡及させた表現であるといえます。

　ところで、「神子奇契丹燕」を元祖とする契丹王家の起源伝承はどのような経緯で契丹王家にもたらされたのでしょうか。鮮卑宇文氏の建国した北周(557〜581)の正史である『周書』(636成立)帝紀第一文帝上に「太祖・文皇帝は姓を宇文氏、諱は泰、字は黒獺で代郡の武川の出身である。先祖は炎帝神農氏より出たが、黄帝に滅ぼされ、子孫は逃れて北辺の野に居住した。葛烏菟という者がいて、武勇計略に優れ、鮮卑族はこれを慕い宗主とした。ついに十二部落を統括し、一代で大人となった。その後裔の普回は狩りに出かけて三紐の玉印を拾った。玉印には『皇帝璽』という印文が彫られていた。不思議に思った普回はこの玉印を天からの授かり物と考えた。鮮卑族は天を『宇』といい、君主を『文』というので、それに因んで国号を『宇文』とし、併せて氏の名とし

た」[14]とあります。「黄帝に滅ぼされ、子孫は逃れて北辺の野に居住した」の一文は『拾遺記』巻一・六の「軒轅（けんえん）（黄帝）は蚩尤（しゆう）の凶行を排除し、・・・その民のうちで凶悪なものは北〔辺〕の地に移住させた」とある一文と重なります。『周書』の葛烏菟（かうと）についての記述は、鮮卑宇文氏（せんぴうぶん）ほか同系諸部に伝わる伝承から採録されたものと推察されます。

『神頌契丹古伝』第四十二章の契丹の皇上（こうじょう）（太宗徳光）の言葉「自分の先祖は神子奇（みこき）契丹燕（きたえ）より出た。〔神子奇契丹燕（みこききたえ）とは〕いわゆる炎帝のことである」において、「神子奇（みこき）契丹燕（きたえ）」と炎帝は同一視されています。元祖を炎帝としたのは、契丹王家と同系である[15]鮮卑宇文氏の『周書』巻一　帝紀第一文帝上の「〔太祖文皇帝の〕先祖は炎帝神農氏より出たが」とある記述に従ったと解されますが、宇文氏の『周書』が太祖文皇帝の元祖を炎帝とした根拠は不明です。他方、「自分の先祖は神子奇（みこき）契丹燕（きたえ）より出た」あるいは同第四十六章の契丹の太祖阿保機（たいそあぼき）の言葉とされる「自分の先祖である葛禹図可汗（カウト）（遼史には葛烏菟可汗とある）は神からの賚（たまもの）である甲（かぶと）（鎧（よろい））に名を借り（葛禹図は即かぶと）、また、可汗（カカム）の意義は『日神之体』であると」さらには同第二十四章の「言い伝えによると、翳父婁（医巫閭）は奚契旦爰が〔神事のための〕神聖な杙（きたえ）（真杙（まくい））を打った所であり、また、奚契旦爰は神子耆麟馭叡（みこきりこえ）の別号であるという」は〔契丹の名をはっきりと称する以前から〕契丹王家に代々伝わる伝承のようです。契丹は王家の伝承および同系の鮮卑宇文氏の『周書』の記述を合わせて、「神子奇（みこき）契丹燕（きたえ）」と炎帝を同一視したものと推察されます

因みに、元代の1344年成立とされる『遼史』巻六十三　表第一世表には「宇文の『周書』から考定すると、遼（契丹の後の国号）の本（もと）は炎帝の後裔であるが、〔遼の大臣で史官でもある〕耶律儼（やりつげん）は遼を軒轅（黄帝）の後裔と称している。儼志は〔『周書』より〕遅く出たものであるから、『周書』に従うことにする。炎帝の後裔と思しき葛烏菟（かうと）という者が、一代で『朔陲（さくすい）』（西北辺遠地区）の指導者となった。後に〔匈奴の〕冒頓（ぼくとつ）可汗に襲撃され、〔部族は退いて〕鮮卑（せんぴ）山を保守し、そこに居住して鮮卑氏を号した。やがて慕容燕（ぼようえん）に破られ、〔諸部に〕分かれた。〔一つは〕宇文（うぶん）といい、〔一つは〕庫莫奚（こばくけい）といい、〔一つは〕契丹（きったん）という。ここに契丹の名がはっきりと表れた」[16]とあります。

なお、「神子奇（みこき）契丹燕（きたえ）」を元祖とする契丹王家は「日孫（かも）」を「神祖」とする王統を継ぐ王家と解されますが、契丹は定義4の「日神系神道（かかしんとう）勢力」ではないようです。

10　「遼東辰国」の南遷と「弁那(匈奴)辰国」の終焉

　それでは、『神頌契丹古伝』第二十九章・第三十八章および仮説19・仮説20に沿って「遼東辰国」の南遷と「弁那(匈奴)辰国」の終焉の状況を描いて本節を閉じたいと思います。

　「武伯山軍」(「伯族」)および「和族」を中核とする勢力が擁立した、東冥の「阿辰㳒須氏」出身の「寧義雛」に始まる「遼西辰国」以来の「遼東辰国」でしたが、傘下の「弁那」(匈奴)の「繻耘伊逗氏」の台頭により、「伯族」は二つに分れて、一つは「弁那」(匈奴)の「繻耘伊逗氏」と連合し、一つは辰(「秦」を「辰」に訂正：筆者)すなわち「遼東辰国」に入りました。「高令」(「伯族」の一派)は「繻耘伊逗氏」に連合し、「〔伊逗氏を〕宗主とし」ました。「繻耘伊逗氏」と系譜上の繋がり(血縁関係)を有する「辰㳒殷」(いわゆる箕子朝鮮)や「辰㳒殷」に臣属していたと思われる「徐珂殷」(淮夷の一派)は「繻耘伊逗氏」に近い立場もしくは「高令」と同じく「〔伊逗氏を〕宗主とした」と推測されます。「繻耘伊逗氏」は「㳒翅報(大皇)」を辰〔国〕王(「辰㳒〔繻〕翅報」)に立て、「弁那(匈奴)辰国」を遼河平野に建国しました。「阿辰㳒須氏」出身の王を戴く「遼東辰国」は、戦国前期の頃(前5世紀末〜前4世紀初)からの一時期、「弁那(匈奴)辰国」の「繻耘伊逗氏」の支配下に置かれました(仮説19)。しかしながら、これに承服できない「遼東辰国」は、朝鮮半島の錦江流域(大同江流域を経由した可能性を排除しない)に南遷しました。この時、青銅器原材料の入手方法を含む青銅器製作技術のほとんどが錦江流域に移動したことで、朝鮮半島の細形銅剣文化の開花環境が整ったと考えられます。南山根M101号墓石槨木棺墓以来の石槨木棺墓の伝統も、「遼東辰国」の南遷に伴い朝鮮半島の錦江流域にもたらされたと考えられます。したがって、遼河平野の「弁那(匈奴)辰国」と、「遼東辰国」の南遷により出現した朝鮮半島の辰国の、二つの辰国が並立した時期があったことになります。本節〔4　「遼東辰国」の朝鮮半島への侵出〕で見たように「遼東辰国」は朝鮮半島への侵出を既に果たしており、朝鮮半島の各地で遼寧式銅剣(琵琶形銅剣)が出土することから、「遼東辰国」の辰王の直轄地は広範囲に亘って存在していたものと推定されます。朝鮮半島の細形銅剣文化の中心となる錦江流域には忠清南道扶餘郡松菊里箱式石棺墓遺跡があります。松菊里箱式石棺墓遺跡付近には「遼東辰国」から派遣された首長の支配下に置かれた「遼東辰国」の辰王の直轄地としての国邑(支配拠点である邑)が築かれていたと推定されます。「遼東辰国」勢力が錦江流域に移動定着することは比較的容易であったはずです。

305

「阿辰氾須氏」出身の王を戴く「遼東辰国」が朝鮮半島に移動したことで、拠って立つ一方の勢力を割かれた形となった「弁那（匈奴）辰国」は弱体化したことが想像されます。『神頌契丹古伝』第三十八章に「中ごろ微にして」：「中ごろ、〔伊逗氏は〕衰退したので」とあるように、やがて、「繒耘伊逗氏」の「弁那（匈奴）辰国」は衰退し、「繒耘伊逗氏」は北に退き、ロワン河以東の遼西および遼河平野の支配権は「弁那（匈奴）辰国」から「辰氾殷」（いわゆる箕子朝鮮）に移ったと考えられます。「弁那」（匈奴）の「繒耘伊逗氏」が北に退いたことは、後に辰に招かれて「率発符婁の谷にある臼斯旦烏厭旦の地」に移住してくる〔「弁那」（匈奴）の「繒耘伊逗氏」と連合した〕「高令」が「伯復た坎軻。久しく漠邊に潜む」：「伯族（貊族）は再び不遇となり、長らく砂漠近辺におとなしく暮らしていた」と同第三十八章に記述されていることから窺い知れます。「弁那」（匈奴）の「繒耘伊逗氏」と連合した「伯族」（貊族）の一派の「高令」は騎馬民化したと考えられます。すなわち、「高令」には騎馬民族の文化のみならず、「弁那」（匈奴）の血が相当程度入ったものと推察されます。

第 2 章　文献史料と考古史料から探る前一千年紀の辰国

1　(44) 魏海波「遼寧本渓発現青銅短剣墓」、『考古』1987-2。

(王建新『東北アジアの青銅器文化』同成社、1999、85 ページ)

2　渾河(こんが)上中流域や遼東半島には卓子式支石墓が比較的濃密に分布しています
「図 67　遼東における卓子式支石墓の分布」

(宮本一夫『中国古代北疆史の考古学的研究』中国書店、2000、168 ページ)

3　(江坂 1992)　江坂輝彌「中国浙江省南部・瑞安市棋盤山上の支石墓見学記」『考古学ジャーナル』352、1992
　(兪 1990)　兪天舒「棋盤山石棚墓群」『瑞安文物』1990-1

(高倉洋彰『金印国家群の時代』青木書店、1995、248-254 ページ)

4　「朝鮮半島で発見された琵琶形銅剣の数はすでに 50 点を超えている」

(王建新『東北アジアの青銅器文化』同成社、1999、87 ページ)

5　「遼寧式銅剣を伴う段階になると、墳丘をもつ箱式石棺墓が単独で存在するあり方をみせるようになる」
　「また朝鮮では遼寧式銅剣を伴う段階になると、墳丘をもつ箱式石棺墓が単独で存在するあり方をみせるようになる。黄海南道白川郡大雅里ではきれいに整形した厚さ 2～4 cm の薄い板石で囲われた箱式石棺墓が 1 基存在する（李キュウデ 1983）。砂礫を混じえた墳丘を有すること、薄い 1 枚の板石を組み合わせて直方体をつくることなどから、構造的にみて木棺墓を念頭において形成されたものとみて差し支えない（図 67）。副葬品として遼寧式銅剣と銅鏃、大型管玉と磨製石鏃 10 点が出土している。また、黄海北道新坪郡仙岩里の箱式石棺墓では、遼寧式銅剣と大小の管玉に磨製石鏃 4 点が伴っている。平安南道价川郡龍興里や忠清南道松菊里の箱式石棺墓の事例もこれと同様に考えることができよう。」

(甲元眞之『東北アジアの青銅器文化と社会』同成社、2006、236-238 ページ)
　(李キュウデ 1983)「白川郡大雅里石箱墳」『考古学資料集』第 6 集

(甲元眞之『東北アジアの青銅器文化と社会』同成社、2006、271 ページ)

6　「支石墓 6 基、石槨墓 12 基、石蓋土壙墓 5 基で構成される青銅器時代の墓地群である（李相吉 1994）」

7　「周囲には南北 52.6 m・東西が 17.5m の L 字形に配された石垣が設けられ、明らかに他の遺構とは区別される施設が伴う」

8　「特別な区画を設けて他の遺構とは区別するあり方の墓制の登場は、遼寧式銅剣を副葬品として保有する石槨墓と同一遺跡で共存することを念頭に置くと、支石墓を主体とする平等社会がその後半期になり、石槨墓形式のイデオロギーの影響を受けて階層社会へと転換を遂げることで、支石墓構築が終焉を迎えたことを暗示している」

(甲元眞之『東北アジアの青銅器文化と社会』同成社、2006、242 ページ)
　(李相吉 1994) 武末純一訳「韓国・昌原郡徳川里遺跡発掘報告」『古文化談叢』第 32 集

(甲元眞之『東北アジアの青銅器文化と社会』同成社、2006、271 ページ)

[9] 14 基の支石墓と 25 基の石棺墓から 7 点の琵琶形短剣と 1 点の銅鉾が発見され、第 7 号支石墓からは完形の長さ 33.0cm の琵琶形短剣が出土した

(李亨求『朝鮮古代文化の起源』雄山閣出版、1995、71 ページ)

[10] 「敷石区画をもつ区画墓が長軸をそろえるようにならんで」

(藤田憲司『山陰弥生墳丘墓の研究』熊本大学学術リポジトリ、2009、101 ページ)

[11] 破損した遼寧式銅剣(琵琶形銅剣)の茎部でつくられたと見られる銅鑿

(王建新『東北アジアの青銅器文化』同成社、1999、88 ページ)

[12] (瀋陽故宮博物院・瀋陽文物管理弁公室 1975)「瀋陽鄭家窪子的両座青銅器時代墓葬」『考古学報』1 期

(甲元眞之『東北アジアの青銅器文化と社会』同成社、2006、275 ページ)

[13] (43) ①瀋陽市文物工作組「瀋陽地区出土的青銅短剣資料」、『考古』、1964-1；
②瀋陽故宮博物館・瀋陽市文物管理弁公室「瀋陽鄭家窪子的両座青銅器時代墓葬」、『考古学報』、1975-1

(王建新『東北アジアの青銅器文化』同成社、1999、85 ページ)

[14] 「太祖文皇帝姓宇文氏，諱泰，字黒獺，代武川人也。其先出自炎帝神農氏，為黄帝所滅，子孫遯居朔野。有葛烏菟者，雄武多筹略，鮮卑慕之，奉以為主，遂摠十二部落，世為大人。其後曰普回，因狩得玉璽三紐，有文曰皇帝璽，普回心異之，以為天授。其俗謂天曰宇，謂君曰文，因號宇文國，并以為氏焉」
(国学導航『周書』巻一帝紀第一文帝上：http://www.guoxue123.com/shibu/0101/00zsf/000.htm)

[15] 契丹王家と同系である
「『遼史』巻六十三 表第一世表」に拠ると、「宇文(うぶん)」・「庫莫奚(こばくけい)」・「契丹(きったん)」は鮮卑(せんぴ)氏から分かれたとあり、鮮卑宇文氏と契丹王家は同系となります。

[16] 「考之宇文周之書，遼本炎帝之後，而耶律儼稱遼為軒轅後。儼志晩出，盍從周書。蓋炎帝之裔曰葛烏菟者，世雄朔陲，後為冒頓可汗所襲，保鮮卑山以居，號鮮卑氏。既而慕容燕破之，析其部曰宇文，曰庫莫奚，曰契丹。契丹之名，昉見於此。」

(国学導航『遼史』巻六十三表第一世表：http://www.guoxue123.com/Shibu/0101/00liaosf/063.htm)

第7節　辰国

―戦国時代から前漢代にかけての辰国―

1　朝鮮半島にあった辰国

　仮説3の成立を前提に、多鈕鏡と細形銅剣を組み合わせて副葬する前一千年紀の朝鮮半島の石槨墓（せきかく）は辰国の王墓となりますが、本書第1章第3節〔辰国の考古学的指標と移動の軌跡〕で例示した、鏡と銅剣を組み合わせて副葬する主要墓（または鏡と銅剣の伝出土地）の時系列分布から、朝鮮半島関係を抜き出して再掲すると次のようになります。

　北部朝鮮半島（朝鮮半島北半部）　大同江流域
　　多鈕粗文鏡（たちゅうそもん）と細形銅剣（ほそがた）のセット？
　　　　北朝鮮　　伝平壌出土銅鏡
　　　　北朝鮮　　伝平安南道成川郡出土銅鏡
　　　　北朝鮮　　伝平安南道成川郡出土銅剣

　南部朝鮮半島（朝鮮半島南半部）　錦江流域
　　多鈕粗文鏡（たちゅうそもん）と細形銅剣（ほそがた）のセット
　　（前3世紀）
　　　　韓国　　忠清南道扶餘郡　　蓮花里石槨墓
　　　　韓国　　大田直轄市　　　　槐亭洞石槨墓
　　　　韓国　　忠清南道礼山郡　　東西里石槨墓
　　　　韓国　　忠清南道牙山郡　　南城里石槨墓
　　　　＊　年代観は王建新著『東北アジアの青銅器文化』
　　　　　　（同成社、1999、105ページ）に拠る。

　　多鈕細文（精文）（たちゅうさいもん　せいもん）鏡と細形銅剣（ほそがた）のセット
　　（前2世紀）
　　　　韓国　　忠清南道扶餘郡　　九鳳里石槨墓
　　　　＊　年代観は王建新著『東北アジアの青銅器文化』

（同成社、1999、118 ページ）に拠る。

南部朝鮮半島　栄山江流域
　　多鈕細文（精文）鏡と細形銅剣のセット
　（前2世紀）
　　　韓国　　全羅南道和順郡　　大谷里石槨墓
　　　韓国　　全羅南道咸平郡　　草浦里石槨墓
　　　＊　年代観は王建新著『東北アジアの青銅器文化』
　　　　（同成社、1999、118 ページ）に拠る。

　それぞれの墓の主要な副葬品については、第1章第2節〔朝鮮半島の細形銅剣文化は辰国の文化遺産である〕において表1・表2・表3に示したとおりです。

2　錦江流域の辰国（「辰沄縔」）とは

　また、本書第1章第2節において「朝鮮半島の多鈕鏡と細形銅剣の起源は十二台営子の多鈕粗文鏡と遼寧式銅剣にあり、朝鮮半島の細形銅剣文化は、それら遼西の青銅器文化を担った勢力の移動に伴い、遼西から遼河平野の瀋陽鄭家窪子を経由して朝鮮半島の錦江流域にもたらされた」とする仮説2を設け、仮説3において「朝鮮半島の細形銅剣文化は辰国の文化遺産であり、多鈕鏡と細形銅剣を組み合わせて副葬する前一千年紀の朝鮮半島の石槨墓は辰国の王墓である」としましたが、筆者は錦江流域の細形銅剣文化を担った勢力を騎馬民系の「弁那（匈奴）辰国」勢力とは考えていません。前節でみたように、「弁那（匈奴）辰国」勢力は衰退し、北に退いたと考えました。
　仮説19で「『遼東辰国』の傘下にあった『弁那』（匈奴）の『繒耘伊逗氏』は、戦国前期の頃（前5世紀末～前4世紀初）からの一時期、『遼東辰国』をその支配下に置いた」との考えを提示しましたが、この状況の継続を容認できなかった「遼東辰国」勢力が青銅器製作技術を携えて、朝鮮半島の錦江流域（大同江流域を経由した可能性を排除しない）に南遷したと考えます。
　その根拠は、以下の①・②・③です。

第2章　文献史料と考古史料から探る前一千年紀の辰国

① 「弁那（匈奴）辰国」が遺した鄭家窪子6512号墓は木槨墓であることから、「弁那」(匈奴)の「繻耘伊逗氏」の勢力が錦江流域の石槨墓を遺したとは考え難い。

② 『神頌契丹古伝』第三十七章の「その中で最もはっきりしているのは安晁辰氾氏である。もと、東表の〔阿斯〕牟須氏より出て。〔辰氾〕殷とは姻戚関係にあった。〔安晁辰氾氏は辰〕国を賁弥辰氾氏に譲った。賁弥氏は立ってからまだ日が浅かった。侵略者である漢がちょうど迫ってきて、漢の先〔鋒〕は朔巫達に侵入して来たが、これを撃退した」との記述において、〔辰氾〕殷との姻戚関係とは王家同士の婚姻になるものと解されるので、「辰氾殷」が健在であった前3世紀末以前から前漢代に「賁弥辰氾氏」へ辰王位を譲るまで、「安晁辰氾氏」は辰王家であったことが知れ、前3世紀に年代比定される錦江流域を中心とする細形銅剣文化も「安晁辰氾氏」が遺した蓋然性が高い。また、「安晁辰氾氏」は東表の「阿斯牟須氏」より出たとされ、「弁那」(匈奴)の「繻耘伊逗氏」ではない。

③ 錦江流域の石槨墓は、南山根M101号墓に代表される「韓」に始まり、「遼西辰国」に引き継がれ、「遼東辰国」を経て、「安晁辰氾氏」の辰国へと引き継がれた墓制と考えられ、「遼東辰国」の南遷によって錦江流域にもたらされた。

それでは、錦江流域に移動した辰国が石槨墓の墓制を継承する「遼東辰国」勢力であったとした場合、伝平安南道平壌出土銅鏡ならびに伝平安南道成川出土銅鏡および銅剣については、どのように位置づければよいのでしょうか。

3　伝平壌出土銅鏡ならびに伝平安南道成川出土銅鏡および銅剣の位置付け

仮説2を設定した際に、仮説2は遼西の青銅器文化を担った勢力の遼河平野から朝鮮半島の錦江流域へ移動する過程での中間経由地の存在を排除するものではないとしました。本書第2章第6節第5項でみたように遼河平野の瀋陽鄭家窪子遺跡の比定年代（戦国前期：前5世紀末〜前4世紀前半）と錦江流域の遺跡の比定年代（前3世紀）との間に開きがあり、青銅器製作技術の継承の視点からも、〔後続遺跡が見つかる保証はありませんが〕遼河平野に後続遺跡の発見を待つか、遺跡年代を修正するか、もしくは中間経由地を設定するかして、その間の時間的空白を埋める必要があるからです。全榮來氏は大同江流域への寄着と、その地での青銅器製作を想定しています。伝平壌出土銅鏡な

らびに伝平安南道成川出土銅鏡および銅剣は、遼河平野の瀋陽鄭家窪子遺跡の比定年代と錦江流域の遺跡の比定年代との溝を埋める存在となるのでしょうか。

　甲元眞之氏は十二台営子出土鏡を除く東北アジア出土の多鈕粗文鏡について、鏡背の紋様帯の構成方法と縁の形態の違いに紋様要素を組み合わせて、粗文鏡を第Ⅰ式から第Ⅶ式に分類しました。第Ⅶ式の素紋鏡は別にして、型式学的に第Ⅰ式から順に第Ⅵ式へ変遷するとしています。

　甲元氏の分類は以下のとおりです。

「　第Ⅰ型式：匕面縁、鏡背の紋様帯が一つ、整三角の溝帯をもつ。
　　　　梁家村
　第Ⅱ型式：匕面縁、鏡背の紋様帯が一つ、斜三角の溝帯をもつ。
　　　　鄭家窪子　伝平壌　伝忠清南道
　第Ⅲ型式：突起縁、鏡背の紋様帯が二つ、「ハ」字状の溝帯をもつ。
　　　　伝平安南道成川郡
　第Ⅳ型式：突起縁、鏡背の紋様帯が二つ、充鎮[1]三角紋の紋様をもつ。
　　A：内区の小さなもの
　　　　東西里第１鏡　蓮花里　槐亭洞第１鏡　如意里第１鏡　伝全羅北道
　　B：内区の大きなもの
　　　　如意里第２鏡　五金山　多松里
　　C：崩れた充鎮三角紋で鏡背の紋様が構成されるもの
　　　　西荒山屯　趙家堡　五道嶺溝門
　第Ⅴ型式：蒲鉾縁、鏡背の紋様帯が二つ。
　　　　伝平安南道中和郡　伝平安南道孟山郡鋳型Ｂ面　九鳳里　小鹿島
　第Ⅵ型式：蒲鉾縁、鏡背の紋様帯が三つ。
　　　　槐亭洞第２鏡　南城里第１、２鏡　イズヴェストフ
　第Ⅶ型式：素紋鏡
　　　　伝瀋陽？　東西里　　　　　　　　　　　　　　　　　　」
（甲元眞之『東北アジアの青銅器文化と社会』同成社、2006、212ページ）

　甲元氏の分類に拠ると、伝平壌出土銅鏡および伝平安南道成川郡出土銅鏡はそれぞれ第Ⅱ型式と第Ⅲ型式に位置づけられており、これらの鏡は錦江流域の石槨墓出土鏡より

古式とされています。したがって、型式学的には、遼河平野の瀋陽鄭家窪子遺跡の比定年代と錦江流域の遺跡の比定年代との溝を埋める存在となりえます。また、伝成川出土銅剣の全体形式が鄭家窪子の銅剣から細形銅剣へ変化する中間段階に位置しているとする王建新氏の見解は、本書第1章第2節第4項ですでにご紹介したとおりです。

それでは、「遼東辰国」勢力は錦江流域に定着する前に大同江流域に寄着していた時期があったのでしょうか。伝平壌出土銅鏡ならびに伝平安南道成川郡出土銅鏡および銅剣については、発掘品でないため遺物と遺構の関係が不明であり、それらを残した勢力の判定を困難にしています。鏡と銅剣を組み合わせて副葬する石槨墓が大同江流域で発見されない限り、それらの遺物を遺した辰国が「遼東辰国」勢力であるとは断定できません。仮に伝承どおりの出土地であり、本来は鏡と銅剣のセットであったとしても、辰国が大同江流域に寄着していたことの証明にはなりません。古式の粗文鏡または古式の細形銅剣の大同江流域での製作が確認されないかぎり、製品だけが大同江流域に持ち込まれた可能性を否定できないからです。しかしながら、本書第2章第6節第4項でみたように、北朝鮮の黄海南道白川郡大雅里箱式石棺墓や黄海北道新坪郡仙岩里箱式石棺墓など遼寧式銅剣（琵琶形銅剣）を副葬する箱式石棺墓を散見することから、北部朝鮮半島にも「遼東辰国」の直轄地が存在したと解され、「遼東辰国」勢力が錦江流域に定着する前に大同江流域に寄着していた時期があったとしてもおかしくありません。

4　青銅原料の調達について

1975年に全羅北道完州郡上林里で26口の中国式銅剣（いわゆる中国桃氏剣）が発見されました。完州郡上林里出土銅剣に関して、全榮來氏は朝鮮半島磨製石剣の祖型問題と絡めて論及されましたが、その出土意義についても言及され、中国の桃氏剣出土分布地域が主に山東半島以南であることおよび上林里出土中国銅剣の型式は春秋時代後期頃（前6世紀後半〜5世紀初）に始まったことから、「この中国式銅剣の南韓西海岸地方流入は、呉・越の故地の江南地方文化との交流関係をうらづけるものとみられる」[2]と述べ、水耨稲作農耕文化（石器組成を含む）と併せての朝鮮半島への来着を示唆されました。その後、東京国立文化財研究所の馬渕久夫チームに依頼した鉛同位体比分析の結果、完州上林里出土中国式銅剣（サンプルNo. 18）が忠清南道錦江流域で製作された青銅製品と鉛同位体比が同一斜線上に位置するとされたことを受け、青銅原料に含まれる鉛生

産地は忠清南道錦江流域にあったとの信念の下に、「これによれば、完州、上林里銅剣は日本、弥生時代に舶載された多鈕Ｃ型鏡や、細形銅剣と同一斜線上に位置する。このような鉛原料の生産地は忠清南道、すなわち錦江流域というのである。結論的に細形銅剣と同じ原料を使用したことになる。これは錦江流域の倣製品であることが明らかになったことでもある」[3]とする結論を下されました。

　全榮來氏もその著作『韓国青銅器時代文化研究』(「錦江流域青銅器文化圏の研究(上)4.銅資源に関して」)で言及されているように、当時の銅鉱山採掘址や精錬・鋳造址は錦江流域はもとより朝鮮半島において発見されていませんでした。筆者は、完州上林里出土の大量の中国式銅剣は、錦江流域で製作された青銅製品の原材料として中国から輸入された青銅インゴットに相当するものではないかと考え、馬渕久夫チームの鉛同位体比分析の結果報告書には「朝鮮半島産の鉛」と明記されているのか、それとも単に完州上林里出土中国式銅剣(サンプルNo.18)に含まれる青銅器鉛と朝鮮系遺物に含まれる青銅器鉛の「鉛同位体比が同一斜線上に位置する」とされているだけなのかを確認したいとの思いに駆られましたが果たせずじまいでした。その後、金属考古学に造詣の深い新井宏氏の著作『理系の視点からみた「考古学」の論争点』(大和書房、2007)に出会い、この疑問を解消することができました。すなわち、新井宏氏は「多鈕細文鏡や細形銅剣青銅器など弥生時代に朝鮮半島から将来された朝鮮系遺物が位置するライン(直線Ｄ)」は「馬渕久夫氏らが発表した朝鮮半島の鉛鉱山の分布図」とも「佐々木昭氏が発表した朝鮮半島の鉛鉱山の分布図」のいずれとも一致しないことを示し、「弥生初期の青銅器鉛は朝鮮半島産ではなかった」と結論付けられ、「総合的に判断すれば直線Ｄの鉛は中国起源(おそらく雲南省)のものであり、商周時代の青銅器のリサイクル品が混入したと考える方がはるかに合理的なのである」との見解を示されました。完州上林里出土の大量の中国式銅剣は春秋時代後期に始まった型式とされ、商周時代の製品ではありませんが、〔商周時代の青銅器を熔融して原材料としたという意味の〕商周時代の青銅器のリサイクル品であると考えられ、朝鮮半島の青銅製品の原材料として中国から輸入された青銅インゴットに相当すると考えます。

　「阿辰洷須氏（あしむす）」王統の「寧義騅（にきし）」に始まる「遼西辰国」以来の「遼東辰国」勢力は、「寧義騅（にきし）」の出身母体である「和族」の海人勢力を引き連れて〔海路を〕南遷したと考えます。南部朝鮮半島の錦江流域に都（みやこ）した辰国は、渤海を舞台に対中国との交易活動を独占的に支配して来たと推察される「和族」の海人（にき）勢力を通して、中国製の青銅インゴット(主に商周時代の青銅器またはそのリサイクル品)を大量に確保したことで、継続

的な青銅器生産を実現できたと筆者は考えています。

5　古朝鮮考

1）戦国時代の燕・秦・趙、三国北辺の情勢

　古朝鮮とは、いわゆる箕子朝鮮および衛氏朝鮮を指します。本節では『神頌契丹古伝』の記述を中心に据えて古朝鮮についてみていきたいと思いますが、その前に戦国時代の燕・秦・趙三国北辺の様子を『史記』匈奴列伝からざっと探ってみることにします。
　燕・秦・趙の三国の中で趙と秦の二国周辺の山間部には戎が居住しており、戎の北方には胡がいましたが、戎は次第に各個撃破され二国に取り込まれていった結果、領域を拡大した趙と秦は胡と直接境界を接するようになりました。秦は昭王（在位：前311～前279）の時代に義渠戎を伐ち破り、隴西（甘粛臨洮地方）・北地（甘粛環県地方）・上郡（陝西綏徳地方）[4]を領有すると、長城を築いて胡が侵入できないようにしました。趙の武霊王（在位：前325～前299）も兵士の服装を胡服に代え、騎射を習わせ、趙の北に居た戎である林胡と楼煩を破って長城を築きました。代から陰山のふもとに沿って、高闕に至るまでを塞とし、雲中郡・雁門郡・代郡を置いたとあります。燕の北には東胡がいました。燕の賢将秦開は東胡の人質となっていましたが、東胡は秦開を大いに信用していました。人質から解放された秦開は、帰国すると東胡を襲撃して敗走させ、東胡は千里余り〔北へ〕退却しました。燕国もまた造陽より襄平（今日の遼寧省北票市付近に擬定）に至る長大な城壁を築き、上谷郡・漁陽郡・右北平郡・遼西郡・遼東郡を置いて、〔北方からの〕東胡の侵入を防いだとあります。
　この時代、戦国七雄（斉・燕・楚・趙・韓・魏・秦）の中で、燕・秦・趙の三国が匈奴と国境を接していたとあります。燕・秦・趙の三国は各々長城を築き、胡の侵入を防いだことがわかります。

2）戦国燕の攻勢と「辰沄殷」の遷都

　燕の東方には「辰沄殷」（いわゆる箕子朝鮮）がいました。筆者は『神頌契丹古伝』

第二十四章中の「韓燕來攻乃徙翳父婁都焉」：「〔周康王の時代になって〕韓と燕が侵攻してきた。やむなく〔辰沄殷は〕翳父婁（医巫閭）に遷都した」とある記述にもとづき、「辰沄殷」（箕子朝鮮）の地理的位置を今日の医無閭山のある遼河平野に擬定しています。

そこで仮説21を提示します。

　　仮説21（H21）：H21
　　　　「辰沄殷」（箕子朝鮮）は遼河平野に位置した。

『神頌契丹古伝』第二十九章（前節第6項に掲出）には「燕もまた強さを加えていった。殷は遂に孛涘勃大水（今日の遼寧省北票市の東を流れる牤牛河および牤牛河と合流して以降の大凌河に擬定）を〔燕との〕境界として、曼灌幹の地域を〔燕に〕譲り、東〔に遷都〕した」と簡潔に記されていましたが、この事件は『魏志』韓伝にも『魏略』を引用して次のように記述されています。

『魏志』韓伝
「後子孫稍驕虐，燕乃遣将秦開攻其西方，取地二千余里，至満潘汗為界，朝鮮遂弱。」
（拙訳）
　その後、〔箕子の後継である朝鮮侯の〕子孫たちが次第に驕虐になったので、
　燕は将軍の秦開を派遣し、朝鮮（「辰沄殷」）の西方を攻め、
　二千余里に及ぶ地域を奪取し、満潘汗まで到達し、そこを境界とした。
　遂に朝鮮の勢力は弱くなった。

<u>燕の将軍秦開による東胡攻撃や箕子朝鮮攻略の行われた時期を王建新氏は紀元前290年前後と考えています</u>[5]。秦開は東胡を北に追い払い、「辰沄殷」（いわゆる箕子朝鮮）を大凌河以東に後退させ、遷都に追い込みました。『神頌契丹古伝』第二十九章の「曼灌幹」は『魏志』韓伝では「満潘汗」と音写されています。

周初、韓燕の来攻に遭い「翳父婁」（医巫閭）に遷った「辰沄殷」の王都は、長らく遼河平野の南西部に位置する今日の遼寧省北鎮市付近にあったと考えられますが、燕が大凌河の線まで進んで来たため、危機感を募らせた「辰沄殷」は遼河を越え今日の遼東に王都を遷したものと思われます。遼東へ遷った「辰沄殷」の新都建設の様子について『神頌契丹古伝』第三十章は次のように伝えています。

「　　第三十章　辰沄殷復大に振ふ
　於是殷大築味諏君德前孛斐禮水險背介盟敦海岱右踰薜葛柵于撻牟母
而爲固托脇於大辰之親而爲依以孛浽渤爲外塹內新興神廟祭察賀亶唫號爲和䊆城
鞍委王贈以蠙劒副之東表崛霊訃載龍髯所貽之物云
又配祠宇越勢旻訶通宇越米旻訶通于占爵單密之山國復振焉

　　　　　　譯　　文
　是に於て殷大に味諏君德に築き、孛斐禮の水險を前にし。
　介盟敦の海岱を背にし。右は薜葛を踰へて撻牟母に柵し。而して固めと爲し。
　脇を大辰の親に托し。而して依と爲し。孛浽渤を以て外塹と爲す。
　內新たに神廟を興し。察賀亶唫を祭り。號して和䊆城と爲す。
　鞍委王贈るに蠙劒を以てして之に副ふ。
　東表の崛霊訃載龍髯貽る所の物と云ふ。
　又宇越勢旻訶通と宇越米旻訶通とを占爵單密の山に配祠す。國復振ふ。」

　　　　　　　　　　　　　（浜名寛祐『神頌契丹古伝』八幡書店、2001、571-572 ページ）

　　　「譯文」の口語訳（拙訳）
　ここにおいて、〔辰沄〕殷は大きな水城戸（堀の水門）を築き、
孛斐禮（遼河？）の水險を前にして、介盟敦の海山（遼東半島の海と山？）
を背にし、右は薜葛（沙河）を越えて、撻牟母に柵を作って防御を固め、
脇を「大辰」（辰〔王〕を盟主とする辰藩の同盟体）の親（盟主）である
辰に託して依存し、孛浽渤（今日の遼寧省北票市の東を流れる牤牛河および
牤牛河と合流して以降の大凌河に擬定）を外堀とした。
城内に新たに神廟を興し、察賀亶唫を祭り、号して和䊆城とした。
鞍委王から贈られた蠙劒を神廟に供えた。
〔蠙劒は〕東表の崛霊訃載龍髯から贈られたものであるという。
また、宇越勢旻訶通（殷叔）と宇越米旻訶通（殷叔の妃）とを
占爵單密（千山）の山に配祠した。国は再び繁栄した。

　浜名は「鞍委王は前に見えた央委（『神頌契丹古伝』第八章：本書第２章第１節第７項に掲出）
族の君主のことで、大辰における族稱上の王号なのである、即ち辰王は国を表した名、
央委王は族を表した号と知る必要がある。〔唐の学者である顔〕師古が『倭』の音を『一

(witu)〔の声母ｗと〕戈 (ka)〔の韻母ａを組み合せた〕反〔切〕ワ (wa)』としたのは、辰の族称である『央 (wa)』を考慮してのことであろう。つまり央委王は倭〔委〕王なのである」[6]と解説しています。しかしながら、「倭」の表記呼称を「東委」(東夷) に由来すると解し、阿毎氏の倭の中核を「和族」と解する（本書第２章第８節第４項に後述）本書の立場上、族称「央委」を「倭」と同義と解する浜名の見解には同意できません。なんとなれば、『神頌契丹古伝』第二十章の記述に拠ると、「央委」は「阿祺毗」に由来し、「和（和義）」は「寧祺毗」に由来するとあり、浜名の説くように「央委」が「倭」と同義ならば、「倭」の表記呼称の由来ばかりか、「阿祺毗」に由来する「央委」族の倭と「寧祺毗」に由来する「和族」の倭の、族称の由来までをも異にする二つの倭の存在を許すことになり、受け入れられるものではないからです。筆者は「央委」は「倭」と同義ではなく、また「鞅委」王は辰王ではないと考えます。「鞅委王」は「濊王」であり、「鞅委王」とは、筆者が臨屯（『史記』朝鮮列伝中の「臨屯」）の都城の地と推想する、遼東半島先端部に位置する岡上・楼上墓地（春秋中期〜戦国晩期）[7]遺跡を遺した臨屯「鞅委王」ではないでしょうか。岡上・楼上墓地の向かいは海を挟んで山東半島です。本書第１章第５節第６項で東表の意義を「おおよそ、今日の山東省地域」と解しました。したがって、東表の「崛霊訷載龍髯」は山東半島沿岸部に拠した東夷（東表の「阿斯牟須氏」：東冥の「阿辰泛須氏」か）の王と考えます。山東半島沿岸部に拠したとする理由は、戦国時代の東表の主要部は斉国や魯国の領地であり、東夷の王が占拠できる東表での余地は東部の山東半島沿岸部以外にはないと思われるからです。なお、遼東半島の先端部は支石墓文化圏から屹立した、新石器時代後期以来の積石塚文化圏とされています。

遼東半島における支石墓の分布について、宮本一夫氏は次のように述べています。

「また、分布で興味深い点は、遼東半島の先端部に認められない点である。最も遼東半島の南西に位置するのが、金県小関屯支石墓である。それより南の遼東半島の先端部には支石墓は認められず[11]、これらの地域は渤海湾側を中心に積石塚が分布している。この分布地域は新石器時代後期をピークとして対岸の膠東半島との土器文化の交流がある地域であり、その段階に積石塚が出現して以来、一貫して積石塚が存続する地域である。」

(宮本一夫『中国古代北疆史の考古学的研究』中国書店、2000、153 ページ)

[11] 鳥居龍蔵（鳥居龍蔵「中国石棚之研究」『燕京学報』第31期 1946年）によれば、大連

第2章　文献史料と考古史料から探る前一千年紀の辰国

大仏山山頂に支石墓が存在するとされる。その構造は卓子式ではなく、自然石の石柱からなるところから大石蓋墓でもない。以上からその構造は支石墓とは認めがたく、大連周辺では支石墓は今のところ存在しない。

(宮本一夫『中国古代北疆史の考古学的研究』中国書店、2000、172 ページ)

　したがって、臨屯「鞁委王」が遼東半島地域の濊族に君臨する王であったとしても、積石塚を造営するこの地の支配階級は濊族ではなく、浜名が説くように(『神頌契丹古伝』第三十七章：本書第1章第5節第3項3)参照)、辰の古王統の「干霊辰洰氏」から分かれた「干来」の勢力であったことが考えられます。因みに「高令」は「干来」から分かれたとされています。浜名は続けて「蠙剣とは真珠で飾った剣のことであろう、『書経』禹貢に、淮夷の蠙珠および魚とあって、注に蠙は蚌の別名とあり、また玉篇には珠の名とある。あるいは海底の龍宮から得た霊剣とでもいう由緒つきの物であるかも知れない」[8]と述べています。剣（両刃）と太刀（片側に刃）との違いはありますが、筆者には伊勢神宮の式年遷宮において供せられる「玉纒御太刀」が連想されます。

　「辰洰殷」王家は「密矩王」の実家の祖神と思しき「察賀壹唫」と、「辰洰殷」の始祖である「殷叔」（「宇越勢旻訶通」）および殷叔の妃（「宇越米旻訶通」）を祭祀したものと思われます。「密矩王」の実家の祖神が「察賀壹唫」であることは、とりもなおさず「密矩王」は「神孫」であったことを意味します。このことは、本書第2章第2節第3項で「督抗賁國密矩」を時の「韓侯」すなわち〔「神孫」である〕「辰洰翅報」（辰王）の御子と考えたことと契合します。「辰洰殷」王家は、滅ぼされた〔いわば宗家筋にあたる〕「韓」家に代わり、「察賀壹唫」を祖神として祭ったのではないでしょうか。本書は「督抗賁國密矩」は「韓侯」の御子であり、「密矩王」の出た「韓」家の祖神は「察賀壹唫」であったと解しておきます。

　浜名は「辰洰殷」の新都を遼東の今日の海城に擬定しています。「脇を大辰の親に托し。而して依と為し」：「脇を『大辰』（辰〔王〕を盟主とする辰藩の同盟体）の親（盟主）である辰に託して依存し」の一文から、「辰洰殷」は「大辰」の一員であったことがわかります。さらに、『神頌契丹古伝』第三十七章に拠ると、「安晁辰洰氏」は「辰洰殷」と姻戚関係にあったとされています。したがって、戦国時代後半の「安晁辰洰氏」の辰国を盟主とする「大辰」の支配地域は、朝鮮半島から「辰洰殷」の位置した遼河平野に及ぶ範囲であったと解されます。

3）「辰汎殷」および「徐珂殷」の燕に対する反撃

それでは、引続き『神頌契丹古伝』の記述を追って行きたいと思います。

「　　第三十二章　二殷兵を連ねて燕を破り秦と國疆を訂約す
　至是燕築塞繞曼灌幹城曰襄平將又越孛浽渤強行阻斷
　二國伐燕克之踰渝及孤竹
　盡復殷故地及秦滅燕乃與之約郤地千里以孛水爲界如故
　　　　　　譯　文
　是に至り。燕・塞を築きて。曼灌幹に繞らし。城きて襄平と曰ふ。
　將に又孛浽勃を越えて阻斷を強行せんとす。
　二國・燕を伐つて之に克ち、渝を踰ゑて孤竹に及び。盡く殷の故地を復す。
　秦・燕を滅すに及んで。乃之と約し。地を郤くる千里。
　孛水を以て界と爲す故の如し。」

　　　　　　　　　（浜名寛祐『神頌契丹古伝』八幡書店、2001、586-587ページ）
　「譯文」の口語訳（拙訳）
　ここ〔曼灌幹の地〕に到達した燕は、塞を築いて曼灌幹の周囲を囲み、
　城市を建設して襄平と名づけた。
　〔燕は〕また、今にも孛浽勃（今日の遼寧省北票市の東を流れる牤牛河
　および牤牛河と合流して以降の大凌河に擬定）を越えて、
　強引に〔二国（辰汎殷と徐珂殷）を〕阻害し、分断しようとしたので、
　二国は燕を攻撃し、燕に勝ち、渝（河北省秦皇島市西部に位置する今日の戴河）
　を越えて、孤竹に到達し、〔辰汎〕殷が失った領土すべてを回復した。
　秦が燕を滅ぼすと、〔辰汎殷は〕秦と和約し、境界を〔東に〕千里下げ、
　孛〔浽勃大〕水を境界とした。以上のようである。」

「辰汎殷」の要地であったと思われる「曼灌幹」を占領した燕は、「曼灌幹」改め「襄平」と命名したとあります。『史記』匈奴列伝に拠ると、東胡を〔北に〕千余里退却させた燕は造陽から襄平に至る長城を〔東西方向に〕築き、上谷・漁陽・右北平・遼西・遼東の五郡を設置して北からの東胡の侵入を拒んだとあります。筆者は燕の長城の東端に

あたる〔戦国時代の〕襄平すなわち曼灌幹（『魏志』韓伝引く『魏略』の「満潘汗」）を今日の遼寧省北票市付近に擬定したいと思います。

　「徐珂殷」は、前節でご紹介した『神頌契丹古伝』三十一章でみたように、淮夷の一派（徐夷・徐戎）と思われる「徐族」が、海を渡り、遼東にやって来て、〔卓子式支石墓の分布から推測して〕渾河上中流域を開拓し、建国した国と考えます。浜名に拠ると「薜葛は今も沙河の名に遺っている」[9]として、「薜葛」を「沙河」に比定しています。『中華人民共和国省級行政単位系列図「遼寧省地図」』[10]によると、瀋陽と遼陽を結ぶ省道の中間点からやや瀋陽寄りに「沙河堡鎮」があり、側を太子河支流の「沙河」が流れています。この辺りに「徐珂殷」の都城である「昆莫城」があったと思われます。

　「辰汜殷」と「徐珂殷」の連合軍は燕を撃退し、渝水（河北省秦皇島市西部に位置する今日の戴河）を越えて孤竹（今日の河北省秦皇島市廬龍県付近）にまで到達し、失地をすべて回復したとあることから、「辰汜殷」の最大版図時の西界はロワン河であったことがわかります。このことは、「遼西辰国」と燕との境界と考えた遼水（ロワン河）を「遼東辰国」・「弁那辰国」・「辰汜殷」が引き継いできたことを意味します。

　王建新氏は「1979年に朝陽県十二台営子郷袁台子[(42)]で発掘された戦国晩期の墓地からは、20余基の墓から代表的燕文化のものが出土した一方、50余基の墓からは短茎曲刃青銅短剣の石製剣把頭などが出土している。この50余基の墓は、遼西地方に生活していて燕に占領された東北アジア系青銅器文化に属する一部分の人が残した遺跡であると考えられる」[11]と述べています。戦国晩期の一時期、朝陽県十二台営子付近が燕の支配下にあったことは考古学的にも確かめられるようです。しかしながら、燕が大凌河を越えることはついぞなかったと考えています。戦国燕と「辰汜殷」（いわゆる箕子朝鮮）との境界である「孛渶勃大水」（『神頌契丹古伝』第二十九章：前節第6項に掲出）すなわち「浿水」（後掲『史記』朝鮮列伝抄録参照）を今日の遼寧省北票市の東を流れる牤牛河および牤牛河と合流して以降の大凌河に擬定し、古朝鮮の地理的位置を遼河平野に擬定する筆者は、明刀銭出土遺跡の分布を根拠に、戦国燕が遼東方面さらには朝鮮半島北西部の清川江の線にまで進出していたとする見解を採りません。因みに、この見解を採る場合、燕の長城の東端は今日の遼東に達し、浿水を清川江に比定し、古朝鮮の地理的位置を北部朝鮮半島の大同江流域に比定するのが一般的です。燕の長城の東端を遼東にまで到達させる根拠は、燕の長城の東端である襄平が『漢書』地理志の遼東郡に属することにあると考えられます。『漢書』地理志に記載の前漢代の襄平は戦国燕の時代の襄平とは地理的位置を異にすると筆者は考えています。また、後述するように、遼東の明刀銭

の分布範囲は燕の勢力範囲を示すのではなく、燕からの亡命者（特に富裕商人など）を多く抱えた、衛氏朝鮮の勢力範囲を示すと考えます。

　秦が燕を滅ぼすと、秦は「辰㳇殷」を攻撃しない代りに、「辰㳇殷」に「孛涘勃大水」まで後退することを要求し、双方合意のもとに和約が成立したようです。『三国志』韓伝に「及秦并天下，使蒙恬築長城，至遼東。」：「秦が天下を統一すると（前221）、〔始皇は〕蒙恬に長城を築かせ、〔長城は〕遼東に及んだ。」とありますが、秦代の遼東は遼水（今日のロワン河）の東[12]を意味します。秦の長城の東端は秦代の遼東に位置する今日の河北省秦皇島市付近と考えられます。

4）始皇の孫・有秩の「辰㳇殷」への亡命

　『神頌契丹古伝』に拠ると、始皇の太子と思しき夫胥（『史記』秦始皇本紀第六では扶蘇とある）の子有秩が、「辰㳇殷」（いわゆる箕子朝鮮）を頼って亡命してきたとあります。

「　　第三十三章　秦の遺孤來って辰㳇殷に依る
　秦忽諸不祀夫胥子有秩率其衆來歸殷舍之白提奚爲都岐越
　　　　譯　文
　秦は忽諸として祀らず。夫胥の子有秩。其の衆を率ひて來歸す。
　殷これを白提奚に舍き。都岐越と爲す。」

(浜名寛祐『神頌契丹古伝』八幡書店、2001、592ページ)

　　　「譯文」の口語訳（拙訳）
　秦はたちまちのうちに滅んでしまい、宗廟で先祖を祀ることはなかった。
　〔始皇の太子〕夫胥（扶蘇）の子である有秩は、〔辺境の上郡で防衛の任務についていた秦の役人や兵士たちの〕一団を率いて辰㳇殷に亡命して来た。
　辰㳇殷はこれを白提奚に居住させて、都岐越とした。

　『史記』秦始皇本紀第六に拠ると、扶蘇は秦始皇の公子（君主の子）とあります。父始皇の暴政を諫めたことで始皇の怒りを買い、蒙恬の監督役を命じられ、北方の上郡（陝西綏徳地方）へ遠ざけられました。始皇三十七年（前210）、巡遊中に病に伏した始

第2章 文献史料と考古史料から探る前一千年紀の辰国

皇は皇帝の印璽を捺した〔扶蘇宛ての〕遺言書を作成させました。厳封をした遺言書は中車府長官の趙高のもとで握りつぶされ、扶蘇への使者には渡されていませんでした。遺言書には、「〔始皇の〕喪と咸陽に会して葬るよう」記されていました。始皇が沙丘の平台で崩じると、遺言書を託されていた趙高は丞相の李斯と謀って、扶蘇宛ての本物の遺言書を破棄し、始皇が沙丘で亡くなる間際に丞相李斯に託した遺言であると偽って公子胡亥を太子に立てました。さらには皇帝の印璽を捺した遺言書を偽造し、扶蘇と蒙恬に死を命ずる内容に書き換えたとあります。

父の扶蘇に伴われて北辺にいたと思われる子の有秩は、扶蘇が謀略により死に追いやられたことで身の危険を感じ、秦の都である咸陽には戻らず、遼東の「辰沄殷」に亡命したと推察されます。

『神頌契丹古伝』第三十三章の記述は異聞ですが、その信憑性は高いと思われます。何となれば、秦の王族を含むこの亡命集団の存在は、『三国志』辰韓伝に記述された辰韓（秦韓）人の由来を一層明らかにしてくれるからです。『三国志』辰韓伝の該当箇所の（拙訳）を再掲します。

『魏志』辰韓伝
（拙訳）
　辰韓は馬韓の東にあり、そこの老人たちは代々の言い伝えとして、
　「自分たちは昔〔秦から〕亡命して来た者〔の子孫〕であり、秦の戦役を避け、
　　韓の国を頼って来た。
　　馬韓は東部の地域を割いて〔我々〕に与えてくれたのである」と。
〔辰韓の国邑（支配拠点である邑）には〕城冊がある。その言葉は馬韓と異なり、国を邦といい、弓を弧といい、賊を寇といい、酒宴することを行觴という。互いに呼び合うときは皆、徒といい、〔これらの言葉は〕秦人〔の言葉〕に似ており、単に物品の名称だけが燕や斉のそれと異なっているというのではない。
楽浪人を名づけて阿残という；東方人は自分のことを阿（吾）というが、
　楽浪人は昔の自分たちの仲間で〔韓の国に来ることができずに、
　　かつての楽浪郡に取り〕残された人たちの子孫であるという意味である。
　今、〔辰韓の〕名を秦韓とする人もいる。

浜名は「古来、我が国史の伝える所に拠れば、秦始皇の正胤（正統の子孫）は我が国

に存在し、『姓氏録』には左の記伝が載っている」と述べ、『新撰姓氏録』の次の件を引き合いに出しています。

「太秦公宿禰(うづまさのきみのすくね)は秦始皇帝十三世*の子孫にあたる孝武王の後裔である。〔孝武王の〕子息である功満王が仲哀天皇八年に来朝した。功満王の子息である融通王は一説に弓月王(ゆづきのきみ)という。応神天皇十四年に来朝し、百二十七県**の百姓を率いて帰化し、金銀玉帛等の物を献上した。仁徳天皇の御世百二十七県の秦民を諸国に分置し、養蚕をおこなわせ、絹に織って貢納させた。天皇は詔(みことのり)して、秦王が献納するところの絲綿絹帛を自分が服用したところ、柔軟で肌が温暖であるので、姓を波多公(はだきみ)とするようにとおっしゃった。雄略天皇の御世には、貢納された絲綿絹帛すべてを積むと丘のようであった。天皇はこれを喜んで称号を賜われた。禹都萬佐(うづまさ)という。」[13]

「秦始皇帝十三世」*
　『新撰姓氏録』の記述は「秦始皇帝三世」とあるのが一般的なようです。その場合「秦始皇帝三世の〔孝徳王の〕子孫にあたる〔十三世〕孝武王の後裔である。」と解されます。

「百二十七県」**
　「来率廿七県百姓帰化」とし、帰化した際に率いた百姓を「廿七県」とする本(『新撰姓氏録』)もあるようです。

続けて、「右に拠り及び他の伝記に拠って考えるに、始皇の子扶蘇、扶蘇の子孝徳王、四世法成王、九世竹達王、十三世孝武王、十四世功満王、十五世融通王と由緒正しく、明らかである・・・」[14]と述べています。浜名は「白提奚」の「白提」が「ハタ(秦)」氏の姓氏の起因ではないかと述べ、『姓氏録』に記された「ハタ(秦)」氏の姓氏の縁起譚に疑問を呈しています。また、「太秦」と書いて「ウヅマサ」と読む理由も『姓氏録』に記載されている縁起譚とは別の所にあって、実は扶蘇の子「有秩」の読みが「ウツ」であることから来ているのではないか[15]との疑問も投げかけています。さらに、「白提(はた)二十七県」が「白二十七県」となり、それがまた「百二十七県」になったのであろうと推察しています。因みに、隋の煬帝(ずいようだい)が大業四年(608)に倭(俀)国に遣使した裴世清(はいせいせい)の記事が『隋書』倭(俀)国伝にみえますが、その件(くだり)に「又東至一支国，又至竹斯国。又東至秦王国，其人同於華夏，以爲夷州，疑不能明也。」：「また東〔に進むと〕一支(壱岐)国に至り、また竹斯(筑紫)国に至る。また東〔に進むと〕秦王国に至る。その国

の人は華夏(かか)(中国)と同じであり、夷州(いしゅう)とするのは疑問であるが、〔そのあたりの事情を〕明らかにすることはできない。」とあります。秦王国は秦始皇の正胤(せいいん)を王として戴く秦韓からの亡命者集団(華夏族)の国と解され、その国人は畿内王権による倭国統一後に諸国に分置され、「秦氏(はたうじ)」の氏族(うじぞく)を形成したと考えます。

　それでは、「辰泟殷(しういん)」に亡命した秦の王族を含む一団は、どのような経緯で辰国に移り住むようになったのでしょうか。『神頌契丹古伝』第三十四章は次のように伝えています。

5)「辰泟殷(しういん)」の滅亡と満の朝鮮建国

「　　第三十四章　辰泟殷(しういん)亡びて朝鮮の稱起る
　燕瞞説殷曰請背水而國以禦漢寇殷納封之姑邾宇
　瞞又説漢曰胡藏秦華胄請滅之爲郡以絶後患
　漢喜給之兵仗瞞襲取殷漢進郡阻徐珂殷王奔辰秦氏隨徙殷亡
　瞞乃案智淮氏燕故事以之紀國曰朝鮮始達周武之志也
　　　　　譯　文
燕瞞 漢史に衛滿に作り、韓史に或は魏滿に作る、今漢史に從ひ衛滿となし、釋明に之を用ゆ 殷に説いて曰く。
　請ふ水を背(ふせ)にして國し。以て漢寇を禦(い)がんと。殷納れて之を姑邾宇に封す。
　瞞又漢に説いて曰く。胡・秦の華胄(かちう)を藏す。請ふ之を滅して郡と爲し。
　以て後患を絶たんと。漢喜び之に兵仗を給す。瞞襲ふて殷を取り。
　漢・郡を進めて徐珂を阻(そ)す。殷王・辰に奔(はし)り。秦氏隨つて徙(したが)ふ。殷亡ぶ。
　瞞乃ち智淮氏燕の故事を案じ。之を以て國に紀(しる)して朝鮮と曰ふ。
　始て周武の志を達せるなり。」

(浜名寛祐『神頌契丹古伝』八幡書店、2001、595ページ)

　　　「譯文」の口語訳(拙訳)
　燕人の満(漢史には衛満に作り、韓史には或(あるい)は魏満に作る、今漢史に従い衛満を採って、解説文ではこれを用いる)は殷を説得してこう言った。
　「川を背に国を構えさせて欲しい。漢の侵攻を〔背水の陣で〕防ぎたいから」と。
　殷は満の要望を受け入れて、満を姑邾宇に封じた。
　満は又、漢を説得してこう言った。辰泟殷(しういん)は秦の貴族を匿(かくま)っています。

325

辰氿殷を滅ぼして郡とし、後々のわずらいを絶ってしまったらどうでしょうかと。
漢は喜んで、満に兵器を与えた。満は〔突如〕襲撃して殷の領土を奪い取り、
漢は〔遼東〕郡を進めて徐珂〔殷〕の反撃を阻止した。
殷王は辰国の地に落ち延び、秦氏は殷王に付き従って辰国の地に移った。
こうして殷は亡んだ。
満は「智淮氏燕」の故事を思い起こし、
「智淮氏燕」を国〔号〕に記して、「朝鮮」と称した。
この時に始めて、周武王の〔遺〕志が実現されたのである。

　「朝鮮」の呼称表記は、漢初に満が「智淮氏燕」の故事（『神頌契丹古伝』第二十四章：本書第2章第1節第7項に掲出）に因み、「朝鮮」を国号としたことに始まると記されています。「周武之志」：「周武王の〔遺〕志」とは「〔周武王が箕子に〕『朝鮮』の国号を与え、『朝鮮』侯に封じようとしたこと」と解されます。満の経略にはまり、不意を突かれた「辰氿殷」王は辰国の地に落ち延び、秦氏は殷王に従って辰国の地に移ったとあります。第三十四章の記述からは、『後漢書』韓伝にあるような「初，朝鮮王準為衛満所破，乃将其余衆数千人走入海，攻馬韓，破之，自立為韓王」：「その昔、朝鮮王準が衛満によって破られると、残った家来たち数千人を率いて海路を逃れ、馬韓を攻めてこれを破り、自ら立って韓王となった」という状況は全く窺えません。むしろ、『神頌契丹古伝』第三十章の「脇を大辰の親に托し。而して依と為し」とある記述に沿う格好で、辰を頼って庇護を求めたように受け取れます。『魏志』韓伝には「将其左右宮人走入海，居韓地，自号韓王」：「〔準の〕身近に仕える宮人を引き連れ、海路で辰国に逃れ、韓地に居住し、自ら韓王を名乗った」とあります。秦の王族を含む一団が南部朝鮮半島に移住したのは、満の攻撃を受け、「辰氿殷」が亡んだ時でした。遼河平野に取り残された秦人の一団およびその子孫は辰韓人（秦韓人）から「阿残」と呼ばれました。『神頌契丹古伝』第三十三章・第三十四章の記述から始皇の孫を戴く秦の遺民が遠く南部朝鮮半島に移住して来た経緯がおわかりいただけたと思います。

　満の朝鮮が遼河平野に建国されたことで、「大辰」（辰〔王〕を盟主とする辰藩の同盟体）の支配地域は鴨緑江以南の朝鮮半島に限られることになります。辰国が錦江流域から栄山江流域へ遷都したのはこの頃ではなかったかと推察します。『神頌契丹古伝』第三十五章は次のように続けています。

「　　第三十五章　古朝鮮の滅亡及び濊君の自刎
　於是瞞要漢反故漢去但巫志心甚啣之
　　・・・　　　　・・・　　　・・・
　　　　　　　譯　　文
　是に於て。瞞、漢に故に反らんことを要む。
　漢但巫志を去り。心甚だ之を啣む。
　　・・・　　　　・・・　　　・・・　　　」

（浜名寛祐『神頌契丹古伝』八幡書店、2001、606 ページ）

　　　「譯文」の口語訳（拙訳）
〔漢の支援を得て辰汧殷王を国外に追い払い、辰汧殷の領土を奪い取ると〕
満は漢に〔辰汧殷との国境であった孛涘勃大水の西側の〕もとの位置まで
撤退するように要求した。漢は但巫志から〔やむなく〕撤退したが、
〔辰汧殷の領土を郡にしようと目論んでいたので〕内心大いに不満であった。
　　・・・　　　　・・・　　　・・・

「徐珂」を阻むために遼東郡が滞陣した「担巫志」は「徐珂」以西の遼河平野に位置したと解され、『漢書』地理志遼東郡条の「沓氏」は「担巫志」の音写と解されます。

ここで定義 11 を設けます。

　定義 11（D11）：D11：
　　満が建国し、孫の右渠に至った朝鮮国および朝鮮国の領域の地域名称と
　　なった朝鮮を、以下「」括弧付きの「朝鮮」と表記する。

「朝鮮」の呼称表記は、漢初に満が「智淮氏燕」の故事に因み、「朝鮮」を国号としたことに始まると記述する『神頌契丹古伝』第二十四章に拠れば、以下に抄出した『漢書』地理志や『史記』宋微子世家の記述に見える「朝鮮」の用例は、前漢代の朝鮮国の領域の地域名称である「朝鮮」を周初にまで遡及させた遡及的表現としての「朝鮮」と解されます。したがって、周初に箕子が移り住んだ「朝鮮」の地理的位置は、『史記』（前 91 年頃成立）が編纂された前漢代から『漢書』（78 年頃成立）が編纂された後漢代前半にかけての「朝鮮」の位置認識と同じ、仮説 21 の遼河平野方面であることになります。

327

『漢書』地理志第八下

「殷道衰，箕子去之朝鮮，教其民以礼義，田蚕織作。」

（拙訳）

　殷の政道が衰えたので、箕子は〔中国を〕去って「朝鮮」に行き、
　領民に礼儀や耕作・養蚕・機織(はた)りを教え〔教化し〕た。

『史記』宋微子世家

「於是武王乃封箕子於朝鮮而不臣也。」

（拙訳）

　そこで武王は、箕子を「朝鮮」に封じ、臣としなかった。

6　真番(しんばん)考：『史記』にみえる辰国

1）「辰国」表記の初出と「辰国」の存在に対する認識

　朝鮮半島の錦江流域あるいは栄山江流域に細形銅剣文化を開花させた時期の辰国の具体的な情報は皆無に近く、その姿を明らかにすることはできません。ここでは、かろうじて文献にその痕跡を留めた辰国の影を追うことにします。

　「辰国」という表記がいつ頃から使われ始めたのかという問いに対しては、中国典籍における「辰国」表記の初出が『漢書』朝鮮伝の「真番辰国欲上書見天子，又擁閼弗通」と目されることから、『漢書』の成立したとされる後漢代にはすでに使われていたと答えることができます。ところで、「辰国」という表記はそうであったとしても、「辰国」の存在に対する認識は前漢代には既にあったと考えられます。その理由は、本書第1章第5節第3項でふれたように、『神頌契丹古伝』第十八章に「辰藩(しんばん)」の用例があることから推して、『史記』朝鮮列伝第五十五に係る『史記』太史公自序第七十「燕丹散乱遼間，満収其亡民，厥聚海東，以集真藩，葆塞為外臣。作朝鮮列伝第五十五」にある「真(しん)藩(ばん)」の本来の表記は「辰藩(しんばん)」ではなかったかと推測されるからです。

　「真藩」の「真」と「辰国」を意味する「辰」は近似音です。藤堂明保編『学研漢和大字典』（学習研究社、1995）に拠ると、「辰」・「真」の上古音（周・秦）は「辰 dhien」・「真　tien」とされています。「辰　dhien」と「真　tien」は音が近く、本来「辰藩」の

表記であるはずのものが、『史記』成立後になんらかの理由で「辰」は「真」の字に置き換えられ「真藩」と表記されたと筆者には思えるのです。そうであるならば、「真」すなわち「辰」の存在に対する認識は『史記』の成立したとされる紀元前91年頃の前漢代には既にあったことになります。

2）「真藩」の意義

「真藩（しんばん）」の本来表記が「辰藩（しんばん）」であるならば、「真藩」の意義は「『辰藩』（辰の従属国）」と解されます。満の「朝鮮」建国以前にあっては、「辰藩」（辰の従属国）は北部朝鮮半島から遼河平野にかけて相当数存在していたと考えられます。遼河平野に位置した「辰洷殷（しういん）」（いわゆる「箕子朝鮮」）も「辰藩」（辰の従属国）の一つにあたります。

それでは、「真藩」の本来表記は「辰藩」であり、「真藩」の意義は「『辰藩』（辰の従属国）」であると解して、先に掲げた『史記』朝鮮列伝第五十五に係る「太史公自序」を訳してみたいと思います。

『史記』太史公自序第七十
「燕丹散乱遼間，満收其亡民，厥聚海東，以集真藩，葆塞為外臣。作朝鮮列伝第五十五。」
（拙訳）
　燕の太子であった丹は遼〔水〕（今日のロワン河）に至るまでの範囲を
　戦乱に巻き込み、荒廃させ無秩序な状態にした。
　満はそれらの難民や海東（渤海の東）の民衆を支配下に収め、
　「辰藩」（辰の従属国）の地に集め、塞（さい）を保持〔し、漢の国境を確保〕したので、
　漢の外臣とされた。そこで、朝鮮列伝第五十五を作った。

以上のようです。
　ちなみに「太史公自序」における「真藩」（「辰藩」：辰の従属国）とは、具体的には遼河平野に位置した「辰洷殷（しういん）」を指すと解されます。

3）「辰藩」はなぜ「真藩」と表記されたのか

　それでは「辰藩」はなぜ「真藩」と表記されたのでしょうか。『史記』朝鮮列伝の執筆にあたって、〔殷周革命を正当化するために設けたであろう〕『史記』宋微子世家で周武王が箕子を「朝鮮」に封じたと記述した手前、周武王以来の中国の領土であるはずの「朝鮮」を「辰汓殷(しょういん)」と表現するわけにはいかなかったはずです。そこで、太史公は「辰汓殷(しょういん)」に代えて婉曲的に「辰藩」と表現したものと思われます。ところで、『史記』の成立（前91年頃）後、漢は郡の進出設置をめぐって、千山山脈の東で辰を始めとする在地勢力と熾烈(しれつ)な争いを演じていました。そこで、時の為政者の意を汲んだ漢儒は、明らかに「辰の藩塀(はんぺい)」を意味する「辰藩」の表現を避け、「真藩」と改変（改ざん）したものと推察します。因みに、辰国の国号である「辰汓縋(しゅうく)」（「辰汓(しゅう)」国）は『史記』朝鮮伝では「衆(しゅう)国」と音写されています。

4）「真番」および「真番朝鮮」の意義

　『史記』朝鮮列伝に「自始全燕時嘗略属真番朝鮮，為置吏，築部塞」とある四字熟語「真番朝鮮」は、『史記』成立当初は二字熟語「辰藩」であったと考えます。なんとなれば、『神頌契丹古伝』第三十四章に拠ると「朝鮮」は満によって初めて称された国名とされており、満の朝鮮建国以前である戦国燕の時代（「全燕時」）には「朝鮮」という国も地名も実在しなかったからです。「太史公自序」が「辰汓殷(しょういん)」を「朝鮮」とせず「『辰藩』（真藩）」と表現した所以(ゆえん)でもあります。『史記』宋微子世家の「於是武王乃封箕子於朝鮮而不臣也」：「そこで武王は、箕子を『朝鮮』に封じ、臣としなかった」の一文は、周王朝の建前上の話であり、本書第２章第１節第９項でみたように、箕子は「朝鮮」を国名としませんでした。筆者は、『史記』成立後に「辰藩」の地理的位置を漢代の読者が理解しやすいように、読者周知の前漢代の満の朝鮮国の領域の地域名称である「朝鮮」を戦国燕の時代に遡及させて用い、「辰藩」とあったものを、「辰の藩屛である朝鮮国」の意味である「辰藩朝鮮」の表現に改めたものと推測します。その後、「辰藩朝鮮」は「真藩朝鮮」に改められ、さらに「藩」を「番」に代えて「真番朝鮮」と表記されたと考えます。「辰藩朝鮮」が「真藩朝鮮」に改められた理由は、上述した『史記』朝鮮列伝第五十五に係る「太史公自序」において、「辰藩」が「真藩」に改変されたで

あろう理由と同じと考えます。

　それでは、同じ『史記』において、「朝鮮列伝」に係る「太史公自序」には「真藩」とあるのに、「朝鮮列伝」や「貨殖列伝」の本文では「藩」を「番」に代えて「真番朝鮮」あるいは「真番」とあるのはなぜでしょうか。『廣漢和辞典』に拠ると、「藩」と「蕃」また「蕃」と「番」は同字であることがわかります。

　「【蕃】・・・⑧まがき。また、まがきとする。まがきとなる。⇒藩〔通訓〕。
　　〔廣韻〕蕃ハ、蕃屏。
　　〔書經、微子之命〕以テ蕃トス二王室ニ一。〔釋文〕蕃ハ、本又作ル二藩ニ一。・・・
　　⑬＝番（10616）。〔禮記、明堂位、釋文〕蕃ハ、字又作ル二番ニ一。・・・　」

（諸橋轍次他『広漢和辞典下巻』大修館書店、1987、464 ページ）

　したがって、「藩」が「番」に置き替えられた理由は、「藩」と「蕃」が、また「蕃」と「番」が同字であることに由ると解されます。いずれにしろ、これらの改変は太史公（司馬遷）の与（あずか）り知らないことであり、これらの改変によって、「真番」であれ「真番朝鮮」であれ、その意義が一層分りにくくなってしまったことは確かです。「太史公自序」だけは、なぜか「真番」と改変されずに〔「辰藩」から改変されたであろう〕「真藩」のまま残されたものと思われます。

　以上から、「真番朝鮮」および「真番」の意義を次のように解したいと思います。

　　「真番（しんばん）」：「『辰藩（しんばん）』（辰の従属国）」
　　「真番朝鮮（しんばん）」：「『辰藩（しんばん）』（辰の従属国）である朝鮮国（「辰氾殷（しういん）」）」

　以上の理解の下に、『史記』・『漢書』にある「真番」関係の記事を以下に抄出し、拙訳を試みたいと思います。

　『史記』貨殖列伝
　「夫燕亦勃、碣之間一都会也。南通斉、趙，東北辺胡。
　　上谷至遼東，地踔遠，人民希，数被寇，大与趙、代俗相類，而民雕捍少慮，有魚塩棗栗之饒。北隣烏桓、夫余，東綰穢貉、朝鮮、真番之利。」

331

（拙訳）
　　燕は勃海と碣石の間に在る一都会である。南は斉、趙に通じ、
　　東北辺には胡がいる。
　　上谷から遼東（ロワン河の東）に到るまでの地は広く遠く、住民はまばらで、
　　外賊の侵入をたびたび被っている。大方の趙と代の風俗は互いに似ており、
　　住民は鷲のように荒く強く、くよくよしない。魚、塩、棗、栗を豊富に産する。
　　北は烏桓、夫余に隣し、〔燕の商人は〕東は穢貉や「朝鮮」や
　　「辰藩」（辰の従属国）との交易の利を独占している。

『漢書』地理志第八下
「薊，南通斉、趙，勃、碣之間一都会也。（中略）上谷至遼東，地広民希，数被胡寇，
　俗与趙、代相類，有漁塩棗栗之饒。北隙烏桓、夫余，東賈真番之利。」
（拙訳）
　　薊は南は斉、趙に通じ、勃海と碣石の間に在る一都会である。（中略）上谷から遼東
　　に到るまでの土地は広く、住人はまばらで、胡族の侵入をたびたび被っている。
　　〔薊の〕風俗は趙や代と互いに似ている。魚・塩・棗・栗を豊富に産する。
　　北には烏桓、夫余が少し隔てて居り、〔薊の商人は〕東は「辰藩」（辰の従属国）
　　と交易して利益を得ている。

　『史記』貨殖列伝と『漢書』地理志の記述を対照しますと、『史記』貨殖列伝の「燕」
は、燕が〔漢の広陽国〕薊県となった結果、『漢書』地理志では「薊」と改められ、同
じく『史記』貨殖列伝の「穢貉、朝鮮」は漢郡（遼西・楽浪・遼東の各郡）に編入され
た結果、『漢書』地理志では削除され、漢郡に編入されていない辰の藩塀（辰の従属国）
が「真番」の表記で『漢書』地理志に残されたと解されます。なお、漢の武帝が右渠の
「朝鮮」を滅ぼして以降の「遼東〔郡治〕」は「遼河の東〔に置かれた遼東郡治〕」を指
す呼称ですが、上掲『漢書』地理志の記述は『史記』貨殖列伝の記述を改変したものと
推察されますので、記述にある「遼東〔郡治〕」の内実は『史記』貨殖列伝が記述した
「遼東」（ロワン河の東）のままであったことが考えられます。
　「真番朝鮮」の用例がある『史記』朝鮮列伝の関係箇所は次項に抄出しています。

7　中国典籍にみる満の「朝鮮」建国

満の「朝鮮」建国について『史記』朝鮮列伝は次のように記述しています。

『史記』朝鮮列伝
「朝鮮王満者，故燕人也。自始全燕時嘗略属真番朝鮮＊，為置吏，築鄣塞。
　秦滅燕，属遼東＊＊外徼。漢興，為其遠難守，復修遼東故塞，至浿水＊＊＊為界，属燕。
　燕王盧綰反，入匈奴，満亡命，聚党千余人，
　離結蛮夷服而東走出塞，渡浿水，居秦故空地上下鄣＊＊＊＊，
　稍役属真番朝鮮蛮夷及故燕、斉亡命者王之，都王険＊＊＊＊＊。
　会孝恵、高后時天下初定，遼東太守即約満為外臣，保塞外蛮夷，無使盗辺
　；諸蛮夷君長欲入見天子，勿得禁止。以聞，上許之，
　以故満得兵威財物侵降其旁小邑，真番＊＊＊＊＊＊、臨屯皆来服属，方数千里。伝子
　至孫右渠，所誘漢亡人滋多，又未嘗入見；真番旁衆国欲上書見天子，又擁閼不通。」
（拙訳）
朝鮮王の満はもとは燕の人である。
燕は全盛期から、「辰藩」（辰の従属国）である朝鮮国（「辰氾殷」）を侵略し始め、
〔奪った地域に〕官吏を置き、鄣塞を築いていた。
秦が燕を滅ぼす（前222）と遼東外徼（遼東の長城の外）を〔秦の帰〕属とした。
漢が興る（前206）と、〔遼東外徼は〕遠方で漢が直接守るのが難しいので、
遼東（今日のロワン河の東）のもとの塞（始皇が蒙恬に築かせた臨洮より碣石に
至る長城）を修復し、〔遼東から〕浿水（今日の遼寧省北票の東を流れる牤牛河
および牤牛河と合流して以降の大凌河に擬定）に至って〔浿水を〕国境とし、
〔遼東外徼を〕燕の領地とし〔て守らせ〕た。
燕王の盧綰が漢に背き匈奴に亡命すると、満は蛮夷の髷を結い、蛮夷の衣服を着て、
千人余りの一党を引き連れて遼東の塞を出て東へと逃れ、浿水を渡り、秦代に空地
となっていた上下鄣に住み着いた。次第に、「辰藩」（辰の従属国）である朝鮮国
（「辰氾殷」）の蛮夷や、〔戦乱を避けて海東に移り住んでいた〕かつての燕や斉から
の難民を配下におさめ、王険を都とした。
孝恵帝と高后（呂太后）の時（前195〜前180）、天下が初めて安定すると、〔漢の〕
遼東太守はさっそく満に対し、塞外の蛮夷が辺境で盗賊行為を働かないようにし、

333

諸蛮夷の君長が天子との朝見を求めたときはこれを禁止しないならば、外臣とすることを約束した。〔満がこれを受け入れたので〕奏聞し、上はこれを許可した。これによって満は兵力と財物を得て、近隣の小邑を侵攻し降伏させたので、「辰藩」（辰の従属国）や臨屯が皆やって来て服属し、数千里四方〔の範囲が領域〕となった。子に伝え孫の右渠へと至り、誘われて漢から亡命する者も益々多くなったが、〔満から孫の右渠に至る迄の間〕一度も漢に入朝したことがなく、「辰藩」（辰の従属国）の傍に位置する辰国（衆国：「辰氿」国）が、書状を奉って天子への拝謁を願ったが、これをさえぎって〔漢の遼東太守に〕通さなかった。

「真番朝鮮」*
　『史記索隠』
　　「如淳云：燕嘗略二国以属己也。
　　　応劭云：玄菟本真番国。」
　　（拙訳）
　　　如淳云う：燕は嘗て二国（真番と朝鮮の二国）を侵略して属国とした。
　　　　（如淳は「真番朝鮮」を真番と朝鮮の二国と解しています：筆者）
　　　応劭云う：玄菟郡は本の真番国（辰の従属国）〔の地〕である。

「遼東」**
　　漢初の遼東は遼水（今日のロワン河）の東の地域を指します。
　　遼東はロワン河から秦皇島市までの範囲、
　　遼東外徼（秦が築いた遼東の長城の外）は秦皇島市以東、大凌河迄の範囲と解されます。

「浿水」***
　　筆者は浿水を、今日の遼寧省北票市の東を流れる牤牛河および牤牛河と合流して以降の大凌河に擬定します。
　　浿水は「孛水」の音写で、「孛浿勃大水」の漢名と解されます。

「秦故空地上下鄣」****
　　「秦故空地上下鄣」とはどの地域を指すのでしょうか。
　　秦が燕を滅ぼすと、辰氿殿は再び大凌河以東にまで後退しました。
　　上下鄣は浿水の東に位置しています。
　　北票市の東を流れる大凌河支流の牤牛河と阜新市に発する細河に挟まれた丘陵地帯が上下鄣ではないでしょうか。大凌河を挟んで義県の北方にあたる地域です。
　　上下鄣の西を流れる牤牛河が容易に越えられたことから、秦の侵攻を恐れた「辰氿殿」の人々は住まなくなり、空地となって両国の緩衝地帯の役割を果たしたと考えられます。

第2章　文献史料と考古史料から探る前一千年紀の辰国

「王険」******

王険を今日の遼寧省北鎮市付近に擬定します。

遼東に遷都する迄の「辰沄殷」の王都があったと考えた所です。

『漢書』地理志の遼東郡険瀆県には次の注が付されています。

応劭曰：「朝鮮王満都也。依水険、故曰険瀆。」：「応劭云う：朝鮮王満の都である。水険に依ったので険瀆という。」臣瓚曰：「王険城在楽浪郡浿水之東、此自是険瀆也」：「臣瓚云う：王険城は楽朗郡浿水の東に在る。ここは、これにより険瀆なのである」師古曰：「瓚説是也。浿音普大反。」：「師古云う：瓚の説がよい。浿の音は普と大の反〔ハイである〕。」

『史記集解』に「張晏曰：朝鮮有湿水、洌水、汕水，三水合為洌水，疑楽浪、朝鮮取名於此也」：張晏曰く、朝鮮には湿水・洌水・汕水の三水があり、合流して洌水となる。楽浪・朝鮮はこの名を取ったものか」¹⁶とあります。張晏の云う「朝鮮」が遼河平野に位置した「朝鮮」を指すのであれば、本書は王険を今日の遼寧省北鎮市付近に擬定する立場上、北鎮の南方を流れる（東から）繞陽河・東沙河・西沙河を三水に比定します。三水のいずれかが洌水であり、合流した洌水の河口が洌口と解されます。

「真番」******

『史記索隠』

「東夷小国，後以為郡。」

（拙訳）

〔真番は〕東夷の小国で、のちに〔漢の〕郡となった。

　「真番旁衆国」の「衆国」は「辰沄国」の音写と解されます。『史記』朝鮮列伝の「真番旁衆国」の「衆国」は、後世の編纂になる「百衲本」の『史記』朝鮮列伝では「辰国」に改められ、「真番旁辰国」とされています。「衆国」すなわち「『辰沄』国」は「辰国」（「辰沄繣」）を意味することから、「真番旁辰国」は的を射た意訳と考えられます。「真番旁辰国」の意義は「満得兵威財物侵降其旁小邑」：「満は兵力と財物を得て、近隣の小邑を侵攻し降伏させたので」の「旁」の用例から見て、「『辰藩』（辰の従属国）の傍に位置する辰国」と解されます。「欲上書見天子」：「書状を奉って天子への拝謁を願ったが」の記述から、「衆国」すなわち「『辰沄』国」（辰国）は文字（漢字）を使用していたことが確認できます。

　ところで、『漢書』（78年頃成立）の成立した後漢代になると「朝鮮」の地域名称で呼ばれた遼河平野方面は既に確固とした中国の領土となり、「朝鮮」が中国の領土であることを主張する必要が薄れたせいでしょうか、『史記』朝鮮列伝において使用を避けた

335

と思われる「辰」の表記でしたが、『漢書』朝鮮伝では「旁」が省かれた「真番辰国」という表現が堂々と使われています。仮説6⁻²で「・・・中国側からの呼称表記である『辰〔国〕』は『辰汛〔纑〕』の略称である」としましたが、仮説6⁻³で提示したように、前代においては「辰汛〔纑〕」を「辰」と略称しながらも「辰汛纑・辰」すなわち「粛慎」の表記呼称が用いられたと考えました。「辰汛〔纑〕」を「辰〔国〕」と略称表記したのは後漢代成立の『漢書』が最初と推断されます。

『漢書』朝鮮伝
「真番、辰国欲上書見天子，又擁閼弗通。」
(拙訳)
　辰藩（辰の従属国）や辰国が、書状を奉って〔漢の〕天子への拝謁を願ったが、〔満の孫である朝鮮王の右渠は〕これを遮って〔漢の遼東太守に〕通さなかった。

　ここで、『史記』朝鮮列伝の抄録に注した「洌水」および「王険」の位置について、改めて仮説22・仮説23として提示します。

　　仮説22（H22）：H22
　　　洌水すなわち「孛湨勃大水」を、今日の遼寧省北票市の東を流れる牤牛河および牤牛河と合流して以降の大凌河に擬定する。

　　仮説23（H23）：H23
　　　朝鮮王満の都した王険を今日の遼寧省北鎮市付近に擬定する。

また、唐の顔師古は『漢書』地理志の「玄菟郡」に以下のように注しています。

「応劭曰：故真番，朝鮮胡*国。」
(拙訳)
　〔後漢の〕応劭云う：〔玄菟郡は〕昔の辰藩（辰の従属国）〔の地〕であり、〔右渠の〕「朝鮮」に服属した胡族の国〔の地〕である。

「胡」*

『神頌契丹古伝』第三十四章で、衛満は「辰汧殷」（いわゆる箕子朝鮮）を「胡」と称しています。また、『魏志』濊伝に「漢武帝伐滅朝鮮，分其地為四郡。自是之後，胡漢稍別」：「漢の武帝は『朝鮮』を征伐して滅ぼすと、その地を分けて四郡とした。これ以後、胡と漢は次第に別れるようになった」とあります。ここでの「胡」は「辰汧殷」を始めとする非漢系集団の汎称と解されます。

先に四字熟語「真番朝鮮」は、「辰藩」の地理的位置を漢代の読者が理解しやすいように、『史記』成立後に読者周知の前漢代の満の朝鮮国の領域の地域名称である「朝鮮」を戦国燕の時代に遡及させて用い、「辰藩」とあったものを、「辰の藩屏である朝鮮国」の意味である「辰藩朝鮮」の表現に改めたものと推測しました。したがって、満の「朝鮮」建国後の存在である玄菟郡の注釈に係る遼河平野を中心とする地域を指称するのに、四字熟語「真番朝鮮」は無用であり、単に「朝鮮」でよいと考えます。そこで、「応劭曰：故真番，朝鮮胡国。」中の「真番，朝鮮」を「真番」と「朝鮮」に分け、「応劭曰：故真番，朝鮮胡国。」：「〔後漢の〕応劭云う：〔玄菟郡は〕昔の『辰藩』（辰の従属国）〔の地〕であり、〔右渠の〕『朝鮮』に服属した胡族の国〔の地〕である。」と訳しました。『漢書』地理志の「玄菟郡」に付された唐の顔師古の注、「応劭曰：故真番，朝鮮胡国」における、「故真番（『辰藩』）」・「〔右渠の〕『朝鮮』」・「胡〔族の〕国（後の玄菟郡）」の地理的範囲の包含関係を図示すると図7のようになります。

[図7　故真番（「辰藩」）・〔右渠の〕「朝鮮」・胡族の国（後の玄菟郡）
　　　の地理的範囲の包含関係]

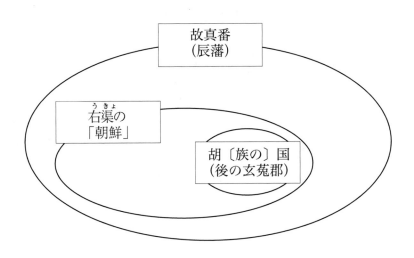

同じく、『漢書』地理志の「楽浪郡」に注して、

「応劭曰：故朝鮮国也。」
（拙訳）
　〔後漢末の〕応劭云う：〔楽浪郡は〕昔の朝鮮国〔の地〕である。

以上です。

8　遼東の明刀銭の分布範囲が示す意味について

　先に遼東の明刀銭の分布範囲は燕の勢力範囲を示すものではないとの卑見を述べましたが、ここで遼東の明刀銭の分布範囲が示す意味について改めて考えたいと思います。
　田村晃一著『楽浪と高句麗の考古学』（同成社、2001）に拠ると、朝鮮半島北部の明刀銭出土遺跡については、すでに第二次世界大戦前に藤田亮策氏が詳細に論じており、藤田氏は遼東半島の明刀銭出土遺跡をも併せ検討し、遼東半島から朝鮮半島北部にかけての明刀銭出土の意義を以下のようにまとめています。

「(1)　明刀銭が城址や包含層などから、鉄器、布銭、明刀円銭などと伴出する場合は、燕、趙、斉などの人々が移動の際に携帯されたもの、あるいは秦の北方攻略の動乱の際に、東方に向かった人と共に移入されたものの多いことが想定できる。
(2)　明刀銭が単独に、あるいは鉄器などと共に埋蔵されている場合は、古墳の副葬品として埋蔵されているものと財貨の収蔵を目的としたものとがあるが、いずれにしても、なぜ山間僻地にのみ見られるのか、なぜ不便な、人跡稀な地域に見られるのかが問題である。
(3)　明刀銭と伴出する鉄器は黄河流域に最も普通に見る所で、北方文化の影響によると思われるものは少ない。また、明刀銭を埋蔵していた縄目文土器は中国の戦国時代から秦の頃までのものであり、満州でこの土器と伴出する明刀銭が朝鮮北部に多数発見されることは、当然その土器文化を伴うことが推定され、土器と共に人も往来していたことを示す。」

(田村晃一『楽浪と高句麗の考古学』同成社、2001、29ページ)

藤田氏は古朝鮮の地理的位置を北朝鮮の大同江流域に比定する立場から、遼東の明刀銭の分布範囲は燕の勢力範囲を示すとの理解のもとに、(1)において、「明刀銭が城址や包含層などから、鉄器、布銭、明刀円銭などと伴出する場合は、燕、趙、斉などの人々」あるいは「秦の北方攻略の動乱の際に、東方に向かった人」によって携帯・移入されたものの多いことが想定できるとしています。『史記』貨殖列伝に「〔燕の商人は〕東は穢(わい)貊(ばく)や『朝鮮』や『辰藩』(辰の従属国)との交易の利を独占している」との記述がありますが、燕の商人と「朝鮮」および「辰藩」(辰の従属国)の商人との交易において、また満の「朝鮮」の勢力範囲において、明刀銭が決済手段の一部として使用されていたと推察されます。筆者は、古朝鮮の地理的位置を遼河平野に擬定する立場から、遼東の明刀銭の分布範囲は燕の勢力範囲を示すのではなく、燕からの亡命者(特に富裕商人など)を多く抱えた満の「朝鮮」の勢力範囲(明刀銭の流通範囲)を示すと考えます。また、満の「朝鮮」の領域は鴨緑江を越えることはなかったとの立場から、「辰藩」(辰の従属国)の領域と考えられる朝鮮半島北部の山間僻地に見られる明刀銭埋納遺跡は、衛氏朝鮮からの難民が主に遺したものと考えています。

9　右渠の「朝鮮」の滅亡と「徐珂殷(さか)」の動静

　『後漢書』濊伝および『神頌契丹古伝』第三十五章は、右渠の「朝鮮」滅亡前後の「徐珂殷(さか)」の動静を次のように記述しています。

『後漢書』濊伝
「昔武王封箕子於朝鮮，箕子教以礼義田蚕，又制八条之教。
　其人終不相盗，無門戸之閉。婦人貞信。飲食以籩豆。
　其後四十余世，至朝鮮侯準，自称王。
　漢初大乱，燕、斉、趙人往避地者数万口，
　而燕人衛満撃破準而自王朝鮮，伝国至孫右渠。
　元朔元年，濊君南閭等畔右渠，率二十八万口詣遼東内属，
　武帝以其地為蒼海郡，数年乃罷。
　至元封三年，滅朝鮮，分置楽浪、臨屯、玄菟、真番四郡。」

339

（拙訳）

昔、〔周の〕武王は箕子を「朝鮮」に封じた。箕子は民に礼儀と農耕と養蚕を教え、
また「八条の教え」を制定した。「朝鮮」の人々は、互いに盗みを働くことはなく、
家々の門戸も閉めることをしなかった。
婦人は貞節であり、〔人々は〕籩（へん）や豆（とう）〔などの器〕を用いて飲食した。
その後、四十余世を経て、「朝鮮」侯（「辰汎殷（しういん）」王）準の時に王を自称した。
漢初に大乱があり、燕・斉・趙の人々で、戦乱の地を避けて〔「辰汎殷（しういん）」の地に〕
往ったものは数万人に及んだ、燕人の衛満は〔「辰汎殷（しういん）」王の〕準を撃ち破ると
自ら「朝鮮」の王となり、国を伝え、孫の右渠（うきょ）に至った。
元朔（げんさく）元年（前128）、濊君南閭（わいくんなんりょ）らは右渠に叛き、二十八万人の民を率い、
遼東郡におもむき内属した。武帝はその地を蒼海（そうかい）郡とした。
数年で〔蒼海郡を〕廃止した。
元封（けんぽう）三年（前108）に武帝が「朝鮮」を滅ぼすと、その地を分けて楽浪、臨屯、玄菟、
真番*の四郡を置いた。

「真番」*
　　「朝鮮」の地を分けて置かれたのは真番〔郡〕ではなく遼東郡であると考定されます。
　☞ 本書第2章第9節第2項12)参照。

　邑君以下の官位を与えられて、郡県支配に組み入れられる場合を「内属」と表現し、
侯や王の官位を与えられ、侯国あるいは王国として独立が許され、外臣の立場で漢に服
属する場合を「臣属」あるいは単に「属」と表現しているように見受けられます。それ
まで衛氏朝鮮に服属していた濊君南閭（わいくんなんりょ）らは右渠に叛き、漢への「臣属」を願い出ました。
「臣属」が許された証しとして漢から王印を受領したにもかかわらず、その領域に蒼海
郡が置かれ、内属の状況が作り出されようとしたため、約束が違うと憤慨し、これに激
しく抵抗したものと思われます。数年で漢は蒼海郡を廃止しました。
　この事件を、『神頌契丹古伝』第三十五章は「濊君南閭」の国である「徐珂殷（サカ）」の立
場から記述しています。

「　　第三十五章　古朝鮮の滅亡及び濊君の自刎（じふん）
　　（於是瞞要漢反故漢去但巫志心甚啁之）

徐珂王淮骨令南閭峙欲爲殷報讐謀之於漢漢誓不郡許以王印爲證

及洛兎出南閭峙憤恚自刎

子淮骨令蔚祥峙襲破遼東斬其守彭吾率國合于潘耶潘耶乃大焉

　　　　　譯　文

（是に於て。瞞、漢に故に反らんことを要む。

　　漢但巫志を去り。心甚だ之を咄む。）

徐珂王淮骨令南閭峙(サカ)(アクリ)(ナロシ)^{史記に寺に作り漢書に等に作る}殷の爲に讐を報せんと欲し。

之(これ)を漢に謀(はか)る。漢・郡とせさるを誓ひ。許すに王印を以てして證(あかし)と爲(な)す。

洛兎出(らくといづ)るに及び。南閭峙憤恚(ふんい)して自刎(じふん)す。子淮骨令蔚祥峙(アクリ)(ウサシ)。襲ふて遼東を破り。

其の守彭吾を斬り。國を率ゐて潘耶に合す。潘耶乃大なり。」

　　　　　　　　　　　　　（浜名寛祐『神頌契丹古伝』八幡書店、2001、606 ページ）

　　「譯文」の口語訳（拙訳）

（〔漢の支援を得て辰沄殷王を国外に追い払い、辰沄殷の領土を奪い取ると〕

　満は漢に〔辰沄殷との国境であった孛浿勃大水の西側の〕もとの位置まで撤退(はしほ)

するように要求した。漢は但巫志から〔やむなく〕撤退(たふし)したが、〔辰沄殷の領

土を郡にしようと目論(もくろ)んでいたので〕内心大いに不満であった。）

徐珂王(サカ)の淮骨令南閭峙(アクリ)(ナロシ)（史記に寺に作り、漢書に等に作る）は、

辰沄殷のために〔右渠の「朝鮮」への〕復讐(うきょ)を企て、これを漢に相談した。

漢は〔首尾よく「朝鮮」を倒した後も、徐珂殷を〕漢郡に編入しないと約束し、(サカイン)

王印を〔徐珂王に〕与えて、外臣として臣属を許したことの証しとした。(サカ)

〔「朝鮮」を滅ぼした漢は〕楽浪・玄菟郡を置き、〔約束を破って、徐珂殷を郡に(サカイン)

編入しようとしたので〕南閭峙は憤慨のあまり、自ら首を刎ね命を絶った。(ナロシ)

〔南閭峙の〕子である淮骨令蔚祥峙は遼東郡を急襲して撃破し、(ナロシ)(アクリ)(ウサシ)

遼東大守の彭吾を斬り、民を率いて、潘耶に合流した。潘耶は強大になった。(ほうご)(はい)(はい)

『漢書』武帝紀に拠ると、元朔元年（前128）秋に、「東夷薉君南閭等口二十八萬人降、為蒼海郡」：「東夷の薉君南閭等二十八万人が降(くだ)ったので、蒼海郡とした」とあり、「三年春、罷蒼海郡」：「〔元朔〕三年（前126）春に、蒼海郡を廃止した」とあります。蒼海郡は二年と持たなかったことがわかります。浜名は「この蒼海は海辺を意義する名のように聞こえるが、そうではない（学者が〔蒼海郡を〕朝鮮江原道に比定するのは妄の極である）。(きわみ)

思うに『蒼海』は『徐珂殷』の類音異訳であろう」[17]と述べています。また、『魏志』(ソウカイ)(サカイン)

夫余伝にみえる夫余が保有する「濊王之印」というのが、漢が「徐珂王」に与えた王印であり、「淮骨令蔚祥峙」が濊族を率いて「潘耶」（夫余）と合体したことで、後に同印が夫余に出現したと考えられるとも述べています。『魏志』夫余伝にある「国有故城名濊城」：「〔夫余の〕国に古城がある。『濊城』と称されている」との記述も、濊族である「徐珂殿」と「潘耶」（夫余）との合体の事実を認めることで理解しやすくなります。

「彭吾」は『史記』平準書、『漢書』食貨志にある「彭呉」と同一人物と思われます。『史記』平準書には「彭呉賈滅朝鮮，置滄海之郡，則燕斉之間靡然発動」：「彭呉は『朝鮮』と交易を行い、〔漢はこの地域と通じるようになり、後に〕『朝鮮』を滅ぼした。〔漢が『朝鮮』を滅ぼす前の一時期〕滄海郡を置くと、燕と斉の間の地域は漢になびき従うようになった」とあり、『漢書』食貨志第四下には「彭呉穿穢貊、朝鮮，置滄海郡，則燕斉之間靡然発動」：「彭呉が穢貊や『朝鮮』と〔交易を始め、漢はこの地域と〕通じるようになった。〔漢が『朝鮮』を滅ぼす前の一時期〕滄海郡を置くと、燕と斉の間の地域は漢になびき従うようになった」とあります。

10　漢郡の侵出と辰の抗拒

　漢郡の侵出をめぐる辰の動きを、『神頌契丹古伝』は以下の第三十六章〜第三十八章に記述しています。

「　　第三十六章　辰（馬韓）漢を拒いて置郡の志を砕破す
　　於是辰以蓋馬大山爲固以奄淥大水爲城拒漢砕破其眞敦之志
　　　　　　　譯　文
　　是に於て辰蓋馬大山（摩天嶺山彙）を以て固と爲し、奄淥大水（鴨緑江）を以て城となし、
　　漢を拒いて其の眞敦の志を砕破す（眞番臨屯二郡設置の志）　　　」

（浜名寛祐『神頌契丹古伝』八幡書店、2001、617-618 ページ）

　　　　　「譯文」の口語訳（拙訳）
　　〔漢は「朝鮮」を滅ぼすと、単単大領以東へ進出しようとしたので〕
　　辰は蓋馬大山（摩天嶺山彙）を守りの要害とし、
　　奄淥大水（鴨緑江）を城（堀）とし、
　　漢の侵出を防いで、真〔番・臨〕敦の志を粉砕した（真番臨屯二郡設置の志）。

浜名は「蓋馬：遼東にある摩天嶺の古名で、蓋馬大山という。日露戦役における黒木軍の史蹟」[18]とし、「蓋馬大山」を摩天嶺山彙に比定しています。摩天嶺は、本渓市の南・鞍山市の東に位置し、西に遼河平野を望む位置にあります。

満の建国以来、「朝鮮」の支配下にあった濊族のうち、遼東の濊族（渾河流域の「徐珂殷」）は「潘耶」（夫余）に合流しましたが、千山山脈以東の「淮委氏」および「沃委氏」は共に辰と連携し、漢の置郡に対抗したことが『神頌契丹古伝』第三十七章に記録されています。第三十七章は本書第１章第５節第３項３）で既にご紹介しましたので、原文と「譯文」および浜名の注釈の一部は省略し、「譯文」の口語訳（拙訳）のみを再掲します。

　　再掲：第三十七章　古韓の王統日韓の一域を證す
　　　　「譯文」の口語訳（拙訳）
　　思うに辰は古国であり、はるか遠い昔から続いている。伝承によると
　　神祖の後に辰氻謨率氏があった。もと東表の阿斯牟須氏と一体であった。
　　辰氻謨率氏には子があり、年上の子を日馬辰氻氏とし、
　　年下の子を干霊辰氻氏とした。
　　干霊〔辰氻氏〕から、干来が分かれた。
　　二干は海を隔てて、互いに遠くに見える位置にあった。
　　干来は又分れて高令が興ったという。
　　しかしながら、今となってはそれ以上のことはわからない。
　　その中で最もはっきりしているのは安晁辰氻氏である。
　　もと、東表の〔阿斯〕牟須氏より出て。〔辰氻〕殷とは姻戚関係にあった。
　　〔安晁辰氻氏は辰〕国を賁弥辰氻氏に譲った。
　　賁弥氏は立ってからまだ日が浅かった。侵略者である漢がちょうど迫ってきて、
　　漢の先〔鋒〕は朔巫達に侵入して来たが、これを撃退した。
　　淮委氏（濊族）および沃委氏（沃沮族）ならびに〔辰の〕従属国は千山山脈の東に〔軍兵を〕配置して、辰のために国境を守った。
　　潘耶はまた兵を鴨緑江〔北岸〕に配置して、漢の進軍を牽制した。

第三十八章は本書第２章第６節第７項で既にご紹介しましたので、同じく原文と「譯

文」および浜名の注釈を省略した「譯文」の口語訳（拙訳）のみを再掲します。

再掲：第三十八章　辰遠く貊を招く
「譯文」の口語訳（拙訳）
これより以前、弁那（匈奴）に二つの汗落があった。
〔一つは〕繿耘伊逗氏（シウイツ）という。〔もう一つは〕繿耘刀漫氏（シウトマ）という。
伊逗氏は殷の密矩王（みこ）の孫（まご）が〔養子に〕入って後を継いだのである。
淮伯（濊貊）諸族の中で、弁那（匈奴ハンナ）と連合したものは、
共に仰ぎ見て〔伊逗氏を〕宗主（そうしゅ）とした。
中ごろ、〔伊逗氏は〕衰退したので、〔伊逗氏の〕子孫の中には
〔繿耘〕刀漫氏（シウトマ）に養育されるようになった者もいた。

【以下は戦国時代末から秦代の弁那（匈奴ハンナ）についての記述：筆者注】
繆突（ぼくとつ）は子供の時から、異様な顔かたちをしていたので、
刀漫（頭曼）（トマとま）はそのことを嫌っていた。
〔繆突を（ぼくとつ）〕鞅氏（アツ）に人質として出すと、すぐに〔刀漫（頭曼）（トマとま）〕は
月氏（鞅氏）（アツ）を襲撃した。繆突は〔月氏から〕逃げ、
迂回して〔辰沄（しう）〕殷（いん）（いわゆる「箕子朝鮮」）に亡命した。
〔辰沄〕殷は上手に立ち回って〔弁那（匈奴ハンナ）の〕外に協力者を探し、
伯〔族〕（貊族）は密（ひそ）かにそれに応じた。
繆突は弁那（匈奴ハンナ）に戻ると沄翅報（大皇）となり、

【以下は漢代の弁那（匈奴ハンナ）についての記述：筆者注】
漢を包囲して、幾度となく略奪し、
移動しながら弁那（匈奴ハンナ）と〔辰沄〕殷の間の〔敵対者を〕掃討（そうとう）した。
〔辰沄〕殷は弁那（匈奴ハンナ）のお陰で平安が保たれたが、繆突（ぼくとつ）は〔漢の〕賄賂（わいろ）攻勢に籠絡（ろうらく）されてしまったので、伯〔族〕（貊族）は再び不遇（ふぐう）となり、長らく砂漠近辺（きんぺん）におとなしく暮らしていた。
〔漢の侵攻に反撃するために〕辰は〔高令を〕率発符婁の谷にある臼斯旦烏厭旦（ソホフル）（クシトウアント）の地に招いた。そこで高令は〔招きに応じて〕移住して来たのである。

344

第2章　文献史料と考古史料から探る前一千年紀の辰国

　辰の古王統「干霊辰氾氏」から分かれた「高令」が辰国の招きに応じて、「率発符婁の谷にある臼斯旦烏厭旦の地」に移住して来たというのは新知見です。「高令」は後の高句麗（前37年建国）の中核勢力となったようです。これについての浜名の解説の一部をご紹介します。

（浜名の解説の口語訳：拙訳）
「匈奴の冒頓が漢の高祖を平城（山西省大同市の東北）に囲んだ時（前200）から、辰が高令を招くことになる迄、この間が何年間かは招いた年が分らないので正しい計算はできないが、〔招いた年を〕古朝鮮が滅んだ後十年以内の事*とすれば、すでに百年は経っている。この間、高令は砂漠付近に雌伏していたのであろう。そもそも辰と漢との関係は到底両立が難しく、結局、辰が漢に降伏して国土を〔漢の〕郡として捧げるか、さもなければ漢を遼東遼西から掃蕩するかの、二者択一を迫られる状況にあったので、遂に精悍（強く勇猛である）の噂が高い貊族を〔貊族が漢から奪還できた〕土地を分与することを条件に招いたのである。この〔辰の〕招きに応じて移住して来たのは意外にも辰国の古王統である干霊辰氾氏から分かれた〔辰と〕同一血族の高令であった**。高令は句驪・高麗・高勾麗（この『勾』は助声）とも書かれ、招来された当初の志を変えることなく、漢民族を満州から掃蕩することを任務とし、この任務を達成するために終始その強い思いを改めることはなかった。南下して百済や新羅を攻略する意志はもともとなかったのであるが、中国に対しては長城を越えて河北・山西省方面まで侵入している。もしも高令がその精悍さをもって、南韓への侵略に専念したならば、百済や新羅などは到底対抗できなかったはずである。それなのに、高令はこれを顧みることをせず、最後まで志を曲げずに、中国に対してのみ、その鋭い矛先を向け、隋の煬帝の百万の軍を撃破するなどの壮挙に専念したのは〔辰に〕招来された当初の使命に忠実であったからであろう。高令が辰の招きに応じて積極的に移住して来てから高句麗の始祖朱蒙が卒本に建国（前37）するまでの約六十五年間、この間の高令はどこに国を構えていたかというと、第三十八章に示されているように率発符婁の谷がそれである。満州領から流れ出て鴨緑江へ合流する渾江は符婁が『ホル』に訛ってからの填字（文字を充てること）であり、その上流に今も富爾江という河がある。そこで、諸々の史書は皆、高句麗の始祖は沸流水に興ったとするのである。つまり、第三十八章にある符婁の谷は、富爾江の流域であることが分った。朱蒙は人心を掌握し、この地に建国したの

345

であり、国号を『高麗(こうれい)』としたのは勿論『高令』の名に因(ちな)んだのである。」[19]
（浜名寛祐『神頌契丹古伝』八幡書店、2001、633–634 ページ）より

「古朝鮮が滅んだ後十年以内の事」*
　　後述するように、玄菟郡への侵攻でもあった「高令」来住の時期は、新たに遼東玄菟城が築かれた昭帝元鳳六年春の前年にあたる昭帝元鳳五年（前 76）と考定されます。

「辰国の古王統である干霊辰沄氏から分かれた〔辰と〕同一血族の高令であった」**
　　浜名が「高令」を〔辰と〕同一血族としたのは王家同士のことです。王家を戴く「天孫族」は疑似血縁集団であり、種族（血族）的には諸族がありえます。

11　「安晃辰沄氏(あめしう)」が「賁弥辰沄氏(ひみしう)」に辰国を譲った時期

『神頌契丹古伝』第三十六章〜第三十八章の記述から漢の「辰藩」に対する侵攻に係る記述を抄出したものが、第三十六章（抄）〜第三十八章（抄）です。

第三十六章（抄）
　　〔漢は「朝鮮」を滅ぼすと、単単大領以東へ進出しようとしたので〕
　　辰は蓋馬大山（摩天嶺山彙(まてんれいさんい)）を守りの要害とし、
　　奄淥大水(おうりょく)（鴨緑江）を城（堀）とし、漢の侵出を防いで、
　　真〔番(しんばん)・臨(りん)〕敦(とん)の志を粉砕した〔真番臨屯二群設置の志〕。

第三十七章（抄）
　　〔安晃辰沄氏(あめしう)は辰〕国を賁弥辰沄氏(ひみしう)に譲った。
　　賁弥氏は立ってからまだ日が浅かった。侵略者である漢がちょうど迫ってきて、漢の先〔鋒〕は朔巫達(さふた)に侵入して来たが、これを撃退した。
　　淮委氏(わいい)（濊族）および沃委氏(よくい)（沃沮族）ならびに〔辰の〕従属国は千山山脈の東に〔軍兵を〕配置して、辰のために国境を守った。
　　潘耶はまた兵を鴨緑江〔北岸〕に配置して、漢の進軍を牽制(けんせい)した。

第三十八章（抄）

伯〔族〕（貊族）は再び不遇となり、長らく砂漠近辺におとなしく暮らしていた。
〔漢の侵攻に反撃するために〕辰は〔高令を〕率発符婁の谷にある臼斯旦烏厭旦の地に招いた。そこで高令は〔招きに応じて〕移住して来たのである。

第三十六章（抄）の「漢の侵出を防いで、真〔番・臨〕敦〔の二郡設置〕の計画完遂を粉砕した」とある記述は、下掲『後漢書』濊伝の昭帝始元五年（前82）の臨屯・真番〔両郡〕の廃止記事に照応すると考えられることから前82年の事件と解されます。

『後漢書』濊伝
「至昭帝始元五年，罷臨屯真番，以并楽浪、玄菟。
　玄菟復徙居句麗，自単単大領已東，沃沮、濊貊悉属楽浪。」
（拙訳）
　昭帝始元五年（前82）に臨屯・真番〔両郡〕を廃止し、
　楽浪・玄菟〔両郡〕に併合した。
　玄菟〔郡治〕もまた〔高〕句麗〔県〕に移ったので、
　単単大領より東の沃沮・濊貊は悉く楽浪〔郡〕に属した。

また、第三十八章（抄）の「〔漢の侵攻に反撃するために〕辰は〔高令を〕率発符婁の谷にある臼斯旦烏厭旦の地に招いた。そこで高令は〔招きに応じて〕移住して来たのである」との記述は、玄菟郡治の高句麗西北への移動を決定づけた下掲『魏志』東沃沮伝の夷貊の侵攻記事に照応すると考えられます。

『魏志』東沃沮伝
「漢武帝元封二年，伐朝鮮，殺満孫右渠。分其地為四郡，以沃沮城為玄菟郡。
　後為夷貊所侵，徙郡句麗西北，今所謂玄菟故府是也。」
（拙訳）
　漢の武帝の元封二年（前109）、〔漢は〕「朝鮮」を征伐し、
　満の孫の右渠〔王〕を殺した。
　その地を分けて四郡とし、沃沮城を玄菟郡とした。
　その後、夷貊の侵攻を受け、〔玄菟〕郡を〔高〕句麗の西北に移した。
　〔魏代の〕今、玄菟故府と呼ばれている所がこれである。

すなわち、「夷貊」の夷とは東夷で沃沮の先住民である「沃委氏」を指し、貊とは外来の「高令」勢力を指すと解されます。したがって、第三十八章（抄）の「高令」来住の時期は、『魏志』東沃沮伝記載の夷貊の侵攻を受け、〔玄菟〕郡を〔高〕句麗の西北に移し、新たに遼東玄菟城の着工を記述した『漢書』昭帝紀の「六年春正月，募郡国徒築遼東玄菟城」：「〔元鳳〕六年（前75）春正月、郡国の人々を広く集めて、遼東玄菟城を築いた」に拠り、着工（元鳳六年春正月）前年の昭帝元鳳五年（前76）と考定されます。
　それでは、第三十七章（抄）にみえる「安晃辰沄氏」が「貢弥辰沄氏」に辰国を譲った時期はいつ頃でしょうか。第三十六章〜第三十八章は〔『頌叙』が〕『費彌国氏洲鑑賛』から引いた一連の記述（章立て・章題は『頌叙』を解読した浜名によるもの）であり、時系列をなしていると解するのが自然です。その場合、「安晃辰沄氏」が「貢弥辰沄氏」に辰国を譲った時期は前82年以降、前75年以前となります。仮に、第三十七章（抄）が前82年の事件と解される「漢の侵出を防いで、真〔番・臨〕敦〔の二郡設置〕の計画完遂を粉砕した」とある第三十六章（抄）の内容説明である場合、第三十七章（抄）の「安晃辰沄氏」が辰国を「貢弥辰沄氏」に譲った時期は前82年の直前と解されます。他方、第三十七章（抄）が第三十六章（抄）以降の漢の攻勢を記述したものである場合、第三十七章（抄）にみえる「安晃辰沄氏」が辰国を「貢弥辰沄氏」に譲った時期は真番・臨屯の両郡が廃された前82年以降となります。
　筆者は、第三十七章（抄）に辰の従属国（辰藩）の一員として「高令」が登場していないことから、第三十七章（抄）は前76年と考定した〔第三十八章（抄）の〕「高令」来住の時期より前の出来事と解し、第三十七章（抄）にみえる「安晃辰沄氏」が「貢弥辰沄氏」に辰国を譲った時期を真番・臨屯の両郡が廃された前82年前後と推断しました。その場合、第三十八章（抄）の高令を招いた辰とは「貢弥辰沄氏」の辰国であり、「貢弥辰沄氏」と「高令」とは密接な繋がりがあったことになります。

1 　充鎮

『広漢和辞典』に拠ると、「鎮」には「塡」の義があります。「充鎮」は「充塡」と同義と解されます。（筆者）

「【鎮】・・・［三］ふさぐ。上にかぶせ置く。⇒塡〔通訓〕。・・・」

(諸橋轍次他『広漢和辞典下巻』大修館書店、1987、1029 ページ)

2 　「この中国式銅剣の南韓西海岸地方流入は、呉・越の故地の江南地方文化との交流関係をうらづけるものとみられる」

(全榮來『韓国青銅器時代文化研究』北九州中国書店、1991、74 ページ)

3 　「これによれば、完州、上林里銅剣は日本、弥生時代に舶載された多鈕Ｃ型鏡や、細形銅剣と同一斜線上に位置する。このような鉛原料の生産地は忠清南道、すなわち錦江流域というのである。結論的に細形銅剣と同じ原料を使用したことになる。これは錦江流域の倣製品であることが明らかになったことでもある」

(全榮來『韓国青銅器時代文化研究』北九州中国書店、1991、332 ページ)

4 　隴西（甘粛臨洮地方）・北地（甘粛環県地方）・上郡（陝西綏徳地方）

(内田吟風他訳注『騎馬民族史Ⅰ』東洋文庫、平凡社、1994、8 ページ)

5 　燕の将軍秦開による東胡攻撃や箕子朝鮮攻略の行われた時期を王建新氏は紀元前 290 年前後と考えています

(王建新『東北アジアの青銅器文化』同成社、1999、214 ページ)

6 　原文「鞅委王は前に見えた央委族の君主のことで、大辰に於ける族稱上の王號なのである、即ち辰王は國を表する名、央委王は族を表する號と知るを要す、師古が倭の音を一戈反ワと爲せるは、辰の族稱央を考慮してのことであらう、つまり央委王は倭王なのである。」

(浜名寛祐『神頌契丹古伝』八幡書店、2001、574 ページ)

7 　崗上・楼上墓地（春秋中期～戦国晩期）

年代比定は王建新著『東北アジアの青銅器文化』（同成社、1999、58-66 ページ）に拠りました。

8 　原文「蠙劍とは眞珠で飾つた劍のことであらう、書經禹貢に、淮夷の蠙珠曁ひ魚とあって、註に蠙は蚌の別名とあり、また玉篇には珠の名とある、或は海底の龍宮から得た靈劍とでもいふ由緒つきの物であるかも知れぬ。」

(浜名寛祐『神頌契丹古伝』八幡書店、2001、574 ページ)

9 　浜名に拠ると「辟葛は今も沙河の名に遺っている」

「介盟敦は第十六章に介盟奈敦と見えてゐて、それに解説を附せし如く、旅順地方の古稱である。辟葛は今も沙河の名に遺つてゐる、もと自ずから兵略上の要地なれば、それを内に取込んで更に其

349

の外方撻牟母に柵を樹て、以て固めとしたはさもあらう。されど其のトムモが今どこであるか詳で
ない、只名の似寄の者に挹婁の東牟山といふがある、渤海國の始祖大祚榮の父仲象乞乞が遼水を渡
り挹婁の東牟山に據つたといふことが唐書等に見えてある、この挹婁を學者多くは三國志又は後漢
書に言へる挹婁と思ひ、東牟山をば當に咸鏡北道の朔方にあるべしと考へ、現存韓史亦皆その方面
に擬定し居れど、仲象の據つた挹婁は、金になって東京路瀋州挹婁一に樓に作る縣と爲した處で、韻編に
今奉天府鐵嶺府南六十支里と指示しある、殷が柵を樹てたトムモは其の挹婁の東牟と古今名を同う
せる者ではなからうか」

(浜名寛祐『神頌契丹古伝』八幡書店、2001、572-573 ページ)

10 『中華人民共和国省級行政単位系列図「遼寧省地図」』

(『中华人民共和国省級行政单位系列图「辽宁省地图」』中国地図出版社、1989)

11 「1979 年に朝陽県十二台営子郷袁台子 (42) で発掘された戦国晩期の墓地からは、20 余基の墓から
代表的燕文化のものが出土した一方、50 余基の墓からは短茎曲刃青銅短剣の石製剣把頭などが出土
している。この 50 余基の墓は、遼西地方に生活していて燕に占領された東北アジア系青銅器文化
に属する一部分の人が残した遺跡であると考えられる」

(王建新『東北アジアの青銅器文化』同成社、1999、49 ページ)

(42) 遼寧文物考古研究所「遼寧近十年来文物考古新発現」、『文物考古工作十年 (1978-1989)』、
文物出版社、1991。

(王建新『東北アジアの青銅器文化』同成社、1999、85 ページ)

12 秦代の遼東は遼水（今日のロワン河）の東

(佃 収『倭人のルーツと渤海沿岸』星雲社、1997、68-82 ページ)

13 原文「太秦公宿禰は秦始皇帝十三世の孫孝武王の後なり、男息子功滿王、仲哀天皇八年來朝す、
功滿王の男融通王一に弓月王と日ふ、應神天皇十四年來朝、百二十七縣の百姓を率いて歸化し、金
銀玉帛等の物を獻す、仁徳天皇の御世百二十七縣の秦民を以て諸國に分置し、即蠶を養ひ絹に織っ
て之れを貢せしむ、天皇詔して曰く、秦王獻するところの絲綿絹帛、朕服用するに柔軟にして肌膚
に温暖なり、姓を波多公と賜ふ、雄略天皇の御世、絲綿絹帛悉く積むで丘の如し、天皇之を喜び號
を賜ふて禹都萬佐と日ふ。」

(浜名寛祐『神頌契丹古伝』八幡書店、2001、593 ページ)

14 原文「右に據り及び他の傳記に稽ふるに、始皇の子扶蘇、扶蘇の子孝德王、四世法成王、九世竹
達王、十三世孝武王、十四世功滿王、十五世融通王と由緒正しく且明かである」

(浜名寛祐『神頌契丹古伝』八幡書店、2001、593 ページ)

15 扶蘇の子「有秩」の読みが「ウツ」であることから来ているのではないか

(浜名寛祐『神頌契丹古伝』八幡書店、2001、594 ページ)

16 「張晏曰く、朝鮮には湿水、洌水、汕水の三水があり、合流して洌水となる。楽浪・朝鮮はこの

第２章　文献史料と考古史料から探る前一千年紀の辰国

名を取ったものか」

(井上秀雄他訳注『東アジア民族史Ｉ』東洋文庫、平凡社、1995、29-30 ページ)

17　原文「この蒼海は海邊を意義する名の如く聞ゆれど、さにはあらず^{學者以て朝鮮江原道と爲せるは妄の極である}想ふに蒼海は徐珂殿の類音異譯であらう。」
　　　　サウカイ　　　　　　　　　　　　　　　　　　　　　　　　　　　　　　　サカイン

(浜名寛祐『神頌契丹古伝』八幡書店、2001、609 ページ)

18　原文「蓋馬　遼東摩天嶺の古名にして蓋馬大山といふ、日露戰役に於ける黒木軍の史蹟」
　　　　　こま　　　　　　　　　　　　こま

(浜名寛祐『神頌契丹古伝』八幡書店、2001、315 ページ)

19　原文「匈奴冒頓が漢祖を平城に圍んだ時より、辰が高令を招くに至る迄、其の間幾年なりやは、招いた年が分らないので正しい計算は出來ねど、古朝鮮滅後十年以内の事とすれば早已に百年を經てゐる。この間高令は砂漠附近に雌伏し居たのであらう。抑も辰と漢との關係は到底兩立し難く、結局我れ降つて國を郡とし捧ぐるか、然らざれば彼れを遼東遼西より掃蕩するか、二者孰れをか擇ばねばならぬ場合なれば、遂に強悍の聞えある貊を招くに土壤分與を以てしたものと思はれるが、この招きに應じて來つた者は、思ひきや辰國の古王統なる干靈氏より分れた同一血族の高令であった。この高令は句驪・高麗・高勾麗^{この句は助聲}と書かれ、招來された當初の志を違へず、漢民族を滿州より掃蕩するを任とし、この任のために終始その節を改めざりし者、故に彼は南下して百濟新羅を攻略するを其の本志として居なかった、而して支那に對しては長城を踰へて直隸山西まで侵入して居る。若も彼がその精悍を以て志を南韓に專らにしたら、百濟新羅の如き到底其の敵ではない。然るに彼は之を顧みず、最後まで志を枉げずに支那に對してのみ其の鋭き鋒鋩を向け、隋の煬帝の百萬軍を撃破する等の壯擧に專らなりしは、招來されたる當初の使命に忠實なるが故であらう。彼れ高令が辰の招きに應じて來臻してより、高句麗の始祖朱蒙が卒本に建國^{皇紀六二四年}するまで約六十五年、この間高令はどこに國してゐたかといふに、本章に示せる率發符婁の谿がそれである。鴨綠江へ滿州領より會流する渾江は符婁がホルに訛つてからの塡字なるべく、其の上流に今も富爾江といふがある。而して諸史皆高句麗始祖を以て沸流水に興れりと爲す。乃本章の謂はゆる符婁の谿は、富爾江の流域なりと知れる、夫の朱蒙は此に衆心を總攬して建國したる者、其の國號を高麗と爲せるは勿論高令に因つたのである。」
　　　　　　　　　　　　　　　　　　　　　　　　　　ホン　フル　　　なま　　　　　　　　　　　　　　　フル

(浜名寛祐『神頌契丹古伝』八幡書店、2001、633-634 ページ)

351

第8節　「安晃辰氾氏」の北部九州への侵出

　　― 天孫降臨 ―

1　北部九州における「日神系神道勢力」の王墓

　前一千年紀の北部九州における鏡と銅剣を組み合わせて副葬する墓は、本書第1章第3節〔辰国の考古学的指標と移動の軌跡〕で例示した、多鈕細文（精文）鏡と細形銅剣のセットを副葬する、福岡市吉武高木3号木棺墓です。後述するように吉武高木3号木棺墓は辰王墓ではなく、「日神系神道勢力」である倭の王墓です。

日本　北部九州
　　多鈕細文（精文）鏡と細形銅剣のセット
　　（弥生中期初頭）
　　　日本国　福岡県福岡市　吉武高木3号木棺墓
　　　　＊　年代観は王建新著『東北アジアの青銅器文化』
　　　　　　（同成社、1999、139ページ）に拠る。

　それでは、多鈕細文（精文）鏡と細形銅剣のセットを出土した吉武高木3号木棺墓を含む吉武高木墓群遺跡の概要を、王建新著『東北アジアの青銅器文化』（同成社、1999）に拠り、以下にご紹介します。

　「福岡県吉武高木墓群[18]
　　　福岡市西区にあり、早良平野を貫流する室見川中流の西岸に位置している。1983年7月から1984年3月にかけての調査によって、約350㎡の範囲に弥生前期末から中期初頭の甕棺墓34基と木棺墓4基が発見された。墓地の東半部には小児甕棺墓が多く、西半部では成人用の甕棺墓と木棺墓が顕著である。副葬品が出土したのは甕棺墓8基と木棺墓4基で、そのうちの5基の甕棺墓とすべての木棺墓から青銅器が出土している。とくに中期初頭の3号木棺墓には、細形銅剣2、細形銅戈1、細形銅矛1、多鈕細文鏡1、勾玉1、管玉95などが集中して副葬されていた。銅剣の中に脊部の節帯が横直線となったものがあり、朝鮮半島咸平郡草浦里[19]の

銅剣の形式と共通している。このような銅剣は、朝鮮半島細形銅剣文化第一段階の後半（紀元前3世紀後半）の遺跡からすでに見え、第三段階の前半（紀元前1世紀）までに継続していたものである。」[1]

（王建新『東北アジアの青銅器文化』同成社、1999、138-139 ページ）

　吉武高木墓群遺跡は北部九州は福岡市の早良(さわら)平野に位置します。平原弥生古墳の発掘で著名な原田大六氏の『実在した神話』（学生社、1998）に拠ると、早良平野の西には高祖山(たかすやま)・櫛触山(くしふるやま)が位置します。高祖山の南の峯を櫛触山(くしふるやま)と呼ぶそうです。高祖山(たかすやま)の南約5kmには日向峠(ひなた)もあります。櫛触山(くしふるやま)の「櫛触(くしふる)」も日向峠(ひなた)の「日向(ひなた)」も『古事記』に邇邇芸命(にぎのみこと)が降臨されたとある「竺紫(つくし)の日向(ひむか)の高千穂(たかちほ)のくじふる嶺(たけ)」と関係する地名です。

2　天孫降臨と吉武高木3号木棺墓の被葬者

　『古事記』に拠ると、高天原(たかまのはら)から派遣された建御雷之男神(たけみかづちのおのかみ)と天鳥船神(あめのとりふねのかみ)の働きによって、葦原中国(あしはらのなかつくに)の王である大国主神(おおくにぬしのかみ)と、その御子である事代主神(ことしろぬしのかみ)および建御名方神(たけみなかたのかみ)は国譲りに同意しました。葦原中国(あしはらのなかつくに)が平定されたことで、天照大御神(あまてらすおおみかみ)は邇邇芸命(にぎのみこと)に葦原中国(あしはらのなかつくに)を統治することを命じ、「八尺勾玉(やさかのまがたま)・鏡(かがみ)・草薙剣(くさなぎのつるぎ)」を賜(たま)い、「此之鏡者、専為我御魂、而如拝吾前、伊都岐奉」：「此の鏡は、もっぱら我が御魂(みたま)として扱い、我が前(まえ)で拝(はい)するように、斉(いつ)き奉(たてまつ)れ（敬い大切にしなさい）」と仰せになった上で、邇邇芸命(にぎのみこと)を葦原中国(あしはらのなかつくに)に降臨させたとあります。なお、鏡を「〔日〕神」の御神体とする本書の立場からは、天照大御神(あまてらすおおみかみ)の仰(おお)せは、鏡を天照大御神(あまてらすおおみかみ)の御神体とするよう邇邇芸命(にぎのみこと)に命じたものではなく、〔「〔日〕神」の御神体である〕鏡(かがみ)（日神体(かかみ)）を〔我が御魂(みたま)として扱い、我が前で拝するように〕敬い大切にしなさいと命じたとの解釈につながります。

　それでは、吉武高木3号木棺墓の被葬者とは邇邇芸命(にぎのみこと)なのでしょうか。『古事記』の天孫降臨の件(くだり)を掲出します。

『古事記』
　「　さて、邇邇芸命(にぎのみこと)は天之岩位(あめのいわくら)（高天原(たかまのはら)にある石の御座）をお離れになり、天の八重(やえ)にたなびく雲を押し分けて、道をかき分けかき分けて、天の浮橋(あめのうきはし)にうきじまり、そり立たせて（この部分は難解とされる）、竺紫(つくし)の日向(ひむか)の高千穂(たかちほ)の、くじふる嶺(たけ)に天降(あまくだ)りあ

そばされました。
　この時、天忍日命と天津久米命の二柱*の神は天之岩靫（矢を入れる武具）を背負い、頭椎の太刀（柄**の頭がコブのような形をした剣）を帯び、天之波士弓（ハゼノキで作った神聖な弓）を取り持ち、天之真鹿児矢（光り輝く神聖な矢）を手に挟み、邇邇芸命の前に立って仕え奉りました。さて、天忍日命は大伴連（弓負部や舎人部などの軍事集団を統率する氏族）らの祖です。また、天津久米命は久米直（軍事集団の久米部を統率する氏族）らの祖です。
　そこで邇邇芸命は
『ここは韓国（古代朝鮮）に向かい、笠紗之岬（鹿児島県南さつま市笠沙町の野間岬）***に道が通じていて、朝日がまっすぐに射す国、夕日の日が照る国である。
だから、この地はとても良い地だ』と仰せになって、
地の底にある岩盤に届くほど深く穴を掘って、太い宮の柱を立て、
高天原に届くほど高く千木を立てて、そこにお住みになりました。」

（竹田恒泰『現代語古事記』学研、2012、104–105 ページ）

「二柱」*
　　『古事記』の原文では「二人」とあります。

「柄」**
　　「つか【柄・欛】①刀剣などの、手で握るところ。・・・」

(新村出編『広辞苑』第五版、岩波書店、1998)

「（鹿児島県南さつま市笠沙町の野間岬）」***
　　「笠紗之岬」は古田武彦氏が指摘されたように[2]博多湾岸の御笠川流域、御笠郡の地と考えられます。

　天照大御神が邇邇芸命に賜った三種の品々は、いわゆる「三種の神器」と同じ組合わせですが、吉武高木3号木棺墓に副葬された「細形銅剣2、細形銅戈1、細形銅矛1、多鈕細文鏡1、勾玉1、管玉95」等の中にも「勾玉・鏡・剣」の三種の品々が含まれています。槵触山や日向峠のある早良平野を『古事記』に記述された天孫降臨の地と考え、その地にある北部九州最古の「日神系神道勢力」の王墓である吉武高木3号木棺墓の被葬者を、三種の品々を持って高天原からこの地に降臨された邇邇芸命に比定したい

と思います。邇邇芸命は天照大御神の孫にあたる御子です。

　今日までに発見されている日本で最古の「日神系神道勢力」の王墓は山口県下関市梶栗浜箱式石棺墓で、伴出する土器は弥生前期末〜中期初頭の様式[3]とされています。多鈕細文鏡１、細形銅剣２が副葬されていました。吉武高木３号木棺墓は中期初頭とされていますので、吉武高木３号木棺墓より、やや早い時期と考えられます。しかしながら、この墓の被葬者は邇邇芸命ではありません。鏡と銅剣のセットを副葬するものの勾玉を欠き、三種の品々がそろっていないからです。また、弥生前期末〜中期初頭の東北アジア系青銅器文化の中心は依然朝鮮半島にあり、箱式石棺墓であることとも併せると、辰王墓でもないと考えます。この墓の被葬者を『古事記』の登場人物に探ると、邇邇芸命の天孫降臨に先立ち、葦原中国の国つ神に国を譲るよう説得するために派遣された二人の神が候補として上げられます。天菩比神と天若日子です。竹田恒泰著『現代語古事記』（学研、2012）から二人の神についての記述を要約しますと、最初に派遣された天菩比神は大国主神に媚びへつらってしまい、命令に背いて使命を果たそうとせず、三年経っても高天原に報告に戻って来ませんでした。次に派遣された天若日子は大国主神の娘の下照比売と結婚し、葦原中国を自分のものにしようと企むようになり、やはり命令に背むいて使命を果たさないまま、八年過ぎても戻って来ませんでした。たまりかねた高御産巣日神と天照大御神は他の神々と相談した結果、戻って来ない理由を問いただすために雉の鳴女を派遣しましたが、天若日子は天つ神から賜わった天之波士弓と天之加久矢で雉の鳴女を射殺してしまいました。雉の胸を射抜いた矢は空高く上り、高天原の天の安の河の河原にまで飛んでいきました。その血の付いた矢をご覧になった高木神（高御産巣日神の別名）は、その矢が天若日子に授けた矢であったことから驚き、諸々の神々を集めてその矢を見せ「もし天若日子が命令に背かず、悪しき神を射た矢が届いたのであれば、天若日子には当たるな、もし邪心があったならば、天若日子はこの矢にあたって死ね」と仰せになって、その矢を衝き返し下されると、矢は寝ている天若日子の胸に当たって天若日子は死んだとあります。二人の神の名には「天」が冠せられていることから、共に「安晁辰洸氏」出身で王族と思われます。

　ここで『古事記』の天孫降臨の地である「高千穂之久士布流多気」：「高千穂の、くじふる嶺」の地名（山名）に投影されたと思われる大陸神話の山名を『神頌契丹古伝』第十九章に拠りご紹介します。

「　　第十九章　日孫高天原に歸る

神祖親臨八百八十載登珍芳漾區墜球淄蓋甃之峰

祝日辰汢龢提秩宸檀珂枳膠牟頡銋岬袁高密德溶晏髭憂賁莎戛

終詣日祖之處永止非文紀旦貶墜阿旻溰例矣

後經十有六連有璿兢伊尼赫琿承嗣大統祖風重興河洛復盛焉

疏日宸檀珂枳猶言稻華神洲也憂日也餘義今不可攷

譯　文

神祖親臨、八百八十載にして。珍芳漾區墜球淄蓋甃（ちほやへちくしこむ）の峰に登り。

祝して曰く。辰汢龢提秩（しう）この三字讀めず宸檀珂枳（しなかき）。

膠牟頡銋岬袁高密（かむかちかえかみ）、德溶晏髭憂賁莎戛（とよあしかひさか）。

終に日祖の處に詣り。永く非文紀旦貶墜この六字讀めず阿旻溰例（あみはる）に止る。

後十有六連 運の誤写なるべし を經て。璿兢伊尼赫琿（たけいちはく）あり。

承けて大統を嗣ぎ。祖風重ねて興り。河洛復た盛なり 河洛は神族前に出づ

疏に曰はく。宸檀珂枳は猶稻華神洲と言ふがごとし。

憂は日なり。餘義今攷（かんが）ふ可からず。」

（浜名寬祐『神頌契丹古伝』八幡書店、2001、455ページ）

　　　　「譯文」の口語訳（拙訳）

神祖が親しく〔降〕臨されてから、八百八十年を経て、

〔時の辰汢纏翅報は〕千穂八重の異霊籠罩の峰に登り（しうくしふ）（ちほやへ）（ちくしこむ）、言祝（ことほ）ぎされ、

〔「この三字読めず」とした龢提秩をワタチと訓んで〕

「辰汢龢提秩宸檀珂枳（しう）（わたち）（しなかき）。膠牟頡銋岬袁高密（かむかちかえかみ）、德溶晏髭憂賁莎戛（とよあしかひさか）」と言われた。

ついに日祖の〔降臨された〕所に詣り。〔「この六字読めず」とした「非文紀旦貶墜」の「非文」を「斐」の誤写と解して*〕永く斐紀旦貶墜阿旻溰例（ひきたかち）（あみはる）に止（とどま）る。

後十有六連（運の誤写であろう）（九百六十年）を経て。璿兢伊尼赫琿（たけいちはく）あり。

王位・王統を継承し、〔「辰汢固朗」（しうから）の〕伝統を復活させ、

河洛はまた隆盛となった（河洛は神族、前に出た）

『西征頌疏』（せいせいしょうそ）に「宸檀珂枳（しなかき）は稻華神洲（シナガキ）と言うような意味である」とある。

「憂」（か）は「日」（か）である。それ以上のことは今となってはよくわからない。

　　「『非文』を『斐』の誤写と解して」*
　　　原文は縦書きであり、「斐」の一字が上下に分かれて、「非」・「文」の二字に誤写された
　　　とする浜名の解釈です。

第２章　文献史料と考古史料から探る前一千年紀の辰国

上掲第十九章に係る浜名の解説を抜粋します。

（浜名の解説の口語訳：拙訳）
「　珍芳漾匾(ちほやへ)は千穂八重であるだろうし、球溜蓋麪(クシコム)は異霊籠罩(クシコム)であるにちがいない。辰泛鯏提秩(しうわだち)は東大車轍(シウワダチ)の義であるにちがいなく、車轍の至る限りを言った詞(ことば)を以て、東大族に属する東大率土(しうから)の意を表わしたものであろう。宸檀珂枳を『西征頌疏』が稲華神洲の義としているのは、想うに稲をシネといえば、それに花のナが添うて稲花をシナと言ったのだろうか、腑に落ちない所もあるが『西征頌疏』(せいせいしょうそ)に従えばこのように解する外なかろう。珂枳の珂(か)は前諸章に神の義に用いているのでそうとして、枳はどう訓めば洲の義になるのであろうか、枳を洲の義とは判りかねる、想うに枳の一音を以て洲の義とはされないが、珂と合わせて珂枳(かき)とすれば、それに神洲の意味が湧くのであろう、即ち珂枳は神垣(かみがき)・神藩(かみがき)の義で、その約言（要約した言葉）なのであろう、そう推測して神洲の意義とすることができる、すなわち宸檀珂枳は稲華神洲(シナガキ)であって東大率土(そっと)の美称であったのだろう。・・・
　　ここに意外であるのは大陸族にも我が日本語と同じく枕詞(まくらことば)（冠詞）のあったことである、本章の珍芳漾匾(ちほやへ)墜球溜蓋麪(ちくしこむ)は、千穂八重の異霊籠罩(チホヤヘ)(クシコム)であって、『ちほやえち』は枕詞である。また斐紀旦貶墜阿旻溇例は、氷椽高(ひきたかち)の天原(アマハラ)にて、『ひきたかち』は枕詞である。その墜(ち)は天津風(あまつかぜ)・時津風(ときつかぜ)のツと同じで、上下の詞(ことば)を繋ぐ「之」の義と思われる、もとよりチとツは互に通音なれば、我が〔日本語で〕ツというのを、あの〔大陸族の言葉で〕はチと言ったりもしたであろう、・・・
　　右、珍芳漾匾(ちほやへ)の球溜蓋麪(くしこむ)のコム(こむ)は籠の義と解する。因みに熊代と書いてカミシロと訓むのも、熊は籠の義であって幽邃(ちな)した処を神の所在(ありか)と見ての詞(ことば)である、壇君神話の熊女も同じ義であると思われ、およそ山川のコムモリとした処(ところ)、林木の欝然としている所は、神の所在(ありか)とされたのであれば、思うに麪も同一の意義であって神の所在(ところ)の処を意義した名と思える。すなわち、その千穂八重の異霊籠罩之峰(ちほやへ)(くしこむ)は、我が高千穂之穂触之峰(たかちほ)(くしふる)と音と義の両方から同じ山の名であることが判る。因ってまた、我が国の神話が我が国だけの神話でなく、東大神族共通のものであるとする概念をいよいよ確かめられるわけである、ひとりそびえ立つ岩山のように自分だけを異霊(くし)とする偏狭の神道家には、高千穂・高天原・大八洲(おおやしま)などの詞(ことば)を、我が国だけの特有名詞と思われて、自分（浜名）の釈明を異端の言説として扱うであろうが、・・・
　　日孫が高天原に帰ってより十有六運（九百六十年）を経て、重興（中興の祖があっ

て、後にまた中興することを重興という)の偉績を熙め、祖風を宣揚し神族を隆盛にした瑠兢伊尼赫琿とは何者であろうか。そのタケ(瑠兢)は嶽即ち『高シ』の義に解釈するのが適切で、イチ(伊尼)は稜威の義と解する。長く研究した後で、始めてそれと気がついたことであるが、瑠兢とは漢民族の尊敬してやまない堯のことである。なぜかというと、字音そのままに読んだ場合の瑠兢は即ち唐堯であり同声である、そうして堯は伊耆(一に伊祁に作る)姓であつて、伊耆と伊尼とはまた叶音の同声である、漢族の書に依れば、〔唐, 帝堯也, 姓伊耆氏。〕堯初為_唐侯_。後為_天子_都_陶。故号_陶唐氏_」*(：〔唐とは帝堯のことである。姓は伊耆氏。〕堯は初め唐侯となる。後に天子となり陶に都した。それで、陶唐氏と号したのである)とあるが、それにしても唐は号であって姓でもなく氏でもない、本頌叙は唐堯と伊耆とを合せて単に名としているのである、・・・」 4

(浜名寛祐『神頌契丹古伝』八幡書店、2001、457-468 ページ) より

「〔唐, 帝堯也, 姓伊耆氏。〕堯初為_唐侯_。 後為_天子_都_陶。故号_陶唐氏_」*
唐の孔穎達疏の『尚書正義』にみえます。梅賾の偽作とされている『尚書』序に係る釈文ですが、当該釈文の記述内容の信憑性(真偽)については梅賾釈文の依拠した資料の信頼度に依存します。

浜名の解説から判るように『古事記』の天孫降臨の地「竺紫日向之高千穂之久士布流多気」：「竺紫の日向の高千穂の、くじふる嶺」の名称は、大陸神話の「珍芳漾嘔墜球溜蓋甃之峰」：「千穂八重の異霊籠罩の峰」の名称が投影されたものと考えられます。この「千穂八重の異霊籠罩の峰」を浜名は中国山東省泰安市の泰山に比定し、次のような解説を付しています。

(浜名の解説の口語訳：拙訳)
「漢の高祖が泰山郡を置き、その土地を二十四県に分けた時、中に蓋県(今山東省沂州府沂州県)牟県(今山東省泰安府莱蕪県)という県名があつた、この県名は東族古言の蓋甃が分れて地名になっていたのではあるまいか。地理志に牟は故国とあり、応劭は附庸也と注し、師古は春秋桓〔公〕十五年の牟人来朝の〔牟〕は即ちこの地であると解したことからも、これらの県名が古来からの称呼であることを証明している。また茌県(一に茬に作る、今山東省済南府長清県の東北)式県(今不明)等があつた、

第2章　文献史料と考古史料から探る前一千年紀の辰国

地理志博県（今泰安府泰安県）の解に、博﹅有﹅泰山廟﹅、岱山在﹅西北求山上﹅とある、これに由れば泰山とは全称で、中に求山があり、求山の峰を岱宗といったように取れる、その求山は東族古言の球溜に一致した名ではあるまいか、即ち球の古音が求山のク（ク）に遺り、溜の古音が茌県のシに遺ったのではなかろうか。その泰山の峰名及び県名を拾えば、求茌蓋牟（クシコム）となり、本章のいわゆる球溜蓋麰（クシコム）の実在を立証するに庶幾い。又同じ泰山郡中に蛇丘県（今山東省泰安府肥城県南）という県があった、註に、師古が云うには『蛇』の音は『移』であるとあるので、『蛇丘』の古音はイクにして、郁夷・斐伊峋倭のイク（イクイ・ヒイクイ）に一致せる県名と知られる、その郁夷・斐伊峋倭は前に説いてあるので〔前に〕反って対照してもらいたい。以上から、異霊籠罩之峰を泰山と解するのは、単にその山が古代の霊山であるということから漠然と泰山を当てたわけではない、また、日孫国の祝詞の高密は高密県として山東に存在し、膠袞はそれに因んだであろう膠州という地名がある。なお詳しく調査すれば珍芳漾匾の古音も泰山を中心とする地方から遺音を発見できるであろう。」[5]

（浜名寛祐『神頌契丹古伝』八幡書店、2001、462-463ページ）より

「神祖親臨、八百八十載にして。珍芳漾匾墜球溜蓋麰（ちほやへちくしこむ）の峰に登り。祝して」：「神祖が親しく〔降〕臨されてから、八百八十年を経て、〔時の辰氾繒翅報は〕千穂八重の異霊籠罩（くしこむ）の峰に登り、言祝（ことほ）ぎされ」とある「珍芳漾匾墜球溜蓋麰之峰（ちほやへちくしこむのみね）」が、浜名が説くように中国山東省の泰山（たいざん）であるのならば、太古の辰国（「辰氾繒（しうく）」）は泰山の位置する中国山東省を領域とした時期があったことになります。泰山は古代の天子が封禅（ほうぜん）の祭祀をおこなったとされる聖山です。『史記』封禅書（ほうぜんしょ）に拠ると、斉の管仲（管夷吾（かんいご））は古（いにしえ）の七十二家が泰山に封をおこない、梁父〔山〕に禅をおこなったと述べ、その中の無懐氏・慮羲（伏羲）・神農・炎帝・黄帝・顓頊・帝嚳・堯・舜・禹・湯・周成王の十二天子（帝王）を挙げています。泰山の位置する中国山東省を領域とした太古の辰国（「辰氾繒（しうく）」）を「神祖」降臨以来の辰国（「辰氾繒（しうく）」）であるとするならば、『神頌契丹古伝』第五章に「あるいはいう。神祖の名は図己曳乃訶斗。称号は辰氾須瑳珂。初め医父（いふ）の陰（医父〔婁山〕の北側の意か）に降り、ここに初めて辰氾氏（本書では以下『医父（いふ）辰氾氏』と呼ぶ）が発祥した」とある「医父〔婁山〕」を山東省内の山〔岳〕に限定できます。本書は、泰山の位置する中国山東省を領域とした太古の辰国（「辰氾繒（しうく）」）を「神祖」降臨以来の辰国（「辰氾繒（しうく）」）であるとみています。その上で、「珍芳漾匾墜球溜蓋麰之峰（ちほやへちくしこむのみね）」を浜名に従い今日の泰山に擬定し、「医父〔婁山〕（いふろ）」を泰山の姉妹山とさ

れる梁父〔山〕（泰山の東南20kmに位置する徂徠山の南麓）に擬定したいと思います。「医父〔婁山〕」は山東省の梁父〔山〕に始まり、途中幾度かの地名遷移を経て、遼河平野西方の医無閭山へ遷されたのではないでしょうか。なお、邇邇芸命が新たに統治することとなる「葦原中国」の名称には、『神頌契丹古伝』第十七章でみた、「神祖」が「西征」して開拓した「幹浸遏」（「鞍綏〔之〕陽」）の「中原」（「五原」の一つ。都城の地）の名が投影されているように思われます。

3　吉武高木3号木棺墓を遺した勢力とは

　吉武高木3号木棺墓を遺した勢力を、『神頌契丹古伝』第三十七章に「〔安晁辰沅氏は辰〕国を貴弥辰沅氏に譲った」とある「安晁辰沅氏」の勢力と考えます。中国の正史に拠ると、日本列島にあったと考えられる「倭（俀）国」あるいは「日本国」のいずれも、王の姓が「阿毎」とあります。『隋書』倭（俀）国伝に「倭（俀）王姓阿毎，字多利思比孤，号阿輩雞弥」：「倭（俀）王の姓は阿毎で、字は多利思比孤、阿輩雞弥と号す」とあります。「阿毎」は「安晁辰沅氏」の「安晁」と同音同義と考えられますので、このことは「安晁辰沅氏」の勢力が北部九州に進出したことを意味します。

　また、『旧唐書』倭国伝は「倭国者，古倭奴国也」：「倭国は、昔の倭奴国である」とした上で、「其王姓阿毎氏」：「その（倭国の）王の姓は阿毎氏」とあります。『旧唐書』は「倭国伝」とは別に「日本国伝」を設け、「日本国者，倭国之別種也」：「日本国は倭国の別種である」としていますが「日本国」の王の姓の記載はありません。しかしながら、『新唐書』日本伝は「日本，古倭奴也」：「日本は、昔の倭奴〔国〕である」とした上で、「其王姓阿毎氏，自言初主号天御中主，至彦瀲，凡三十二世，皆以『尊』為号，居筑紫城。彦瀲子神武立，更以『天皇』為号，徙治大和州」：「その（日本の）王の姓は阿毎氏である。初代の主が天御中主を号してより彦瀲に至るまで、およそ三十二世である。皆『尊』を号とし、筑紫城に居た。彦瀲の子の神武が立ってから『天皇』を称号とした。遷って、大和州を統治した」とあり、「日本」の王の姓もまた「阿毎氏」としています。したがって、阿毎氏の倭の東進勢力が『新唐書』の「日本」の中核であると解されます。

　『古事記』の記述に拠ると、天御中主は独神で高天原でお生まれになり、高天原でお隠れになったとあります。『新唐書』日本伝と『古事記』の記述を併せると、天御中主以来、天忍穂耳命までの二十九世は高天原に居住していたことになり、天御中主以来、

〔彦瀲から逆算して〕第三十世の邇邇芸命を経て、彦瀲までの三十二世は皆、筑紫城に居たことになります。1345年完成とされる『宋史』の日本国伝では天御中主から彦瀲尊までの神名を列挙した上で「凡二十三世，並都於築紫日向宮」：「すべてで二十三世、皆、築紫日向宮に都した」とあります。天御中主以来、彦瀲までの三十二世（あるいは二十三世）を約五百年間と考えても、辰国の王都の地の美称と思しき「高天原」は南部朝鮮半島内に限られず、「筑紫城」は北部九州内に限られません。すなわち、幾度かの地名遷移があったと推察されます。

　邇邇芸命が博多湾岸の「竺紫の日向の高千穂の、くじふる嶺」に降臨されたとき、天照大御神は辰王の地位にあったのでしょうか、それとも「貢弥辰沄氏」に辰王位を譲った後だったのでしょうか。吉武高木3号木棺墓は弥生中期初頭に比定されています。従来、弥生中期は前1世紀〜紀元1世紀とされていましたが、近年、放射性炭素C14年代法の導入によって、弥生時代の実年代が大きく引き上げられる傾向にあり、従来の年代観との乖離が比較的小さい武末純一氏の年代観に従っても、弥生中期の開始は前2世紀前半とされています[6]。他方、第2章第7節第11項で「安晁辰沄氏」が「貢弥辰沄氏」へ辰国を譲った時期は真番・臨屯の両郡が廃された前82年前後と推断しました。したがって、邇邇芸命が博多湾岸の「竺紫の日向の高千穂の、くじふる嶺」に降臨された弥生中期初頭は、「安晁辰沄氏」が「貢弥辰沄氏」へ辰国を譲る前であり、天照大御神は辰王の地位にあったと解されます。「辰沄殷」の滅亡と満の朝鮮建国という朝鮮半島を取り巻く情勢の急変に危機感を覚えた「安晁辰沄氏」の辰国勢力は、新天地を開拓しようと海を越え、日本列島への侵出を試みました。それが、邇邇芸命の天孫降臨に結実したと解されます。天孫降臨時の辰国の王都の地（美称は「高天原」）は栄山江流域にあったと推定されます。多鈕細文鏡と細形銅剣を伴出する細形銅剣文化第二段階の遺跡が多く分布する地域です。

4　「倭」の表記呼称の由来について

　「多鈕粗文鏡と遼寧式銅剣」のセットを副葬する吉武高木3号木棺墓は辰王墓ではありません。それでは被葬者と考えられる「安晁辰沄氏」出身の王すなわち邇邇芸命は何と号したのでしょうか。本書第2章第3節第6項3）において「寧義雛（寧義氏）」を「和族」の人格化された存在と解し、「寧義雛（寧義氏）」を「和族」の「翊報」（皇）と

推測しました。また、「安晃辰沄氏」の出た東表の「阿斯牟須氏」と東冥の「阿辰沄須氏」は同音同義で一体と考え、[図2　「日孫」を「神祖」とする王統の系図]において「安晃辰沄氏」を東冥の「阿辰沄須氏」出身の「寧羲氏」の分かれとしました。したがって、「安晃辰沄氏」の辰王は「和族」出身の「翅報」（皇）であったと考えられます。「邇邇芸命」の「邇芸」もまた「和」に由来するのではないでしょうか。北部九州に拠した「安晃辰沄氏」出身の王は大皇（「阿輩雞弥」）を号し、姓を「阿毎氏」としたものと思われます。漢は「東委」（東夷）である「阿毎氏」の勢力を「倭」と表記呼称したと推測します。阿毎氏の倭は「和族」を中核とする勢力と解されます。

そこで、仮説24を提示します。

　　仮説24（H24）：H24
　　　弥生中期初頭に北部九州の博多湾岸に侵出し、吉武高木3号木棺墓を遺した
　　　勢力は、南部朝鮮半島の辰王家である「安晃辰沄氏」の分派である。
　　　北部九州に拠した「安晃辰沄氏」出身の王は「大皇（「阿輩雞弥」）」を号し、
　　　姓を「阿毎氏」とした。
　　　漢は「東委」（東夷）である「阿毎氏」の勢力を「倭」と表記呼称した。

仮説24より、吉武高木3号木棺墓は辰王墓ではなく倭の王墓です。また、仮説5⁻⁵により鏡と銅剣を組み合わせて副葬する吉武高木3号木棺墓は定義4の「日神系神道勢力」の王墓です。したがって、北部九州の博多湾岸に侵出し、弥生中期初頭に比定される吉武高木3号木棺墓を遺した阿毎氏の倭は「日神系神道勢力」にあたります。

5　辰王統の交代

本書第2章第7節第11項でふれたように、前82年前後に「安晃辰沄氏」は「賁弥辰沄氏」に辰国を譲ったと考えました。「安晃辰沄氏」が「賁弥辰沄氏」に辰王位を譲った経緯は明らかではありませんが、「安晃辰沄氏」は当時の辰国の領域すべてを「賁弥辰沄氏」に譲ったわけではなく、朝鮮半島南部は「安晃辰沄氏」の勢力の支配地域として残されたようです。なんとなれば、『後漢書』韓伝に「馬韓在西，有五十四国，其北与楽浪，南与倭接」：「馬韓は西にあって、五十四国があり、北は楽浪〔郡〕と、南

は倭と〔境を〕接している」とあり、また「弁辰在辰韓之南，亦十有二国，其南亦与倭接」：「弁辰は辰韓の南にあって、これまた十二国あり、南は〔馬韓と同じく〕また倭と〔境を〕接している」とあり、馬韓の南に接すると考えられる栄山江流域を中心とする今日の全羅道方面および弁辰の南に接すると考えられる今日の慶尚南道の沿岸部はいずれも倭とされているからです。筆者は倭とされたこれらの地域は「貢弥辰汦氏」に辰王位を譲った後の「安晁辰汦氏」が支配していた領地の一部で、当初の朝鮮半島東南部の倭地は辰韓六国の南に接する、今日の慶尚南道と慶尚北道南部を包摂する範囲に相当したと推察します。「安晁辰汦氏」が北部九州の分家筋に当たる倭と合体したことにより、「安晁辰汦氏」もまた「辰汦」の称号をはずし「阿毎氏（安晁氏）」を称しました。したがって、朝鮮半島南部の倭地は前1世紀前葉までは「安晁辰汦氏」の辰国〔の馬韓〕に属していましたが、「安晁辰汦氏」が「貢弥辰汦氏」に辰王位を譲ってからは、「貢弥辰汦氏」の辰国〔の馬韓〕には属さず「安晁辰汦氏」の領地として残り、「安晁辰汦氏」が北部九州の分家筋にあたる倭と合体したことで、阿毎氏の倭に属することになったと解されます。

ここで仮説25を提示します。

仮説25（H25）：H24×H25
　　『後漢書』濊伝に記述の臨屯・真番が廃され、
　　楽浪・玄菟に併合された昭帝始元五年（前82）前後に
　　「貢弥辰汦氏」に辰王位を譲った「安晁辰汦氏」は、
　　北部九州の分家筋にあたる倭と合体し、
　　「辰汦」の称号をはずし「阿毎氏」を称した。
　　辰王位を譲った後の「安晁辰汦氏」が支配していた朝鮮半島南部は
　　倭の領域になった。「貢弥辰汦氏」の辰国は朝鮮半島南部の倭地を除く
　　<u>馬韓諸国および辰韓諸国で構成された</u>*。

　　　「馬韓諸国および辰韓諸国で構成された」*
　　　　　この頃には弁韓はまだ存在しませんでした。
　　　　　本書第2章第10節第2項2）の仮説42で提示しましたが、弁韓は紀元前後に朝鮮半島東南部（今日の慶尚道方面）の阿毎氏の倭地に形成されたと考えられます。

朝鮮半島西南部の栄山江流域を中心に少なからぬ数の前方後円墳が存在することも、同じく朝鮮半島西南部の辺山(ピョンサン)半島先端の絶壁頂上に、沖ノ島祭祀遺跡と対をなしたであろう竹幕洞祭祀遺跡(さいし)(1992年発掘)が存在することも、〔かつて「任那(みまな)」と称された朝鮮半島西南部を含む〕朝鮮半島南部が「安晁辰泛氏」改め「阿毎(あめ)氏」の倭の領域になったとする仮設25を容認すると理解し易(やす)くなります。竹幕洞祭祀遺跡で執(と)り行われたであろう古代祭祀(こだいさいし)は、今尚(いまなお)、宗像大社(むなかたたいしゃ)の神職(しんしょく)によって沖ノ島で執(と)り行われている祭祀(さいし)と同様の神道(しんとう)形式の祭祀であったと推察されます。百済(くだら)のこの方面への進出時期に照らしても、竹幕洞祭祀(さいし)遺跡は韓国の学者が主張するような百済(くだら)の祭祀(さいし)遺跡では断じてありません。

6　一部辰国関係の仮説の改訂

　日本列島および仮説25より倭の領域となった前1世紀の朝鮮半島南部の、鏡と銅剣を組み合わせて副葬する墓は辰国の遺跡ではないと考えられますので、仮説5^{-2}は仮説5^{-2}［改］のように改訂されます。

　　仮説5^{-2}［改］（H 5^{-2}［改］）：H 1×H 3×H 5×H 5^{-2}［改］×H24×H25
　　　　　　　　　　　　　　：H 1×H 3×H 4×H 5×H 5^{-2}［改］×H24×H25
　　多鈕鏡と細形銅剣を組み合わせて副葬する前一千年紀の朝鮮半島の石槨墓(せきかくぼ)は
　　辰国の王墓であるとする仮説3を敷衍(ふえん)すると、
　　前一千年紀の東北アジアにおける鏡と銅剣を組み合わせて副葬する墓は辰国の
　　王墓であり、
　　仮説5の前一千年紀の東北アジアにおける鏡と銅剣を組み合わせて副葬する墓
　　を遺した、仮説4の「鏡と銅剣のセットを祭器とする祭儀を執(と)り行う、
　　固有のイデオロギーに根ざした祭祀(さいし)」を護持継承する勢力は辰国である。
　　　したがって、前一千年紀の東北アジアにおける鏡と銅剣を組み合わせて
　　副葬する墓は辰国の考古学的指標である。
　　　但し、表4に示した朝鮮半島周縁部の主要遺跡の墓ならびに
　　日本列島*および仮説25より倭の領域になった前1世紀の朝鮮半島南部の、
　　鏡と銅剣を組み合わせて副葬する墓を除く。

第2章　文献史料と考古史料から探る前一千年紀の辰国

「日本列島」*
　日本列島としたのは、北部九州の福岡市吉武高木3号木棺墓のみならず、
　下関市梶栗浜箱式石棺墓をも除外するためです。
　仮説5^{-4}〔改〕・仮説5^{-6}〔改〕も同じ。

　仮説5^{-2}と一次的に関係する仮説は仮説4^{-3}・仮説5^{-4}・仮説5^{-6}・仮説12・仮説14^{-2}・仮説14^{-3}・仮説16・仮説18・仮説20です。二次三次的に関係する仮説は仮説8^{-4}・仮説13^{-2}・定義7・仮説15^{-3}・定義8・仮説1^{-2}・仮説19・定義10です。

　仮説5^{-2}を仮説5^{-2}〔改〕に置き換えた仮説〔改〕については、結論に影響を受ける仮説4^{-3}〔改〕・仮説5^{-4}〔改〕・仮説5^{-6}〔改〕を以下に提示します。仮説5^{-2}〔改〕に置き換えても結論に影響しない他の関係仮説〔改〕の提示およびそれらの表26への掲載は割愛します。

　　　仮説4^{-3}〔改〕（H 4^{-3}〔改〕）：H 4^{-2}×H 4^{-3}〔改〕×H 5^{-2}〔改〕
　　　　　　　　　　　　　　　：H 1×H 3×H 4×H 4^{-2}×H 4^{-3}〔改〕×H 5
　　　　　　　　　　　　　　　　×H 5^{-2}〔改〕×H24×H25

　仮説5^{-2}〔改〕の「鏡と銅剣のセットを祭器とする祭儀を執(と)り行う、
　固有のイデオロギーに根ざした祭祀(さいし)」を護持継承する勢力である辰国は、
　仮説4^{-2}および仮説5^{-2}〔改〕により、
　前一千年紀に亘(わた)って、燕山山脈の南→燕山山脈の北→遼西→遼東→朝鮮半島
　という経路を辿(たど)って移動した。

　　　仮説5^{-4}〔改〕（H 5^{-4}〔改〕）：H 5^{-2}〔改〕×H 5^{-3}
　　　　　　　　　　　　　　　：H 1×H 3×H 4×H 5×H 5^{-2}〔改〕
　　　　　　　　　　　　　　　　×H 8×H24×H25

多鈕鏡と細形銅剣を組み合わせて副葬する前一千年紀の朝鮮半島の石槨墓(せきかくぼ)は
辰国の王墓であるとする仮説3を敷衍(ふえん)すると、
前一千年紀の東北アジアにおける鏡と銅剣を組み合わせて副葬する墓は辰国の
王墓であり、
仮説5^{-3}の前一千年紀の東北アジアにおける鏡と銅剣を組み合わせて副葬する
墓を遺した、仮説4^{-4}の「鏡と銅剣のセットを祭器とする祭儀を執(と)り行う、
『天孫思想』に根ざした祭祀(さいし)」を護持継承する勢力は辰国である。

したがって、前一千年紀の東北アジアにおける鏡と銅剣を組み合わせて副葬する墓は辰国の考古学的指標である。
　但し、表4に示した朝鮮半島周縁部の主要遺跡の墓ならびに日本列島および仮説25より倭の領域になった前1世紀の朝鮮半島南部の、鏡と銅剣を組み合わせて副葬する墓を除く。

仮説5^{-6}［改］（H5^{-6}［改］）：D4×H5^{-2}［改］×H5^{-5}×H5^{-6}［改］
　　　　　　　　　　　：H1×H3×H4×H5×H5^{-2}［改］×H5^{-6}［改］
　　　　　　　　　　　　×H7×H7^{-2}×H7^{-3}×H8×H9×H24×H25

仮説5^{-5}より、
前一千年紀の東北アジアにおける鏡と銅剣を組み合わせて副葬する墓は、
定義4の「日神系(かかしんとう)神道勢力」の王墓であり、
仮説5^{-2}［改］より、
前一千年紀の東北アジアにおける鏡と銅剣を組み合わせて副葬する墓
（但し、表4に示した朝鮮半島周縁部の主要遺跡の墓ならびに日本列島および仮設25より倭の領域になった前1世紀の朝鮮半島南部の、鏡と銅剣を組み合わせて副葬する墓を除く）は辰国の王墓であるので、
辰国は定義4の「日神系(かかしんとう)神道勢力」である。

　倭は辰国ではありません。第4項で述べたように、吉武高木3号木棺墓を遺した阿毎(あめ)氏の倭は「日神系(かかしんとう)神道勢力」にあたります。事実、辰国（「辰洰繦(しうく)」）精神文化の神髄ともいえる「日神系(かかしんとう)神道」は我が国に脈々と受け継がれています。日本は辰国（「辰洰繦(しうく)」）の遺風を伝える唯一の国であり、日本人の精神文化において、辰国（「辰洰繦(しうく)」）はその残映を鮮やかに放ち続けているといえましょう。

7　朝鮮半島の細形銅剣文化は日本人の一部祖先集団が遺したもの

　朝鮮半島の細形銅剣文化に係る製作技術および青銅原料調達ルートは「安晃辰洰氏(あめしう)」が独占していたのではないかと推察されます。それというのも、南部朝鮮半島の栄山江流域に中心があった前2世紀の細形銅剣文化は前1世紀に入ると急速に衰退に向かうか

第 2 章　文献史料と考古史料から探る前一千年紀の辰国

らです。朝鮮半島の細形銅剣文化の衰退原因を、漢文化の影響で鉄器時代に入ったということだけでは説明できないと思われます。前 1 世紀の大同江流域には楽浪郡治は進出しておらず夫租県が置かれているにすぎません（本書第 2 章第 9 節、仮説 29・仮説 38 参照）。弥生中期前半には北部九州で青銅器生産が開始され[7]、以後盛行することを考え合わせると、朝鮮半島南部の「安晁辰氾氏（あめしう）」の主力が、青銅器製作に携わる技術者集団および渤海を舞台に対中国との交易活動を独占的に支配し、青銅インゴットの調達に力を発揮する海人勢力（「和族（にき）」の一派）を引き連れて、栄山江流域から北部九州に移ったことにより、細形銅剣を代表とする青銅器文化の中心が南部朝鮮半島の栄山江流域から北部九州に移ったと考えるのが合理的です。また、『神頌契丹古伝』第三十七章の記述から、「辰氾殿（しうん）」と姻戚関係にあった「安晁辰氾氏（あめしう）」は、「辰氾殿（しうん）」が健在であった前 3 世紀末以前から南部朝鮮半島の辰王家であったことが知れ、前 3 世紀に年代比定される錦江（きんこう）流域を中心とする細形銅剣文化および石槨墓は「安晁辰氾氏（あめしう）」の遺（のこ）した蓋然性が高いからです。そうであるならば、細形銅剣を代表とする朝鮮半島の東北アジア系青銅器文化は日本人の一部祖先集団が担ったことになります。なんとなれば、それらの青銅器文化を遺した「安晁辰氾氏（あめしう）」の勢力は日本列島に移住し、日本人の祖先となったからです。

そこで仮説 26 を提示します。

　仮説 26（H26）：H25×H26：H24×H25×H26
　　仮説 25 の「賁弥辰氾氏（ひみしう）」に辰王位を譲った後、
　　「安晁辰氾氏（あめしう）」改め「阿毎氏（あめ）」の王族を中心とする
　　朝鮮半島南部の倭人の主力は、栄山江流域から北部九州に移動した。
　　それに伴（ともな）い、細形銅剣を代表とする青銅器文化の中心も
　　南部朝鮮半島の栄山江流域から北部九州に移った。

それでは、朝鮮半島の細形銅剣文化は日本人の祖先が作ったものであるとして、今日の朝鮮民族の祖先が朝鮮半島において築いた古代文化とはどのようなものでしょうか。主に漢魏系集団がもたらした前 1 世紀〜紀元 3 世紀頃の楽浪文化ならびに大同江流域に広く分布する高句麗（こうくり）古墳壁画（紀元 4 世紀以降）や平壌市大城区域清岩里土城出土の「火焔透彫刻文金銅冠」[8]や真坡里第七号墳（紀元 4 〜 5 世紀頃）出土の「太陽の透かし文様金銅装飾」[9]などの高句麗文化ならびに百済武寧王陵（くだら）（紀元 6 世紀前半）の金冠飾・金耳飾り[10]や新羅（しらぎ）の王墓である慶州皇南大塚北墳（紀元 5 世紀）[11]・金冠塚・瑞宝塚・

367

金鈴塚（紀元5世紀末〜6世紀初）等出土の金冠、天馬塚（紀元6世紀初）出土の金製の冠帽[12]・金冠などに代表される紀元4世紀以降の百済や新羅などが遺した騎馬民族系の黄金彫金文化です。

　『三国史記』によると高句麗の始祖は東明王（朱蒙）で建国年は前37年、百済の始祖は温祚王(おんそおう)で建国年は前18年、新羅の始祖は赫居世王(かくきょせいおう)で建国年は前57年とあり、各々紀元前の建国とされていますので、三国の建国の地は朝鮮半島ではなかったことになります。朝鮮半島への南下は紀元3世紀以降、それら三国の朝鮮半島における台頭は高句麗が紀元313年に楽浪郡を放逐(ほうちく)してから後の、紀元4世紀以降となります。

　したがって、古代朝鮮半島の文化をなんでも今日の朝鮮民族の祖先の文化とするのは誤りです。細形銅剣を代表とする朝鮮半島の東北アジア系青銅器文化は「安晁辰汜氏(あめしょう)」の辰国の文化であり、日本人の祖先となった人々の文化です。また、古代の朝鮮半島から渡来して日本人の祖先となった人々を今日の朝鮮民族と同系とするのも誤りです。第3章第3節で再述しますが、朝鮮民族の形成要素が朝鮮半島に出揃うのは、百済(くだら)や新羅(しらぎ)の後を追って高句麗(こうくり)が南下する紀元4世紀を待たねばならず、その形成が本格化するのは統一新羅の成立（676）を受けての紀元8世紀以降となります。「白村江の戦い(はくすきのえ)」（663）を境に朝鮮半島の均質化（標準化）が進み、朝鮮半島は次第に朝鮮民族の国となっていきます。朝鮮半島の均質化（標準化）とは新羅で使われた言葉を核に、百済(くだら)遺民や高句麗遺民などの東北アジア系騎馬民の言葉や、住民の多くを占める濊族や孔列文土器人〔の流れを汲む集団〕など先住勢力の言葉、さらには楽浪・帯方郡遺民などの古代漢族系の言葉を取り込んでの古代朝鮮語の形成であり、朝鮮民族の形成です。

8　北部九州の阿毎氏(あめ)の倭の王墓

　高祖山(たかすやま)・櫛触山(くしふるやま)をはさんで早良(さわら)平野の西に位置する旧怡土(いと)郡（現福岡県前原市）には、鏡と銅剣を組み合わせて副葬する三雲南小路1号墓(みくもみなみしょうじ)（甕棺(かめかん)）や井原鑓溝遺跡(いはらやりみぞ)（甕棺(かめかん)）があります。また吉武高木墓群遺跡から東に十数キロの地点にある福岡県春日市の須玖岡本遺跡には、同じく鏡と銅剣を組み合わせて副葬する須玖岡本D地点墓（甕棺）があります。三雲南小路1号墓(みくもみなみしょうじ)や須玖岡本D地点墓（甕棺）は、多鈕鏡を前漢鏡に、細形銅剣を中細銅剣に替えていますが、その埋葬年代は前1世紀に比定され、「前一千年紀の東北アジアにおける鏡と銅剣を組み合わせて副葬する墓」に該当することから、仮説

5⁻⁵により定義4の「日神系神道勢力」の王墓であるといえます。いずれも前漢鏡を30面以上副葬しています。仮説24により、これらの王墓は阿毎氏の倭が遺したものであり、阿毎氏の倭の王墓であると考えられます。

後漢鏡を20面以上副葬する井原鑓溝遺跡（甕棺）は紀元1世紀に比定されており、銅剣に代えて鉄製の刀剣の出土が記録されています。また、銅鏡40面を副葬する平原方形周溝墓¹³は紀元2世紀に比定され、銅剣に代えて鉄製の素環頭太刀が出土しています。したがって、両墓は「前一千年紀の東北アジアにおける鏡と銅剣を組み合わせて副葬する墓」には該当しませんが、三雲南小路1号墓・須玖岡本D地点墓の延長線上にあり、同じく「日神系神道勢力」である阿毎氏の倭の王墓であると考えられます。

原田大六氏は次のように述べています。

「　中山博士は、三雲南小路・井原ヤリミゾ・須玖岡本の墳墓を、日本全国でただ三基しか知られていない最古の『王』の墓として、出土品の比較から三雲南小路の墳墓がもっとも古く、つぎが須玖岡本の墳墓であり、最後が井原ヤリミゾの墳墓であるとし、これらの墳墓の地が、糸島郡→筑紫郡→糸島郡と、場所を変えているのは、国王の遷都によるものではなかろうかと考えられた。時期は中国大陸の前漢から漢中期までであるから、西暦前一世紀ごろから、一世紀ごろまでの約二百年の間である。」

（原田大六『実在した神話』学生社、1998、28-29ページ）

中山博士とは、在野の考古学者である原田大六氏が師事された九州大学医学部名誉教授の中山平次郎氏のことです。「日本全国でただ三基しか知られていない」とあるのは、福岡県前原市平原方形周溝墓（1965年発見）や北部九州最古の王墓と目される福岡市西区の吉武高木3号木棺墓(1983年発見)が当時まだ知られていなかったからです。「漢中期」とは「〔後〕漢中期」の意です。

戦前知られていた三基の王墓に戦後発見された吉武高木3号木棺墓と平原方形周溝墓を加えた5基の「日神系神道勢力」の王墓は、阿毎氏の倭の王墓と考えられます。

時系列で並べると、

　　　吉武高木3号木棺墓（弥生中期初頭）
　→　三雲南小路1号墓（甕棺）（前1世紀）

→ 須玖岡本D地点墓（甕棺）（前1世紀）
→ 井原鑓溝甕棺墓（紀元1世紀）
→ 平原方形周溝墓（紀元2世紀）

となります。

　『魏志』倭人伝の「到伊都国、官曰爾支、副曰泄謨觚、柄渠觚。有千余戸、世有王、皆統属女王国, 郡使往来常所駐」:「伊都国に到る。官を爾支という、副〔官〕を泄謨觚、柄渠觚という。〔戸数は〕千余戸、代々王がいるが、皆、女王国に統属している。帯方郡の使者が往来するときには、必ず滞在する所である」の「世有王」:「代々王がいる」とされる伊都国の王は阿毎氏の倭の王の系譜に繋がる王と考えられます。

9　『後漢書』倭伝の「倭国大乱」とは

　『後漢書』倭伝に「桓霊間、倭国大乱、更相攻伐。歴年無主」:「桓帝・霊帝の間（147～189）に倭国で大戦争が起こり、両勢力が攻撃し合って、何年間も統一されない状態となった」とあります。黄巾の乱（184）に象徴されるように、「桓霊間」（147～189）の末頃には後漢の国力は極度に低下した模様です。建武中元二年（57）に光武帝から金印を賜与されて以来、後漢の威光も借りて倭の主の地位にあり続けた歴代阿毎氏の倭の王（歴代「漢委奴国王」）も、後漢の影響力低下を見て取った「賁弥辰氾氏」の分派の北部九州への侵出攻勢を受け、遂に倭の主の地位を追われたものと思われます。福岡市志賀島の一角で発見された金印は、極限状況に置かれた阿毎氏の倭の王（時の「漢委奴国王」）の勢力が隠匿したものと推測されます。阿毎氏の倭の王の系譜に繋がると思われる「伊都国」の王が「賁弥辰氾氏」出身と思われる卑弥呼の女王国に統属するようになったのは「倭国大乱」で阿毎氏の倭の王が北部九州の王者の地位を追われ、卑弥呼が新たな王者として共立されて以降のことでありましょう。「倭国大乱」とは、北部九州へ侵出した「賁弥辰氾氏」の分派と阿毎氏の倭との間で繰り広げられた、北部九州の覇権をめぐっての争いであったと解されます。

　ところで、『魏志』韓伝の辰王の優呼中の「拘邪・秦支廉」の「拘邪」の文言は『後漢書』倭伝に「其大倭王居邪馬台国。楽浪郡徼, 去其国万二千里, 去其西北界拘邪韓国七千余里」とある「拘邪韓国」表記と同じです。因みに『魏志』倭人伝では「狗邪韓国」

と表記されています。このことから推すと『魏志』韓伝の辰王の優呼「臣雲遣支報安邪踧支濆臣離児不例拘邪秦支廉」：「臣雲遣支報・安邪踧支濆臣離児不例・拘邪・秦支廉」は後漢代の史料から引用した辰王情報である可能性を排除できません。筆者は「桓霊間」（147〜189）の末頃の後漢代に、弁辰と謀った「賣弥辰沇氏」の辰国によって阿毎氏の倭の支配下にあった拘邪国*は奪い取られて二分割され、一方は拘邪韓国（狗邪韓国）として「賣弥辰沇氏」の辰王の支配下に移り〔辰王の優呼に加えられ〕、「賣弥辰沇氏」の分派の北部九州への侵攻拠点となり、もう一方は弁辰狗邪国として弁辰の一国に加えられたと推察しています。『魏志』弁辰伝には「弁辰亦十二国」：「弁辰もまた十二国」と記載されていますが、列挙された諸国名は十三あります（本書第1章第1節第1項2）参照）。弁辰狗邪国が加えられたことで十三国になったと解されます。したがって、『魏志』弁辰伝が引用した「弁辰亦十二国」の一文は、弁辰狗邪国が加えられる以前の後漢代の情報であることになります。

　因みに、『魏志』韓伝に列挙された〔馬韓の〕諸国名は五十五国ありますが、拘邪韓国の名はありません（本書第1章第1節第1項1）参照）。魏代にあっては狗邪韓国は辰王支配から離れ、倭の女王の統属する国の一国となっていたと思われます。拘邪韓国の名が記載されていない理由を、『魏志』韓伝に列挙された五十五国は、拘邪韓国が「賣弥辰沇氏」の辰王の支配下に移る以前の後漢代の情報を記載した資料から引用したものであるからと考えることもできますが、『魏志』辰韓伝には〔同時期に弁辰の一国に加えられたと考えた〕弁辰狗邪国の名が記載されていることから、その可能性は低いと思われます。

　また、『後漢書』韓伝には馬韓の〔諸国名は列挙されていませんが〕国数を五十四国としており、『魏志』韓伝に列挙された五十五国より一国少ない国数が記載されています。ついでながら、『魏志』韓伝の五十五国と『後漢書』韓伝の五十四国との国数の差異を拘邪韓国の帰属の有無だけでは説明できません。なんとなれば、『魏志』韓伝の五十五国に拘邪韓国が含まれていないので、『後漢書』韓伝の五十四国＋拘邪韓国＝『魏志』韓伝の五十五国の等式が成立しないからです。

　　　「阿毎氏の倭の支配下にあった拘邪国」*
　　　　「阿毎氏の倭の支配下にあった」としたのは、朝鮮半島南部は前漢代より阿毎氏の倭地
　　　　であったことに由ります。

1　(18) 福岡市教育委員会『吉武高木』、福岡市埋蔵文化財調査報告書143、1986。
　　(19) 李健茂・徐声勲「咸平草浦里遺蹟」、国立光州博物館、1988。

　　　　　　　　　　　　　　　(王建新『東北アジアの青銅器文化』同成社、1999、149ページ)

2　「笠紗之岬」は古田武彦氏が指摘されたように

　　　　　　　(古田武彦『古代は輝いていたⅠ『風土記』にいた卑弥呼』朝日新聞社、1986、67ページ)

3　伴出する土器は弥生前期末～中期初頭の様式
　　山口県梶栗浜石棺墓群(21)

　　　　　　　　　　　　　　　(王建新『東北アジアの青銅器文化』同成社、1999、139-140ページ)
　(21) 山口県教育委員会『山口県文化財概要』4、1961。

　　　　　　　　　　　　　　　(王建新『東北アジアの青銅器文化』同成社、1999、150ページ)

4　原文「珍芳漾匾は千穂八重なるべく。球溜蓋甃は異靈籠罩なるべし。辰氾鯀提秩は東大車轍の義なるべく、車轍の至る限を謂へる詞を以て、東大族に屬する東大率土の意を表はしたものであらう。宸檀珂枳を疏に稲華神洲の義と爲せるは、想ふに稲をシネと謂へば、それに花のナが添ふて稲花をシナと謂へる歟、腑に落ちぬ所もあれど疏に從へば斯く解する外なからう。珂枳の珂は前諸章に神の義に用ゐあればそれとして、枳はどう訓めば洲の義になるのであらうか、枳を洲の義とは判りかねる、想ふに枳の一音を以て洲の義とはされないが、珂と合はせて珂枳とせば、それに神洲の意味が湧くのであらう、即珂枳は神垣・神藩の義で、其の約言なのであらう、推して以て神洲のこととされる、乃ち宸檀珂枳は稲華神洲にて東大率土の美稱なのであったらう。‥‥‥
　爰に意外なるは大陸族にも我と同じく枕詞のあったことである、本章の珍芳漾匾墜球溜蓋甃は、千穂八重の異靈籠罩にて、「ちほやえち」は枕詞である。また斐紀旦貶墜阿旻濚例は、氷橡高の天原にて、『ひきたかち』は枕詞である。其の墜は天津風・時津風のツと同じで、上下の詞を繋ぐ『之』の義と思はる、固よりチとツは互に通音なれば、我がツといふを彼はチといひもしたらむ、‥‥
　右珍芳漾匾の球溜蓋甃のコムは籠の義と解す。因に熊代と書いてカミシロと訓むも、熊は籠の義にて幽邃した處を神の所在と見ての詞である、壇君神話の熊女も同じ義なるべく、凡そ山川のコムモリとした處、林木の欝然として居る處は、神の所在とされたのであれば、蓋甃も同一義にて神の所在の處を意義した名と思へる。乃ち其の千穂八重の異靈籠罩之峰は、我が高千穂之槵触之峰と音義兩ながら同じ山の名である。因つて亦我が神話が我のみの神話でなく、東大神族共通のものなりとする概念を轉た確かめ得るわけなれど、孤峭ひとへに己をのみ異靈とする偏狹の神道家には、高千穂・高天原・大八洲など云ふを、獨り我が國のみの特有名詞に思はれ、予の釋明をば異端の言と爲すであらうが、‥‥‥
　日孫高天原に歸つてより十有六運(九百六十年)を經て、重興中興の祖あつて後復た中興するを重興と曰ふの偉績を熙め、祖風を宣揚し神族を隆盛にした璯虪伊尼赫琿とは何者であらうか。其のタケは嶽即ち『高シ』の義に解釈すべく、イチは稜威の義と解す。研究久うして後に始めてそれと心附いたことであるが、璯虪とは漢民族の欽仰措かざる堯のことである。何故かと云ふに、字音その儘に讀むでの璯虪は即ち唐堯にて同聲である、而して堯は伊耆一に伊祁に作る姓であつて、伊耆と伊尼とは亦叶音の同聲で

ある、漢族の書に依れば、堯初爲唐侯。後爲天子都陶。故號陶唐氏とあるが、それにしても唐は號であつて姓でもなく氏でもない、本頌叙は唐堯と伊耆(タケイチ)とを合せて單に名として居るのである、・・・」

(浜名寛祐『神頌契丹古伝』八幡書店、2001、457-468ページ)より

5 原文「漢の高祖泰山郡を置き、其の土を二十四縣に分てる時、中に蓋縣^{今山東省沂州府沂州縣}牟縣^{今山東省泰安府萊蕪縣}といふがあつた、この縣名は東族古言の蓋甕(こう)が分れて地名になつて居たのではあるまいか。地理志に牟は故國とあり、應劭は附庸也と註し、師古は春秋桓十五年牟人來朝は即此也と解し、以て此等の縣名が古來からの稱呼なるを證してゐる。また茬縣^{一に荏に作る。今山東省済南府長清縣の東北}弍縣^{今不明}等があつた、地理志博縣^{今泰安府泰安縣}の解に、博有泰山廟、岱山在西北求山上、とある、是に由れば泰山とは全稱で、中に求山があり、求山の峰を岱宗と云ふたやうに取れる、其の求山は東族古言の球(ク)溜(シ)に一致した名ではあるまいか、即ち球の古音が求山のクに遺り、溜の古音が茬縣のシに遺ったのではなからうか。其の泰山の峰名及び縣名を拾へば、求茬蓋牟と成り、本章の所謂球溜(クシ)蓋甕(コム)の實在を立證するに庶幾い。又同じ泰山郡中に蛇丘縣^{今山東省泰安府肥城縣南}といふがあつた、註に、師古日蛇音移とあれば、蛇丘の古音イクにして、郁夷・斐伊崎倭のイクに一致せる縣名と知られる、其の郁夷・斐伊崎倭は前に説きたれば反つて對照されたい、故に異靈籠罩之峰を泰山と解するは、單に其の古代靈山なるに因つて漠然之を當てるわけではない、又日孫國祝詞の高密(のりと)(かみ)は高密縣として山東に存し膠裒(ちか)はその因みでもあらう膠州といふがある。猶詳らかに調査せば珍芳漾漚の古音も泰山を中心としてゐる地方から遺音を發見し得るであらう。」

(浜名寛祐『神頌契丹古伝』八幡書店、2001、462-463ページ)

6 武末純一氏の年代観に従っても、弥生中期の開始は前2世紀前半とされています

「表2-1 北部九州の弥生土器と朝鮮半島南部の無文土器・三韓土器の併行関係」
　(武末純一「弥生時代の年代」埋蔵文化財研究会監修『考古学と暦年代』ミネルヴァ書房、2003、63ページ)

7 弥生中期前半には北部九州で青銅器生産が開始され
　「　日本青銅器の国産開始期に関するもっとも古い遺物としては、福岡県志賀島勝馬遺跡で発見された銅剣鋳型、佐賀県姉貝塚遺跡で発見された銅剣と銅矛の鋳型などがあげられる。
　志賀島勝馬遺跡の銅剣鋳型[23]は、残された部分から見ると、刃の両側にある抉入部の形式と脊部に鎬線・節帯・刳込がない状態から、朝鮮半島全羅南道霊岩[24]で出土した1号と3号銅剣鋳型にもっとも近い。この砂岩製の銅剣鋳型は1947年頃に出土し、事後の調査によってその層位は弥生中期の中頃と想定される。
　姉貝塚遺跡[25]では、1983年の調査によって弥生中期初頭から中頃の土壌から花崗岩製の細形銅矛前半部の鋳型が検出された。また、もう一つの弥生中期前半の土器を埋蔵している貯蔵穴から、同じ花崗岩製の細形銅剣後半部の鋳型が発見された。細形銅剣の鋳型は、刃の両端にある抉入部の形式と脊部に鎬線・節帯・刳込がない状態が志賀島勝馬および霊岩のものと同じである。細形銅矛の鋳型については、銅剣とする説もある。」

(王建新『東北アジアの青銅器文化』同成社、1999、141 ページ)
(23) 森貞次郎など「福岡県志賀島の弥生遺跡」、『考古学雑誌』46-2、1960。
(24) 小田富士雄「銅剣・銅矛国産開始期の再検討」、『古文化談叢』15、1985。
(25) 林炳泰「霊岩出土青銅器鎔範について」、『三佛金元龍教授停年退任記念論叢Ⅰ（考古学篇）』、一志社、1987

(王建新『東北アジアの青銅器文化』同成社、1999、150 ページ)

　福岡県春日市にある弥生時代中期の集落跡「須玖タカウタ遺跡」から、弥生時代の青銅鏡「多鈕鏡」の石製鋳型片（弥生時代中期前半：紀元前 2 世紀）が国内で初めて出土したことが、2015 年 5 月 27 日に春日市教育委員会によって明らかにされました。多鈕鏡は国内で 12 例しか出土しておらず、これまで鋳型も見つかっていなかったことから、全て朝鮮半島で生産された伝来品と考えられていましたが、今回の石製鋳型片が発見されたことで、紀元前 2 世紀の北部九州でも多鈕鏡が生産されていた可能性が浮上してきました。同遺跡からは、朝鮮半島系の有柄式銅剣の石製鋳型片や、銅戈などを鋳造したとみられる土製鋳型の破片 24 点などの出土がすでに確認されており、これら出土品は仮説 26 を傍証するものとなりえましょう。

8　平壌市大城区域清岩里土城出土の「火焔透彫刻文金銅冠」
　　(李亨求『朝鮮古代文化の起源』雄山閣出版、1995、口絵 29「火焔透彫刻文金銅冠」・同 158 ページ)

9　真坡里第七号墳（紀元 4〜5 世紀頃）出土の「太陽の透かし文様金銅装飾」
　　　　　　　　　(李亨求『朝鮮古代文化の起源』雄山閣出版、1995、158 ページ写真 170)

10　百済の武寧王陵（紀元 6 世紀前半）の金冠飾・金耳飾り
　　　　　　　(李亨求『朝鮮古代文化の起源』雄山閣出版、1995、口絵 30「武寧王の金耳飾り」・同 157 ページ)

11　慶州皇南大塚北墳（紀元 5 世紀）
　　　　　　　　　　　　(早乙女雅博『朝鮮半島の考古学』同成社、2000、口絵「新羅の金冠」)

12　天馬塚（紀元 6 世紀初）出土の金製の冠帽
　　　　　　　　　　　　(早乙女雅博『朝鮮半島の考古学』同成社、2000、口絵「新羅の金製冠帽」)

13　銅鏡 40 面を副葬する平原方形周溝墓
　舶載鏡とされていた 35 面の多くが仿製鏡であることを、考古学の視点から柳田康雄氏が結論づけられたこと（『平原遺跡・前原市文化財調査報告書七十集』）を新井宏氏が紹介されており、新井氏も鉛同位体比の解析から得られた知見により、柳田氏の結論を支持されています。
　　　　　　　(新井宏『理系の視点からみた「考古学」の論争点』大和書房、2007、59 ページより)
　筆者は平原方形周溝墓を「桓霊間」（147〜189）の末頃の墓と考えています。仿製鏡の増加は、後漢の国力低下により、〔楽浪郡も機能せず〕後漢鏡の入手が困難になっていた状況を反映したものと解されます。

第9節　沃沮および漢四郡の位置ならびに『魏志』東沃沮伝の新解釈

1　「夫租薉君」墓および高常賢墓の発見の意義

　1958年の平壌市貞柏洞における「夫租薉君」墓および1961年の高常賢墓の発見がもたらした考古学上の成果は、沃沮および漢四郡等の新たな位置比定ならびに『魏志』東沃沮伝の新たな解釈を可能にしました。
　平壌市貞柏洞遺跡の「夫租薉君」墓および高常賢墓の概要と解説のいくつかをご紹介します。

「平壌市貞柏洞遺跡[55]
　　1958年11月に平壌市貞柏洞で建築工事中に1基の木槨土壙墓が発見され、貞柏洞1号墓と仮称された。副葬品の中の銀印の文字によって、『夫租薉君』墓ともいわれている。『夫租薉君』墓の副葬品には、銅剣・銅矛・銅鏃・銅鐸・銅弩機・銅車害・銅車轅飾・管状銅器・笠形銅器・銅蓋弓帽・銅馬面・銅環・鉄剣・鉄甲札・鉄馬銜・土器および『夫租薉君』の文字のある銀印1個が検出された（図3-20）。銅剣は、脊線を基部まで伸したもので、より新しい形式である。
　　同じ墓地の貞柏洞3号墓は、『周古』の文字のある銀印と前漢中期の武帝から昭帝までの間に流行した星雲文鏡などが出土している。一緒に出土した土製壺は肩部が広く、頸部がやや高くて、口部がより小さい形式である。『夫租薉君』墓にも土製壺が出土しているが、『周古』墓のものと比べて、頸部がやや低く、口部が広くなっている。この形式は『周古』墓のものより新しいが、それほど時間差はないものと思う。また、同じ墓地の高常賢墓は、『高常賢印』と『夫租長印』の文字のある2個の銀印と銅剣・銅弩機・銅馬面・銅馬鐸・銅車馬具・土壺・黒漆蓋などが出土したという。黒漆蓋棒には、『永始四年（BC13年）十二月吿鄭作』の銘文が書かれている。関連する資料によれば、『夫租薉君』墓の年代は前漢中期を超えないが、前漢末期にも下らないので、前漢後期に当たる紀元前1世紀と見ても大きな間違いはないと思われる。」[1]

（王建新『東北アジアの青銅器文化』同成社、1999、119–120ページ）

「東夷の得た官印の最古の遺存例は、朝鮮民主主義人民共和国ピョンヤン市出土の『夫租薉君』駝鈕銀印である（岡崎 1968b）。」[2]

（高倉洋彰『金印国家群の時代』青木書店、1995、156 ページ）

「・・・高常賢の印を出した木槨墳は、1961 年、貞柏里で発見されたものである。この墓からは、この他『夫租長印』と刻した明器*用の銀印と、永始四年（前 13 年）の銘文のある鉄製傘金具、その他細形銅剣などを出土しているので[16]、高常賢の生存していた年代と彼の身分がわかる。銀印に刻されている『夫租長』とは夫租県の長の謂である。」[3]

（三上次男『古代東北アジア史研究』吉川弘文館、1966、36 ページ）

「明器」*
「（神明の器の意）墳墓の中に埋めるために特製した非実用的な器物。・・・」

（新村出編『広辞苑』第五版、岩波書店、1998）

　漢書【百官公卿表第七上】に「県令・長、皆秦官、掌治其県。万戸以上為令、秩千石至六百石。減万戸為長、秩五百石至三百石」：「県令および長は皆、秦の〔時置かれた〕官〔職〕であり、その県を治める役目である。〔県の規模が〕万戸以上を〔県〕令とし、秩禄は千石から六百石。〔県の規模が〕万戸未満は〔県〕長とし、秩禄は五百石から三百石」とあり、「県令」は一万戸以上の県を、「県長」は一万戸に満たない県を、それぞれ治める役目とされていることから、「夫租長」とは夫租県の県長を意味し、夫租県の戸数は一万戸未満であったことがわかります。
　夫租県は楽浪郡「領東七県」中の一県です。「領東七県」とは「単単大領」の東に位置する七県で、楽浪郡東部都尉を置き、別けて統治させた〔『漢書』地理志・楽浪郡条に記載があり、〔後〕漢光武〔帝の建武〕六年（30）に廃止されたことから『後漢書』郡国志・楽浪郡条に記載のない〕「東暆・不而・蚕台・華麗・邪頭昧・前莫・夫租」の七県と考えられています。
　平壌市貞柏洞遺跡の高常賢墓から出土した「夫租長印」の印文により、次のことが実証されました。

実証1（P1）：P1
　『漢書』地理志の楽浪郡条中の一県「夫租」の名称は、
　「高常賢墓」出土の銀印の「夫租長印」の印文により、
　『漢書』地理志に記載のとおり、「夫租」であることが実証された。

　実証1の意義は大きく、沃沮（よくそ）および漢四郡等の位置比定ならびに『魏志』東沃沮伝の解釈の再検討を迫るものでした。
　それでは、それらの諸問題についての筆者なりの検討結果を、以下順を追って開陳したいと思います。

2　沃沮および漢四郡等の位置

1）『魏志』東沃沮伝記載の「不耐・華麗・沃沮諸県皆為侯国」の一文
　　についての解釈、ならびに「沃沮」の意義

　三上次男氏はその著『古代東北アジア史研究』（吉川弘文館、1966）において、「夫租長印」の「夫租（ふそ）」についての池内宏氏の見解を紹介して、「<u>池内宏氏によると、夫租県は夭租県の誤りであって、それは第一玄菟郡時代の郡治の所在地である沃沮城に通じ、現在の咸鏡南道咸興に比定されるという[(17)]。</u>」[4]と述べておられます。第一玄菟郡とは、前107年に沃沮の地に置かれた玄菟郡のことです。しかしながら、池内氏の見解（「楽浪郡考」『満鮮史研究上世編』所収、1951）は「夫租薉君（ふそわいくん）」墓（1958年発見）や高常賢墓（1961年発見）が発見される以前に示された見解であり、実証1により、『漢書』地理志：楽浪郡条の夫租県は夭租県の誤りではなく、『漢書』の記載どおり夫租であることが実証されました。したがって、『魏志』東沃沮伝に記述された後漢代の出来事である「不耐華麗沃沮諸県皆為侯国」文中の「沃沮」を、池内宏氏の説く「夫租県は夭租県の誤り」と解し、楽浪郡「領東七県」中の一県として捉えるのではなく、『魏志』東沃沮伝に「漢初，燕亡人衛満王朝鮮，時沃沮皆属焉」：「〔前〕漢代の初め、燕からの亡命者である衛満（えいまん）は『朝鮮』の王となった。その時、沃沮（よくそ）はみな『朝鮮』に服属した」の記述にみられるように、漢代に、夫租県とは別に沃沮（よくそ）と呼称されていた地域が存在したと解するのが妥当と考えます。以上をふまえ、夫租県は沃沮県の誤りと解するのではなく、

逆に「沃沮」を「夫租〔県〕」の誤りと解するのでもなく、漢代に沃沮と呼称された地域が存在したとする仮説27を提示します。

　　仮説27（H27）：P１×H27
　　　　実証1により、夫租県は沃沮（禾租）県の誤りでないことが実証された
　　　　ことから、沃沮県は存在せず、漢代に沃沮(よくそ)と呼称された地域が存在した。

　また、漢代に沃沮と呼称された地域は東沃沮とは別に存在したと考えます。後述するように、漢代に沃沮(よくそ)と呼称された地域は、後漢末迄には不耐濊侯国を除いて大半が高句麗の領域になったことで事実上消滅し、沃沮との区分の必要上「東」を付された「東沃沮」の呼称は次第に使用されなくなり、魏代に入ると沃沮は東沃沮に対する呼称として定着するようになったと考えられます。沃沮（旧称「東沃沮」）を南北の地域に分ける北沃沮と南沃沮の区分名称が新たに生まれ、魏代に一般化したものと思われます。
　そこで、仮説27⁻²を提示し、あわせて定義12を設けます。

　　仮説27⁻²（H27⁻²）：P１×H27×H27⁻²
　　　　漢代に沃沮(よくそ)と呼称された地域が東沃沮とは別に存在したが、
　　　　沃沮の大半が高句麗の領域になったことで、後漢末迄には事実上消滅した。
　　　　沃沮が事実上消滅したことで、魏代の東沃沮は「東」を省いて単に沃沮と呼称
　　　　されるようになり、〔東〕沃沮を南北に分ける、北沃沮と南沃沮の区分名称が
　　　　新たに生まれた。

　　定義12（D12）：D12×H27×H27⁻²：P１×H27×H27⁻²
　　　　仮説27により、漢代に沃沮(よくそ)と呼称されていた地域を、
　　　　仮説27⁻²の魏代に東沃沮の呼称となった沃沮と区別するために、
　　　　本書では以下「」括弧(かっこ)付きで「沃沮」と表記する。

　仮説27に拠り、『魏志』東沃沮伝の「不耐、華麗, 沃沮諸県皆為侯国」文中の「沃沮」を県名ではなく地域名として捉え、改めて「漢光武六年, 省辺郡, 都尉由此罷。其後皆以其県中渠帥為県侯, 不耐、華麗, 沃沮諸県皆為侯国」の一節を意訳すると次のように

なります。なお、『魏志』東夷伝や『後漢書』東夷列伝中の県名と解される「不耐」は、『漢書』地理志記載の「不而(ふじ)」に照応するものと判断されます。

『魏志』東沃沮伝
「漢光武六年，省辺郡，都尉由此罷。
其後皆以其県中渠帥為県侯, 不耐、華麗、沃沮諸県皆為侯国。」
(拙訳)
　〔後〕漢光武〔帝の建武〕六年(30)、辺地の郡や都尉(とい)を廃止したので、
　それに伴い〔東部都尉も〕廃止された。
　その後〔東部都尉に属していた〕すべての県の渠帥(きょすい)を県侯にし、
　不耐(ふたい)(不而(ふじ))・華麗(かれい)の「沃沮(よくそ)」〔地域の〕諸県は皆、侯国となった。

『魏志』東沃沮伝の「不耐、華麗, 沃沮諸県皆為侯国」：「不耐(ふたい)(不而(ふじ))・華麗(かれい)の『沃沮(よくそ)』〔地域の〕諸県は皆、侯国となった」の記述から、「領東七県」の中では不耐(不而)・華麗の二県の県城が「沃沮(よくそ)」にあったことになります。
　そこで、仮説28を提示します。

　仮説28 (H28)：D12×H28：P１×H27×H27⁻²×H28
　　楽浪郡「領東七県」中の不耐(不而)・華麗の両県城は「沃沮(よくそ)」にあった。

　それでは、「沃沮(よくそ)」とはどの地域に対する呼称なのでしょうか。以下順を追って推理したいと思います。

　2）夫租(ふそ)県の地理的位置

　夫沮(ふそ)県は楽浪郡「領東七県」中の一県ですが、平壌市貞柏洞遺跡の高常賢墓から「夫租長印」の印文(いんぶん)を刻んだ銀印が、平壌市貞柏洞１号墓からは「夫租薉君」の印文を刻んだ同じく銀印が出土したことを根拠に、夫租県は大同江流域の今日の平壌市に置かれたと考えられます。三上氏は平壌市貞柏洞遺跡の「夫租薉君」墓から出土した「夫租薉君」印の出土意義について、「これは夫租県に居住した濊人の一首領であった薉君(濊君＝

濊の邑君）が、何らかの理由で楽浪郡治附近に移り、そこで死亡したことを伝えるものであり、これによって、夫租の地には濊君、すなわち濊人の統率者がいたことが明らかとなる」[5]との評価を示されました。三上氏は「夫租長印」の印文を根拠に、「夫租県は夭租県の誤り」とする池内宏氏の見解は採らなかったものの、夫租県の位置を出土遺跡のある大同江流域とは考えていなかったようです。「濊伝の記載は、濊人が三世紀のころ、江原道から咸鏡南道南部の地方に居住していたことを伝えた重要な史料である」[6]と述べておられることから、『魏志』濊伝の「濊南与辰韓，北与高句麗，沃沮接，東窮大海。今朝鮮之東皆其地也。戸二万」：「濊は南は辰韓と、北は高句麗・〔東〕沃沮と境を接している。東は大海で限られている。〔魏代の〕今、朝鮮（楽浪郡治の朝鮮県がある大同江流域方面）の東がすべて濊地である。戸数は二万」に拠り、「夫租濊君」の居住する夫租県を「江原道から咸鏡南道南部の地方」に置かれた一県と考定し、「何らかの理由で楽浪郡治附近に移り、そこで死亡した」との判断を下されたものと推察されます。

　後述するように、筆者は楽浪郡「領東七県」は江原道や咸鏡道方面にはついぞなかったと考えています。また、前108年の設置当初から紀元2世紀初までの楽浪郡治の位置を遼河平野南西部と考えています。「夫租濊君」墓の副葬品（東北アジア系青銅器＋漢系の鉄剣他鉄製品）の豪華さから判断しても、「夫租濊君」が楽浪郡治（遼河平野南西部）から遠く離れた〔風する馬牛も相及ばぬ〕「江原道から咸鏡南道南部の地方」の一首長とは到底考えられません。辰王から与えられたと思われる細形銅剣を副葬し、漢から「邑君」の官位を示す「夫租濊君」の駝鈕銀印を与えられた被葬者は、大同江流域の現平壌市に位置した「夫租」邑に君臨した首長であった人物であり、漢書【百官公卿表第七上】の規定に則して、夫租長が治める夫租県の戸数が一万戸未満であったとしても、夫租はかつての「辰藩」（辰の従属国）の有力国の一つと考えられます。なお、細形銅剣を副葬することに着目すると、「夫租濊君」は濊族出身の王とは言い切れません。「安晁辰氾氏」出身の王族であったことも考えられます。

　そこで、仮説29を提示します。

　　仮説29（H29）：P１×H29

　　　楽浪郡「領東七県」中の一県である夫租県は、

　　　北部朝鮮半島の大同江流域に位置する今日の平壌市に置かれた。

　仮説29で提示した、夫租県は大同江流域に置かれたという実証1に基づいた簡明な

事実が従来受け入れられなかった主な理由として、次の①～②があげられます。

① 諸史料により、かつて大同江流域に楽浪郡治(らくろうぐんち)が存在したと推測される。
② 当初の楽浪郡治は遼河平野にあったと考える論者も、『漢書』昭帝紀の「六年春正月，募郡国徒築遼東玄菟城」：「〔元鳳(げんぽう)〕六年（前75）春正月、郡国の人々を広く集めて、遼東玄菟城を築いた」の記述に拠り、『魏志』東沃沮伝記載の夷貊の侵攻を受け、高句麗西北に移動した玄菟郡治所の玄菟城は遼東に築かれたと解されることから、〔元鳳〕六年（前75）には遼東郡はすでに高句麗西北の遼東（遼河の東）に進出しており、玉突き式に楽浪郡治も元鳳六年（前75）には大同江流域に移動していなければならなかった。
したがって、漢光武六年（30）まで存続した東部都尉管轄下の「領東七県」中の一県である夫租県が大同江流域に存在する余地がなかった。
また、『漢書』地理志の遼東郡条の河川等の記述からも、前漢代の遼東郡は遼東（遼河の東）に位置すると解される。

　仮説29の妥当性の論証および②に対する反論は本節全体を通して順次なされることになります。
　①については、大同江流域に夫租県が置かれていた時代と楽浪郡治が置かれていた時代とに分けて考える必要があります。筆者は、楽浪郡治が遼河平野南西部から大同江流域に移動した時期を、後漢の安帝の時代（106～125）と考えています。これについては、本節〔3　楽浪郡治の遼河平野から大同江流域への移動時期について〕において、仮説38として提示しました。
　②については、楽浪郡治が遼河平野南西部から大同江流域に移動した時期を後漢の安帝の時代（106～125）とする仮説38に拠り、〔楽浪郡治は安帝の時代（106～125）までは大同江流域に移動しておらず〕漢光武六年（30）まで存続した東部都尉管轄下の「領東七県」中の一県である夫租県が、楽浪郡治が移動する以前の漢光武六年（30）まで大同江流域に存在する余地は十分あります。仮説29・仮説38の成立を前提に、ひとまず大同江流域に位置する今日の平壌市に漢光武六年（30）まで夫租県が置かれていたとして、大同江流域に夫租県が置かれていた時代について考えてみたいと思います。
　実証1により、楽浪郡夫租県の実在は証明されましたが、夫租県が置かれた時期については明らかではありません。高常賢墓から「夫租長印」と共に出土した黒漆蓋棒の銘

文「永始四年（BC13年）十二月畚鄭作」に拠り、前13年には夫租県が置かれていたことがわかります。他に、漢の郡県の侵出時期の下限を保証する考古学的遺物として、大正時代の末頃、平壌の対岸の船橋里で発見された「永光三年六月造」銘の入った「孝文廟銅鐘」があります。「永光」は漢元帝治世の年号で永光三年は前41年にあたります[7]。また、後述する『説文』の記事から、神爵四年（前58）には東部都尉管轄の楽浪郡東暆県が存在したと解されることから、前58年には同じ「領東七県」の一つである楽浪郡夫租県も大同江流域へ置かれていたと思われます。

ところで、王建新氏は「夫租薉君」墓を「前漢後期に当たる紀元前1世紀」に年代比定されています。このことは漢の官職である「夫租長」と、同じく漢の官位の「邑君」である「夫租薉君」が、併行して存在したことを意味します。大同江流域の「夫租」地域に漢楽浪郡の夫租県が置かれて以降にも夫租濊人の首長である「夫租薉君」が存在し続けたのはなぜでしょうか。

『魏志』濊伝に「無大君長，自漢已来，其官有侯邑君三老，統主下戸」：「〔濊には〕大君長はおらず、漢の郡県支配がおこなわれるようになって以来、〔濊人の任ぜられる〕官職には侯・邑君・三老があり、〔それらの官職についた濊人支配者層が〕下戸を統治している」と記述されています。漢の郡県支配下における「夫租薉君」は漢の官位の一つである「邑君」の地位にあった濊人の渠帥（首長）の位置づけです。ここでは夫租が邑にあたるのでしょう。

侯・邑君・三老には濊人の大小の渠帥（首長）が任命されたようですが、夫租県の県長を意味する郡の役職である「夫租長」には、「高常賢」の例にみるように、名前から判断して漢人が任命されたようです。漢楽浪郡の郡県支配には支配の二重構造があったものと思われます。すなわち、漢は旧来の現地人の支配構造を最大限に利用するために旧体制のヒエラルヒーを温存し、夫租濊人の支配者層に邑君・三老の官位を与え、かれらを制御することで、現地人に拠り現地人を支配させる間接統治をおこなったものと思われます。旧体制のヒエラルヒーが温存されていたことの傍証として、漢光武六年（30）に東部都尉が廃された後、不耐（不而）・華麗が直ちに侯国に移行できたことがあげられます。「其官有侯邑君三老」：「〔濊人の任ぜられる〕官職には侯・邑君・三老があり」とありますが、濊人に〔県〕侯の官位が与えられたのは、楽浪郡東部都尉が廃され、不耐（不而）・華麗等の「沃沮」諸県が皆侯国になった漢光武六年（30）以降のことでありましょう。なお、ここでの「濊人」（濊の現地人）は「漢人」との対比で用いており、濊族とは限りません。

第2章　文献史料と考古史料から探る前一千年紀の辰国

3）単単大領の地理的位置

単単大領の地理的位置は「領東七県」を位置比定するにあたっての基点となるものです。単単大〔山〕領に関する記述は『魏志』濊伝・同東沃沮伝・『後漢書』濊伝にあります。『魏志』濊伝・同東沃沮伝の関係箇所は後ほど抄出しますので、重複を避けるため、ここでは単単大領に関する『後漢書』濊伝の記述をご紹介します。

『後漢書』濊伝
「至昭帝始元五年，罷臨屯真番，以并楽浪、玄菟。
　玄菟復徙居句麗，自単単大領已東，沃沮、濊貊悉属楽浪。
　後以境土広遠，復分領東七県，置楽浪東部都尉」

（拙訳）
昭帝始元五年（前82）に臨屯・真番〔郡〕を廃止し、楽浪・玄菟〔郡〕に併合した。玄菟〔郡治〕もまた〔高〕句麗〔県〕に移ったので、単単大領より東の「沃沮」・濊貊は悉く楽浪〔郡〕に属した。後に〔楽浪郡の〕郡域が広く、〔単単大領より東は郡治から〕遠いので、また、領東を七県に分けて、楽浪〔郡〕東部都尉を置いた。

浜名は『後漢書』濊伝の記述にある単単大領について、「領は嶺〔と同義〕」と解した上で、次のように述べています。

（浜名の解説の口語訳：拙訳）
「　右、単単大嶺は東語の占爵單密（第三十章）をそのまま音訳したもので、今猶千山に作って古音を用いてその山を呼んでいる、即ち『後漢書』は今の千山以東を沃沮・濊貊の地とし、漢の武帝が郡を置いてから二十七年後（始元五年：前82）にその地が楽浪郡に編入されたとしている。その後また、その地に東部都尉を置き千山以東の七県を統治させたというのである。」[8]

（浜名寛祐『神頌契丹古伝』八幡書店、2001、629ページ）より

筆者は浜名の解説に従って単単大領を現千山山脈に擬定します。単単大領は『魏志』東沃沮伝・同濊伝にも記載があります。
そこで、仮説30を提示します。

383

仮説 30（H30）：H30
　　『魏志』東沃沮伝・同濊伝および『後漢書』濊伝にある単単大〔山〕領を
　　今日の千山山脈に擬定する。

　仮説 30 により「領東七県」は千山山脈の東に位置していたことになります。仮説 29 で「夫租県は、北部朝鮮半島の大同江流域に位置する今日の平壌市に置かれた」としましたが、平壌市は千山山脈以東すなわち「領東」に位置することになります。したがって、単単大領を千山山脈に擬定した仮説 30 は、楽浪郡「領東七県」中の一県である夫租県の位置を大同江流域に比定した仮説 29 に抵触しません。

4）玄菟郡の置郡と移動変遷

　玄菟郡の移動変遷に関しては『魏志』東沃沮伝に次の記述があります。

『魏志』東沃沮伝
「漢武帝元封二年，伐朝鮮，殺満孫右渠。分其地為四郡，以沃沮城為玄菟郡。
　後為夷貊所侵，徙郡句麗西北，今所謂玄菟故府是也。」
（拙訳）
　漢の武帝の元封二年（前109）、〔漢は〕「朝鮮」を征伐し、満の孫の右渠〔王〕を殺した。その地を分けて四郡とし、沃沮城を玄菟郡とした。
　その後、夷貊の侵攻を受け、〔玄菟〕郡を〔高〕句麗の西北に移した。
　〔魏代の〕今、玄菟故府と呼ばれている所がこれである。

また、『後漢書』東沃沮伝には次のように記述されています。

『後漢書』東沃沮伝
「武帝滅朝鮮，以沃沮地為玄菟郡。」
（拙訳）
　武帝が「朝鮮」を滅すと、「沃沮」の地を玄菟郡とした。

第2章　文献史料と考古史料から探る前一千年紀の辰国

　『魏志』東沃沮伝の「沃沮城を玄菟郡とした」あるいは『後漢書』東沃沮伝の「『沃沮』の地を玄菟郡とした」とある記述から、沃沮城を郡治として「沃沮」の地に玄菟郡が置かれたと考えられます。「朝鮮」を滅ぼした後、この方面に新たに置かれた漢郡の中、楽浪・真番・臨屯の三郡は前108年に置かれ、玄菟郡は遅れて前107年に置かれました。

　本書第2章第7節第11項でふれたように、『魏志』東沃沮伝に「後為夷貊所侵，徙郡句麗西北」：「その後、夷貊の侵攻を受け、〔玄菟〕郡を〔高〕句麗の西北に移した」と記された事件は、『神頌契丹古伝』第三十八章の「至是辰招以率發符婁之谿臼斯旦烏厭旦之壌高令乃臻」：「〔漢の侵攻に反撃するために〕辰は〔高令を〕率発符婁の谷にある臼斯旦烏厭旦の地に招いた。そこで高令は〔招きに応じて〕移住して来たのである」と記述された事件に照応すると考えられます。「夷貊」の夷とは東夷で「沃沮」先住民である「沃委氏」（『神頌契丹古伝』第三十七章）を指し、貊とは外来の「高令」を指すと解されます。「高令」の来住はまた玄菟郡治の高句麗（「高令」）西北への移動を決定づけた玄菟郡への侵攻でもあったことから、「高令」来住の時期は、移動後の新たな玄菟城の着工時期である昭帝元鳳六年（前75）春正月の前年の昭帝元鳳五年（前76）と考定されます。移動後の郡は〔便宜上〕第二玄菟郡と称されています。『魏志』東沃沮伝に「今所謂玄菟故府是也」：「〔魏代の〕今、玄菟故府と呼ばれている所がこれである」と記述された「玄菟故府」は「句麗西北」に置かれた第二玄菟郡治です。

　田中俊明氏は玄菟郡の移動変遷について次のように述べています。

> 「そもそも玄菟郡は、前漢武帝が衛氏朝鮮国を滅ぼしたあと、その故地を中心に置いた楽浪・真番・臨屯の三郡とともに、一年遅れて前107年に、濊・貊の地に置いた直轄支配地である（これを第一玄菟郡とよぶ）。・・・玄菟郡は、その後まもなく、高句麗の興起によって、後退を余儀なくされ、前75年には郡治を遼寧省新賓県永陵鎮に移した。これを第二玄菟郡とよぶ。さらに紀元後105年頃に、遼寧省撫順市方面に郡治を移しており、これを第三玄菟郡とよぶのである。・・・
> 　　田中「高句麗の興起と玄菟郡」（『朝鮮文化研究』1号、1994年）参照。」
> (田中俊明「『魏志』東夷伝訳註初稿（1）」東　潮編『[共同研究]『三国志』魏書東夷伝の国際環境』国立歴史民俗博物館研究報告第151集、2009、363ページ)

　第二玄菟郡治の位置は新賓県永陵鎮に比定されています。前107年に「沃沮」の地

に置かれた玄菟郡を必要に応じて第一玄菟郡と呼ぶことにします。

5）第一玄菟郡治の置かれた「沃沮」中心部の地理的位置

　第一玄菟郡治の置かれた「沃沮(よくそ)」はどこにあったのでしょうか。『神頌契丹古伝』第三十八章の「〔漢の侵攻に反撃するために〕辰は〔高令を〕率発符婁(ソホフル)の谷にある臼斯旦(クシト)烏厭旦(ウァント)の地に招いた。そこで高令は〔招きに応じて〕移住して来たのである」との記述は、『魏志』東沃沮伝の「その後、夷貊の侵攻を受け、〔玄菟〕郡を〔高〕句麗の西北に移した」の記述にある「夷貊の侵攻」に照応すると考えられることから、第一玄菟郡治の置かれていた「沃沮(よくそ)」の中心部は高句麗（「高令」）の本拠地になったと思われます。それでは、高句麗（「高令」）の本拠地となった「沃沮(よくそ)」の中心部とはどこでしょうか。筆者は、第一玄菟郡治の置かれていた「沃沮(よくそ)」の中心部の地理的位置を、高句麗の初期の王都の地とされている現遼寧省桓仁を中心とする渾江(ホン)流域に擬定したいと思います。したがって、『魏志』東沃沮伝の「後為夷貊所侵，徙郡句麗西北，今所謂玄菟故府是也」の一節は「その後、夷貊の侵攻を受け、〔玄菟〕郡〔治〕を〔現遼寧省桓仁を中心とする渾江(ホン)流域から高〕句麗の西北に移した。〔魏代の〕今、玄菟故府(げんとこふ)と呼ばれている所がこれである」のように意訳できます。以下、当該一節の意訳として採用します。但し、『魏志』東沃沮伝の「〔玄菟〕郡〔治〕を〔現遼寧省桓仁を中心とする渾江(ホン)流域から高〕句麗の西北に移した」とある記述は遡及的表現であり、その時点では高句麗は建国されておらず「〔高〕句麗の西北」とは「『沃沮(よくそ)』の西北」を意味します。因みに、『三国史記』によると高句麗の建国年は〔前漢〕元帝の建昭二年（前37）とされています。

　なお、浜名は「高令」来住の地である「率発符婁(ソホフル)の谷」を、渾江支流である富爾江(フル)の流域に比定しています（本書第2章第7節第10項参照）。高句麗（「高令」）建国の地とされる「卒本」すなわち「率発符婁(ソホフル)」です。

　ここで、高句麗と高句麗県をしっかりと区別しておきたいと思います。『漢書』地理志記載の玄菟郡は第二玄菟郡と解されますが、郡治の置かれた高句麗県は高句麗西北に位置する漢の出先機関です。『魏志』高句麗伝に以下の記述があります。

『魏志』高句麗伝
「漢時賜鼓吹技人。常従玄菟郡受朝服衣幘，高句麗令主其名籍。」

第２章　文献史料と考古史料から探る前一千年紀の辰国

（拙訳）
　漢の時には鼓や笛の楽人（奏者）を与えたことがある。
　常に玄菟郡から礼服や衣服や冠〔の支給〕を受け、
　高句麗〔県〕令は、それら〔支給品の目録〕を記録した帳簿を管理していた。

　第二玄菟郡は高句麗を内属させようとしたようですが、漢には容易に従いませんでした。『魏志』高句麗伝に拠ると、新（8～23）の王莽の時、王莽は厳尤に命じて高句麗を撃たせます。厳尤は高句麗侯騶をおびき出し、騶を斬ってその首を長安の王莽のもとへ送ると、莽は大いに喜んで、「高句麗」の名を「下句麗」に改めたことを天下に布告し、この時、高句麗は〔実質的に〕侯国になったのであると記されています。また、「漢光武帝八年，高句麗王遣使朝貢，始見称王」：「〔後〕漢の光武帝八年（32）に高句麗王が遣使朝貢して来たが、〔この時〕始めて王を〔自〕称しているのを確認した」とあります。後漢代以降の高句麗が幾度となく郡県を侵犯し、中国勢力に対し従属と反抗を繰り返した事実は正史に記載のとおりです。
　『漢書』地理志に記載された前漢代はもとより、『晋書』地理志に記載があるように晋代にあっても高句麗県は依然として存在していますが、高句麗西北に位置する第二玄菟郡治の置かれた高句麗県は、高句麗支配を目的とした漢の出先機関としての一拠点にすぎず、高句麗の領域に一歩も踏み込んではいません。高句麗と高句麗県はそれぞれ別個のものとして併行して存在していたわけです。したがって、先に抄出した『後漢書』濊伝の「玄菟復徙居句麗，自単単大領已東，沃沮、濊貊悉属楽浪」：「玄菟〔郡治〕もまた〔高〕句麗〔県〕に移ったので、単単大領より東の『沃沮』・濊貊は悉く楽浪〔郡〕に属した」とある記述中の「句麗」は「高句麗県」のことであり、「高句麗」ではありません。因みに、当該記述中の「貊」が、辰の招きに応じて玄菟郡の置かれた「沃沮」に侵入して来た「高令」を指すのならば当該記述は誤りです。「高令」は楽浪郡に内属などしてはいないからです。また、この時期の単単大領より東に楽浪郡に内属した先住勢力としての貊族がいたとは思えません。後掲『魏志』濊伝抄に「自単単大山領以西属楽浪，自領以東七県，都尉主之，皆以濊為民」：「単単大山領（現千山山脈）より西は楽浪〔本郡〕に属し、〔単単大山〕領より東の七県は〔東部〕都尉がこれを統括したが、いずれの住民も濊族であった」と記述されているとおりです。
　『史記』貨殖列伝の「燕は勃海と碣石の間に在る一都会である。・・・北は烏桓、夫余に隣し、〔燕の商人は〕東は穢貊や『朝鮮』や『辰藩』（辰の従属国）との交易の利を独

387

占している。」における「貊（ばく）」は、「朝陽県十二台営子郷袁台子で発掘された戦国晩期の墓地からは、20余基の墓から代表的燕文化のものが出土した一方、50余基の墓からは短茎曲刃青銅短剣の石製剣把頭などが出土している」（王建新『東北アジアの青銅器文化』同成社、1999、49ページ）ことを根拠に、〔短茎曲刃青銅短剣の石製剣把頭などを遺した〕遼西方面など〔単単大山（センセン）〕領より西の〔弁那（匈奴）（はんな）辰国」の遺民などの〕貊族と解されます。また、『魏志』高句麗伝に記載の、〔領東の〕西安平県の北の小河の流域に居住する「小水貊」と称された高句麗の別種も、後漢末に不耐侯国を臣属させた余勢を駆ってこの地に進出した高句麗の分派と思われます。

6）不耐・華麗の地理的位置

仮説28・仮説30より、不耐（不而）・華麗の両県は「沃沮」の地にあって、しかも千山山脈以東に位置することになります。

(1) 楽浪郡東部都尉の治所であった不耐（而）城と魏代の不耐侯国の位置

楽浪郡東部都尉の治所であった不耐（而）城はどこに位置したのでしょうか。『魏志』母丘倹伝（かんきゅうけん）に「不耐之城」の文言が見えます。

『魏志』母丘倹伝
「六年，復征之，宮遂奔買溝。倹遣玄菟太守王頎追之，
　過沃沮千有余里，至粛慎氏南界，刻石紀功，刊丸都之山，銘不耐之城。」
（拙訳）
　〔正始〕六年（245）、再び高句麗を征伐した。〔位〕宮（きゅう）は遂に買溝へ逃げた。
　〔母丘（かんきゅう）〕倹（けん）は玄菟太守（げんとたいしゅおうき）王頎を派遣し、〔位〕宮を追討させた、
　〔東〕沃沮の地を千有余里通過すると粛慎氏の南界に至った。
　石に刻んで軍功（ぐんこう）を記（しる）し、丸都の山の木を切り払って山を削り「不耐の城」と銘（めい）した。

玄菟太守王頎（おうき）が、高句麗を揶揄（やゆ）して丸都の山に〔「不而」をもじって？〕「不耐之城」と銘したのは、『魏志』東沃沮伝に「漢以土地広遠，在単単大領之東，分置東部都尉，

第２章　文献史料と考古史料から探る前一千年紀の辰国

治不耐城，別主領東七県」：「漢は〔楽浪郡の管轄する〕土地が広くて遠いので、単単大領（現千山山脈）より東の地域を〔七県に〕分割して東部都尉を置き、不耐城を治所とし、別けて領東の七県を統治した」とある漢の楽浪郡東部都尉の治所であった不耐（不而）城が丸都の地にあったからでしょうか。そのとおり、筆者はかつての楽浪郡東部都尉の治所であった不耐（不而）城が丸都の地にあったからだと考えます。但し、その場合一つ問題が生じます。それは、丸都は〔漢の楽浪郡東部都尉の治所であった不耐（不而）城の地ではあっても〕魏代正始年間（240〜249）の不耐侯国の地ではないと解されることです。丸都が魏代正始年間の不耐侯国の地ではない理由は、『魏志』母丘儉伝に拠ると、先に（正始六年より前の正始年間）母丘儉が高句麗を征伐した時の記述に「儉遂束馬縣車，以登丸都，屠句驪所都，斬獲首虜以千數」：「〔母丘〕儉は遂に束馬縣車して（険しい道を馬を束ね、車を綱で吊り上げて）、丸都〔山〕に登り、〔高〕句驪の都した所を攻め滅ぼし、斬って獲た捕虜の首は千の数であった」とあり、既に丸都は高句麗の都であったからです。したがって、丸都が魏代正始年間の不耐侯国の地であったのならば、正始六年(245)より前に不耐侯国は高句麗に吸収されていなければなりませんが、『魏志』濊伝に拠ると「〔魏の〕正始六年（245）、楽浪太守の劉茂と帯方太守の弓遵とは、〔単単大〕領（千山山脈）の東の濊が〔高〕句麗に〔臣〕属したので、軍隊を率いて濊を伐った。不耐侯らは村をあげて降服した。正始八年（247）、〔不耐侯が魏の〕朝廷に参内し、朝貢してきたので、詔して〔不耐侯を進めて〕不耐濊王とした」とあり、紀元247年の時点において不耐は王国として立派に存続しており、いまだ高句麗に攻め滅ぼされても吸収されてもいないからです。楽浪郡東部都尉の治所であった不耐（不而）城の地すなわち不耐（不而）県城の地と魏代正始年間の不耐侯国の地は各々異なると考えられます。

　それでは、丸都を楽浪郡東部都尉の治所であった不耐（不而）県城の地であったとした場合、魏代正始年間の不耐侯国はどの辺りに位置していたのでしょうか。「毌丘儉紀功碑の断片」が集安市西郊から発見されている[9]ことに拠り、丸都を今日の集安に比定できます。丸都を今日の集安に比定した場合、渾江流域に加えて集安を含む渾江以東の鴨緑江北岸部も魏代の高句麗の領域であったと解されますので、不耐侯国は渾江より西の鴨緑江北岸支流域に位置したと思われます。高句麗の本拠地である渾江流域と第二楽浪郡の置かれた大同江流域との中間地点となります。魏代正始年間の不耐侯国は高句麗からも近く、魏の楽浪・帯方郡の置かれた大同江流域からも近い位置にあったのではないでしょうか。それというのも、不耐侯国が魏代まで存続し、不耐王国にまで進んだの

は、楽浪郡と高句麗の中間に位置する地政学的条件が大きく作用し、楽浪郡と高句麗の両者が互いに牽制し合うことで、いずれからも吸収されずに済んだと考えられるからです。その場合、後漢代のある時期に、高句麗の圧迫攻勢により、不耐侯国はかつての楽浪郡東部都尉の治所である不耐(不而)県城があった丸都から、魏代正始年間の不耐侯国の地に遷ったことが考えられます。魏代の不耐濊王が都城をもたなかったことを伝える、『魏志』濊伝の「居処雑在民間」:「〔不耐濊王の〕居所は、住民〔の居住地〕に雑じってある」の一文もその傍証となるのではないでしょうか。

(2) 楽浪郡「領東七県」中の華麗(県)の位置

『後漢書』高句麗伝に「華麗城」の文言が見えます。この華麗城が旧華麗県の治所と考えられます。

『後漢書』高句麗伝
「安帝永初五年,宮遣使貢献,求属玄菟。元初五年,復与濊貊寇玄菟,攻華麗城。」
(拙訳)
安帝永初五年(111)、〔高句麗王の〕宮は使者を遣わして貢献し、
玄菟への帰属を要求した。
元初五年(118)、また、濊貊と共に玄菟郡に侵攻し、華麗城を攻撃した。

『後漢書』郡国志に拠ると玄菟郡(第三玄菟郡か?)の属県は高句麗、上殷台、西蓋馬、高顕、候城、遼陽の六城で華麗県の名はありません。この華麗城は楽浪郡「領東七県」(30年に廃止)の一つであった旧華麗県の県城で、『魏志』東沃沮伝の「不耐、華麗,沃沮諸県皆為侯国」:「不耐(不而)・華麗の『沃沮』〔地域の〕諸県は皆、侯国となった」の記述にあるように、漢光武六年(30)に華麗県が廃止されて、華麗は華麗侯国になりましたから、永初五年(118)当時の華麗城は華麗侯国の都城であったと考えられます。『後漢書』高句麗伝の「復与濊貊寇玄菟,攻華麗城」:「また、濊貊と共に玄菟郡に侵攻し、華麗城を攻撃した」との記述から華麗城は高句麗に近接した位置にあったと考えられますので、高句麗(「高令」)の本拠地に比定した現遼寧省桓仁以南の渾江下流域を含む渾江以西の鴨緑江北岸支流域に華麗城はあったと考えられます。高句麗は両面作戦を展開し、高句麗西北の玄菟郡を攻撃すると共に高句麗の西南にあった華麗侯国の都城で

ある華麗城を攻撃したのではないでしょうか。『魏志』東沃沮伝は引き続き「夷狄更相攻伐，唯不耐濊侯至今猶置功曹、主簿、諸曹，皆濊民作之。」：「夷狄(いてき)はさらに互いに攻め滅ぼし合ったが、不耐濊侯だけは〔魏代の〕今も存続しており、なおも功曹や主簿やその他の諸曹を置き、すべて濊人をそれらに任命している。」と記述しています。この時、華麗侯国は滅ぼされ、高句麗に吸収されたと考えられます。

7）「沃沮」の地理的範囲

　それでは、「沃沮」とはどの地域に対する呼称なのでしょうか。先に、第一玄菟郡治の置かれた「沃沮」中心部の地理的位置を、高句麗の初期の王都の地とされている現遼寧省桓仁を中心とする渾江(ホン)（鴨緑江支流。遼河支流の渾河とは別の河）流域に擬定しました。東部都尉の治所である不耐（不而）城の候補地でもあり、高句麗中期の王都である丸都に比定される集安を含む渾江(ホン)以東の鴨緑江北岸部も「沃沮(よくそ)」の範囲に含まれると考えます。また、仮説28 より不耐（不而）・華麗の両県も「沃沮(よくそ)」の地にありました。したがって、「沃沮(よくそ)」の地理的範囲を高句麗および不耐（不而）城・華麗城の地に想定した地域を合わせた、渾江(ホン)流域を中心とする鴨緑江北岸支流域および鴨緑江北岸部に擬定します。

　そこで仮説31 を提示します。

　　仮説31（H31）：D12×H31：P１×H27×H27⁻²×H31
　　　　「沃沮(よくそ)」の地理的範囲を、渾江(ホン)流域を中心とする鴨緑江北岸支流域
　　　　および鴨緑江北岸部に擬定する。

　仮説31 により「沃沮(よくそ)」は東沃沮（咸鏡道(かんきょうどう)方面）とは全く別の地域として、かつて存在したことになります。「領東七県」設置後の、前漢代（前１世紀後半頃）の朝鮮半島の諸勢力の位置関係を概念図で表すと図8 のようです。

[図8　前漢代（前1世紀後半頃）の朝鮮半島の諸勢力の位置関係（概念図）]

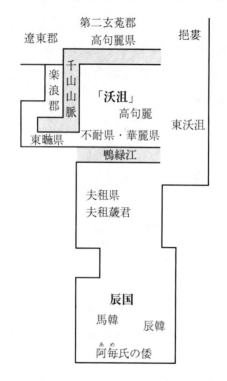

　『漢書』地理志第八下に「玄菟、楽浪，武帝時置，皆朝鮮、濊貊、句驪蛮夷」：「玄菟・楽浪〔の両郡〕は、武帝の時に置いた。皆、『朝鮮』や濊貊や〔高〕句驪や蛮夷の地である」とありますが、この文中に〔高〕句驪の一語が存在する理由も、玄菟郡の置かれた地が「沃沮」であり、仮説31で「沃沮」の地理的範囲とした地域の大半を高句麗が領有した事実に照らすと頷けます。もっとも、玄菟郡が置かれた当初は、まだ〔高〕句驪（「高令」）は南下しておらず、玄菟郡が置かれた「沃沮」を〔高〕句驪の地と記述したのは、「高令」が南下して後の『漢書』編纂時の認識にもとづくものです。文中の「貊」（貊）も高句麗勢力を指すのならば同様です。
　因みに、『漢書』地理志記載の三県を有する玄菟郡は第二玄菟郡と解されますが、「玄菟郡」に唐の顔師古が付した注「応劭曰：故真番，朝鮮胡国。」：「〔後漢の〕応劭云う：

392

第 2 章　文献史料と考古史料から探る前一千年紀の辰国

〔玄菟郡は〕昔の辰藩（辰の従属国）〔の地〕であり、〔右渠の〕『朝鮮』に服属した胡族の国〔の地〕である。」のもととなった応劭が用いた資料は第一玄菟郡に関するものではなかったかと推察されます。なんとなれば、この注を第一玄菟郡が置かれた「沃沮」の注として読み替えると、「〔後漢の〕応劭云う：〔『沃沮』は〕昔の辰藩（辰の従属国）〔の地〕であり、〔右渠の〕『朝鮮』に服属した胡族の国〔の地〕である。」となり、『魏志』東沃沮伝に「〔前〕漢代の初め、燕からの亡命者である衛満は『朝鮮』の王となった。その時、『沃沮』はみな『朝鮮』に服属した」とあるように、〔「辰藩」（辰の従属国）の一員であった〕『沃沮』は〔満の〕「朝鮮」に服属し、〔右渠の〕「朝鮮」が滅ぼされた後は、『神頌契丹古伝』第三十七章に「侵略者である漢がちょうど迫ってきて、漢の先〔鋒〕は朔巫達に侵入して来たが、これを撃退した。淮委氏（濊族）および沃委氏（沃沮族）ならびに〔辰の〕従属国は千山山脈の東に〔軍兵を〕配置して、辰のために国境を守った」とあるように、また「辰藩」（辰の従属国）の一員に戻り、漢に抗したと解されるからです。

　ところで、下掲『魏志』東沃沮伝中の「時沃沮亦皆為県」の一文はどう理解すればよいのでしょうか。

『魏志』東沃沮伝
「沃沮還属楽浪。漢以土地広遠，在単単大領之東，分置東部都尉，治不耐城，
　別主領東七県，時沃沮亦皆為県。」
（拙訳）
　〔夷貊の侵攻を受け、一旦は玄菟郡の所属を離れたが、
　　高句麗を除き〕「沃沮」はまた楽浪郡に内属することになった。
　漢は〔楽浪郡の管轄する〕土地が広くて遠いので、単単大領（現千山山脈）より
　東の地域を〔七県に〕分割して東部都尉を置き、不耐城を治所とし、
　別けて領東の七県を統治した。この時「沃沮」はまた、皆、県となった。

　『魏志』東沃沮伝が「時沃沮亦皆為県」：「この時『沃沮』はまた、皆、県となった」と記述したのは、高句麗県（高句麗ではない）はすでに第二玄菟郡の属県として存在していましたので、「沃沮」に位置する高句麗・不耐（不而）・華麗のうちの不耐（不而）と華麗に県城を置いたことで「沃沮」は皆、県となったと表現したものと解されます。しかしながら、先にふれたように高句麗西北に位置する第二玄菟郡治の置かれた高句麗

393

県は、高句麗支配を目的とした漢の出先機関としての一拠点（県城）にすぎず、高句麗の領域に一歩も踏み込めてはいません。王を自称して高句麗は別個に存在しています。「この時『沃沮（よくそ）』はまた、皆、県となった」とは、あくまでも漢の郡県支配の建前（たてまえ）上の表現にすぎず、漢の郡県支配が「沃沮（よくそ）」のすみずみまで行き渡っていたわけではないと考えます。

8）「沃沮」の主要先住民

『魏志』濊伝
「自単単大山領以西属楽浪，自領以東七県，都尉主之，皆以濊為民。
　後省都尉，封其渠帥為侯，今不耐濊皆其種也。漢末更属句麗。」
（拙訳）
　単単大山領（センセン）（現千山山脈）より西は楽浪〔本郡〕に属し、
　〔単単大山（センセン）〕領より東の七県は〔東部〕都尉がこれを統括したが、
　いずれの住民も濊族（わいぞく）であった。
　後（建武六年：30年）に都尉を省くと、その渠帥（きょすい）を封じて侯とした。
　〔魏代の〕今でも不耐濊の住民は皆、その種（濊族）である。
　〔後〕漢代の末に〔漢に代えて高〕句麗に〔臣〕属した。

　上掲記述から、「領東七県」を含む楽浪郡の住民は濊族（わいぞく）であったことがわかります。浜名は『神頌契丹古伝』第三十七章の「譯文」（本書第1章第5節第3項3）に掲出）において、「沃沮（よくそ）」の先住民と思（おぼ）しき「沃委氏（よくい）」に注して「沃沮族」としていますが、「沃沮族」という族称が中国典籍にみえないので、筆者は「沃委氏（よくい）」を濊族の一派と解したいと思います。そう解すると、不耐（不而）・華麗はもとより、魏代の「沃沮」の大半を占める高句麗の領域も元来は濊族の居住地であったことになります。すなわち「沃沮」の主要先住民は濊族であり、前1世紀の「高令」の「沃沮」地域への南下侵入（昭帝元鳳五年：前76年と考定）とその後の「沃沮」地域に対する高句麗支配の拡大に伴い、魏代の高句麗にあっては、支配階級は貊族であるものの、領民の多くは濊族であったといえます。したがって、『魏志』濊伝に「其耆老旧自謂与句麗同種」：「濊族の老人が、もともと自分たちは〔高〕句麗と同種であるといい」、「言語法俗大抵与句麗同」：「〔濊族の〕言語や

社会規範や習俗は大抵が〔高〕句麗と同じ」とあるのは、「沃沮」の大半を占める高句麗の領域がもともと濊族の居住地であり、高句麗の住民（領民）の多くが濊族であることに由ると解されます。

東沃沮の言語については、『魏志』東沃沮伝に「其言語与句麗大同，時時小異」：「その言葉は高句麗と大体同じだが、時々違いがある」と記述されています。早乙女雅博著『朝鮮半島の考古学』（同成社、2000、71ページ）の「図20　支石墓の分布（甲元 1997）と種類（甲元 1980）」[10] に拠ると咸鏡南道および咸鏡北道南端部に支石墓の分布が確認されますので、東沃沮に比定されるこれらの地域にも濊族が進出し、居住していたと思われます。高句麗の支配階級は外来の貊族（「高令」）ですが、高句麗の先住民は濊族でした。東沃沮の住民もまた濊族が主体であったとするならば、高句麗の先住民である「沃沮」濊の話す言葉と東沃沮の住民である東沃沮濊の話す言葉の異同は小さく、「その言葉は高句麗と大体同じだが、時々違いがある」といった事実も頷けます。

そこで仮説 32 を提示します。

仮説 32（H32）：D12×H32：P１×H27×H27^{-2}×H32
　　「沃沮」の主要先住民は濊族であり、
　　魏代の東沃沮の住民もまた濊族が主体である。

9）楽浪郡「領東七県」の地理的範囲と設置時期

仮説 30 で「『魏志』東沃沮伝・同濊伝および『後漢書』濊伝にある単単大〔山〕領を今日の千山山脈に擬定」したことから、楽浪郡東部都尉が統治する「領東七県」は千山山脈以東に位置することになります。また、仮説 29 で夫租県の位置を「北部朝鮮半島の大同江流域に位置する今日の平壌市」に比定しました。仮説 31 では、不耐（不而）・華麗の位置する「『沃沮』」の地理的範囲を、渾江流域を中心とする鴨緑江北岸支流域および鴨緑江北岸部に擬定」しました。東暆（旧臨屯郡治）・邪頭昧・蚕台・前莫の諸県城は千山山脈以東の遼東半島南岸部から北朝鮮の平安北道にかけて位置したと思われます。

後漢の永元 12 年（100）成立とされる許慎の『説文解字』巻十二《魚部》に次の説明があります。

「鮸(べん)：魚名。出薉邪頭国(わい)、従魚免声。
　魵(ふん)：魚名。出薉邪頭国(わい)、従魚分声。
　鱳(ろ)：魚名。出楽浪潘国。従魚虜声。
　・・・　・・・
　鮈(きく)：魚名。出楽浪潘国。従魚匊聲。一曰鮈魚出江東，有両乳
　・・・　・・・
　鯦(ぎょう)：魚名。皮有文、出楽浪東暆(とうい)、神爵四年初捕、収輸考工。・・・」

『説文』の記事から東暆(とうい)(旧臨屯郡治)・邪頭味(じゃとうまい)は魚類を特産としたことがわかります。邪頭国に産した鮸は「にべ（いしもち）」に比定されており海魚です。邪頭昧(じゃとうまい)は海浜部に位置したと解されます。『漢書』武帝紀の顔師古の注に「臣瓚曰(しんさん)：『茂陵書臨屯郡治東暆県』」：「〔西晋の〕臣瓚(しんさん)云う：『茂陵書』に拠ると、臨屯郡治は東暆県」とあることから、東暆(とうい)県は旧臨屯郡治と考えられています。旧臨屯郡治が置かれた東暆(とうい)県は、旧臨屯国(『史記』朝鮮列伝中の「臨屯」)の都城の地と思われます。東暆(とうい)県を「朝鮮」の位置した遼河平野に近い、崗上(こうじょう)・楼上(ろうじょう)墓地（春秋中期～戦国晩期）遺跡がある遼東半島先端部に擬定します。以上により、「領東七県」の県城の置かれた地理的範囲を、千山山脈以東の遼東半島南岸部および「沃沮」(渾江(ホン)流域を中心とする鴨緑江北岸支流域および鴨緑江北岸部)および清川江流域を含む平安北道地域および夫租（大同江流域に位置する今日の平壌市）を合わせた範囲に比定します。楽浪郡「領東七県」は江原道(こうげん)から咸鏡道(かんきょう)にかけての地にはついぞなかったことになります。なお、領東七県の県城は郡県支配の拠点に過ぎず、県城と県城の間隙(かんげき)には多くの中小の邑が散在し、それらの邑は各県城の県域内（管轄下）にあったとしても、在地の首長の統制の下に日常生活が営まれていたことはいうまでもありません。

ところで、上掲『説文』の記事で、東暆(とうい)は、楽浪東暆とあり「楽浪」を冠していますが、邪頭（昧）は薉邪頭国(わい)とあり、「楽浪」を冠さず「薉(わい)」を冠しています。この違いはなぜなのでしょうか。思うに『説文』編纂時に用いた資料に記載された各情報の時期の相違を反映しているのではないでしょうか。

「薉邪頭国(わい)」とあるのは『魏志』東沃沮伝に「漢光武六年，省辺郡，都尉由此罷」：「〔後〕漢光武〔帝の建武〕六年（30）、辺地の郡や都尉を廃止したので、それに伴い〔東部都尉も〕廃止された」とある、漢光武六年（30）以降の、邪頭（昧）が侯国であった頃の情報と解されます。他方、「鯦(ぎょう)：魚名。皮有文、出楽浪東暆(とうい)、神爵四年初捕、収輸

考工」：「鯛：魚名である。皮に模様がある。楽浪〔郡〕の東暆〔県〕で産出する。神爵四年（前58）の初めに捕えられ、〔漢の〕考工部に輸送され収められた」とある記事は東暆が楽浪郡東暆県であった時期の情報と解されます。「領東七県」の設置年代は不明ですが、この記事から、神爵四年（前58）には旧臨屯郡治である東暆県は楽浪郡の管轄下に置かれていたことがわかります。したがって、「領東七県」の設置時期は、昭帝始元五年（前82）に臨屯・真番〔郡〕が廃されて楽浪・玄菟〔郡〕に併合され、玄菟郡が高句麗の西北に移動し、〔第二〕玄菟郡治の遼東玄菟城が築かれた昭帝元鳳六年（前75）から神爵四年（前58）の間と推定できます。

　余談ですが、『説文』（魚部）に「楽浪潘国」の名があります。李丙燾氏は『韓国古代史研究』において「許氏の『説文』（魚部）には楽浪潘国といって、そこから出る魚類名が数多くみえているが、いわゆる楽浪潘国は清代の段玉裁の解説[28]のように、真番の指称であるのにちがいない。撰者（許氏）当時である後漢代には旧真番郡がすでに（前漢代に）楽浪郡に併合されていた時だったので、楽浪潘国といったのである」[11]と述べておられます。筆者には「楽浪潘国」が「楽浪」の名を冠するにもかかわらず、県名が付されていない理由を説明できません。なんとなれば、楽浪郡県に属する場合は「楽浪東暆」の例のように楽浪の郡名を冠した上で県名が付されており、楽浪郡に内属していない場合は「濊邪頭国」の例のように「楽浪」の郡名は冠されていないからです。但し、『説文解字』にみえる「楽浪潘国」関係記事が、〔「撰者（許氏）当時である後漢代」ではなく〕真番郡が廃され（前82）楽浪郡に併合されて以降、東部都尉および「領東七県」が置かれる（「皮有文、出楽浪東暆、神爵四年初捕、収輸考工」に拠り、遅くとも前58年）以前の前漢代の情報であるならば、いまだ「領東七県」の直接管轄下になかった旧真番郡内の諸小国（国邑）を「楽浪潘国」と汎称したことはあったのかも知れません。「真番」の「番」を「潘」と表記したのは、水辺（海浜部）に位置したことに由ると付会できます。なお「楽浪潘国」と「潘耶」（夫余）との関連については、『説文解字』の「魛：魚名。出楽浪潘国。従魚匊聲。一曰魛魚出江東，有両乳」：「魛：魚名。楽浪潘国で産出する。魚に従い匊は声。一説に魛は魚類で江東（古代の長江東部地域：今日の安徽省銅陵以東一帯）に産出するという。一対の乳首がある」の「有両乳」：「一対の乳首がある」の文言に拠り、「楽浪潘国」で産出した「魛」はアザラシやイルカなどの海獣（海洋ほ乳類）[12]と解されることから「楽浪潘国」は内陸部深くには位置せず、また夫余（扶余）は楽浪郡に内属した歴史がないこととも併せて、「楽浪潘国」と「潘耶」（夫余）とは無関係と思われます。

10）楽浪郡の中核郡域

　仮説30より、「領東七県」は千山山脈以東に位置したことになりますので、「領東七県」を除く楽浪郡県は千山山脈以西に存在したことになります。
　ここで、仮説33・仮説34・定義13を提示します。

　　仮説33（H33）：H23×H33
　　　　楽浪郡治の朝鮮県は、仮説23で朝鮮王満の都した王険の所在地に擬定した
　　　　今日の遼寧省北鎮市付近より南の、遼河平野南西部に位置した。

　　仮説34（H34）：H23×H34
　　　　大凌河と遼河に挟まれた地域のうち、
　　　　王険の所在地に擬定した北鎮付近より南の
　　　　盤山・大窪を含む双台子河下流域までの範囲を楽浪郡の中核郡域に擬定する。
　　　　のち、旧真番・臨屯ならびに高句麗を除く旧第一玄菟郡の郡域が
　　　　楽浪郡に併せられ、さらに別けて領東は東部都尉の管轄となった。

　　定義13（D13）：D13×H34：H23×H34
　　　　仮説34で楽浪郡の中核郡域に擬定した、大凌河と遼河に挟まれた地域のうち
　　　　の北鎮付近より南の盤山・大窪を含む双台子河下流域までの範囲を、
　　　　本書において以下「」括弧付きで「遼河平野南西部」と称する。

　『漢書』地理志の遼東郡険瀆県に付された応劭の注「朝鮮王満の都である。水険に依ったので険瀆という」に拠ると、朝鮮王満の都である王険の所在地に比定した今日の遼寧省北鎮市付近は険瀆県に属したことになり、遼東郡の郡域と考えられます。したがって、楽浪郡の中核郡域である「遼河平野南西部」に北鎮付近は含まれません。

11）楽浪郡の移動と地名遷移

　筆者は、楽浪郡治の朝鮮県は前108年に「遼河平野南西部」に置かれ、後漢代のある時期に夫租濊の濊地であった大同江流域に移動したと考えています。
　そこで、仮説35および定義14を提示します。

　　仮説35（H35）：H33×H35：H23×H33×H35
　　　前108年に「遼河平野南西部」に置かれた楽浪郡治の朝鮮県は、
　　　後漢代のある時期に大同江流域に移動した。

　　定義14（D14）：D14×H35：H23×H33×H35
　　　仮説35の大同江流域に移動後の楽浪郡を第二楽浪郡と称する。
　　　移動前の楽浪郡を単に楽浪郡または第一楽浪郡と称する。

『漢書』地理志の楽浪郡条は次のとおりです。

「楽浪郡、武帝元封三年開。莽曰楽鮮。属幽州。
　戸六万二千八百一十二、口四十万六千七百四十八。有雲鄣。
　県二十五：朝鮮・䛁邯・浿水・水西至増地入海。莽曰楽鮮亭。
　含資、帯水西至帯方入海。黏蟬・遂成・増地、莽曰増土。
　帯方・駟望・海冥、莽曰海桓。列口・長岑・屯有・
　昭明、南部都尉治。鏤方・提奚・渾弥・
　呑列、分黎山、列水所出、西至黏蟬入海、行八百二十里。
　東暆・不而、東部都尉治。蚕台・華麗・邪頭昧・前莫・夫租。

『後漢書』郡国志の楽浪郡条は次のとおりです。

「楽浪郡武帝置。雒陽東北五千里。十八城，
　戸六万一千四百九十二，口二十五万七千五十。
　朝鮮・䛁邯・浿水・含資・占蟬・遂城・増地・帯方・
　駟望・海冥・列口・長岑・屯有・昭明・鏤方・提奚・渾弥・楽都」

```
『漢書』地理志        『後漢書』郡国志
    黏蟬      →      占蟬
    遂成      →      遂城
    吞列      →      楽都
```

　ところで、『漢書』地理志記載の楽浪郡の属県の名称と『後漢書』郡国志記載の〔第二〕楽浪郡の属県の名称は、上記の三県に多少の異同がみられますが、その多くが一致します。『漢書』地理志記載の楽浪郡の属県二十五県の中、既に廃された〔千山山脈以東に位置した〕「領東七県」を除く朝鮮県他十七県は、『後漢書』郡国志記載の〔第二〕楽浪郡の属県十八県に照応すると考えられます。

　そこで仮説36を提示します。

　　仮説36（H36）：D14×H35×H36：H23×H33×H35×H36
　　　仮説35により、楽浪郡治の朝鮮県が「遼河平野南西部」から
　　　大同江流域に移動したことで、他の十七県も
　　　「遼河平野南西部」および遼東半島西岸部（千山山脈の西：領西）から
　　　朝鮮半島内の大同江流域を中心とする範囲に移動した。
　　　その際、楽浪郡の県名および郡内の主要な地名・河川名の多くは、そのまま
　　　そっくり第二楽浪郡に移された。すなわち、地名遷移がおこなわれた。

　古代の人々にとって、自分たちの住む世界（行動範囲にある地域）こそが世界のすべてでした。国や郡が住人と共に移動する場合、そこに住む人々にとっては自分たちの住む世界がそっくり移動すること、すなわち目印となる山や河の名、地名などをそっくりそのまま移動させることが便利であったに違いありません。漢の楽浪郡や遼東郡の進郡移動にともなって地名も遷移したと筆者は考えています。

　我が国における地名遷移の例としては、安本美典氏が著書『吉野ヶ里の証言』（松文堂、1989）の中で、北九州夜須町周辺の地名およびその地理的配置と畿内大和郷周辺の地名およびその地理的配置の相似から、北九州夜須町周辺の地名の畿内大和郷周辺への地名遷移を説いています。

　筆者は本書第2章第7節第7項の仮説22で浿水を大凌河の支流で「今日の遼寧省北

票市の東を流れる牤牛河および牤牛河と合流して以降の大凌河に擬定」しました。また、仮説23で「朝鮮王満の都した王険を今日の遼寧省北鎮市付近に擬定」し、「王険」の注で列水を北鎮市の南方を流れる（東から）繞陽河・東沙河・西沙河の三水に比定しました。しかしながら、『漢書』地理志は楽浪郡を流れる河川の方向を、浿水・帯水・列水のいずれも西流（西の方向に流れる）としています。

『漢書』地理志：楽浪郡条
「浿水　水西至増地入海。莽曰楽鮮亭」
（拙訳）
　浿水　水は西流して増地に至って海に入る。〔王〕莽の時、楽鮮亭と云った。

「含資　帯水西至帯方入海」
（拙訳）
　含資　帯水は西流して帯方に至って海に入る。

「吞列、分黎山、列水所出、西至黏蟬入海、行八百二十里」
（拙訳）
　吞列　分黎山は列水の出る所、西流して黏蟬に至って海に入る。八百二十里を行る。

　地図を見ておわかりのように、仮説34・定義13で楽浪郡の中核郡域と擬定した「遼河平野南西部」ならびに東部都尉廃止後も楽浪郡として残された遼東半島西岸部（千山山脈の西：領西）のうち、「遼河平野南西部」を流れる河川は基本はすべて南流ないしは東南流しています。浿水に擬定した大凌河は東南流して海に注いでいます。これについてはどのように考えればよいのでしょうか。
　許慎の『説文解字』は浿水を「東入海」と記しています。

『説文解字』巻十二《水部》
「浿：水。出楽浪鏤方，東入海。従水貝声。一日出浿水県。」
（拙訳）
　浿：河川。楽浪〔郡〕鏤方〔県〕より出て、東に流れ海に入る。
　　　水に従い、貝は声。一説に浿水県より出る。

『説文解字』の記述は「東に流れ海に入る」浿水が存在したことを示すものと解されます。『説文解字』は後漢の永元 12 年（100）の成立とされています。『説文解字』が同書成立当時の浿水の流れを記したものであるのならば、後漢の永元 12 年（100）以前の〔第一楽浪郡時代の〕浿水は東流していたことを意味します。このことは、仮説 35 において「遼河平野南西部」に置かれた楽浪郡治の大同江流域への移動時期とした「後漢代のある時期」を永元 12 年（100）以降に限定することにも繋がります。
　6 世紀初の成立とされる『水経注』巻十四・浿水の「経」文（『水経』の文）にも次の記述があります。

　『水経注』巻十四
　「浿水出楽浪鏤方県、東南過臨浿県、東入于海」
　（拙訳）
　　浿水は楽浪〔郡〕鏤方県を出て、東南の方向に流れ、
　　　　ばいすい　　　　　　ろうほう
　　浿〔水〕県を臨みながら東に流れて海に入る。

　『水経注』巻十四・浿水本文に記述された浿水は第一楽浪郡時代の浿水で、仮説 22 で擬定した「今日の遼寧省北票市の東を流れる牤牛河および牤牛河と合流して以降の大凌河」を指すと考えます。すなわち、酈道元の手元にあった『水経』には第一楽浪郡時代の浿水が記述されていたものと推察されます。
　　　　　　　　　　　　　　　　　れきどうげん
　『漢書』地理志では楽浪郡を流れる河川の方向は、浿水・帯水・列水のいずれも西流（西の方向に流れる）とされていますが、これは後漢代の第二楽浪郡時代の浿水・帯水・列水の流れの向きです。本来『漢書』地理志には「東流」と記されていたものが、前漢代の楽浪郡治は「遼河平野南西部」にあったという認識が失われ、大同江流域に郡治が移動し、地名遷移がなされた第二楽浪郡時代の浿水・帯水・列水の流れの向きが西流であったことから、後代に「西流」と改変されたものと考えられます。但し、含資県が遼東半島西岸部に位置し、帯水が遼東半島西岸部（千山山脈の西：領西）を流れる河川であった場合は、もとから「西流」と記載されていたと考えます。

12) 遼東郡の郡域

　楽浪郡の中核郡域を「遼河平野南西部」に擬定したことから、遼河以西の遼河平野北半部と遼河以東の遼河平野東部は遼東郡の郡域となります。遼河平野は水系が発達していますので海軍力が重要です。それを受け持ったのが「遼河平野南西部」を中核郡域とした楽浪郡であり、遼河平野の北半部と遼河以東の遼河平野東部は、騎兵と歩兵の陸軍を主体とする遼東郡が大凌河を越えて進出し管轄したと考えています。大凌河の西の遼東郡の旧郡域には遼西郡が進出したと考えます。漢が右渠の「朝鮮」を滅ぼした時、陸からは兵五万人を率いた左将軍の荀彘(じゅんてい)を差し向け、海からは斉兵七千人を率いた楼船(ろうせん)将軍楊僕(ようぼく)を差し向けましたが、「朝鮮」を滅ぼした後、左将軍の荀彘(じゅんてい)が率いた陸軍の一部は進郡後の遼東郡にとどまり、楼船(ろうせん)将軍楊僕(ようぼく)の率いた海軍の一部が楽浪郡の兵船として残り、「遼河平野南西部」に置かれた楽浪郡治は、遼東半島や朝鮮半島方面にまで睨(にら)みを利(き)かせたと考えます。「楽浪郡」の名称は保有する海軍力を誇示するための命名と解されます。

　『後漢書』濊伝には「至元封三年，滅朝鮮，分置楽浪、臨屯、玄菟、真番四郡」：「元封三年(けんぼう)(前108)に武帝が『朝鮮』を滅ぼすと、その地を分けて楽浪・臨屯・玄菟・真番の四郡を置いた」とあります。『漢書』武帝紀にも「夏，朝鮮斬其王右渠降，以其地為楽浪、臨屯、玄菟、真番郡」：「〔元封三年(前108)〕夏、『朝鮮』は王の右渠(うきょ)を斬り、降伏したので、その地を楽浪・臨屯・玄菟・真番郡とした」とあります。『後漢書』の件(くだり)は『漢書』武帝紀の記述に従ったのでしょうが、筆者は真番郡は「朝鮮」の領域には置かれなかったと考えています。なんとなれば、〔右渠の〕「朝鮮」の支配下に置かれていた小国はもはや辰藩(辰の従属国)とはいえないので、〔右渠の〕「朝鮮」の領域に置かれた漢郡に真番郡の名称がつけられることはないと考えるからです。すなわち、真番郡は前漢武帝の時の〔「朝鮮」の領域外の〕「辰藩」(辰の従属国)の地に置かれたと考えます。

　『魏志』濊伝には「漢武帝伐滅朝鮮，分其地為四郡」：「漢の武帝は『朝鮮』を征伐して滅ぼすと、その地を分けて四郡とした」とあり、単に四郡とあるのみです。『魏志』東沃沮伝も「漢武帝元封二年，伐朝鮮，殺満孫右渠。分其地為四郡，以沃沮城為玄菟郡」：「漢の武帝の元封二年(けんぼう)(前109)、〔漢は〕『朝鮮』を征伐し、満の孫の右渠〔王〕を殺した。その地を分けて四郡とし、沃沮城を玄菟郡とした」とあり、四郡の具体名を記していません。筆者は〔右渠の〕「朝鮮」の領域に置かれた四郡とは新設された四郡すべて

ではなく、新設の楽浪・臨屯・玄菟の三郡と〔『後漢書』および『漢書』記述の真番に替えて移動進出した〕遼東郡を合わせた四郡と考えたいと思います。そのように考えることで、本書の立場である第一楽浪郡治在「遼河平野南西部」説を整合性のあるものにすることができるからです。

そこで仮説37を提示します。

    仮説37（H37）：H37

        漢が「朝鮮」を滅ぼすと遼東郡は郡を進めて大凌河を越え、
        楽浪郡域の「遼河平野南西部」を除く、
        遼河平野北西部と遼河以東の遼河平野東部をその郡域に編入した。

本書第2章第7節第5項で、『史記』匈奴列伝に記述された燕の長城の東端である燕の襄平すなわち『魏志』韓伝記載の満潘汗を今日の遼寧省北票市付近に擬定しましたが、漢の遼東郡の進郡にともない、襄平県は移動し、遼河を越えたと考えられます。これ以降、遼河を「遼水」（下遼河を「大遼水」）と呼ぶようになり、遼河および下遼河の東が遼東と呼称されるようになったと考えます。遼東郡治の置かれた漢の襄平の地理的位置は今日の遼寧省遼陽市付近に比定されています。

「領東七県」設置後の、前1世紀後半の遼河平野における楽浪郡と遼東郡の位置関係を概念図で表すと図9のようになります。

［図9　前1世紀後半の遼河平野における楽浪郡と遼東郡の位置関係（概念図）］

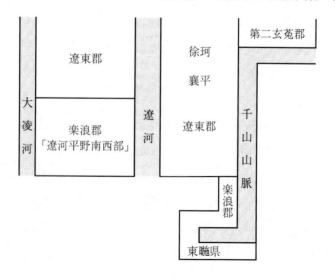

遼東郡が前108年の楽浪郡設置当初から大凌河を越え、今日の遼東に進出していたとする仮説37が成立するならば、第2章第7節第9項でご紹介した、「洛兎出るに及び。南閭崍憤恚して自刎す。子淮骨令蔚祥崍。襲ふて遼東を破り。其の守彭吾を斬り。國を率ゐて潘耶に合す。潘耶乃大なり」：「〔『朝鮮』を滅ぼした漢は〕楽浪・玄菟郡を置き、〔約束を破って、徐珂殷を郡に編入しようとしたので〕南閭崍は憤慨のあまり、自ら首を刎ね命を絶った。〔南閭崍の〕子である淮骨令蔚祥崍は遼東郡を急襲して撃破し、遼東大守の彭吾を斬り、民を率いて、潘耶に合流した。潘耶は強大になった」とある『神頌契丹古伝』第三十五章の記述も現実味を帯びて迫ってきます。なんとなれば、渾河（遼河支流。鴨緑江支流の渾江とは別の河）流域の「徐珂殷」を出発して襄平（今日の遼陽市付近）の遼東大守を急襲するのに、遼河を渡る必要がないからです。なお、「洛兎出るに及び」：「〔『朝鮮』を滅ぼした漢は〕楽浪・玄菟郡を置き」とありますが、「徐珂殷」をその郡域に編入したのは遼東郡と解されます。

13）臨屯郡および真番郡の郡域

元封三年（前108）に武帝が「朝鮮」を滅し、その地に置いたとされる四郡は、仮説21で「辰沄殷」（箕子朝鮮）の地理的位置を遼河平野に擬定し、仮説23で〔「辰沄殷」を簒奪した〕朝鮮王満の都した王険を今日の遼寧省北鎮市付近に擬定したことから、遼河平野およびその周辺部に限定されます。図9に示したように、遼河平野には楽浪郡および遼東郡が置かれました。『神頌契丹古伝』第三十六章に「〔漢は『朝鮮』を滅ぼすと、単単大領以東へ進出しようとしたので〕辰は蓋馬大山（摩天嶺山彙）を守りの要害とし、奄淥大水（鴨緑江）を城（堀）とし、漢の侵出を防いで、真〔番・臨〕敦〔の二郡設置〕の計画完遂を粉砕した」とありました。蓋馬大山に比定される摩天嶺は、本渓市の南・鞍山市の東に位置し、西に遼河平野を望む位置にあります。「蓋馬大山」（摩天嶺山彙）から「奄淥大水」（鴨緑江）にかけて布陣した「辰藩」（辰の従属国）の軍勢に阻まれ、真番・臨屯の二郡設置の計画完遂が阻止されたとあることから、真番・臨屯の二郡は、遼東半島および千山山脈以東に置かれたことになります。先に旧臨屯郡治が置かれた東暆県を崗上・楼上墓地（春秋中期〜戦国晩期）遺跡がある遼東半島先端部に擬定しましたので、旧臨屯郡の郡域を遼東半島地域に比定したいと思います。

405

真番郡治は「朝鮮」の領域に置かれたのではなく、〔「朝鮮」の領域外の〕「真番」の意義とした「辰藩」（辰の従属国）の地に置かれたと考えましたが、「朝鮮」と「辰藩」（辰の従属国）の境界はどのあたりだったのでしょうか。『魏志』東沃沮伝に「漢初，燕亡人衛満王朝鮮，時沃沮皆属焉」：「〔前〕漢代の初め、燕からの亡命者である衛満は『朝鮮』の王となった。その時、『沃沮』はみな『朝鮮』に服属した」とありますので、「沃沮」は満の「朝鮮」の領域にあったことがわかります。また、仮説31で「『沃沮』の地理的範囲を、渾江流域を中心とする鴨緑江北岸支流域および鴨緑江北岸部に擬定」しました。本書第2章第7節の〔8　遼東の明刀銭の分布範囲が示す意味について〕でもふれたように、「朝鮮」の領域は鴨緑江を越えることはなかったとの立場から、「朝鮮」と「辰藩」（辰の従属国）の境界を鴨緑江に擬定します。したがって、真番郡の郡域は、第一玄菟郡の郡域とした「沃沮」と鴨緑江を挟んで向かい合う位置の、今日の平安北道方面に比定されます。

3　楽浪郡治の遼河平野から大同江流域への移動時期について

『漢書』昭帝紀の記述を再掲します。

『漢書』昭帝紀第七
「六年春正月，募郡国徒築遼東玄菟城。」
（拙訳）
　〔元鳳〕六年（前75）春正月、郡国の人々を広く集めて、遼東玄菟城を築いた。

　従来、第一楽浪郡治は遼河平野にあったとする立場を取る論者も、上掲記述中の第二玄菟郡治の「遼東玄菟城」に「遼東」の二文字が冠せられていることを根拠に、遅くとも前75年には遼東郡は大凌河を越えて遼河平野に移動していたと判断し、玉突き式に押し出されたであろう楽浪郡治も同じく前75年には大同江流域に移動していたとするほかありませんでした。従来説では、遼河平野全体が楽浪郡の管轄下にあったかまたは遼東郡の管轄下にあったかの二者択一だったからです。しかしながら、筆者は仮説34・仮説37で、前108年の楽浪郡設置当初から、楽浪郡は「遼河平野南西部」を管轄しており、遼東郡は遼河平野北半部と遼東（遼河以東）を管轄していたとしましたの

第2章　文献史料と考古史料から探る前一千年紀の辰国

で、『漢書』昭帝紀第七の記述は楽浪郡治の移動時期の決め手とはなりません。それでは、楽浪郡治は大同江流域にいつ頃移動したのでしょうか。『魏志』東沃沮伝に「漢光武〔帝の建武〕六年（30）、辺地の郡や都尉を廃止したので、それに伴い〔東部都尉も〕廃止された」とありますので、紀元30年迄は楽浪郡「領東七県」中の一県である夫租県も大同江流域に存在していたと判断されます。したがって、楽浪郡治の大同江流域への移動時期は漢光武六年（30）以降ということになります。残念なことに、楽浪郡治の大同江流域への移動時期を明記した文献も考古遺物も知りませんので、移動年を特定することはできませんが、楽浪郡治の大同江流域への移動時期を探ってみたいと思います。

仮説35で「前108年に『遼河平野南西部』に置かれた楽浪郡治の朝鮮県は、後漢代のある時期に大同江流域に移動した」と考えました。楽浪郡の中核郡域であった「遼河平野南西部」の旧楽浪郡諸県は、楽浪郡治の移動後にどのように再編されたのでしょうか。筆者は、第一楽浪郡の中核郡域であった「遼河平野南西部」は遼東属国に再編されたと推測します。第一楽浪郡の中核郡域であった「遼河平野南西部」の旧楽浪郡諸県が遼東属国に再編されたとしたならば、その再編時期は楽浪郡治の大同江流域への移動時期でもあると解されます。それでは、その再編時期とはいつでしょうか。

『後漢書』郡国志（郡国五）に「遼東属国故邯郷，西部都尉，安帝時以為属国都尉，別領六城。雒陽東北三千二百六十里。昌遼故天遼，属遼西。賓徒故属遼西。徒河故属遼西。無慮有医無慮山。険瀆。房」：「遼東属国〔都尉〕は昔の邯郷（かんごう）で〔第一楽浪郡の〕西部都尉であった。安帝（106〜125）の時に属国都尉となり、〔属国とは〕別に六城を領する。雒陽（らくよう）（洛陽）から東北に三千二百六十里のところに位置する。昌遼は昔の天遼で遼西郡に属していた。賓徒：もと遼西郡に属していた。徒河：もと遼西郡に属していた。無慮（むりょ）：医無慮山（いむりょさん）がある。険瀆（けんとく）。房〔の六城である〕」とあり、「遼東属国〔都尉〕は昔の邯郷（かんごう）で〔その当時は第一楽浪郡の〕西部都尉であった。安帝（106〜125）の時に属国都尉となり」の記述から、「遼河平野南西部」の旧楽浪郡県が遼東属国に再編された時期は安帝（106〜125）の時代と解されます。

郡国志には雒陽（らくよう）（洛陽）から遼東郡までの里程が東北三千六百里、玄菟郡までの里程が東北四千里とあり、遼東属国までの里程・東北三千二百六十里は、遼東属国が第一楽浪郡の中核郡域であった「遼河平野南西部」に位置した場合、妥当な里程と解されます。また、賓徒・徒河は遼西郡のもと属県とあり「遼河平野南西部」に隣接すると思われます。遼東郡のもと属県である無慮は「遼河平野南西部」の北部と接し、王険城が位置したとされる険瀆も「遼河平野南西部」に隣接すると思われ、六城の地理的位置とも契合

407

します。

「遼東属国故邯郷，西部都尉」を「遼東属国〔都尉〕は昔の邯郷で〔第一楽浪郡の〕西部都尉であった」と訳しましたが、『漢書』地理志の楽浪郡条に西部都尉や邯郷の記載がないのはどうしてでしょうか。邯郷の「邯」は『漢書』地理志の楽浪郡条の訷邯県の「邯」であることから、〔第一楽浪郡の〕西部都尉であった邯郷県は廃されて訷邯県に再編されたと推察されます。すなわち、第一楽浪郡西部都尉邯郷県⇒第一楽浪郡訷邯県⇒遼東属国都尉邯郷の推移が想定されます。『漢書』地理志の楽浪郡条は〔第一楽浪郡の〕西部都尉であった邯郷県が廃され、〔第一楽浪郡〕訷邯県に再編された後の楽浪郡の郡県情報を記載したものと解されます。〔第一楽浪郡〕訷邯県は大同江流域の第二楽浪郡訷邯県へと地名遷移し、「遼河平野南西部」の旧訷邯県は邯郷の旧称に戻ったと解されます。なお、『後漢書』郡国志の遼東属国の条のみならず、遼東郡条にも無慮が重出している理由は、『後漢書』編纂時に用いた資料に記載された各情報の時期の相違を反映したものと解されます。すなわち、『後漢書』郡国志に記載された各情報は同一時点の一斉情報ではなく、遼東郡条の情報は遼東属国を置く以前の遼東郡情報を記載した資料からの引用と推察されます。無慮は遼東属国に移管される前は遼東郡の県城であったわけです。

以上の理解の下に、楽浪郡の大同江流域への移動時期についての仮説38を提示します。

仮説38（H38）：H36×H38：H23×H33×H35×H36×H38
楽浪郡治の朝鮮県以下十八県は、後漢の安帝の時代（106〜125）に
「遼河平野南西部」および遼東半島西岸部から
北部朝鮮半島の大同江流域を中心とする範囲に移動した。
第一楽浪郡の中核郡域であった「遼河平野南西部」は遼東属国に再編された。

楽浪郡の移動時期を後漢の安帝の時代（106〜125）とした仮説38は、先に「『説文解字』が同書成立当時の浿水の流れを記したものであるならば、・・・仮説35において『遼河平野南西部』に置かれた楽浪郡治の大同江流域への移動時期とした『後漢代のある時期』を永元12年（100）以降に限定することにも繋がります」と述べたことと契合します。

ところで、『後漢書』夫余国伝に次の記述があります。

『後漢書』夫余国伝
「至安帝永初五年、夫余王始将歩騎七八千人寇鈔楽浪、殺傷吏民。後復帰附。」
（拙訳）
　安帝の永初五年（111）になって、夫余王は始めて歩兵・騎兵七、八千人を率いて楽浪〔郡〕を攻め、略奪行為を働き、〔郡の〕役人や住民を殺傷した。
　後にまた帰服した。

　〔第二〕楽浪郡治が大同江流域に位置していた場合、夫余王は歩兵・騎兵七、八千人を率いて楽浪〔郡〕を攻撃できるのでしょうか。それというのも、夫余軍は高句麗の領域を険路縦断する必要があると考えられるからです。安帝の永初五年（111）の時点では楽浪郡治は「遼河平野南西部」にあった蓋然性が高いと思われます。『後漢書』夫余国伝の記事に照応すると思われる『後漢書』孝安帝紀の安帝永初五年（111）三月条の記事は、「夫余夷犯塞，殺傷吏人」：「〔東夷の〕夫余が塞を侵し、〔郡の〕役人を殺傷した」と記しています。夫余王が攻撃した楽浪郡が〔第一〕楽浪郡であった場合、決して容易ではありませんが、〔塞を侵し〕阜新方面から遼東郡を通過して「遼河平野南西部」へと南下侵入する経路が想定されます。夫余王の大軍を率いての楽浪郡攻撃の目的は定かでなく、『後漢書』夫余国伝の安帝永初五年（111）の楽浪郡攻撃記事の内容には疑問が残りますが、夫余王が第一楽浪郡を攻撃したのであれば、楽浪郡治の移動時期を後漢安帝の永初五年（111）から安帝建光元年（121）までの間に絞り込めることになります。なんとなれば、『後漢書』孝安帝紀〔本文の〕建光元年（121）夏四月に「甲戌，遼東属国都尉龐奮，承偽璽書殺玄菟太守姚光」：「甲戌〔の日〕、遼東属国都尉の龐奮は偽造された璽書〔による命〕を承け、玄菟太守姚光を殺した」との記事があり、建光元年（121）の時点で遼東属国が置かれていたのは確実とみられるからです。

　仮説38の成立を前提に、東部都尉が廃された後漢の光武帝の建武六年（30）から、楽浪郡が大同江流域に移動する安帝（在位：106～125）の頃までの一世紀足らずの間は、「領東」（千山山脈以東）に漢の郡県は不在であったことになります。そのことの傍証として、『魏志』韓伝が引く『魏略』の王莽の地皇年間（20～22）の廉斯の鑡の逸話をあげることができます。

『魏志』韓伝

「魏略曰：初，右渠未破時，朝鮮相歴渓卿以諫右渠不用，東之辰国，
　時民随出居者二千余戸，亦与朝鮮貢蕃不相往来。
　至王莽地皇時，廉斯鑡為辰韓右渠帥，聞楽浪土地美，人民饒楽，亡欲來降。
　出其邑落，見田中駆雀男子一人，其語非韓人。問之，
　男子曰：『我等漢人，名戸来，我等輩千五百人伐材木，為韓所撃得，皆断髪為奴，
　　　　　積三年矣。』
　鑡曰：『我当降漢楽浪，汝欲去不？』戸来曰：『可。』
　辰鑡因将戸来来出詣含資縣県，県言郡，郡即以鑡為訳，従芩中乗大船入辰韓，
　逆取戸来。降伴輩尚得千人，其五百人已死。
　鑡時暁謂辰韓：『汝還五百人。若不者，楽浪当遣万兵乗来撃汝。』
　辰韓曰：『五百人已死，我当出贖直耳。』乃出辰韓万五千人，弁韓布万五千匹，鑡収
　取直還。郡表鑡功義，賜冠幘，田宅，子孫数世，至安帝延光四年時，故受復除。」

（拙訳）

『魏略』は〔次のように〕伝えている。
　　「昔、右渠がまだ〔漢の武帝の軍に〕破られていなかったとき、
　　朝鮮の大臣である歴渓卿（れきけいけい）は、右渠を諫（いさ）めたのが原因で
　　〔右渠に〕用いられなくなったので、東の辰国に移住した。
　　この時〔歴渓卿に〕随（したが）って〔朝鮮を〕出〔て辰国に移住し〕た者は二千余戸
　　に及び、また、朝鮮や朝鮮に朝貢する蕃国（ばんこく）とは往来しなかった。」
　王莽の地皇年間の時、辰韓の右渠帥（うきょすい）となった廉斯（れんし）の鑡（さく）は、楽浪は土地が肥えていて、領民は豊かで、暮らしが楽であると聞き、楽浪郡に亡命し、来降しようとした。
自分の住んでいた村を出ると、田の中で雀を追っている男子が一人いるのが見えた。
その〔発する〕言葉は、韓人のものでなかったので、その理由を質問すると、
その男子は「自分たちは漢人で、自分の名は戸来（こらい）、自分たちの仲間は千五百人ほど
居り、材木（辰韓の鉄の精錬用燃料か）の伐採に従事している。
韓の攻撃に遭（あ）って捕虜となり、皆、髪を切られ奴婢となり三年ほど経つ」と言う。
鑡は「自分は今、漢の楽浪郡に降服しようとするところだが、
お前も一緒に行くか？」と聞くと、戸来は「一緒に行きたい」と答えた。
そこで、辰韓の鑡は戸来を連れ出して含資県に詣でた。
県は郡に報告し、郡は即刻鑡（さく）を通訳とし、芩中（きんちゅう）より大船に乗せて辰韓に入った。

第2章　文献史料と考古史料から探る前一千年紀の辰国

戸来は、共に辰韓に降伏した仲間千人を取り戻したが、五百人はすでに死亡していた。
そこで、鑡は辰韓に「お前たちは、五百人を返還しなさい。もし、返還できないのなら、楽浪郡は大軍を乗船させて、お前達を攻撃するだろう」と告げると、辰韓は「五百人はすでに死んだので、我々は償いをしましょう」と言って、辰韓の一万五千人と弁韓の布＊萬五千匹を差し出し、鑡はそれを収め取ると直ちに楽浪郡に帰還した。〔第一〕楽浪郡は鑡の功〔績と漢への忠〕義を顕彰し、冠幘・田宅を与えた。
〔一世紀足らずの時を経て、漢が楽浪郡治を大同江流域に移し、一部韓諸国を支配下に置くと、残されて辰韓に居住していた鑡の〕子孫は、数世〔を経た〕安帝延光四年（125）の時、〔先祖の鑡の功績を〕理由に〔郡から〕また官位を授かった。

「弁韓の布」＊
　『魏志』弁辰伝に「亦作広幅細布」：「また、幅の広い、薄い布を作る」とある、弁韓の特産品と思しき高品質の絹布と解されます。辰韓が弁韓の布を差し出せたのは、王莽の地皇年間（20～22）、辰韓も弁韓も辰王支配下にあったからです。
　鑡は辰韓をとおして、辰王（辰国）と外交交渉をしたことになります。

　筆者には、『魏志』韓伝が廉斯の鑡の逸話をわざわざ『魏略』から引いて記載した理由および逸話の持つ意味が長らくわかりませんでしたが、この逸話を（拙訳）のように解することで初めて、この逸話の持つ意味の重大さを理解し、それが放つ輝きに驚かされました。
　東部都尉が廃された後漢の光武帝の建武六年（30）から、楽浪郡治が大同江流域に移動する安帝（在位：106～125）の頃までの一世紀足らずの間は、「領東」（千山山脈以東）に漢の郡県は不在であり、後漢の安帝の時代（106～125）に楽浪郡治が大同江流域に移動したことで、第二楽浪郡は一部韓諸国を支配秩序に組み込み、〔鑡から〕子孫数世を経た安帝延光四年（125）になって、〔第一楽浪郡治の置かれていた遼河平野から遠く離れた南部朝鮮半島の辰韓に残されていた鑡の〕子孫にも官位を授けることができたわけです。「子孫数世」とは、領東に漢の郡県が不在であった後漢の光武帝の建武六年（30）から安帝（在位：106～125）の頃までの一世紀足らずの間に相当します。
　「故受復除」：「〔先祖の鑡の功績を〕理由に〔郡から〕また官位を授かった」とある「復」：「〔郡から〕また」は、「辰韓の右渠帥」の地位にあった鑡が、かつて漢の楽浪郡

411

から官位を授けられていたことを含意しています。〔鑡が〕かつて漢の楽浪郡から官位を授けられていたことは、「郡表鑡功義」：「〔第一〕楽浪郡は鑡の功〔績と漢への忠〕義を顕彰し」とある「〔漢への忠〕義」の文言にも表れています。鑡が漢から官位を授けられた漢の臣下でなければ、漢に対し忠義である必要などないからです。このことは、廉斯の鑡が楽浪郡夫租県が一時期支配していた辰韓諸国の中の一国に居住していたことを意味しますが、当時の漢語にも接していたであろうことは、「楽浪は土地が肥えていて、領民は豊かで、暮らしが楽である」との楽浪郡情報を得ていることからも裏付けられます。

なお、廉斯の鑡が辰韓に近接する大同江流域の東部都尉管轄の夫租県ではなく含資県にまで行って投降した理由は、新（8〜23）の末期である王莽の地皇年間（20〜22）にあっては、漢人千五百人が奴婢とされていたことから窺えるように、夫租県を含む「領東七県」が機能していなかったことに由ると解されます。すなわち、漢光武六年（30）に辺地の郡や都尉の廃止する以前から、東部都尉の有名無実化（形骸化）が始まっていたと解されます。

歴谿卿の逸話は、廉斯の鑡が〔燕や斉からの難民の子孫である〕歴谿卿の率いた一団の子孫であることを述べたものであり、鑡が漢人戸来の言葉を理解でき、楽浪郡の通訳を務めることができた理由を示すためのものと解されます。このことからも、歴谿卿の率いた一団の落ち着き先は辰韓であったことが知れます。

また、1913年に平安南道竜岡郡海雲面の於乙洞古城付近で発見された『黏蟬神祠碑』[13]の建立年代を、仮説38の成立を前提に、楽浪郡治の朝鮮県ほか〔黏蟬県を含む〕十七県が大同江流域に移動した後漢の安帝の時代（106〜125）以降と推断することができます。さらに、「楽浪大守掾王光之印」を出土し、伴出した内行花文精白式鏡から1世紀後半のものとされている貞柏里127号木槨墳[14]、「五官掾王旴印」を出土し、伴出した後漢の建武21年（45）および建武28年（52）銘のある漆器から1世紀中期の築造と推定されている石巖里205号木槨墳[15]の両墓は第一楽浪郡治が大同江流域にあったことを証明するものではないことになります。各々の被葬者である「王光」・「王旴」は、〔おそらく、大同江流域に置かれていた夫租県以来の楽浪郡の官吏で、東部都尉廃止後は〕遼河平野にあった第一楽浪郡治に移り、それぞれ「楽浪大守掾」・「五官掾」の地位にまで昇進した、かつての夫租県出身の人物と考えます。退官後、旧夫租県である故郷（今日の平壌市）に戻り、その地で生涯を終えたと思われます。

4　遼東郡の遼東半島進出

「安平楽未央」銘の漢代の瓦当が丹東から出土した[16]ことに拠り、〔「西安平」とは別に「安平城」が存在する[17]ことを前提に〕丹東を「安平城」に比定した場合、楽浪郡移動後の、すなわち『後漢書』郡国志の遼東郡西安平県は今日の遼寧省丹東市からやや西よりの遼東半島南半部に位置することになり、楽浪郡治が大同江流域へ移動した後の遼東半島には、第一楽浪郡に替わって遼東郡が進出したと考えられます。東部都尉廃止後も楽浪郡に残されたと解した遼東半島西岸部（千山山脈の西：領西）も遼東郡の管轄に移行したことになります。

5　『魏志』が箕子の説話を始めとする古朝鮮に関する事柄を濊伝（わいでん）に記載した理由

『魏志』濊伝に古朝鮮に関する次の事柄が記載されています。

『魏志』濊伝
「昔箕子既適朝鮮，作八条之教以教之，無門戸之閉而民不為盗。
　其後四十余世，朝鮮侯淮僭号称王。
　陳勝等起，天下叛秦，燕、斉、趙民避地朝鮮数万口。
　燕人衛満，魋結夷服，復来王之。
　漢武帝伐滅朝鮮，分其地為四郡。自是之後，胡漢稍別。」
（拙訳）
　昔、箕子が「朝鮮」に行き、「八条之教」を作り、人々にこれを教えた。
　〔箕子の教化が功を奏し〕家々の門は閉じられることがなく、
　人々は盗みを働くことはなかった。
　その後、四十余世を経て、朝鮮侯（「辰汜殷（しういん）」王）の淮（準）は王を自称した。
　陳勝らが蜂起し、国中が秦に叛（そむ）くと、燕・斉・趙の人々は、戦乱を避けるために
　「朝鮮」（「辰汜殷（しういん）」）に移住し、その数は数万人にも及んだ。
　燕人の衛満は〔東夷の〕髷（まげゆ）を結い、東夷の服装をして、
　「朝鮮」（「辰汜殷（しういん）」）にやって来て王になった。
　漢の武帝は「朝鮮」を征伐して滅ぼすと、その地を分けて四郡とした。

これ以後、胡と漢は次第に別れるようになった。

　『魏志』はなぜ、箕子の説話を始めとする古朝鮮に関する事柄を濊伝に記載したのでしょうか。筆者は次のように考えます。

① 　『魏志』の編者である陳寿は〔第二〕楽浪郡の郡域を濊地と認識していた。
② 　陳寿は〔第二〕楽浪郡治の朝鮮県を昔の朝鮮国の地に置かれたと認識していた。すなわち、〔第二〕楽浪郡域は昔の朝鮮国であると認識していた。

　①・②により、昔の朝鮮国は濊地であったと解し、箕子の説話を始めとする古朝鮮に関する事柄を濊伝に記載した。
　①の根拠は『魏志』濊伝に〔領東七県を含む〕楽浪郡の住民を濊族とする次の記述があるからです。

　『魏志』濊伝
　「自単単大山領以西属楽浪，自領以東七県，都尉主之，皆以濊為民。」
　（拙訳）
　　単単大山領（現千山山脈）より西は楽浪〔本郡〕に属し、
　　〔単単大山〕領より東の七県は〔東部〕都尉がこれを統括したが、
　　いずれの住民も濊族であった。

　上掲『魏志』濊伝の記述中の楽浪郡は本書でいう第一楽浪郡のことですが、陳寿には楽浪郡が移動したとの認識はなく、第一楽浪郡と第二楽浪郡の区別はありませんでした。したがって、陳寿にとっての楽浪郡は当初から大同江流域に位置し、陳寿にとっての「単単大山領」とは今日の〔狼林山脈の支脈である〕馬息嶺山脈に相当すると解されます。すなわち、陳寿は大同江流域の住民および濊地とした朝鮮（楽浪郡治の朝鮮県がある大同江流域方面）の東の「江原道から咸鏡南道南部の地方」の住民を濊族と認識していたことになります。
　②の根拠は『魏志』濊伝の次の記述から、魏代には〔第二〕楽浪郡治が置かれた大同江流域が朝鮮と認識されていたことが知れるからです。

『魏志』濊伝

「濊南与辰韓，北与高句麗、沃沮接，東窮大海。今朝鮮之東皆其地也。戸二万。」

（拙訳）

濊(わい)は南は辰韓と、北は高句麗・〔東〕沃沮と境を接している。

東は大海で限られている。〔魏代の〕今、朝鮮（第二楽浪郡治の朝鮮県がある大同江流域方面）の東がすべて濊地である。戸数は二万。

〔第二〕楽浪郡治の置かれた大同江流域が朝鮮と認識されるようになった経緯を筆者は次のように考えます。

満の「朝鮮」建国以来、遼河平野方面は、国名「朝鮮」から転化した地域名称として「朝鮮」と呼称されるようになりました。漢の楽浪郡治のあった朝鮮県の名は昔の朝鮮国の名に由来しています。『漢書』地理志の楽浪郡に付された唐の顔師古の注「応劭曰：故朝鮮国也。」：「〔後漢末の〕応劭(おうしょう)云う：〔楽浪郡は〕昔の朝鮮国〔の地〕である。」の「故朝鮮国」がそれです。「遼河平野南西部」にあった漢の楽浪郡治が大同江流域に移動してから年月が経過したことで、人々の記憶から遼河平野方面が「朝鮮」であったことが忘れ去られ、応劭の依拠した資料の認識である「〔楽浪郡は〕昔の朝鮮国〔の地〕である」との記述が一人歩きし、魏代には遼河平野方面に代わり、魏代に〔第二〕楽浪郡朝鮮県があった大同江流域方面が朝鮮と認識されるようになったわけです。後漢と魏との間での引き継ぎが十分になされなかったことも手伝ってのことでしょう。三国時代から西晋代にかけての人である『魏志』の編者陳寿は、後漢末の人である応劭の楽浪郡に付した注釈ないしは応劭が依拠した原資料の楽浪郡に対する注釈を知っていたと思われます。但し、陳寿にも楽浪郡治が「遼河平野南西部」から大同江流域に移動したとの認識はなく、魏代に〔第二〕楽浪郡朝鮮県があった大同江流域方面を「昔の朝鮮国」の地と誤解していたようです。その結果、〔第二〕楽浪郡の郡域を濊地と認識していた陳寿は、「昔の朝鮮国」は濊地であったと解し、箕子の説話を始めとする「故朝鮮国」に関する事柄を無条件に『魏志』濊伝に記載したと解されます。

かつて濊君南閭が治めた遼東の濊地（渾(こん)河流域の「徐珂殷(サカイン)」）は、満の「朝鮮」の地となり、漢の蒼海郡を経て遼東郡となりました。「沃沮」濊の濊地であった「沃沮」は後漢代には大半が高句麗の領域となり、その一部に不耐濊を残すのみとなりました。また、夫租濊の濊地であった大同江流域には夫租県が置かれ、漢光武六年（30）の辺地の郡や都尉の廃止に伴い侯国となり、〔後漢の安帝（在位：106〜125）の代に〕楽浪郡が大同江

流域に移動した（仮説38）ことで、夫租濊の濊地が朝鮮と認識されるようになったと推測されます。魏代の濊地は、『魏志』濊伝に「濊は南は辰韓と、北は高句麗・〔東〕沃沮と境を接している。東は大海で限られている。〔魏代の〕今、朝鮮（第二楽浪郡治の朝鮮県がある大同江流域方面）の東がすべて濊地である。戸数は二万」と記述されたように、遂に「江原道から咸鏡南道南部の地方」に押しやられてしまいました。

6　『魏志』東沃沮伝の新たな解釈

1）『魏志』東沃沮伝に対するかねてからの疑問

『魏志』東沃沮伝について、筆者にはかねてから以下の疑問がありました。
　疑問１（Ｑ１）：Ｑ１：
　　　『魏志』には東沃沮伝はあるが沃沮伝（あるいは西沃沮伝）はない。
　　　東沃沮という呼称が成立するためには、沃沮（あるいは西沃沮）の存在が
　　　前提となると思われるが、なぜ沃沮伝（あるいは西沃沮伝）はないのか？

『魏志』東沃沮伝とはいっても、『魏志』に東沃沮伝と銘打たれた章段があるわけではなく、『魏志』巻三十の烏丸鮮卑東夷伝の中の「東沃沮在・・・」の書き出しで始まる関連する章段を後世に東沃沮伝と仮称しているに過ぎません。それというのも東沃沮伝と仮称された章段の中に沃沮伝ともいうべき段が存在すると思えるからです。東沃沮伝と仮称された章段の書き出しが「東沃沮」で始まることから、東沃沮伝中の沃沮の文言は「東沃沮の省略形」であろうと思い込んでいた節はなかったでしょうか。ほかならぬ陳寿自身が引用文中の「沃沮」の文言を「東沃沮」の省略形と解していたとしたら、読者である我々がそう思い込んでも無理からぬことでありましょう。しかしながら、『魏志』東沃沮伝には「沃沮」に関する記述が混在し、沃沮の文言を「東沃沮の省略形」としてではなく、文字どおり「沃沮」として解釈しても齟齬を来さない箇所があるように見受けられます。「不耐、華麗，沃沮諸県皆為侯国」：「不耐（不而）・華麗の『沃沮』〔地域の〕諸県は皆、侯国となった」の記述も本来の「沃沮」に関する記述であり、仮説28で提示したように、不耐・華麗の両県は「沃沮」に位置していたのであって、東沃沮（今日の咸鏡道方面に比定される）には位置していなかったのです。仮説31で

「『沃沮』の地理的範囲を、渾江流域を中心とする鴨緑江北岸支流域および鴨緑江北岸部に擬定」しましたが、かつての「沃沮」は、不耐を除き大方は高句麗の領域となり、魏代にあっては「沃沮」の名の下には存在しませんでした。すなわち、前２世紀末の漢の第一玄菟郡設置に始まり、前１世紀の「高令」の「沃沮」への南下侵入（昭帝元鳳五年：前76年と考定）、さらには元初五年（118）の華麗城への攻撃にみられる「沃沮」に対する高句麗支配の拡大の結果、後漢代にはその大半が高句麗の領域になっていたからです。高句麗の名の下に埋没した「沃沮」がかつて存在していたことを改めて認識し、「沃沮」に関する記述と東沃沮に関する記述とを区別することで、『魏志』東沃沮伝の新たな解釈が可能となり、併せて疑問１に対する回答にもつながります。また『魏志』や『後漢書』の関連する箇所の解釈にも少なからぬ影響を及ぼすと思われます。

そこで、仮説39を提示します。

仮説39（H39）：D12×H27^{-2}×H39：P１×H27×H27^{-2}×H39
H27^{-2}により、後漢末迄には「沃沮」が事実上消滅したことで、
魏代の東沃沮は「東」を省いて単に沃沮と呼ばれるようになった。
すなわち、『魏志』東沃沮伝・濊伝等において、
漢代の情報に係る沃沮の文言は本来の「沃沮」の意義を有し、
魏代の情報に係る沃沮の文言は東沃沮の意義を有する。

２）『魏志』東沃沮伝の抄訳を試みる

それでは『魏志』東沃沮伝の関係箇所における漢代の情報と魏代の情報を区分し、仮説39により漢代の情報に係る沃沮の文言を本来の「沃沮」（渾江流域を中心とする鴨緑江北岸支流域および鴨緑江北岸部）の意義に解し、魏代の情報に係る沃沮の文言を東沃沮（咸鏡道方面）の意義に解した場合に齟齬を来すかどうか、『魏志』東沃沮伝の関係箇所を訳出してみたいと思います。

『魏志』東沃沮伝
【以下は魏代の東沃沮に関する情報である】
「東沃沮在高句麗蓋馬大山之東，浜大海而居。其地形東北狭，西南長，可千里。

北与挹婁、夫余，南与濊貊接。戸五千。無大君王，世世邑落，各有長帥*。
　　其言語与句麗大同，時時小異。」
（拙訳）
　　東沃沮（咸鏡道方面）は高句麗蓋馬大山の東に在り、
　　大海の浜辺に沿って人々は暮らしている。
　　その地形は東北は狭く、西南に長く、およそ千里ばかりである。
　　北は挹婁・夫余と南は濊貊と〔境を〕接し、戸数は五千。
　　大君王はおらず、代々それぞれの集落に長帥がいる。
　　その言葉は高句麗と大体同じだが、時々違いがある。

【以下は漢代から魏代にかけての「沃沮」に関する情報である】
「漢初，燕亡人衛満王朝鮮，時沃沮皆属焉。
　漢武帝元封二年，伐朝鮮，殺満孫右渠。分其地為四郡，以沃沮城為玄菟郡。
　後為夷貊所侵，徙郡句麗西北，今所謂玄菟故府是也。沃沮還属楽浪。
　漢以土地広遠，在単単大領之東，分置東部都尉，治不耐城，
　別主領東七県，時沃沮亦皆為県。
　漢光武六年，省辺郡，都尉由此罷。
　其後皆以其県中渠帥*為県侯，不耐、華麗、沃沮諸県皆為侯国。
　夷狄更相攻伐，唯不耐濊侯至今猶置功曹、主簿、諸曹，皆濊民作之。
　沃沮諸邑落渠帥*，皆自称三老，則故県国之制也。」
（拙訳）
　〔前〕漢代の初め、燕からの亡命者である衛満は「朝鮮」の王となった。
　その時、「沃沮」（渾江流域を中心とする鴨緑江北岸支流域および鴨緑江北岸部）はみな「朝鮮」（地理的位置は遼河平野方面）に服属した。
　漢の武帝の元封二年（前109）、〔漢は〕「朝鮮」を征伐し、満の孫の右渠〔王〕を殺した。その地を分けて四郡とし、沃沮城を玄菟郡とした。
　その後、夷貊の侵攻を受け、〔玄菟〕郡〔治〕を〔現遼寧省桓仁を中心とする渾江流域から高〕句麗の西北に移した。
　〔魏代の〕今、玄菟故府と呼ばれている所がこれである。
　〔夷貊の侵攻を受け、一旦は玄菟郡の所属を離れたが、高句麗を除き〕
　「沃沮」はまた楽浪郡に内属することになった。

漢は〔楽浪郡の管轄する〕土地が広くて遠いので、単単大領（現千山山脈）より
東の地域を〔七県に〕分割して東部都尉を置き、不耐城を治所とし、
別けて領東の七県を統治した。この時「沃沮」はまた、皆、県となった。
〔後〕漢光武〔帝の建武〕六年（30）、辺地の郡や都尉を廃止したので、
それに伴い〔東部都尉も〕廃止された。
その後〔東部都尉に属していた〕すべての県の渠帥を県侯にし、
不耐（不而）・華麗の「沃沮」〔地域の〕諸県は皆、侯国となった。
夷狄はさらに互いに攻め滅ぼし合ったが、
不耐濊侯だけは〔魏代の〕今も存続しており、
なおも功曹や主簿やその他の諸曹を置き、すべて濊人をそれらに任命している。
〔後漢代の〕「沃沮」の諸邑落の渠帥は皆、自ら三老を称しているが、
昔の県国の制度が遺っているのである。

【以下は再び魏代の東沃沮に関する情報である】
国小，迫于大国之間，遂臣属句麗。句麗復置其中大人為使者，使相主領。
又使大加統責其租税，貂布、魚、塩、海中食物，千里担負致之，
又送其美女以為婢妾，遇之如奴僕。
其土地肥美，背山向海，宜五穀，善田種。人性質直彊勇，少牛馬，便持矛歩戦。
食飲居処，衣服礼節，有似句麗。・・・」
（拙訳）
　〔東沃沮は〕国が小さく、大国の間に挟まれていたので、ついに〔高〕句麗に
臣属した。〔高〕句麗はまた〔東沃沮の〕中の大人を使者の役職に付けて置き、
それぞれに領地を統治させた。
また大加に租税として、貂布、魚、塩、海産物の上納の責任を負わせて統括させ、
それらの物品を千里の道のりを担せて〔高句麗まで〕運ばせ、
また、〔東沃沮の〕美女を送り届けさせ下女や妾にし、奴僕のように扱った。
その土地は肥えて美しく、山を背にして海に向かい、五穀を育てるのに適しており、
上手に作物を育てている。人々の性質は質素で正直で勇ましく、牛馬は少ないが、
容易く矛を持って歩戦する。
飲食や住居、衣服や礼節は〔高〕句麗に似た所がある。・・・

【以下は東沃沮が単に沃沮と呼ばれるようになり、〔東〕沃沮を南北に分ける、北沃沮と南沃沮の区分名称が生じた後の東沃沮に関する情報である】

　　母丘儉討句麗，句麗王宮奔沃沮，遂進師撃之。
　　沃沮邑落皆破之，斬獲首虜三千余級，宮奔北沃沮。
　　北沃沮一名置溝婁，去南沃沮八百余里，其俗南北皆同，與挹婁接。
　　挹婁喜乗船寇鈔，北沃沮畏之，夏月恒在山岩深穴中為守備，
　　冬月氷凍，船道不通，乃下居村落。・・・以下略」

（拙訳）

母丘儉(かんきゅうけん)が〔高〕句麗を討伐すると、〔高〕句麗王の宮は〔東〕沃沮に逃げたので、ついに、軍隊を差し向けてこれを撃とうとした。

〔東〕沃沮の村落はすべて破壊し、斬って獲た捕虜の首は三千余級にのぼった。

宮は北沃沮に逃げた。

北沃沮は一名置溝婁とも言い、南沃沮から八百余里行った所にある。

風俗は南北共にすべて同じである。〔北沃沮は〕挹婁と境界を接している。

挹婁は船に乗ってはよく襲ってきて、掠奪行為を働くので、

北沃沮はこれを畏(おそ)れている。

夏の間は人々は山の岩穴深くに住み、〔挹婁の襲撃に対し〕守りを備えている。

冬の間は、水が凍って、船が航行できなくなるので、

人々は下山し、村落に住んでいる。

　　　・・・　以下略

　以上の拙訳で見たように、【以下は漢代から魏代にかけての「沃沮」に関する情報である】における「沃沮」の文言を東沃沮の省略形としてではなく本来の「沃沮」(よくそ)(ホン)(渾江流域を中心とする鴨緑江北岸支流域および鴨緑江北岸部)の意義に解し、魏代には、東沃沮は「東」を省いて、単に沃沮と呼ばれるようになったとした仮説27⁻²により、【以下は東沃沮が単に沃沮と呼ばれるようになり、〔東〕沃沮を南北に分ける、北沃沮と南沃沮の区分名称が生じた後の東沃沮に関する情報である】における「沃沮」の文言を東沃沮(咸鏡道方面)の意義に解しても、齟齬(そご)(きた)を来さないことがおわかりいただけたのではないでしょうか。すなわち、『魏志』東沃沮伝中に沃沮伝というべき段は存在していたと解することができます。これが疑問1に対する回答です。

3）『魏志』東沃沮伝にみる『魏志』の原文主義と
　　漢代に「沃沮」が存在していたことの傍証

　ところで、上述の「2）『魏志』東沃沮伝の抄訳を試みる」において、漢代の情報と魏代の情報の区分を可能にしたのは、『魏志』東沃沮伝において首長を意味する「渠帥(きょすい)」と「長帥(ちょうすい)」の語の両方が存在することからでした。筆者は「渠帥(きょすい)」とは土着首長を表す漢の用語であり、「長帥(ちょうすい)」とは土着首長を表す魏の用語であったと推断し、「渠帥(きょすい)」の語が用いられている一節は、漢（前漢・後漢を通して）の資料からの引用にもとづく漢代の情報であり、『魏志』の原文主義は原資料どおりに「渠帥(きょすい)」と記載したものと判断しました。他方、「長帥(ちょうすい)」の語が用いられている一節は、魏の資料（『魏志』の編者陳寿の生きた時代とほぼ同時代の資料）からの引用にもとづく魏代の情報であり、『魏志』は原資料どおりに「長帥(ちょうすい)」と記載したものと判断しました。

　【以下は漢代から魏代にかけての「沃沮」に関する情報である】とした段における魏代に係る情報は「唯不耐濊侯至今猶置功曹、主簿，諸曹，皆濊民作之」：「不耐濊侯だけは〔魏代の〕今も存続しており、なおも功曹や主簿やその他の諸曹を置き、すべて濊人をそれらに任命している」の一節だけで、「其後皆以其県中渠帥*為県侯，不耐、華麗，沃沮諸県皆為侯国」：「その後〔東部都尉に属していた〕すべての県の渠帥(きょすい)を県侯にし、不耐（不而）・華麗の『沃沮(よくそ)』〔地域の〕諸県は皆、侯国となった」あるいは「沃沮諸邑落渠帥*，皆自称三老，則故県国之制也」：「〔後漢代の〕『沃沮』の諸邑落の渠帥(きょすい)は皆、自ら三老を称しているが、昔の県国の制度が遺(のこ)っているのである」の一節は首長を意味する語として漢の用語である「渠帥(きょすい)」が用いられていることから、漢代に係る情報と判別されます。

　他方、【以下は魏代の東沃沮に関する情報である】とした段においては、「無大君王，世世邑落，各有長帥*」：「大君王はおらず、代々それぞれの集落に長帥(ちょうすい)がいる」からわかるように、首長を意味する語として魏の用語である「長帥(ちょうすい)」が用いられており、魏代に係る情報と判別されます。

　同じ『魏志』東沃沮伝の中で、首長を意味する語として「渠帥(きょすい)」と「長帥(ちょうすい)」の異なった語が使い分けられているのは『魏志』の採る原文主義の表れです。また、『魏志』東沃沮伝が原文主義を採っていることが確認されたことで、【以下は漢代から魏代にかけての「沃沮」に関する情報である】とした段の、漢（前漢・後漢を通して）の資料から

の引用と推定される一節に「沃沮(よくそ)」の語が存在することは、編纂時に用いた漢の資料中に「沃沮(よくそ)」の文言が存在したことを立証するものであり、「漢代に沃沮(よくそ)と呼称された地域が存在した」とする仮説 27 を傍証するものと考えます。

4）不耐が東沃沮には位置していなかったことの傍証

　それでは、不耐が東沃沮には位置していなかったことを傍証する記述はあるのでしょうか。
　『魏志』東沃沮伝の【以下は東沃沮が単に沃沮と呼ばれるようになり、〔東〕沃沮を南北に分ける、北沃沮と南沃沮の区分名称が生じた後の東沃沮に関する情報である】とした段に「〔東沃沮は〕国が小さく、大国の間に挟まれていたので、ついに〔高〕句麗に臣属した。〔高〕句麗はまた〔東沃沮の〕中の大人を使者の役職に付けて置き、それぞれに領地を統治させた」とありますが、『魏志』濊伝に不耐濊に関する次の記述があります。先に抄出した分と一部重複します。

　『魏志』濊伝
　【以下は前漢代から後漢代にかけての濊について情報である】
「自単単大山領以西属楽浪，自領以東七県，都尉主之，皆以濊為民。
　後省都尉，封其渠帥為侯，
　（拙訳）
　　単単大山領(センセン)（現千山山脈）より西は楽浪〔本郡〕に属し、
　　〔単単大山(センセン)〕領より東の七県は〔東部〕都尉がこれを統括したが、
　　いずれの住民も濊族であった。
　　後（建武六年：30 年）に都尉を省くと、その渠帥(きょすい)を封じて侯とした。

　【以下は〔後〕漢末から魏代にかけての不耐濊についての情報である】
「今不耐濊皆其種也。漢末更属句麗。・・・
　正始六年，楽浪大守劉茂，帯方大守弓遵以領東濊属句麗，興師伐之，
　不耐侯等挙邑降。
　其八年，詣闕朝貢，詔更拝不耐濊王。居処雑在民間，四時詣郡朝謁。

422

二郡有軍征賦調，供給役使，遇之如民。」

（拙訳）

〔魏代の〕今でも不耐濊の住民は皆、その種（濊族）である。

〔後〕漢代の末に〔漢に代えて高〕句麗に〔臣〕属した。・・・

〔魏の〕正始六年（245）、楽浪太守の劉茂と帯方太守の弓遵とは、

〔単単大〕領（千山山脈）の東の濊が〔高〕句麗に〔臣〕属したので、

軍隊を率いて濊を伐った。不耐侯らは村をあげて降服した。

正始八年（247）、〔不耐侯が魏の〕朝廷に参内し、朝貢してきたので、

詔して〔不耐侯を進めて〕不耐濊王とした。

〔不耐濊王の〕居所は、住民〔の居住地〕に雑じってある。

季節ごとに郡に詣で朝謁する。

二郡の軍事の際には招集され、調を課され、使役に供され、

〔二郡の〕住民のように扱われる。

　後漢末に不耐濊は〔漢に代えて高〕句麗に〔臣〕属したとありますが、桓帝・霊帝の時代（147～189）の末期に後漢の国力が極度に低下していたことの余波と思われます。正始八年（247）には、魏から不耐濊王を拝し、王国に昇格しています。『魏志』東沃沮伝の「〔東沃沮は〕国が小さく、大国の間に挟まれていたので、ついに〔高〕句麗に臣属した。〔高〕句麗はまた〔東沃沮の〕中の大人を使者の役職に付けて置き、それぞれに領地を統治させた」という記述は、不耐が東沃沮に位置していたとしたら、魏代の東沃沮の記述としてはそぐわないように思われます。なんとなれば、不耐濊に関しては、すくなくとも魏の正始六年（245）以降、魏代の末までは高句麗に再び臣属することはなかったと考えられるからです。上掲『魏志』濊伝の記述は、魏に臣属した不耐濊の「沃沮」と、高句麗に臣属した東沃沮とは別個の地域であり、不耐が魏代の東沃沮に位置していなかったことを傍証するものと考えます。

5）『魏志』や『後漢書』の記述のみから「沃沮」の存在を肯定し、
　　その地理的範囲を特定することはできない

　もっとも、不耐が魏代の東沃沮に位置していなかったからといって、不耐が鴨緑江北

岸支流域に位置したことに直結するわけでもなく、仮説39により漢代の情報に係る沃沮の文言を本来の「沃沮(ヨクソ)」(渾江流域を中心とする鴨緑江北岸支流域および鴨緑江北岸部)の意義に解し、魏代の情報に係る沃沮の文言を東沃沮(咸鏡道方面)の意義に解した場合に齟齬(そご)を来(きた)さなかったからといって、「沃沮(ヨクソ)」の存在が直ちに肯定されるわけでもありません。事実、陳寿は不耐濊の位置を江原道および咸鏡南道南部方面に認識していたと推察され、また、『魏志』東沃沮伝の【以下は漢代から魏代にかけての「沃沮」に関する情報である】とした段の「沃沮」を「東沃沮」の省略形と解し、「東沃沮」と読み換えても自己完結するからです。換言すれば『魏志』や『後漢書』の記述のみから、「沃沮(よくそ)」の存在を肯定し、地理的範囲を特定することはできないといえます。「沃沮(よくそ)」の存在を肯定した仮説27、その地理的範囲を擬定した仮説31は、主に次の①〜③にもとづいています。

① 実証1により、『漢書』地理志記載の夫租県は沃沮(夭租)県の誤りではないことが実証されたことから、沃沮県は存在せず、〔逆に「沃沮」を「夫租〔県〕」の誤りと解したり、あるいは「沃沮」を「東沃沮」の省略形と解するのでもなく〕漢代に「沃沮(よくそ)」と呼称された地域が東沃沮とは別に存在したと解するのが妥当であること。

以上の了解のもとに、『魏志』東沃沮伝の「漢初,燕亡人衛満王朝鮮,時沃沮皆属焉」の一節を「〔前〕漢代の初め、燕からの亡命者である衛満(えいまん)は『朝鮮』の王となった。その時、『沃沮(よくそ)』(渾江流域を中心とする鴨緑江北岸支流域および鴨緑江北岸部)はみな『朝鮮』(地理的位置は遼河平野方面)に服属した」と意訳し、同「不耐、華麗,沃沮諸県皆為侯国」の一節を「不耐(ふたい)(不而(ふじ))・華麗(かれい)の『沃沮(よくそ)』〔地域の〕諸県は皆、侯国となった」と意訳することが許容されること。また、そのように意訳しても、②・③と齟齬をきたさないこと。

② 『神頌契丹古伝』第三十八章の「至是辰招以率發符婁之谿臼斯旦烏厭旦之壤高令乃臻」:「〔漢の侵攻に反撃するために〕辰は〔高令を〕率発符婁(ソホフル)の谷にある臼斯旦烏厭旦(トウアント)の地に招いた。そこで高令は〔招きに応じて〕移住して来たのである」と記述された事件を、『魏志』東沃沮伝の「後為夷貊所侵,徙郡句麗西北」:「その後、夷貊の侵攻を受け、〔玄菟〕郡を〔現遼寧省桓仁を中心とする渾江流域から高〕句麗の西北に移した」と記された事件に照応させることで、第一玄菟郡治の置かれた「沃沮(よくそ)」の中心部の地理的位置を、高句麗の初期の王都の地とされて

いる現遼寧省桓仁を中心とする渾江(ホン)流域に擬定できること。
③　『魏志』毋丘倹伝に「石に刻んで軍功を記し、丸都の山の木を切り払って山を削り『不耐の城』と銘した」とある記述に拠り、楽浪郡東部都尉の治所であった不耐（不而）城の地理的位置を丸都の地に比定し、「毋丘倹紀功碑の断片」が集安市西郊から発見されたことに拠り、丸都を今日の集安に比定できることから、不耐（不而）城に位置比定される今日の集安は「沃沮(よくそ)」の域内と考えられること。

　すなわち、『神頌契丹古伝』の記述や考古学的事実と相俟って、初めて「沃沮(よくそ)」の存在を肯定し、楽浪郡東部都尉の治所であった不耐（不而）城の地理的位置を丸都の地に比定し、「沃沮(よくそ)」の地理的範囲を仮説31のように擬定することが可能となったわけです。

6）『魏志』が沃沮伝を設けなかった理由

　『魏志』が幻の「沃沮(よくそ)」伝ともいうべき「沃沮・・・」の書き出しで始まる章段を設けなかったのは、魏代の「沃沮(よくそ)」は不耐濊を残してその大半が高句麗の領土となっていたことから、「沃沮(よくそ)」の存在自体が魏代には忘れ去られていたことと、漢代の「沃沮(よくそ)」に関する情報も、「沃沮」の文言を「東沃沮」の省略形と陳寿自身が解していたことによると考えられます。
　但し、不耐の地理的位置に関しては、不耐は東沃沮の南の濊地に位置すると陳寿は認識していたと思われます。なんとなれば、不耐濊について記述した前掲『魏志』濊伝は、その冒頭に「濊南与辰韓，北与高句麗、沃沮接，東窮大海」：「濊は南は辰韓と、北は高句麗・〔東〕沃沮と境を接している。東は大海で限られている」とあり、濊〔地〕の北に境を接して、〔東〕沃沮と高句麗があることを記述し、〔魏代の〕濊地を東沃沮の南に認識し、濊地と東沃沮を明確に区別しているからです。したがって、陳寿は『魏志』東沃沮伝の【以下は漢代から魏代にかけての「沃沮」に関する情報である】の段にある沃沮の文言はすべて東沃沮の省略形と捉え、「其後皆以其県中渠帥為県侯，不耐、華麗，沃沮諸県皆為侯国」の一節も、〔(拙訳)と異なり〕「その後〔東部都尉に属していた〕すべての県の渠帥(きょすい)を県侯にしたので、〔濊地の〕不耐(ふたい)（不而(ふじ)）・華麗(かれい)および〔東〕沃沮(よくそ)の諸県は皆、侯国となった」との理解の下に記述したと推察されます。もっとも、漢代の〔東〕沃沮(よくそ)に「領東七県」の一部諸県が存在したと解する場合、『魏志』濊伝の「単単大(センセン)

山領（千山山脈に替えて馬息嶺山脈に比定）より西は楽浪〔本郡〕に属し、〔単単大山〕領より東の七県は〔東部〕都尉がこれを統括したが、いずれの住民も濊族であった」として、漢代の楽浪郡域の住民を濊族とする〔すなわち、東沃沮の住民も濊族となる〕記述と、同じく『魏志』濊伝の「濊は南は辰韓と、北は高句麗・〔東〕沃沮と境を接している。東は大海で限られている」として、魏代の〔東〕沃沮を濊地に含めなかった記述との間に齟齬が生じている恐れがあります。陳寿の原文主義はこれを不問に付したのでしょうか。

　しかしながら、『魏志』東沃沮伝の【以下は漢代から魏代にかけての「沃沮」に関する情報である】とした段が挿入されたことで、第一玄菟郡治の沃沮城や「領東七県」の地理的位置は、陳寿が『魏志』濊伝で濊地とした「江原道から咸鏡南道南部の地方」ならびに〔濊地〕から除いた東沃沮（咸鏡道方面）にかけてであるかのような誤解を読者に招く結果となりました。ともあれ、『魏志』が原文主義を採ったお陰で、『神頌契丹古伝』の記述や考古学的事実と相俟って、なんとか実相にたどり着くことができたのではないでしょうか。

7）『後漢書』濊伝に対する不信

　先に本節第2項12)において、『後漢書』濊伝の「元封三年（前108）に武帝が『朝鮮』を滅ぼすと、その地を分けて楽浪・臨屯・玄菟・真番の四郡を置いた」とある記述に対し、筆者は真番郡は〔「朝鮮」の領域外の〕「辰藩」（辰の従属国）の地に置かれたのであって、〔右渠の〕「朝鮮」の領域には置かれなかったとして異を唱えました。『後漢書』濊伝に対する不信は他にもあります。
　『後漢書』濊伝の次の記述です。

「濊北与高句驪、沃沮、南与辰韓接、東窮大海、西至楽浪。
　　濊及沃沮、句驪、本皆朝鮮之地也。」

　適訳（拙訳）
　　〔魏代の〕濊は北は高句驪・〔東〕沃沮と、南は辰韓と接しており、
　　東は大海で行き止まり、西は〔第二〕楽浪郡に至る。

〔前漢代の遼東の〕濊（臨屯や「徐珂殷／サカイン」）および「沃沮」・高句麗は
昔は皆「朝鮮」の地であった。

誤訳（拙訳）
〔後漢代の〕濊は北は高句驪・〔東〕沃沮と、南は辰韓と接しており、
東は大海で行き止まり、西は〔第二〕楽浪郡に至る。
〔後漢代の東沃沮の南に位置した〕濊ならびに〔東〕沃沮・高句麗は
昔は皆「朝鮮」の地であった

　『後漢書』濊伝の書き出し「濊北与高句驪、沃沮，南与辰韓接，東窮大海，西至楽浪」中の沃沮は、仮説31の「渾江／ホン流域を中心とする鴨緑江北岸支流域および鴨緑江北岸部」を地理的範囲とする「沃沮／よくそ」ではなく、咸鏡道方面を地理的範囲とする東沃沮の意義に解されます。仮説39で、魏代の東沃沮は「東」を省いて単に沃沮と呼ばれるようになったため、『魏志』東沃沮伝・濊伝等において、魏代の情報に係る沃沮の文言は東沃沮の意義を有するとしましたが、『後漢書』が東沃沮の意義で用いるのならば、沃沮ではなく東沃沮の文言でなければなりません。なんとなれば、後漢の史官は「沃沮／よくそ」と東沃沮を別個の存在として認識していたと考えられるからです。『後漢書』はなぜ「東」を省いて単に沃沮としたのでしょうか。『魏志』（紀元3世紀末の成立）より後に成立した『後漢書』（紀元5世紀の成立）は『魏志』濊伝の魏代の情報「濊南與辰韓，北與高句麗、沃沮接，東窮大海，今朝鮮之東皆其地也。戸二万」から取捨選択し、後漢代の情報としても使えると范曄／はんようが判断した部分を、表現を少し変えただけで、ほぼそのまま準用したため、『魏志』において〔魏代の〕東沃沮の意義を有する沃沮の文言が、『後漢書』においても〔東〕沃沮の意義を有することとなったと推理されます。このことは、適訳（拙訳）の後段にみる、別の文献資料から引用した前漢代の記述に係る「沃沮」の文言までもが、誤訳（拙訳）の後段にみるように後漢代の〔東〕沃沮の意義を有するかのような誤解を読者に与え、ついには後漢代の「沃沮」の文言は「東沃沮の省略形」と解される結果を招きました。
　また、適訳（拙訳）にあるように、前段の「濊北与高句驪、沃沮，南与辰韓接，東窮大海，西至楽浪」：「〔魏代の〕濊は北は高句驪・〔東〕沃沮と、南は辰韓と接しており、東は大海で行き止まり、西は〔魏の〕楽浪郡に至る」の記述にある「濊」は、魏代の東沃沮の南に位置した濊と解されますが、後段の「濊及沃沮，句驪，本皆朝鮮之地也」：

「〔前漢代の遼東の〕濊（臨屯や『徐珂殿（サカイン）』）および『沃沮』・高句麗は昔は皆『朝鮮』の地であった」の記述にある「濊」は満から右渠に至る「朝鮮」に服属していた前漢代の遼東の濊である臨屯や濊君南閭の率いた渾河流域の「徐珂殿（サカイン）」と解されます。なんとなれば、〔渾江（ホン）流域を中心とする鴨緑江北岸支流域および鴨緑江北岸部を地理的範囲とする〕「沃沮（よくそ）」や〔「沃沮（よくそ）」の大半を占めることとなる、後（のち）の〕高句麗の地を領域内に抱えていた「朝鮮」とは、仮説21より遼河平野に位置した前漢代の満から右渠に至る「朝鮮」であり、「朝鮮」に服属していた「濊」とは、前漢代の遼東の濊である臨屯や濊君南閭の率いた渾河（こんが）（遼河支流。鴨緑江支流の渾江（ホン）とは別の河）流域の「徐珂殿（サカイン）」だからです。本例では、『魏志』濊伝の情報を準用した前段の「〔魏代の〕濊」情報と、別の文献資料から引用した後段の「〔前漢代の遼東の〕濊」情報の、時代と地域を異にするそれぞれの「濊」情報が、同じ「濊」の名の下（もと）に並べて記載されたことで、あたかも後漢代の濊の情報であるかのような誤解を読者に与えることになりました。すなわち、誤訳（拙訳）にあるように、前段の濊は「〔魏代の〕濊」であるにもかかわらず「〔後漢代の〕濊」と受け取られ、後段の濊は「〔前漢代の遼東の〕濊」であるにもかかわらず「〔後漢代の東沃沮の南に位置した〕濊」と受け取られたことで、「濊及沃沮、句驪，本皆朝鮮之地也」：「〔後漢代の東沃沮の南に位置した〕濊ならびに〔東〕沃沮・高句麗は昔は皆『朝鮮』の地であった」との誤解（誤訳）を生じさせ、遼河平野に位置した「朝鮮」を朝鮮半島の大同江流域方面に位置したと読者を誤らせ、ひいては東沃沮とは別に存在した本来の「沃沮」までもが抹殺され闇に葬られる結果を招きました。『後漢書』濊伝の不用意な記述が後代の読者にもたらした理解の混乱は、原資料に拠らなかった分（すなわち、「原文主義」を採れなかった分）『魏志』以上に重大と言わねばなりません。

　もっとも、度重（たびかさ）なる異民族の侵入と王朝の交代に因（よ）り、言語的にも民族的にも少なからぬ変質を重ねた中国の歴史を顧（かえり）みれば、過去の王朝時代の記録や文字資料の〔用語の意義解釈を含めての〕円滑（えんかつ）な継承など望むべくもありませんが。

第 2 章　文献史料と考古史料から探る前一千年紀の辰国

1　(55) 李淳鎮（西谷正 訳）「夫租薉君墓について」、『考古学研究』14- 4、1968。

（王建新『東北アジアの青銅器文化』同成社、1999、131 ページ）

2　岡崎　敬　1968b「夫租薉君銀印をめぐる諸問題」『朝鮮学報』46

（高倉洋彰『金印国家群の時代』青木書店、1995、248 ページ）

3　(16) 都宥浩「王倹（険）城の位置」（文化遺産 1962 年 5 号–鮮文）–頁 62。

（三上次男『古代東北アジア史研究』吉川弘文館、1966、83 ページ）

4　「池内宏氏によると、夫租県は夭租県の誤りであって、それは第一玄菟郡時代の郡治の所在地である沃沮城に通じ、現在の咸鏡南道咸興に比定されるという[17]。」

（三上次男『古代東北アジア史研究』吉川弘文館、1966、36 ページ）

　(17) 池内宏「楽浪郡考」（『満鮮史研究上世編』所収）頁 22。

（三上次男『古代東北アジア史研究』吉川弘文館、1966、83 ページ）

5　「これは夫租県に居住した濊人の一首領であった薉君（濊君＝濊の邑君）が何らかの理由で楽浪郡治附近に移り、そこで死亡したことを伝えるものであり、これによって、夫租の地には濊君、すなわち濊人の統率者のいたことが明らかとなる」

（三上次男『古代東北アジア史研究』吉川弘文館、1966、414 ページ）

6　「濊伝の記載は、濊人が三世紀のころ、江原道から咸鏡南道南部の地方に居住していたことを伝えた重要な史料である」

（三上次男『古代東北アジア史研究』吉川弘文館、1966、410 ページ）

7　大正時代の末頃、平壌の対岸の船橋里で発見された「永光三年六月造」銘の入った「孝文廟銅鐘」があります。「永光」は漢元帝治世の年号で永光三年は前 41 年にあたります

（宮崎市定『史記貨殖傳物價考證』京都大學文學部研究紀要（1956），4、465 ページ）

8　原文「右單單大嶺は東語占爵單密第三十章をそのまゝ音譯せる者今猶千山に作つて古音を以て其の山を呼むでゐる、即後漢書は今の千山以東を沃沮・濊貊の地と爲し、漢武置郡より二十七年後始元五年に其の地が樂浪郡に編入されたと爲す者、後又その地に東部都尉を置き千山以東の七縣を統べさしたと謂ふのである。」

（浜名寛祐『神頌契丹古伝』八幡書店、2001、629 ページ）より

9　「毌丘倹紀功碑の断片」が集安市西郊から発見されている

（森　浩一監修、東　潮・田中俊明編著『高句麗の歴史と遺跡』中央公論社、1995、111 ページ）

10　早乙女雅博著『朝鮮半島の考古学』(同成社、2000、71 ページ) の「図20　支石墓の分布 (甲元 1997) と種類 (甲元 1980)」

　　(甲元 1997) 甲元眞之「朝鮮半島の支石墓」『東アジアにおける支石墓の総合的研究』(科研報告書、代表西谷正)、1997 年。

　　(甲元 1980) 甲元眞之「朝鮮支石墓の再検討」『古文化論攷』鏡山猛先生古稀記念、1980 年。

(早乙女雅博『朝鮮半島の考古学』同成社、2000、241 ページ)

11　「許氏の『説文』(魚部) には楽浪潘国といって、そこから出る魚類名が数多くみえているが、いわゆる楽浪潘国は清代の段玉裁の解説[28]のように、真番の指称であるのにちがいない。撰者(許氏)当時である後漢代には旧真番郡がすでに (前漢代に) 楽浪郡に併合されていた時だったので、楽浪潘国といったのである」

(李丙燾『韓国古代史研究』学生社、1980、123 ページ)

　　(28) 段氏『説文解字註』(魚部)

(李丙燾『韓国古代史研究』学生社、1980、126 ページ)

12　海獣 (海洋ほ乳類)
　　バイカル湖に棲むバイカルアザラシや長江に棲息する揚子江カワイルカのような淡水に棲息する希少例もありますが、ここでは海獣と解しました。

13　『黏蟬神祠碑』(ねんてい)

(李丙燾『韓国古代史研究』学生社、1980、140–141 ページ)

(全浩天『楽浪文化と古代日本』雄山閣出版、1998、98–101 ページ)

14　「楽浪大守掾王光之印」を出土し、伴出した内行花文精白式鏡から 1 世紀後半のものとされている貞柏里 127 号木槨墳

　　「貞柏里 127 号墳いわゆる王光墓は、1932 年に発掘された木槨墳である。出土した内行花文精白式鏡から、1 世紀後半のものと認められる。この墳墓の西側の棺からは二個の木印の印章が発見された。一つは両面に刻字されている両面印である。その片側には『楽浪大守掾王光之印』と彫られており、別の側には『臣光』とある。もう一つの印には『王光私印』とある[注11]。」

(全浩天『楽浪文化と古代日本』雄山閣出版、1998、120 ページ)

　　(11) 小場恒吉他『楽浪王光墓』46 頁　貞柏里・南井里二古墳発掘調査報告　朝鮮古蹟研究会 1935 年

(全浩天『楽浪文化と古代日本』雄山閣出版、1998、123 ページ)

15　「五官掾王旴印」(えんおうく)を出土し、伴出した後漢の建武 21 年 (45) および建武 28 年 (52) 銘のある漆器から 1 世紀中期の築造と推定されている石巌里 205 号木槨墳

　　「・・・王旴墓(おうく)からは、後漢の建武 21 年 (45) および建武 28 年 (52) 銘のある漆器が発見され

第2章　文献史料と考古史料から探る前一千年紀の辰国

ているところから、この墓自体は、後漢初期、すなわち一世紀中期の築造にかかわるものと推定することができる。王盱墓は大正14年（1925）における発掘調査の結果、漆器その他豊富な出土品を出したので著名の墳墓であるが、一世紀中期における五官掾の王盱は、このように豪勢な墳墓をきずきうる実力をもっていたのである。・・・王盱と王光は、ともに楽浪郡の五官掾の官職をもっている。五官掾は後漢書巻二八百官志五に　郡……皆置諸曹掾史、本注曰諸曹略如公府曹、無東西曹、有功曹史、主選署功勞、有五官掾、署功曹及諸曹事　とあって、郡の属官の一つである。その職務は諸曹の事務を通覧し、その決定に連署することにあったようであるから、属官のうちで重きをなしていたらしい。厳耕望氏の研究によると、五官掾は属官中最高に位置する功曹につぐ、郡の右職であったという。そうしてこれは、郡の豪族出身の吏僚に与えられる役職であったようである。」

（三上次男『古代東北アジア史研究』吉川弘文館、1966、35-36ページ）

16　「安平楽未央」銘の漢代の瓦当が丹東より出土した

「(32)　西安平県

『漢書』地理志には、遼東郡の属県一八のうちの一県としてみえている。遼寧省丹東市の東の郊外の九連城鎮の、鴨緑江と靉河との合流点に形成された中州の中の靉河上尖村で、1961年に方形の土城が発見された。東西の幅約500m、南北が約600mで、東北と西南の角が比較的よく残っていた。

その後1976年になって、現地の農民が、そこで漢代の瓦当を発見した。直径12.5cmあり、『安平樂未央』の銘があった。『樂未央』とは漢代において『長樂未央』『安樂未央』などのように用いられた吉祥句であり、『安平』は西安平を指すものと考えられる、すなわち、これによって、この土城が西安平県の県城址として問題ないことがわかった。ただし『安平』としかないため、報告者は西安平県はもともと安平県ではないかとしている。（曹汛「靉河尖古城和漢安平瓦当」『考古』1980年6期）」

（田中俊明「『魏志』東夷伝訳註初稿（1）」東　潮編『［共同研究］『三国志』魏書東夷伝の国際環境』国立歴史民俗博物館研究報告第151集、2009、405ページ）

17　「西安平」とは別に「安平城」が存在する

『通典』巻一百八十六辺防二の高句麗条に安平城の記載があります。

「○高句麗・・・馬訾水（則移反）一名鴨緑水，水源出東北靺鞨白山，水色似鴨頭，故俗名之。去遼東五百里，経国内城南，又西与一水合，即塩難水也。二水合流，西南至安平城，入海。高麗之中，此水最大，波瀾清澈，所経津済，皆貯大船。其国恃此以為天塹，水闊三百歩，在平壤城西北四百五十里，遼水東南四百八十里。・・・」なお、高句麗条の注釈に西安平はなく安平があり、漢の楽浪・遼東二郡の諸県の一つとされています。「漢楽浪，玄菟郡之地，自後漢及魏，為公孫氏所據。至淵滅，西晉永嘉以後，復陥入高麗。其不耐，屯有，帯方，安市，平郭，安平，居就，文城皆漢二郡諸県，則朝鮮濊貊、沃沮之地」

431

第10節　辰王支配の終焉(しゅうえん)と辰国消滅

　1　『漢書』地理志にいう「楽浪海中」の倭人とは

　1）「楽浪海中」の倭人の居住域

　作家の松本清張氏は、古代の朝鮮半島南部と北部九州が同一文化と生活圏であったことをいち早く指摘され、次のように述べています。

「　わたしは三世紀には南朝鮮の一角も北部九州も倭の民族が居住し、両地域は同一文化と生活圏だったと思う。南朝鮮に北九州の倭種が移動して植民地をつくったのでもなければ、その逆でもなかった。もちろん両者の交通はあったが、もともとは両地域に以前から住んでいたのであって、分りやすくいうと南朝鮮と日本列島と『倭種の国』が二つ存在していたのである。」

　　　　　　　　　　　　　　（松本清張『清張古代史記』日本放送出版協会、1982、35ページ）

　1982年当時、氏の作家としての鋭い感性を感じさせる上掲記述に接した筆者は、新鮮な驚きを禁じ得ませんでした。しかしながら、今改めて読み返すと三つの問題点が浮かび上がります。第一は、支配階級と領民とが区別されておらず、支配階級と多数を占める領民とが、何の疑いもなく同じ「倭の民族」・「倭種」として一体視されていること。第二は、『魏志』倭人伝において「倭種」と記された種族は支配階級であり多数を占める領民ではなかったこと。第三は、「南朝鮮と日本列島と『倭種の国』が二つ存在していた」のではなく、両地に跨(また)がって倭〔国〕が存在していたと思えること、以上の三点です。
　両地に生活する多数を占める領民に焦点を当てた場合、氏のいう「倭の民族」を「濊(わい)族や孔列文(こうれつもん)土器人〔の流れを汲む集団〕など」に置き換えた上で、氏の指摘に共鳴できます。
　濊(わい)族とは中国の江淮(こうわい)地方（淮河・揚子江流域）を原郷とする淮夷系の半農半漁民に起源し、早くから沿岸航法による海上交易活動をおこなっていた海人勢力と考えます。殷周革命以来の周王朝の度重なる淮夷討伐を契機に、前1000年紀には遼東方面や朝鮮半

島への海路による移住を活発化したと考えます。また、前1000年紀の半ばには、朝鮮半島南部の濊族による日本列島への移住が活発化し、漁業や水田稲作を営みながらその居住域を拡げていったと思われます。

　孔列文土器人とは孔列文と口唇部刻目文土器、赤色磨研土器等の土器文化[1]と雑穀栽培農耕を携えて東北朝鮮経由で朝鮮半島に南下したと考えられる畑作農耕民です。およそ3500年前（前2000年紀中頃）に始まった急激な気温の低下に起因する北方民族の南下の一環として、豆満江方面から朝鮮半島東北地域に南下、さらには半島中南部地域へと居住域を拡げていったと考えられます。畑作農耕（雑穀栽培農耕）文化を有した孔列文土器人は、漁撈狩猟採集段階にあった先住の櫛文土器文化を担った人々に比べ人口増加率で優位に立ち、次第に優勢になっていったと思われます。朝鮮半島の南端に到達した孔列文土器人の一部は、「漁民の交流」[2]ルートにのって日本列島への移住を開始し、前1000年紀の西日本各地に孔列文土器と陸稲・アワ・ヒエなどの畑作農耕（雑穀栽培農耕）をもたらしたと考えられます。濊族の水田稲作文化は朝鮮半島南岸地域の孔列文土器人にも次第に波及し、朝鮮半島南部は水田稲作文化圏となりました。孔列文土器人の一部は水田稲作文化を携えて日本列島に移住し、濊族に先がけ、西日本各地に水田稲作文化を伝播普及させたと考えられます。第3章第2節ではHLAハプロタイプの視点から、韓国人と日本人の保有する主要HLAハプロタイプを主にもたらした古代集団を探る試みを通して、前1世紀頃の南部朝鮮半島から西日本を主とした日本列島にかけて居住した有力集団が濊族や孔列文土器人〔の流れを汲む集団〕であったと推定しました。

　国に焦点を当てて考えると、〔氏のいう南朝鮮の「倭種の国」とは、『魏志』韓伝の記述する韓の南に接する倭を指していることから〕「倭種の国」を「阿毎氏の倭の諸国」に置き換えた上で、氏の指摘に共鳴できます。第2章第8節第5項の仮説25で、阿毎氏の倭が前1世紀の朝鮮半島南部と北部九州に跨がって存在していたと考えましたが、松本清張氏が指摘したような「南朝鮮と日本列島と『倭種の国』が二つ存在していた」のではなく、阿毎氏の倭の諸国が3世紀にあっても両地に跨がって存在していたと考えられます。紀元3世紀の北部九州に、別に卑弥呼の女王国に統属する倭人諸国が存在していたことは『魏志』倭人伝に記載のとおりです。

　ところで、『漢書』地理志に「楽浪海中有倭人，分為百余国，以歳時来献見云」：「楽浪海中に倭人あり。分かれて百余国をなす。歳時を以て来り、献見すと云う」とあります。近年では角林文雄氏が「『漢書』地理志にいう『倭人』というものは、朝鮮の中部、南部方面、および北九州の住人を含めた概念をいうことになる」（角林文雄『倭と韓』学生

433

社、1983、50ページ）と説いたように、この百余国とは南部朝鮮半島から北部九州にかけて存在した「楽浪海中」の倭人の国の数と推察されます。また、『漢書』地理志の「楽浪海中」の倭人貢献記事は楽浪郡設置（前108）以降の前漢代すなわち前1世紀の状況を記述したものと解されますので、文中の楽浪郡とは遼河平野に郡治を置いた第一楽浪郡を意味します。第一楽浪郡の郡域は「遼河平野南西部」を中核に、遼東半島から大同江流域にかけての範囲です。第一楽浪郡治から見て「楽浪海中」の倭人とは、南部朝鮮半島および北部九州に居住する集団を指していたといえそうです。しかしながら、『漢書』地理志の「楽浪海中」の倭人と松本清張氏が「わたしは三世紀には南朝鮮の一角も北部九州も倭の民族が居住し、両地域は同一文化と生活圏だったと思う」と述べた「倭の民族」すなわち本書でいう多数を占める領民としての「濊族や孔列文土器人〔の流れを汲む集団〕など」とは全く別の存在であったと筆者は考えています。それでは「楽浪海中」の倭人とは一体何者であったのでしょうか。まずは、前1世紀の漢の楽浪郡に貢献した倭人の国の所在地から探ってみたいと思います。

2）前1世紀の漢の楽浪郡に貢献した「楽浪海中」の倭人の国の候補地

前1世紀の漢の楽浪郡に貢献した「楽浪海中」の倭人の国の候補地として、前1世紀に年代比定されている南部朝鮮半島や北部九州の前漢鏡出土遺跡があげられます。前漢鏡は倭人の貢献に対する回賜品（かいしひん）（賜与品（しょよひん））であり、漢は倭人にとっての格別の宝器であった鏡を回賜（賜与）したと考えられるからです。

前1世紀に年代比定されている南部朝鮮半島および北部九州の前漢鏡出土主要遺跡は表8のようです。

表8　前1世紀に年代比定されている
　　　南部朝鮮半島および北部九州の前漢鏡出土主要遺跡

所在地 遺跡名	副葬品		その他
	銅鏡	銅剣・銅戈 銅矛	
韓国 全羅北道益山郡 平章里遺跡 （全　1988）	古式蟠螭文鏡　　1	細形銅剣　　　2 銅矛　　　　　1 銅戈　　　　　1	

所在地 遺跡名	副葬品		
	銅鏡	銅剣・銅戈 銅矛	その他
韓国 慶尚南道昌原郡 (現昌原市) 茶戸里1号木棺墓 割竹形木棺 (李・李ほか1989) 前1世紀後半	星雲鏡　　　　1	漆鞘付細形銅剣　2 銅矛　　　　　1 銅戈　　　　　1	鉄剣　　　3口以上 鉄矛　　　　　4 鉄戈　　　　　1 鉄製素環頭刀子　1 前漢五銖銭　　3 黒漆塗筆　　5ほか 青銅製帯鉤　　1 銅製馬鐸　　　1
日本国 福岡県前原市 三雲南小路1号墓 甕棺 弥生中期中頃〜後半	重圏彩画鏡　　1 雷文鏡　　　　1 清白鏡　　　30 不明　　　　　4	中細銅剣　　　1 細形銅矛　　　1 中細銅矛　　　1 中細銅戈　　　1	ガラス勾玉　　3 ガラス管玉　60 ガラス璧　　　8 金銅四葉座金具　8
日本国 福岡県前原市 三雲南小路2号墓 甕棺 弥生中期後半	星雲鏡　　　　1 昭明鏡　　　　5 日光鏡　　　16		ヒスイ勾玉　　1 ガラス勾玉　12 ガラス垂飾　　1
日本国 福岡県春日市 須玖岡本D地点墓甕棺 弥生中期後半	草葉文鏡　　　3 星雲文鏡　　　5 清白鏡　　　　8 昭明鏡　　　　4 日光鏡　　　　4 鏡片　　　3以上	中細銅剣　　　1 多樋銅剣　　　1 銅剣片　　　　4 細形銅矛　　　4 中細銅矛　　　2 中細銅戈　　　1	ガラス璧 ガラス勾玉　　1 ガラス管玉　12
日本国 福岡県飯塚市 立岩堀田10号墓 甕棺 弥生中期後半	清白鏡　　　　3 清白系鏡　　　3	中細銅矛　　　1	鉄剣　　　　　1 鉄鉇　　　　　1 砥石　　　　　2
日本国 福岡県朝倉郡夜須町 東小田峰10号墓 甕棺 弥生中期後半	清白鏡　　　　1 日光鏡　　　　1		鉄剣　　　　　1 鉄戈　　　　　1 鉄鑷子　　　　1 ガラス製璧再利 用有孔円板　　2

高倉洋彰著『金印国家群の時代』(青木書店、1995、110–133ページ)より作成。[3]

　表8の〔前1世紀に年代比定されている南部朝鮮半島および北部九州の前漢鏡出土主要遺跡〕は朝鮮半島南部から北部九州にかけて分布しています。『漢書』地理志に「歳時を以て来り、献見すと云う」と記述された、前1世紀の漢の楽浪郡に貢献した倭人の国の候補地は、朝鮮半島南部から北部九州にかけての範囲にあることがわかります。

3）前1世紀の漢の楽浪郡に貢献した「楽浪海中」の倭人とは

　それでは、前1世紀の漢の楽浪郡に貢献した「楽浪海中」の倭人とは文献上のどの勢力だったのでしょうか。「安晃辰沅氏」の辰国であれ、「貢弥辰沅氏」の辰国であれ、漢との間で緊迫した状況が続いていた前1世紀の辰国が楽浪郡へ貢献したとは考え難いことから、表8に示した前漢鏡出土主要遺跡は辰国の遺跡ではないと考えます。前1世紀の辰国は馬韓諸国および辰韓諸国で構成されていましたので、換言すれば、表8に示した前漢鏡出土主要遺跡は馬韓諸国と辰韓諸国の遺跡ではないことになります。『通典』巻一百八十五辺防一にも「馬韓，後漢時通焉」：「馬韓は後漢の時〔初めて、中国に〕通じた」とあり、馬韓は前漢に貢献していなかったとされています。前1世紀の辰韓諸国もおおむね辰王支配下に置かれ、独自の対漢外交を持てなかったはずです。次項でふれますが、弁韓は紀元前後までは存在していません。以上から、前1世紀の漢の楽浪郡に貢献した倭人とは、「楽浪海中」の倭人の百余国の中でも阿毎氏の倭の勢力であったと考えられます。事実、表8の〔前1世紀に年代比定されている南部朝鮮半島および北部九州の前漢鏡出土主要遺跡〕の南部朝鮮半島における所在地は、仮説25で前1世紀の阿毎氏の倭の領域とした朝鮮半島南部に偏っています。

　『漢書』王莽伝に次の記述があります。

『漢書』王莽伝
「惟元始五年，太皇太后臨于前殿，・・・，
　莽復奏曰：『太后秉統数年，恩沢洋溢，和気四塞，絶域殊俗，靡不慕義。
　越裳氏重訳献白雉，黄支自三万里貢生犀，東夷王度大海奉国珍，
　匈奴単于順制作，・・・』」
（拙訳）
　〔前漢の〕元始五年（5）、
　〔孝元〕太皇太后は前殿（紫宸殿）に臨んで、・・・
　〔王〕莽はまた奏していう。
「太后が国を束ねられるようになってから数年で、恩沢は大洋にまで溢れ、
　和気は四塞〔に満ち〕、遠く離れた所にある変わった風俗や習慣の国も、
　慕って来朝しないまでも靡かないことはありません。
　越裳氏は訳を重ねて入朝し、白雉を献上し、

黄支は三万里もの遠方から生犀（生きている動物のサイ）を貢献し、
東夷の王は大海を渡り同地の珍しい物を奉つり、
匈奴の単于（王）は中国の制度文物に順応し、・・・」

孝元太皇太后（前71〜紀元13）は元帝（前48〜前33）の皇后であり、成帝（前33〜前7）の生母です。前7年に成帝が没し、哀帝が19歳で即位すると、太皇太后として権力を振るったようです。『漢書』王莽伝中の大海を渡って珍物を奉納した「東夷の王」とは阿毎氏の倭の王の蓋然性が高いと思われます。太后が国を束ねられるようになってから数年後の紀元前後の頃、時の阿毎氏の倭の王が前漢に貢献したことを記述したものではないでしょうか。

そこで、『漢書』地理志に「歳時を以て来り、献見すと云う」と記述された、前1世紀の漢の楽浪郡に貢献した倭人についての仮説40を提示します。

　　仮説40（H40）：H25×H40：H24×H25×H40
　　　『漢書』地理志に「歳時を以て来り、献見すと云う」と記述された、
　　　前1世紀の漢の楽浪郡に貢献した倭人とは、阿毎氏の倭の勢力であった。

仮説40により、表8の〔前1世紀に年代比定されている南部朝鮮半島および北部九州の前漢鏡出土主要遺跡〕は阿毎氏の倭の諸国の候補地となります。それでは、表8の遺跡を個別に見ていくことにしましょう。

全羅北道益山郡平章里土壙墓出土の蟠螭文鏡は前漢初期に流行したもの[4]とされています。先に述べたように『漢書』地理志の倭人貢献記事は楽浪郡設置以降の前1世紀の状況と解されますので、蟠螭文鏡の入手時期が楽浪郡設置以前ならば、平章里土壙墓出土の蟠螭文鏡は『漢書』地理志に記載の前1世紀の「楽浪海中」の倭人の貢献とは無関係であることになります。その一方で、共伴する銅矛が新しい段階の遺物であることから、同遺跡の年代は前1世紀に比定されています[5]ので、蟠螭文鏡の入手時期が楽浪郡設置以降ならば、前漢が古鏡を回賜したとは考え難いので貢献の見返り品ではないことになります。いずれにしろ前1世紀の「楽浪海中」の倭人の貢献とは無関係となり、全羅北道益山郡平章里は前漢に献見した前1世紀の阿毎氏の倭の諸国の候補地から除外してもよさそうです。

北部九州に所在する弥生中期の前漢鏡出土遺跡を阿毎氏の倭の遺跡とすることに異論

437

はないと思われます。第2章第8節第8項でみたように仮説5⁻⁵の「日神系神道勢力」の王墓に該当する三雲南小路1号墓・須玖岡本D地点墓は阿毎氏の倭の王墓と考えます。

「前漢鏡と細形銅剣」のセットを出土した慶尚南道義昌郡茶戸里1号木棺墓は、前漢鏡の型式から前1世紀に収まるとされていますので、仮説5⁻⁵により「日神系神道勢力」の王墓に該当します。また、阿毎氏の勢力が製作したと考えられる細形銅剣・銅矛も副葬されています。朝鮮半島南部の茶戸里1号木棺墓は、〔仮説25の〕倭と合体し、阿毎氏を称した、旧「安晁辰汦氏」系の倭の有力諸国王（拘邪国王？）の墓と推察します。

「前漢鏡と鉄剣」のセットを副葬する墓に、福岡県飯塚市立岩堀田10号墓・福岡県朝倉郡夜須町東小田峰10号墓があります。〔鉄剣を副葬するものの〕銅剣を副葬していないので仮説5⁻⁵には該当しませんが、阿毎氏の倭〔すなわち「日神系神道勢力」〕の王墓もしくは有力諸国王の墓と考えられます。

辰国にあっては鏡と銅剣を組み合わせて副葬することができたのは辰王だけでしたが、阿毎氏の倭にあっては、倭王以外の諸国王も鏡と剣のセットを副葬することができたことになります。しかしながら、阿毎氏の倭の諸国王のすべてが鏡と剣のセットを副葬することが許されたわけではなく、鏡と剣のセットを副葬することを許された諸国王は阿毎氏出身の倭の有力諸国王に限られたと考えます。

それでは、阿毎氏の倭の有力諸国王はどのようにして前漢鏡を入手したのでしょうか。筆者には阿毎氏の倭の王を戴く諸国が個別に漢に貢献したとは思えません。阿毎氏の倭の王が派遣する使節団の一行に加わり、貢献品の分担に応じて、漢からの回賜品の分配を受けたのではないでしょうか。すなわち、前1世紀の漢の楽浪郡に貢献した倭人とは、阿毎氏の倭の王または阿毎氏の倭の王と倭の有力諸国王との合同使節団であったと考えます。

4）阿毎氏の倭はなぜ漢に貢献したのか

本書第2章第8節第5項で、「安晁辰汦氏」が「賁弥辰汦氏」に辰王位を譲った経緯は明らかでないと述べましたが、「賁弥辰汦氏」の辰国が前漢に貢献せず、阿毎氏の倭が前漢に貢献したことから推すと、辰王の地位にあった「安晁辰汦氏」の対漢和平派と「賁弥辰汦氏」を擁立する対漢強硬派との間に対漢外交路線上の対立があり、強硬派の「賁弥辰汦氏」が和平派の「安晁辰汦氏」に勝利したことが辰王位を「賁弥辰汦氏」に

譲った、あるいは譲ることを余儀なくされた主な要因であったと推測します。阿毎氏の倭が漢に貢献した理由もそのことと無関係ではないと考えます。すなわち、「安晃辰沄氏」が辰王位を「貢弥辰沄氏」に譲った後も、「貢弥辰沄氏」の辰国は朝鮮半島南部の阿毎氏の倭を武力で圧迫し続け、「安晃辰沄氏」が合体した阿毎氏の倭は、南部朝鮮半島において劣勢に立たされていたことが考えられます。前1世紀後半の「貢弥辰沄氏」の辰国はその北界で漢の楽浪郡夫租県と対峙していたことから、阿毎氏の倭は漢に貢献することでその後ろ盾を得て、「貢弥辰沄氏」の辰国に対する劣勢をはねかえそうとしたものと推察されます。貢献の努力は後漢時代に入って花開き、建武中元二年（57）、後漢光武帝による阿毎氏の倭の王に対する「漢委奴国王」の印綬の賜与として結実したものと思われます。

5）「楽浪海中」の倭人の百余国とは

　それでは、『漢書』地理志にいう「楽浪海中」の倭人の百余国の「百余」とはどのような国々の数なのでしょうか。「楽浪海中」に散在した濊族や孔列文土器人〔の流れを汲む集団〕などの国邑の数でしょうか。筆者はそうは思いません。南部朝鮮半島および北部九州にかけて散在する濊族や孔列文土器人〔の流れを汲む集団〕などの邑は多数あっても、遼東辰国の南遷以前ならともかく、前1世紀においては、濊族や孔列文土器人〔の流れを汲む集団〕などの国という概念はなかったと考えます。なんとなれば、前1世紀の南部朝鮮半島および北部九州に存在した国すなわち諸国邑（支配拠点である邑）とは、定義9の「辰諸国」であり、阿毎氏の倭の諸国であったと考えるからです。

　後漢代から魏代にかけての数でありましょうが、『魏志』韓伝に拠ると馬韓諸国の数は五十五国です。『魏志』辰韓伝によると辰韓は十二国、弁辰も十二国とあります。辰韓十二国のうち、もとからの六国は亡命秦人や歴谿卿の率いた一団の末裔の国であり倭人の国から除かれます。辰韓の残り六国と弁辰の十二国は本節第2項でふれるように、もとは辰韓の南にあった阿毎氏の倭に属した国々であったと考えられます。魏代の狗邪韓国は前漢代は阿毎氏の倭の一国の狗邪国であったと考えます。馬韓の南に接する倭は、女王卑弥呼を共立する倭人諸国とは別の阿毎氏の倭の勢力と考えます。『魏志』倭人伝に拠ると、魏代に使訳が通じていた北部九州の倭人諸国は女王卑弥呼を共立する倭人の二十九国（狗邪韓国を含み、奴国の重出分を含まない）と女王卑弥呼には属さない

が魏と使訳を通じていたと考えられる狗奴国を合わせた計三十国となります。

　前漢代の北部九州の阿毎氏の倭の諸国は卑弥呼を共立する倭人の二十九国より少なかったと考えられます。なんとなれば、魏代に使訳が通じていた北部九州を中心とする倭人諸国は、前漢代の北部九州の阿毎氏の倭の諸国に、後漢代に南部朝鮮半島から侵入してきたと推察される「賁弥辰氾氏」の分派が新たに興した国が〔いくつか〕加わったと考えられるからです。後漢代に加わった「賁弥辰氾氏」の分派が新たに興した国の数と前漢代の馬韓の南にあった阿毎氏の倭の諸国の数（不明）を見合いにすると、前漢代の北部九州と馬韓の南にあった阿毎氏の倭の諸国の合計数と、魏代に使訳が通じていた倭人諸国の三十国という数とは大差なかったと思われます。辰韓の南にあった阿毎氏の倭の諸国は辰韓や後述する弁韓・弁辰に組み込まれていったと解されることから、辰韓の南にあった阿毎氏の倭の諸国の数は、辰韓の〔のちに増えた〕六国および弁辰の十二国および拘邪国を合わせた数と推測しました。また、前漢代の「賁弥辰氾氏」の辰国を構成した馬韓諸国の数は魏代とほぼ同じ五十余国であったと考えます。

　以上『魏志』に記載された数をもとに、前漢代の馬韓諸国の推計数と阿毎氏の倭の諸国の推計数を合計すると、前漢代の馬韓諸国（五十余国）＋前漢代の阿毎氏の倭の諸国（のちの辰韓の六国＋のちの弁辰の十二国＋拘邪国＋北部九州と馬韓の南にあった計約三十国）＝百余国、となります。

　以上から、『漢書』地理志が記した「楽浪海中」の倭人の百余国という数は、前漢代の馬韓諸国の数と阿毎氏の倭の諸国（辰韓の南・北部九州・馬韓の南）の数とを合わせた数と考えられます。

　そこで、仮説41を提示します。

　　仮説41（H41）：H25×H41：H24×H25×H41
　　　『漢書』地理志が記した「楽浪海中」の倭人の百余国という数は、
　　　前漢代の馬韓諸国の数と阿毎氏の倭の諸国の数を合わせた数であった。

　それでは、百余国という数字を前漢はどこから入手したのでしょうか。前1世紀の馬韓諸国の数を知り、前1世紀の北部九州の阿毎氏の倭の諸国の数を直接把握できたのは、かつて辰王を出していた「安晃辰氾氏」が合体した阿毎氏の倭の勢力をおいて他にありません。『漢書』地理志が記した「楽浪海中」の倭人の百余国という数は、当時「遼河平野南西部」にあった楽浪郡治へ海路で貢献した、阿毎氏の倭を通して前漢が入手した

数字であったと考えます。すなわち、「楽浪海中」の倭人の百余国の中でも、『漢書』地理志が「歳時を以て来り、献見すと云う」と記述した前1世紀の漢の楽浪郡に貢献した倭人とは、〔前漢に貢献した〕朝鮮半島南部から北部九州に跨がって存在した阿毎氏の倭の勢力（約五十国）であったわけです。

6）『漢書』地理志はなぜ馬韓諸国を「楽浪海中」の倭人の国に含めたのか

　それでは、『漢書』地理志はなぜ阿毎氏の倭のみならず、〔阿毎氏の倭の勢力とは別の〕「賁弥辰氾氏」の辰国を構成した馬韓諸国までをも、「楽浪海中」の倭人の国に含めたのでしょうか。前漢が馬韓諸国を「楽浪海中」の倭人の国に含めた理由を筆者は次のように推察します。
　「安晁辰氾氏」の辰国の支配階級の話す言葉は古韓語でした。古韓語とは「古韓の語」すなわち「古韓で話されていた言葉」という意味です。浜名は『魏志』韓伝等の記述の中に垣間見える非漢語（辰王に対する優呼「臣雲遣支報、安邪踧支濆臣離児不例、拘邪秦支廉」や「臣智」・「邑借」・「州胡」などの語）を古韓語とみています。古韓語は南部朝鮮半島の馬韓を中心に、主に辰国の支配階級である「辰族（辰氾固朗）」すなわち「天孫族」によって使用されていた言葉と解されます。南部朝鮮半島の辰王家であった「安晁辰氾氏」および仮説24で「安晁辰氾氏」の分派とした阿毎氏の倭の支配階級である倭人も、当然のことながら古韓語を話していました。「賁弥辰氾氏」の辰国の支配階級である馬韓の「天孫族」も前代の「安晁辰氾氏」の辰国時代に引き続き古韓語を話していたと推察されます。漢は、阿毎氏の倭の支配階級である倭人と「賁弥辰氾氏」の辰国の支配階級である馬韓の「天孫族」とを同種（同じ古韓語を話す集団）と認識していたと考えます。また、楽浪郡に貢献した阿毎氏の倭の使節すなわち倭人が、郡の役人に対して、「賁弥辰氾氏」の辰国の支配階級である馬韓の「天孫族」を我々〔倭人〕と同族（あるいは支流）であると説明したものと思われます。そこで漢は馬韓の「天孫族」をも倭人と認識し、馬韓諸国を「楽浪海中」の倭人の〔支配する〕百余国に含めたものと解されます。すなわち『漢書』地理志にいう「楽浪海中」の倭人とは、当時の倭の支配階級である倭人のみならず辰国の支配階級である馬韓の「天孫族」をも指す呼称でもあったわけです。
　そこで、仮説41^{-2}を提示します。

仮説41⁻²（H41⁻²）：D6×H25×H41⁻²
　　　　　　　　：H1×H4×H6×H6⁻²×H8×H24×H25×H41⁻²
『漢書』地理志にいう「楽浪海中」の倭人とは、
　阿毎氏の倭の支配階級である倭人および倭人と同種（同じ古韓語を話す集団）の「賁弥辰氾氏」の辰国の支配階級である馬韓の「天孫族」のことである。

　仮説41⁻²より、『漢書』地理志にいう「楽浪海中」の倭人とは、阿毎氏の倭の支配階級である倭人および倭人と同種（同じ古韓語を話す集団）の「賁弥辰氾氏」の辰国の支配階級である馬韓の「天孫族」のことであるということができます。
　種族的な視点からの倭人および馬韓の「天孫族」はどのように理解したらよいでしょうか。「寧義雛（寧義氏）」の「遼西辰国」以来、「遼東辰国」および南部朝鮮半島の「安晁辰氾氏」の辰国を通じて支配階級は主に「和族」や「伯族」（貊族）であったと考えられます。したがって、仮説24より、「安晁辰氾氏」の分派である阿毎氏の倭の支配階級である倭人の主要先祖集団も「和族」および「伯族」（貊族）であったと考えられます。「賁弥辰氾氏」の系譜についての記載はありませんが、「賁弥辰氾氏」も「安晁辰氾氏」と同様に「寧義氏」の系譜に連なる蓋然性が高いと思われ、「賁弥辰氾氏」の辰国の支配階級である馬韓の「天孫族」も前代の「安晁辰氾氏」の辰国時代に引き続き、主要先祖集団は「和族」および「伯族」（貊族）であったと考えられます。以上から、阿毎氏の倭の支配階級である倭人および「賁弥辰氾氏」の辰国の支配階級である馬韓の「天孫族」は〔古韓語を話す集団としての括りで、あくまでも倭人あるいは「辰族」と認識されていたに違いありませんが〕種族的には〔「遼西辰国」以降の辰国の支配階級を構成したと考えられる〕主に「和族」や「伯族」（貊族）および両者に係る混血種と推測されます。なお、領民は濊族や孔列文土器人〔の流れを汲む集団〕などであったと考えます。

7）『魏志』および『後漢書』の倭人認識

　仮説40では「『漢書』地理志に『歳時を以て来り、献見すと云う』と記述された、前1世紀の漢の楽浪郡に貢献した倭人とは、阿毎氏の倭の勢力であった」としました。

また、仮説41では「『漢書』地理志が記した『楽浪海中』の倭人の百余国という数は、前漢代の馬韓諸国の数と阿毎氏の倭の諸国の数を合わせた数であった」としました。ところで、『魏志』や『後漢書』は馬韓諸国を倭人の国とみているのでしょうか。『魏志』および『後漢書』の関係箇所のいくつかを以下に抄出し検討を加え、併せて、倭国と女王国、倭王と女王の用語の使い分けについてもふれたいと思います。

　『魏志』からの抄出分は次のとおりです。

　　『魏志』韓伝
　①「韓在帯方之南，東西以海為限，南与倭接，方可四千里。
　　　有三種，一曰馬韓，二曰辰韓，三曰弁韓。」
　（拙訳）
　　　韓は帯方〔郡〕の南にあって、東西は海で限られ、
　　　南は倭と〔境を〕接しており、広さは四千里四方ほどである。
　　　〔かつての辰国の領地であった韓には〕三種があり、
　　　一を馬韓、二を辰韓、三を弁韓といった。

　①の「韓在帯方之南，東西以海為限，南与倭接」：「韓は帯方〔郡〕の南にあって、東西は海で限られ、南は倭と〔境を〕接しており」の一節は、魏代の帯方郡の南に韓が位置し、その南に陸続きで倭が存在することを記述しています。但し、本節第3項〔4〕『魏志』韓伝の「弁韓」は「弁辰」の誤りではなかった〕で後述するように「有三種，一曰馬韓，二曰辰韓，三曰弁韓」の一節は、弁韓が存在した紀元前後から紀元2世紀前葉の後漢安帝の時代（106～125）にかけての、馬韓および弁韓が辰国の領地であった漢代の韓情報と考えられます。

　　『魏志』倭人伝
　②「倭人在帯方東南大海之中，依山島為国邑。旧百余国，漢時有朝見者，
　　　今使訳所通三十国。
　　　従郡至倭，循海岸水行，歴韓国，乍南乍東，到其北岸狗邪韓国，七千余里，
　　　始度一海，千余里至対馬国。・・・又南渡一海千余里，名曰瀚海，至一大国，
　　　・・・。又渡一海，千余里至末盧国，・・・。東南陸行五百里，到伊都国，・・・。
　　　東南至奴国百里，・・・。東行至不弥国百里，・・・。南至投馬国，・・・。

南至邪馬壹国，女王之所都，・・・。次有斯馬国，次有已百支国，次有伊邪国，
次有都支国，次有弥奴国，次有好古都国，次有不呼国，次有姐奴国，次有対蘇国，
次有蘇奴国，次有呼邑国，次有華奴蘇奴国，次有鬼国，次有為吾国，次有鬼奴国，
次有邪馬国，次有躬臣国，次有巴利国，次有支惟国，次有烏奴国，次有奴国，
此女王境界所盡。其南有狗奴国，男子為王，其官有狗古智卑狗，不属女王。」

(拙訳)
倭人は帯方〔郡〕の東南大海の中に在り、山島に依って国邑を築いている。
昔、〔倭人の国は〕百余国あり、漢の時代に朝見する国もあった。
〔魏代の〕今、使訳が通じている所は三十国*である。
〔帯方〕郡から倭に至るには、沿岸航法で韓諸国に寄港し〔たあと、進路を〕
南〔に取って航行〕し、〔その後、進路を〕東〔に取って航行〕すると、
その（倭の）北岸の狗邪韓国に到着する。〔この間の道のりは〕七千余里を計る。
始めて一海を渡ること千余里、対馬国に至る。・・・
また南に一海を渡ること千余里、名づけて瀚海という。一大国に至る。・・・
また一海を渡ること千余里、末盧国に至る。・・・
東南に陸行すること五百里、伊都国に到る。・・・東南に百里、奴国に至る。
・・・東に百里行くと不弥国に至る。・・・南して投馬国に至る。・・・
南して邪馬壹国に至る。女王の都する所である。・・・次に斯馬国があり、
次に已百支国があり、次に伊邪国があり、次に都支国があり、次に弥奴国があり、
次に好古都国があり、次に不呼国があり、次に姐奴国があり、次に対蘇国があり、
次に蘇奴国があり、次に呼邑国があり、次に華奴蘇奴国があり、次に鬼国があり、
次に為吾国があり、次に鬼奴国があり、次に邪馬国があり、次に躬臣国があり、
次に巴利国があり、次に支惟国があり、次に烏奴国があり、次に奴国がある。
女王の境界が尽きるところである。その南に狗奴国があり、男子を王とする。
その官に狗古智卑狗がおり、女王には属していない。・・・」

「三十国」*
　狗邪韓国および狗奴国を含み、奴国の重出分を含まない数です。狗奴国は女王には属していませんが、魏に使訳を通じていたと解しました（後出〔4 辰韓に対する辰王支配の終焉と辰国消滅〕参照）。

②の「倭人在帯方東南大海之中」:「倭人は帯方〔郡〕の東南大海の中に在り」の記述は、帯方郡の南に位置する韓諸国も倭人の国である可能性を残しているかのようにみえます。続く「依山島為国邑」:「山島に依って国邑を築いている」との記述も、道路事情の悪かった当時は海路は主要な交通手段であったことから、リアス式海岸を多く抱える南部朝鮮半島の韓諸国を必ずしも排除する記述とはいえません。しかしながら、単に「海中」ではなく「大海之中」という表現は帯方郡の南に位置する韓諸国や倭地を除く、北部九州の倭人(「天孫族」)を指していると受け取れます。

　「循海岸水行，歴韓国，乍南乍東」の訳は、通説の「韓諸国に寄港しながら、〔進路を〕南に取ったり、東に取ったり〔して航行〕すると」の訳を採らず、「進路を〕南〔に取って航行〕し、〔その後、進路を〕東〔に取って航行〕すると」の訳を採りました。韓地に最後に寄港した後はまっすぐ南下し、それから東に進路を取って、〔女王卑弥呼と〕対立する阿毎氏の倭の勢力下にあると思われる朝鮮半島西南部の阿毎氏の倭地には寄港せず、狗邪韓国に至ったと考えています。『梁書』倭伝が「乍東乍南」として「南」と「東」の字を入れ替えたのは、「乍南乍東」と「乍東乍南」とは同義と解していることの表れですが、筆者の立場では改変となります。韓地に最後に寄港した後、出港してすぐに舵を東に取ると陸地にぶつかるからです。拘邪韓国の帰属については、辰王の優呼中に「拘邪」があることから、拘邪韓国は辰王支配下に置かれていた〔一時期があった〕と解されますが、『魏志』韓伝に列挙された五十五国中に拘邪韓国の名がないことから、魏代にあっては狗邪韓国(拘邪韓国)は辰王支配から離れ、倭の女王に属する国の一国であったと考えます。すなわち、『魏志』韓伝の辰王の優呼は〔後漢代の資料から引用した〕「桓霊間」(147〜189)の末頃の後漢代の辰王の優呼であると解し、『魏志』韓伝に列挙された五十五国は、狗邪韓国が辰王支配から離れ、倭の女王に属する国の一国となってからのものと解しました。狗奴国には男王がいます。狗奴国は魏と使訳を通じており、官の狗古智卑狗は魏の知る人物であったと解されます。

『魏志』倭人伝
③「其国本亦以男子為王，住七八十年，倭国乱，相攻伐歴年，
　　乃共立一女子為王，名曰卑弥呼，事鬼道，能惑衆」
　(拙訳)
　　その〔倭〕国は、もと男子を王とし、七八十年間〔男王で〕あったが、
　　倭国は戦乱に見舞われ、何年間も攻め合った結果、一女子を共立し、王とした。

名を卑弥呼という。鬼道をもって人々を上手に統率した」

　角林文雄氏はその著『倭と韓』（学生社、1983、111-117 ページ）において、倭国の乱の開始時期について次のように述べています。「まず『魏志』倭人伝の中でもっとも議論の多くなされてきた部分の一つである『其国本亦男子をもって王となせり。住すること七八十年。倭国乱る。相攻伐して年を歴る。』を考察してみる。これは二世紀における日本政治史上もっとも重大な動きであると考えるからである。『住すること七八十年』という表現はやや異例で、その解釈をめぐっていろいろな説が出された。この部分に相当する『後漢書』の記事は『桓霊の間、倭国大いに乱る』とある。この『桓霊』というのは後漢の桓帝、霊帝の在位期間（147〜189年）という意味である。これに対して『梁書』、『北史』や宋代に編集された『太平御覧』に引用されている『魏志』には、『霊帝光和中』と記されている。光和という年号は178〜183年の間のものである。このように諸書によって倭国の乱の起った時期にかなりの相違がある。・・・内藤湖南は次のように述べる。今は失われた『魏略』の本文が『光和中』となっていて、それを基に、『魏志』の編者は次のように考えた。史料によると、光和中より前に倭の朝貢してきた記録は永初元（107）年である。この年から数えて『光和中』（178〜183年）は七・八〇年後である。それで『魏志』倭人伝は『住七八十年』としたのである」と述べ、「『魏略』が『光和中』と記していたというのは内藤の独断で支持できないけれども」と断った上で、「住すること七八十年」の起点を倭の国王帥升が貢献した安帝の永初元年（107）とする内藤湖南の説を支持されています。また、倭国の乱の起った時期を『梁書』や『北史』などに記載の「霊帝光和中」（霊帝の光和年間）に限定できると推断しています。筆者も角林氏の見解に従い、倭国の乱の開始時期を霊帝の光和年間（178〜183）とします。

　『魏志』が卑弥呼を共立する諸国を倭国と記すのは、「親魏倭王」の印綬を授与する正始元年（240）以降であり、それより前の魏代に「倭国」の語は見えません。したがって、後漢代の情報である③の「其国本亦以男子為王，住七八十年，倭国乱，相攻伐歴年，乃共立一女子為王，名曰卑弥呼，事鬼道，能惑衆」：「その〔倭〕国はもとは男子を王とし、七八十年〔男王が〕続いたが、倭国は戦乱に見舞われ、何年間も攻め合った結果、一女子を共立し、王とした。名を卑弥呼という。鬼道をもって人々を上手に統率した」の記述にある倭国とは、阿毎氏の倭の王が支配してきた国と地域の総称と解されます。すなわち、〔後〕漢の霊帝の光和年間（178〜183）に勃発した倭国の乱を経て共立され、

王を自称したであろう卑弥呼は、女王国[6]の女王あるいは「倭女王」:「倭の〔地の〕女王」であり、倭王ではありません。魏の明帝から詔書で内示を受けたのは景初二年（238）の十二月ですが、「親魏倭王」の印綬を授与される正始元年（240）までは倭〔国〕王ではないからです。建武中元二年（57）に光武帝から金印を賜与されて以来、阿毎氏の倭の王（歴代「漢委奴国王」）が後漢王朝から認められた倭国王でした。しかしながら、阿毎氏の倭の王は光武帝から賜与された「漢委奴国王」の金印を光和年間に志賀島に隠匿して失い、卑弥呼の勢力によって北部九州の王者の地位を追われたと考えられます。したがって、後漢の光和年間（178～183）の末頃から、卑弥呼が「親魏倭王」の印綬を授与される正始元年（240）まで、倭の地に中国王朝の認める倭国王は不在であったと解されます。なお、卑弥呼の執り行った鬼道とは「日神系神道」であり、『魏志』は「〔日〕神」を鬼神とみたものと推察します。

『魏志』倭人伝
④「正始元年，太守弓遵遣建中校尉梯儁等奉詔書印綬詣倭国，拝仮倭王，并齎詔賜金、帛、錦罽、刀、鏡、采物，倭王因使上表答謝恩詔。」
（拙訳）
正始元年（240）、〔帯方〕太守弓遵は建中校尉梯儁等を派遣し、詔書・印綬を奉り、倭国に詣でさせ、倭王に拝受させ、併せて詔を齎し、黄金、帛、錦、罽、刀、鏡、采物を賜わった。
倭王は使者に上表文を託して、詔書や賜り物に対する感謝の答礼をした。」

『魏志』倭人伝は、魏が卑弥呼に「親魏倭王」の印綬を授与する正始元年（240）から後、卑弥呼を共立する倭人諸国を倭国と記し、卑弥呼を倭王と記しています。④の正始元年（240）の記事にある倭国や倭王がそれです。「親魏倭王」に任命された記述以降にも「倭女王」（「倭女王卑弥呼与狗奴国男王卑弥弓呼素不和」:「倭の女王卑弥呼と狗奴国の男王卑弥弓呼は、もとより不和であったので」）と表記した箇所がありますが、「倭女王」としたのは、倭王に任命される以前の状況を述べた一文を引用したためと解されます。対立する狗奴国の男王の名「卑弥弓呼」に「賁弥辰汦氏」の「賁弥」に通じる「卑弥」の二文字があることから、狗奴国を阿毎氏の倭の残存勢力とは推断できません。狗奴国を「賁弥辰汦氏」の流れと解するのが自然です。その場合、後漢霊帝の光和年間（178～183）に開始された倭国の乱は、北部九州へ侵出した「賁弥辰汦氏」の分派と

阿毎氏の倭との間で繰り広げられた北部九州の覇権をめぐっての争いであったと解されますが、魏代の狗奴国の男王卑弥弓呼と倭の女王卑弥呼との長期抗争は、北部九州に侵出した「賁弥辰氾氏」の勢力の内部分裂にもとづく抗争であったことになります。

『魏志』弁辰伝
⑤「其瀆盧国与倭接界。」
（拙訳）
〔弁辰の〕瀆盧国は倭と境界を接している。

　文中の倭が阿毎氏の倭を指すのであれば、⑤の記述は後漢代の情報となります。なんとなれば、〔弁辰の〕瀆盧国と境界を接する朝鮮半島東南部の阿毎氏の倭とは、後掲⑩の拘邪韓国の前身である拘邪国であったと解されますが、本書第2章第8節第9項でみたように、「桓霊間」（147〜189）の末頃の後漢代に拘邪国は二分割され、一方は拘邪韓国（狗邪韓国）として「賁弥辰氾氏」の辰王の支配下に移り、もう一方は弁辰狗邪国として弁辰の一国に加えられ、狗邪国が〔阿毎氏の〕倭であったのは、仮説25で、「安晁辰氾氏」が「賁弥辰氾氏」に辰王位を譲って北部九州の分家筋にあたる倭と合体したと推断した、昭帝始元五年（前82）前後の前漢代以来、後漢代の「桓霊間」（147〜189）の末頃迄であったと考えられるからです。また、仮説42⁻²（後掲）により、弁韓が辰国から自立して弁辰となるのは、〔楽浪郡治が大同江流域に移動したと推定した〕紀元2世紀前葉の安帝の時代以降であることから、瀆盧国を含む弁辰伝の〔弁辰〕十二国情報は、紀元2世紀前葉以降のものとなります。したがって、『魏志』弁辰伝の「其瀆盧国与倭接界」：「〔弁辰の〕瀆盧国は倭と境界を接している」とある情報は、弁辰が成立した紀元2世紀前葉以降、瀆盧国と境界を接する拘邪国が阿毎氏の倭の一国であった「桓霊間」（147〜189）の末頃迄の後漢代に限定できるからです。

　文中の倭が卑弥呼の倭を指すのであれば、⑤の記述は拘邪韓国が辰王支配から離れ、倭の女王に属する国の一国となって以降の情報となります。

『魏志』倭人伝
⑥「女王国東渡海千余里，復有国，皆倭種。」
（拙訳）
　女王国の東へ海を渡ること千余里、また国があり、皆倭種である。

⑥は女王国の東方に、海を千余里渡ると倭種の国があると記述しています。倭種とは倭人と同じ言葉（古韓語）を話す人々を指すと解されます。

魏代の朝鮮半島と北部九州の諸勢力の位置関係を概念図で表すと図10のようです。

［図10　魏代の朝鮮半島と北部九州の諸勢力の位置関係（概念図）］

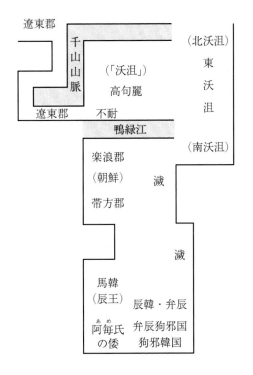

『後漢書』からの抄出分は次のとおりです。

『後漢書』韓伝
⑦「韓有三種：一曰馬韓，二曰辰韓，三曰弁辰。
　　馬韓在西，有五十四国，其北与楽浪，南与倭接。辰韓在東，十有二国，
　　其北与濊貊接。弁辰在辰韓之南，亦十有二国，其南亦与倭接。」

（拙訳）
　　〔辰国の領地や旧領地である〕韓〔およびその後継〕には三種がある。
　　一を馬韓といい、二を辰韓といい、三を弁辰という。
　　馬韓は西にあって、五十四国があり、北は楽浪〔郡〕と、南は倭と〔境を〕接している。辰韓は東にあって、十二国あり、北は濊貊と〔境を〕接している。弁辰は辰韓の南にあって、これまた十二国あり、南は〔馬韓と同じく〕また倭と〔境を〕接している。

　⑦は馬韓や弁辰の南は倭と境を接していると記述していることから、『後漢書』は韓の南に陸続きで倭が存在すると認識しています。

　『後漢書』韓伝
⑧「其南界近倭，亦有文身者。」
　（拙訳）
　　その（馬韓の）南の境界〔あたり〕は倭に近いので、また文身（入れ墨）をしている者がいる。

　⑧には馬韓の南の境界あたりは倭に近いので入れ墨をしている者がいるとありますが、入れ墨をしている者を倭人とは述べていません。

　『後漢書』倭伝
⑨「建武中元二年，倭奴国奉貢朝賀。使人自称大夫。倭国之極南界也。光武賜以印綬。
　　安帝永初元年，倭国王帥升等献生口百六十人，願請見。」
　（拙訳）
　　〔後漢の〕建武中元二年（57）、倭奴国（委奴国）が貢を奉り朝賀に来た。
　　使者は大夫を自称している。〔倭奴国は〕倭国のもっとも南に位置する。
　　光武〔帝〕は〔倭奴国王に〕印綬を賜うた。
　　安帝の永初元年（107）、倭国王帥升等は生口百六十人を献じ、朝見を請願した。

　⑨の倭奴国とは、後漢の建武中元二年（57）に朝賀し、光武帝より「漢委奴国王」の金印を賜与された「委奴国」を指し、北部九州の博多湾岸に位置したと考えられていま

す。倭国を阿毎氏の倭の王が支配する国の総称と解した場合、「〔倭奴国は〕倭国のもっとも南に位置する」との記述は、朝鮮半島南部の倭の諸国の存在を前提としているように受け取れます。また、倭国の極南界に位置する倭奴国（委奴国）は倭国の中の一国と解せることから、『後漢書』倭国伝〔が用いた資料〕は、倭奴国を倭国に「奴」を付した〔阿毎氏の倭の諸国の総称としての〕倭国の貶称とは解していないようです。倭国と委奴国の関係は辰国（総称）と月支国（辰諸国の一つ）の関係に同じと思われます。

『後漢書』倭伝
⑩「倭在韓東南大海中, 依山島為居, 凡百余国。
　　自武帝滅朝鮮, 使駅通於漢者三十許国, 国皆称王, 世世伝統。
　　其大倭王居邪馬台国。楽浪郡徹, 去其国万二千里,
　　去其西北界拘邪韓国七千余里。」

（拙訳）
　　倭は韓の東南大海中に在り、〔人々は〕山島に居住し、およそ百余国がある。
　　武帝が「朝鮮」を滅ぼして以来、漢と使訳の通じた国は三十国ほどあるが、
　　諸国〔の首長〕は皆王を称し、代々王統を伝えている。
　　大倭王は邪馬台国に居している。楽浪郡の境界は〔倭の都のある〕邪馬台国からは一万二千里離れ、倭の西北境界の拘邪韓国からでも七千余里離れている。

　『魏志』倭人伝の②には「倭人在帯方東南大海之中」：「倭人は帯方〔郡〕の東南大海の中に在り、山島に依って国邑を築いている」とありましたが、『後漢書』倭伝の⑩には「倭在韓東南大海中」：「倭は韓の東南大海中に在り」とあります。帯方郡は後漢末の建安九年（204）に公孫康によって新設された郡ですから、『後漢書』倭伝に帯方郡の文言がないのは〔⑩を帯方郡設置以前の情報と解すれば〕よいとして、問題はなぜ『後漢書』倭伝の⑩は「倭在楽浪東南大海中」ではなく〔「楽浪」を「韓」に替えた〕「倭在韓東南大海中」とあるのかです。なんとなれば、『後漢書』韓伝の⑦には「馬韓は西にあって、五十四国があり、北は楽浪〔郡〕と、南は倭と〔境を〕接している」とあり、馬韓の北の楽浪郡の存在を記述しているからです。
　筆者はその理由を『後漢書』韓伝の⑦と『後漢書』倭伝の⑩が引いた各々の資料に記された情報の時期の相違が反映された結果と考えます。すなわち、『後漢書』韓伝の⑦は〔仮説35の成立を前提に〕楽浪郡治が大同江流域に移動後の情報であり、『後漢書』

451

倭伝の⑩の「倭在韓東南大海中」：「倭は韓の東南大海中に在り」は、楽浪郡治が大同江流域に移動する前の、韓の北に漢の郡県が不在であった時期すなわち後漢の光武帝の建武六年（30）から安帝（在位：106～125）の頃までの間の情報と解されるのです。『後漢書』倭伝の「倭在韓東南大海中」の一文は、「領東」（千山山脈以東）に漢の郡県が不在であった時期の情報を記述した原資料の存在を示唆しており、はからずも仮説38を側面から援護するものとなっています。但し、「倭在韓東南大海中，依山島為居，凡百余国」：「倭は韓の東南大海中に在り、〔人々は〕山島に居住し、およそ百余国がある」という記述は誤りです。なんとなれば「倭」と「倭人の国」とは別の概念であるからです。仮説41より、『漢書』地理志が記した「楽浪海中」の倭人の百余国とは、馬韓諸国と阿毎氏の倭の諸国を合わせた、前漢代の〔倭人と同種の馬韓の「天孫族」を含む〕倭人の〔支配する〕国であり、『後漢書』倭伝の「韓の東南大海中」の倭とは、〔韓の北に漢の郡県が不在であった、後漢の光武帝の建武六年（30）から安帝（在位：106～125）の頃までの間の〕韓（馬韓諸国）や韓と境を接する朝鮮半島南部の倭の諸国を除く、阿毎氏の倭の諸国の中でも「東南大海中の」北部九州の諸国のみを指すと考えられます。

　同様に「自武帝滅朝鮮，使駅通於漢者三十許国」：「武帝が『朝鮮』を滅ぼして以来、漢と使訳の通じた国は三十国ほどあるが」の文中にある三十国という数字も、『魏志』倭人伝中の「〔魏代の〕今、使訳が通じている所は三十国である」の記述を安易に後漢代にまで遡及させた記述と推断されます。また、「其大倭王居邪馬台国。楽浪郡徼，去其国万二千里，去其西北界拘邪韓国七千余里。」の件は後漢の安帝の時代（106～125）以降の情報です。なんとなれば、邪馬台国から楽浪郡の境界までの里程が『魏志』倭人伝に記された〔大同江流域に移動後の第二楽浪郡治の南に接する〕帯方郡から女王国への里程と同じであることから、当該楽浪郡は安帝の時代に大同江流域に移動した第二楽浪郡と推断できるからです。里程情報は『魏志』倭人伝の記述を受けたものと考えます。

　但し、「其大倭王居邪馬台国。」の一文については疑義があります。それというのも、後漢王朝が認める倭国の王は⑨にみるように、光武帝より「漢委奴国王」の金印を賜与された「委奴国」王であり、また「倭国王」であり、後漢の史官が倭国の王を「大倭王」と表現することはないと考えるからです。なお、「漢委奴国王」は後漢の霊帝の光和年間（178～183）に卑弥呼の勢力によって北部九州の王者の地位を追われたと推察されます。また、「其大倭王居邪馬台国。」にある「邪馬台国」を『魏志』倭人伝の「邪馬壹国」と同一と解し、「邪馬台国」に居していた「大倭王」は卑弥呼を指すと解した場合でも、後漢王朝が倭国の王とは認めていない卑弥呼を「大倭王」と表現することはなく、『魏

志』にあるように「〔倭〕女王」と表現したと思えるからです。

『後漢書』倭伝
⑪「自女王国東度海千余里至拘奴国、雖皆倭種、而不属女王。」
（拙訳）
女王国より東に海を渡ること千余里、拘奴国に至る。
〔拘奴国の住人も〕皆、倭種ではあるが、女王には属していない。

⑪の「女王国」とは女王卑弥呼の居する国を指すと解されます。

［図11　後漢の光武帝・建武中元二年（57）頃の
　　　朝鮮半島と北部九州の諸勢力の位置関係（概念図）］

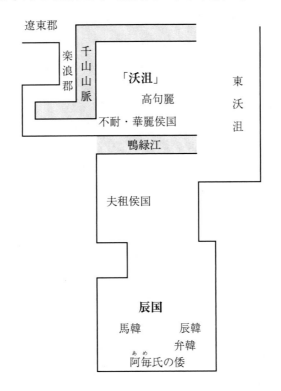

倭奴国（委奴国）が金印を授与された後漢の光武帝・建武中元二年（57）頃の、朝鮮半島と北部九州の諸勢力の位置関係を概念図で表すと、図11のようになります。

　『魏志』における韓とは、かつての辰国の領地であった馬韓・辰韓・弁韓の三韓を指しています。また、『魏志』における倭とは地域的には、馬韓・辰韓・弁辰を除く朝鮮半島西南部・狗邪韓国（倭の北岸、弁辰瀆盧國と境界を接する倭の一国）および北部九州を指しています。『魏志』は魏が卑弥呼を「親魏倭王」に任命して以降、卑弥呼を共立する国々を「倭国」と総称しますが、任命前の魏代の記述に「倭国」の語は見えません。「親魏倭王」卑弥呼を共立する倭国とは倭人の二十九国（狗邪韓国を含み、奴国の重出分を含まない）を指すと解されます。女王国の南に女王には属さない狗奴国があり、男子を王とすると記述しています。狗奴国には男王がおり、狗奴国は女王には属していませんが魏と使訳を通じていると解しました。女王国の東方に、海を千余里渡ると倭種の国があると記しています。倭種とは本書でいう「濊族や孔列文土器人〔の流れを汲む集団〕など」の意義ではなく、倭人と同じ言葉（古韓語）を話す人々と解されます。

　『魏志』倭人伝において、魏代の阿毎氏の倭の勢力の姿は明らかではありませんが、紀元3世紀の魏代にあっても〔仮説24・仮説25の成立を前提に〕北部九州および朝鮮半島西南部に残存していたと考えられます。なんとなれば中国正史に記述された日本列島の代表は、『隋書』倭（俀）国伝までの倭（俀）は九州王権、『旧唐書』倭国伝記載の貞観五年（631）遣使・同二十二年（648）奉表の倭、そして日本は畿内王権とする本書の立場は、後漢代の「漢委奴国」（『後漢書』いう「倭奴国」）の王を戴く阿毎氏の倭の勢力は、『宋書』倭国伝に記載の「使持節・都督倭・百済・新羅・任那・秦韓・慕韓・六国諸軍事安東大将軍・倭国王」を自称した紀元5世紀の倭王珍や上表文で知られる倭王武（本書第3章第3節第6項参照）の倭国、さらには『隋書』倭（俀）国伝に「倭（俀）王姓阿毎，字多利思比孤，号阿輩雞弥」：「倭（俀）王の姓は阿毎で、字は多利思比孤、阿輩雞弥と号す」とある紀元7世紀初の倭（俀）国へと繋がっていき、いずれも九州王権であったと考えるからです。「多利思比孤」は隋の煬帝へ宛てた国書の件「日出処天子致書日没処天子無恙」：「日の出る所の天子が、日の没するところの天子に親書をお届けする。お変わりないであろうか」で著名です。

　『後漢書』韓伝における韓とは、馬韓・辰韓・弁辰を指しています。『後漢書』倭伝もまた倭国王・倭国と女王・女王国の使い分けをしており、後漢代の倭国とは、光武帝より「漢委奴国王」の金印を賜与された阿毎氏の倭の王（倭国王）の支配する諸国をおいて他になく、女王卑弥呼を共立する諸国の総称は見あたりません。女王国とは女王卑弥

454

呼の居する国を指すと解しました。「賁弥辰泛氏(ひみしう)」の分派の北部九州への侵出はすぐさま倭国の乱に発展したと考えられますので、「賁弥辰泛氏(ひみしう)」の分派の北部九州への侵出時期は、桓帝・霊帝の時代（147～189）の末の光和年間（178～183）と考えられます。女王国の東方に、海を千余里渡ると女王に属さない拘奴国があり、住人は皆倭種としています。『後漢書』に「倭人」の語は見当りません。

　各々韓伝を設けていることからもわかるように、『魏志』および『後漢書』は馬韓諸国を倭や倭人の国に含めていません。ところで、仮説41^{-2}より、『漢書』地理志にいう「楽浪海中」の倭人とは、阿毎(あめ)氏の倭の支配階級である倭人および倭人と同種（同じ古韓語を話す集団）の、「賁弥辰泛氏(ひみしう)」の辰国の支配階級である馬韓の「天孫族」（辰族）のことでした。また、仮説24・仮説5^{-5}より、鏡と銅剣を組み合わせて副葬する吉武高木3号木棺墓を遺した阿毎(あめ)氏の倭は「日神(かか)系神道(しんとう)勢力」であり、仮説4^{-8}より「日神(かか)系神道(しんとう)勢力」は「天孫族」を中核とする集団ですから、阿毎(あめ)氏の倭の支配階級（中核）である倭人は「天孫族」です。したがって、『漢書』地理志にいう「『楽浪海中』の倭人」とは、「古韓語を話す『天孫族』」と言い換えることができます。それでは、『漢書』地理志で阿毎(あめ)氏の倭の支配階級である倭人と同種（同じ古韓語を話す集団）と認識され、「楽浪海中」の倭人とされた「賁弥辰泛氏(ひみしう)」の辰国の支配階級である馬韓の「天孫族」（辰族）は、『魏志』や『後漢書』ではなんと称されているのでしょうか。『魏志』では「馬韓人」（本書第1章第1節第2項）と称され、『後漢書』では「馬韓種人」（本書第1章第1節第4項）と称されていると解されます。

　魏代・後漢代における、「古韓語を話す『天孫族』」と倭の支配階級である倭人および『魏志』辰韓伝の「馬韓人」・『後漢書』韓伝の「馬韓種人」の概念の包含関係を図示すると図12のようです。

　図12からもわかるように、馬韓の支配階級を構成した『魏志』辰韓伝の「馬韓人」・『後漢書』韓伝の「馬韓種人」とは、我々日本人の一部祖先となった倭人と同種の「古韓語を話す『天孫族』」でした。種族的には主に「和族(にき)」や「伯族(はく)」（貊族）および両者に係る混血種と推測されます。

[図12　魏代・後漢代における、「古韓語を話す『天孫族』」と
　　　　倭の支配階級である倭人および『魏志』辰韓伝の「馬韓人」・
　　　　『後漢書』韓伝の「馬韓種人」の概念の包含関係]

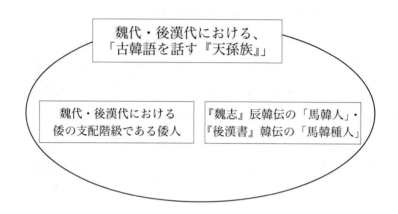

2　弁韓および弁辰の起源

1）北方騎馬民の半島東南部への南下

　ここで、弁韓および弁辰の起源について考えてみたいと思います。
全榮來氏に拠ると、紀元前後の半島東南部に「北方騎馬文化」が出現するとしています。この「北方騎馬文化」について、全榮來氏は次のように述べています。

「　紀元前後にいたり、伝統的な細形銅剣もようやく姿を消しつつある段階に、まったく異系統の文化が東海岸沿いに南下してきた。
　　彼らは、スキタイ式動物意匠の要素を含む青銅遺物とともに、鉄器を将来した。主として洛東江流域に定着して、現地の鉄器文化と融合していった。やがて対馬や北九州にもおよんだが、それ以上拡散されずに終わった。
　　慶尚北道永川郡漁隠洞では、前漢の日光鏡・変形渦文鏡など15面の鏡とともに、虎形・馬形の帯鉤(たいこう)、小馬・鹿頭・銅釦(どうこう)・車輪形飾金具など、合計146点にのぼる青銅製品が出土した[19]。対馬の三根タカマツノダン遺跡からは、永川と同類

の銅釦・倣製鏡とともに、触角式剣把頭飾・細形銅剣が出ている[20]。同サカドウ遺跡では、環状の帯鉤付金具や、触角式把頭飾付銅剣と中細形銅矛が共伴している[21]。触角式銅剣は、大邱市飛山洞の出土例があるが[22]、広く黄河上流のオルドス地方からモンゴル・東北地方にかけて分布している[23]。環状帯鉤金具は、表面に鋸歯文帯を鋳出しているが、同型のものがかつてオルドス地方で発見されている[24]。

　1956年に発見された遼寧省西豊県の西岔溝出土遺物は大きな示唆を投げかける[25]。やはり、漢文化と北方文化が折衷された性格をはらんでいる。動物を透彫りした銅飾板・大小の銅ボタン・車輪形金具・銅馬鐸・触角式剣把頭飾付鉄剣、鉄製閂斧・獣首把頭の銅ナイフがあるかと思うと、各種の前漢鏡（日光鏡・百乳鏡）・半両銭・五銖銭・環頭大刀・木柄鉄剣・鉄斧がある。少なくともこのなかの銅釦・触角式銅剣・車輪形金具・馬鐸・日光鏡などは、永川・対馬につながる文物である。とくに注意すべきことは、永川で倣製品しかなかった変形四虺文鏡のオリジナリティーが対馬に存在することである。

　漢宣帝の本始2年（紀元前72年）、五将軍が20万騎をかり出して出塞し、これを契機に匈奴は遠く逃げ、ついに衰耗したという記事が『漢書』、匈奴列伝に見えている。西岔溝の報告者は、墓地の下限と、その捨て去り年代をこの時分であろうとみている。この枝分かれの一集団が、遠く迂回して豆満江を渡り、東海岸沿いに馬を走らせ、洛東江下流まで押し寄せてきたのである。これが考古学資料が語る歴史の眞相であろう。

　なお、金海市良田洞では、一対の馬を彫り付けた方柱付き十字形把頭飾を伴う鉄剣と鉄矛、後漢代の規矩鏡が、2点の銅矛といっしょに発見されている[26]。一見中細形のように見えるこの銅矛は、矛身の付け根の部位を両側から抉り落とし、樋も関を通り抜ける異様な型式である。韓半島や日本の銅矛型変遷過程では説明がつかない変態である。ところが、西岔溝には同型の銅矛が存在するのである。」[6]

　　　　　（全榮來『韓国青銅器時代文化研究』北九州中国書店、1991、361-362ページ）

全榮來氏はまた、別に次のように総括しています。

「　漢代文化の流入に引きつづいて半島東南部では、動物意匠の青銅飾具・前漢鏡及びその倣製品・触角式銅剣・十字形又は舟形の鐔金具など、いわゆるスキタイ系の

文物が現れてくる。このような文化様態は、漢武帝・宣帝の匈奴征伐を契機に、退路を立ち切られた一団の騎馬民族集団が東方に追いつめられ、やがて東海岸伝いに南へと駆け落ちしたものとみえる。だいたい、宣帝本始２年（B.C72）、五将軍が10万余騎を率いて匈奴を討った事件をエポックとするものである。同系の遺跡は、遼寧省西豊、西岔溝[28]・吉林省樺甸、西荒山屯[29]などに連がるものである。その後この文化類型は対馬島にまで及んでいる。

　この騎馬民族系―それを匈奴系といおうが、スキタイ系といおうが―文化は、
　①青銅器をたずさえてきたとはいえ、すでに鉄器を主流とした段階のものである。
　②韓半島東南地方に局所的に文化的衝撃を与えたが、すぐに土着文化に吸収され普遍的な主体にはなれなかった。
　③韓半島青銅器文化系統の展開線上からは軌道をはずれたものである。・・・」[7]

（全榮來『韓国青銅器時代文化研究』北九州中国書店、1991、320-321 ページ）

　全榮來氏は、紀元前後の頃に半島東南部へ南下してきた「韓半島青銅器文化系統の展開線上からはずれた」異系統の騎馬民族系文化を、匈奴系（スキタイ系）の文化と考えています。また、「韓半島東南地方に局所的に文化的衝撃を与えたが、すぐに土着文化に吸収され普遍的な主体になれなかった」とも述べています。

２）朝鮮半島東南部へ南下してきた北方騎馬民の出自

　全榮來氏の見解に従ってこの勢力を匈奴（「弁那(はんな)」）系とみなした場合、弁韓の起源をうまく説明できます。「安晃辰沄(あめしょう)氏」が辰王位を「賁弥辰沄(ひみしょう)氏」に譲った後も、「賁弥辰沄(ひみしょう)氏」の辰国は「安晃辰沄(あめしょう)氏」が合体した阿毎(あめ)氏の倭を武力で圧迫し続け、阿毎(あめ)氏の倭は朝鮮半島南部において劣勢に立たされていたと考えられます。阿毎(あめ)氏の倭は前漢に貢献することでその後ろ盾を得て、「賁弥辰沄(ひみしょう)氏」の辰国に対する劣勢をはねのけようとしたものの、前漢から新へ移行する混乱期に、前漢の後ろ盾を失った阿毎(あめ)氏の倭は再び劣勢に立たされ、「弁那(はんな)」（匈奴）の一派の南下侵攻によって、朝鮮半島東南部の倭地に居住していた倭人勢力は北部九州への移動を余儀なくされていったのではないでしょうか。筆者は朝鮮半島東南部に「北方騎馬文化」をもたらし、慶尚北道永川郡漁隠洞や大邱市飛山洞などの遺跡を遺した騎馬民勢力を「繒耘伊逗氏」の「沄翅報(シウイツ)（大皇(うしふ)）」を

擁する「弁那(はんな)」(匈奴)の一派と捉え、その勢力が紀元前後の時期に「賛弥辰氾氏(ひみしう)」の辰国に招来され、この地に弁韓を形成したと考えます。本書第2章第8節第5項で当初の朝鮮半島東南部の阿毎氏(あめ)の倭地とした慶尚北道南部とは、弁韓の領土となった永川郡漁隱洞や大邱市飛山洞を念頭に置いたものです。朝鮮半島東南部の倭地に居住していた倭人勢力が北部九州への移動を余儀なくされたことで、朝鮮半島東南部は空洞化が生じたと思われます。後漢代の「桓霊間」(147～189)の末頃まで存在したと考える拘邪国(かや)は、「安冕辰氾氏(あめしう)」の領地を継承して以来の朝鮮半島東南部の阿毎氏(あめ)の倭地の最後の一国であったと考えます。

「賛弥辰氾氏(ひみしう)」の辰国が「弁那(はんな)」(匈奴)の一派を招来した理由は、かつて「賛弥辰氾氏(ひみしう)」の辰国が「高令」を「率発符婁(ソホフル)の谷にある臼斯旦烏厭旦(クシトウアント)の地に招いた」(『神頌契丹古伝』第三十八章)ように、今度は「弁那(はんな)」(匈奴)の一派を招き入れることで、半島における阿毎氏(あめ)の倭に対する優位を決定付けるとともに、漢に対する軍事的備えとする、一石二鳥の効果を狙ったことにあるのではないでしょうか。この考えが当たっているならば、「賛弥辰氾氏(ひみしう)」と「賛弥辰氾氏(ひみしう)」に招来された「弁那(はんな)」(匈奴)の一派との間はなんらかの形で通じていたことになります。

『神頌契丹古伝』第三十八章(本書第2章第6節第7項)でみたように、「弁那(はんな)」(匈奴)の「繻耘伊逅氏(シウイツ)」と「辰氾殷(しういん)」および「高令」を含む「伯族(ぼくとつ)」との間には、過去に「繻耘伊逅氏(シウイツ)」出身の「繆突(ぼくとつ)」(冒頓)をめぐっての固い絆(きずな)がありました。また、密矩王(みこ)が養子に入って継いだ「辰氾殷」王家と「密矩王」の孫が入って後を継いだ「弁那(はんな)」(匈奴)の「繻耘伊逅氏(シウイツ)」とは系譜上の繋がりがあります。前2世紀初に満によって滅ぼされた「辰氾殷(しういん)」王(『魏略』云う朝鮮侯準)は家臣を引き連れて辰国(馬韓)の地に逃(のが)れており、前1世紀の時点では『魏志』韓伝にみえる「準の祭祀」(「察賀亶唫(さかたき)」および「宇越勢旻訶通(うえせみみこと)」および「宇越来旻訶通(うえみみこと)」を祀(まつ)る祭祀)を奉祀する「辰氾殷(しういん)」の王族を含む遺民勢力が健在であったと考えられることから、「賛弥辰氾氏(ひみしう)」は「高令」や馬韓の「辰氾殷(しういん)」の遺民勢力を介して、「弁那(はんな)」(匈奴)の「繻耘伊逅氏(シウイツ)」を招来したと考えられます。

そこで、仮説42を提示します。

仮説42 (H42)：H25×H42×H44
　　　　　　：H 1 ×H24×H25×H42×H44
<u>紀元前後の頃</u>*、「賛弥辰氾氏(ひみしう)」の辰国は、朝鮮半島東南部の阿毎氏(あめ)の

倭の支配地域に「弁那(はんな)」(匈奴)の「繒耘伊逗氏(シウイツ)」を招き入れた。
　「弁那(はんな)」(匈奴)の一派の南下侵攻によって、朝鮮半島東南部の阿毎氏(あめ)の
倭の勢力は北部九州への移動を余儀なくされた。
　「弁那(はんな)」(匈奴)の「繒耘伊逗氏(シウイツ)」によって新たに支配された諸国を
「弁韓**」とした。
　「弁韓」の名称の「弁」は「弁那(はんな)」(匈奴)の「弁」に因むものであり、
「韓」は辰国の領地を意味する「韓」(後掲、仮説44)に因むものである。

　　　「紀元前後の頃」*
　　　　『魏志』韓伝が引く『魏略』の王莽の地皇年間(20～22)の廉斯の鑡(れんし さく)の逸話に
　　　「弁韓」の文言がみえます。「乃出辰韓万五千人，弁韓布万五千匹，鑡収取直還」：
　　　「辰韓の一万五千人と弁韓の布萬五千匹を差し出し、鑡はそれを収め取ると直ちに
　　　楽浪郡に帰還した」とある件(くだり)です。この件(くだり)から、地皇年間(20～22)には
　　　「弁韓」が存在していたことが知れます。

　　　「弁韓」**
　　　　「弁韓」は「はんかん」の音読みが妥当と思われますが、慣例に従い「べんかん」
　　　と音読みします。

3)「賁弥辰汜氏(ひみしう)」の辰国の三韓体制の崩壊

　漢の楽浪郡夫租県が大同江流域に侵出したことで、前1世紀中頃迄に「賁弥辰汜氏(ひみしう)」
の辰国は、北部朝鮮半島(朝鮮半島北半部)の「辰藩」(辰の従属国)の多くを失った
と想像されます。漢は辰国に対しても攻勢をかけ、一部韓諸国を支配したようです。前
漢による一部韓諸国に対する支配の事実を窺わせる記述として、前節でみた『魏志』韓
伝が『魏略』から引用した辰韓の右渠帥(うきょすい)であった廉斯の鑡(れんし さく)の王莽の地皇年間(20～22)
の逸話に、鑡が漢の楽浪郡から官位を授けられていたと解される記述があります。また、
韓に捕えられて奴婢(ぬひ)とされた千五百人の漢人のことが記載されていましたが、奴婢とさ
れた千五百人とは、前漢末から新(8～23)の時代かけて楽浪郡夫租県が一部韓諸国を
支配していた状況があり、その時に楽浪郡夫租県が殖民した漢人ではないでしょうか。
新の末期の混乱に乗じて〔弁韓の援軍を得た〕辰国が反攻に転じ、それらの漢人を捕え
奴婢にしたものと思われます。

460

後漢時代に入り、辺地の郡や都尉を廃止した光武帝の建武六年（30）から、楽浪郡治が大同江流域に移動した仮説 38 の安帝（在位：106 ～ 125）の頃までの一世紀足らずの間は、「領東」（千山山脈以東）に漢の郡県は不在であったことから、「貴弥辰沄氏」の辰国をとりまく国際環境は比較的平穏であったと思われます。安帝（在位：106 ～ 125）の時代に楽浪郡治が大同江流域に移動し、漢の勢力が北部朝鮮半島に再侵出したことで、一部韓諸国が再び漢の支配下に置かれる状況が現出したようです。下掲『魏志』韓伝の「諸韓国臣智加賜邑君印綬」の一節に「加」の一文字があり、「諸韓国の臣智には〔後漢の第二楽浪郡から与えられた印綬に〕加えて邑君の印綬を賜与し」と訳せるからです。後漢は第二楽浪郡に近接する韓諸国の臣智に印綬を授け、辰王支配に替えて後漢の支配秩序に組み込んだものと思われます。

『魏志』韓伝
「景初中，明帝密遣帯方太守劉昕、楽浪太守鮮于嗣越海定二郡，
　諸韓国臣智加賜邑君印綬，其次与邑長。
　其俗好衣幘，下戸詣郡朝謁，皆仮衣幘，自服印綬衣幘千有余人。」
（拙訳）
　景初年間（237 ～ 239）、〔魏の〕明帝は密かに帯方太守劉昕と楽浪太守鮮于嗣を
〔楽浪・帯方の二郡に〕派遣し、海を越え〔海路〕二郡を平定した。
諸韓国の臣智には〔後漢の第二楽浪郡から与えられた印綬に〕加えて
邑君の印綬を賜与し、それに次ぐ勢力の者には邑長〔の位を与えた〕。
その風俗は衣服と頭巾を好み、下戸が郡に拝謁する時には、みな、衣服と頭巾
を〔郡から〕借り〔て着用し〕た。自前の印綬や衣服・頭巾を身につけているも
のも千人以上はいた。」

　第二楽浪郡に近接する一部辰諸国が後漢の支配秩序に組み込まれたことで辰王の権威が失墜し、辰王が馬韓諸国の首長の任命権を失い、弁韓が弁辰として自立したことで辰国の三韓体制は崩壊したと考えます。辰王が馬韓諸国の首長の任命権を失ったということは、馬韓諸国が辰王の直轄地すなわち辰国の領地ではなくなったことを意味します。三韓体制崩壊の時期を明示した資料は知りませんが、楽浪郡治が「遼河平野南西部」から大同江流域に移動したことは辰国の弱体化と表裏一体の関係にあったと考えられることから、三韓体制崩壊の時期を、後漢の安帝の時代（106 ～ 125）に楽浪郡治が大同江流

域に移動して程ない頃と推断し、仮説43を提示します。

　　仮説43（H43）：H38×H43
　　　　　　　　　：H23×H33×H35×H36×H38×H43
　　「貢弥辰沄氏」の辰国の三韓体制は、紀元2世紀前葉の後漢の
　　　安帝の時代（106～125）に楽浪郡治が大同江流域に移動して程なく崩壊した。

　『後漢書』韓伝に「馬韓最大，共立其種為辰王，都目支国，尽王三韓之地。其諸国王先皆是馬韓種人焉」：「馬韓がもっとも強大で、共に〔馬韓の〕種をたてて辰王とし、〔辰王は〕目支国に都して、〔かつての〕三韓（馬韓・辰韓・弁韓）の地すべての王であった。それら〔かつての三韓を構成した〕諸国の王（国邑の首長）も、以前はすべて馬韓種人であった」と記述されていますが、仮説43により、「目支国に都した〔「貢弥辰沄氏」の〕辰王が、〔かつての〕三韓（馬韓・辰韓・弁韓）の地すべての王であった」のは、後漢代の紀元2世紀前葉迄のこととなります。『魏志』韓伝に「辰王治月支国」：「辰王は月支国を治めている」とある状況が現出したと考えます。以後、辰王が馬韓諸国の首長に対する任命権を回復することはなかったと思われます。なんとなれば、本書第2章第6節第8項でふれたように、『魏志』韓伝の辰王の優呼は「珂洛辰」：『珂洛』（神族）である『辰』〔国〕」の文言を欠くと推測され、後漢代の紀元2世紀前葉以降の辰王は、辰国の中核である馬韓の支配権を失っていたと解されるからです。

　馬韓が辰国の中核である理由は、南部朝鮮半島の辰国は当初は馬韓のみで構成されており、前2世紀初に馬韓がその東界を割いて形成された辰韓は亡命秦人の国であり、のちに右渠の「朝鮮」から亡命した歴谿卿の率いた一団が加わり、遅れて紀元前後に形成された弁韓は「弁那」（匈奴）系の国であり、辰国の支配階級である「辰族（辰沄固朗）」（辰国の「天孫族」）は主に馬韓に居住していた「天孫族」であったからです。かつて辰王は馬韓の「天孫族」すなわち「馬韓種人」の中から辰諸国の首長（臣智）を任命していたと考えられます。諸国王が「馬韓種人」でなくなったのは、辰王が馬韓諸国の臣智（国邑の首長）の任命権を失ったことで、辰王により新たに任命された臣智（国邑の首長）との交代がなくなり、諸国王（国邑の首長）が土着化していったことに由ると解されます。一部辰諸国は後漢の支配下に入り、弁韓が弁辰として自立し、従前の三韓体制は崩壊したものの、後漢の支配秩序に組み込まれていない馬韓諸国の首長等は、後漢の支配秩序に組み込まれなかった〔一部〕辰韓諸国に対する辰王支配の継続を主目的とし

て、辰韓諸国の支配権という限定的な権力を付与された辰王を引き続き共立したものと思われます。「共立」とは従来から「辰族（辰氵固朗）」に継承されてきた伝統的な辰王推戴方式であり、「日孫」を「神祖」とする王統を継ぐ資格がある人物すなわち王位継承権を有する王族の中から「辰族（辰氵固朗）」である「馬韓諸国の臣智等（国邑の首長や有力家臣等）によって、辰王が推戴されること」と解されます。

『魏志』韓伝に「桓、霊之末，韓濊彊盛，郡県不能制，民多流入韓国」：「桓帝・霊帝の時代（147〜189）の末頃に韓濊が強盛となり、郡県は〔韓諸国や濊人勢力を〕制することができなかった。郡県の住民の多くが韓諸国に流入した」とあることから、桓帝・霊帝の時代（147〜189）の末頃には後漢の国力は極度に疲弊し、支配秩序に組み込んでいた一部韓諸国に対する支配を継続できなかったようです。この時、辰王は失っていた一部辰韓地域の統治権を取り戻し、辰韓十二国すべての統治権を回復したと思われます。さらに、「賁弥辰氵固氏」の辰国が弁辰と謀って阿毎氏の倭の有力国であった拘邪国を奪い取ったことで、阿毎氏の倭との間で一気に緊張が高まったものと推察されます。辰王の優呼には拘邪韓国が加えられ、「拘邪・秦支廉」となりました。本書第2章第8節第9項に示したように、後漢の影響力低下を見て取った「賁弥辰氵固氏」の分派が拘邪韓国を拠点に北部九州に侵出したことが、『後漢書』倭伝に「桓霊間、倭国大乱」：「桓帝・霊帝の間（147〜189）に倭国で大戦争が起こり」と記述された、霊帝の光和年間（178〜183）に勃発した〔「賁弥辰氵固氏」の分派と阿毎氏の倭との間で繰り広げられた北部九州の覇権をめぐっての争いと解される〕倭国の乱へと繋がっていったとするのが本書の見方です。

4）弁韓は弁辰になった

紀元2世紀前葉の後漢安帝の時代（106〜125）に楽浪郡治が大同江流域に移動して程なく、弁韓は辰国から自立したと推察されます。すなわち、朝鮮半島東南部に形成された、「繻耘伊逗氏」の「氵翅報（大王）」を戴く、旧弁韓諸国の連合体が「弁那（匈奴）辰国」略して「弁辰」であったと考えられます。「弁那」（匈奴）の一派が建国した辰国といえば、戦国前期の頃（前5世紀末〜前4世紀初）からの一時期、「遼東辰国」をその支配下に置き（仮説19）、鄭家窪子6512号墓を遺した（仮説20）遼河平野の「弁那（匈奴）辰国」（定義10）が想起されます。

そこで、仮説42⁻²を提示します。

　　仮説42⁻² (H42⁻²)：H38×H42×H42⁻²
　　　　　　　　　　：H 1×H23×H24×H25×H33×H35×H36
　　　　　　　　　　　×H38×H42×H42⁻²×H44
　　紀元2世紀前葉の後漢安帝の時代（106～125）に楽浪郡治が大同江流域に
　　移動して程なく、弁韓は辰国から自立し、国号を「弁那(匈奴)辰国」
　　　　　　　　　　　　　　　　　　　　　　　　　　　はんな
　　すなわち「弁辰」に改め、この地に「弁那(匈奴)辰国」を再興した。
　　　　　　　　　　　　　　　　　　　はんな
　　「繻耘伊逗氏」の「泻翅報」（大皇）を戴く、旧弁韓諸国の連合体が
　　 シウイツ　　　 うしふ
　　「弁那(匈奴)辰国」すなわち「弁辰」*である。
　　　 はんな

　　　「『弁辰』」*
　　　　　「弁辰」は「はんしん」の音読みが妥当と思われますが、
　　　　　慣例に従い「べんしん」と音読みします。

『魏志』辰韓伝に「始有六国,稍分為十二国。弁辰亦十二国,又有諸小別邑,各有渠帥,大者名臣智,其次有険側,次有樊濊,次有殺奚,次有邑借」：「〔辰韓は〕はじめ六国であったが、しだいに分かれて十二国になった。〔後漢代の〕弁辰もまた十二国あり、また多くの小さな別邑（集落）があり、〔邑（集落）には〕それぞれ渠帥（邑の首長）がおり、その勢力の大きな者は臣智と名づけられ、そのつぎには険側があり、その次には樊濊があり、その次には殺奚があり、その次には邑借がある」と記述されています。「渠帥」の語が使われていることから、当該一節は後漢代の資料からの引用と判別され、拙訳に〔後漢代の〕と補記しました。しかしながら、『魏志』辰韓伝には弁辰十三国が列記されており、魏代の弁辰諸国は十三国あったと思われます。ところで、『魏志』弁辰伝には「十二国亦有王」：「〔弁辰の〕十二国には〔それぞれ〕王（国邑の首長）がいる」とあり、「渠帥」でも「長帥」でもなく「王」とされています。「王」は漢語です。『魏志』弁辰伝が引用した資料には、弁辰諸国の首長を「王」と漢訳してあったものと思われます。仮説42⁻²で提示したように、弁辰には「繻耘伊逗氏」の「泻翅報」（大皇）がおり、弁辰諸国〔王〕に君臨したと考えます。
　「長帥」の用語から魏代の情報と判別されますが、『魏志』韓伝には「各有長帥,大者自名為臣智,其次為邑借,散在山海間」：「〔邑（集落）には〕それぞれ長帥（邑の首

長）がおり、大きな〔勢力の長帥〕はみずからを臣智(シチ)と称し、それに次ぐ〔勢力の長帥〕は邑借(オサイ)と称し、〔邑（集落）はそれぞれ〕山と海との間に散在し」とあり、「険側(キシ)」・「樊濊(ハイ)」・「殺奚(セヘイ)」の称号はみえません。後漢代の辰韓情報にあった「険側(キシ)」・「樊濊(ハイ)」・「殺奚(セヘイ)」の称号が、魏代の馬韓情報にない理由は、「険側(キシ)」・「樊濊(ハイ)」・「殺奚(セヘイ)」が辰韓（秦人集団）固有の官職であったことによるのではないかと考えます。

　繰返しになりますが、本書第２章第６節第４項で述べたように、この時代の国とは地図上で余すことなく地域区分（行政区分）されるような存在ではなく、第一義的には国邑（支配拠点である邑）を意味し、また国邑からの統治作用が及ぶ範囲をも意味するようになったと考えます。国邑の周囲には中小の邑（集落）が点在し、それぞれの邑の首長（漢は「渠帥」と呼び、魏は「長帥」と呼んだ）によってまとめられたと考えられます。弁韓さらには弁辰は朝鮮半島東南部の阿毎(あめ)氏の倭の旧支配地域にある、空洞化（居住空白域）が生じた国邑（支配拠点である邑）に積極的に殖民をおこない、周辺の濊族等の小邑を取り込みながら国を再生し、後漢代には十二国を数えるまでに発展したと思われます。辰韓も同じように殖民活動を行い、始めの六国から十二国に拡大します。

　『魏志』辰韓伝に「〔辰韓の〕男女の格好は倭に近く、また文身（入れ墨）をしているものがいる」とあるのは、辰韓人の中でも秦人の後裔の風俗描写ではなく、辰韓に新たに組み入れられた阿毎(あめ)氏の倭の旧拠点邑や周辺の中小の邑に昔から住んでいる領民である濊族の風俗を描写したものではないでしょうか。『後漢書』韓伝にも「その（馬韓の）南の境界〔あたり〕は倭に近いので、また文身（入れ墨）をしている者がいる」とあります。文身（入れ墨）をしている者がいる理由を馬韓の南の境界あたりが倭に近いことに求めたのは『後漢書』韓伝〔が用いた原資料〕の解釈ですが、入れ墨をしている者がいる理由は馬韓の南の境界あたりが比較的温暖であったため潜水漁がおこなわれ、領民に文身（入れ墨）の習俗をもつ水人（漁民）がいたためと解されます。『魏志』倭人伝の「男子無大小皆黥面文身。自古以来，其使詣中国，皆自称大夫。夏后少康之子封於会稽，断髪文身以避蛟龍之害。今倭水人好沈没捕魚蛤，文身亦以厭大魚水禽，後稍以為飾。諸国文身各異，或左或右，或大或小，尊卑有差」：「男子は大人も子供も皆、顔や身体に文身（入れ墨）をしている。〔前漢の〕昔から中国に詣でる倭の使者は皆、大夫を自称している。夏王朝の少康の子は会稽に封ぜられると、髪を短くして文身を施し、鮫から咬まれないようにした。今、倭の水人（漁民）は、よく潜っては魚貝を捕るが、〔水人（漁民）の文身は〕大魚や水鳥が嫌(いや)がって近づかないようにするためである。のち次第に〔身体の〕装飾ともなった。〔倭の〕諸国の文身には違いがある。身体の左

465

側に施したり右側に施したり、身体の大部にわたるものから部分的で小さいものまで、また、身分や序列によっても〔文身に〕差がある」との記述にある、倭の水人（漁民）を始めとする文身を施した人々は、主に江淮地方（淮河・揚子江流域）を原郷とする濊族などの領民であり、〔前漢の〕昔から中国に詣で、大夫を自称した倭の使者すなわち倭人（倭の支配階級である「天孫族」）は文身とは本来無縁であると解されます。文身の習俗は比較的温暖な朝鮮半島南部多島海地域から西日本に居住する倭の水人（漁民）すなわち潜水漁を生業とする濊族の一部において継承されていたのではないでしょうか。

　同じく『魏志』辰韓伝に「国は鉄を産出し、韓・濊・倭は皆、それらの鉄を取る作業をしている。・・・また〔楽浪・帯方〕二郡にも鉄を供給している」とありますが、文中に「二郡」とあることから、この一節を帯方郡が置かれた紀元3世紀初以降の状況の記述とみた場合、文中の倭とは女王卑弥呼の支配する倭の勢力と解されます。なんとなれば、魏代の阿毎氏の倭が「賣弥辰汦氏」の辰王が治める辰韓に入ることは困難であり、また朝鮮半島〔西南部の栄山江流域の阿毎氏の倭地は残っていたものの〕東南部の阿毎氏の倭地は失っていたと解され、辰韓への足がかりもないからです。濊人は韓地の先住勢力であり、領民の多くを占めますので、採鉄に従事させられていたと解されます。

　『魏志』弁辰伝に「〔弁辰の〕人々の体格は皆大きく、衣服は清潔で髪は長い」と記述された弁辰の人々とは支配階級の「弁那」（匈奴）人であり、先住勢力の濊族ほか領民ではないと思われます。『魏志』弁辰伝に「弁辰与辰韓雑居」：「弁辰と辰韓〔の国々〕は入り交じって割拠し」とありますが、阿毎氏の倭の旧支配地域の空洞化が生じた国邑（支配拠点である邑）に弁辰・辰韓が先を争って殖民をおこない、国邑を再生した結果、各所に弁辰・辰韓の「飛び地」ならぬ「飛び国邑」が入り交じって出現し、その状況が『魏志』に「雑居」と表現させたものと解されます。

3　韓について

1）「韓」とは

　第2章第1節第15項で述べたように、「韓」は初代「韓侯」が周成王より賜った国号「韓」に始まり、また「韓」の領地を意味していましたが、「韓侯」はまた辰王であったことから、「韓」〔の語〕は辰国の領地を意味するようにもなりました。

第2章　文献史料と考古史料から探る前一千年紀の辰国

そこで仮説44および仮説44⁻²を提示します。

　仮説44（H44）：H１×H44
　　「韓」〔の語〕は辰国の領地*を意味する普通名詞である。

　　　「辰国の領地」*
　　　　ここで辰国の領地とは辰王の直轄地を意味し、辰王によって任命（封建ではない）
　　　　された〔行政官としての〕首長（臣智(シチ)）が治める国邑（支配拠点である邑）および
　　　　国邑の統治作用が及ぶ範囲をいう。（本書第１章第１節第１項１)注にて既出）

　仮説44⁻²（H44⁻²）：H43×H44×H44⁻²
　　　　　　　　　　：H１×H43×H44×H44⁻²
　　辰国の領地を意味する「韓」が付された「馬韓」の呼称が、
　　辰王が馬韓の支配権を失った後も『魏志』や『後漢書』に用いられたのは、
　　辰国時代に「馬韓」の語が固有名詞として定着していたことによる。
　　結果的に「馬韓」の呼称は辰国の旧領地であることを示すこととなった。

　仮説44より、「『韓』〔の語〕は辰国の領地を意味する普通名詞」であり、南部朝鮮半島（朝鮮半島南半部）を指す固有名詞ではありません。『魏志』や『後漢書』の韓伝に記述された南部朝鮮半島の諸国に韓族という種族は存在しませんでした。すでに述べたように、『魏志』辰韓(しんかん)伝にみえる「馬韓人」や『後漢書』韓伝にみえる「馬韓種人」とは、倭人と同種の〔辰国の〕支配階級である馬韓の「天孫族」を指すと解されます。
　そこで、仮説44⁻³を提示します。

　仮説44⁻³（H44⁻³）：D２⁻²×H１×H41⁻²×44⁻³
　　　　　　　　　　：H１×H４×H６×H６⁻²×H８×H24×H25×H41⁻²×44⁻³
　　『魏志』や『後漢書』の韓伝に記述された南部朝鮮半島の諸国に、
　　韓族という種族は存在しなかった。
　　『魏志』辰韓(しんかん)伝にみえる「馬韓人」や
　　『後漢書』韓伝にみえる「馬韓種人」とは、
　　倭人と同種の〔辰国の〕支配階級である馬韓の「天孫族」を指す言葉である。

南部朝鮮半島は多くの日本人の祖先となった人々の故地であり、百済や新羅など東北アジア系騎馬民勢力の南下侵入を許す迄、濊族や孔列文土器人〔の流れを汲む集団〕や「辰族（辰汎固朗）」や倭人などのフィールド（活動領域）でした。中国正史に記述された紀元3世紀以前の古韓の歴史は辰国の歴史であり、日本人の祖先となった人々の歴史であるといえるのではないでしょうか。そう理解すると、『魏志』や『後漢書』の韓伝に記述された古韓の文化や習俗は、もっと身近に感じられるはずです。

2）馬韓の名称の由来

　弁韓の名称は、紀元前後の「弁那」（匈奴）の一派の来住に由来すると考えました。また、辰韓の名称はもとは〔秦人の居住する韓を意味する〕秦韓であったと解されます。それでは、馬韓の名称の由来はなんでしょうか。王建新氏はその著『東北アジアの青銅器文化』の中で〔馬韓の由来〕という一節（同成社、1999、230-235ページ）を設け、さまざまな角度から論じています。筆者が理解同意できる部分をかいつまんでご紹介しますと、王建新氏は「朝鮮半島の南西部地域で現れた細形銅剣文化は、明かに遼西地域および遼河平野の貊人文化の流れで、韓侯の国が馬韓地域に移ったことを裏づけている」と述べ、「馬韓とはおそらく貊韓」ではなかろうかとの見解を示されています。また、「貊韓」が「馬韓」となった理由の一つに、「馬」は音韻学上「貊」に音が近いことをあげていますが、筆者はこの理由を支持します。なんとなれば、馬韓を「遼東辰国」の南遷に先立ち形成された朝鮮半島の直轄地とする本書の立場からすると、当時の馬韓は主に「遼東辰国」の中核勢力であった「辰族（辰汎固朗）」の中でも、主に「伯族」（貊族）を先祖集団とする勢力の殖民によって経営されたと考えることで説明できるからです。したがって、朝鮮半島に馬韓が形成された時期は、「遼東辰国」が朝鮮半島に直轄地を形成し始めたと考えられる前5世紀頃を想定します。

3）「韓」を「韓」と訓むのはなぜか

　ところで、『古事記』や『万葉集』では「韓」の語を「から」と訓ませます。我が国において「韓」を「韓」と訓ませるのはどうしてでしょうか。「韓」の語を「から」と

訓ませる事例の初出と思われますが、「韓」を「から」と訓む理由を推察するにあたっての格好の用例が古事記の天孫降臨の件にあります。竹田恒泰著『現代語古事記』（学研、2012、105ページ）より該当箇所（注釈を除く）を再掲します。

「そこで邇邇芸命は
『ここは韓国に向かい、笠紗之の岬に道が通じていて、
朝日がまっすぐに射す国、夕日の日が照る国である。
だから、この地はとても良い地だ』と仰せになって、
地の底にある岩盤に届くほど深く穴を掘って、太い宮の柱を立て、
高天原に届くほど高く千木を立てて、そこにお住みになりました。」

高天原の天照大御神を天孫降臨時の「安晁辰汜氏」の辰国の辰王に、筑紫の邇邇芸命を北部九州の阿毎氏の初代「大皇（『阿輩雞弥』）」に見立て、以下の論を進めます。

さて、「韓国」の意義は「『珂洛』（神族）の住む国」を意味する「『珂洛』（神族）国」と解されます。ここでの「韓国」とは当時の「安晁辰汜氏」の辰国の中核である馬韓を指すと解されます。「韓」を「から」と訓ませるのは、今では我が国だけに残る訓み方でありましょうが、その起こりは古く、「韓」が辰国の領地の意義ともなった「韓侯」の頃からと思われます。「珂洛」（神族）は「東語」（太古の「辰族」の言葉）であり、「韓」は「珂洛」（神族）の住む土地であったことから、「韓」を「から」と訓むようになったと解されます。すなわち、後世の国学者が「韓」を「から」と訓ませたからではなく、『古事記』成立よりはるか以前から「辰族（辰汜固朗）」は「韓」を「から」と訓んでいたわけです。

邇邇芸命が降臨された博多湾岸地域を含む「葦原中国」は平定直後であり、周囲は非「珂洛」（神族）ばかりでしたから、まさかの時には「珂洛」（神族）の迅速な支援を必要としました。そこで、邇邇芸命が宮殿を構え、新たな拠点となる北部九州の博多湾岸地域が「珂洛」（神族）国すなわち辰国の中核である馬韓に向かっていることは、絶対の要件であったわけです。当時は「安晁辰汜氏」の辰国の時代でしたから、後に倭地となった朝鮮半島南部も馬韓の一部であったと解されます。笠紗之岬が博多湾岸にかつて存在したであろうことは、本書第2章第8節第2項でふれたとおりです。宮殿の建設予定地は笠紗之岬に〔まっすぐに〕道が通じていて（原文「真来通」：「まきとおり」）、海路での韓国との往来にも絶好の場所だったのでしょう。なお、仮説8^{-4}より〔「安晁

辰沄氏」の〕辰国は「天孫族」を中核とする国ですから、定義5より〔「安晃辰沄氏」の〕辰国の中核である馬韓の住民は「珂洛」(神族)であり、「日神系神道勢力」である北部九州の阿毎氏の倭も仮説4^{-8}により「天孫族」を中核とする国ですから、定義5より阿毎氏の倭の住民は「珂洛」(神族)となります。

　守護神として宮内省に祀られていたという韓神は阿毎氏(「安晃辰沄氏」)の祖神であり、もとは「『〔辰沄〕固朗』の神」であったと推察されます。しかしながら、「貴弥辰沄氏」に辰王位を譲った「安晃辰沄氏」は北部九州の分家筋にあたる阿毎氏の倭と合体し、辰王を戴く「辰沄固朗(辰族)」ではなくなったので、単に「『珂洛』(神族)の神」となり、「『珂洛』(神族)の神」は祭られて「『珂洛』(神族)国」すなわち「韓国」に鎮座していましたので、「韓国に座します神」の意味もかねて「韓神」となったと考えられます。

「からかみ【韓神】『からのかみ』に同じ。
　　　　神楽歌、韓神『われ—の韓招せむや』」

(新村出編『広辞苑』第五版、岩波書店、1998)

　「安晃辰沄氏」が辰王位を「貴弥辰沄氏」に譲り、「安晃辰沄氏」改め「阿毎氏」の王族を中心とする朝鮮半島南部の倭人の主力が北部九州に移動したことで、「安晃辰沄氏」の辰国の王都の地(美称は「高天原」)に設けられていた神殿に鎮座しました韓神は、「韓招」されて王都の地があった栄山江流域から北部九州へ遷座され、さらに大和国へと遷されたものと思われます。「韓国」も「珂洛」(神族)の住む「朝鮮半島南部の阿毎氏の倭地(『安晃辰沄氏』の辰国の旧馬韓の一部)」を指すようになったと推測されます。

　筆者は韓神を日本神話における天神(天つ神)と同義で、「日孫」を「神祖」とする王統を継ぐ王家である阿毎氏の「祖神(神として祭る祖霊)」と考えますが、『広辞苑』に拠ると韓神は大己貴・少彦名二神を指すとあります。

「からのかみ【韓神】
　　　　(朝鮮から渡来した神の意か)守護神として宮内省に祀られていた神。
　　　　大己貴・少彦名二神をさすという。」

(新村出編『広辞苑』第五版、岩波書店、1998)

「古くは陰暦二月の春日祭の後の丑の日と十一月の新嘗祭の前の丑の日に」園神祭と共に韓神祭が行われており、中世以後に衰え廃絶したとあります。

「からのかみのまつり【韓神祭】
　　　宮内省内に祀ってあった韓神の祭。
　　　古くは陰暦二月の春日祭の後の丑の日と十一月の新嘗祭の前の丑の日に、
　　　園神祭と共に行われたが、中世以後衰え廃絶した。からかみのまつり。」
　　　　　　　　　　　　　　　　　　　　　　（新村出編『広辞苑』第五版、岩波書店、1998）

「そののかみ【園神】
　　　大内裏の宮内省に祀られた神。
　　　大己貴の和魂*である大物主神という。そのかみ。」
　　　　　　　　　　　　　　　　　　　　　　（新村出編『広辞苑』第五版、岩波書店、1998）

　　　「和魂」*
　　　　「にきみたま【和魂・和御魂】
　　　　（後世はニギミタマとも）柔和精熟などの徳を備えた神霊または霊魂。にきたま。
　　　　〈神功紀訓注〉**⇔荒御魂
　　　　　　　　　　　　　　　　　　　　　　（新村出編『広辞苑』第五版、岩波書店、1998）

　　　「〈神功紀訓注〉」**
　　　　「和魂此云珥岐瀰多摩荒魂此云阿邏瀰多摩」
　　　　（拙訳）
　　　　和魂　此れ云う、珥岐瀰多摩、
　　　　荒魂　此れ云う、阿邏瀰多摩

　奈良市にある漢國神社は園神と韓神を御祭神とし、園神は大物主命、韓神は大己貴命・少彦名命の二座とされています。同神社公式サイトの「由緒」から、『大倭神社註進状』（『新校群書類従』巻第十八）に「大神氏家牒ニ曰ク、養老年中、藤原史亦　園韓神社ヲ建テ斎キ奉ル。神名帳ニ云ク、宮内省ニ座ス神三座。並名神大。月次、新嘗。園神社一座、韓神社二座。旧記ニ云ク、件ノ神等ハ素盞烏尊ノ子孫ニシテ、疫ヲ守ル神ナリ。伝ヘ聞ク、園神ハ、大己貴命ノ和魂大物主神ナリ。（中略）韓神ハ、大己貴命、少

彦名命ナリ。（下略）」とあることを知りました。「藤原史」は「藤原不比等」とも記されます。「名神大」とは「名神大社」の意、「月次」とは「月次祭」、「新嘗」とは「新嘗祭」の意です。『広辞苑』の【韓神】・【園神】の解説は『大倭神社註進状』に拠ったものと思われます。

　韓神と園神について付言しますと、『古事記』には「其大年神、娶神活須毘神之女、伊怒比売、生子、大国御魂神。次韓神。次曾富理神。次白日神。次聖神。」：「〔須佐之男命と神大市比売との間の子である〕その大年神が神活須毘神の娘である伊怒比売と結婚して生んだ子は、大国御魂神。次に韓神。次に曾富理神。次に白日神。次に聖神。」とあり、韓神は須佐之男命の子である大年神と伊怒比売との間に生まれた子とされています。なお、「園神」の語は『古事記』・『日本書紀』共に見当りません。

　先に述べたように、筆者は韓神を日本神話における天神（天つ神）と同義で、「日孫」を「神祖」とする王統を継ぐ王家である阿毎氏の「祖神（神として祭る祖霊）」と考えますので、対する園神は日本神話における国神（国つ神）と同義で、阿毎氏の侵出以前に葦原中国を治めていた在地勢力の「祖神（神として祭る祖霊）」と考えます。天皇の大殿内には韓神および園神の諸神が並び祭られたものと思われます。

　『日本書紀』崇神天皇六年の条に「先是、天照大神・倭大国魂二神、並祭於天皇大殿之内。然畏其神勢、共住不安。故以天照大神、託豊鍬入姫命、祭於倭笠縫邑。仍立磯堅城神籬。神籬、此云比莽呂岐。亦以日本大国魂神、託渟名城入姫命令祭。」：「これより先、天照大神・倭大国魂の二神を、天皇の大殿の内に並び祭られた。ところが、その〔二神の〕勢いを畏れ、共に住むには不安があった。そこで、〔崇神天皇は〕天照大神を〔子の〕豊鍬入姫命に託し、大和の笠縫邑に〔遷し〕祭らせ、磯堅城の神籬を立てた。『神籬』、これを『比莽呂岐』と云う。また、日本大国魂神を〔子の〕渟名城入姫に託し、〔宮外に遷し〕祭らせた。」とあります。天照大神と倭大国魂（日本大国魂神）の二神の勢いを畏れたとあるのは、あるいは、韓神の代表神である天照大神と園神の代表神である倭大国魂（日本大国魂神）との諍いを畏れたのかも知れません。

　倭大国魂（日本大国魂神）を園神の代表神とみたのは、『日本書紀』巻第一神代上に「一書曰、大国主神、亦名大物主神、亦号国作大己貴命。亦曰葦原醜男。亦曰八千戈神。亦曰大国玉神。亦曰顕国玉神。」：「一書にいう。大国主神、またの名を大物主神、また国作大己貴命を号す。また葦原醜男といい、八千戈神といい、大国玉神といい、顕国玉神という。」とあり、大国主神（大物主神）と大国玉神とは同一神とされているからです。そうであるならば、崇神紀の倭大国魂（日本大国魂神）と、この大国玉神

も神名の類似から同一神と考えられますので、倭大国魂（日本大国魂神）と大国主神（大物主神）は同一神となり、国神（国つ神）の代表神である大国主神（大物主神）と同一神である倭大国魂（日本大国魂神）は国神（国つ神）の代表神であり、園神を国神（国つ神）と同義とする筆者の立場からすると園神の代表神となるからです。韓神と国神（園神）を並び祭る「漢國神社」は「韓國神社」が本来の表記と推察されます。

4）『魏志』韓伝の「弁韓」は「弁辰」の誤りではなかった

　『魏志』韓伝に「韓在帯方之南，東西以海為限，南与倭接，方可四千里。有三種，一曰馬韓，二曰辰韓，三曰弁韓。辰韓者，古之辰国也」の一節があり、「弁韓」の語が登場します。ところが、この一節以外に弁韓についての記述は後にも先にもまったくないのです。『魏志』韓伝は弁韓について記述することなく、替わりに弁辰について記述しています。いわゆる『魏志』弁辰伝と仮称されている章段です。これは一体どういうことなのでしょうか。『後漢書』韓伝には「韓有三種：一曰馬韓，二曰辰韓，三曰弁辰」とあり、「弁韓」ではなく「弁辰」とあることから、『魏志』韓伝の「弁韓」は「弁辰」の誤りではないかとの疑念を筆者はもっていました。ところが、それは誤りではなく、「弁韓」の文言が残されているのは「依拠した原資料の尊重」という『魏志』の原文主義の表れであったと解されるのです。

　すなわち、「有三種，一曰馬韓，二曰辰韓，三曰弁韓」の一節が『魏志』韓伝が依拠した原資料どおりであるとした場合、この一節は馬韓・辰韓・弁韓の三韓が「賁弥辰汎氏」の辰国の領地であった紀元前後から紀元2世紀前葉の後漢安帝の時代（106～125）にかけての韓情報を記述したものとなります。なんとなれば、仮説25により「賁弥辰汎氏」の辰国は馬韓と辰韓を領土としていましたが、仮説42により紀元前後の頃に弁韓が加わり、仮説42^{-2}により、紀元2世紀前葉の後漢安帝の時代（106～125）に楽浪郡治が大同江流域に移動してほどなく、弁韓は弁辰として自立しましたので、弁韓が存在した時期は紀元前後から紀元2世紀前葉の後漢安帝の時代（106～125）に限られるからです。『魏志』の依拠した資料は「辰国の領地」の意義で「韓」の語を用いていると解され、仮説44と契合します。

　以上から、『魏志』韓伝の「有三種，一曰馬韓，二曰辰韓，三曰弁韓。辰韓者，古之辰国也」の意訳は：「〔かつての辰国の領地であった韓には〕三種があり、一を馬韓、二

を辰韓、三を弁韓といった。辰韓は〔歴溪卿が民を随えて移住したという、あの〕昔の辰国〔の地〕である」となります。『魏志』に「弁辰伝」があり「弁韓伝」がない理由は、仮説 42^{-2} により魏代に弁韓は存在せず、替わりに弁辰が存在していたからです。換言すれば、魏代の弁韓に関する資料はもとより存在せず、魏代の弁辰に関する資料が存在していたからです。

　留意すべきは、「韓在帯方之南，東西以海為限，南与倭接，方可四千里」:「韓は帯方〔郡〕の南にあって、東西は海をもって限られ、南は倭と〔境を〕接しており、広さは四千里四方ほどである」の一節は紀元3世紀初（後漢末）に公孫康によって新設された「帯方〔郡〕」の文言があることから後漢末から魏代における韓の位置関係についての情報と解されますが、後に続く「有三種，一曰馬韓，二曰辰韓，三曰弁韓」の一節は紀元前後から紀元2世紀前葉の後漢安帝の時代（106～125）における辰国の領地であった韓の情報であることです。この一節が、あたかも魏代の韓の情報であるかのように記載されているにもかかわらず、漢代の辰国の領地であった韓の情報であると判別できたのは、「弁韓」の文言が残されていたことに由ります。『魏志』韓伝が「弁韓」の文言を「弁辰」と改変しなかったのは『魏志』の原文主義の表れといえます。この一例は決め手となる「弁韓」の文言が残されていたことで漢代の辰国の領地に関する情報であると判別できましたが、漢代の韓に関する情報であるのにそうとは気づかれずに、魏代の韓に関する情報であるかのように紛れ込んでいる情報が他にも存在する可能性を否定できません。

　楽浪郡治が大同江流域に移動して程なく、第二楽浪郡に近接する一部辰諸国が後漢の支配秩序に組み込まれたことで辰王の権威が失墜し、辰王が馬韓諸国の首長の任命権を失い、弁韓が弁辰として自立したことで辰国の三韓体制は崩壊したと考えました。このことは、仮説43や仮説 42^{-2} で提示したところです。『後漢書』韓伝が「韓有三種：一曰馬韓，二曰辰韓，三曰弁辰」とし、「弁韓」ではなく「弁辰」としたのは、弁韓が自立し、国号を「弁辰」に改めたことに由ると推察されます。しかしながら、『後漢書』韓伝が「弁韓」の文言を「弁辰」に改変したことで、前文の「韓有三種」と後文の「一曰馬韓，二曰辰韓，三曰弁辰」との間に齟齬を来すことになりました。なんとなれば、もはや〔辰国の領地を意味する〕「韓」ではなくなった「弁辰」が、相変わらず「韓有三種」の「韓」の一つとされているからです。

　もはや〔辰国の領地を意味する〕「韓」ではないといえば馬韓もそうです。辰王が馬韓諸国の首長の任命権を失い、馬韓が辰王の直轄地すなわち辰国の領地でなくなると、後を追うように弁韓は弁辰として自立しました。すなわち、弁辰が存在した時期の馬韓

はすでに辰国の領地ではなくなった馬韓だからです。「三種」の「韓」とは、本来は辰国の領地であった「馬韓、辰韓、弁韓」の三種であったはずです。

　無理を承知で『後漢書』韓伝の「韓有三種。一日馬韓、二日辰韓、三日弁辰」の一節を意訳すると、仮説44により「辰国の領地」を意味する辰韓、仮説44^{-2}より「辰国の旧領地」を意味する馬韓、仮説42^{-2}より「辰国の領地」であった弁韓の後継である弁辰の三種と解されることから、「〔辰国の領地や旧領地である〕韓〔およびその後継〕には三種がある。一を馬韓といい、二を辰韓といい、三を弁辰という」となります。

　ともあれ、『魏志』の「原文主義」のお陰で「弁韓」の文言が保存され、図らずも漢代の一時期、馬韓・辰韓・弁韓の三韓が併存していたことが知れました。

　以上が「弁韓」の語が『魏志』韓伝に一度だけ登場し、後にも先にも姿を見せず、替わりに弁辰が登場する理由です。

4　辰韓に対する辰王支配の終焉と辰国消滅

　黄巾の乱に象徴されるように、「桓霊間」（147〜189）の末頃には後漢の国力は極度に低下した模様です。後漢の影響力の低下によって、一旦は息を吹き返したかにみえた辰国でしたが、魏代（220〜265）の半ばにさしかかると、一部韓諸国が中国の支配秩序に組み込まれる状況がまたしても出現したことがわかります。本節第2項〔3〕「𧸐弥辰泛氏」の辰国の三韓体制の崩壊〕に抄出した『魏志』韓伝の記述に、魏は明帝の景初年間（237〜239）に楽浪・帯方の二郡を平定し、韓諸国の首長（臣智）や邑借に魏の官名を与えたとあるからです。辰王は魏代を通して共立され、辰韓十二国は魏代を通して歴代辰王を戴き続けたのでしょうか。それとも、魏代のある時点から辰王を戴かなくなったのでしょうか。

　『魏志』韓伝に以下の記述があります。

『魏志』韓伝
「部従事呉林以楽浪本統韓国，分割辰韓八国以与楽浪，吏訳転有異同，臣智激韓忿，攻帯方郡崎離営。時太守弓遵、楽浪太守劉茂興兵伐之，遵戦死，二郡遂滅韓」
　（拙訳）
　部従事の呉林は、〔漢の〕楽浪〔郡〕が以前に〔辰韓諸国の一部を含む

一部の〕韓〔諸〕国を統治していたことを理由に、

　　辰韓を分割して、〔十二国のうちの〕八国を楽浪〔郡〕に併せようとした。

　　〔その際〕役人の通訳した説明が、しばしば食い違った。そこで〔説明を受けた〕

　　臣智らは激怒し、韓〔諸国〕は憤慨し、帯方郡の崎離営を攻撃した。

　　この時〔帯方〕太守弓遵と楽浪太守劉茂は、軍隊を率いてこれを伐った。〔この

　　戦いで弓〕遵は戦死したが、二郡はついに韓〔の臣智ら〕を鎮圧したのである。

　魏が、〔辰王に属していた〕辰韓〔十二国中〕の八国を分離して、〔魏の〕楽浪郡に領有させようとしたことに韓の臣智らは反発し、魏の楽浪・帯方の二郡を攻撃したとあります。魏の楽浪郡が、辰王を戴く辰韓十二国中の八国を分離して統治しようとしたことは、とりもなおさず辰韓に対する辰王支配の終焉を図ったことを意味し、二郡が〔辰王を共立する〕韓諸国を鎮圧したということは、辰韓に対する辰王支配が終焉したことを意味すると解されます。

　この事件のあった年代は明記されていませんが、次の記述から、正始六年（245）に二郡が領東の濊を討伐した時点での帯方太守弓遵の存命が確認できますので、正始六年（245）以降の出来事であることがわかります。『魏志』濊伝の該当箇所を再掲します。

『魏志』濊伝
「正始六年, 楽浪大守劉茂, 帯方大守弓遵以領東濊属句麗, 興師伐之, 不耐侯等挙邑降。
其八年, 詣闕朝貢, 詔更拝不耐濊王。」
（拙訳）

　　〔魏の〕正始六年（245）、楽浪太守の劉茂と帯方太守の弓遵とは、

　　〔単単大〕領（千山山脈）の東の濊が〔高〕句麗に〔臣〕属したので、

　　軍隊を率いて濊を伐った。不耐侯らは村をあげて降服した。

　　正始八年（247）、〔不耐侯が魏の〕朝廷に参内し、朝貢してきたので、

　　詔して〔不耐侯を進めて〕不耐濊王とした。

　また、正始八年（247）には王頎が、おそらくは殉職した帯方太守弓遵の後任として、帯方太守に着任しています。王頎は『魏志』毌丘倹伝に登場した、正始六年（245）当時の玄菟太守で、高句麗再征の際に高句麗王位宮の追討を命ぜられた王頎と同一人物と思われます。

476

第2章　文献史料と考古史料から探る前一千年紀の辰国

『魏志』倭人伝

「其六年，詔賜倭難升米黄幢，付郡仮授。其八年，太守王頎到官。
倭女王卑弥呼与狗奴国男王卑弥弓呼素不和，遣倭載斯，烏越等詣郡説相攻撃状。
遣塞曹掾史張政等因齎詔書，黄幢，拝仮難升米<u>為檄告喩</u>*之。」

（拙訳）

〔魏の正始〕六年（245）、〔斉王は〕詔して、倭の難升米に賜与するようにと、〔詔書と〕黄幢を〔帯方〕郡に授け、託した。

〔魏の正始〕八年（247）、〔帯方〕太守王頎が着任した。

倭の女王卑弥呼と狗奴国の男王卑弥弓呼は、もとより不和であったので、〔「親魏倭王」に任命される（240）以前に、卑弥呼は〕倭の載斯・烏越等を派遣し、郡に詣でさせ、互いに攻撃し合う状況を説明させていた。

〔そのことを受けて、正始六年（245）に斉王が詔して、難升米に賜与するようにと詔書と黄幢が帯方郡に託されたのであるが、同年に開始された「領東」（千山山脈以東）の濊の征伐やその後の韓の鎮圧などで二郡が戦時下にあったため、郡の政務が中断し、また帯方太守の弓遵が戦死したことも加わって、郡に託されたまま授与されないでいた。太守王頎が着任して、ようやく帯方郡は〕詔書と黄幢が齎されていたことから、塞曹掾史張政等を〔倭に〕派遣し、難升米に拝受させ、〔戦争を止めるようにという、魏の狗奴国に対する訓喩を〕檄にして、〔狗奴国に〕告喩した。

　「為檄告喩」*

　　「為檄告喩」の一文は「〔戦争を止めるようにという、魏の狗奴国に対する訓喩を〕檄にして〔狗奴国に〕告諭した」と拙訳しました。卑弥呼の勢力が、戦争を止めるよう、魏から狗奴国に訓喩してもらいたいと請願していたものと解されます。

以上から、魏の楽浪・帯方の二郡によって、辰王を共立する韓諸国は鎮圧され、魏の正始八年（247）に王頎が新たに帯方太守に着任したことで辰韓に対する辰王支配は終焉し、馬韓諸国による辰王の共立は廃され、辰国は遂にその悠久の歴史の幕を閉じたものと思われます。なお、漢や魏が辰韓に執心した背景には、辰韓からの鉄の安定確保があったと考えます。

帯方太守王頎が着任するや張政等を倭に派遣していますので、王頎の着任は一連の討

477

伐が完了した後の、平静を取り戻してからのこととと解されます。したがって、弓遵が戦死した魏と韓諸国との戦いは、正始六年（245）〜正始八年（247）の間の出来事と推定されます。「詔書と黄幢が齎されていたことから、塞曹掾史張政等を〔倭に〕派遣し、難升米に拝受させ、〔戦争を止めるようにという、魏の狗奴国に対する訓喩を〕檄にして、〔狗奴国に〕告喩した。」とあることから、狗奴国は魏と使訳を通じており、狗奴国に対しても魏の威光が及んでいたことが窺え、卑弥呼は魏の威光を借りて、狗奴国との戦争の終結を図ったことが読み取れます。

5　朝鮮半島周縁部の「日神系神道勢力」とその流れ

1）朝鮮半島周縁部の細形銅剣と多鈕鏡を伴出する遺跡の性格について

　第1章第2節で予告しました朝鮮半島周縁部の多鈕鏡と細形銅剣をセットで副葬する墓の性格について考えたいと思います。鏡と銅剣を組み合わせて副葬する朝鮮半島周縁部の墓には、第1章第2節表4〔細形銅剣と多鈕粗文鏡・多鈕細文鏡を伴出する朝鮮半島周縁部の主要遺跡〕に示した、前ソ連沿海州イズウェストフ丘遺跡、咸興南道咸興市梨花洞土壙墓があります。いずれも、仮説5－5により「日神系神道勢力」の王墓に該当します。「安晁辰沄氏」の辰国から分かれた阿毎氏の倭と同様、なんらかの事情で辰国から分かれた「日神系神道勢力」の遺跡と解されます。第2章第8節第3項で「『辰沄殷』の滅亡と満の朝鮮建国という朝鮮半島を取り巻く情勢の急変に危機感を覚えた『安晁辰沄氏』の辰国勢力は、新天地を開拓しようと海を越え、日本列島への侵出を試みました」と述べましたが、前ソ連沿海州イズウェストフ丘遺跡や咸興南道咸興市梨花洞土壙墓も新天地開拓の一環としての東北方面への進出の事跡かも知れません。
　前ソ連沿海州イズウェストフ丘遺跡に関して、王建新氏は次のように述べています。

「　前ソ連沿海州イズウェストフ丘遺跡[34]
　　イズウェストフ丘遺跡は、マイヘ川の右岸を5〜6km遡ったところにある。ここは石灰岩によって形成された丘で、その頂上に砂岩と花崗岩で積み立てた城壁が残され、一種の山城遺跡があるといわれている。1959年、丘の東麓で道路工事の際に発見されたもので、遺構はまったく破壊されてしまったが、当時の目撃者の話

によると、石棺墓あるいは石槨墓であったようである。出土品には、細形銅剣２、銅矛１、多鈕粗文鏡１、銅鑿１、銅鉇１、石斧１、不明石器１などが報告されている。イズウェストフ丘の細形銅剣は尹武炳氏分類のＢ１式で、細形銅剣文化第一段階のより古い形式に属している。多鈕粗文鏡は、文様の配置から見ると、南城里石槨墓のものに最も近いが、文様の製作はより粗雑である。しかし、銅矛と銅鉇は、いずれも朝鮮半島細形銅剣文化第二段階から見られる器形で、これらの遺物を朝鮮半島から伝播したものと考えれば、大谷里と九鳳里および草浦里石槨墓などと同じ時期の細形銅剣文化の第二段階のものと想定される（図３-14）。」[8]

（王建新『東北アジアの青銅器文化』同成社、1999、110–111 ページ）

咸興市梨花洞土壙墓については次のように述べています。

「　咸興市梨花洞土壙墓[(44)]
　梨花洞遺跡は、朝鮮半島北東部の日本海沿岸の咸鏡南道咸興市にあり、盤竜山の主峰である馳馬台が南に伸びる小さい稜線端に位置している。1965 年、採土中に偶然発見されている。その後の本格的な調査の結果によると、この遺跡は長さ220cm、幅 70cm の土壙墓であり、底には平たい石を敷いていた。この土壙墓から、銅剣２、十字形剣把頭具１、銅矛２、銅戈１、多鈕細文鏡１、鉄斧１、土器２などの副葬品が出土している（図３-19）。
　銅剣の一つは、剣身が短く、抉入部がはっきりせず、剣身下半部の幅がやや広く、脊線が第一節帯まで磨かれたもので、より古い形式をしているが、もう一つは、鋒部以下の刃部が抉入部を除けば一直線となり、刃の基部が平たく、脊線が基部まで磨かれたもので、より新しい形式を示している。銅矛の形式は草浦里のものと似ており、銅戈の形式は草浦里・合松里などのものに近い。三鈕細文鏡は文様の配置が二区分で、それに三角文を描き、その中を平行細線で埋めているが、鈕が内外区の境に三角形の位置に配置されている。三鈕の幾何文鏡は、十二台営子ではじめて出現したが、三鈕が二鈕と同じように横方向に並んで配置されている。梨花洞の三鈕細文鏡は、三鈕の配置も文様も十二台営子のものと異なっており、朝鮮半島では珍しい例である。梨花洞土壙墓は、土壙墓の出現が朝鮮半島南部より北部の方が早かったことを示している。」[9]

（王建新『東北アジアの青銅器文化』同成社、1999、116–117 ページ）

両遺跡の遺物に朝鮮半島細形銅剣文化第二段階のものが含まれており、王建新氏に拠ると細形銅剣文化第二段階の年代上限は紀元前2世紀初頭の前後、年代下限は紀元前2世紀末以後を下らないとされていることから、両遺跡の年代は紀元前2世紀に比定されます。

沿海州イズウェストフ丘遺跡や咸興市梨花洞土壙墓から出土した細形銅剣・銅矛・銅鉇・銅戈などは、その形式が錦江流域で生産されたものと似ているとされ、朝鮮半島の青銅器文化の流れであると思われます。

イズウェストフ丘の多鈕粗紋鏡については、文様の配置は南城里石槨墓のものに最も近いが、文様の製作はより粗雑であるとされています。沿海州方面では、別に沿海州シュトコワで発見された多鈕粗紋鏡があり、「ウラジヴォストーク市付近で発見され、ウラジヴォストーク博物館に展示されていたものが、鳥居龍蔵により紹介された（鳥居1929）。蒲鉾縁で鏡背に同心円を描いているとされる異質なもので、直径も約18cmとやや大きい。二次加工した銅剣と伴出したとされる」[10] とあります。

梨花洞の多鈕細紋鏡について王建新氏は、「梨花洞の三鈕細文鏡は、三鈕の配置も文様も十二台営子のものと異なっており、朝鮮半島では珍しい例である」との見解を示されています。

また、南部朝鮮半島以外でも同時期の多鈕鏡の鋳型が発見されています。中国吉林省の東豊大架山遺跡で発見された多鈕粗紋鏡鋳型（張英 1990）[11] について、甲元眞之氏は「外区と内区、内区と鈕座はそれぞれ細かな凹線で区画され、鈕座に双鈕が付されている型式である（図61-8）。紋様を有する区画紋の有無を問わなければ、イズヴェストフ出土鏡に近い構成となっている」[12] と述べています。「伝平安南道孟山郡」とされる滑石製で表裏2面に多鈕粗紋鏡が彫り込まれた鋳型の発見例もあります。したがって、イズヴェストフ出土鏡や梨花洞土壙墓出土鏡については南部朝鮮半島で生産されたものとは即断できません。

2）『魏志』挹婁伝の「古之粛慎氏之国」

ここで、正史東夷伝に登場する粛慎と挹婁の関係について考えてみたいと思います。第2章第1節第12項で、『魏志』挹婁伝に「古之粛慎氏之国也」とある記述は誤りではないとし、その理由を「周初に貢献してきたあの息慎と同じく、『日孫(かも)』を『神祖』

とする王統を継ぐ王家出身の王族を戴いた勢力が後に沿海州方面に建国し、魏代には挹婁族の居住地を含む地域を支配していたと考えられるからです」と述べましたが、筆者は正史東夷伝に記述された粛慎を、イズウェストフ丘遺跡を遺した「日神系神道勢力（かかしんとう）」が建国した「天孫族」の国であったと考えています。

　『晋書』粛慎氏伝は、魏の景元年間（260～263）、西晋の武帝（在位265～289）の時、東晋の元帝（在位317～322）の時、東晋の成帝（在位326～342）の時に、粛慎の貢献があったことを伝えています。東晋の元帝の時の使者は江左（長江下流南岸：東晋の都建康があった今日の南京市を中心とする地方）にやって来たとあります。粛慎は上表文を携えて貢献したに相違なく（即ち文字を使用していた）、挹婁とは文化次元を全く異にする存在であったことは明らかです。かれらは「粛慎」という呼称が古代の中国世界から命名された由緒ある呼称であることを十分承知の上で、対外的には（特に中国に対して）「粛慎」を自らの国号として使用し、国書に「粛慎」と記したと考えられます。したがって、『晋書』粛慎氏伝の「粛慎氏一名挹婁・・・無文墨，以言語為約。」：「粛慎氏は、またの名を挹婁という。・・・文墨は無く、口約束だけで済ます。」は事実誤認といえます。また、『後漢書』挹婁伝の「挹婁古粛慎之国」：「挹婁は古（周初）の粛慎の国である」も誤りです。第2章第1節第3項で見たように、殷末から周初にかけての粛慎の領域は今日の北京市を中心とする地域であったと考えられるからです。第2章第1節に始まり本節まで辰国（「辰汸纑（しうく）」）ないし「日神系神道勢力（かかしんとう）」の移動の軌跡を辿（たど）ってきましたが、これまで見てきたことから、『魏志』挹婁伝の「古之粛慎氏之国也」が正しい表現であり、西晋の武帝（在位265～289）の時の貢献の際に粛慎氏から得た情報をふまえた上での記述と解されます。すなわち、「〔挹婁の居住域は〕古（いにしえ）の粛慎氏〔と同じく、『日孫（かも）』を『神祖』とする王統を継ぐ王を戴いた勢力〕の〔建国した〕国にある」が正しい意訳であることを納得いただけたと思います。

3）『日本書紀』にみえる粛慎

　中国正史にみえる粛慎の貢献記録は、『晋書』粛慎氏伝記載の東晋成帝（在位326～342）時の後趙の石季竜への貢献が最後ですが、紀元6世紀～7世紀の粛慎関係記事を『日本書紀』に散見します。

『日本書紀』欽明天皇五年（544）
「　十二月、越の国からの報告に、『佐渡ケ島の北の御那部の崎に、粛慎の人が
　一艘の船に乗ってきて停舶し、春夏の間、漁をして食料としていました。その
　島の人は、あれは人間でない、あるいは鬼であるといって、近づきませんでした。
　島の東の禹武里の人が、椎の実の拾ったのを食べようと思い、熱い灰の中に入れて
　煎ろうとしました。するとその皮が二人の人間になって、火の上に飛び上がること
　一尺ばかり。そしていつまでも戦い合っていました。
　里人は怪しんで庭に置いたところ、
　また前のように飛んでたたかうことを止めない。
　ある人がこれを占って、
　"この里の人は、きっと鬼のためにかどわかされるだろう"といった。
　間もなくその言葉のように、鬼に掠められました。
　そして粛慎の人は、瀬波河浦に移りました。
　浦の神は威力がはげしいので、里人はあえて近づかないところです。
　水に飢えてそこの水を飲み、粛慎の人は、半分あまり死んでしまい、
　骨が岩穴に積み重なっていました。里人は粛慎の隈と呼んでいます』とあった」
　　　　　　　　　（宇治谷孟『全現代語訳 日本書紀 下』講談社学術文庫、1993、29 ページ）

『日本書紀』斉明天皇四年（658）
「この年、越国守阿倍引田臣比羅夫が、粛慎を討って、
　ヒグマ二匹・ヒグマの皮七十枚をたてまつった。」
　　　　　　　　　（宇治谷孟『全現代語訳 日本書紀 下』講談社学術文庫、1993、205 ページ）

『日本書紀』斉明天皇五年（659）三月
「ある本に、阿倍引田臣比羅夫が粛慎と戦って帰り、
　捕虜四十九人をたてまつったとある。」
　　　　　　　　　（宇治谷孟『全現代語訳 日本書紀 下』講談社学術文庫、1993、207 ページ）

『日本書紀』斉明天皇六年（660）三月
「　三月、阿倍臣を遣わして船軍二百隻を率い、粛慎国を討たせた。
　阿倍臣は陸奥の蝦夷を自分の船にのせ、大河のほとりまできた。

すると渡嶋の蝦夷が一千余、海のほとりにむらがり、河に面して屯営していた。
営の中の二人がにわかに呼びかけて、『粛慎の船軍が多数おしかけて、我らを殺そうとしていますので、どうか河を渡ってお仕えすることを、お許し下さい』という。
阿倍臣は船をやって二人の蝦夷を召し寄せ、賊の隠れ場所と船の数を尋ねた。
二人の蝦夷は隠れ場所を指さして、『船は二十隻あまりです』という。
使いをやって呼んだ。しかしやってこなかった。
そこで阿倍臣は、綵絹・武器・鉄などを海辺に積んで、見せびらかし欲しがらせた。
粛慎は船軍を連ねて、鳥の羽を木に掛け、それを上げて旗としていた。
船の棹を揃えあやつって近づき、浅いところにとまった。
一隻の舟の中から、二人の老翁が出てきて、
積み上げられた綵絹などの品物をよくよく調べた。
それから単衫に着替えて、それぞれ布一端を提げて、船に乗って引上げた。
しばらくすると老翁がまた来て、着替えた衣を脱ぎ、持ってきた布を置いて、
船に乗って帰った。
阿倍臣は多くの船を出して、粛慎人を呼ばせたが、聞き入れることなく、
弊賂弁嶋に帰った。
しばらくしてから和を乞うてきたが成立せず、自ら築いた柵にこもって戦った。
能登臣馬身竜は、敵のために殺された。
戦いが充分熟さないうちに、敵方は自分らの妻子を殺して敗走した。」

　　　　　　（宇治谷孟『全現代語訳 日本書紀 下』：講談社学術文庫、1993、210–211 ページ）

『日本書紀』斉明天皇六年（660）五月
「・・・また阿倍引田臣は蝦夷五十余人をたてまつった。
また石上池の辺りに須弥山を造った。高さは寺院の塔ほどあった。
粛慎四十七人に饗応をされた」

　　　　　　（宇治谷孟『全現代語訳 日本書紀 下』講談社学術文庫、1993、211 ページ）

663 年　「白村江の戦い」。
668 年　唐と新羅の攻撃により高句麗が滅亡。

『日本書紀』天武天皇五年（676）十一月
「三日、新羅は沙飡金清平を遣わして、政を報告し、
合せて汲飡金好儒・弟監大舎金欽吉らを遣わして調をたてまつった。
その送使奈末被珍那・副使奈末好福は、清平らを筑紫まで送ってきた。
この月に粛慎の七人が、清平らに従ってきた。」

（宇治谷孟『全現代語訳 日本書紀 下』講談社学術文庫、1993、273ページ）

『日本書紀』持統天皇八年（694）一月
「二十三日、務広肆などの位を、大唐の七人と粛慎の二人に授けられた。」

（宇治谷孟『全現代語訳 日本書紀 下』講談社学術文庫、1993、340ページ）

『日本書紀』持統天皇十年（696）三月
「十二日、越の度島の蝦夷伊奈理武志と粛慎の志良守叡草とに、錦の袍袴・緋紺の絁・斧などを賜わった」

（宇治谷孟『全現代語訳 日本書紀 下』講談社学術文庫、1993、344ページ）

712年（和銅5年）に『古事記』成立。
720年（養老4年）に『日本書紀』成立。

　以上みたように、『日本書紀』欽明天皇五年（544）の条に粛慎人が一艘の船に乗って佐渡島に来着し逗留したことが記されています。地元民との交流はなく、直前の出発地も不明です。『日本書紀』斉明天皇六年（660）五月に饗応した粛慎四十七人は、斉明天皇五年（659）三月の「ある本に、阿倍引田臣比羅夫が粛慎と戦って帰り、捕虜四十九人をたてまつったとある」と記録された捕虜の中の四十七人と解されます。斉明天皇五年（659）「粛慎」を侵入者として討伐した後で、捕虜とした一行の話から使節であったことが判明したため、翌年五月、朝廷は一行を外交使節として饗応したものと推測されます。『日本書紀』が「粛慎」と記したのは、彼らが持参した国書に依拠したものと思われます。以降の天武天皇（在位672～686）や持統天皇（在位687～697）の御代に来朝した粛慎は当初から国使として扱われたことがわかります。
　「粛慎」を「みしはせ」と訓読する根拠あるいは「みしはせ」の語源については、若月義小氏の「アシハセ・粛慎考」（『弘前大学國史研究．107』、1999、19-37ページ）に説得

力のある見解が示されています。若月氏に拠ると「近年、『日本書紀』に見える粛慎の訓⁽¹⁾はミシハセではなくアシハセであることが確定的になったといってよい」¹³と前置きした上で、「粛慎」を含む語の初見である『欽明紀』(『日本書紀』欽明天皇)五年(544)の条にある「粛慎人」の用例が原型を留めたもので、「古訓には『アシハセノヒト』(北野神社所蔵本第三類)とあり、同様に『天武紀』五年十一月是月条、『持統紀』八年正月丁未条(後掲)の『粛慎』の古訓は『アシハセヒト』(北野神社所蔵本第二類)とある。要するにアシハセヒト・粛慎人が古い形であり、アシハセ・粛慎はその縮約されたより新しい形と考えられる。アシハセヒトというのは異人に遭遇した現地人、すなわち『佐渡嶋』の人の命名であろう」⁽¹²⁾。彼らは特に蝦夷とはされておらずいわゆる『倭人』に他なるまい。すなわちアシハセヒトは倭語であることに疑う余地はないのである」¹⁴と述べています。また、「アシハセヒト」の解釈については「アシハセヒト」が倭語であることから、「悪し馳せ人」であり「性質が荒々しい(何処からか)馳せ来る人達」と解釈できるとしています。「悪し馳せ人」が「粛慎人」に結びつけられてゆく過程については「まず現地の倭人が佐渡もしくはその近辺に船で出没(それほど頻繁にではあるまい)する異人をアシハセヒトと通称していた時期があり、それが後にはしだいに固有名詞化していったと考えるべきであろう。そうした推移はおよそ七世紀前期に想定される」としています。また、「当初の記録ではアシハセヒトを字音表記したか、もしくは〝悪馳人〟のように表記していたと見るのが穏当であろう」と述べ、『欽明紀』の「粛慎人という表記は元の記録のアシハセ人・〝悪馳人〟のアシハセを粛慎と書き換えた名残ではあるまいか。中国典籍には当然ながら粛慎人といった表記は認められないのであって、そこでは『粛慎氏』とするのが古い形であった」と述べています。アシハセヒトと粛慎とが結び付けられたのは、『斉明紀』六年(660)五月条のアシハセヒト「朝貢」の初見記事においてであり、「六六〇年ヤマトの支配者集団は初めてアシハセヒトを実見したのである。結論的にいえば、この『朝貢』がアシハセヒトを粛慎と表記する直接的契機となっていると考えられる」と述べています。すなわち、アシハセ人・〝悪馳人〟の表記は、斉明天皇六年の「朝貢」を契機に「粛慎人」あるいは「粛慎」の表記に置き換えられたとする見解です。また、「アシハセ」が「ミシハセ」となった理由について若月氏は、「やはり既に指摘されているとおりミシハセの『ミ』は『ア』の仮名との字形の類似による後世の誤読ということになる」という見解を示されています。

4）渤海国の前身と遠祖

『旧唐書』渤海靺鞨伝（巻一百九十九下・列伝第一百四十九下）に拠ると、後に初代渤海郡王となる初代・大祚栄は、高麗（高句麗）滅亡後、一族を率いて営州に亡命移住していましたが、契丹の李尽忠の叛乱を契機に亡命者たちを引き連れ、東牟山[15]に逃れ、聖歴年間（698～700）、その地に渤海郡の前身となる震国を建国します。渤海郡は唐の睿宗が先天二年（713）に震国王であった大祚栄を左驍衛員外大将軍・渤海郡王に冊封し、併せて領地を忽汗州と定め、加えて忽汗州都督を加授したことに始まります。以来、毎年唐に遣使し朝貢するようになったとあります。『新唐書』渤海伝（巻二百一十九・列伝第一百四十四）に拠ると、762年には唐は渤海郡を渤海国に昇格させ、第三代王・大欽茂を〔初代・大祚栄以来の渤海郡王から〕渤海国王に進めています。また、第十三代王・玄錫（在位：872～894）が王位を継ぐと、「初，其王數遣諸生詣京師太學，習識古今制度，至是遂爲海東盛國」：「初めてその王は、諸学生を京師（唐の都は長安）の大学にたびたび派遣し、古今の制度を学ばせた。ここに至って、遂に〔渤海国は〕海東の盛国となった」と評されています。

『旧唐書』渤海靺鞨伝では「渤海靺鞨大祚栄者，本高麗別種也」：「渤海靺鞨の大祚栄は、もとは高麗の別種である」とされ、『新唐書』渤海伝では「渤海，本粟末靺鞨附高麗者，姓大氏」：「渤海は、もとは粟末靺鞨で、高麗に附庸（従属）していた。姓は大氏である」とされています。『旧唐書』の記述は「別種」の意義がはっきりしませんが、『新唐書』の記述は明らかで納得できます。『神頌契丹古伝』第六章に「瑪珂靺鞨渤海同聲相承」：「瑪珂・靺鞨・渤海が〔表記は異なるが〕同声を受け継ぎ」とあったように、渤海の前身は靺鞨〔であり、靺鞨の前身は瑪珂（馬韓）〕とされているからです。

靺鞨と靺鞨の前身とされる馬韓（「賁弥辰氿氏」の旧辰国）との結びつきを示す興味深い記述が『神頌契丹古伝』第四十章にあります。

「　　第四十章　逸豫乙女その民を率ひ靺鞨となる
　洲鮮記曰乃云訪于辰之墟娜彼逸豫臺米與民率爲末合*
　空山鵬叫風江星冷駕言覽乎其東藩封焉
　彼丘不知是誰行無弔人秦城**寂存
　嘻辰氿氏殷今將安在茫茫萬古訶綾之感有坐俟眞人之興而已矣

譯　　文

洲鮮記に曰く。

乃云に辰の墟に訪ふ　娜たる彼の逸豫臺米。民と率ひて末合と爲り。

空山鵑叫んで。風江星冷か。

駕して言に其の東藩に覽る。封焉彼の丘。

知らず是れ誰なるを^{大なる丘冢の主の誰なるを知らずとの意}行に弔人なく。

秦城寂として存す。嘻辰汜氏殿。今將安くに在りや。

茫茫たる萬古。訶綾の感^{訶綾義未詳}有坐に眞人の興るを俟つ而已。」

　　　　　　　　　（浜名寛祐『神頌契丹古伝』八幡書店、2001、643-644 ページ）

「譯文」の口語訳（拙訳）

『洲鮮記』は次のように云っている。

「　辰〔韓〕の城址を訪ねた。

〔「賣弥辰汜氏」の女王である〕優美で気品のある、あの逸予台米は、

民を引き連れて〔移住し、〕靺鞨（「末合」）を建国した。

人けのない寂しい山に、ホトトギス（カッコウ）が鳴き、

吹く風も、川のながれも、瞬く星も冷やかである。

馬車にのって、ここにやって来て、

〔かつての辰の〕東の藩〔屏であった辰韓〕の地を見渡した。

むこうに見える大きな墳丘の被葬者が誰かはわからない。

参拝する人もなく、秦城が寂しく残っているだけである。

嘻、辰汜氏殿は今はどこに在るのだろうか。

はるか遠い昔を思うと、〔楽浪郡の地（「遼河平野南西部」）に取り残された

秦人の子孫である〕「阿残」〔が抱いたであろう感情と同じ〕感情を

〔移住して靺鞨を建国した逸予台米率いる同族から取り残された自分は

ついつい〕抱いてしまう。

〔今は〕ただ、あてもなく真（辰または秦）人の再興を待つだけであると」

「末合」*

　　「末合は史記正義に引ける肅愼國記に靺鞨となせるに同じ用字法にて、

　　靺鞨のことである。」

　　　　　　　　　　　（浜名寛祐『神頌契丹古伝』八幡書店、2001、644 ページ）

　　　　　「秦城」**
　　　「『白提』がハタ（秦）氏の起因ではあるまいか」との浜名の指摘があたっていれば、
　　　「秦城」は「秦城」であり、『神頌契丹古伝』第三十三章記載の「白提奚」は、
　　　かつて遼東にあった「秦城」とも解されます。

　『神頌契丹古伝』第四十章には、「賁弥辰沄氏」の女王と思しき「逸予台米」が、民を引き連れて移住し、靺鞨を建国したとあります。大祚栄が建国した震国は靺鞨の流れであることから、震国は馬韓から靺鞨を経ての「賁弥辰沄氏」の旧辰国の流れであり、「逸予台米」は震国（渤海国の前身）の遠祖にあたると考えられます。国号の「震国」は「辰国」に由来するのではないでしょうか。浜名は「馬韓と辰とは本は同じ」との認識に立ち、「逸予台米は馬韓王統賁弥氏最後の女王卑弥呼の宗女（正統な後継者である養女）で、『魏志』・『後漢書』に『壹与』とある人物」[16]と述べています。そうであるならば、倭の貢献は西晋の泰始二年（266）で途絶えており、「逸予台米」の靺鞨建国は紀元３世紀後半の出来事と推断されます。「逸予台米」率いる「賁弥辰沄氏」の旧辰国勢力の北遷により南部朝鮮半島に権力の大きな空白が生じたことで新羅の南下侵入を許し、加えて高句麗の攻勢により紀元４世紀初に北部朝鮮半島の楽浪・帯方郡が滅亡したことで、百済の南部朝鮮半島における勢力拡大に弾みがついたと考えられます。

　余談ですが、浜名は「卑弥呼は筑紫に居たのではなく、馬韓に居たのである。彼女は馬韓王統賁弥氏の最終に女性の身を以て央委王となった人物」[17]とも述べています。本書第２章第７節第５項２）で卑見を述べたように、「央委」は「濊」であり、卑弥呼を「央委」王とする浜名の見解には同意できません。筆者は卑弥呼は北部九州の筑紫に居たと考えます。「逸予台米」が『魏志』倭人伝記載の卑弥呼の宗女「壹与」と同一人物である場合、「賁弥辰沄氏」の分派である卑弥呼の率いた勢力は辰国消滅という非常事態に加えて、「親魏倭王」卑弥呼の死後、魏（220～265）の滅亡によりその後ろ盾を失ったことで阿毎氏の倭の勢力の巻き返しに遭い、北部九州から撤収し、馬韓の一部同族や辰国の遺民と共に「逸予台米」に率いられて北遷し、靺鞨を建国したと考えます。北部九州の王者に返り咲いた阿毎氏の倭の勢力は、『宋書』倭国伝に登場する紀元５世紀の倭の五王へと繋がっていったと思われます。

　話を元に戻しますが、『隋書』靺鞨伝に拠ると、靺鞨は七部に分かれており、そのうちの一つである「払涅部」の東は「古の粛慎氏の地」とされていますので、粛慎は日本海に面した挹婁の東部地域を支配し、靺鞨は粛慎の西方に建国したものと思われます。

粛慎も靺鞨も挹婁族の居住地に建国したわけです。「勿吉」と「靺鞨」は表記は異なりますが、同音同義と考えられます。記録に残る勿吉から中国への最初の遣使は『魏書』勿吉伝記載の北魏の延興年間（471〜476）です。以来継続して靺鞨（勿吉）が中国への遣使・入朝をおこなったことが正史に記録されています。靺鞨の粟末部は渤海へと発展し、黒水部は女真へと繋がっていきます。粛慎は渤海に吸収されたと考えられます。以来、渤海は日本との密接な交流を続け、926年に契丹によって滅ぼされるまでの200年間に34回もの遣使の来日が記録されています[18]。記録に残る最後の渤海使は延喜十九年（919年12月）の来日です。926年に契丹軍が上京龍泉府（牡丹江流域に位置。今日の中国・黒龍江省寧安市東京城鎮付近）を攻略したことで、渤海国は滅亡し、契丹は渤海国の故地に東丹国を設置しました。ちなみに、渤海国を滅ぼした契丹は930年に早くも東丹国使を日本に派遣しています。東丹国は渤海国の後継として、日本との通交を維持する意向であったことがわかります。しかしながら、日本は旧渤海国人で過去二回の渤海使を務めた東丹国使・裴璆の入京を許さず、来着した丹後で放還（強制帰国させる）しています。

5）『続日本紀』にみえる渤海国

第一回目の渤海使の記録は『続日本紀』聖武天皇神亀四年（727）九月・十二月および神亀五年（728）正月・二月・四月の条にあります。

『続日本紀』巻第十　聖武天皇
「　神亀四年（727）
　　春正月一日。朝賀の儀式が中止された。雨天のためである。
　　・・・　・・・
　　九月三日　井上内親王（聖武帝の娘）を派遣し、斎宮として伊勢大神宮に侍らせた。
　　九月二十一日　渤海郡王（渤海は七〜一〇世紀頃、中国東北部から朝鮮北部まで領有した国）の使者、首領・高斉徳ら八人が出羽国に来着した。使いを遣わして慰問し、また時節に合った服装を支給された（蝦夷に襲われるという難にあっていた）。・・・

十二月二十日。・・・

・・・　渤海郡王の使者の高斉徳ら八人が入京した。

十二月二十九日　使者を遣わして、高斉徳らに衣服と冠・はき物を賜わった（衣服の下賜は臣従させたことか）。渤海郡は、もと高麗国である。淡海朝廷（天智朝）の七年十月、唐の将軍李勣が高麗を伐ち滅した。その後、この国の朝貢は久しく絶えていた。

ここに至って渤海郡王は、寧遠将軍の高仁義ら二十四人をわが朝へ派遣したが、蝦夷の地に漂着したために、仁義以下十六人が殺害され、首領の高斉徳ら八人が、僅かに死を免がれて来朝したのである。

神亀五年（728）

春正月一日　朝賀の儀が中止された。雨天のためである。

・・・　　・・・

正月十七日　天皇が中宮に出御し、高斉徳らが渤海王の書状と土地の産物を奉った。書状の文には次のようにあった。

　武芸（渤海第二代の王）が申し上げます。両国は山河を異にし、国土は遠く離れています。遥かに日本の政教の風聞を得て、ただ敬仰の念を増すばかりであります。恐れながら思うのに、日本の天朝は天帝の命を受け、日本国の基を開き、代々栄光を重ね、祖先より百代にも及んでいます。武芸は忝けなくも、不相応に諸民族を支配して、高句麗の旧地を回復し、扶余の古い風俗を保っています。ただし日本とは遥かに遠くへだたり、海や河がひろびろとひろがっているため、音信は通ぜず慶弔を問うこともありませんでした。しかし今後は相互に親しみ助け合って、友好的な歴史に叶うよう使者を遣わし、隣国としての交わりを今日から始めたいと思います。そこで謹しんで寧遠将軍郎将の高仁義・遊将軍果毅都尉の徳周・別将の舎航ら二十四人を派遣して書状を進め、合せて貂の皮三百枚を持たせてお送り申し上げます。土地の産物はつまらぬものですが、献上して私の誠意を表します。皮革は珍しいものではなく、却って失笑を買って責められることを恥じます。書面の言上では充分真意が伝えられると思えませんが、機会あるごとに音信を継続して、永く隣国の好を厚くしたいと望みます。

　そこで天皇は高斉徳ら八人に正六位上を授け、位階に応じた服装を賜わった。五位以上の官人と高斉徳らを宴会に招き、大射礼及び雅楽寮の音楽でもてなした。宴が終了し身分に応じて禄が与えられた。

第２章　文献史料と考古史料から探る前一千年紀の辰国

二月十六日　従六位下の引田阿臣虫麻呂を、渤海使を送る使者に定めた。
・・・　　・・・
夏四月一日　日蝕があった。
・・・
四月十六日　斉徳ら八人にそれぞれ色とりどりの絹布や綾・真綿を身分に応じて賜わった。そして渤海郡王に書状を賜わって、次のように述べられた。
　天皇はつつしんで渤海郡王にたずねる。王の書状を読んで、王が旧高麗の領土を回復し、日本との昔の修好を求めていることを具さに知った。朕はこれを喜ぶものである。王はよろしく仁義の心で国内を監督撫育し、
両国は遠く海を隔てていても、今後も往来を絶たぬようにしよう。
そこで首領の高斉徳らが帰国のついでに、信書ならびに贈物として
綵帛十疋・綾十疋・絁二十疋・絹糸百絇・真綿二百屯を託す。
このため一行を送り届ける使者を任命し、それを遣わして帰郷させる。
気候はやや暑くなってきたが、貴国の平安で好適であることを期待します。
・・・　　・・・
六月五日　渤海の使節を送っていく使者らが天皇に拝謁した。
六月七日　使節を送っていく船の水手（水夫）以上すべて六十二人に、身分に応じて位階を授けた。」

（宇治谷孟『続日本紀（上）全現代語訳』講談社学術文庫、1995、278–292ページ）

　第一回目の渤海郡王の親書にある「恐れながら思うのに、日本の天朝は天帝の命を受け、日本国の基を開き、代々栄光を重ね、祖先より百代にも及んでいます」の原文は、「伏惟、大王天朝受命。日本開基。奕葉重光。本枝百世」です。文中の「伏惟」：「恐れながら思うのに」（伏して惟るに）の意義は、『漢典』に拠ると、目下が目上に対して述べる時の表敬の辞とあります。第一回目の親書では、第二代王・大武芸は天皇を「大王」と呼称しています。「天朝」の意義は、封建時代の臣下が中国の王朝を称して、あるいは藩屛や属国が宗主を尊称して用いる語、ここでの「受命」の意義は「受天之命」の義で、中国の古の帝王が自ら天より命を受けたと称して、その統治を堅固にしたとあります。したがって、「大王天朝受命」は「〔日本の〕大王の天朝は〔天帝の〕命を受け」と意訳されます。首領の高斉徳らの使者が、神亀五年（728）正月十七日に参内して天皇に謁見した際の『続日本紀』の記述には、「高斉徳等上其王書并方物」：「高斉徳らが渤

491

海王の書状と土地の産物を奉った」とあり「上其王書」と記されています。『続日本紀』の「上其王書」にある「書」とは単なる書状ではなく、上表文の形式が備わった書状を意味するようです。上表文の形式が備わった書状とは、臣下の立場であることが明記された親書を指します。すなわち、第一回目の渤海使の来日の際には、渤海の第二代王・大武芸は天皇に対して臣下の礼をとっていました。

6）渤海王は「天孫」を自認していた

　聖武天皇天平十一年（739）七月十三日、第三代王・大欽茂の時に第二回目の渤海使である副使雲麾将軍・己珎蒙等の一行が来朝しました。十二月十日に国使の己珎蒙は参内し、天皇への謁見を許されました。持参した親書には「伏惟。天皇聖叡。至徳遐暢。奕葉重光。沢流万姓」：「伏して惟るに、天皇は聖賢かつ英邁で、徳は遠くにまで及び、葉は大いに茂り多くの光を浴び、沢の水は万民に行き渡り潤しています」とあり、「大王」ではなく「天皇」と呼称していましたが、『続日本紀』は「上其王啓并方物」と記述しており、「書」ではなく「啓」としています。『広漢和辞典』（諸橋轍次他、大修館書店、1987）に拠ると、「啓」の意義には「⑧もうす。申し上げる。・・・」があります。親書において、第三代王・大欽茂は自らが天皇の臣下の立場であることを明記しておらず、〔先代の第二代王・大武芸の時の第一回目の親書では備わっていた〕上表文の形式が備わっていなかったようです。

　上表文の形式を欠いたこの親書に畿内王権は不快感を示し、翌天平十二年（740）の送使以降、渤海との交流を停止しました。十余年間、日本からの遣使を待っていた渤海でしたが、ついにしびれをきらし、天平勝宝四年（752）に輔国大将軍慕施蒙等の一行を第三回目の渤海使として派遣して来ました。しかしながら、第三回目の渤海使も上表文を欠いていたため、孝謙天皇（第46代天皇。女帝。淳仁天皇を経て重祚し、第48代称徳天皇となる）は、渤海使の慕施蒙等が帰国の際に、次のような内容の渤海国王宛の返書を託しました。

『続日本紀』巻第十八　孝謙天皇
「〔天平勝宝五年（753）〕
　　六月八日　慕施蒙が帰国した。その際天皇は、天皇の印を押した文書を賜わり、

第2章　文献史料と考古史料から探る前一千年紀の辰国

次のように述べられた。
　　天皇は敬んで渤海国王にたずねる。朕は徳は薄いが、つつしんで天子の地位をお受けし、人民を育て養い、国のすみずみまで照らし治めている。
王は海外の僻地に住し、遠く日本に使いを派遣し入朝させられた。王の真心はまことに明らかで朕はこれを深くほめたたえる。しかしもたらした書状を見ると、王は臣と称してはいない。
そこで高麗の旧い記録を調べると、渤海が国を平定した日の上表文では、次のように言っている。
　『日本と渤海は血族なら兄弟にあたり、義の上では君臣の関係にあります。
　　そのためある時には援兵をお願いしたり、
　　あるいは天皇のご即位をお祝いしたりしています。
　　朝廷に参上する不変の儀式をととのえ、忠誠の真心をあらわします』と。
　　それ故先代の聖武朝において、その貞節をほめて王の使いに特別な恩恵をもってもてなした。王の栄えある運命は、日毎に隆盛となり絶えることがない。思うにこの上表文のことを、承知しておられるであろうが、こまかに説明するまでもないであろう。これにより先回の来朝の後に、渤海に使を遣わし勅書を送った。それなのにどうして今回の来朝に重ねて上表がないのであろうか。礼をもって行動することは両国とも同様である。王はよくよくこのことを思うように。夏の末でまだ暑さは甚だきびしいが、お変わりはないだろうか。使人らは今還ろうとしている。朕はかねて思っていたことを指し示して、あわせて別紙のようなものを下賜する。」

（宇治谷孟『続日本紀（中）全現代語訳』講談社学術文庫、1994、113-114ページ）

　天平勝宝五年（753）、第二回目と同じ第三代王・大欽茂の時の第三回目の渤海使に託した孝謙天皇の渤海国王宛の返書に「仍尋高麗旧記。国平之日。上表文云」：「そこで高麗の旧い記録を調べると、渤海が国を平定した日の上表文では、次のように言っている」とありますが「高麗」（「高令」）とは「高句麗」と同義です。畿内王権は『日本書紀』・『続日本紀』を通して「高麗」の呼称を用いています。当時の高麗（高句麗）の国書の署名に従ったと思われます。「高麗の旧い記録」（高麗旧記）に渤海との外交記録も含めていることから、日本と渤海との外交記録は、過去の日本と高麗との外交記録に引き続いて一連のものとして扱われていたことがわかります。「その貞節をほめて」とは渤海

493

が高句麗以来の臣下の立場で上表してきたことを指すと解されます。畿内王権は渤海国を高麗（668滅亡）の後継とする立場です。

　日本が大氏の渤海を高麗の後継勢力としたのは、高麗の旧領はもとより内政外交記録を継承したであろう渤海が、高麗の後継を自認したからに他なりません。第一回目の渤海使の時の上表文にあった「或乞援兵」：「ある時には援兵をお願いしたり」とあるのは高麗の時のことですが、高麗の後継を自認する渤海も高麗と一連の立場で上表していることがわかります。「或乞援兵」に対応する記述が『日本書紀』天智天皇元年三月（662）の条に「是月唐人新羅人伐高麗々々乞救国家」：「この月、唐と新羅が高麗を伐ったので、高麗は救国を〔日本に〕求めた」とあります。半世紀以上も前の「白村江の戦い」（663：天智天皇二年）の前年のことです。

　「今回の来朝に重ねて上表がない」とあり、また「先回の来朝の後に、渤海に使を遣わし勅書を送った」とあることから、第二回目の渤海使・己珎蒙等一行の送使を兼務した、遣渤海大使の大伴宿禰犬養に託した勅書において、第二回目の渤海使が持参した渤海王の親書が上表文（の形式）を欠いたことを咎めていたものと思われます。

　ところで、「渤海が国を平定した日の上表文」とあるのは、聖武天皇神亀四年（727）の第一回目の渤海使の時の上表文のことと解されますが、この上表文には驚きの内容が記されていたことが、孝謙天皇のこの返書から判明しました。渤海の第二代王・大武芸が天皇に対して「族惟兄弟、義則君臣」：「日本と渤海は血族なら兄弟にあたり、義の上では君臣の関係にあります」と述べているのがそれです。渤海は日本と同族であると自認しているのです。これは根拠がなくてはいえない言葉です。義の上で「君臣の関係」にある宗主国日本に対し礼を失する表現と受け取られかねないからです。この第一回目の渤海使の時の上表文で、渤海郡王が渤海は日本と同族であるとしたのは、共に「天孫」であるとの思いから発したようです。渤海国は「天孫族」の国を自負していたと考えられます。このことは、第七回目の渤海使に託した光仁天皇の渤海国王宛の返書の内容から明らかです。

　光仁天皇の宝亀二年（771）六月の第七回目の渤海使、青綬大夫壱万福等の三百廿五人もの一行が来日した際も、翌宝亀三年（772）正月、上表文の形式を欠く渤海国王の親書を無礼であるとして壱万福に修正させた上で受け取り、一行が帰国の際に次のような内容の渤海国王宛の返書を託しましたが、その返書には、渤海国王が日本の天皇に宛てた親書の中で自らを「天孫」と称していたことが明かされており、それを天皇が「書尾虚陳天孫僭号」：「信書の末尾には、そらぞらしく『天孫』という僭越な称号をつらね

ている」と咎めているからです。

『続日本紀』巻第三十一　光仁天皇
「〔宝亀三年（772）〕
・・・　　・・・
　二月二十八日　渤海王に書状を与えて次のようにのべた。
　　天皇は敬んで高麗国王（渤海国は高句麗を継承しているとされていた）に尋ねる。朕は国体を引き継ぎ、天下に支配者として臨み、徳化の恵みを広く及ぼして、人民を安んじ救うことを期している。それ故に、領土の果てまで政治の教化は軌を一にして、全天の下、恵みは隣国と相隔てることがない。昔、高麗が全盛であった時、その王の高武は、始祖より歴代、大海の彼方に居りながら、わが国とは親しいことは兄弟のようであり、義は君臣のようであった。海には帆をかけ渡し、山には梯を架けるように障害を越えて朝貢することが相続いてきたが、末年に及んで、唐・新羅の侵略を受け、高氏は滅亡した。それ以来、音信は絶えてしまった。
　神亀四年に至って、王（文王、大欽茂）の亡父である左金吾衛大将軍・渤海郡王（武王、大武芸）が使者を遣わして来朝させ、初めて朝貢を修復した。
　先の朝廷（聖武帝）はその真心をよしとして厚遇優待された。
　王（大欽茂）は、先王の遺風をうけついで、前代の業を修め整えて、誠をもって仕え、王の評判を落とさなかった。
　ところが今、もたらされた信書を見ると、にわかに父王の方針を改め、日付の下に王の官位・姓名を記さず、信書の末尾には、そらぞらしく『天孫』という僭越な称号をつらねている。はるかに王の意を推し量ると、このようなことがなされるはずはない。また近頃の事情を考えても、恐らく何かの錯誤であろう。そこで担当の官司に命じて、使節に対する賓客としての礼遇を停止した。しかし、使人の壱万福らは深く先の過誤を悔い、王に代って謝罪しているので、遠来の使者であることを憐れみ、その悔悟を聞き入れよう。王は朕の意図をよく理解し、永く良い図をたてるように。また、高氏の時代には、世は兵乱が止まることなく、わが朝の威光をかりるために、貴国は両国を兄弟の国と称していた。ところが今、大氏の世になって国内は安泰で、両国の関係をみだりに舅甥と称するごときは礼を失するものである。今後の使節においては二度とこのようなことがないように

せよ。もし、確かに過去を改めて自ら新たにするならば、朕は隣交の好（よしみ）を永久に継続したいと思う。

　春の景色はようやく和（なご）やかになってきた。想うに王の気色も佳（よ）いことであろう。今、帰国する使者に託して、この思いを述べ、あわせて別に進物を贈ることにする。」

（宇治谷孟『続日本紀（下）全現代語訳』講談社学術文庫、2011、86-88ページ）

　第七回目の渤海使に託した光仁（こうにん）天皇の返書は、第三代王・大欽茂が天皇に宛てた親書の中で「天孫」を自称したことに対し、「僭越な称号」と一刀両断に切り捨て、返す刀で〔先代の〕第一回目の上表文にまで言及し、父王である渤海の第二代王・大武芸が示した「族惟兄弟、義則君臣」：「〔渤海と日本とは〕血族なら兄弟にあたり、義の上では君臣の関係にあります」という認識に対し、「〔高麗の〕高氏の時代には、世は兵乱が止まることなく、わが朝の威光をかりるために、貴国は両国を兄弟の国と称していた」と述べ、「親如兄弟」と称したのは、高麗が日本との親密さを例えた表現であって、決して同族であるとの認識からではないと釘を刺しています。

　第一回目の上表文中の「族惟兄弟、義則君臣」という表現は、高麗の後継を自認する渤海が旧高麗の外交記録を調べ、「親如兄弟、義若君臣」：「〔高麗と日本とは〕親しいことは兄弟のようであり、義は君臣のようである」との表現を、「族惟兄弟、義則君臣」：「〔渤海と日本とは〕血族なら兄弟にあたり、義の上では君臣の関係にあります」に改めたものと推察されます。第三代王・大欽茂の父王である第二代王・大武芸は第一回目の上表文において日本の天皇に対し同族であることを告げ、最大級の親近の情を示したものと解されますが、日本側には同族という認識はなく、渤海郡王・大武芸の思いは一方通行に終始したようです。

　話はそれますが、『日本書紀』孝徳天皇大化元年（645）七月十日の条に「高麗神子」：「高麗の神の子」という表現があります。

『日本書紀』孝徳天皇大化元年（645）秋七月

「　・・・　　・・・

　巨勢（こせ）の徳太臣（とこだのおみ）が高麗の使いに詔を伝えた。

　『明神（あきつかみ）として天下を治められる日本天皇（やまとのすめらみこと）が、詔を宣（のたま）う。

　天皇の遣わす使いと、高麗の神の子が遣わした使いとは、過去は短いが将来は長

いだろう。この故に温和な心をもって、末永く往来(ゆきき)したい』と。」

(宇治谷孟『全現代語訳 日本書紀 下』講談社学術文庫、1993、159–160ページ)

『日本書紀』孝徳天皇大化元年(645)の高麗からの使いへの詔(みことのり)にある「高麗の神の子」:「高麗神子」という表現は、高麗王が孝徳天皇に宛てた親書の中で自らを「神子」と称していたことによると考えられます。高麗王が自らを「神子」と称したのはいかなる理由からでしょうか。

『魏書』高句麗伝では、高句麗(高麗)は夫余から分かれ出たとし、王家の始祖は朱蒙であり、河伯の女(むすめ)であった朱蒙の母が太陽(日)の光に感応して懐胎し、生んだ卵から生まれでた子が朱蒙であるとしています。また、朱蒙が夫余王の追っ手から逃れる途中、河に行く手を阻まれた際、「朱蒙告水曰。我是日子、河伯外孫」:「朱蒙が水(河)に告げて言った。『私は太陽(日)の子、河伯の外孫である』」とあります。高麗王は太陽(日)の子を自認していたと推察されます。「太陽(日)の子」を「神子」と表現したのは日本向けの表現とも受け取れます。

あるいは、『神頌契丹古伝』に拠れば、「高令」(高麗)は辰の古王統である「干霊辰汜(からし)氏」から分かれており、「日孫(かも)」を「神祖」とする王統を継ぐ王家すなわち「神孫(しんそん)」(「神祖」の子孫)と解せることから、「神孫(しんそん)」を自認する高麗王が「神子」を称したとも考えられます。

いずれにしろ、他家の神には関知せずといった風で、孝徳天皇はそれを咎(とが)めた様子はありません。おそらく、日本と高麗との関係を同盟関係に限りなく近い君臣関係と認識していたことにも由るのでしょう。

同じく高麗からの使いへの詔(みことのり)に「既往短」:「過去は短いが」とあることから、日本と高麗との親交は始まって長年月が経過したものではないことがわかります。その一方で同じ『日本書紀』は孝徳天皇より二十一代前の応神天皇の御代(応神七年)に高麗人・百済人・任那人・新羅人等が来朝したと記しています。応神天皇二十八年には高麗の王が使いを送って朝貢したと記しています。さらに、仁徳天皇十二年、同五十八年、欽明天皇元年にも高麗の朝貢があったことが記されています。孝徳天皇の高麗からの使いへの詔(みことのり)にある「過去は短いが」とある記述と『日本書紀』に記された古くに始まる高麗の朝貢記事との齟齬(そご)は何を意味するのでしょうか。阿毎(あめ)氏の倭は九州王権(本元)と畿内王権(東進勢力)とに分立していたとの前提のもとに論を進めますが、「過去は短いが」とは畿内王権と高麗との間の親交に限ってのことと解されます。すなわち、応神天皇の

497

御代の高麗の朝貢は九州王権に対する朝貢の始まりである疑いがもたれます。

　このことを傍証する記述が『日本書紀』にあります。欽明天皇三十一年（570）の高麗使は暴風雨に遭い、難船して越の浜に漂着、翌々年の敏達天皇元年（572）に国書・調物がようやく京に送られましたが、烏の羽に書かれた国書解読のために最初に招集された史たちは、三日かかっても誰も高麗の国書を読み解く術を知らなかったとあるのがそれです。畿内王権はこの時初めて、高麗の国書を目にしたものと思われます。国書・調物を誤って引き渡したことで、内紛から高麗大使が副使らによって殺害された事件や、敏達天皇二年・同三年の高麗使関係記事から窺える両国関係のぎこちなさから判断すると、当該使節は〔本来は〕九州王権への高麗使であった蓋然性が高いと考えます。

　同様の齟齬は新羅との外交記録においても見受けられます。『日本書紀』推古天皇二十九年（621）の条に新羅の朝貢記事と併せて「およそ、新羅の国が上表することはこの時に始まったようである」と記す一方で、新羅・百済の朝貢は推古天皇より十九代前の神功皇后の御代に始まっているのがそれです。神功皇后の御代の新羅・百済の朝貢は九州王権に対する朝貢の始まりである疑いがもたれます。

　「白村江の戦い」（663）を境に、日本列島の王者の地位が九州王朝から近畿天皇家へ移ったことについては、古田武彦氏がすでに論じている所[19]ですが、畿内王権と高麗および新羅との親交は「白村江の戦い」（663）を遡ること数十年、推古天皇の御代に始まったようです。『日本書紀』には、九州王権の外交記録が畿内王権の外交記録として一部挿入されていると考えます。因みに、中国正史に記述された日本列島の代表は、『隋書』倭（俀）国伝までの倭（俀）は九州王権、『旧唐書』倭国伝記載の貞観五年（631）遣使・同二十二年（648）奉表の倭、そして日本は畿内王権と筆者は考えています。

　話を元に戻しますと、日本は渤海国に対して宗主国の立場を取ろうとしました。それというのも、渤海国王がまだ渤海郡王であった第二代王・大武芸の時の第一回目（727来着、728朝賀）の渤海使の上表文に、「族惟兄弟、義則君臣」：「〔渤海と日本とは〕血族なら兄弟にあたり、義の上では君臣の関係にあります」と述べていたからです。このことは、高麗の後継を自認する渤海国が、日本との君臣関係の構築を自ら申し出たものと解されます。そこで日本は、第三代王・大欽茂の時の第二回目（739来着・朝賀）・第三回目（752来着・753朝賀）の渤海使が持参した渤海国王の親書が上表文の形式を欠いたことを咎め、第七回目（771来着、772朝賀）の渤海使に託した光仁天皇の返書においては、臣下の立場にある渤海国が日本との関係を馴れ馴れしく「血族なら兄弟にあたり」と申し述べたり、ましてや天皇と同じ「天孫」を称するなど僭越きわまりないとして、

渤海王を咎(とが)めているわけです。

　日本が宗主国の立場を継続しようとすることについて、渤海国は大いに困惑したことと思われます。そもそも、渤海国は唐から冊封された立場であり、宗主国として仰ぐ相手は日本ではなく唐であるからです。既に第二回目（739来着）の渤海使以降、日本との関係を「君臣の関係」ではなく「友好国」としての関係に軌道修正を図ろうとした形跡が持参した渤海王の親書が上表文の形式を欠いたことから窺えますが、唐の宝応元年（762）、十一代皇帝代宗が詔を下し、渤海郡を渤海国に昇格させ、第三代・大欽茂を渤海郡王から渤海国王に進めたことで、属国ではなく「友好国」であるとの立場を日本に認めさせることが喫緊の課題となったはずです。先の第七回目の渤海使が持参した渤海国王の親書が上表文の形式を欠くものとなり、〔おそらく日本との対等な関係を示すために〕天孫を自称したことも、宗主国である唐に対する忠誠心の発現と解されます。

　渤海国の立場を日本側も次第に理解したのか、光仁(こうにん)天皇宝亀十年（779）九月、「渤海及鉄利(てつり)三百五十九人。慕化入朝」：「渤海人および鉄利人三百五十九人が、帰化を願って入朝し」と記述された、第十一回目の渤海使、押領高洋粥(こうようしゅく)率いる渤海人および鉄利(てつり)人三百五十九人の一行に対し、「進表無礼」として現地（出羽国）での一年余の逗留の後、願いにより9隻の船を与え放還して以降は、『続日本紀』は渤海国王の親書を単に「啓」とのみ表現しており、渤海国に対し上表文を強いて求めなくなったと解されます。ただし、『続日本紀』・『日本後紀』共に渤海の使節を一貫して「蕃客」と記(しる)しています。本書第2章第1節第14項でみたように、『周礼』秋官・大行人に「九州（中国）の外〔である夷・鎮・藩の三服〕を蕃国という」とあります。中国の「九服の制」に倣(なら)って、渤海国を「蕃国」と位置づけたのでしょう。

7）渤海王が日本に対して抱く同族意識

　第一回目の渤海使の時の上表文において、第二代王・大武芸が「〔日本と渤海とは〕血族なら兄弟にあたり」と表現し、第七回目の渤海使の上表文において第三代王・大欽茂が自らを「天孫」と称したのは、よくよく根拠があってのことと思われます。

　浜名は『神頌叙傳後序(しんしょうじょでん)』で「乃ち第一章より第四十章までは渤海國の編纂に成った者で、只僅に之を次げる六章（神頌三章を除けば只是三章）だけが契丹の増添(ぞうてん)に成ったものではないか、疑えば斯くも疑われる」：「つまり〔『神頌契丹古伝』の〕第一章〜第四

十章までは渤海国の編纂になったもので、只わずかにこれに続く〔第四十一章から第四十六章までの〕六章（〔このうちの第四十三章から第四十五章の〕神頌三章を除けば只〔第四十一・第四十二・第四十六の〕三章）だけが契丹が付け加えたものではないか、疑えばこのようにも疑うことができる」とした上で、「帰する所は渤海に存した古き原料を以て契丹之を織成せりとするを最も庶幾しとするであらう」：「結局の所は、渤海に保存されていた古い原料をもとに、契丹が『頌叙』を編纂したとするのが最も〔事実に〕近いであろう」と述べています。すなわち、『頌叙』に撰録された伝承記録や旧記の相当部分は馬韓（旧辰国勢力）から靺鞨国へと引き継がれ、さらに渤海国を経て契丹国にもたらされたと浜名は推察しています。

　言われてみれば、契丹は首長・帝王を神格化し「日神之体」すなわち「可汗」（『神頌契丹古伝』第四十六章）とする、「現人神」観念は持つものの、「日神系神道」の祭儀の中心に位置する祭器である鏡を「日神体（体：身）（御神体）」とする本来の祭儀上の観念をもたなかったと思われることから、すくなくとも『神頌契丹古伝』第一章に記録された伝承は契丹本来の伝承ではないことが知れます。

　また、「殷周之際」から前漢代迄の「辰沄繢」（辰国）および「辰沄殷」の歴史の断片を概述した『神頌契丹古伝』の第二十二章から第三十九章は、第二十八章を除き『費弥国氏洲鑑賛』を引くものです。浜名は『洲鑑』の「洲」は「辰沄」であり「東大」であることから『洲鑑』は書名で『東大鑑』と訓ずのかも知れないと述べています。すなわち、『費弥国氏洲鑑賛』は、もとは「賁弥辰沄氏」の辰国の資料と推察されます。

　『旧唐書』渤海靺鞨伝に「風俗与高麗及契丹同，頗有文字及書記」：「〔渤海靺鞨の〕風俗は高〔句〕麗や契丹と同じで、文字をよく使用し、文書類が豊富にある」と記されており、「逸予台米」率いる旧辰国勢力が『頌叙』のもととなった古伝旧記を馬韓（旧「賁弥辰沄氏」の辰国）から持ち込んだことは十分考えられます。そうであるならば、『神頌契丹古伝』の各章で見た「辰沄〔繢〕翅報」（辰〔国〕王）に関する伝承記録や旧記は靺鞨を経て（一部は粛慎を経由したことも考えられる）渤海が保有していたことになり、渤海が「天孫降臨」伝承を持っていた蓋然性は高いと言えます。先に指摘したように、渤海の初代王である大祚栄は靺鞨を建国した辰の王族（「賁弥辰沄氏」）である「逸豫臺米」の流れを汲む人物と考えられることから、第三代王・大欽茂が「天孫」を自称したとしても決して僭越でも不遜でもなく、天孫降臨伝承を共有する日本と渤海とは同族であるとの認識に基づく、親愛の情の発露であったといえましょう。

　ところで、第八回渤海使（773）で「渤海国使烏須弗等所進表函。違例無礼」：「渤海

国使の烏須弗等の一行が進上した上表文と函が、通例と違って無礼である」として現地放還された烏須弗(ウスホツ)が持ち帰った日本観が『神頌契丹古伝』第七章に述べられています。ここにも、渤海が日本に対して抱く同族意識を垣間(かいま)みることができます。関連する同第八章（本書155-156ページ）および第二十章（本書218-219ページ）も併せてご参照ください。

「　　第七章　東族振興の四大要道

烏須弗耶摩馼記曰

其國所以未嘗隳頽者職由潭探上古明覩先代

審設神理善繩風猷一曰秋洲讀做阿其氏末蓋亦因于阿其比也』

　　　　　　　　　譯　文
烏須弗(ウスホツ)[人名]の耶摩馼記(ヤマトいは)に曰く。
其(そ)の國未(くにいまだ)嘗(かつ)て隳頽(くわいたい)せざる所以(ゆえん)の者は。
職として潭(ふか)く上古を探(さぐ)り。明(あき)かに先代を覩(み)。
審(つまび)かに神理(しんり)を設(つら)ね。善(よ)く風猷(ふういう)を繩(ただ)すに由る。
一に秋洲と曰ふ。讀(よ)むで阿其氏末(アキシマ)と做(な)す。蓋(けだ)し亦(また)阿其比(あきひ)に因(よ)るなり。」

　　　　　　　　　　　　　　　（浜名寛祐『神頌契丹古伝』八幡書店、2001、349ページ）

　　　　「譯文」の口語訳（拙訳）
烏須弗(ウスホツ)（人名）の『耶摩馼記(ヤマト)』に拠ると、
その国（日本）が過去に一度も滅(ほろ)び廃(すた)れることがなかった理由は、
官吏が職務として、深く上古を探り、明かに先代〔の政事〕を観察して、
詳しく神の定めた道理を設け、教化と道徳をうまく改修してきたことにある。
一に秋洲という。「阿其氏末(アキシマ)」と読む。思うに「阿其比(あきひ)」に起源する語であろう。

『神頌契丹古伝』第七章についての浜名の解説の一部をご紹介します。

（浜名の解説の口語訳：拙訳）
「　本章は思うに、我が日本を、渤海と同じ神の子孫〔の国〕であり、同族であるとの認識から、同族としての基本的な信愛の流脈を示したものである。ただし、この同族としての基本的な信愛の流脈を示したのは、〔『神頌契丹古伝』第六章に『瑪玕(マカ(ボカ))・靺鞨(マカ)・渤海(マカ(ボカ))が〔表記は異なるが〕同声を受け継ぎ』とあるように〕馬韓の名を継承している渤海国が持っている〔日本に対する信愛親近の〕情意である。

そこで、契丹は耶摩駘記のこの一節を取り上げ、東大族を一つにまとめるための大義として、この同族意識を掲げたのである。塢須弗は我が国史（『続日本紀』）に見える渤海国使の烏須弗その人であろう。『続日本紀』に拠ると、光仁天皇の宝亀四年（773）六月に烏須弗らが能登国に来着した。烏須弗らが進上した上表文の文言が通例と違い無礼であったため、入京を許さず、帰りの道中に必要な食料を支給して現地から送り還したとある。そのとおりであれば、我が国の文物を観察するだけの時間的余裕もないまま帰還したことになるが、<u>渤海国使の来朝は元正天皇の養老年間に始まり</u>＊、以来継続されているので、烏須弗は文学の士であろうから、我が国の文物を記述する史料が乏しいことを苦にせず、『耶摩駘記』を撰述することができたのだろう。『耶摩駘』は『野馬臺』というのと同じで、日本の呼称を写し取ったものである。また、本章の<u>『探￣上古￣・覩￣先代￣・云々』</u>＊＊の四句は、『古事記』序文に掲げてある撰者太安萬侶の上奏文中の句をそのまま摘出したものである。これに由り、我が『古事記』が渤海国に渡っていたことを知ることができる。・・・・・・

秋洲は秋津洲であり、渤海使節が『阿其氏末』と読んだのは流石である。その上で、またその語源を『阿其比』であるとしたのは、大陸族の古伝に依って我国を見たものであり、〔『阿其比』を〕神の『和魂』の義と取って、それを〔日本は〕国号としたと解釈したのである。」[20]

（浜名寛祐『神頌契丹古伝』八幡書店、2001、349–350 ページ）

「<u>渤海国使の来朝は元正天皇の養老年間に始まり</u>」＊
　　渤海使の来朝（入朝）は聖武天皇神亀五年（728）に始まります（来着は727年）。
　　したがって、元正天皇の養老年間（717〜723）に始まりとしたのは浜名の錯誤と思われます。

「『探￣上古￣・覩￣先代￣・云々』」＊＊
　　『古事記』序文中に「繩風猷」・「設神理」・「潭探上古」・「明覩先代」の
　　文言がみえます。

　第2章第3節第6項3)でみたように、本書は「阿其比（阿祺毗）」を浜名の訓訳「和魂」すなわち「和魂」の意義に採らず、訓訳「現霊」（「明霊」）すなわち「〔御霊振り（招魂）によってはっきりと〕現れた御霊」の意義に解したいと思います。

6 「沃沮」の地理的範囲（仮説31）を傍証する「挹婁」の族称の起源説話

『魏志』挹婁伝に登場する挹婁の族称の由来となったとみられる説話が『神頌契丹古伝』第九章・第十章にあります。太古の中国において「神祖」が「浥且」の地を平定し、容易に服従しない先住民の「羊鄂羅墜（ヤオロチ）」族に長年に亘って同化教育を施し、禊（沐浴）をさせ〔服従を誓わせた後に〕「神族」として受け入れ、もとの「羊鄂羅墜（ヤオロチ）」の族称に替えて「浥婁（アフロウ）」の族称を与えたという説話です。「沃沮」（「浥且（オゾ）」）の地を平定した「遼東辰国」が、なおも抵抗を続ける「沃沮」（「浥且（オゾ）」）の先住民を「神祖」が伐った太古の「羊鄂羅墜（ヤオロチ）」族になぞらえ、「浥婁（アフロウ）」の族称の起源説話に仮託して「挹婁」（「浥婁（アフロウ）」）と命名したものと推察されます。

挹婁はその後、濊族の入植によって「沃沮」の地を次第に追われ、魏代に粛慎氏の国とされた現吉林省東部から沿海州方面へと移り、「沃沮」は濊族の居住地になったと考えられます。仮説32で「沃沮」の主要先住民を濊族としましたが、濊族が入植する以前の「沃沮」の先住民は挹婁であったことになります。

「　　第九章　日孫挹婁族を降す
　止浥婁異種原稱羊鄂羅墜本浥且之地也
　神祖伐懲元兇化育久之

　　　　譯　文
　　止（ただ）浥婁（アフロウ）は異種。原稱は羊鄂羅墜（ヤオロチ）。もと浥且（オゾ）の地なり。
　　神祖伐つて元兇を懲らし。化育之を久うす。」

（浜名寛祐『神頌契丹古伝』八幡書店、2001、359ページ）

　　「譯文」の口語訳（拙訳）
　唯、浥婁（アフロウ）は異種である。原称は「羊鄂羅墜（ヤオロチ）」で、もと浥且（オゾ）の地に居住していた。
「神祖」が伐つて元兇（反抗する勢力）を懲らし。
以来、浥婁（アフロウ）の同化教育を久しく進めてきた。

第九章の説話に出てくる「羊鄂羅墜（ヤオロチ）」族が、出雲神話にある須佐之男命（すさのおのみこと）の「八岐（やまた）の大蛇（おろち）伝説」に投影されていることを浜名は指摘しています。

「　　第十章　鴨緑江の古今
　命令作澡然後容爲河洛賜名閼覆祿即浥婁也
　或曰閼覆祿禊誓之謂也故至今爲成者指其不渝於閼覆祿大水焉
　　　　　　譯　文
　命じて澡を作さしめ^{澡は水浴をして修禊を爲すなり}
　然る後容れて河洛と爲す^{河洛は神族なり、第四章の固朗及び河洛に見よ。}
　名を閼覆祿と賜ふ。即ち浥婁なり。或ひと曰く。閼覆祿は禊誓の謂なり。
　故に今に至るまで成を爲す者^{成は盟也}其の渝らざるを閼覆祿大水に指す。」
　　　　　　　　　　　（浜名寛祐『神頌契丹古伝』八幡書店、2001、364–365ページ）
　　　「譯文」の口語訳（拙訳）
　〔浥婁に〕命じて禊（沐浴）をさせ（澡は水浴をして身を清めることである）
　〔服従を誓わせた後に〕受け入れて神族とし（河洛は神族なり、第四章の固朗及び
　珂洛を参照せよ）、閼覆祿の族称を与えた。即ち浥婁（挹婁）である。
　ある人が云うには、閼覆祿とは禊をして誓うことである。
　それで、今に至るまで、盟約をする者は（成は盟也）、
　盟約が変わらないことを〔誓うのに、
　浥婁が禊誓をした〕閼覆祿大水（鴨緑江）を指し示すのである。

　羊鄂羅墜族はなぜ「挹婁（浥婁：閼覆祿）」の族称を「神祖」から与えられたのでしょうか。「羊鄂羅墜」族に「浥婁」の族称が与えられた理由は、「閼覆祿」の意義が「禊をして誓うこと」に由るとあります。「閼覆祿大水」と命名したのは、その河で「閼覆祿」：「禊（沐浴）」をさせ、服従を誓わせたことに由ると考えられます。余談ですが、「お風呂」の語源は「閼覆祿」ではないかと推想します。
　この一連の説話はまた、太古の「浥婁」（原称は「羊鄂羅墜」）の原住地である「浥且」と禊（沐浴）をさせた「閼覆祿大水」とが近接していたことを教えてくれています。同様に、この説話に因んで命名された挹婁（「浥婁」）の原住地「沃沮」（「浥且」）と鴨緑江（「閼覆祿大水」）も近接していたと考えられ、仮説31で「沃沮」の地理的範囲を、渾江流域を中心とする鴨緑江北岸支流域および鴨緑江北岸部に擬定したことと奇しくも契合します。「浥且」が「沃沮」に、「閼覆祿大水」が今日の鴨緑江に照応することを前提として、第九章・第十章の二つの説話は仮説31を傍証するものとなります。

第２章　文献史料と考古史料から探る前一千年紀の辰国

1　孔列文と口唇部刻目文土器、赤色磨研土器等の土器文化

「一方、ロシア沿海州西南部・中国吉林省延辺地区・黒龍江省牡丹江地区・北朝鮮咸鏡北道を含む豆満江流域を中心とする地域には、孔列文と口唇部刻目土器、赤色磨研土器、黒曜石石器、人形と動物形の土偶などの遺物を特徴とする文化が存在する。この文化についての発掘調査は、吉林省延吉市小営子墓地・新龍墓地・和龍県興城遺跡・黒龍江省寧安県鶯歌嶺遺跡上層・咸鏡北道茂山郡虎谷洞遺跡・会寧郡五洞遺跡・羅津市草島遺跡・雄基郡西浦項貝塚遺跡などが報告されている[47]。しかし、この文化に対する研究はまだ不充分で、鶯歌嶺遺跡上層の測定年代によって紀元前2000年から前1200年の間に存在したと思われるが、この時期の青銅器は確認し難いので、青銅器時代の文化としても考えにくい。だが、この文化の孔列文土器が後の朝鮮半島の青銅器時代文化の孔列文土器と関連することは、一般的に認められている。」

(王建新『東北アジアの青銅器文化』同成社、1999、18ページ)

(47)①藤田亮策『延吉小営子遺跡調査報告』、1937；②侯莉閔「吉林延辺新龍青銅墓葬及対該遺存的認識」、『北方文物』、1994-3；③吉林省文物考古研究所「和龍興城遺址発掘」、『博物館研究』、1988-2；④黒竜江省文物考古工作隊「黒龍江寧安県鶯歌嶺遺址」、『考古』、1961-6；⑤黄基徳「豆満江流域の青銅器時代文化」、『考古民俗論文集』2、1970；⑥黄基徳「茂山虎谷洞遺跡発掘報告」、『考古民俗論文集』6、1975。

(王建新『東北アジアの青銅器文化』同成社、1999、22ページ)

2　「漁民の交流」

(渡辺誠『日韓交流の民族考古学』名古屋大学出版会、1995、41-90ページ)

3　高倉洋彰『金印国家群の時代』(青木書店、1995、110-133ページ)より作成。

　　(全　1988)　全榮來　1988「韓国・益山・平章里新出の青銅遺物」『古文化談叢』19
　　(李・李ほか　1989)　李健茂・李栄勲・尹光鎮・申大坤　1989「義昌茶戸里遺跡発掘進展報告(Ⅰ)」『考古学誌』1
　　(崔　1983)　崔鐘圭　1983「慶州市朝陽洞遺跡発掘調査概要とその成果」『古代文化』35-8
　　(慶州　1987)　慶州博物館　1987「菊隠李養璿蒐集文化財」国立慶州博物館
　　(藤田・梅原・小泉　1925)　―
　　(尹　1981)　尹容鎮　1981「韓国青銅器文化研究」『韓国考古学報』10・11

(高倉洋彰『金印国家群の時代』青木書店、1995、248-254ページ)

4　全羅北道益山郡平章里土壙墓出土の蟠螭文鏡は前漢初期に流行したもの

(王建新『東北アジアの青銅器文化』同成社、1999、122ページ)

5　共伴する銅矛が新しい段階の遺物であることから、同遺跡の年代は前1世紀に比定されています

(王建新『東北アジアの青銅器文化』同成社、1999、122・127ページ)

6　女王国

『魏志』倭人伝の下掲①②の記述に拠り、「女王国」を卑弥呼を共立する諸国の総称と解するの

は無理があり、「女王国」は「邪馬壹国」一国を指す称呼と解しました。もっとも、そのように解した場合、〔不弥国－邪馬壹国間の里程がゼロとは考え難いことから〕「自郡至女王国万二千余里」:「郡より女王国に至る〔道のりは〕万二千余里」と記された里程の合理的な解釈を筆者は見出せずにいます。

① 「倭人在帯方東南大海之中，依山島為国邑。旧百余国，漢時有朝見者，今使訳所通三十国。従郡至倭，循海岸水行，歴韓国，乍南乍東，到其（倭）北岸狗邪韓国，七千余里，始度一海，千余里至対馬国。其大官曰卑狗，副曰卑奴母離。所居絶島，方可四百余里，土地山険，多深林，道路如禽鹿径。有千余戸，無良田，食海物自活，乗船南北市糴。又南渡一海千余里，名曰瀚海，至一大国，官亦曰卑狗，副曰卑奴母離。方可三百里，多竹木叢林，有三千許家，差有田地，耕田猶不足食，亦南北市糴。又渡一海，千余里至末盧国，有四千余戸，浜山海居，草木茂盛，行不見前人。好捕魚鰒，水無深浅，皆沈没取之。東南陸行五百里，到伊都国，官曰爾支，副曰泄謨觚、柄渠觚。有千余戸，世有王，皆統属女王国，郡使往来常所駐。東南至奴国百里，官曰兕馬觚，副曰卑奴母離，有二万余戸。東行至不弥国百里，官曰多模，副曰卑奴母離，有千余家。南至投馬国，水行二十日，官曰弥弥，副曰弥弥那利，可五万余戸。南至邪馬壹国，女王之所都，水行十日，陸行一月。官有伊支馬，次曰弥馬升，次曰弥馬獲支，次曰奴佳鞮，可七万余戸。<u>自女王国以北，其戸数道里可得略載，其余旁国遠絶，不可得詳。</u>」

② 「次有斯馬国，次有已百支国，次有伊邪国，次有都支国，次有弥奴国，次有好古都国，次有不呼国，次有姐奴国，次有対蘇国，次有蘇奴国，次有呼邑国，次有華奴蘇奴国，次有鬼国，次有為吾国，次有鬼奴国，次有邪馬国，次有躬臣国，次有巴利国，次有支惟国，次有烏奴国，次有奴国，此女王境界所尽。其南有狗奴国，男子為王，其官有狗古智卑狗，不属女王。<u>自郡至女王国万二千余里。</u>」

『魏志』倭人伝の「自女王国以北，其戸数道里可得略載，其余旁国遠絶，不可得詳」:「女王国より北〔にある諸国〕は、其の戸数と道里をおおよそ記載することができるが、その他の周辺の国々は遠く離れており、詳しく知ることができない。」に拠ると、①に挙げられた女王国より北にある諸国は、おおよその戸数と道里が記載されていますが、②に挙げられた「其余旁国」:「その他の周辺の国々」は遠く離れており、戸数と道里が記載されていません。しかしながら、②に挙げられた、遠く離れた「その他の周辺の国々」も、女王卑弥呼を共立する倭人の二十九国（狗邪韓国を含み、奴国の重出分を含まない）を構成する国と考えますので、「自女王国以北」:「女王国より北〔にある諸国〕」における「女王国」の意義を〔『その他の周辺の国々』を含む〕女王卑弥呼を共立する諸国の総称」と解すると、女王国より北には位置しませんが〔「女王国」を構成するはずの〕②に挙げられた遠く離れた「その他の周辺の国々」が「女王国」に属さないことになるため、「自女王国以北」:「女王国より北〔にある諸国〕」における「女王国」の意義は、「〔『その他の周辺の国々』を含む〕女王卑弥呼を共立する諸国の総称」ではなく、〔『その他の周辺の国々』を含まない〕「邪馬壹国」一国を指す称呼と解するほかありませんでした。

7 19）藤田亮作ほか:「永川琴湖面の遺跡」〈大正十一年度古蹟調査報告 2〉1925
   20）武末純一:「タカマツノダン遺跡」〈対馬－長崎県文化財調査報告17〉1974

21）藤口健二：「サカドウ遺跡」〈対馬―長崎県文化財調査報告 17〉1974
22）〈韓国先史時代青銅器特別展〉国立中央博物館、1973
23）張錫瑛：「試論我国北方和東北地区的触角式剣」〈考古　1984-8〉
24）江上浪夫：「綏遠地方出土古銅鏡の二三に就きて」〈考古学雑誌　26-7〉1936
25）孫守道：「匈奴西岔溝文化古墓群的発見」〈文物　1960-8・9〉
26）朴敬源：「金海地方出土青銅遺物」〈考古美術　106・107〉1970

　　　　　　　（全榮來『韓国青銅器時代文化研究』北九州中国書店、1991、361-362 ページ）

8　28）孫守道：「匈奴　西岔溝文化古墓群的発見」〈文物　1960-8・9合〉
　29）吉林省文物工作隊・吉林市博物館：「吉林樺甸西荒山屯青銅短剣墓」〈東北考古与歴史　1〉1982

　　　　　　　（全榮來『韓国青銅器時代文化研究』北九州中国書店、1991、320-321 ページ）

9　(34) 平井尚志「沿海州新出土の多鈕鏡とその一括遺物について」、『考古学雑誌』、46-3、1960。

10　(44) 朴晋煜「咸鏡南道一帯の古代遺跡調査報告」、『考古学資料集』、4、1874。

　　　　　　　（王建新『東北アジアの青銅器文化』同成社、1999、130 ページ）

11　「ウラジヴォストーク市付近で発見され、ウラジヴォストーク博物館に展示されていたものが、鳥居龍蔵により紹介された（鳥居 1929）。蒲鉾縁で鏡背に同心円を描いているとされる異質なもので、直径も約 18cm とやや大きい。二次加工した銅剣と伴出したとされる。」

　　　　　　　（甲元眞之『東北アジアの青銅器文化と社会』同成社、2006、193 ページ）
　（鳥居　1929）鳥居龍蔵　1929「極東シベリア発見の銅剣と銅鏡」『考古学研究』第 3 巻第 1 号

　　　　　　　甲元眞之『東北アジアの青銅器文化と社会』同成社、2006、269 ページ）

12　中国吉林省の東豊大架山遺跡で発見された多鈕粗紋鏡鋳型（張英 1990）
　張　英　1990「吉林出土銅鏡」文物出版社

　　　　　　　（甲元眞之『東北アジアの青銅器文化と社会』同成社、2006、277 ページ）

13　甲元眞之氏は「外区と内区、内区と鈕座はそれぞれ細かな凹線で区画され、鈕座に双鈕が付されている型式である（図61-8）。紋様を有する区画紋の有無を問わなければ、イズヴェストフ出土鏡に近い構成となっている」

　　　　　　　（甲元眞之『東北アジアの青銅器文化と社会』同成社、2006、225 ページ）

14　（1）「和語をその語義に対応する字義をもつ漢字で表記する方法」による漢字の正訓の成立は六世紀後半以降に急速に進んだとされている（山尾幸久『古代の日朝関係』塙書房、1989 年、495 ページ）。しかしアシハセ・粛慎の場合は余程特殊な政治的背景をもつ事例であって、一般的に処理することはできまい。そのことはアシハセという言葉が八世紀後半以降消滅している事実からも窺われよう。

　　　　　　　（若月義小「アシハセ・粛慎考」『弘前大学國史研究．107』1999、34 ページ）

15　(12)「蝦夷からの伝聞によればミシハセと呼ばれる異民族…」という表現から窺われるように、ミシハセを蝦夷の言葉と解する説もあるが（室賀信夫「阿倍比羅夫北征考」：『古地図抄―日本の地図の歩み―』200 ページ：東海大学出版会、1983 年)、その根拠は示されていない。

(若月義小「アシハセ・粛慎考」『弘前大学國史研究．107』1999、35 ページ)

16　東牟山
　　浜名は奉天府鐵嶺府（今日の遼寧省鉄嶺市）南六十支〔那〕里（約 30km）にあった金朝の東京路瀋州挹婁県に位置した山と考えています。
　　「只名の似寄の者に挹婁の東牟山といふがある、渤海國の始祖大祚榮の父仲象乞乞が遼水を渡り挹婁の東牟山に據つたといふことが唐書等に見えてある、この挹婁を學者多くは三國志又は後漢書に言へる挹婁と思ひ、東牟山をば當に咸鏡北道の朔方にあるべしと考へ、現存韓史亦皆その方面に擬定し居れど、仲象の據つた挹婁は、金になって東京路瀋州挹婁（一に樓に作る）縣と爲した處で、韻編に今奉天府鐵嶺府南六十支里と指示しある、殷が柵を樹てたトムモは其の挹婁の東牟と古今名を同うせる者ではなからうか」

(浜名寛祐『神頌契丹古伝』八幡書店、2001、573 ページ)

　　上田雄氏は現在の吉林省敦化県の西方に位置する東牟山(標高 1229 メートル)に比定しています。

(上田雄『渤海国の謎』講談社現代新書、1995、26 ページ)

17　原文「逸豫臺米は馬韓王統貢彌氏最後の女王卑彌呼の宗女にて、魏志後漢書に壹與と爲せる者。」

(浜名寛祐『神頌契丹古伝』八幡書店、2001、644 ページ)

18　原文「卑彌呼は筑紫に在らず馬韓に在り。彼女は馬韓王統貢彌氏の最終に女性の身を以て央委王と爲りたる者」

(浜名寛祐『神頌契丹古伝』八幡書店、2001、213 ページ)

19　34 回もの遣使の来日が記録されています。

(上田雄『渤海国の謎』講談社現代新書、1995、64-65 ページ)

20　「白村江の戦い」(663) を境に、日本列島の王者の地位が九州王朝から近畿天皇家へ移ったことについては、古田武彦氏がすでに論じている所

(古田武彦『古代は輝いていたⅢ　法隆寺の中の九州王朝』朝日新聞社、1985)

　　因みに、『旧唐書』百済国伝は「白村江の戦い」を竜朔二年（662）に記述しています。

21　原文「本章は蓋し我が日本を以て齊しく神胤の同族と爲す所から、その同族的基本信愛の流脉を示現せる者、但し此の示現は馬韓の名を襲げる渤海國のもてる情意である、而して契丹は之を將取して亦以て東大族糾合の大義高榜の用に充てたのである。塢須弗は我が國史に見ゆる渤海国使烏須弗その人であらう、續日本紀に據るに。光仁天皇寶龜四年六月、烏須弗能登国に着す、表詞違例なるを以て入京を許さず、路粮を賜ひ放還すとある。然らば我が國の文物を観察するだけの時日を得

第 2 章　文献史料と考古史料から探る前一千年紀の辰国

られずに歸還した者であるが、渤海國使の來朝は元正天皇養老年間に始まり、爾來繼續されたのであれば、烏須弗にして文學の士ならんには我が文物を記するに資料乏しきを憂へざるべく、乃ち耶摩駘記の撰述もあり得たものであらう。耶摩駘は野馬臺といふに同じく日本の稱を寫取したものである、而して本章の探‐上古‐・覩‐先代‐・云云の四句は、古事記序文に掲げある撰者太安萬侶(ふとのやすまろ)の上奏書中の句をそのまま摘出したものである、之に由り我が古事記の渤海國に渡つてゐたことが知れる。

・・・　・・・
　秋洲は秋津洲にて、渤海使節が阿其氏未(アキシマ)と訓むだは流石(さすが)である。而して又それを阿其比(アキヒ)に因ると爲せるは大陸族の古傳を取つて我を見たもので、神の和魂に取つて以て国號に爲したと解釈したのである。」

（浜名寛祐『神頌契丹古伝』八幡書店、2001、349–350 ページ）

第3章　古代の朝鮮半島の住人

第1節　朝鮮半島前史

1　櫛文土器時代の朝鮮半島には多様な人々が地域文化圏を形成して暮らしていた

　朝鮮半島に古くから人類が住んでいたことは、10万年以上前の化石人骨が発見されていることで確認できます。後期旧石器時代の遺跡としては、ナイフ型石器と剥片尖頭器（はくへんせんとうき）を出土した韓国忠清北道丹陽郡にあるスヤンゲ遺跡が著名です。「炭素14法で1万6000～2万年前とされる。両石器の存続時期はほぼ最終氷期最盛期に重なる」[1]とされています。後期旧石器時代に朝鮮半島に来住した新人段階の人々は、長い年月の間に断続的に小集団でやってきた人々であったと考えられます。したがって、後期旧石器時代の朝鮮半島は言語的にも遺伝的にも多様な小集団が、食資源を求めて移動を繰返しながら散居していた状況にあったと推察されます。もっとも移動生活をおこなっていた彼らが朝鮮半島にそのまま留まっていたとはかぎりません。

　それでは、新石器時代の朝鮮半島はどうでしょうか。「朝鮮半島の旧石器時代から新石器時代への移行は土器の出現」[2]が目安とされています。朝鮮半島の新石器時代は櫛文土器（櫛目文土器（くしめもん）ともいう）で代表させて、櫛文土器時代とも呼ばれていますが、韓国国立中央博物館の主管で行われた釜山市東三洞貝塚の発掘では、櫛文土器の出現に先行して、隆起文土器と先無文土器だけが出土し櫛文土器が出土しない段階があることが明かになっています（金元龍 1973）[3]。今のところ最古の土器のひとつとされているのは済州道北済州郡翰京面（かん）の高山里遺跡から出土した隆起文土器[4]で、6300年前に噴出した鬼界アカホヤ火山灰層の下層に包含されていたことから6300年以前のものと見られています[5]。櫛文土器は朝鮮半島に広く分布しますが、地域的な特色が見られることから東北朝鮮、西北朝鮮、東朝鮮、西朝鮮、中朝鮮、南朝鮮の6地域に区分されています。全羅道の西南朝鮮は今のところ遺跡がほとんど知られていない空白域となっています[6]。櫛文土器は砲弾形の丸底あるいは尖底（せんてい）の深鉢が代表的な器形ですが、東北朝鮮と西北朝鮮の2地域は平底系土器文化圏を形成し中国東北地方との関係が深い地域とされています。櫛文土器は北欧からシベリアを含む北ユーラシアに広く分布することから、従来北ユーラシア起源とされ、櫛文土器を携（たずさ）えた集団がシベリアからモンゴルを経て中

国東北部と朝鮮半島に広がったと考えられていましたが、最古の櫛文土器が渤海沿岸から相次いで発見されていることから、李亨求(イ ヒョンク)氏は渤海沿岸起源を唱えています[7]。櫛文土器文化の開始にあたってはシベリア方面からの大規模なヒトの移動を想定する必要はなさそうです。

　以上から、櫛文土器時代に続く無文土器時代が始まる頃の朝鮮半島は、櫛文土器の地域的な特色により区分された6地域に櫛文土器の空白域である西南朝鮮を加えて、大きく7つの地域文化圏にまとめることが可能です。しかしながら、後期旧石器時代以来の長い年月の間に朝鮮半島にやって来た、来歴を異にする人々の子孫たち[8]を内包しながら形成されたそれぞれの地域文化圏は、その圏内にあっても言語的にも遺伝的にも多様であったと推察されます。したがって、その後の人口増加を経ても、後期旧石器時代から櫛文土器時代にかけて朝鮮半島に来住した人々の中の特定の遺伝子が、朝鮮半島の住人の中で突出した比率を占めることはないと考えます。

2　櫛文土器時代の朝鮮半島南部多島海地域と西北九州との間には「漁民の交流」がおこなわれていた

　櫛文土器時代の朝鮮半島南部多島海地域と縄文時代の西北九州地域とのあいだに密接な交流があったことは、西九州地方に分布する縄文時代前期の曽畑式土器の源流が、器形・文様・土器胎土への滑石の混入などから朝鮮半島南部多島海地域の櫛文土器にあること[9]、曽畑式土器と同じく縄文前期に出現する西北九州型結合釣針の源流も、先行する朝鮮半島新石器時代早期からの結合釣針の多量出土が見られる南部朝鮮半島にあることが明かになっています[10]。海峡を挟んで双方からの行き来があったことは、鰲山里(おさんり)型結合釣針・西北九州型釣針・佐賀県腰岳産の黒曜石を装着した石鋸(いしのこ)と呼ばれる銛先(もりさき)に装着する石刃(せきじん)が、朝鮮半島南部多島海地域と西北九州の双方から出土することからも明かです。渡辺誠氏は鰲山里型結合釣針や銛の分布から、朝鮮半島南部多島海地域と西北九州との交流の主体が「漁民の交流」であったことを強調しています[11]。朝鮮半島南部多島海地域と朝鮮半島東海岸地域との間でも漁民によるリレー式の交流がおこなわれたと考えられます。これらの交流に伴う地域間のヒトの移動は、各地域に対し遺伝的には多様化の方向に働くと考えられます。

511

3　紀元前4000年紀以降、山東半島と遼東半島の間には
　　継続した文化交流があった

　貝塚や住居趾などの遺跡から、朝鮮半島の新石器時代人は主に海辺や河川に面した丘陵上に住居を構え、漁撈や狩猟・採集の生活を営んでいましたが、黄海北道智塔里遺跡第2文化層から見つかった穀物遺存体と石鎌・石鋤などの農具を根拠として[12]、紀元前4000年紀には農耕が始まったと考えられています。

　紀元前4000年紀以降、中国大陸の山東半島と朝鮮半島に隣接する遼東半島の間に、継続した文化交流があったことが土器や石器の様式から確かめられており[13]、大汶口文化の広がりのなかで[14]華北型の雑穀農耕が山東半島から遼東半島へ伝播したとされています。さらに、この流れは遼東半島から朝鮮半島にまで伸びたと考えられます。この時期の農耕は食料に占める農産物の割合が低いことから原始農耕と呼ばれています。近年、各地の出土穀物遺存体の放射性炭素測定の結果から農耕開始年代が引き上げられる方向にありますが、原始農耕の段階までは人口増加率は低く、特定の集団の人口が突出することはなかったと考えます。

4　前2000年紀の新岩里1期文化が成立した頃から
　　朝鮮半島での本格的な農耕が開始された

　前2000年紀の鴨緑江下流域では、双砣子1期文化にほぼ併行して、その影響を強く受けた新岩里1期文化が成立します。新岩里1期文化が成立[15]した頃から朝鮮半島での本格的な農耕が開始されたと考えられています。新岩里1期文化は遼東半島からの強い影響が窺われ、新岩里1期文化の成立を境に土器の器種構成や石器組成が大きく変化することになります。従来のすりうすや打製の土掘り具が消え、磨製石包丁、環状石斧、磨製石槍、偏平片刃石斧、柱状片刃石斧（石鑿）が加わります。大貫静夫氏は「わが国の弥生農耕文化に連なる石器組成が成立したのである。そして、これが朝鮮半島を南下して日本列島に入ることになる。山東半島東端の龍山時代の遺跡からはコメが見つかっていることから、この時期に遼東半島に山東半島経由で入っていた可能性があろう。山東半島や遼東半島は伝統的に雑穀畑作地帯と考えられており、はたしてそれが水稲であったかどうかはわからないが、石器組成上の変化は明らかにこの段階で農耕における何

らかの変化がおきていたことを反映したものと考えられる」[16]と述べています。

　紀元前2000年紀の山東半島の岳石文化と遼東半島の双砣子Ⅱ期文化の間には特に密接な関係があったようです。王建新氏は「双砣子遺跡中層と大嘴子遺跡中層などを代表とする双砣子Ⅱ期文化は、山東半島の岳石文化が一時遼東半島に進出したことを示している。岳石文化の進出によって、先進的な輪製土器の技術が遼東半島に伝わり、双砣子Ⅰ期文化から双砣子Ⅲ期文化への発展に大きな影響を与えた」[17]と述べています。双砣子Ⅱ期文化は岳石文化の地方類型と称されるように[18]、岳石文化を担った人々の遼東半島への進出によって展開したと考えられます。

　また、米ないしは稲作技術の伝播に関して王建新氏は、双砣子Ⅲ期文化を代表する大嘴子遺跡上層で米と高粱などの農作物の遺骸が発見されたことにより、この時期に山東半島から遼東半島へ稲作の技術が伝播した可能性を指摘されています[19]。

　先住民の集団間で人口増加率に格差が生じ始めたのは、朝鮮半島での本格的な農耕が開始された前2000年紀のことと考えられます。

5　前1000年紀の朝鮮半島を巡る古代集団の動き

　前1000年紀には朝鮮半島に無文土器文化が出現します。朝鮮半島の前期無文土器文化の流れについては、「コマ形土器を中心とする西北地域の文化と、孔列文・口唇部刻目突帯文土器を中心とする東北地域の文化が南下し、漢江流域で接触、新しい無文土器文化が成立したのち、再度南韓地方に拡散していったという見解が一般的である」[20]とされています。

　孔列文と口唇部刻目文土器、赤色磨研土器等を中心とする文化を担った孔列文土器人の南下は、およそ3500年前（前2000年紀中頃）に始まった急激な気温の低下に起因する北方民族の南下の一環と考えられます。孔列文土器人は畑作農耕（雑穀栽培農耕）文化を携え、豆満江方面から朝鮮半島東北地域に南下、東北地域から徐々に半島中南部地域に居住域を拡大していったものと思われます。畑作農耕（雑穀栽培農耕）文化を有した孔列文土器人は、漁撈狩猟採集段階にあった先住の櫛文土器文化を担った人々（櫛文土器人）に比べ人口増加率で優位に立ち、次第に優勢になっていったと思われます。

　朝鮮半島の南端に到達した孔列文土器人の一部は「漁民の交流」ルートにのって日本列島への移住を開始し、前1000年紀の西日本各地に孔列文土器と陸稲・ア

ワ・ヒエなどの畑作農耕（雑穀栽培農耕）をもたらしたと考えられます。日本出土の孔列〔文〕土器の分布に関しては、片岡宏二氏が既に詳細に論じている所[21]です。

　沿岸航法を身につけた海人勢力（半農半漁民）である淮夷系の集団の中国本土からの移住も本格化し、濊族は山東（膠東）半島―遼東半島経由で海路、朝鮮半島へ来住したと考えられます。

　王建新氏はコマ形土器を中心とする無文土器文化の特徴について、「朝鮮半島の西北部の大同江流域付近に発生したコマ形土器を中心とする無文土器文化については、黄海道松林市石灘里[(14)]および黄州郡沈村里[(15)]などの古い時期の遺跡が発見されている。これらの遺跡を代表とする文化は、コマ形土器・磨製銅矛（剣）・有茎式石鏃・半月形石包丁・有段石斧・支石墓などの特徴を備えている」[22]と述べています。ちなみに、沈村里には北方系列の支石墓と南方系列の支石墓の両方が存在します[23]。

　南部朝鮮半島西海岸に面した地域には水田稲作との密接な関係が指摘されている松菊里類型文化が定着し、朝鮮半島南部にも拡大していきました。濊族が卓越した航海能力を活かして津々浦々に拠点を構築し、水田稲作を展開し、母村を根拠に分村を進め、次第に内陸部にも侵入して濊族の集落を拡大していったことは支石墓の分布から見て取れます。

　古代中国において殷末周初の動乱を経た濊族は、移住当初から他の先住集団に比べ組織力に優（まさ）る、政治的な集団として振る舞ったと思われます。前2000年紀に大陸系磨製石器群や稲作技術を最初に遼東半島や朝鮮半島にもたらした集団がどのような古代種族であったかは別にして、大陸系磨製石器群および水田稲作文化そして支石墓文化を朝鮮半島の西海岸沿いに南海岸へと運び、前1000年紀の朝鮮半島南部に伝播普及させた勢力は、中国の江淮（こうわい）地方（淮河・揚子江流域）を原郷とする淮夷系の半農半漁民に起源し、早くから沿岸航法による海上交易活動をおこなっていた海人勢力の濊族であったと考えます。濊族は水田稲作のもつ食料生産力の優位性に支えられ、他の先住集団に比べ高い人口増加率を維持しながら居住域を拡大し、朝鮮半島において支配的な勢力になっていったと思われます。

　濊族の水田稲作文化は朝鮮半島南岸地域の孔列文土器人にも次第に波及し、朝鮮半島南部は水田稲作文化圏となりました。孔列文土器人の一部は水田稲作文化を携えて日本列島に移住し、既に「漁民の交流」ルートに乗って日本列島に先着し、西日本各地に孔列文土器と陸稲・アワ・ヒエなどの畑作農耕（雑穀栽培農耕）をもたらしていた同族のネットワークを活用して、西日本各地に水田稲作を伝播普及さ

せ、水田稲作のもつ高い食料生産力を背景に人口を伸ばしていったと推察されます。濊族に先がけ西日本各地に水田稲作文化を伝播普及させた集団は孔列文土器人であったと考えられます。

　孔列文土器人に遅れること数世紀、朝鮮半島南部の濊族の日本列島への移住も次第に本格化したと思われますが、濊族の日本列島への移住が加速される契機となった出来事が、前5世紀頃に始まった「遼東辰国」の朝鮮半島への侵出とその後の南遷と考えられます。辰国の支配を嫌って日本列島に移住した一部の濊族は、卓越した航海能力を活かして、列島の各地に小邑（集落）を作っていったと考えられます。濊族は半農半漁の生活を営みながら周囲の先住民とも交易し、交易活動を通して各地の情報を収集し、地域の新たな支配者となり、国邑（拠点邑）へと発展させていったと考えられます。さらに、国邑（拠点邑）からの分村を進める過程で新たな殖民開拓活動がおこなわれ、いくつもの中小の邑を西日本を中心とした日本列島に形成していったと考えられます。文身（入れ墨）・諸手船（もろたぶね）・鵜飼などの漁民文化や水田稲作・銅鐸・歌垣（うたがき）・餅文化・高床式倉庫・ナレズシ・しめ縄などの長江流域起源とされる文化や習俗の荷担者は主に濊族あるいは「辰族」であったと考えられます。ミャオ族に伝わる稲の初穂を食べる吃新節（チーシンジェ）[24]との関連が指摘されています宮中で執り行われる新嘗祭（にいなめさい）も、太古の辰国（「辰氵䍃（しうく）」）以来の伝統を有する祭儀と推想します。

　したがって、南遷した辰国が支配していた前4世紀頃〜紀元3世紀頃の南部朝鮮半島においては、中国南部起源で支石墓文化や水田稲作文化を伝播普及させた海人勢力で半農半漁民である濊族や、濊族から水田稲作を学んだ孔列文土器人〔の流れを汲む集団〕その他の先住民の上に、「辰族（辰氵固朗（しうから））」が君臨していたと考えられます。前2世紀には満に滅ぼされた「辰氵殷（しうゐん）」王（準王）の勢力や追随した秦氏の一党も辰国に移住したとあります。朝鮮半島の辰王家である「安晁辰氵氏（あめしう）」の分派（「日神系神道勢力」）は北部九州へ侵出し、「安晁辰氵氏（あめしう）」出身の王は「大皇（おおきみ）（「阿輩雞弥（あめ）」）」を号し、姓を「阿毎氏（あめ）」とし、漢は「東委」（東夷）である「阿毎氏（あめ）」の勢力を「倭」と表記呼称したと考えました。細形銅剣を代表とする青銅器文化を北部九州にもたらしたのは「阿毎氏（あめ）」の倭の支配階級を構成した倭人です。『漢書』地理志にいう「楽浪海中」の倭人とは阿毎氏（あめ）の倭の支配階級である倭人および倭人と同種（同じ古韓語を話す集団）の「賁弥辰氵氏（ひみしう）」の辰国の支配階級である馬韓の「天孫族」（「辰族」）を指す言葉です。

　前1世紀の前葉に「安晁辰氵氏（あめしう）」は「賁弥辰氵氏（ひみしう）」に辰王位を譲り、北部九州の分家筋にあたる倭と合体します。北部朝鮮半島（朝鮮半島北半部）には濊族が多く居住して

いたと思われますが、前2世紀末に遼河平野に遼東郡が侵出し、漢の楽浪郡が置かれた際には衛氏朝鮮の難民が流入し、前1世紀前半の楽浪郡夫租県の設置に伴い漢の勢力が来住しました。紀元前後の頃には「弁那(はんな)」(匈奴)の一派も朝鮮半島東南部へ南下してきました。

6　紀元後の朝鮮半島を巡る古代集団の動き

　紀元2世紀前葉の楽浪郡治の移動(仮説38)に伴い、大同江流域を中心とした地域には再び漢の勢力が来住し、紀元3世紀初(後漢末)には公孫氏により帯方郡も置かれ、加えて百済が南下侵入し、魏代には魏の勢力も来住していました。また、紀元3世紀後半の「貢弥辰泛氏(ひみしう)」の旧辰国勢力の北遷により南部朝鮮半島に権力の大きな空白が生じたことで新羅の南下侵入を許し、紀元4世紀初の高句麗の攻略により北部朝鮮半島の楽浪・帯方郡が滅亡しました。

　高句麗(こうくり)・新羅(しらぎ)・百済(くだら)の南下時期について付言(ふげん)しますと、高句麗の朝鮮半島への南下開始時期は〔東沃沮への侵出は別にして〕北部朝鮮半島の楽浪郡を滅亡させた紀元313年と考えられます。高句麗(「高令」)は、もとは「伯(はく)族」(貊族)の一派ですが、第2章第6節第10項でふれたように騎馬民化しており、騎馬民族系の文化と共に、相当程度「弁那(はんな)」(匈奴)の血が入っていると考えられます。

　新羅については『隋書』新羅伝に次の記述があります。「新羅国，在高麗東南，居漢時楽浪之地，或称斯羅。魏将毌丘倹討高麗，破之，奔沃沮。其後復帰故国，留者遂為新羅焉。故其人雑有華夏、高麗、百済之属，兼有沃沮、不耐、韓、獩之地」:「新羅国は高麗(れい)(高句麗)の東南に在り、〔辰韓諸国の中の〕漢の時代に楽浪〔郡〕の〔統治下に置かれていた諸国の〕地に占居し、あるいは斯(し)羅と称す。魏の将軍毌丘倹(かんきゅうけん)は高麗を征討し、これを破ったので、〔高句麗王の位宮(いきゅう)は東〕沃沮(よくそ)に奔(はし)っ〔て逃げ〕た。その後、〔高句麗王の位宮は〕故国に復帰した。〔東沃沮(ひがしよくそ)に〕留(とど)まっていた者は〔南下し〕遂に新羅となった。それで、新羅人は華夏(かか)(中国)人や高〔句〕麗人や百済人が雑(ま)じっているのである。〔新羅は東〕沃沮(ふたい)や不耐や韓や獩(わい)(濊)の地をも領有している」。本書は新羅の興起を東沃沮の残留高句麗勢力の南下に求め、南下開始時期を慶州市九政洞古墳群(クヂヨンドン)の形成開始時期を根拠に3世紀末[25]と考えます。文中に新羅の領有地として「不耐」の文言がみえますが、不耐の地理的位置を江原道方面に比定しているのであれば位置誤認であり

(本書第2章第9節第2項6)(1)参照)、不耐を新羅の領有地とする記述は誤りです。文中の「華夏」人は漢の楽浪郡遺民の一部を含む旧辰韓人、「百済」人は辰韓を支配していた〔もとの馬韓の〕「馬韓〔種〕人」（辰国の支配階級である馬韓の「天孫族」）と解されます。なお、旧辰韓人はそもそも亡命秦人の子孫や右渠の「朝鮮」から亡命した歴谿卿（れきけいけい）の率いた一団の子孫などからなり、もとから華夏系です。支配階級を構成した高句麗系勢力を介して、新羅にも騎馬民族系の文化と共に、「弁那（はんな）」（匈奴）の血が入っていると考えられます。

　百済は『隋書』百済伝に「百済之先，出自高麗国。・・・東明之後，有仇台者，篤於仁信，始立其国于帯方故地。漢遼東太守公孫度以女妻之，漸以昌盛，為東夷強国。初以百家済海，因号百済」：「百済〔王〕の先〔祖〕は高麗国の出身である。・・・〔夫余の地の王となった〕東明の後裔に仇台がいた。仁信に篤く、その国を〔当時〕帯方〔郡〕に属していた地に建てたのが始まりである。漢の遼東太守であった公孫度は娘を仇台に娶らせた、次第に昌盛となり、東夷の強国となった。初め百家で海を済（わた）ったことに因んで国号を『百済』とした」とあり、百済の建国は後漢末とされています。また『魏書』百済国伝に拠ると、北魏孝文帝の延興二年（472）、〔北魏に〕初めて遣使した百済王・余慶の上表文に「臣与高句麗源出夫余」：「臣〔余慶〕と高句麗は〔共にその〕源は夫余から出た」とあります。『宋書』百済国伝には「百済国，本与高驪倶在遼東之東千余里，其後高驪略有遼東，百済略有遼西。百済所治，謂之晋平郡晋平県。義熙十二年，以百済王余映為使持節、都督百済諸軍事、鎮東将軍、百済王」：「百済国は本、高句麗と共に遼東〔郡治〕から東へ千余里のところにあった。その後、高句麗は遼東を侵略して領有し、百済は遼西を侵略して領有した。百済の〔遼西の〕治所を晋平郡晋平県という。〔東晋の〕義熙（ぎき）十二年（416）、百済王・余映を『使持節、都督百済諸軍事、鎮東将軍、百済王』とした」とあります。以上の記述を併せると、高麗国（『魏志』夫余伝の「高離之国」）出身で夫余の王となった東明の後裔の仇台に始まる百済の源は夫余にあり、夫余から分かれ出た百済は後漢末に帯方〔郡〕に属していた地に渡り建国し、紀元4世紀には遼西を侵略して晋平郡晋平県を領有したと解されます。『晋書』簡文帝紀に「〔咸安二年〕六月，遣使拝百済王余句為鎮東将軍，領楽浪太守」：「〔咸安二年（372）〕六月、〔簡文帝は〕使者を派遣し、百済王・余句を『鎮東将軍』とし、楽浪郡を拝領させ太守とした」とあります。この楽浪郡は慕容廆（ぼようかい）が西晋愍帝（びんてい）の建興元年（313）に遼西に僑置（きょうち）した楽浪郡[26]と解されますが、百済の力が確固としたものになっていたことが窺えます。百済前期の漢城時代の古墳群の一つとされるソウル市石村洞（ソクチョンドン）一帯の積石塚

517

の上限は4世紀初め[27]とされていることから、百済は紀元4世紀には漢江流域に侵出していたことになります。また、『梁書』百済伝は「今言語服章略與高驪同」：「今、言語や服装は高句麗と大体同じである」とし、百済の積石塚や後の横穴式石室墳は高句麗から伝播したと考えられていることから、百済の支配階級は高句麗と同系と思われます。

　朝鮮半島を巡る前1000年紀の古代集団の動きを表9に、同じく紀元1世紀〜紀元4世紀の古代集団の動きを表10にしました。なお、「辰族」の意義は定義6に従いますが、前7世紀以降（「遼西辰国」以降）の「辰族」は種族的には「和族(にき)」や「伯族(はく)」（貊族）および両者に係る混血種であったと考えます。「辰族」から分かれた倭人も種族的には「辰族」と同様です。

表9　朝鮮半島を巡る古代集団の動き（前1000年紀）

	遼河平野	北部朝鮮半島	南部朝鮮半島	日本列島
前10世紀	その他先住民 徐族（淮夷） 辰洍殷	その他先住民 孔列文土器人 濊族（淮夷）	その他先住民 孔列文土器人 濊族（淮夷）	その他先住民 孔列文土器人
前6世紀	その他先住民 徐族（淮夷） 辰洍殷 辰族（和族他）	その他先住民 孔列文土器人 濊族（淮夷）	その他先住民 孔列文土器人 濊族（淮夷）	その他先住民 孔列文土器人 濊族（淮夷）
前5世紀	その他先住民 徐族（淮夷） 辰洍殷 辰族（和族他） 弁那（匈奴）	その他先住民 孔列文土器人 濊族（淮夷） 辰族（和族他）	その他先住民 孔列文土器人 濊族（淮夷） 辰族（和族他）	その他先住民 孔列文土器人 濊族（淮夷）
前4世紀	その他先住民 徐族（淮夷） 辰洍殷 ~~辰族（和族他）~~ 弁那（匈奴）	その他先住民 孔列文土器人 濊族（淮夷） 辰族（和族他）	その他先住民 孔列文土器人 濊族（淮夷） 辰族（和族他）	その他先住民 孔列文土器人 濊族（淮夷）
前3世紀	その他先住民 徐族（淮夷） 辰洍殷 ~~辰族（和族他）~~ ~~弁那（匈奴）~~ 亡命秦人	その他先住民 孔列文土器人- 濊族（淮夷） ~~辰族（和族他）~~	その他先住民 孔列文土器人 濊族（淮夷） 辰族（和族他）	その他先住民 孔列文土器人 濊族（淮夷）

第3章　古代の朝鮮半島の住人

	遼河平野	北部朝鮮半島	南部朝鮮半島	日本列島
前2世紀	その他先住民 徐族（淮夷） 辰㳌殷 辰族（和族他） 弁那（匈奴） 亡命秦人 衛氏朝鮮（燕・斉の難民）	その他先住民 孔列文土器人 濊族（淮夷） 辰族（和族他）	その他先住民 孔列文土器人 濊族（淮夷） 辰族（和族他） 亡命準王勢力 亡命秦人 亡命歴谿卿一党	その他先住民 孔列文土器人 濊族（淮夷） 倭人（和族他）
前1世紀	その他先住民 徐族（淮夷） 辰㳌殷 辰族（和族他） 弁那（匈奴） 亡命秦人 衛氏朝鮮 漢楽浪郡・遼東郡	その他先住民 孔列文土器人 濊族（淮夷） 辰族（和族他） 衛氏朝鮮難民 漢楽浪郡夫租県	その他先住民 孔列文土器人 濊族（淮夷） 辰族（和族他） 亡命準王勢力 亡命秦人 亡命歴谿卿一党 弁那（匈奴）	その他先住民 孔列文土器人 濊族（淮夷） 倭人（和族他）

＊表中「徐族」→徐族、「辰㳌殷」→辰㳌殷、「辰族」→辰族、「和族」→和族、「弁那」→弁那と簡略表記しています。

表10　朝鮮半島を巡る古代集団の動き（紀元1世紀〜4世紀）

	遼河平野	北部朝鮮半島	南部朝鮮半島	日本列島
1世紀 〜 2世紀	その他先住民 徐族（淮夷） 辰㳌殷 辰族（和族他） 弁那（匈奴） 亡命秦人 衛氏朝鮮 漢楽浪郡 ・遼東郡 公孫氏（190〜）	その他先住民 孔列文土器人 濊族（淮夷） 辰族（和族他） 衛氏朝鮮難民 漢第二楽浪郡	その他先住民 孔列文土器人 濊族（淮夷） 辰族（和族他） 亡命準王勢力 亡命秦人 亡命歴谿卿一党 弁那（匈奴）	その他先住民 孔列文土器人 濊族（淮夷） 倭人（和族他） ？ ？ ？

	遼河平野	北部朝鮮半島	南部朝鮮半島	日本列島
3世紀	その他先住民 徐族（淮夷） 辰氿殷 辰族（和族他） 弁那（匈奴） 亡命秦人 衛氏朝鮮 漢楽浪郡・遼東郡 公孫氏 （190～238） 魏 （220～265） 西晋 （265～316）	その他先住民 孔列文土器人 濊族（淮夷） 辰族（和族他） 衛氏朝鮮難民 漢第二楽浪郡 楽浪郡 帯方郡	その他先住民 孔列文土器人 濊族（淮夷） 辰族（和族他） 亡命準王勢力 亡命秦人 亡命歴谿卿一党 弁那（匈奴） 百済 新羅	その他先住民 孔列文土器人 濊族（淮夷） 倭人（和族他） ？ ？ ？
4世紀	その他先住民 徐族（淮夷） 辰氿殷 辰族（和族他） 弁那（匈奴） 亡命秦人 衛氏朝鮮 漢楽浪郡・遼東郡 公孫氏 （190～238） 魏 （220～265） 西晋 （265～316）	その他先住民 孔列文土器人 濊族（淮夷） 辰族（和族他） 衛氏朝鮮難民 漢第二楽浪郡 楽浪郡 帯方郡 高句麗	その他先住民 孔列文土器人 濊族（淮夷） 辰族（和族他） 亡命準王勢力 亡命秦人 亡命歴谿卿一党 弁那（匈奴） 百済 新羅	その他先住民 孔列文土器人 濊族（淮夷） 倭人（和族他） ？ ？ ？

＊表中「徐族」→徐族、「辰氿殷」→辰氿殷、「辰族」→辰族、「和族」→和族、「弁那」→弁那と簡略表記しています。

第 3 章　古代の朝鮮半島の住人

1　「炭素 14 法で 1 万 6000 〜 2 万年前とされる。両石器の存続時期はほぼ最終氷期最盛期に重なる」
（佐川正敏「東アジアの先史モンゴロイド文化」百々幸雄編『モンゴロイドの地球［3］日本人の成り立ち』東京大学出版会、1995、105 ページ）

2　「朝鮮半島の旧石器時代から新石器時代への移行は土器の出現」

（早乙女雅博『朝鮮半島の考古学』同成社、2000、20 ページ）

3　韓国国立中央博物館の主管で行われた釜山市東三洞貝塚の発掘では、櫛文土器の出現に先行して、隆起文土器と先無文土器だけが出土し櫛文土器が出土しない段階があることが明かになっています（金元龍 1973）

（沈奉謹「洛東江流域における考古学の研究成果と古代文化」村川行弘編『5000 年前の東アジア』大阪経済法科大学出版部、1997、75 〜 76 ページ）

（金元龍 1973）　金元龍『韓国考古学概説』（一志社、1973 年）

（村川行弘編『5000 年前の東アジア』大阪経済法科大学出版部、1997、88 ページ）

4　今のところ最古の土器のひとつとされているのは済州道北済州郡翰(かん)京面の高山里遺跡から出土した隆起文土器

（早乙女雅博『朝鮮半島の考古学』同成社、2000、17 ページ）

5　6300 年前に噴出した鬼界アカホヤ火山灰層の下層に包含されていたことから 6300 年以前のものと見られています

「隆起文土器出現のおおよその年代を 6300 年以前とみることができる（任孝宰　1995）」

（早乙女雅博『朝鮮半島の考古学』同成社、2000、17-18 ページ）

（任孝宰 1995）　任孝宰「新石器時代における韓日文化交流の新たな発掘資料」『考古学ジャーナル』No.390、1995 年。

（早乙女雅博『朝鮮半島の考古学』同成社、2000、240 ページ）

6　地域的な特色が見られることから東北朝鮮、西北朝鮮、東朝鮮、西朝鮮、中朝鮮、南朝鮮の 6 地域に区分されています。全羅道の西南朝鮮は今のところ遺跡がほとんど知られていない空白域となっています。

（早乙女雅博『朝鮮半島の考古学』同成社、2000、21 ページ）

7　李亨求(イヒョンク)氏は渤海沿岸起源を唱えています

（李亨求『朝鮮古代文化の起源』雄山閣出版、1995、3 ページ）

8　後期旧石器時代以来の長い年月の間に朝鮮半島にやって来た、来歴を異にする人々の子孫たち

「反面、私たちは、旧石器時代から新石器時代へと越えてくることに対する人類学的、また人種学的究明がなされていないなかで、主に北方移動説が支配的である。それは朝鮮半島を包含した東北アジアでは、氷河期が終わって後氷期に近づくにつれ自然環境が大きく変化しはじめ、旧石器人は

521

約1万年前頃までは朝鮮半島に暮らしていたが、新しい環境に対応する中石器文化を発展させることができず、動物を追って北側に移動し、その場には新しい新石器時代の住民が北方から移住してきたという説である。これら新石器時代の住民は古アジア族（Palaeo-siberians）で、シベリア一帯に広がっていた白人と黄色人の混合種だという。そして、これら新石器時代が終わる時期に、また他の新しい民族であるアルタイ族が北方から移住してきて、新石器時代の住民（古アジア族）と交替したという。これがいわゆる北方移動説であるが、朝鮮民族の起源が果たしてそのように出入りが激しく、またその始源地が果たして年中寒冷の凍土地帯（今と別に差異がないという）であったのかという疑問を生ぜしめる。」

(李亨求『朝鮮古代文化の起源』雄山閣出版、1995、23-24 ページ)

[9] 西九州地方に分布する縄文時代前期の曽畑式土器の源流が、器形・文様・土器胎土への滑石の混入などから朝鮮半島南部多島海地域の櫛文土器にあること

(江坂輝彌「縄文人らは海を越えた！？」文藝春秋編『幻の加耶と古代日本』文春文庫ビジュアル版、1994、122-132 ページ)

[10] 曽畑式土器と同じく縄文前期に出現する西北九州型結合釣針の源流も、先行する朝鮮半島新石器時代早期からの結合釣針の多量出土が見られる南部朝鮮半島にあることが明かになっています

「西北九州型結合釣針の出現は縄文前期であり、この時期の曾畑式土器の源流が韓国の櫛目文土器にあることは第2節に記したとおりである。そしてこの時期に並行する韓国新石器時代前期はちょうどこの櫛目文土器の時期であり、結合釣針はこの時期ばかりでなく、先行する早期からも多量に出土しており、このことは西北九州型結合釣針の源流が韓国にあることを明示している。」

(渡辺誠『日韓交流の民族考古学』名古屋大学出版会、1995、60 ページ)

[11] 渡辺誠氏は鰲山里型結合釣針や銛の分布から、朝鮮半島南部多島海地域と西北九州との交流の主体が「漁民の交流」であったことを強調しています

(渡辺誠『日韓交流の民族考古学』名古屋大学出版会、1995、41-90 ページ)

[12] 黄海北道智塔里遺跡第2文化層から見つかった穀物遺存体と石鎌・石鍬などの農具を根拠として

(安在晧『韓国における農耕社会の成立』東国大学校人文大学：http://www.rekihaku.ac.jp/kenkyuu/shinpo/ahn.html)

[13] 紀元前4000年紀以降、中国大陸の山東半島と朝鮮半島に隣接する遼東半島の間に、継続した文化交流があったことが土器や石器の様式から確かめられており

(宮本一夫『中国古代北疆史の考古学的研究』中国書店、2000、28-29 ページ)

「華北の龍山時代に併行する、紀元前2000年頃かそれより少し古い頃の小珠山上層文化、双砣子1期文化の段階ではより交流が密接になり、遼東半島西南部にも、中国独特の器種である三足の容器、鬹（きげん）や甗が現れる。とくに、墓の副葬には高度な技術によって作られた卵殻黒陶と呼ばれる、山東半島からの搬入品と考えられるものがある。

遼東半島の西部にはその後紀元前2千年紀前半に、山東半島に分布の中心をもつ岳石文化の地方類型といってもよいほどの、双砣子2期類型が展開する。しかし、この段階においても、二重口縁土器の存在や積石塚などに見られるようにけっして在地的な伝統を失っていない。その後、山東に

殷王朝の勢力が及び岳石文化が終焉を迎える頃、双砣子2期も終わる。その終焉以後は、山東半島との関係は断たれ、双砣子3期文化ではふたたび在地化してゆく。以後、華北とは遼西を介した関係を主とする僻遠の地域と化してゆく。

　このように、華北との窓口であった遼東半島西端部は遼東全体から見れば、非常に特殊な地域でもあった。同時期の遼東半島の東部から遼河下流域あるいは鴨緑江下流域にかけては別の展開を見せる。」

(大貫静夫『東北アジアの考古学』同成社、1998、130-131ページ)

14　大汶口文化の広がりのなかで
　「白石村1期は石器組成から見れば、漁撈社会、狩猟採集社会に比較的依存した社会ではないかと思われる。ところが白石村2期（邱家荘1期）以降は磨盤・磨棒など華北型農耕石器が出てくるということは、おそらくこの段階に華北型の雑穀農耕の影響が見られ始めるのではないかと考えられる。肝心な北荘1・2期が不明であるが、楊家圏1期には確実に石包丁が出現している。さらに朝鮮半島の無文土器時代に一般化するいわゆる柱状片刃石斧や扁平片刃石斧といった磨製石器が充実していくのである。そして磨製石鏃も無茎のもの以外に有茎のものが発達していく。そして山東龍山文化併行期の楊家圏2・3期には、より石包丁が多様化し、あるいは有孔石斧というようなものが出現するというように、社会の発展に伴って石器が多様化しているように思われるのである。したがって、大汶口文化の広がりのなかで膠東半島にも農耕が受容された可能性が、こういった石器群の変遷からでも、ある程度認められるのではないかと思われる。」

(宮本一夫「膠東半島と遼東半島の先史社会における交流」千田稔・宇野隆夫共編『東アジアと「半島空間」』思文閣出版、2003、9ページ)

15　新岩里1期文化が成立
　「朝鮮半島の古文化は、紀元前2000年紀に入ると、それまでの流れに変わって大きな変化が起こった。朝鮮半島西北部には、平安北道龍川郡新岩里遺跡[46]の下層を代表とする新岩里I期文化の遺跡から、回字形雷文と網状文帯の縦位環状把手の土壺、黒陶の高坏および彩色土器など新たな器形と文様の土器と、半月形石包丁・扁六角形断面の石鏃・土製と石製の紡錘車・石棍棒頭など新たな武器と工具が出現している。遼東半島の文化と比べてみると、土器の壺・罐・碗・鉢などの器形は双砣子I期文化からの流れが見え、壺と罐の胴部に把手付けの作法は、遼東半島では双砣子II期文化以後から流行しており、とくに馬城子文化の中期に最も流行している。石器の中の半月形石包丁は、やはり双砣子II期文化の以後から流行してきたもので、扁六角形断面の石鏃は双砣子III期文化に流行したものである。そこで、新岩里I期文化の年代は、双砣子II期文化の以後、双砣子III期文化の最初の段階と平行しているのではないかと思われる。」

(王建新『東北アジアの青銅器文化』同成社、1999、17ページ)

(46)　①李順鎮「新岩里遺跡発掘中間報告」、『考古民俗』、1965-3；②金用玕・李順鎮「1965年度新岩里遺跡発掘報告」、『考古民俗』、1966-3。

(王建新『東北アジアの青銅器文化』同成社、1999、20・22ページ)

16　「わが国の弥生農耕文化に連なる石器組成が成立したのである。そして、これが朝鮮半島を南下

して日本列島に入ることになる。山東半島東端の龍山時代の遺跡からはコメが見つかっていることから、この時期に遼東半島に山東半島経由で入っていた可能性があろう。山東半島や遼東半島は伝統的に雑穀畑作地帯と考えられており、はたしてそれが水稲であったかどうかはわからないが、石器組成上の変化は明らかにこの段階で農耕における何らかの変化がおきていたことを反映したものと考えられる」

「鴨緑江下流域でもほぼ双砣子Ⅰ期文化に併行して、その影響を強く受けた新岩里Ⅰ期文化が成立する。偏堡文化にとってかわったのである。大型の壺形土器や高坏の登場など従来の器種構成とは大きく異なっているが、三足器を受け入れない点が、小珠山上層、双砣子諸文化や高台山文化と異なる点である。

この頃を境に石器組成も大きく変化する。磨製石包丁、環状石斧、磨製石槍、偏平片刃石斧、石のみが加わる一方、従来のすりうすや打製の土掘り具が消える（図52）。わが国の弥生農耕文化に連なる石器組成が成立したのである。そして、これが朝鮮半島を南下して日本列島に入ることになる。

山東半島東端の龍山時代の遺跡からはコメが見つかっていることから、この時期に遼東半島に山東半島経由で入っていた可能性があろう。山東半島や遼東半島は伝統的に雑穀畑作地帯と考えられており、はたしてそれが水稲であったかどうかはわからないが、石器組成上の変化は明らかにこの段階で農耕における何らかの変化がおきていたことを反映したものと考えられる。

壺や深鉢そして高坏が伴う点など半島の西部と東部の両者に共通する点も多いが、土器において大きく異なるのは東部には三足器が伴わないことである。新岩里Ⅰ期類型自体が壺と深鉢という器種組成を成立させ、石包丁の出現など石器組成の変化に遼東半島西部の影響が強く、密接な関係があったが、ついに鬲や甗などの三足器を受容することはなかった。」

（大貫静夫『東北アジアの考古学』同成社、1998、131-133ページ）

[17] 「双砣子遺跡中層と大嘴子遺跡中層などを代表とする双砣子Ⅱ期文化は、山東半島の岳石文化が一時遼東半島に進出したことを示している。岳石文化の進出によって、先進的な輪製土器の技術が遼東半島に伝わり、双砣子Ⅰ期文化から双砣子Ⅲ期文化への発展に大きな影響を与えた」

「双砣子遺跡中層と大嘴子遺跡中層などを代表とする双砣子Ⅱ期文化は、山東半島の岳石文化が一時遼東半島に進出したことを示している。岳石文化の進出によって、先進的な輪製土器の技術が遼東半島に伝わり、双砣子Ⅰ期文化からⅢ期文化への発展に大きな影響を与えた。岳石文化の年代は、山東省泗水県尹家城遺跡の測定年代によって、紀元前約2000年から前1600年までの間に位置づけられている。双砣子Ⅰ期文化の年代は、紀元前約2000年から前1600年までのC14の測定データがあり、岳石文化と平行していたことが考えられる。双砣子Ⅲ期文化の測定年代は紀元前1330年前後であるが、層位関係を考えると、岳石文化晩期の紀元前1600年前後から前1100年までの間に位置づけたほうが大きな間違いがないと思う。大嘴子遺跡下層に銅戈の残骸、上層に銅鏃が発見され[43]、于家砣頭積石墓で複数の墓から銅鏃・銅泡・銅釣針などの出土が報告されている[44]。いずれも武器と工具類なので、この文化の最初の青銅器遺物として見ることができる。また、大嘴子遺跡上層には、米と高粱などの農作物の遺骸も発見されており、山東半島から稲作の技術が伝播してきたことも考えられる。」

(王建新『東北アジアの青銅器文化』同成社、1999、15-16 ページ)
(43) 許明綱・劉俊勇「大嘴子青銅時代遺址発掘紀略」、『遼海文物学刊』、1991-1。
(44) 旅順市博物館・遼寧省博物館「大連于家砣頭積石墓地」、『文物』、1983-9。

(王建新『東北アジアの青銅器文化』同成社、1999、22 ページ)

[18] 双砣子Ⅱ期文化は岳石文化の地方類型と表現されるように

(同注 13)

[19] 王建新氏は、双砣子Ⅲ期文化を代表する大嘴子遺跡上層で米と高梁などの農作物の遺骸が発見されたことにより、この時期に山東半島から遼東半島へ稲作の技術が伝播した可能性を指摘されています

(同注 17)

[20] 「コマ形土器を中心とする西北地域の文化と、孔列文・口唇部刻目突帯文土器を中心とする東北地域の文化が南下し、漢江流域で接触、新しい無文土器文化が成立したのち、再度南韓地方に拡散していったという見解が一般的である」

(王建新『東北アジアの青銅器文化』同成社、1999、92 ページ)

[21] 日本出土の孔列〔文〕土器の分布に関しては、片岡宏二氏が既に詳細に論じている所

(片岡宏二『弥生時代 渡来人と土器・青銅器』雄山閣出版、1999)

[22] 「朝鮮半島の西北部の大同江流域付近に発生したコマ形土器を中心とする無文土器文化については、黄海道松林市石灘里[(14)]および黄州郡沈村里[(15)]などの古い時期の遺跡が発見されている。これらの遺跡を代表とする文化は、コマ形土器・磨製銅矛(剣)・有茎式石鏃・半月形石包丁・有段石斧・支石墓などの特徴を備えている」

(王建新『東北アジアの青銅器文化』同成社、1999、92 ページ)
(14) 朴善薫・李元根「石灘里原始遺蹟発掘中間報告」、『考古民俗』、1965-3。
(15) 黄基徳・李元根「黄州郡沈村里青銅器時代遺蹟発掘報告」、『考古民俗』、1966-3。

(王建新『東北アジアの青銅器文化』同成社、1999、129 ページ)

[23] ちなみに、沈村里には北方系列の支石墓と南方系列の支石墓の両方が存在します
(甲元眞之『東アジア巨石文化の広がり』熊本大学学術リポジトリ、2008.12.21：http://reposit.lib.kumamoto-u.ac.jp/bitstream/2298/22941/1/SEI0009_001-011.pdf#search='沈村里遺跡')

[24] ミャオ族に伝わる稲の初穂を食べる吃新節

(萩原秀三郎『図説 日本人の原郷』小学館、1990、18 ページ)

[25] 九政洞古墳群の形成開始時期を根拠に 3 世紀末
「原三国時代には、盆地の東南方の朝陽洞に墳墓が立地するが、三国時代の前期にあたる三世紀末

～四世紀初めにはその近辺で九政洞(クヂョンドン)古墳群が形成された」

（森　浩一監修、東　潮・田中俊明編著『韓国の古代遺跡１新羅篇（慶州）』中央公論社、1988、51ページ）

26　慕容廆(ぼようかい)が西晋愍帝(びんてい)の建興元年（313）に遼西に僑置(きょうち)した楽浪郡

「如313年，高句丽侵略乐浪郡，据有乐浪、带方二郡的张统因不堪长期孤军与高句丽、百济作战而率千余家迁到▨西投靠鲜卑人慕容廆。慕容廆後为其在辽西侨置乐浪郡（《资治通鉴》卷八八，建兴元年条)。」
　　　　　　　　　　　　　　　　　　　　　　　（『维基百科，自由的百科全书』：「侨置」）

「遼東張統據樂浪、帶方二郡、與高句麗王乙弗利相攻，連年不解。樂浪王遵說統帥其民千餘家歸廆，廆為之置樂浪郡，以（張）統為太守，遵參軍事。」(『資治通鑑』卷八八，建興元年条）

『資治通鑑』建興元年条に楽浪郡が遼西に僑置されたとする直接的な記述はありませんが、下掲『索隱』引く『太康地理志』に「楽浪郡遂城縣に碣石山あり、長城の起きる所」とあることから、慕容廆が西晋愍帝の建興元年（313）に僑置した楽浪郡は遼西に位置したと考えられています。

『史記』卷二　　夏本紀第二
「禹行自冀州始。冀州：既載〔一〕壺口，治梁及岐。〔二〕既脩太原，至于嶽陽。〔三〕覃懷致功，〔四〕至於衡漳。〔五〕其土白壤。〔六〕賦上上錯，〔七〕田中中，〔八〕常、衛既從，大陸既為。〔九〕鳥夷皮服。〔一〇〕夾右碣石，〔一一〕入于海。〔一二〕
　　　　　　　・・・　　・・・
〔一一〕集解孔安國曰：「碣石，海畔之山也。」
〔一二〕集解徐廣曰：「海，一作『河』。」
　　　　　索隱　地理志云「碣石山在北平驪城縣西南」。
　　　　　　　　太康地理志云「樂浪遂城縣有碣石山，長城所起」。
　　　　　　　　又水經云「在遼西臨渝縣南水中」。
　　　　　　　　蓋碣石山有二，此云「夾右碣石入于海」，當是北平之碣石。」
　　　　　　　　（国学导航－史記：http://www.guoxue123.com/shibu/0101/00sj/002.htm）

27　石村洞(ソクチョンドン)一帯の積石塚の上限は４世紀初め

「石村洞一帯の積石塚の上限は四世紀初めであるが、積石塚と同じく横穴式石室の封土墳も高句麗から伝播したのであろう」

（森　浩一監修、東　潮・田中俊明編著『韓国の古代遺跡２百済・伽耶篇』中央公論社、1988、68ページ）

第3章　古代の朝鮮半島の住人

第2節　HLAハプロタイプからみた、
　　　　前1世紀頃の南部朝鮮半島と日本列島の有力居住集団

1　HLAハプロタイプとは

　本節の目的は、今日の韓国人および日本人の保有する主要HLAハプロタイプを主にもたらした古代集団を、前節の表9・表10でみた古代の南部鮮半島および日本列島に来住したと推定される有力古代集団の中から探る試みをとおして、前1世紀頃の南部朝鮮半島と日本列島の有力居住集団を推定することにあります。

　HLAハプロタイプについて、徳永勝士氏の「HLA遺伝子群からみた日本人のなりたち」に拠り、かいつまんでご説明しますと、ヒトの遺伝子の中に免疫系に関与するHLAと呼ばれる遺伝子群があり、HLAはHLAハプロタイプと呼ばれるHLA遺伝子の特定の型のセットとして親から子へと伝わります。ヒトは父親と母親から1つずつHLAハプロタイプを受け取り、合わせて2つのHLAハプロタイプを持っています。本来、HLAは医学・生物学の分野で重要な位置を占めるものですが、HLAハプロタイプと呼ばれるHLA遺伝子の特定の型のセットが、自然人類学の分野でも注目されています。その理由を徳永勝士氏は次のように述べています。

「　このHLAハプロタイプが人類集団を研究するための優れた標識になる理由は三点にまとめられる。
　　第一にそれぞれの特徴的なHLAハプロタイプは単一の起源に由来する。したがって、同一のHLAハプロタイプが異なる集団でみつかったとき、これらの集団は少なくとも一部で先祖集団を共有するといえる。
　　第二に、それぞれの特徴的なHLAハプロタイプはおのおの独特の遺伝子構成をもっており、多くの世代をとおして安定に保存されてきたと考えられる。
　　第三に、さまざまな人類集団におけるHLAハプロタイプの頻度分布にはいちじるしい差異が観察される。
　　以上のような理由によって、このようなハプロタイプはさまざまな人類集団の先祖集団の特徴を探り、またその起源を跡づける有力な指標となるわけである。」
（徳永勝士「HLA遺伝子群からみた日本人のなりたち」百々幸雄編『モンゴロイドの地球[3]日

本人のなりたち』東京大学出版会、1995、196–198 ページ)

　以下に、HLA の遺伝子群のうち、HLA-A、-Cw、-B、-DR、-DQ の５つの遺伝子座における遺伝子型の組み合わせ、すなわち HLA 5-locus ハプロタイプの今日の韓国人と日本人の頻度分布をもとに、古代の南部鮮半島および日本列島に居住していた集団について探ってみたいと思います。

2　HLA ハプロタイプからみた韓国人と日本人

　表の作成にあたっての引用データは、『HLA 1991 Proceedings of the Eleventh International Histocompatibility Workshop and Conference. volume 1』(Edited by Kimiyoshi Tsuji, Miki Aizawa, Takehiko Sasazuki; OXFORD SCIENCE PUBLICATIONS; Oxford University Press. 1992) に拠りました[1]。

- 引用した原データのサンプル数は韓国人 235 人、日本人 893 人です。
- 原データにおいては、韓国人は保有頻度 0.9％以上の、日本人は保有頻度 0.2％以上のハプロタイプが示されています。したがって、主要ハプロタイプとして示されていない韓国人のハプロタイプの保有頻度は 0 ％ではなく、0 ％以上 0.9％未満の範囲にあることになりますので（＜ 0.9％）と補記しました。
　主要ハプロタイプとして示されていない日本人の保有頻度は、0 ％以上 0.2％未満の範囲にあることになりますので（＜ 0.2％）と補記しました。
- また、同じ国民、民族でも各ハプロタイプの頻度分布は地域によって偏りがあります。
　表 11・表 12 に示した韓国人および日本人の頻度分布は、地域差を無視した、対象集団のサンプル（標本）における頻度分布です。
- 日本人以外の集団のサンプル数は特に少ないので、日本人も含め各集団の頻度分布はサンプル数、サンプルの取り方などで大きく変動することが予想され、固定的なものではありません。

1) 韓国人の主要 HLA ハプロタイプと頻度分布

　韓国人の主要 HLA 5-locus ハプロタイプ［A-Cw-B-DR-DQ］の保有頻度を、降順に（高い方から低い方へと順に）並べた頻度分布を表 11〔韓国人の主要 HLA ハプロタイプと頻度分布〕としました。

表 11　韓国人の主要 HLA ハプロタイプと頻度分布

No.	保有頻度順位	A	Cw	B	DR	DQ	保有頻度 HF（%）	累積頻度
1	1	33	BL	44	13	1	4.5	4.5
2	2	33	7	44	7	2	3.8	8.3
3	3	30	6	13	7	2	3.2	11.5
4	4	24	BL	52	15	1	2.3	13.8
5	5	33	10	58	13	1	2.1	15.9
6	6	2	1	27	1	1	1.6	17.5
7	7	24	4	62	4	3	1.3	18.8
8	8	1	6	37	10	1	1.3	20.1
9	9	24	7	7	1	1	1.2	21.3
10	10	2	11	46	8	1	1.1	22.4
11	10	2	10	13	12	7	1.1	23.5
12	10	2	1	54	4	4	1.1	24.6
13	13	26	BL	61	9	3	1.0	25.6
14	13	24	BL	51	15	1	1.0	26.6
15	13	2	1	54	4	BL	1.0	27.6
16	13	11	BL	62	14	1	1.0	28.6
17	17	24	BL	61	9	3	0.9	29.5
18	17	2	9	48	14	1	0.9	30.4

韓国人　　　　　40104　Korean　（n = 235）
主要 HLA 5-locus ハプロタイプ［A-Cw-B-DR-DQ］

（引用文献中の W15.1 より作成）

＊ HLA 5-locus ハプロタイプの各遺伝子座（locus）の対立遺伝子（Allele：アルレ）の型を示す数字に替えて、「BL」とあるのは Blank（空白）の略です。以下同じ。

表11から次の①が読み取れます。

韓国人のHLA 5-locusハプロタイプの頻度分布において、
① 保有頻度が1.0%以上の上位17位（18タイプ）のハプロタイプで全体の30%前後（表11の累積頻度30.4%）の保有割合を占める。

2）日本人の主要HLAハプロタイプと頻度分布

日本人の主要HLA 5-locusハプロタイプ［A-Cw-B-DR-DQ］の保有頻度を、降順に並べた頻度分布を表12〔日本人の主要HLAハプロタイプと頻度分布〕としました。

表12 日本人の主要HLAハプロタイプと頻度分布

No.	保有頻度順位	A	Cw	B	DR	DQ	保有頻度 HF (%)	累積頻度
<u>4</u>	1	24	BL	52	15	1	8.3	8.3
<u>1</u>	2	33	BL	44	13	1	4.9	13.2
<u>9</u>	3	24	7	7	1	1	3.6	16.8
<u>10</u>	4	2	11	46	8	1	2.0	18.8
<u>19</u>	5	24	1	54	4	4	1.6	20.4
<u>20</u>	6	11	4	62	4	3	1.2	21.6
<u>21</u>	7	24	BL	51	9	3	1.0	22.6
<u>22</u>	8	2	9	35	4	3	0.8	23.4
<u>23</u>	9	11	7	67	15	1	0.7	24.1
<u>24</u>	10	33	BL	44	8	1	0.6	24.7
	10	31	BL	51	12	7	0.6	25.3
	10	26	9	35	15	1	0.6	25.9
	10	24	1	59	4	4	0.6	26.5
<u>25</u>	10	2	7	7	1	1	0.6	27.1
	10	2	7	39	15	1	0.6	27.7
	10	2	11	46	9	3	0.6	28.3

第3章 古代の朝鮮半島の住人

日本人　40101　Japanese (Wajin) (n = 893)
HLA 5-locus ハプロタイプ [A-Cw-B-DR-DQ]

No.	保有頻度順位	A	Cw	B	DR	DQ	保有頻度 HF (%)	累積頻度
11	10	2	10	13	12	7	0.6	28.9
	10	2	1	59	4	4	0.6	29.5
	10	11	7	39	8	1	0.6	30.1
	20	31	BL	51	8	4	0.5	30.6
	20	26	9	62	15	1	0.5	31.1
	20	26	10	61	9	3	0.5	31.6
26	20	24	11	46	8	1	0.5	32.1
27	20	24	1	54	4	BL	0.5	32.6
17	20	24	BL	61	9	3	0.5	33.1
12	20	2	1	54	4	4	0.5	33.6
28	20	2	BL	61	9	3	0.5	34.1
	20	11	1	54	4	4	0.5	34.6
13	20	26	BL	61	9	3	0.5	35.1
29	20	24	BL	61	12	7	0.5	35.6
	31	31	BL	51	8	1	0.4	36.0
30	31	26	BL	52	15	1	0.4	36.4
	31	24	1	54	8	1	0.4	36.8
	31	24	BL	54	4	4	0.4	37.2
	31	24	BL	51	8	3	0.4	37.6
31	31	2	BL	48	15	1	0.4	38.0
8	31	1	6	37	10	1	0.4	38.4
	31	31	BL	51	4	4	0.4	38.8
5	39	33	10	58	13	1	0.3	39.1
	39	BL	1	55	4	4	0.3	39.4
	39	BL	BL	61	12	7	0.3	39.7
	39	31	10	60	8	1	0.3	40.0
	39	31	BL	51	j25	7	0.3	40.3
	39	26	9	62	9	7	0.3	40.6
	39	26	9	35	14	1	0.3	40.9
	39	26	9	35	4	3	0.3	41.2

No.	保有頻度順位	A	Cw	B	DR	DQ	保有頻度 HF (%)	累積頻度
	日本人　40101　Japanese (Wajin) (n = 893) HLA 5-locus ハプロタイプ [A-Cw-B-DR-DQ]							
	39	24	9	35	11	7	0.3	41.5
32	39	24	9	35	4	BL	0.3	41.8
	39	24	7	70	4	7	0.3	42.1
	39	24	7	7	4	4	0.3	42.4
7	39	24	4	62	4	3	0.3	42.7
	39	24	10	61	9	3	0.3	43.0
33	39	24	10	60	11	7	0.3	43.3
	39	24	1	54	14	1	0.3	43.6
34	39	24	BL	51	11	7	0.3	43.9
	39	24	BL	35	4	4	0.3	44.2
35	39	2	9	61	9	3	0.3	44.5
	39	2	9	35	15	1	0.3	44.8
36	39	2	7	39	9	3	0.3	45.1
	39	2	11	46	12	7	0.3	45.4
	39	2	10	61	14	1	0.3	45.7
37	39	2	10	61	9	3	0.3	46.0
	39	2	10	60	4	4	0.3	46.3
	39	2	BL	48	4	3	0.3	46.6
	39	2	BL	51	j25	7	0.3	46.9
	39	2	BL	13	12	7	0.3	47.2
	39	11	7	67	16	1	0.3	47.5
	39	11	1	55	4	4	0.3	47.8
	39	11	BL	51	4	4	0.3	48.1
38	39	24	9	62	4	4	0.3	48.4
39	39	24	BL	52	8	1	0.3	48.7
	39	24	BL	51	4	BL	0.3	49.0
	39	2	9	35	8	BL	0.3	49.3
	39	2	10	61	4	BL	0.3	49.6
40	39	2	BL	52	15	1	0.3	49.9
41	76	24	10	61	14	1	0.2	50.1

No.	日本人　40101　Japanese (Wajin) (n = 893) HLA 5-locusハプロタイプ [A-Cw-B-DR-DQ]							累積頻度
---	保有頻度順位	A	Cw	B	DR	DQ	保有頻度 HF (%)	
	76	24	10	60	4	4	0.2	50.3
42	76	24	1	55	4	BL	0.2	50.5
43	76	24	BL	52	14	1	0.2	50.7
44	76	24	BL	48	4	4	0.2	50.9
45	76	24	BL	51	j25	7	0.2	51.1
	76	24	BL	35	j25	7	0.2	51.3
	76	2	9	62	15	1	0.2	51.5
	76	2	9	35	BL	1	0.2	51.7
	76	2	1	54	8	1	0.2	51.9
	76	2	BL	51	9	3	0.2	52.1
	76	2	4	62	15	1	0.2	52.3
	88							

（引用文献中の W15.1 より作成）

表12から次の①〜③が読み取れます。

日本人の HLA 5-locus ハプロタイプの頻度分布において、
① 保有頻度1.0%以上の上位9位のハプロタイプで全体の25%近く（表12の累積頻度24.1%）の保有割合を占める。
② 保有頻度が0.2%以上のハプロタイプが87あり、全体の約50%（表12の累積頻度52.3%）の保有割合を占める。
③ 残り50%の保有割合を占めるハプロタイプの保有頻度は0.2%未満であることから、さらに相当数の5-locusハプロタイプが別に存在すると推定される。

3) 韓国人および日本人の HLA 5-locus ハプロタイプの
　　頻度分布から読み取れること

韓国人および日本人のHLA 5-locusハプロタイプの頻度分布において、相対的に保有頻度が高いHLAハプロタイプは、相対的に早い時期に農耕牧畜段階に入った古代集団によって増殖拡散されたハプロタイプであり、それら古代集団のいくつかは、古代東北アジア史における有名の古代集団として文献にその名を留めていると考えられます。
　もっとも、どのような古代集団も単一のハプロタイプで構成されているとは考え難いので、相対的に保有頻度の低いハプロタイプの中には、相対的に保有頻度の高いハプロタイプと共通の有名の古代集団によってもたらされたものも少なくないと考えられます。そのような、有名の古代集団によってもたらされた相対的に保有頻度の低いハプロタイプを除外したとしても、なお無名の古代集団によってもたらされた相対的に保有頻度の低いハプロタイプが多く存在すると考えます。
　日本列島にあっては、それら相対的に保有頻度の低いハプロタイプの大半をもたらしたと思われる縄文時代以前に日本列島に来住した人々や、その子孫である無名の古代集団を、縄文人*の名のもとにひとくくりにしていますが、縄文人は縄文時代以前の数万年に亘って断続的に、各方面から小集団で日本列島に来住した人々や、その子孫であり、遺伝的に多様な集団であったと考えられます。
　韓国人の0.9％未満のハプロタイプのデータは持ち合わせていませんが、同様のことがいえると考えられます。すなわち、朝鮮半島にあっては、相対的に保有頻度の低いハプロタイプの大半をもたらしたと思われる、櫛文土器時代以前に朝鮮半島に来住した人々や、その子孫である櫛文土器文化を担った無名の古代集団を櫛文土器人の名で呼んでいますが、櫛文土器人は遺伝的に多様な集団であったと推察されます。
　渡辺誠氏は『日韓交流の民族考古学』（名古屋大学出版会、1995、42ページ：図10）において、土器の型式および自然環境との関係から縄文時代前・中期の日本列島に九つの地域文化圏を想定していますが、各地域文化圏は遺伝的に多様な集団であったと考えられます。余談ですが日本各地の方言は、もともと共通の原日本語があって、それが分化し、地方語（方言）化したものではなく、起源を異にする小集団のそれぞれの異なった言語が、各小文化圏での標準化を経てなお、全国的には標準化され得なかった小文化圏毎の固有の言語の遺存と考えられます。

　　　「縄文人」*
　　　　本節において「縄文人」とは「縄文時代の日本列島に居住していた人々」という意味で用いています。また「縄文時代」を「縄文土器を製作・使用した時代」という意味で用

いています。したがって、水田稲作を携えて朝鮮半島経由で日本列島に来着し、縄文人となった人々の存在を排除しません。

3　日韓の主要HLAハプロタイプの比較

韓国人の保有頻度が上位17位（18タイプ）までのHLAハプロタイプ〔および日本人の共有するそれらのHLAハプロタイプ〕ならびに日本人の保有頻度が上位9位までのHLAハプロタイプを取り出し、各HLAハプロタイプについての「日韓比率」を付し、表13〔日韓の主要HLAハプロタイプの比較〕として一覧表にしました。ここで「日韓比率」とは定義15のとおりです。

定義15（D15）：D15：
　「日韓比率」とは、各HLAハプロタイプについて、
　日本人の保有頻度を韓国人の保有頻度で除した値です。
　「日韓比率」*＝日本人の保有頻度／韓国人の保有頻度

　　「『日韓比率』」*
　　　なお、表13の「日韓比率」の算出に当たっては、日本人の保有頻度が0.2未満（＜0.2）のハプロタイプについては、0.2として計算し上限値としました。
　　　韓国人の保有頻度が0.9未満（＜0.9）のハプロタイプについては、
　　　0.9として計算し下限値としました。

表13　日韓の主要HLAハプロタイプの比較
〔韓国人の保有頻度が上位17位（18タイプ）までのHLAハプロタイプおよび
それらを共有する場合の日本人のHLAハプロタイプ
ならびに日本人の保有頻度が上位9位までのHLAハプロタイプ〕

No.	HLAハプロタイプ [A-Cw-B-DR-DQ]	韓国 n=235 保有頻度順位	韓国 n=235 保有頻度%	日本 n=893 保有頻度順位	日本 n=893 保有頻度%	日韓比率
1	[33-BL-44-13- 1]	1	4.5	2	4.9	1.1
2	[33- 7 -44- 7 - 2]	2	3.8		<0.2	< 0.05

No.	HLAハプロタイプ [A-Cw-B-DR-DQ]	韓国 n=235 保有頻度順位	韓国 保有頻度%	日本 n=893 保有頻度順位	日本 保有頻度%	日韓比率
3	[30- 6 -13- 7 - 2]	3	3.2		<0.2	<0.06
4	[24-BL-52-15- 1]	4	2.3	1	8.3	3.6
5	[33-10-58-13- 1]	5	2.1	39	0.3	0.14
6	[2 - 1 -27- 1 - 1]	6	1.6		<0.2	<0.2
7	[24- 4 -62- 4 - 3]	7	1.3	39	0.3	0.2
8	[1 - 6 -37-10- 1]	8	1.3	31	0.4	0.3
9	[24- 7 - 7 - 1 - 1]	9	1.2	3	3.6	3.0
10	[2 -11-46- 8 - 1]	10	1.1	4	2.0	1.8
11	[2 -10-13-12- 7]	10	1.1	10	0.6	0.5
12	[2 - 1 -54- 4 - 4]	10	1.1	20	0.5	0.5
13	[26-BL-61- 9 - 3]	13	1.0	20	0.5	0.5
14	[24-BL-51-15- 1]	13	1.0		<0.2	<0.2
15	[2 - 1 -54- 4 -BL]	13	1.0		<0.2	<0.2
16	[11-BL-62-14- 1]	13	1.0		<0.2	<0.2
17	[24-BL-61- 9 - 3]	17	0.9	20	0.5	0.6
18	[2 - 9 -48-14- 1]	17	0.9		<0.2	<0.2
19	[24- 1 -54- 4 - 4]		<0.9	5	1.6	>1.8
20	[11- 4 -62- 4 - 3]		<0.9	6	1.2	>1.3
21	[24-BL-51- 9 - 3]		<0.9	7	1.0	>1.1
22	[2 - 9 -35- 4 - 3]		<0.9	8	0.8	>0.9
23	[11- 7 -67-15- 1]		<0.9	9	0.7	>0.8

4　韓国人および日本人の保有する主要HLAハプロタイプの「由来比定」と
　　仮想「先祖集団」族の「族区分」の設定

1）韓国人および日本人の保有する主要HLAハプロタイプを
　　「由来比定」するにあたっての原理的問題点

＊　本段を読み飛ばして、次の〔2）仮想「先祖集団」族の「族区分」の設定〕に進んでいただい

ても、全体の理解に差し支えありません。

(1) 「初来先祖」および「先祖集団」 ならびに「先祖集団」族

　韓国人および日本人の一人一人が父方および母方から受け継いで保有する〔ハプロタイプ（遺伝子の特定の型のセット）の重複を許した〕二つずつのHLAハプロタイプの各々について、そのハプロタイプをもたらした父方および母方の先祖をたどった場合[*]に、各々のハプロタイプを保有して、最初に朝鮮半島または日本列島に来住した各人の父方および母方の先祖[**]（重複あり）が一人ずつ存在します。一人一人が父方および母方から受け継いで保有する〔ハプロタイプ（遺伝子の特定の型のセット）の重複を許した〕二つずつのHLAハプロタイプを、以下「」括弧付きで「延べHLAハプロタイプ」と称することにします。

> 「そのハプロタイプをもたらした父方および母方の先祖をたどった場合」[*]
> 　保有する二つずつのHLAハプロタイプのいずれが父方からのもので、いずれが母方からのものかが定まっていることが前提となります。
>
> 「各々のハプロタイプを保有して、最初に朝鮮半島または日本列島に来住した各人の父方および母方の先祖」[**]
> 　ある日本人の保有するハプロタイプが、朝鮮半島経由で日本列島にもたらされた場合は、当該ハプロタイプを保有して最初に朝鮮半島に来住したその日本人の先祖が、その日本人の「最初に朝鮮半島または日本列島に来住した先祖」となります。
> 　また、ある韓国人の保有するハプロタイプが、日本列島経由で朝鮮半島にもたらされた場合は、当該ハプロタイプを保有して最初に日本列島に来住したその韓国人の先祖が、ある韓国人の「最初に朝鮮半島または日本列島に来住した先祖」となります。

　「〔韓国人および日本人の一人一人が父方および母方から受け継いで保有する〕各々の『延べHLAハプロタイプ』と繋がる「延べHLAハプロタイプ」を保有して、最初に朝鮮半島または日本列島に来住した各人の父方および母方の先祖」を「初来先祖」（重複あり）と略称します。「（重複あり）」としたのは、一般に各々の「初来先祖」は相当数の韓国人または日本人その他の共通の「初来先祖」であると考えられるからです。
　「初来先祖」が属した〔「初来先祖」の重複を許さない〕先祖集団を以下「」括弧付

きで「先祖集団」と表記します。各「先祖集団」は「初来先祖」が重複しないよう捕捉する必要があります。重複を回避するためには、来住時の「初来先祖」が属した集団の切り取り方（サイズ）を工夫する必要が生じる場合があると考えます。「先祖集団」には非「初来先祖」（「初来先祖」とならなかった構成員）も含まれています。「先祖集団」はそれに属する「初来先祖」他の構成員を要素とする集合です。

　「初来先祖（しょらいせんぞ）」が属した「先祖集団」のすべてを、あらかじめ設定したいくつかの区分に〔なんらかの基準のもとに〕重複なく振り分けたと仮定したとき、区分毎に得られる、「先祖集団」を部分集合*とする上位集合を「先祖集団」族と呼ぶことにします。「先祖集団」族の要素は、その部分集合である各々の「先祖集団」に属する「初来先祖」を含む構成員です。「先祖集団」族に振り分けるために設定したいくつかの区分を、以下「」括弧（かっこ）付きで「族区分」と表記することにします。

　　　「部分集合」*
　　　　「もの」の「集まり」を集合といい、集合を構成する個々の「もの」のことを要素（元）といいます。
　　　　対象 a が集合 A を構成する「もの」の一つであるとき、「a は集合 A に属する」といい、「a は集合 A の要素である」といいます。
　　　　「先祖集団」の「集まり」を本節では「先祖集団」族と呼ぶことにします。「先祖集団」A と「先祖集団」族 B があるとき、「先祖集団」A が「先祖集団」族 B の要素だけからなるとき、「先祖集団」A を「先祖集団」族 B の部分集合であるといい、「先祖集団」族 B を「先祖集団」A の上位集合といいます。「先祖集団」A が「先祖集団」族 B の部分集合であるとき、『「先祖集団」A は『先祖集団』族 B に含まれる」といいます。すなわち、「先祖集団」A が「先祖集団」族 B の部分集合である時、「先祖集団」A の要素である〔「先祖集団」A に属する〕「初来先祖」他の構成員すべては「先祖集団」族 B に属し、「先祖集団」族 B の要素となります。

　「初来先祖」が属した〔「初来先祖」の重複を許さない〕先祖集団を意味する「」括弧（かっこ）付きの「先祖集団」とは「初来先祖」が朝鮮半島または日本列島に最初に足を踏み入れた時点での属した先祖集団を意味する概念であり、「初来先祖」を「先祖集団」を介して重複なく捕捉（ほそく）するための概念でもあります。したがって、「先祖集団」が朝鮮半島または日本列島に来住して以降に、他の集団と融合（混血）を重ねて、どのような集団を形成しようと影響を受けません。「先祖集団」を部分集合とする「先祖集団」族も、「初来先祖」が朝鮮半島または日本列島に最初に足を踏み入れた時点での属した先祖集

団すなわち「先祖集団」を部分集合とする上位集合の概念であることにご留意下さい。

(2) 仮想「初来先祖」および仮想「先祖集団」ならびに仮想「先祖集団」族

　過去のある時点における韓国人および日本人の一人一人（「仮想対象集団N」という）が父方および母方から受け継いで保有する二つずつの「延べHLAハプロタイプ」の各々すべて*について、〔過去のある時点における韓国人および日本人の一人一人が父方および母方から受け継いで保有する〕各々の『延べHLAハプロタイプ』と繋がる『延べHLAハプロタイプ』を保有して、最初に朝鮮半島または日本列島に来住した各人の父方および母方の先祖」を、以下「」括弧（かっこ）付きで仮想「初来先祖（しょらいせんぞ）」（重複あり）と略称します。「仮想『初来先祖』」における「仮想」とは、「確定された有限個の存在を原理的には仮想できるが、実際に確定した有限個の存在（のリスト）を提示することはできない」という意味で用いています。以下、仮想「初来先祖」・仮想「先祖集団」・仮想「先祖集団」族の「仮想」もその要素に関して同様です。対象集団としての「韓国人および日本人の一人一人」は「どの時点の」対象かが明確でないため、「確定された有限個の存在」として仮想できませんが、「過去のある時点における韓国人および日本人の一人一人」（「仮想対象集団N」という）は「確定された有限個の存在」として原理的に仮想できます。

> 「過去のある時点における韓国人および日本人の一人一人（「仮想対象集団N」という）が父方および母方から受け継いで保有する二つずつの『延べHLAハプロタイプ』の各々すべて」*
> 　過去のある時点における、韓国人および日本人の各人が保有する「延べHLAハプロタイプ」の各々すべては、基準とした「過去のある時点」の取り方によって異なりますが、「延べHLAハプロタイプ」の各々すべてに係るHLAハプロタイプの数（種類）が大きく変動しない限り、各々の「延べハプロタイプ」に繋がる「各人の父方および母方の仮想『初来先祖』」（集合）に大きな相違はないと考えられます。

　過去のある時点における韓国人および日本人の一人一人（「仮想対象集団N」という）が父方および母方から受け継いで保有する二つずつの「延べHLAハプロタイプ」の各々と、〔重複を許して〕一人ずつ繋がる（対応する）仮想「初来先祖」が属した仮想先祖集団が〔有限個〕存在します。仮想「初来先祖」が属した〔仮想「初来先祖」が重複し

ないよう捕捉された有限個の〕仮想先祖集団を仮想「先祖集団」と表記します。本節における仮想「先祖集団」とは、仮想「初来先祖」が朝鮮半島または日本列島に最初に足を踏み入れた時点での属した仮想先祖集団のことですが、ここでの「集団」とはなんらかの共同体意識（仲間意識・同族意識など）によって結ばれた集団のことです。

仮想「先祖集団」すべてを、あらかじめ設定したいくつかの「族区分」に〔なんらかの基準のもとに〕振り分けたと仮定して、「族区分」毎に得られる、仮想「先祖集団」を部分集合とする上位集合を仮想「先祖集団」族と呼ぶことにします。

過去のある時点における韓国人および日本人の一人一人（「仮想対象集団Ｎ」という）の合計人口をｎ人とすると、仮想対象集団Ｎの〔各人が二つずつ〕保有する「延べHLAハプロタイプ」の総数は２ｎ（２×ｎ：ｎの２倍）です。今、仮想対象集団Ｎの〔各人が二つずつ〕保有する「延べHLAハプロタイプ」に着目すると（仮想対象集団Ｎの〔各人が二つずつ〕保有する「延べHLAハプロタイプ」を要素とする集合を考えると）仮想対象集団Ｎの〔各人が二つずつ〕保有する「延べHLAハプロタイプ」の各々に〔重複を許して〕一人ずつ繋がる（対応する）仮想「初来先祖」が存在します。繋がる仮想「初来先祖」の各々はそれが属する仮想「先祖集団」（集合）の要素です。

仮想対象集団Ｎの保有する「延べHLAハプロタイプ」の各々に〔重複を許して〕一人ずつ繋がる仮想「初来先祖」を、仮想対象集団Ｎの保有する「延べHLAハプロタイプ」各々の由来する仮想「初来先祖」といい、仮想対象集団Ｎの保有する「延べHLAハプロタイプ」各々の由来する仮想「初来先祖」を、仮想対象集団Ｎの保有するHLAハプロタイプに係る仮想「初来先祖」ということにします。

仮想対象集団Ｎの保有する各HLAハプロタイプに係る任意の仮想「初来先祖」の保有する二つの「延べHLAハプロタイプ」の各々に繋がる仮想対象集団Ｎの保有するいくつかの「延べHLAハプロタイプ」を、当該仮想「初来先祖」に由来する「延べHLAハプロタイプ」といい、当該仮想「初来先祖」に由来する仮想対象集団Ｎの保有する「延べHLAハプロタイプ」の数を、仮想対象集団Ｎの保有するHLAハプロタイプに係る当該仮想「初来先祖」の延べ人数といいます。仮想対象集団Ｎの保有する「延べHLAハプロタイプ」の数２ｎと仮想対象集団Ｎの保有する各HLAハプロタイプに係る仮想「初来先祖」の延べ人数の合計は同数で２ｎです。

このことは、仮想対象集団Ｎの保有する任意のHLAハプロタイプの「延べHLAハプロタイプ」各々についても当てはまります。仮想対象集団Ｎの各人が保有する任意のHLAハプロタイプの一つをHLAハプロタイプＡ型と仮称した場合（同様にＢ型、

C型・・・などと仮称することがあります）、仮想対象集団Nの保有するHLAハプロタイプA型の「延べHLAハプロタイプ」の各々に〔重複を許して〕一人ずつ繋がる仮想「初来先祖」が存在します。仮想対象集団Nの保有するHLAハプロタイプA型の「延べHLAハプロタイプ」の各々に〔重複を許して〕繋がる仮想「初来先祖」を、仮想対象集団Nの保有するHLAハプロタイプA型の「延べハプロタイプ」の由来する仮想「初来先祖」といい、仮想対象集団Nの保有するHLAハプロタイプA型の「延べハプロタイプ」の由来する仮想「初来先祖」を仮想対象集団Nの保有するHLAハプロタイプA型に係る仮想「初来先祖」ということにします。仮想対象集団Nの保有するHLAハプロタイプA型に係る任意の仮想「初来先祖」の保有する二つの「延べHLAハプロタイプ」の各々（二つともHLAハプロタイプA型の場合を含む。区分が必要な場合はA1、A2と仮区分する）に繋がる仮想対象集団Nの保有するHLAハプロタイプA型のいくつかの「延べHLAハプロタイプ」を、当該仮想「初来先祖」に由来する仮想対象集団Nの保有するHLAハプロタイプA型の「延べHLAハプロタイプ」といい、当該仮想「初来先祖」に由来する仮想対象集団Nの保有するHLAハプロタイプA型の「延べHLAハプロタイプ」の数を、仮想対象集団Nの保有するHLAハプロタイプA型に係る当該仮想「初来先祖」の延べ人数といいます。仮想対象集団Nの保有するHLAハプロタイプA型の「延べHLAハプロタイプ」の総数をaとすると、仮想対象集団Nの保有するHLAハプロタイプA型の「延べHLAハプロタイプ」の総数aと仮想対象集団Nの保有するHLAハプロタイプA型に係る仮想「初来先祖」の延べ人数の合計は同数でaです。

　以上に述べたことを簡単な例で考えてみます。［図13　対象集団Nの保有する「延べHLAハプロタイプ」A1〜A4・B5・C6、「先祖集団」Ⅰの要素：「初来先祖」X、「先祖集団」Ⅱの要素：「初来先祖」Y、「先祖集団」Ⅰ・Ⅱを部分集合とする「先祖集団」族Fにおける対応関係の一例］を参照下さい。韓国人および日本人の一人一人（「対象集団N」という）が3人であったとして、対象集団Nの構成員を人1〜人3とします。対象集団Nの構成員である人1〜人3の各々が保有する「延べHLAハプロタイプ」に着目すると（対象集団Nの〔各人が二つずつ〕保有する「延べHLAハプロタイプ」を要素とする集合を考えると）、対象集団Nの保有する「延べHLAハプロタイプ」はHLAハプロタイプA型のA1〜A4、HLAハプロタイプB型のB5、HLAハプロタイプC型のC6です。対象集団Nの保有するHLAハプロタイプA型の「延べHLAハプロタイプ」A1〜A4、HLAハプロタイプB型の「延べHLAハプロタイプ」B

5、HLAハプロタイプＣ型の「延べHLAハプロタイプ」Ｃ６の各々に〔重複を許して〕一人ずつ繋がる（対応する）「初来先祖」Ｘ・Ｙが存在します。すなわち、対象集団Ｎの保有する「延べHLAハプロタイプ」Ａ１〜Ａ４・Ｂ５・Ｃ６各々の由来する「初来先祖」は「先祖集団」Ⅰ（集合）の要素である「初来先祖」Ｘおよび「先祖集団」Ⅱ（集合）の要素である「初来先祖」Ｙです。

「先祖集団」族Ｆは「先祖集団」Ⅰおよび「先祖集団」Ⅱを部分集合とする上位集合です。「先祖集団」Ⅰおよび「先祖集団」Ⅱの要素に重複はなく、「先祖集団」族Ｆは「先祖集団」Ⅰおよび「先祖集団」Ⅱを併せた集合です。すなわち、「先祖集団」族Ｆの全要素は「先祖集団」Ⅰの全要素である「初来先祖」Ｘおよび「先祖集団」Ⅱの全要素である「初来先祖」Ｙです。

〔図13　対象集団Ｎの保有する「延べHLAハプロタイプ」Ａ１〜Ａ４・Ｂ５・Ｃ６、
　　　「先祖集団」Ⅰの要素：「初来先祖」Ｘ、「先祖集団」Ⅱの要素：「初来先祖」Ｙ、
　　　「先祖集団」Ⅰ・Ⅱを部分集合とする「先祖集団」族Ｆにおける対応関係の一例〕

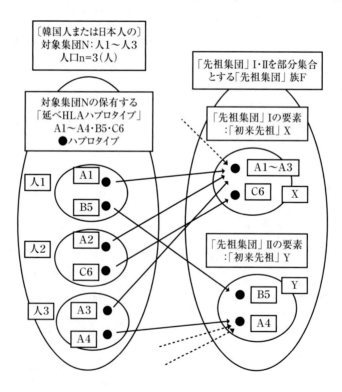

本例では対象集団Ｎの人口ｎ＝３に対して、「初来先祖」Ｘ・Ｙの数２人としましたが、一般的には「初来先祖」の総数は、対象集団の「延べHLAハプロタイプ」（対

象集団の人口の２倍）に比して、はるかに小さい数となると考えられます。

　図13において、対象集団Ｎの各人が保有する「延べHLAハプロタイプ」の数をみますと、「延べHLAハプロタイプ」Ａ１～Ａ４・Ｂ５・Ｃ６の数は２ｎ＝２×３＝６です。「初来先祖」Ｘおよび「初来先祖」Ｙの延べ人数をみますと、「初来先祖」Ｘに由来する仮想対象集団Ｎの保有する「延べHLAハプロタイプ」はＡ１～Ａ３およびＣ６です。したがって、対象集団Ｎの保有するHLAハプロタイプに係る「初来先祖」Ｘの延べ人数は３人と１人の計４人です。同様に、「初来先祖」Ｙに由来する仮想対象集団Ｎの保有する「延べHLAハプロタイプ」はＡ４およびＢ５です。したがって、対象集団Ｎの保有するHLAハプロタイプに係る「初来先祖」Ｙの延べ人数は１人と１人の計２人です。対象集団Ｎの保有するHLAハプロタイプに係る「初来先祖」の延べ人数は、対象集団Ｎの保有するHLAハプロタイプに係る「初来先祖」Ｘの延べ人数の計４人＋対象集団Ｎの保有するHLAハプロタイプに係る「初来先祖」Ｙの延べ人数の計２人＝６人です。すなわち、対象集団Ｎの保有する「延べHLAハプロタイプ」の数と対象集団Ｎの保有するHLAハプロタイプに係る「初来先祖」の延べ人数の合計は同数で６です。

　このことは、対象集団Ｎの保有する任意のHLAハプロタイプの各々についても当てはまります。対象集団Ｎの保有するHLAハプロタイプＡ型の「延べHLAハプロタイプ」とその数をみますと、HLAハプロタイプＡ型の「延べHLAハプロタイプ」はＡ１～Ａ４、その数は４です。「初来先祖」Ｘおよび「初来先祖」Ｙの延べ人数をみますと、「初来先祖」Ｘに由来する対象集団Ｎの保有するHLAハプロタイプＡ型の「延べHLAハプロタイプ」はＡ１～Ａ３です。したがって、対象集団Ｎの保有するHLAハプロタイプＡ型に係る「初来先祖」Ｘの延べ人数は３人です。同様に、「初来先祖」Ｙに由来する対象集団Ｎの保有するHLAハプロタイプＡ型の「延べHLAハプロタイプ」はＡ４です。したがって、対象集団Ｎの保有するHLAハプロタイプＡ型に係る「初来先祖」Ｙの延べ人数は１人です。対象集団Ｎの保有するHLAハプロタイプＡ型に係る「初来先祖」の延べ人数は「初来先祖」ＸのHLAハプロタイプＡ型に係る延べ人数の３人＋「初来先祖」ＹのHLAハプロタイプＡ型に係る延べ人数の１人＝合計４人です。すなわち、対象集団Ｎの保有するHLAハプロタイプＡ型の「延べHLAハプロタイプ」の数と対象集団Ｎの保有するHLAハプロタイプＡ型に係る「初来先祖」の延べ人数の合計は同数で４です。

　対象集団Ｎの保有するHLAハプロタイプＢ型の「延べHLAハプロタイプ」とその

数をみますと、HLAハプロタイプB型の「延べHLAハプロタイプ」はB5、その数は1です。「初来先祖」Xおよび「初来先祖」Yの延べ人数をみますと、「初来先祖」Xに由来する対象集団Nの保有するHLAハプロタイプB型の「延べHLAハプロタイプ」はありません。「初来先祖」Yに由来する対象集団Nの保有するHLAハプロタイプB型の「延べHLAハプロタイプ」はB5です。したがって、対象集団Nの保有するHLAハプロタイプB型に係る「初来先祖」Yの延べ人数は1人です。対象集団Nの保有するHLAハプロタイプB型に係る「初来先祖」の延べ人数は「初来先祖」XのHLAハプロタイプB型に係る延べ人数の0人＋「初来先祖」YのHLAハプロタイプB型に係る延べ人数の1人＝合計1人です。すなわち、対象集団Nの保有するHLAハプロタイプB型の「延べHLAハプロタイプ」の数と対象集団Nの保有するHLAハプロタイプB型に係る「初来先祖」の延べ人数の合計は同数で1です。

　対象集団Nの保有するHLAハプロタイプC型の「延べHLAハプロタイプ」とその数をみますと、HLAハプロタイプC型の「延べHLAハプロタイプ」はC6、その数は1です。「初来先祖」Xおよび「初来先祖」Yの延べ人数をみますと、「初来先祖」Xに由来する対象集団Nの保有するHLAハプロタイプC型の「延べHLAハプロタイプ」はC6です。したがって、対象集団Nの保有するHLAハプロタイプC型に係る「初来先祖」Xの延べ人数は1人です。「初来先祖」Yに由来する対象集団Nの保有するHLAハプロタイプC型の「延べHLAハプロタイプ」はありません。対象集団Nの保有するHLAハプロタイプC型に係る「初来先祖」の延べ人数は「初来先祖」XのHLAハプロタイプC型に係る延べ人数の1人＋「初来先祖」YのHLAハプロタイプC型に係る延べ人数の0人＝合計1人です。すなわち、対象集団Nの保有するHLAハプロタイプC型の「延べHLAハプロタイプ」の数と対象集団Nの保有するHLAハプロタイプC型に係る「初来先祖」の延べ人数の合計は同数で1です。

　　（3）　仮想「先祖集団」を、あらかじめ設定したいくつかの仮想「先祖集団」族の「族区分」に振り分けることは〔原理的に〕可能か

　それでは、過去のある時点における韓国人および日本人の一人一人（「仮想対象集団N」という）が父方および母方から受け継いで保有する、二つずつの「延べHLAハプロタイプ」各々が由来する仮想「初来先祖」が属した〔仮想「初来先祖」を要素とす

る〕仮想先祖集団（集合）すべてを把握できたとして、あらかじめ設定したいくつかの仮想「先祖集団」族の「族区分」のいずれかに、〔重複を許さず〕それらの仮想「先祖集団」（集合）を振り分け、「族区分」毎に〔仮想「先祖集団」を部分集合とする上位集合である〕仮想「先祖集団」族を得ることは〔原理的に〕可能でしょうか。

　仮想「先祖集団」族の「族区分」の設定の仕方、設定に際しての個別の「族区分」の定義の仕方が大きく関係すると考えられますが、仮想「先祖集団」個々についての十分な情報が得られたならば、かなりの仮想「先祖集団」をあらかじめ設定した特定の仮想「先祖集団」族の「族区分」のいずれかに振り分けることが〔原理的には〕可能と考えます。しかしながら、振り分けにあたって判定に迷うケースも多々あろうかと推測されます。そこで、あらかじめ設定した特定の仮想「先祖集団」族の「族区分」に振り分けることができなかった仮想「先祖集団」を含むその他仮想「先祖集団」の受け皿として、それらを一括した「族区分」を別に設定し、それに振り分けることで、あらかじめ設定したいくつかの「族区分」のいずれかに仮想「先祖集団」を振り分けることが結果として可能となります。すなわち、過去のある時点における韓国人および日本人の一人一人が父方および母方から受け継いで保有する二つの「延べHLAハプロタイプ」の各々が由来する仮想「初来先祖」は、それら仮想「初来先祖」のそれぞれが属した〔有限個の〕仮想「先祖集団」を介してあらかじめ設定したいずれかの「族区分」に〔重複を許さず〕振り分けられ、いずれかの仮想「先祖集団」族に属することになります。

　(4)　仮想対象集団Nの保有する任意のハプロタイプについて、
　　　当該ハプロタイプに係る仮想「初来先祖」各々の延べ人数の合計を、
　　　仮想「初来先祖」の属する仮想「先祖集団」族毎に得ることは
　　　〔原理的に〕可能か

　過去のある時点における韓国人および日本人の一人一人（「仮想対象集団N」という）が、父方および母方から受け継いで保有する二つずつの「延べHLAハプロタイプ」各々が由来する仮想「初来先祖」が属した〔仮想「初来先祖」を要素とする〕仮想先祖集団（集合）すべてを、あらかじめ設定したいくつかの仮想「先祖集団」族の「族区分」に振り分けたと仮定して得られた「族区分」毎の仮想「先祖集団」族があるとして、仮想対象集団Nの保有する任意のHLAハプロタイプについて、当該ハプロタイプに係る仮想「初

来先祖」各々の延べ人数の合計を、仮想「初来先祖」の属する仮想「先祖集団」族毎に得ることは〔原理的に〕可能でしょうか。仮想対象集団Nの保有する任意のHLAハプロタイプの「延べHLAハプロタイプ」の数は〔原理的に〕数えることが可能です。したがって、仮想対象集団Nの保有する任意のHLAハプロタイプの「延べHLAハプロタイプ」の各々に〔重複を許して〕一人ずつ繋がる（対応する）仮想「初来先祖」各々の延べ人数も〔原理的に〕数えることが可能です。

また、すべての仮想「先祖集団」は、「族区分」毎に得られた仮想「先祖集団」族のいずれかに重複なく属しており、すべての仮想「初来先祖」は〔仮想「初来先祖」が重複しないよう捕捉された有限個の〕いずれかの仮想「先祖集団」に属しています。したがって、仮想対象集団Nの保有する任意のHLAハプロタイプについて、〔当該仮想「先祖集団」族の部分集合である〕仮想「先祖集団」に属する仮想「初来先祖」各々の当該ハプロタイプに係る延べ人数を順に数え、仮想「先祖集団」毎に得られた当該ハプロタイプに係る仮想「初来先祖」各々の延べ人数を仮想「先祖集団」族毎に集計することで、当該ハプロタイプに係る仮想「初来先祖」各々の延べ人数の合計を、仮想「初来先祖」の属する仮想「先祖集団」族毎に得ることは〔原理的に〕可能です。

図13の例では、対象集団Nの保有するHLAハプロタイプA型について、「先祖集団」族Fに属する「初来先祖」X・Yの当該ハプロタイプに係る延べ人数の合計は、「先祖集団」族Fの部分集合である「先祖集団」Ⅰに属する〔「先祖集団」Ⅰの要素である〕「初来先祖」Xの対象集団Nの保有するHLAハプロタイプA型に係る「初来先祖」の延べ人数3人と「先祖集団」Ⅱに属する〔「先祖集団」Ⅱの要素である〕「初来先祖」Yの対象集団Nの保有するHLAハプロタイプA型に係る「初来先祖」の延べ人数1人を合計した4人です。

同じくHLAハプロタイプB型について、「先祖集団」族Fに属する「初来先祖」X・Yの当該ハプロタイプに係る延べ人数の合計は、「先祖集団」Ⅰに属する「初来先祖」Xの対象集団Nの保有するHLAハプロタイプB型に係る「初来先祖」の延べ人数0人と「先祖集団」Ⅱに属する「初来先祖」Yの対象集団Nの保有するHLAハプロタイプB型に係る「初来先祖」の延べ人数1人の合計1人です。

同じくHLAハプロタイプC型について、「先祖集団」族Fに属する「初来先祖」X・Yの当該ハプロタイプに係る延べ人数の合計は、「先祖集団」Ⅰに属する「初来先祖」Xの対象集団Nの保有するHLAハプロタイプC型に係る延べ人数1人と「先祖集団」Ⅱに属する「初来先祖」Yの対象集団Nの保有するHLAハプロタイプC型に係る「初

来先祖」の延べ人数0人の合計1人です。

　すなわち、対象集団Nの保有する任意のHLAハプロタイプについて、「先祖集団」族Fに属する「初来先祖」各々の対象集団Nの保有する当該ハプロタイプに係る延べ人数の合計を、「先祖集団」族Fの部分集合である「先祖集団」Ⅰに属する「初来先祖」Xの対象集団Nの保有する当該ハプロタイプに係る延べ人数と「先祖集団」Ⅱに属する「初来先祖」Yの対象集団Nの保有する当該ハプロタイプに係る延べ人数を合計することで得ることができました。換言すれば、対象集団Nの保有する任意のHLAハプロタイプについて、「先祖集団」族Fの部分集合である「先祖集団」Ⅰ・Ⅱを介して、「先祖集団」族Fに属する「初来先祖」各々の、当該ハプロタイプに係る延べ人数の合計を得ることが可能であることがわかりました。

　そこで、仮説45および定義16を設けます。

　　仮説45（H45）：H45
　　　　過去のある時点における韓国人および日本人の一人一人（「仮想対象集団N」という）が、父方および母方から受け継いで保有する二つずつの「延べHLAハプロタイプ」各々の由来する仮想「初来先祖」が属した仮想先祖集団すべてを、あらかじめ設定したいくつかの「族区分」に振り分けたと仮定して得られた「族区分」毎の仮想「先祖集団」族があるとして、仮想対象集団Nの保有する任意のHLAハプロタイプについて、当該ハプロタイプに係る「初来先祖」各々の延べ人数の合計を属する「先祖集団」族毎に得たとき、当該ハプロタイプに係る仮想「初来先祖」各々の延べ人数の合計が最も多い仮想「先祖集団」族がそれらの中に存在する。

　　定義16（D16）：D16：H45
　　　　過去のある時点における韓国人および日本人の一人一人（「仮想対象集団N」という）が、父方および母方から受け継いで保有する二つずつの「延べHLAハプロタイプ」各々の由来する仮想「初来先祖」が属した仮想先祖集団すべてを、あらかじめ設定したいくつかの「族区分」に振り分けたと仮定して得られた「族区分」毎の仮想「先祖集団」族があるとして、仮想対象集団Nの保有する任意のHLAハプロタイプについて、当該ハプロタイプに係る「初来先祖」各々の延べ人数の合計を属する「先祖集団」族毎に得たとき、

当該ハプロタイプに係る仮想「初来先祖」各々の延べ人数の合計が最も多い仮想「先祖集団」族を、当該HLAハプロタイプの「延べハプロタイプ」の「主に由来する仮想『先祖集団』族」という。

　過去のある時点における韓国人および日本人の一人一人（「仮想対象集団N」という）が、父方および母方から受け継いで保有する二つずつの「延べHLAハプロタイプ」各々の由来する仮想「初来先祖」が属した〔仮想「初来先祖」が重複しないよう捕捉された有限個の〕仮想先祖集団すべてを、あらかじめ設定したいくつかの仮想「先祖集団」族の「族区分」に振り分けたと仮定して得られた「族区分」毎の仮想「先祖集団」族があるとして、仮想対象集団Nの保有する任意のハプロタイプの「延べハプロタイプ」の「主に由来する仮想『先祖集団』族」を、「族区分」毎の仮想「先祖集団」族の中のいずれか一つに比定することを、本節では以下、〔仮想対象集団Nの保有する任意のハプロタイプを〕「族区分」毎の仮想「先祖集団」族に「由来比定」（「 」括弧付きで「由来比定」）するといいます。

２）仮想「先祖集団」族の「族区分」の設定

　前節の表9・表10でみた人の動きから、古代の南部鮮半島および日本列島に来住したと推定される有力集団を主軸に据えて設定した仮想「先祖集団」族の「族区分」が次の１）〜７）の「族区分」です。

　繰返しになりますが、仮想「初来先祖」が属した〔仮想「初来先祖」の重複を許さない〕先祖集団を意味する仮想「先祖集団」とは仮想「初来先祖」が朝鮮半島または日本列島に最初に足を踏み入れた時点での属した仮想先祖集団を意味する概念であり、仮想「初来先祖」を仮想「先祖集団」を介して重複なく捕捉するための概念でもあります。したがって、仮想「先祖集団」が朝鮮半島または日本列島に来住して以降に、他の集団と融合（混血）を重ねて、どのような集団を形成しようと影響を受けません。仮想「先祖集団」を部分集合とする仮想「先祖集団」族も、仮想「初来先祖」が朝鮮半島または日本列島に最初に足を踏み入れた時点での属した仮想先祖集団すなわち仮想「先祖集団」を部分集合とする上位集合の概念であることにご留意下さい。

第3章　古代の朝鮮半島の住人

【古代の南部朝鮮半島および日本列島に来住したと推定される有力集団を主軸に据えて設定した１）〜７）の仮想「先祖集団」族の「族区分」】

１）仮想「孔列文土器族」

　本書でいう孔列文土器人とは、孔列文と口唇部刻目文土器、赤色磨研土器等の土器文化と雑穀栽培農耕を携えて、東北朝鮮経由で朝鮮半島に南下したと考えられる畑作農耕民です。

　孔列文土器人は土器文化にもとづく概念であり、種族*ではありません。したがって、孔列文土器人は単一の種族で構成されるとは限りません。

　仮想「初来先祖」が属した仮想先祖集団が孔列文土器人である仮想「先祖集団」を、仮想「孔列文土器人集団」と呼ぶことにし、仮想「孔列文土器人集団」を部分集合とする上位集合（仮想「先祖集団」族）を仮想「孔列文土器族」と呼ぶことにします。

　　「種族」*
　　　本節における「種族」とは、「〔意思の疎通が可能な程度に共通の〕言語（母語）を共有する集団の集合」の意で用いています。

２）仮想「濊族」

　濊族とは中国の江淮地方（淮河・揚子江流域）を原郷とする淮夷系の半農半漁民に起源し、早くから沿岸航法による海上交易活動をおこなっていた海人勢力と考えます。

　仮想「初来先祖」が属した仮想先祖集団が濊族である仮想「先祖集団」を、仮想「濊族集団」と呼ぶことにし、仮想「濊族集団」を部分集合とする上位集合を仮想「濊族」と呼ぶことにします。

３）仮想「『辰族』」

　定義６で、辰国の「天孫族」を「辰族」と定義しましたが、本節における「辰族」は〔「遼西辰国」以降の辰国の支配階級を構成したと考えられる〕「和族」や「伯族」（貊族）を主要先祖集団とする「天孫族」です。細形銅剣を代表とする青銅器文化を北部九州にもたらした倭人も「辰族」から分かれた「天孫族」の集団です。

仮想「初来先祖」が属した仮想先祖集団が「辰族」である仮想「先祖集団」を、仮想「『辰族集団』」と呼ぶことにし、仮想「『辰族集団』」を部分集合とする上位集合を仮想「『辰族』」と呼ぶことにします。

4）仮想「東夷」

東夷とは、周初にあっては、周の王都からみて東方に位置する河南省を中心に河北・山東・江蘇省方面に居住していた勢力です。

殷の遺民や『神頌契丹古伝』第二十三章（本書第２章第１節第３項に掲出）にみえる「伯族」（貊族）・「淮」族・「和」族・「陽」族・「易」族・「徐」族・「潢」族・「宛」族など、主に旧親殷勢力です。

仮想「初来先祖」が属した仮想先祖集団が東夷である仮想「先祖集団」を、仮想「東夷集団」と呼ぶことにし、仮想「東夷集団」を部分集合とする上位集合を仮想「東夷」と呼ぶことにします。

5）仮想「東北アジア系騎馬民族」

東北アジア系騎馬民族とは、紀元前後の頃に朝鮮半島東南部へ来住した「弁那」（匈奴）の一派や、主に紀元３世紀以降の朝鮮半島に来住したと推定される、高句麗・百済・新羅の中核勢力などです。

東北アジア系騎馬民族は単一の種族で構成されるとは限りません。

仮想「初来先祖」が属した仮想先祖集団が東北アジア系騎馬民族である仮想「先祖集団」を、仮想「東北アジア系騎馬民集団」と呼ぶことにし、仮想「東北アジア系騎馬民集団」を部分集合とする上位集合を仮想「東北アジア系騎馬民族」と呼ぶことにします。

6）仮想「古代漢族」

朝鮮半島に来住した古代漢族[*]とは、辰韓を構成した亡命秦人や、歴渓卿に率いられて辰国に移住した集団の例にみられるような衛氏朝鮮を構成した燕や斉からの難民の子孫や、楽浪・帯方郡の漢人・魏人などです。

古代漢族は単一の種族で構成されるとは限りません。

仮想「初来先祖」が属した仮想先祖集団が古代漢族である仮想「先祖集団」を、仮想「古代漢族集団」と呼ぶことにし、仮想「古代漢族集団」を部分集合と

する上位集合を仮想「古代漢族」と呼ぶことにします。

「漢族」*

　　漢族とは橋本萬太郎氏（『民族の世界史 5 漢民族と中国社会』山川出版社、1992、112 ページ）の言葉を借りれば「漢字にむすばれる集団」であると表現できます。漢族は遺伝的にも言語的にも多様な混合集団であり、漢字という共通の表記手段で繋がっている集団であるという主旨です。

　　漢族の始源は周人ですが、長い中国の歴史の中で、絶えず周囲の少数民族を取り込みながら膨張したため、漢族は時代と共に大きな質的変容をとげたことが想像されます。

　　HLA ハプロタイプの分布から見た今日の漢族は、依然として地域的に大きな偏りを有しています。

7）仮想「その他集団」族

　仮想「その他集団」とは、櫛文土器時代以前の朝鮮半島や縄文時代以前の日本列島に来住して櫛文土器人や縄文人になった仮想「先祖集団」ほか、紀元後に来住した無名の仮想「先祖集団」を含む、数万年に亘って断続的に、各方面から小集団で朝鮮半島や日本列島に来住した、1）～6）の仮想「先祖集団」族の「族区分」のいずれにも振り分けられない仮想「先祖集団」のすべてです。

　仮想「その他集団」を部分集合とする上位集合を便宜的に仮想「その他集団」族と呼ぶことにします。

　ところで、本節の目的をより正確に表現しますと、表 13 に掲出した〔そう遠くない〕過去のある時点における韓国人および日本人の一人一人（「仮想対象集団 N」という）の保有する主要 HLA ハプロタイプのいくつかについて、1）～7）の仮想「先祖集団」族に「由来比定」する試みをとおして、前 1 世紀頃の南部朝鮮半島と日本列島の有力居住集団を推定することにあります。そのためには、今日の韓国人および日本人の保有する主要 HLA ハプロタイプを、正しく「由来比定」することが不可欠です。一般的には、ほとんどの HLA ハプロタイプはその頻度分布の比較的詳細なデータを得ることが難しく、「由来比定」することは困難ですが、表 13 に掲出した主要 HLA ハプロタイプのいくつかは正しく「由来比定」することが可能であると思われ、そのことをとおして、

前1世紀頃の南部朝鮮半島と日本列島の有力居住集団を推定することができるのではないかと筆者は考えています。

それでは、〔実験的試みとして〕定義16および仮説45により、表13に掲出した日韓の主要HLAハプロタイプのいくつかについて、1）～7）の仮想「先祖集団」族に「由来比定」したいと思います。

5 日韓の主要HLAハプロタイプを「由来比定」するに当たっての仮説

1）表13に掲出した日韓の主要HLAハプロタイプの「日韓比率」と、各々のハプロタイプの「延べHLAハプロタイプ」の由来する仮想「先祖集団」の来住時期の早晩との関係

過去のある時点における韓国人および日本人の一人一人（「仮想対象集団N」という）が父方および母方から受け継いで保有する二つずつの「延べHLAハプロタイプ」の各々について、それら「延べHLAハプロタイプ」の由来する仮想「初来先祖」の朝鮮半島または日本列島への来住ルートとして、主に以下の3つが考えられます。

①　沿海州・サハリン・千島列島などから日本列島に来住した北方ルート
②　中国大陸やシベリアを経由して朝鮮半島に来住した大陸ルート
③　南西諸島経由で〔南西諸島を含む広義の〕日本列島に来住した南方ルート

筆者は、表13の日韓の主要HLAハプロタイプを「由来比定」する試行錯誤の段階で、次のことを着想しました。すなわち、表13の任意のハプロタイプについて、当該ハプロタイプの「延べHLAハプロタイプ」が②のルートで来住した仮想「初来先祖」に主に由来する場合、「日韓比率」の大小は、当該ハプロタイプの「延べHLAハプロタイプ」の由来する、②のルートで来住した各々の仮想「初来先祖」の朝鮮半島への来住時期の早晩（仮想「初来先祖」各々の来住してから適当に定めた基準時点までの経過年数の平均値）と正の相関関係があるのではないかということです。

表13の任意のHLAハプロタイプについて、当該HLAハプロタイプの「延べHLAハプロタイプ」が②のルートで来住した仮想「初来先祖」に主に由来する場合、当

該HLAハプロタイプの「延べHLAハプロタイプ」の由来する仮想「初来先祖」の朝鮮半島への来住時期が総じて早いほど、当該HLAハプロタイプの朝鮮半島経由での日本列島への流入チャンスが大きくなり、当該HLAハプロタイプの「日韓比率」を高めたことは十分考えられます。また、表13の任意のHLAハプロタイプについて、当該HLAハプロタイプの「延べHLAハプロタイプ」が①または③のルートで〔日本列島に〕来住した仮想「初来先祖」に主に由来する場合、当該HLAハプロタイプの「日韓比率」を高める方向へ作用すると予想されます。

　仮想「初来先祖」の来住は仮想「先祖集団」（仮想「初来先祖」が属した〔仮想「初来先祖」が重複しないよう捕捉された有限個の〕仮想先祖集団）の来住でもあります。以下に試みる日韓主要HLAハプロタイプの「由来比定」は、各々のHLAハプロタイプの「延べHLAハプロタイプ」の由来する仮想「初来先祖」の属する先祖集団すなわち各々のHLAハプロタイプの「延べHLAハプロタイプ」の由来する仮想「先祖集団」を介しておこなうことから、支障のない範囲で仮想「初来先祖」に代えて仮想「先祖集団」の用語を用いることにします。以下、「仮想『先祖集団』に〔主に〕由来する」は「仮想『先祖集団』〔に属する仮想『初来先祖』〕に〔主に〕由来する」と、「由来する仮想『先祖集団』」は「由来する〔『初来先祖』の属する〕仮想『先祖集団』」と読み替えていただいて結構です。

　そこで、仮説46を提示します。

仮説46（H46）：H46
　　表13のHLAハプロタイプの各々について、
　　当該HLAハプロタイプの「延べHLAハプロタイプ」が
　　②のルートで来住した仮想「先祖集団」に主に由来する場合、
　　当該HLAハプロタイプの「日韓比率」が高いほど、
　　当該HLAハプロタイプの「延べハプロタイプ」の由来する
　　仮想「先祖集団」の、朝鮮半島への来住時期が総じて早い傾向にある。
　　また、当該HLAハプロタイプの「延べHLAハプロタイプ」の由来する
　　仮想「先祖集団」の中に、
　　①または③のルートで来住した仮想「先祖集団」が存在する場合、
　　当該HLAハプロタイプの「日韓比率」を高める方向へ作用する。

2）表13において、②のルートで来住した仮想「先祖集団」に主に由来する
「延べHLAハプロタイプ」に係るHLAハプロタイプの「日韓比率」と、
当該「延べHLAハプロタイプ」の由来する仮想「先祖集団」の
朝鮮半島への来住時期との関係についての仮説

　表13の韓国人の保有頻度が0.9％以上のHLAハプロタイプの「延べHLAハプロタイプ」は、②のルートで来住した仮想「先祖集団」に主に由来すると考えられます。なんとなれば、後期旧石器時代から縄文時代にかけて日本列島へ来住した人の動きや、前節の表9・表10の人の動きからみて、①または③のルートで〔日本列島へ〕来住した仮想「先祖集団」に主に由来する「延べHLAハプロタイプ」に係るHLAハプロタイプの保有頻度が、韓国人の保有頻度において0.9％以上といった高い値をとることは考えられないからです。そこで、②のルートで来住した仮想「先祖集団」に主に由来する「延べHLAハプロタイプ」に係ると考えられる、表13の韓国人の保有頻度が0.9％以上のHLAハプロタイプについて、各々の「日韓比率」と、当該「延べHLAハプロタイプ」の由来する仮想「先祖集団」の朝鮮半島への来住時期との関係について、次の仮説47・仮説48を設けました。なお、「日韓比率」が0.2以上という数値設定は、主に②のルートで紀元前の朝鮮半島に来住したと考えられる4）仮想「東夷」に「由来比定」したNo. 8およびNo. 7の「日韓比率」（後掲、表14）を設定根拠としました。

　　仮説47（H47）：H46×H47

　　　　仮説46にもとづき、〔②のルートで来住した仮想「先祖集団」に主に由来する「延べHLAハプロタイプ」に係ると考えられる〕表13の韓国人の保有頻度が0.9％以上のHLAハプロタイプについて、「日韓比率」が0.2以上と推定されるHLAハプロタイプは、主に紀元前の朝鮮半島に来住した仮想「先祖集団」に由来する「延べHLAハプロタイプ」に係るHLAハプロタイプである。

　　仮説48（H48）：H46×H48

　　　　仮説46にもとづき、〔②のルートで来住した仮想「先祖集団」に主に由来する「延べHLAハプロタイプ」に係ると考えられる〕表13の韓国人の保有頻度が0.9％以上のHLAハプロタイプについて、「日韓比率」が0.2未満と推定されるHLAハプロタイプは、主に紀元後の朝鮮半島に来住した仮想「先祖集

団」に由来する「延べ HLA ハプロタイプ」に係る HLA ハプロタイプである。

6　日韓主要 HLA ハプロタイプの「由来比定」

1)　「由来比定」の結果

　仮説 47・仮説 48 の適用対象となる、表 13 の韓国人の保有頻度が 0.9％以上の No. 1 〜 No.18 の各々の HLA ハプロタイプについて、1) 〜 7) の仮想「先祖集団」族に「由来比定」した結果が、表 14〔②のルートで来住した仮想「先祖集団」に主に由来する「延べ HLA ハプロタイプ」に係ると考えられる、表 13 の韓国人の保有頻度が 0.9％以上の HLA ハプロタイプとそれら HLA ハプロタイプの「延べハプロタイプ」の「主に由来する仮想『先祖集団』族」〕です。

　表 14 は「⑴　主に紀元前の朝鮮半島に来住した仮想『先祖集団』に由来する『延べ HLA ハプロタイプ』に係ると考えられる日韓の主要 HLA ハプロタイプ」と「⑵　主に紀元後の朝鮮半島に来住した仮想『先祖集団』に由来する『延べ HLA ハプロタイプ』に係ると考えられる日韓の主要 HLA ハプロタイプ」に大きく時期区分しています。表 14 の⑴〜⑵のグループ内においては、降順に並べたあと、1) 〜 7) の「族区分」毎に名寄せしています。1) 〜 7) の各仮想「先祖集団」族の概要説明ならびに主要 HLA ハプロタイプの各々を、1) 〜 7) の仮想「先祖集団」族に「由来比定」した理由は、次項〔7　日韓主要 HLA ハプロタイプの「延べハプロタイプ」の「主に由来する仮想『先祖集団』族」および「由来比定」理由〕で個別に説明しています。

表14 ②のルートで来住した仮想「先祖集団」に主に由来する「延べHLAハプロタイプ」に係ると考えられる、表13の韓国人の保有頻度が0.9%以上のHLAハプロタイプとそれらHLAハプロタイプの「延べハプロタイプ」の「主に由来する仮想『先祖集団』族」

No.	主に由来する仮想「先祖集団」族	HLAハプロタイプ [A-Cw-B-DR-DQ]	韓国 n=235 保有頻度順位	韓国 保有頻度%	日本 n=893 保有頻度順位	日本 保有頻度%	日韓比率
(1) 主に紀元前の朝鮮半島に来住した仮想「先祖集団」に由来する「延べHLAハプロタイプ」に係ると考えられる日韓の主要HLAハプロタイプ							≧0.2 と推定
4	仮想「孔列文土器族」	[24-BL-52-15-1]	4	2.3	1	8.3	3.6
9	仮想「孔列文土器族」	[24-7-7-1-1]	9	1.2	3	3.6	3.0
10	仮想「『辰族』」	[2-11-46-8-1]	10	1.1	4	2.0	1.8
1	仮想「濊族」	[33-BL-44-13-1]	1	4.5	2	4.9	1.1
8	仮想「東夷」	[1-6-37-10-1]	8	1.3	31	0.4	0.3
7	仮想「東夷」	[24-4-62-4-3]	7	1.3	39	0.3	0.2
17	仮想「その他集団」族	[24-BL-61-9-3]	17	0.9	20	0.5	0.6
13	仮想「その他集団」族	[26-BL-61-9-3]	13	1.0	20	0.5	0.5
11	仮想「その他集団」族	[2-10-13-12-7]	10	1.1	10	0.6	0.5
12	仮想「その他集団」族	[2-1-54-4-4]	10	1.1	20	0.5	0.5
(2) 主に紀元後の朝鮮半島に来住した仮想「先祖集団」に由来する「延べHLAハプロタイプ」に係ると考えられる日韓の主要HLAハプロタイプ							< 0.2 と推定
5	仮想「古代漢族」	[33-10-58-13-1]	5	2.1	39	0.3	0.14
2	仮想「古代漢族」	[33-7-44-7-2]	2	3.8		<0.2	< 0.05
3	仮想「東北アジア系騎馬民族」	[30-6-13-7-2]	3	3.2		<0.2	< 0.06
18	仮想「その他集団」族	[2-9-48-14-1]	17	0.9		<0.2	< 0.2
14	仮想「その他集団」族	[24-BL-51-15-1]	13	1.0		<0.2	< 0.2
15	仮想「その他集団」族	[2-1-54-4-BL]	13	1.0		<0.2	< 0.2
16	仮想「その他集団」族	[11-BL-62-14-1]	13	1.0		<0.2	< 0.2
6	仮想「その他集団」族	[2-1-27-1-1]	6	1.6		<0.2	< 0.2

2）「由来比定」の手順

　それでは、表13に掲出の日韓の主要HLAハプロタイプのうち、②のルートで来住した仮想「先祖集団」に主に由来する「延べHLAハプロタイプ」に係ると考えられる、表13の韓国人の保有頻度が0.9％以上のHLAハプロタイプを1）～7）の仮想「先祖集団」族に「由来比定」し、表14を作成した手順を説明します。

【「由来比定」の手順】
　以下の「由来比定」の手法は、仮説46にもとづき、②のルートで来住した仮想「先祖集団」に主に由来する「延べHLAハプロタイプ」に係ると考えられる、表13の韓国人の保有頻度が0.9％以上のHLAハプロタイプを対象に、「日韓比率」にもとづく順序づけにより、当該HLAハプロタイプに係る仮想「先祖集団」の朝鮮半島への来着時期の早晩を判定することがキーポイントとなっています。
　したがって、

①　〔表13においてNo.に網掛けをした〕韓国人の保有頻度が0.9％未満のNo.19～No.23については、分析対象から除外しました。

②　No. 1～No.18のHLAハプロタイプについて、
　　「日韓比率」にもとづき降順に並べました。

③　各々のHLAハプロタイプの「日韓比率」にもとづく順序付けによる
　　朝鮮半島への来着時期の早晩、およびそれらハプロタイプの
　　東アジアの諸民族における頻度分布を手がかりに、
　　No. 4・No. 9を1）仮想「孔列文土器族」に、
　　No. 1を2）仮想「濊族」に、
　　No.10を3）仮想「『辰族』」に「由来比定」しました。
　　No. 8およびNo. 7を4）仮想「東夷」に「由来比定」しました。
　　No. 3を5）仮想「東北アジア系騎馬民族」に「由来比定」しました。
　　No. 5・No. 2を6）仮想「古代漢族」に「由来比定」しました。

④　1）～6）の仮想「先祖集団」族の「族区分」に「由来比定」できなかった
　　No.17・No.13・No.11・No.12・No.18・No.14・No.15・No.16・No. 6を、
　　7）仮想「その他集団」族に「由来比定」しました。

⑤ ①〜④の「由来比定」をもとに、仮説47・仮説48により来住時期の線引きをおこない、

「(1) 主に紀元前の朝鮮半島に来住した仮想『先祖集団』に由来する『延べHLAハプロタイプ』に係ると考えられる日韓の主要HLAハプロタイプ」と

「(2) 主に紀元後の朝鮮半島に来住した仮想『先祖集団』に由来する『延べHLAハプロタイプ』に係ると考えられる日韓の主要HLAハプロタイプ」と

に大きく時期区分しました。

(1) 主に紀元前の朝鮮半島に来住した仮想「先祖集団」に由来する「延べHLAハプロタイプ」に係ると考えられる日韓の主要HLAハプロタイプ
：「日韓比率」≧ 0.2（0.2以上）と推定

仮説47により、主に紀元前の朝鮮半島に来住した仮想「先祖集団」に由来する「延べHLAハプロタイプ」に係ると考えられる、「日韓比率」が0.2以上と推定されるHLAハプロタイプをこの時期区分に分類しました。

1）仮想「孔列文土器族」に「由来比定」したNo. 4・No. 9、
2）仮想「濊族」に「由来比定」したNo. 1、
3）仮想「『辰族』」に「由来比定」したNo.10、
4）仮想「東夷」に「由来比定」したNo. 8・No. 7、
7）仮想「その他集団」族に「由来比定」したNo.17・No.13
　・No.11・No.12がこの時期区分に属します。

なお、(1)に分類されたHLAハプロタイプの「延べHLAハプロタイプ」において、②のルートで来住した仮想「先祖集団」〔に属する仮想「初来先祖」〕に由来する「延べHLAハプロタイプ」以外に、①または③のルートで来住した仮想「先祖集団」に由来する「延べHLAハプロタイプ」が存在するとして、それによる〔仮説46の〕「日韓比率」を高める作用を排除するための、①・③のルートで来住した仮想「先祖集団」に由来すると仮定した「延べHLAハプロタイプ」の〔除外可能な〕限界割合は、本節〔9 表22において「日韓比率」が0.2以上であるための、仮想「先祖集団」の来住ルートに係る限界保有頻度〕において後述します。

⑵　主に紀元後の朝鮮半島に来住した仮想「先祖集団」に由来する「延べ HLA ハプロタイプ」に係ると考えられる日韓の主要 HLA ハプロタイプ
：「日韓比率」＜ 0.2（0.2 未満）と推定

　仮説 48 により、主に紀元後の朝鮮半島に来住した仮想「先祖集団」に由来する「延べ HLA ハプロタイプ」に係ると考えられる、「日韓比率」が 0.2 未満と推定される HLA ハプロタイプをこの時期区分に分類しました。
　6）仮想「古代漢族」に「由来比定」した No. 5・No. 2、
　5）仮想「東北アジア系騎馬民族」に「由来比定」した No. 3、
　7）仮想「その他集団」族に「由来比定」した No.18・No.14・No.15・No.16・No. 6 のハプロタイプがこの時期区分に属します。

　以上が、表 13 に掲出した日韓の主要ハプロタイプの中の、〔No.19 〜 No.23 を除外した〕②のルートで来住した仮想「先祖集団」に主に由来する「延べ HLA ハプロタイプ」に係ると考えられる No. 1 〜 No18 の各々の HLA ハプロタイプについて、1）〜 7）の仮想「先祖集団」族に「由来比定」した上で、「由来比定」した各 HLA ハプロタイプを、仮説 47・仮説 48 の数値基準もとづき、⑴〜⑵に時期区分した表 14 の作成手順です。なお、HLA ハプロタイプの頻度分布に係る基礎データの蓄積にともなう仮説 47・仮説 48 の数値基準の変更等があった場合、No. 1 〜 No18 の各々の HLA ハプロタイプについての「由来比定」の変更や、各 HLA ハプロタイプの「延べ HLA ハプロタイプ」の由来する仮想「先祖集団」が朝鮮半島に主に来住したと推定される時期の変更が当然起こりえます。

7　日韓主要 HLA ハプロタイプの「延べハプロタイプ」の「主に由来する仮想『先祖集団』族」および「由来比定」理由

　以下の表 15 〜表 21 は、1）〜 7）の仮想「先祖集団」族の「族区分」毎に、各々の仮想「先祖集団」族に「由来比定」した表 14 に掲出の日韓主要 HLA ハプロタイプを表示し、当該 HLA ハプロタイプを「由来比定」した理由を付したものです。

１）仮想「孔列文土器族」

表15　１）仮想「孔列文土器族」に「由来比定」したHLAハプロタイプ

主に由来する 仮想「先祖集団」族	１）仮想「孔列文土器族」			韓国		日本	
	No.	HLAハプロタイプ [A-Cw-B-DR-DQ]	順位	保有頻度%	順位	保有頻度%
仮想「孔列文土器族」	4	［24-BL-52-15- 1 ］	4	2.3	1	8.3
		W15.1：モンゴル人3.0%					

「まず日本人の平均でもっとも多いハプロタイプ（B52-DR 2 *）の分布を示した。このハプロタイプは、北九州、山陽から近畿地方にかけて、そして山形や福島でも12 〜 13 パーセント以上と高かった。対照的に、南九州と東北地方の青森、岩手では 6 パーセント前後、沖縄では 2 パーセント程度と低かった。したがって、このハプロタイプは北九州から本州の西部や中央部にかけて多いタイプといえよう。日本の周辺部をみると、中国南部や東南アジアの諸民族には観察されず、対照的に中国北部の漢族や韓国人で 2 パーセント前後あることがわかった。さらに興味深いことに、これはモンゴル人においてもっとも多いハプロタイプである可能性が高いのにたいし、中国東北地方の満族やオロチョンなどではまれで、シベリアのヤクートやバイカル湖のほとりのブリアートにおいてもほとんどみいだされていない。」

（徳永勝士「HLA 遺伝子群からみた日本人のなりたち」百々幸雄編『モンゴロイドの地球 [3] 日本人のなりたち』東京大学出版会、1995、204–205 ページ）

（B52-DR 2 *）：DR 2 は DRw15 と DRw16 に細分され、当該ハプロタイプは DRw15 に該当すると思われますので、（B52-DR 2 ）を（B52-DR15）と読み替えました。（筆者注）

【筆者コメント】
① No. 4 ［A24-CwBL-B52-DR15-DQ　1］のハプロタイプがモンゴルに高頻度（3.0%）に存在するので、モンゴル方面より朝鮮半島に南下して来た仮想「先祖集団」に由来すると推定される。
② No. 4 ［A24-CwBL-B52-DR15-DQ　1］は日本人でもっとも多く、韓国人で四番目に多いハプロタイプである。

| 仮想「孔列文土器族」 | 9 | ［24-7-7-1-1］ | 9 | 1.2 | 3 | 3.6 |

【筆者コメント】
① No. 9 に近縁のハプロタイプが中国に見当らないので中国経由の仮想「先祖集団」に由来するハプロタイプではないと考えられる。

【１）仮想「孔列文土器族」とは】
　孔列文土器人とは孔列文と口唇部刻目文土器、赤色磨研土器等の土器文化と雑穀栽培農耕を携えて東北朝鮮経由で朝鮮半島に南下したと考えられる畑作農耕民です。およそ3500 年前（前 2000 年紀中頃）に始まった急激な気温の低下に起因する北方民族の南下の一環として、豆満江方面から朝鮮半島東北地域に南下、さらには半島中南部地域へと居住域を拡げていったと考えられます。　孔列文土器人は土器文化にもとづく概念で

あり、種族ではありません。したがって、孔列文土器人は単一の種族で構成されるとは限りません。

　畑作農耕（雑穀栽培農耕）文化を有した孔列文土器人は、漁撈狩猟採集段階にあった先住の櫛文土器文化を担った人々に比べ人口増加率で優位に立ち、次第に優勢になっていったと思われます。朝鮮半島の南端に到達した孔列文土器人の流れを汲む集団の一部は、「漁民の交流」ルートに乗って日本列島への移住を開始し、前1000年紀の西日本各地に孔列文土器と陸稲・アワ・ヒエなどの畑作農耕（雑穀栽培農耕）をもたらしたと考えられます。孔列文土器人の流れを汲む集団はまた、濊族から学んだ水田稲作文化を日本列島に伝え、先着の同族のネットワークを通じて、あるいは稲作適地を開拓しながら東進北上し、濊族に先がけて西日本各地に稲作を伝播普及させ、水田稲作のもつ高い食料生産力を背景に人口を伸ばしていったと推察されます。

　仮想「初来先祖」が属した仮想先祖集団が孔列文土器人である仮想「先祖集団」を仮想「孔列文土器人集団」と呼びますが、仮想「孔列文土器人集団」を部分集合とする上位集合が仮想「孔列文土器族」です。

【１）仮想「孔列文土器族」に「由来比定」した理由】

① No.4は日本人でもっとも多く（8.3％）、韓国人で四番目に多い（2.3％）ハプロタイプであり、表13掲出のHLAハプロタイプの中では「日韓比率」が最も高く、その保有頻度および今日の日本列島における西高東低の分布状況から判断すると、２）仮想「濊族」に「由来比定」したNo.1に先行して朝鮮半島経由で日本列島に来住した農耕民集団によってもたらされたと考えられる。

② No.4はモンゴル発進（経由）と考えられることから、中国の江淮地方（淮河・揚子江流域）を原郷とする淮夷系の半農半漁民に起源するとした濊族によってもたらされたハプロタイプではない。

③ 『モンゴロイドの地球［３］日本人のなりたち』（205-206ページ）に拠ると、No.4の（B52-DR2）の国内分布とNo.9の（B7-DR1）の国内分布は類似しているとされ、またNo.4とNo.9は「日韓比率」がそれぞれ3.6、3.0と近く、No.4とNo.9は同系の仮想「先祖集団」によってもたらされたと思われる。但し、No.9のモンゴル人での保有が確認されないので、No.9を保有した集団はモンゴル発進（経由）ではなく、モンゴル方面から南下したNo.4を保有した集団と豆満江方面*において一体化したことが考えられる。

「豆満江方面」*
 「ロシア沿海州西南部・中国吉林省延辺地区・黒龍江省牡丹江地区・北朝鮮咸鏡北道を含む豆満江流域を中心とする地域には、孔列文と口唇部刻目土器、赤色磨研土器、黒曜石石器、人形と動物形の土偶などの遺物を特徴とする文化が存在する」とされています。
 ☞ 本書第2章第10節脚注1参照

　①・②・③より、No. 4 および No. 9 の HLA ハプロタイプを1)仮想「孔列文土器族」に「由来比定」しました。縄文時代晩期以来、朝鮮半島経由で日本列島に来住したと考えられる孔列文土器人の流れを汲む集団は前1000年紀の西日本各地に孔列文土器と畑作農耕（雑穀栽培農耕）を伝え、その多くは濊族に先がけて西日本各地に稲作の伝播普及を担った集団です。三千年の歳月をかけて今日の列島内の頻度分布を現出したと考えられます。

　表12〔日本人の主要 HLA ハプロタイプと保有頻度〕から No. 4・No. 9 と近縁なハプロタイプをさがすと、No. 4 と近縁なハプロタイプとして No.30（［26-BL-52-15-1］）・No.40（［ 2 -BL-52-15-1］）・No.39（［24-BL-52- 8 -1］）・No.43（［24-BL-52-14-1］）が、No.40 と近縁なハプロタイプとして No.31（［ 2 -BL-48-15-1］）があげられます。また、No. 9 と近縁なハプロタイプとしては No.25（［ 2 - 7 - 7 - 1 - 1 ］）があげられます。なお、これら近縁なハプロタイプの韓国人の保有頻度が不明なため、「日韓比率」を算出できないことから、仮説46の適用が困難であり、これら近縁なハプロタイプが1)仮想「孔列文土器族」に「由来比定」されるか否かの判定材料の一つとなる、これら近縁なハプロタイプに係る仮想「先祖集団」の総体としての、朝鮮半島への来住時期の早晩を推定できません。

2）仮想「濊族」

表16　2）仮想「濊族」に「由来比定」したHLAハプロタイプ

<table>
<tr><th colspan="3">2）仮想「濊族」</th><th colspan="2">韓国</th><th colspan="2">日本</th></tr>
<tr><th>主に由来する
仮想「先祖集団」族</th><th>No.</th><th>HLAハプロタイプ
[A-Cw-B-DR-DQ]</th><th>順位</th><th>保有頻度%</th><th>順位</th><th>保有頻度%</th></tr>
<tr><td rowspan="2">仮想「濊族」</td><td>1</td><td>[33-BL-44-13-1]</td><td>1</td><td>4.5</td><td>2</td><td>4.9</td></tr>
<tr><td colspan="6">W11.9：満族にも見られる。</td></tr>
<tr><td colspan="7">　（B44-DR13）の分布について、「このハプロタイプは、とくに北陸地方から秋田にかけて多いことが知られており、また近畿地方や東海地方でも6パーセント以上と多かった。対照的に東北地方の太平洋側や南九州、四国、沖縄では少ない傾向にあった。先に述べたいちばん多いハプロタイプ（B52-DR2）の分布状況と類似しているが、日本海沿岸、とくに北陸地方に分布の中心がある点でいくらか異なっている。日本の周辺地域における分布をみても、先のハプロタイプと同様、中国南部よりは北部に多いハプロタイプであるが、くわしくみてみるとちがいが認められる。じつはこのハプロタイプは韓国人では7パーセントともっとも高頻度でみいだされたタイプであり、また中国東北地方の満族にもかなり高頻度でみられた。にもかかわらず、これまでに調査された中国北部の漢族やモンゴル人ではほとんどみられなかった。」
（徳永勝士「HLA遺伝子群からみた日本人のなりたち」百々幸雄編『モンゴロイドの地球[3]日本人のなりたち』東京大学出版会、1995、205–206ページ）</td></tr>
<tr><td colspan="7">【筆者コメント】
①　韓国人で最も頻度が高く、日本人では二番目に頻度が高いハプロタイプであり、満族にも見られる。
②　同じハプロタイプが上記の民族以外には見当たらないので、比較的早い時期に朝鮮半島に来住した仮想「先祖集団」に由来すると推定される。</td></tr>
</table>

【2）仮想「濊族」とは】

　濊族とは中国の江淮地方（淮河・揚子江流域）を原郷とする淮夷系の半農半漁民に起源し、早くから沿岸航法よる海上交易活動をおこなっていた海人勢力と考えます。

　濊族は主に山東半島から遼東半島を経由して、海路、朝鮮半島に来住したと推定されます。濊族移住の契機が殷周革命以来の周王朝の度重なる淮夷討伐にあったとするならば、この方面への移住が本格的に開始されたのは前1000年紀に入ってからとなります。

　支石墓文化を濊族の文化と考える理由は、遼東から朝鮮半島にかけて広く分布する支石墓の分布域と、文献上で濊族の居住域とされる地域が重なることにあります。濊族は水田稲作文化そして支石墓文化を朝鮮半島の西海岸沿いに南海岸へと運び、前1000年紀の朝鮮半島南部に伝播普及させた勢力と考えます。

　仮想「初来先祖」が属した仮想先祖集団が濊族である仮想「先祖集団」を仮想「濊族

集団」と呼びますが、仮想「濊族集団」を部分集合とする上位集合が仮想「濊族」です。

【２）仮想「濊族」に「由来比定」した理由】

① No.1のハプロタイプは「日韓比率」が1.1と大きいことから、比較的早い時期に朝鮮半島に来住した仮想「先祖集団」によってもたらされたと考えられるが、１）仮想「孔列文土器族」に「由来比定」したNo.4の「日韓比率」3.6やNo.9の同3.0より小さいので、仮説46により、総じて仮想「孔列文土器人集団」より遅れて朝鮮半島に来住した仮想「先祖集団」によってもたらされたと推定される。

② HLA 2-locusハプロタイプ［B44-DR13］の日本列島における分布は、北陸地方から秋田にかけての日本海沿岸部や近畿・東海地方に多く、東北地方の太平洋側や南九州、四国、沖縄では少ない傾向にあり、分布の中心が北陸地方にあることから、北方ルートではなく、朝鮮半島経由で北陸地方から秋田にかけての日本海沿岸部に多く来住し、近畿東海地方へも進出した集団によって拡散したと推定される。

③ No.1は韓国人では最も頻度が高く、日本人では二番目に多いハプロタイプであり、No.1は韓国人・満族に多くみられることから支石墓の分布とも重なり、No.1を主にもたらした仮想「先祖集団」には仮想「濊族集団」がふさわしい。

①～③の理由によりNo.1のHLAハプロタイプを２）仮想「濊族」に「由来比定」しました。

表12〔日本人の主要HLAハプロタイプと保有頻度〕からNo.1と近縁なハプロタイプをさがすと、No.24があげられます。なお、No.24の「日韓比率」が算出できませんので、仮説46の適用が困難であり、No.24が２）仮想「濊族」に「由来比定」されるか否かの判定材料の一つとなる、No.24のハプロタイプを主にもたらした仮想「先祖集団」の総体としての、朝鮮半島への来住時期の早晩を推定できません。

筆者は、濊族を中国の江淮地方（淮河・揚子江流域）を原郷とする淮夷系の半農半漁民に起源すると捉えていますが、徳永勝士氏によると、No.1［A33-CwBL-B44-DR13-DQ1］に係るHLA 2-locusハプロタイプ［B44-DR13］は中国南部よりは北部に多いハプロタイプであり、中国東北地方の満族にかなり高頻度でみられたにもかかわらず、これまでに調査された中国北部の漢族やモンゴル人ではほとんどみられず、日本周辺では韓国人と中国東北地方の満族でのみ多く、中国内でもその他の民族やシベリアあるい

第3章　古代の朝鮮半島の住人

は東南アジアの集団にはみられなかったとあります。すなわち、濊族を中国の江淮地方起源とする本書の立場はHLAハプロタイプの視点からは立証されていません。中国南部・西南部の少数民族のデータを含む十分なデータが得られた段階で、江淮地方起源を立証するに足るだけのNo.1のHLAハプロタイプの分布が確認されない場合、今日の中国大陸の集団にNo.1のHLAハプロタイプが見出せない合理的理由を説明する必要があります。さもなくば、No.1のHLAハプロタイプの「由来比定」された2)仮想「濊族」における濊族の概念および起源地についての仮説の再検討を迫られることになります。

3）仮想「『辰族』」

表17　3）仮想「『辰族』」に「由来比定」したHLAハプロタイプ

主に由来する仮想「先祖集団」族	No.	HLAハプロタイプ [A-Cw-B-DR-DQ]	韓国 順位	韓国 保有頻度%	日本 順位	日本 保有頻度%
仮想「『辰族』」	**10**	[2-11-46-8-1]	10	1.1	4	2.0
		W15.1：[B46-DR8-DQ1] 日本人2.9%、韓国人1.9%				

　（B46-DR8）の分布について、「このハプロタイプは、北九州から山陽、近畿地方にかけて4～6パーセントと多い傾向にあり、沖縄、南九州や太平洋沿岸では2パーセント前後と少ない。日本周辺では韓国人と中国東北地方の満族でのみ多く、中国内でもその他の民族やシベリアあるいは東南アジアの集団にはみられなかった。」
（徳永勝士「HLA遺伝子群からみた日本人のなりたち」百々幸雄編『モンゴロイドの地球[3]日本人のなりたち』東京大学出版会、1995、208ページ）

【3）仮想「『辰族』」とは】

　本節における「辰族」は〔「遼西辰国」以降の辰国の支配階級を構成したと考えられる〕「和族」や「伯族」（貊族）を主要先祖集団とする「天孫族」で、前5世紀～前4世紀頃に始まった「遼東辰国」の朝鮮半島への侵出とその後の南遷にともない来住した集団です。細形銅剣を代表とする青銅器文化を北部九州にもたらした倭人も「辰族」から分かれた「天孫族」の集団です。

　仮想「初来先祖」が属した仮想先祖集団が「辰族」である仮想「先祖集団」を仮想

565

「『辰族』集団」と呼びますが、仮想「『辰族』集団」を部分集合とする上位集合が仮想「『辰族』」です。

【3）仮想「『辰族』」に「由来比定」した理由】

① No.10 のハプロタイプの「日韓比率」(1.8) および下記②・③などを勘案して、No.10 を3）仮想「『辰族』」に「由来比定」した。

No.10 のハプロタイプはその「日韓比率」(1.8) から判断して、もとは「辰族」の主要先祖集団の一つである「和族(にき)」由来の HLA ハプロタイプが主と思われる。なんとなれば、No.10 を「辰族」の主要先祖集団のもう一方である「伯族(はく)」(貊族)由来が主と仮定した場合、「伯族(はく)」(貊族)は高句麗の中核集団でもあるので、韓国人の保有する当該ハプロタイプには、仮想「『辰族』集団」によって日韓双方にもたらされたものに加えて〔日本人にはほとんど加わっていない〕4世紀以降に朝鮮半島へ南下した高句麗によってもたらされた「伯族(はく)」(貊族)由来のものが上乗せされるであろう分、No.10 のハプロタイプの「日韓比率」は 1.0 未満になる（日本人の保有頻度＜韓国人の保有頻度）と予想されるが、表14での日韓比率は 1.8 であり、「伯族(はく)」(貊族)由来が主とする仮定は成立しないからである。

なお、仮想「東夷」に「由来比定」した No.8・No.7 の韓国人の保有頻度は各々 1.3 であり、日本人の保有頻度は各々 0.4・0.3 であることから、No.8・No.7 の日韓比率は各々 0.3・0.2（表14）となり、No.8・No.7 のいずれか（あるいはいずれも）が「伯族(はく)」(貊族)由来のハプロタイプであったとした場合、日本人の No.8・No.7 の保有頻度（各々 0.4・0.3）は「和族(にき)」由来と推定した No.10 の保有頻度 2.0 より小さいことから、「辰族」の主要先祖集団に占める「伯族(はく)」(貊族)の割合は「和族(にき)」より小さかったことになります。

② No.10 の HLA 2-locus ハプロタイプ［B46-DR8］の国内分布において、「北九州から山陽、近畿地方にかけて4〜6パーセントと多い傾向」にあり、「辰族」（倭人）の北部九州上陸と倭人の畿内方面への東遷を想定する本書の立場と矛盾しない。

③ No.10 の HLA 2-locus ハプロタイプ［B46-DR8］の国外分布において、「日本周辺では韓国人と中国東北地方の満族でのみ」多いという事実は、「遼東辰国」の南遷を想定する本書の立場および「逸予台米(いよとめ)」率いる「賁弥辰泟氏(ひみしう)」の旧辰国勢力の北遷と鞨鞨建国を伝える『洲鮮記』の記述（『神頌契丹古伝』第四十章）と矛盾しない。

総じて濊族は「辰族」より先に朝鮮半島に来住したと考えられますが、2）仮想「濊族」に「由来比定」したNo.1の「日韓比率」（1.1）より、3）仮想「『辰族』」に「由来比定」したNo.10の「日韓比率」（1.8）が大きいという逆転減少が生じた理由は、南部朝鮮半島の「辰族」が南部朝鮮半島から日本列島や中国東北部・沿海州方面に大挙移動するという政治的作用が働いたことで、南部朝鮮半島におけるNo.10の保有頻度が非連続的に低下したことが考えられます。

表12〔日本人の主要HLAハプロタイプと保有頻度〕からNo.10と近縁なハプロタイプをさがすと、No.26（[24-11-46-8-1]）があげられます。なお、No.26の韓国人の保有頻度が不明なため、「日韓比率」を算出できないことから、仮説46の適用が困難であり、No.26が3）仮想「『辰族』」に「由来比定」されるか否かの判定材料の一つとなる、No.26のハプロタイプに係る仮想「先祖集団」の総体としての、朝鮮半島への来住時期の早晩を推定できません。

4）仮想「東夷」

表18　4）仮想「東夷」に「由来比定」したHLAハプロタイプ

主に由来する仮想「先祖集団」族	No.	HLAハプロタイプ [A-Cw-B-DR-DQ]	韓国 順位	保有頻度%	日本 順位	保有頻度%
仮想「東夷」	8	[1-6-37-10-1]	8	1.3	31	0.4
	\multicolumn{6}{l	}{W11.9：このハプロタイプは韓国人・オロチョン族・満族において、タイ人・中国系タイ人同様に見受けられた。}
\multicolumn{7}{l	}{【筆者コメント】① ［A1-C6-B37-DR10-DQ1］のHLAハプロタイプが中国東北部の満族、中国系タイ人に存在するので中国経由の仮想「先祖集団」に由来すると推定される。}
仮想「東夷」	7	[24-4-62-4-3]	7	1.3	39	0.3
	\multicolumn{6}{l	}{W15.1：[A24-Cw4-B63-DR4-DQ3] 中国系シンガポール人2.2% [A24-Cw4-B70-DR4-DQ3] 南米インディアン2.0%}

4）仮想「東夷」				韓国		日本	
主に由来する 仮想「先祖集団」族	No.	HLAハプロタイプ [A-Cw-B-DR-DQ] || 順位	保有頻度%	順位	保有頻度%
【筆者コメント】 ① 4-locus［A-Cw- -DR-DQ］のHLAハプロタイプが一致する近縁なハプロタイプが、中国系シンガポール人に存在することから、中国経由の仮想「先祖集団」に由来すると推定される。						

【4）仮想「東夷」とは】

東夷とは、周初にあっては、周の王都からみて東方に位置する河南省を中心に河北・山東・江蘇省方面に居住していた集団です。殷の遺民や『神頌契丹古伝』第二十三章にみえる「伯族」（貊族）・「淮」族・「和」族・「陽」族・「易」族・「徐」族・「潢」族・「宛」族などの旧親殷勢力が主です。

なお、「伯族」（貊族）は「辰族」の主要先祖集団の一つとなり、また高句麗の主要先祖集団の一つともなりました。したがって、主に「伯族」（貊族）由来のHLAハプロタイプが4）仮想「東夷」に「由来比定」されて存在する場合、韓国人においては、前5世紀～前4世紀頃に朝鮮半島に来住した「遼東辰国」の「辰族」によって主にもたらされたものに、主に紀元3世紀以降の朝鮮半島に来住したと推定される、高句麗・百済・新羅の中核勢力である東北アジア系騎馬民族によってもたらされたものが上乗せされていますので、〔日本人より韓国人の保有頻度が高いと推定される〕当該ハプロタイプの「日韓比率」は1.0未満になる（日本人の保有頻度＜韓国人の保有頻度）と予想され、〔日本人にはほとんど見られない〕5）仮想「東北アジア系騎馬民族」に「由来比定」したNo.3の「日韓比率」0.06未満（＜0.06）より高いと予想されます。

仮想「初来先祖」が属した仮想先祖集団が東夷である仮想「先祖集団」を仮想「東夷集団」と呼びますが、仮想「東夷集団」を部分集合とする上位集合が仮想「東夷」です。

なお、仮想「東夷集団」によってもたらされたハプロタイプのうち、「淮」族である仮想「先祖集団」によってもたらされたハプロタイプは2）仮想「濊族」に、「和」族である仮想「先祖集団」によってもたらされたハプロタイプは3）仮想「『辰族』」に「由来比定」されると考えます。

【4）仮想「東夷」に「由来比定」した理由】

① No.8は韓国人と中国系タイ人（華僑）が共有することから、中国発進（経由）の東北アジアと東南アジアに分かれて分布した集団と同系統の仮想「先祖集団」

によってもたらされたと考えられる。

② No. 7［A24-Cw４-B62-DR４-DQ３］と４-locus［A-Cw- -DR-DQ］が一致する近縁なハプロタイプ［A24-Cw４-B63-DR４-DQ３］がシンガポール系中国人に存在することから、No. 7も中国発進（経由）の東北アジアと中国南部に分かれて分布した集団と同系統の仮想「先祖集団」によってもたらされたと考えられる。

③ No. 8・No. 7は「日韓比率」が0.2以上と推定されるので、仮説47より、主に紀元前の朝鮮半島に来住した仮想「先祖集団」によってもたらされたと考えられるが、3）仮想「『辰族』」に「由来比定」したNo.10や2）仮想「濊族」に「由来比定」したNo. 1より「日韓比率」が低いので、総じて「辰族」や濊族より朝鮮半島への来住時期が遅れた集団によって主にもたらされたと考えられる。

①・②・③の条件に合う仮想「先祖集団」の属する「族区分」として、4）仮想「東夷」に「由来比定」しました。

その場合、韓国人と中国系タイ人（華僑）がNo. 8のHLAハプロタイプを共有する理由としては、次の④が考えられます。

④ No. 8を主に保有した集団は殷末周初にあっては河南省を中心に河北・山東・江蘇省方面に居住し、殷周革命（「牧野の戦い」）を経て周の冊封体制からはじき出されたあと、北上東進した集団の流れを汲む集団は中国東北部や朝鮮半島などに多く居住し、今日の韓国人や日本人の先祖となり、南下した集団の流れを汲む集団は中国南部に多く居住し、タイを始めとする東南アジア地域に華僑と称される多数の移住者を出し、今日の中国系タイ人（華僑）の先祖となった。

5）仮想「東北アジア系騎馬民族」

表19　5）仮想「東北アジア系騎馬民族」に「由来比定」したHLAハプロタイプ

主に由来する仮想「先祖集団」族	5）仮想「東北アジア系騎馬民族」		韓国		日本	
	No.	HLAハプロタイプ [A-Cw-B-DR-DQ]	順位	保有頻度%	順位	保有頻度%
仮想「東北アジア系騎馬民族」	<u>3</u>	[30- 6 -13- 7 - 2]	3	3.2		<0.2
	W15.1：[A30-Cw 6 -B13-DR 7 -DQ 2] 満族 5.0%、モンゴル人 4.0% W11.9：満族・内モンゴル人・韓国人・回族に見られるが、日本人やオロチョン族には見られない。北部漢族ではもっとも多いハプロタイプであることが知られている。					
【筆者コメント】 ①　満族（5.0%）に最も高頻度に見いだされる。次いでモンゴル人（4.0%）に多く見出され、内モンゴル人・韓国人にも多い。 ②　日本人には0.2%未満とほとんど見られないので比較的遅い時期に朝鮮半島に来住した仮想「先祖集団」に由来すると推定される。						

【5）仮想「東北アジア系騎馬民族」とは】

　東北アジア系騎馬民族とは、紀元前後の頃に朝鮮半島東南部へ来住した「弁那」（匈奴）の一派や、主に紀元3世紀以降の朝鮮半島に来住したと推定される、高句麗・百済・新羅の中核勢力などです。後の朝鮮民族の形成において主導的な役割を果たしたと考えられます。東北アジア系騎馬民族は単一の種族で構成されるとは限りません。

　仮想「初来先祖」が属した仮想先祖集団が東北アジア系騎馬民族である仮想「先祖集団」を、仮想「東北アジア系騎馬民集団」と呼びますが、仮想「東北アジア系騎馬民集団」を部分集合とする上位集合が仮想「東北アジア系騎馬民族」です。

【5）仮想「東北アジア系騎馬民族」に「由来比定」した理由】

①　No. 3は日本人にはほとんど見られないので、No. 3を主にもたらした仮想「先祖集団」は総じて比較的遅い時期に朝鮮半島に来住したと考えられる。

②　No. 3は今日、満族に最も高頻度に見いだされ、モンゴル・内モンゴル・北部漢族に多く分布することから、5）仮想「東北アジア系騎馬民族」に「由来比定」した。

6）仮想「古代漢族」

表20　6）仮想「古代漢族」に「由来比定」したHLAハプロタイプ

主に由来する仮想「先祖集団」族	No.	HLAハプロタイプ[A-Cw-B-DR-DQ]	韓国 順位	韓国 保有頻度%	日本 順位	日本 保有頻度%
仮想「古代漢族」	5	[33-10-58-13-1]	5	2.1	39	0.3
	W11.9：このハプロタイプは韓国人・満族において観察された。同じハプロタイプが、タイ人・中国系タイ人においても確認された。 W5.17：韓国人1.9%、中国系タイ人1.9%					
【筆者コメント】 ①　このHLAハプロタイプが中国東北部の満族、中国系タイ人、タイ人に存在するので中国経由の仮想「先祖集団」に由来すると推定される。						
仮想「古代漢族」	2	[33-7-44-7-2]	2	3.8		<0.2
	W11.9：このハプロタイプは韓国人・満族において観察された。同じハプロタイプが、タイ人・中国系タイ人においても確認されている。 W15.1：タイ人2.6% W5.17：韓国人3.4%、タイ人2.5%、中国系タイ人2.1%					
【筆者コメント】 ①　同じハプロタイプが中国東北部の満族、中国系タイ人に存在するので中国経由の仮想「先祖集団」に由来すると考えられる。 ②　日本人の保有頻度は0.2%未満と低いことから、比較的遅い時期に朝鮮半島に来住した仮想「先祖集団」に由来すると考えられる。						

【6）仮想「古代漢族」とは】

朝鮮半島に来住した古代漢族とは、辰韓を構成した亡命秦人や、歴渓卿(れきけいけい)に率いられて辰国に移住した集団の例にみられるような衛氏朝鮮を構成した燕や斉からの難民の子孫や、楽浪・帯方郡の漢人・魏人などです。古代漢族は単一の種族で構成されるとは限りません。

仮想「初来先祖」が属した仮想先祖集団が古代漢族である仮想「先祖集団」を仮想「古代漢族集団」と呼びますが、仮想「古代漢族集団」を部分集合とする上位集合が仮想「古代漢族」です。

【6）仮想「古代漢族」に「由来比定」した理由】

①　No.5・No.2は韓国人と中国系タイ人（華僑）が共有することから、中国発進（経由）の東北アジアと中国南部に分かれて分布した集団と同系統の仮想「先祖

集団」によってもたらされたと考えられる。

② No.5は4）仮想「東夷」に「由来比定」したNo.7・No.8と比較して「日韓比率」が少し低い程度なので、東夷に比べ朝鮮半島への進出が少し遅れた、辰韓を構成した亡命秦人や、〔衛氏朝鮮を構成した燕や斉からの難民の子孫で〕歴渓(れきけい)卿(けい)に率いられて朝鮮半島の辰国に移住した衛氏朝鮮からの難民などによって主にもたらされたと考えられる。

③ No.2は4）仮想「東夷」に「由来比定」したNo.7・No.8と比較して「日韓比率」がかなり低いので、総じて東夷に比べ朝鮮半島への進出が遅れた、北部朝鮮半島に来住した楽浪・帯方郡の漢・魏人などの古代漢族によって主にもたらされ、紀元4世紀以降に、楽浪・帯方郡の遺民などによって南部朝鮮半島に拡散したと考えられる。

①・②・③の理由からNo.5・No.2を6）仮想「古代漢族」に「由来比定」しました。

韓国人と中国系タイ人（華僑）さらには中国東北部の満族がNo.5・No.2を共有する理由としては、次の④が考えられます。

④ No.5・No.2を主に保有した古代漢族のうち、衛氏朝鮮を構成した燕や斉からの難民の子孫や、楽浪郡や遼東郡の設置進郡にともない北上・東進した集団の流れを汲む人々は、中国東北部や朝鮮半島に多く居住し、今日の満族や韓国人の先祖となり、後に北方から侵入した異民族が建てた征服王朝の圧迫で南下を余儀なくされた集団の流れを汲み、近代においては福建省・広東省方面に多く居住していた集団は、タイを始めとする東南アジア諸国に華僑と呼ばれる多数の移住者を出し、今日の中国系タイ人（華僑）の先祖となった。呉主恵著『漢民族の研究』（マルジュ社、1989）に拠ると、タイ華僑の八割が潮州人(ちょうしゅう)とされています。潮州人(ちょうしゅう)とは、『百度百科に』拠ると潮汕人(ちょうさん)（英文名：Teochew people）のことであり、古代中原に起源を持ち、中原より福建地域に南下した後、広東省の潮汕(ちょうさん)(Chaoshan)地区（潮州、汕頭、嘉陽の3市の包括名称）に移り住んだ初期漢族の子孫とされています。また、現代の潮汕人(ちょうさん)の多くは漢・晋代の古漢語に近似した潮州方言を母語とするとあります。

7) 仮想「その他集団」族

表21 7) 仮想「その他集団」族に「由来比定」したHLAハプロタイプ

7) 仮想「その他集団」族			韓国		日本	
主に由来する 仮想「先祖集団」族	No.	HLAハプロタイプ ［A-Cw-B-DR-DQ］	順位	保有頻度%	順位	保有頻度%
仮想「その他集団」族	<u>17</u>	［24-BL-61- 9 - 3］	17	0.9	20	0.5
^	<u>13</u>	［26-BL-61- 9 - 3］	13	1.0	20	0.5
^		W15.1：［A 2 -Cw 9 -B61-DR 9 -DQ 3］ 日本人0.3% ［A 2 -Cw10-B61-DR 9 -DQ 3］ 南米インディアン2.3%				
仮想「その他集団」族	<u>11</u>	［ 2 -10-13-12- 7］	10	1.1	10	0.6
^		W15.1：［ABL-Cw10-B13-DR12-DQ 7］ 台湾原住民3.3% ［A 2 -Cw10-B13］日本人0.8%、韓国人1.0%、 満族1.6% 、タイ人1.0% ［B13-DR12-DQ 7］日本人1.2%、韓国人1.9% 満族3.4%、台湾原住民4.1%				

【筆者コメント】
① 5つの遺伝子座のうちA遺伝子座のみが異なるハプロタイプが台湾原住民に3.3%と高頻度に見受けられるので、中国経由の仮想「先祖集団」に由来すると思われる。
② 同じハプロタイプが日本列島以外の朝鮮半島周辺に高頻度に見当たらないので、比較的早い時期に朝鮮半島に来住した仮想「先祖集団」に由来すると推定される。

仮想「その他集団」族	<u>12</u>	［ 2 - 1 -54- 4 - 4］	10	1.1	20	0.5
^		W15.1：［A 2 -Cw 1 -B54］日本人0.9%、韓国人3.2%				

【筆者コメント】
① 同じハプロタイプが日本列島以外の朝鮮半島周辺に高頻度に見当たらないので、比較的早い時期に朝鮮半島に来住した仮想「先祖集団」に由来すると推定される。

仮想「その他集団」族	<u>18</u>	［ 2 - 9 -48-14- 1］	17	0.9		<0.2

【筆者コメント】
① 日本人にはほとんど存在しないので比較的遅い時期に朝鮮半島に来住した仮想「先祖集団」に由来すると推定される。

仮想「その他集団」族	<u>14</u>	［24-BL-51-15- 1］	13	1.0		<0.2

【筆者コメント】
① 1) 仮想「孔列文土器族」に「由来比定」した［A24-CwBL-B52-DR15-DQ 1］と4 -locus［A-Cw--DR-DQ］で一致するが、「日韓比率」が低いので孔列文土器人ではない。モンゴル経由で、比較的遅い時期に朝鮮半島に来住した仮想「先祖集団」に由来すると推定される。

主に由来する 仮想「先祖集団」族	7）仮想「その他集団」族			韓国		日本	
	No.	HLAハプロタイプ [A-Cw-B-DR-DQ]	順位	保有頻度%	順位	保有頻度%
仮想「その他集団」族	<u>15</u>	［2 -1 -54- 4 -BL］	13	1.0		<0.2
	W15.1：［A 2 -Cw 1 -B54］日本人 0.9%、韓国人 3.2%					
【筆者コメント】 ① No.12 ［2 -1 -54- 4 - 4］と 4-locus ［A-Cw-B-DR-　］で一致する。						
仮想「その他集団」族	<u>16</u>	［11-BL-62-14- 1］	13	1.0		<0.2
	W15.1：［A11-CwBL-B62］モンゴル人 2.2%、満族 1.6%、北部漢族 1.8%、南部漢族 2.8%、チワン（buyi）族 2.2%、ベトナム人 2.4%、ジャワ人 8.9%					
【筆者コメント】 ① 日本人にはほとんど存在しないので比較的遅い時期に朝鮮半島に来住した仮想「先祖集団」に由来すると推定される。						
仮想「その他集団」族	<u>6</u>	［2 -1 -27- 1 - 1］	6	1.6		<0.2
	W15.1：［B27-DR　1-DQ　1］バスク人 6.3%、フランス人 1.0%、ドイツ人 1.1%、ポルトガル人 2.4%、ウラル人 2.1%、カナダ人 2.3%、スペイン人 1.3%、オーストラリア人 2.5%、USA（白人）1.7%、カナダ人 2.3%、日本人＜ 0.2%、韓国人 2.3%					

【7）仮想「その他集団」族とは】

　仮想「その他集団」とは、櫛文土器時代以前の朝鮮半島や縄文時代以前の日本列島に来住して櫛文土器人や縄文人になった仮想「先祖集団」ほか、紀元後に来住した無名の仮想「先祖集団」を含む、数万年に亘って断続的に、各方面から小集団で朝鮮半島や日本列島に来住した、1）〜6）の仮想「先祖集団」族の「族区分」のいずれにも振り分けられない仮想「先祖集団」のすべてです。仮想「その他集団」を部分集合とする上位集合が仮想「その他集団」族です。仮想「その他集団」族は来住時期を異にする多様な仮想「先祖集団」の含まれる仮想「先祖集団」族であると考えられることから、7）仮想「その他集団」族に「由来比定」されたHLAハプロタイプの「日韓比率」は各々のHLAハプロタイプによって大きく異なることが予想されます。

【7）仮想「その他集団」族に「由来比定」した理由】

　1）仮想「孔列文土器族」・2）仮想「濊族」・3）仮想「『辰族』」・4）仮想「東夷」・5）仮想「東北アジア系騎馬民族」・6）仮想「古代漢族」の1）〜6）の仮想「先祖集団」族の「族区分」のいずれにも「由来比定」できなかった No.17・No.13・No.11・

No.12・No.18・No.14・No.15・No.16・No. 6のHLAハプロタイプを7）仮想「その他集団」族に「由来比定」しました。

8　前1世紀頃の南部朝鮮半島および日本列島に跨（また）がって居住していた有力集団

　次に、表14でNo.に網掛けをした、「(2)　主に紀元後の朝鮮半島に来住した仮想『先祖集団』に由来する『延べHLAハプロタイプ』に係ると考えられる日韓の主要HLAハプロタイプ」（No. 5・No. 2・No. 3・No.18・No.14・No.15・No.16・No. 6）を除いた、「(1)　主に紀元前の朝鮮半島に来住した仮想『先祖集団』に由来する『延べHLAハプロタイプ』に係ると考えられる日韓の主要HLAハプロタイプ」（No. 4・No. 9・No. 1・No.10・No. 8・No. 7・No.17・No.13・No.11・No.12）を1）～4）・7）の「族区分」毎に名寄せして、日本人の保有頻度計の大きい順に並べたものが、表22〔主に紀元前の朝鮮半島に来住した仮想「先祖集団」に由来する「延べHLAハプロタイプ」に係ると考えられる日韓の主要HLAハプロタイプ〕です。仮想「『その他集団』」族は異系統のいくつかの仮想「先祖集団」の集合と考えられますので、7）仮想「その他集団」族に「由来比定」したハプロタイプは後段に配置しました。

　なお、6）仮想「古代漢族」に「由来比定」したNo. 5（「日韓比率」0.14以上）が、辰韓を構成した亡命秦人あるいは前2世紀末頃に歴渓卿（れきけいけい）に率いられて辰国に移住した衛氏朝鮮からの難民によって主にもたらされたハプロタイプの場合は、主に紀元前の朝鮮半島に来住した仮想「先祖集団」によってもたらされたHLAハプロタイプとなり、仮説47の数値基準（「日韓比率」0.2以上）からは外（はず）れることになりますが、表22の掲出対象となります。

表22　主に紀元前の朝鮮半島に来住した仮想「先祖集団」に由来する
「延べHLAハプロタイプ」に係ると考えられる日韓の主要HLAハプロタイプ

No.	主に由来する仮想「先祖集団」族	HLAハプロタイプ [A-Cw-B-DR-DQ]	韓国 n=235 保有頻度順位	韓国 n=235 保有頻度%	日本 n=893 保有頻度順位	日本 n=893 保有頻度%	日韓比率
(1) 主に紀元前の朝鮮半島に来住した仮想「先祖集団」に由来する「延べHLAハプロタイプ」に係ると考えられる日韓の主要HLAハプロタイプ							≧0.2
4	仮想「孔列文土器族」	[24-BL-52-15-1]	4	2.3	1	8.3	3.6
9	仮想「孔列文土器族」	[24-7-7-1-1]	9	1.2	3	3.6	3.0
	計			3.5		11.9	
1	仮想「濊族」	[33-BL-44-13-1]	1	4.5	2	4.9	1.1
	計			4.5		4.9	
10	仮想「『辰族』」	[2-11-46-8-1]	10	1.1	4	2.0	1.8
	計			1.1		2.0	
8	仮想「東夷」	[1-6-37-10-1]	8	1.3	31	0.4	0.3
7	仮想「東夷」	[24-4-62-4-3]	7	1.3	39	0.3	0.2
	計			2.6		0.7	
17	仮想族「その他集団」族	[24-BL-61-9-3]	17	0.9	20	0.5	0.6
13	仮想族「その他集団」族	[26-BL-61-9-3]	13	1.0	20	0.5	0.5
11	仮想族「その他集団」族	[2-10-13-12-7]	10	1.1	10	0.6	0.5
12	仮想族「その他集団」族	[2-1-54-4-4]	10	1.1	20	0.5	0.5
	計			4.1		2.1	

＊　保有頻度はいずれも今日の頻度であり、前1世紀頃の頻度ではありませんのでご留意下さい（参考値）。

　表22から読み取れるように、HLAハプロタイプの視点からみた、前1世紀頃の南部朝鮮半島に居住していたと推定される有力居住集団は、孔列文土器人〔の流れを汲む集団〕（No.4・No.9：韓国人の保有頻度計3.5%）、濊族（No.1：韓国人の保有頻度4.5%）、「辰族」および「辰族」から分かれた倭人（No.10：韓国人の保有頻度1.1%）、東夷〔の流れを汲む集団〕（No.8・No.7：韓国人の保有頻度計2.6%）であっ

たと推定されます。（ ）書き内のハプロタイプNo.はそれぞれの集団が主に保有したと推定される日韓の主要HLAハプロタイプです（以下同じ）。

また、前1世紀頃の日本列島に居住していたと推定される有力居住集団は、孔列文土器人〔の流れを汲む集団〕（No. 4・No. 9：日本人の保有頻度計11.9%）、濊族（No. 1：日本人の保有頻度4.9%）、「辰族」から分かれた倭人（No.10：日本人の保有頻度2.0%）であったと推定されます。

7）仮想「その他集団」族は表22に載っていないハプロタイプを含めると、〔小頻度ながら〕もっとも多数のHLAハプロタイプの「由来比定」される「族区分」と考えられます。

表14において「(1) 主に紀元前の朝鮮半島に来住した仮想『先祖集団』に由来する『延べHLAハプロタイプ』に係ると考えられる日韓の主要HLAハプロタイプ」の線引きの値とした、仮説47の「『日韓比率』が0.2以上」の数値条件を多少変えて線を上下させても、No. 4・No. 9・No. 1・No.10を保有していた集団が前1世紀頃の南部朝鮮半島および日本列島の有力居住集団であったという結論に変更はありません。表22で示したように、筆者はNo. 4・No. 9を1）仮想「孔列文土器族」に、No. 1を2）仮想「濊族」に、No.10を3）仮想「『辰族』」に「由来比定」しました。この「由来比定」が妥当であるならば、孔列文土器人〔の流れを汲む集団〕および濊族および「辰族」および倭人は前1世紀頃の南部朝鮮半島（朝鮮半島南半部）および日本列島の主要な住人であったことになります。

留意すべきは、前1世紀頃、孔列文土器人〔の流れを汲む集団〕（No. 4・No. 9：韓国人の保有頻度計3.5%・日本人の保有頻度計11.9%）、濊族（No. 1：韓国人の保有頻度4.5%・日本人の保有頻度4.9%）、「辰族」および「辰族」から分かれた倭人（No.10：韓国人の保有頻度1.1%・日本人の保有頻度2.0%）、東夷〔の流れを汲む集団〕（No.8・No. 7：韓国人の保有頻度計2.6%・日本人の保有頻度計0.7%）は南部朝鮮半島および日本列島とりわけ北部九州・山陰地方を中心とする西日本に跨がって存在していたであろうということです。すなわち、孔列文土器人〔の流れを汲む集団〕および濊族および「辰族」および倭人は前1世紀頃の南部朝鮮半島（朝鮮半島南半部）および日本列島に跨がって居住していた有力集団であり、前1世紀頃以前の朝鮮半島南部および北部九州・山陰地方は、同地に居住する人々にとっては日本海を挟んで一域であったことになります。

2）仮想「濊族」に「由来比定」したNo. 1のハプロタイプの今日の韓国人の保有

頻度は 4.5% 前後ですが、東北アジア系騎馬民族や古代漢族が南部朝鮮半島に南下していない前 1 世紀頃の南部朝鮮半島の居住集団全体に占める No. 1 の頻度（割合）は、東北アジア系騎馬民族や古代漢族が加わっていない分、相対的に分母が小さくなると考えられることから、表 22 に示された今日の韓国人の保有頻度より高かったと思われます。また、2）仮想「濊族」に「由来比定」したハプロタイプ以外にも、濊族によって主にもたらされた頻度の小さいハプロタイプがあるはずです。さらに、東北アジア系騎馬民族が南部朝鮮半島に南下を開始して以降の濊族の日本列島への移住による減少もあったと考えられます。それらを考慮すると、前 1 世紀頃の南部朝鮮半島の住民の人口に占める濊族の割合は 10% 程度はあったのではないかと思われます。

　また、主に朝鮮半島経由で日本列島に入った先祖集団によって増殖拡散したと思われる HLA ハプロタイプの古代における分布は今日に比べ西日本に偏っていたと考えられることから、前 1 世紀頃の西日本、特に北部九州・山陰地方における No. 1 の頻度は、表 22 に示された今日の日本人の保有頻度（地域差を無視した対象集団のサンプルの保有頻度）より大きかったと考えられます。したがって、前 1 世紀頃の北部九州・山陰地方の住民の人口に占める濊族の割合も 10% 程度はあったと推定されます。前 1 世紀頃の南部朝鮮半島および北部九州・山陰地方において人口比で 10% 程度と推定される濊族であっても、移住当初から他の先住集団に比べ組織力や食料生産力に優り、同地において支配的な集団であったと解されます。南部朝鮮半島の濊族は、辰王支配下にあっても、多くの集落において主要構成員であったと思われます。

　なお、松本秀雄氏の研究になる Gm 型（血清中に含まれる抗体である免疫グロブリンの一つであるガンマー・グロブリンのもつ遺伝子型）の頻度分布からみると、中国南部起源の遺伝子の保有割合の指標となる afb¹b³型の日本人の平均保有頻度はおよそ 10% であり、韓国人のそれはおよそ 15%[2] です。濊族や「辰族」（倭人）や東夷の Gm 型頻度分布は主に中国南部起源の afb¹b³型で構成されていたと考えられます。

9　表 22 において「日韓比率」が 0.2 以上であるための、仮想「先祖集団」の来住ルートに係る限界保有頻度

　表 22〔主に紀元前の朝鮮半島に来住した仮想「先祖集団」に由来する「延べ HLA ハプロタイプ」に係ると考えられる日韓の主要 HLA ハプロタイプ〕は、表 14〔②のルー

第3章　古代の朝鮮半島の住人

トで来住した仮想「先祖集団」に主に由来する「延べHLAハプロタイプ」に係ると考えられる、表13の韓国人の保有頻度が0.9％以上のHLAハプロタイプとそれらHLAハプロタイプの「延べハプロタイプ」の「主に由来する仮想『先祖集団』族」の中の、「(1)　主に紀元前の朝鮮半島に来住した仮想『先祖集団』に由来する『延べHLAハプロタイプ』に係ると考えられる日韓の主要HLAハプロタイプ」を、1)～4)・7)の「族区分」毎に名寄せして、日本人の保有頻度計の大きい順に並べたものです。

　表14の(1)の「主に紀元前の朝鮮半島に来住した」という時期区分に用いた判定基準は、「日韓比率」が0.2以上という数値設定でした。ところで、表14の「②のルートで来住した仮想『先祖集団』に主に由来する」とは、「②のルートで来住した仮想『先祖集団』〔に属する仮想『初来先祖』〕に主に由来する〔と考えられるが、①または③のルートで来住した仮想『先祖集団』に属する仮想『初来先祖』に由来する『延べHLAハプロタイプ』も存在するであろう〕」ということです。そこで、表14の(1)に分類された各々のHLAハプロタイプの「延べHLAハプロタイプ」のうち、②のルートで来住した仮想「先祖集団」に由来する「延べHLAハプロタイプ」以外に、①または③のルートで来住した仮想「先祖集団」に由来する「延べHLAハプロタイプ」が存在するとして、①または③のルートで来住した仮想「先祖集団」に由来する「延べHLAハプロタイプ」による〔仮説46の〕「日韓比率」を高める方向への作用を排除してもなお、「日韓比率」が0.2以上の値をとるための、①または③のルートで来住した仮想「先祖集団」に由来する「延べHLAハプロタイプ」の〔日本人の保有頻度から〕除外可能な限界割合について考えたいと思います。

　仮説46により、〔表13のHLAハプロタイプに該当する〕表14の(1)に分類された表22のHLAハプロタイプの各々について、当該HLAハプロタイプの「延べHLAハプロタイプ」の中に、①または③のルートで来住した仮想「先祖集団」に由来する「延べHLAハプロタイプ」が存在する場合、当該HLAハプロタイプの「日韓比率」を高める方向へ作用しますので、表22のHLAハプロタイプの各々について、各々のHLAハプロタイプの「延べHLAハプロタイプ」の中に①または③のルートで来住した仮想「先祖集団」に由来する「延べHLAハプロタイプ」が存在するとして、各々の「延べHLAハプロタイプ」に占める①または③のルートで来住したと仮定した仮想「先祖集団」に由来する「延べHLAハプロタイプ」を〔日本人の保有頻度から〕除外して算出した各々のHLAハプロタイプの「修正『日韓比率』」が0.2の値をとるときの、〔日本人の保有頻度から〕除外した「延べHLAハプロタイプ」の保有頻度Cと割合（C

下段）を示したものが表23〔表22において「日韓比率」が0.2以上であるための、来住ルートに係る限界保有頻度〕です。

　①または③のルートで来住したと仮定した仮想「先祖集団」に由来する「延べHLAハプロタイプ」の〔日本人の保有頻度から〕除外可能な限界割合がもっとも低いNo. 7（4）仮想「東夷」に「由来比定」）の場合でも、①・③ルートで来住した仮想「先祖集団」に由来する「延べHLAハプロタイプ」の割合（C下段）が13%以下〔または②ルートで来住した仮想「先祖集団」に由来する「延べHLAハプロタイプ」の割合（D下段）が87%以上〕であれば「修正『日韓比率』」が0.2以上となり、「(1) 主に紀元前の朝鮮半島に来住した仮想『先祖集団』に由来する『延べHLAハプロタイプ』に係ると考えられる日韓の主要HLAハプロタイプ」に該当します。

　限界割合が2番目に低いNo. 8（同じく4）仮想「東夷」に「由来比定」）の場合は、①・③ルートで来住した仮想「先祖集団」に由来する「延べHLAハプロタイプ」の割合（C下段）が35%以下〔または②ルートで来住した仮想「先祖集団」に由来する「延べHLAハプロタイプ」の割合（D下段）が65%以上〕であれば該当します。

　表22で示したHLAハプロタイプは②のルートで来住した仮想「先祖集団」に主に由来するとみられることから、①・③ルートで来住した仮想「先祖集団」由来分の「延べHLAハプロタイプ」の割合は、①または③のルートで来住したと仮定した仮想「先祖集団」由来分の「延べHLAハプロタイプ」の〔日本人の保有頻度から除外可能な〕限界割合（C下段）以下の範囲に十分納まっていると考えられます。換言すれば、②のルートで来住した仮想「先祖集団」由来分の「延べHLAハプロタイプ」の割合は（D下段）以上の範囲に十分納まっていると考えられます。

　また、表22で示したHLAハプロタイプは②のルートで来往した仮想「先祖集団」に主に由来するとみられることから、表22で示したHLAハプロタイプの各々に①・③ルートで来住した仮想「先祖集団」由来分の「延べHLAハプロタイプ」が存在する場合、それらを除外したとしても、各々のHLAハプロタイプの「日韓比率」を大きく変動させることはないと考えます。

第3章　古代の朝鮮半島の住人

表23　表22において「日韓比率」が0.2以上であるための、
　　　来住ルートに係る限界保有頻度

No.	主に由来する仮想「先祖集団」族	韓国 n=235 順位	韓国 n=235 保有頻度%	日本 n=893 順位	日本 n=893 保有頻度%	日韓比率	日本列島への来住ルート ①・③ 限界保有頻度 下段：限界割合	日本列島への来住ルート ② 限界保有頻度 下段：限界割合	修正日韓比率
		A		B		B/A	C	D	D/A
							C + D = B		
4	仮想「孔列文土器族」	4	2.3	1	8.3	3.6	7.84	0.5	0.2
							94%	6%	
9	仮想「孔列文土器族」	9	1.2	3	3.6	3.0	3.36	0.24	0.2
							93%	7%	
1	仮想「濊族」	1	4.5	2	4.9	1.1	4.00	0.90	0.2
							82%	18%	
10	仮想「『辰族』」	10	1.1	4	2.0	1.8	1.78	0.22	0.2
							89%	11%	
8	仮想「東夷」	8	1.3	31	0.4	0.3	0.14	0.26	0.2
							35%	65%	
7	仮想「東夷」	7	1.3	39	0.3	0.2	0.04	0.26	0.2
							13%	87%	
17	仮想「その他集団」族	17	0.9	20	0.5	0.6	0.32	0.18	0.2
							64%	36%	
13	仮想「その他集団」族	13	1.0	20	0.5	0.5	0.30	0.20	0.2
							60%	40%	
11	仮想「その他集団」族	10	1.1	10	0.6	0.5	0.38	0.22	0.2
							63%	37%	
12	仮想「その他集団」族	10	1.1	20	0.5	0.5	0.28	0.22	0.2
							56%	44%	

10　南米インディアンやイヌイットの一部HLAハプロタイプと近縁な日本人のHLAハプロタイプ

日本人は、今日互いに遠くはなれた地域に住む民族ともHLAハプロタイプを共有しています。参考までに南米インディアンやイヌイットの一部ハプロタイプと近縁な、日本人のHLAハプロタイプを表24・表25で表示しました。

1）南米インディアンの一部HLAハプロタイプと近縁な日本人の一部HLAハプロタイプ

表24　南米インディアンの一部HLAハプロタイプと近縁な日本人の一部HLAハプロタイプ

・原データのサンプル数は南米インディアン65人、日本人893人です。

主に由来する仮想「先祖集団」族	No.	HLAハプロタイプ [A-Cw-B-DR-DQ]	南米インディアン n=65 順位	保有頻度 %	日本人 n=893 順位	保有頻度 %
仮想「その他集団」族？		[2 - 7 -39- 4 - 3]		2.4		<0.2
	36	[2 - 7 -39- 9 - 3]	<2.0		39	0.3
仮想「その他集団」族？	32	[24- 9 -35- 4 -BL]	<2.0		39	0.3
		[24- 1 -35- 4 -BL]		4.5		<0.2
	42	[24- 1 -55- 4 -BL]	<2.0		76	0.2
	27	[24- 1 -54- 4 -BL]	<2.0		20	0.5
仮想「その他集団」族？	28	[2 -BL-61- 9 - 3]	<2.0		20	0.5
	35	[2 - 9 -61- 9 - 3]	<2.0		39	0.3
	37	[2 -10-61- 9 - 3]		2.3	39	0.3

（引用文献中のW15.1より作成）

・南米インディアンの頻度（<2.0%）は０％以上2.0%未満の範囲にあることを意味します。
・当該HLAハプロタイプの韓国人の頻度データが手元にないので、「日韓比率」を算出できず、仮説47・仮説48を適用できませんが、縄文時代以前の日本列島に来住し、縄文人になった仮想「先祖集団」由来のハプロタイプの可能性が高いと考えられますので、仮想「その他集団」族？と「？」を付しました。表25においても同様です。

2）イヌイットの一部HLAハプロタイプと近縁な日本人の一部HLAハプロタイプ

表25　イヌイットの一部HLAハプロタイプと近縁な日本人の一部HLAハプロタイプ

・原データのサンプル数はイヌイット144人、日本人893人です。

主に由来する仮想「先祖集団」族	No.	HLAハプロタイプ [A-Cw-B-DR-DQ]	イヌイット n=144 順位	イヌイット n=144 保有頻度%	日本人 n=893 順位	日本人 n=893 保有頻度%
仮想「その他集団」族？		[24- 9 -62- 4 - 7]		4.8		<0.2
	38	[24- 9 -62- 4 - 4]		<1.4	39	0.3
仮想「その他集団」族？	44	[24-BL-48- 4 - 4]		<1.4	76	0.2
		[24-BL-48- 4 - 7]		9.4		<0.2
仮想「その他集団」族？		[24-BL-61-14- 7]		3.0		<0.2
	29	[24-BL-61-12- 7]		<1.4	20	0.5
仮想「その他集団」族？	45	[24-BL-51-j25- 7]		<1.4	76	0.2
	34	[24-BL-51-11- 7]		1.4	39	0.3
		[24-10-51-11- 7]		2.2		<0.2
	33	[24-10-60-11- 7]		<1.4	39	0.3
仮想「その他集団」族？		[24-10-61-BL- 1]		1.7		<0.2
	41	[24-10-61-14- 1]		<1.4	76	0.2

（引用文献中のW15.1より作成）

＊　イヌイットの頻度（<1.4%）は0％以上1.4%未満の範囲にあることを意味します。

11　日本人と韓国人の成り立ち

大まかに言うと、日本人の保有する主要HLAハプロタイプを主にもたらした古代集団は〔孔列文土器人や濊族を除く〕縄文人や朝鮮半島経由で主にやって来た櫛文土器人

や孔列文土器人や濊族や「辰族」(倭人)であり、縄文人は縄文時代の日本列島に居住していた人々で、数万年に亘って断続的に、各方面から小集団で日本列島に来住した人々やその子孫であり、遺伝的に多様な集団であったといえます。

　韓国人の保有する主要HLAハプロタイプを主にもたらした古代集団は朝鮮半島の先住民である櫛文土器人や孔列文土器人や濊族や東夷ならびに後来の古代漢族(北部朝鮮半島の楽浪・帯方郡の遺民など)や東北アジア系騎馬民族(「弁那」(匈奴)の一派や、高句麗・百済・新羅の中核勢力など)であると考えられます。この包含関係を図示すると図14のようになります。

［図14　韓国人および日本人の保有する主要HLAハプロタイプを
　　　　主にもたらした古代集団］

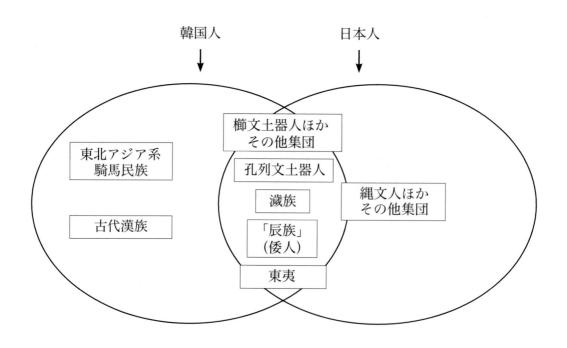

　なお、小山修三氏に拠ると(小山修三講演「人口から見た日本民族」埴原和郎編『日本人新起源論』角川選書、1993、160-182ページ)、縄文時代の日本列島の人口が最大になるのは縄文中期の約26万人と推計され、縄文晩期には7～8万人にまで減少するとされています。

　先に、孔列文土器人の一部は「漁民の交流」ルートにのって日本列島への移住を開始し、前1000年紀の西日本各地に孔列文土器と陸稲・アワ・ヒエなどの畑作農耕(雑穀栽培農耕)をもたらし、さらに濊族に先がけ西日本各地に稲作文化を伝播普及させたと

考えました。数世紀遅れて濊族の日本列島への移住が本格化します。濊族は卓越した航海能力を活かして、列島の各地にいくつもの邑（集落）を作り、半農半漁の生活を営みながら水田稲作を展開したと考えられます。日本列島の人口が縄文晩期には7〜8万人にまで落ち込んでいたことや、日本列島の在来系集団の人口増加率に対する孔列文土器人や濊族の人口増加率の相対的な高さを考慮すると、孔列文土器人や濊族の日本列島への移住者数は年間に数人〜十数人程度、前1000年紀〔の1000年間〕を通して各々数千人程度の移住者総数で、1）仮想「孔列文土器族」や2）仮想「濊族」に「由来比定」したHLAハプロタイプの今日の日本人における保有頻度を十分実現できると筆者は考えています。

　なお、1）仮想「孔列文土器族」や2）仮想「濊族」に「由来比定」したHLAハプロタイプの今日の日本人における保有頻度を実現するのに必要な移住者総数は、〔総じて孔列文土器人や濊族の人口増加率が在来系集団に比べて高いという前提で〕移住者の前1000年紀における移住時期が前倒しされるほど少なくて済みます。

[1] 表の作成にあたっての引用データは『HLA 1991 Proceedings of the Eleventh International Histocompatibility Workshop and Conference. volume 1』(Edited by Kimiyoshi Tsuji, Miki Aizawa, and Takehiko Sasazuki; OXFORD SCIENCE PUBLICATIONS; Oxford University Press. 1992) に拠りました

W5.17：

「W5.17 HLA ethnic study of Japanese and Koreans」MYOUNG HEE PARK, TAKEO JUJI, and KATSUSHI TOKUNAGA.

In：Tsuji, K., et al. (eds.), HLA 1991 vol. 1, Oxford University Press, pp.674–676.

W11.9：

「W11.9 Complement polymorphism in North-east Asian populations」

HIDENORI TANAKA, KOICHI SUZUKI, JIE WON MOK, MYOUNG HEE PARK, JIABIN AN.

YIPING SUN, and KATSUSHI TOKUNAGA.

In：Tsuji, K., et al. (eds.), HLA 1991 vol. 1, Oxford University Press, pp.974–976.

W11.10：

「W11.10 Complement polymorphism in South-east Asian populations」

D. CHANDANAYINGYONG, H. TANAKA, H. NISHIMUKAI, S. PATTANAKITSUKUL, R. VONGRATHNA, and R. L. DAWKINS.

In：Tsuji, K., et al. (eds.), HLA 1991 vol. 1, Oxford University Press, pp.977–978.

W15.1：

「W15.1 Allele and haplotype frequencies for HLA and complement loci in various ethnic groups」

TADASHI IMANISHI, TATSUYA AKAZA, AKINORI KIMURA, KATSUSHI TOKUNAGA, and TAKASHI GOJOBORI.

In：Tsuji, K., et al. (eds.), HLA 1991 vol. 1, Oxford University Press, pp.1065–1165.

[2] afb^{1}b^{3}型の日本人の保有頻度はおよそ10％であり、韓国人のそれはおよそ15％

「表4　蒙古系及び周辺の民族集団における Gm 遺伝子の頻度」

(松本秀雄『日本人は何処から来たか』日本放送出版協会、1992、86ページ)

第3節　上代日本語と古代朝鮮語との関係について

1　古韓で話されていた諸語

　古韓語とは「古韓の語」すなわち「古韓で話されていた言葉」という意味ですが、浜名は『魏志』韓伝等の記述の中に垣間見える非漢語(辰王に対する優呼「臣雲遣支報、安邪踧支濆臣離児不例、拘邪秦支廉」や「臣智」・「邑借」・「州胡」などの語)を古韓語とみています。本書第2章第10節第1項6)でふれたように、南部朝鮮半島の馬韓を中心に、主に辰国の支配階級である「辰族(辰汦固朗)」によって使用されていた言葉と解されます。古韓語は「遼東辰国」の「辰族(辰汦固朗)」の話す言葉すなわち「遼東辰国」時代の辰語を母体に、先住勢力である濊族や孔列文土器人〔の流れを汲む集団〕その他の言葉を取り込みながら、辰国の支配階級を構成した「辰族(辰汦固朗)」によって南部朝鮮半島において形成された言葉といえます。古韓語形成の開始時期は「遼東辰国」が南部朝鮮半島に侵出したと考えられる前5世紀〜前4世紀頃となります。

　しかしながら、辰国支配下にあった南部朝鮮半島においても古韓語は使われていた唯一の言葉ではありませんでした。領民の多くを占める、中国の江淮地方(淮河・揚子江流域)を原郷とする淮夷系の半農半漁民に起源する海人勢力で、前1千年紀の朝鮮半島において支石墓文化と稲作農耕文化を展開したと考えられる濊族や、濊族から水田稲作を学んだ孔列文土器人〔の流れを汲む集団〕その他の先住民はそれぞれの言葉を話していたと考えられるからです。

　前195年頃には満に滅ぼされた「辰汦殿」王(準王)の勢力や随行した秦氏の一党も南部朝鮮半島の辰国に移住してきました。かれらは移住後もそれぞれの言葉を話していたと思われます。〔燕や斉からの難民の子孫である〕歴谿卿の率いた一団の子孫と思しき廉斯の鑡は、漢人戸来の言葉を理解でき、楽浪郡の通訳を務めることができました。

　北部朝鮮半島では濊族の言葉が広く話されていたと考えられますが、前2世紀末に遼河平野に漢の楽浪郡が置かれた際には衛氏朝鮮の難民が流入し、前1世紀以降は楽浪郡や帯方郡の半島進出に伴い、大同江流域を中心に漢や魏の勢力も来住しましたので、それらの地域では古代漢族系の言葉も話されたことでありましょう。

2　古韓語は上代日本語の母体となった

　弥生中期初頭に時の辰王家であった「安晁辰氾氏（あめしょう）」の分派である「辰族」（倭人）は南部朝鮮半島から北部九州に侵出し、「安晁辰氾氏（あめしょう）」出身の王は「大皇（おおきみ）」を号し、姓を「阿毎氏（あめ）」とし、漢は「東委（とうい）」（東夷）である「阿毎氏（あめ）」の勢力を「倭」と表記呼称したと考えました。南部朝鮮半島から北部九州に侵出し、新たな支配者となった阿毎氏（あめ）の倭の王が率いる倭人の話す言葉は古韓語でした。

　「賁弥辰氾氏（ひみしょう）」に辰王位を譲った「安晁辰氾氏（あめしょう）」は、北部九州の分家筋に当たる倭と合体し、「辰氾（しょう）」の称号をはずして「阿毎氏（あめ）」を称しました。前2世紀頃から「安晁辰氾氏（あめし ょう）」（阿毎氏（あめ））の勢力である「辰族」（倭人）を日本列島に迎えることで、日本民族の形成要素がほぼ出揃い、民族形成の最終段階に入ります。

　阿毎氏（あめ）の倭の分派は畿内方面に東進しました。上代日本語とは、奈良時代およびそれ以前の日本の畿内を中心に、主に支配階級（貴族階級）によって使われていた日本語のことですが、阿毎氏（あめ）の倭の東進勢力である「天孫族」によって話されていた古韓語を母体とする言葉であり、辰国の支配階級である「辰族（辰氾固朗（しうから））」によって使用されていた古韓語を最も色濃く残す言葉であると推察されます。

　浜名は「古頌之三」についての解説の中で、西川權氏による辰王の「優呼」の解読法に則して「古頌之三」を訓訳できることから、「古頌之三」に「我が古言（こげん）」：「我が国の古い言葉」と通ずる言葉があることを指摘しています。浜名のいう「我が古言」とは、万葉仮名（まんようがな）を用いて綴（つづ）られた『万葉集』の文章や、『古事記』・『日本書紀』に散見する非漢語から窺い知ることができる上代日本語のことと解されます。「古頌」の発見された遼河平野西方の医巫閭山（いふろ）と日本とは遠く隔たっているにもかかわらず、そのような一致が見いだされるのはどうしてでしょうか。筆者は次のように考えます。

　「古頌之三」は「古頌」を刻んだ石碑を建立（こんりゅう）したと推定される「遼東辰国」の「辰族（辰氾固朗（しうから））」の話す言葉すなわち「遼東辰国」時代の辰語で綴られていると考えられます。「遼東辰国」時代の辰語は古韓語の母体となった言葉です。他方、上代日本語は「遼東辰国」時代の辰語のいわば亜型である古韓語を母体に日本の畿内を中心に形成された言葉ですから、上代日本語と「遼東辰国」時代の辰語とは古韓語を介して繋がることになります。これが「遼東辰国」時代の辰語と推定される「古頌之三」の言葉と古韓語を母体とする上代日本語とが通ずる、すなわち「古頌之三」を上代日本語で解読できる理由ではないでしょうか。

新村出博士の研究で知られた、日本語の数詞と通ずる高句麗語とされる数詞「3、5、7、10、み、いっ、なな、とう」も 高句麗語の母体となった「高令」語に取り込まれていた「遼東辰国」時代の辰語に由来することが考えられます。なんとなれば、伯族(はく)が二つに分れて「高令」が「弁那(はんな)」(匈奴)の一派と連合するまで、「高令」は「遼東辰国」の「珂洛(から)(神族)」であり、「遼東辰国」時代の辰語を一部使用していたことが考えられるからです。なお、「高令」は「伯族(はく)」(貊族)の一派を形成していましたが、「遼東辰国」の傘下から出て「弁那(はんな)」(匈奴)の「繻耘伊逗氏(シウイツ)」と連合したことで騎馬民化しており、騎馬民族系の文化と共に、相当程度「弁那(はんな)」(匈奴)の血が入ったと考えられ、前漢代の「高令」語は「遼東辰国」時代の「高令」語からは、かなりの変容を遂げたものになっていたことが考えられます。

そうは言うものの、「安晁辰泛氏(あめしょう)」の分派である「辰族」(倭人)が朝鮮半島から北部九州に古韓語を持ち込んだ時期は、福岡市吉武高木石槨木棺墓の埋葬年代とされる弥生中期初頭すなわち前2世紀と考えられ、『万葉集』(7世紀～8世紀に詠まれた和歌集)・『古事記』(712)・『日本書紀』(720)の成立年代を根拠に、上代日本語の形が完成されていたと考えられる紀元7世紀とはおよそ800年の開きがあります。列島上陸当初の北部九州で阿毎氏(あめ)の倭の王が率いる倭人によって使われていた「古韓語」と、上代日本の畿内を中心に主として畿内王権の支配階級によって使われていた上代日本語との、この間に生じた乖離(かいり)も相応のものがあったと推定されます。ましてや、「遼東辰国」時代の辰語と上代日本語との乖離がどれほどかは推(お)して知るべし(容易に推察できるというもの)でありましょう。

3　濊族や孔列文土器人〔の流れを汲む集団〕その他の言葉は古代朝鮮語にも取り込まれた

朝鮮民族および古代朝鮮語の形成要素が朝鮮半島において出揃うのは、百済(くだら)や新羅(しらぎ)の後を追って高句麗(こうくり)が南下する紀元4世紀を待たねばならず、朝鮮民族および古代朝鮮語の形成が本格化するのは、「白村江の戦い」(663)に敗れた倭国が朝鮮半島から完全に排除された統一新羅の成立(676)を受けての紀元8世紀以降のこととなります。「白村江の戦い(はくすきのえ)」を境に朝鮮半島の均質化(標準化)が進み、朝鮮半島は次第に朝鮮民族の国となっていきます。濊族や孔列文土器人〔の流れを汲む集団〕も朝鮮半島に濃密

に分布していた先住勢力でありましたから、濊族や孔列文土器人〔の流れを汲む集団〕その他の言葉は三国時代に入ってからも朝鮮半島の住民の間で日常的に使われていたと考えられます。朝鮮半島の均質化（標準化）とは新羅で使われた言葉を核に、百済遺民や高句麗遺民などの東北アジア系騎馬民の言葉や、住民の多くを占める濊族や孔列文土器人〔の流れを汲む集団〕など先住勢力の言葉、さらには楽浪・帯方郡遺民などの古代漢族系の言葉を取り込んでの古代朝鮮語の形成であり、朝鮮民族の形成です。したがって、古代朝鮮語を母体とする今日の朝鮮語（方言を含む）に濊族や孔列文土器人〔の流れを汲む集団〕その他の言葉がその痕跡を留めていたとしても不思議ではありません。

4　上代日本語が古代朝鮮語の影響を受けることはありえない

　上代日本語は古韓語を母体に前2世紀頃の北部九州で形成が始まり、日本列島に先着していた濊族や孔列文土器人などの言葉をさらに取り込みながら、『万葉集』（7世紀〜8世紀に詠まれた和歌集）・『古事記』（712）・『日本書紀』（720）の成立年代を根拠に、遅くとも紀元7世紀にはその形が完成されていたと考えられます。他方、古代朝鮮語は統一新羅の成立（676）を受けての紀元8世紀以降に本格化する朝鮮半島の均質化（標準化）すなわち朝鮮民族の形成にともないその形成が進行したと考えられます。したがって、遅くとも紀元7世紀には日本の畿内において完成されていたと考えられる〔古韓語を母体とする〕上代日本語と、紀元8世紀以降の朝鮮半島において新羅で使われた言葉を核にその形成が進行する古代朝鮮語とが、〔古代朝鮮語の形成が始まる前の〕紀元7世紀以前に直接接触することは物理的に不可能であり、紀元7世紀以前に完成した上代日本語が、その形成過程において古代朝鮮語の影響を受けることはありえないことになります。

5　朝鮮語と通ずる日本語の基礎語とは

　朝鮮語と通ずる日本語の基礎語は古代朝鮮語に由来するとの論考が一部に見受けられますが、朝鮮語と通ずる日本語の基礎語があるとすれば、古代朝鮮語に由来するのではなく、古代朝鮮語に取り込まれた濊族や孔列文土器人〔の流れを汲む集団〕など南部朝

第3章　古代の朝鮮半島の住人

鮮半島の先住勢力の言葉に由来すると考えられます。すなわち、上代日本語と古代朝鮮語の双方に取り込まれた濊族や孔列文土器人〔の流れを汲む集団〕など南部朝鮮半島の先住勢力の言葉を介して、古代朝鮮語と上代日本語が、さらには〔古代朝鮮語を母体とする〕朝鮮語と〔上代日本語を母体とする〕日本語が繋がるものと考えられます。

　古韓語や濊族や孔列文土器人〔の流れを汲む集団〕などの先住勢力の言葉と上代日本語および古代朝鮮語との関係についてまとめますと①～⑥となります。

① 古韓語は南部朝鮮半島の馬韓を中心に、主に辰国の支配階級である「辰族（辰沄固朗（から しゅう））」によって使用されていた言葉ですが、「遼東辰国」時代の辰語を母体とし、先住勢力である濊族や孔列文土器人〔の流れを汲む集団〕その他の言葉を取り込みながら、南部朝鮮半島において形成された言葉です。古韓語形成の開始時期は「遼東辰国」が南部朝鮮半島に侵出したと考えられる前5世紀～前4世紀頃と推定されます。

② 前2世紀頃から「安晃辰沄氏（あめ しゅう）」（阿毎（あめ）氏）の勢力である「辰族」（倭人）を日本列島に迎えることで、日本民族の形成要素がほぼ出揃い、民族形成の最終段階に入ります。上代日本語とは阿毎（あめ）氏の倭の東進勢力によって話されていた古韓語を母体とする言葉であり、『万葉集』（7世紀～8世紀に詠まれた和歌集）・『古事記』（712）・『日本書紀』（720）の成立年代を根拠に、遅くとも紀元7世紀には日本列島の畿内においてその形が完成されていたと考えられます。上代（じょうだい）日本語は辰国の支配階級である「辰族（辰沄固朗（しゅう から））」によって使用されていた古韓語を最も色濃く残す言葉であり、日本列島に先住していた濊族や孔列文土器人〔の流れを汲む集団〕などの言葉は上代日本語に直接あるいは古韓語を介して間接的に取り込まれています。

③ 他方、朝鮮民族の形成要素が朝鮮半島に出揃うのは、百済（くだら）や新羅（しらぎ）の後を追って高句麗（こう くり）が南下する紀元4世紀を待たねばならず、その形成が本格化するのは統一新羅の成立（676）を受けての紀元8世紀以降です。「白村江の戦い（はくすきのえ）」（663）を境に朝鮮半島の均質化（標準化）が進み、朝鮮半島は次第に朝鮮民族の国となっていきます。朝鮮半島の均質化（標準化）とは新羅で使われた言葉を核に、百済（くだら）遺民や高句麗遺民などの東北アジア系騎馬民の言葉や、住民の多くを占める濊族や孔列文土器人〔の流れを汲む集団〕など先住勢力の言葉、さらには楽浪・帯方郡遺民などの古代漢族系の言葉を取り込んでの古代朝鮮語の形成であり、朝鮮民族の形成です。紀元7世紀以前に朝鮮民族は存在しなかったのです。

④　したがって、古代朝鮮語の形成開始以前の遅くとも紀元 7 世紀にはその形が完成され、畿内を中心に主に支配階級によって使用されていたと考えられる古韓語を母体とする上代日本語と、紀元 4 世紀初に形成要素が出揃い、統一新羅の成立を受けての紀元 8 世紀以降の朝鮮半島において新羅で使われた言葉を核にその形成が本格化する古代朝鮮語が、〔古代朝鮮語の形成が始まる前の〕紀元 7 世紀以前に直接接触することは物理的に不可能であり、紀元 7 世紀以前に完成した上代日本語が、その形成過程において〔上代日本語の完成後に形成が始まった〕古代朝鮮語の影響を受けることはありえないことになります。

⑤　日本語の中に朝鮮語と通ずる基礎語があるとするならば、古代朝鮮語に由来するのではなく、古代朝鮮語に取り込まれた、濊族や孔列文土器人〔の流れを汲む集団〕など南部朝鮮半島の先住勢力の言葉に由来すると考えられます。すなわち、上代日本語や古代朝鮮語に取り込まれた濊族や孔列文土器人〔の流れを汲む集団〕など先住勢力の言葉を介して、古代朝鮮語と上代日本語が、さらには朝鮮語と日本語が繋がるものと考えられます。

⑥　したがって、朝鮮語と通ずる日本語の一部基礎語を、日本語の母体となった上代日本語の完成後に形成が始まった古代朝鮮語に由来すると表現するのは見当違いであり、日本語の一部基礎語と通ずる朝鮮語があるとすれば、日本語の一部基礎語と通ずる朝鮮語は古代朝鮮語に取り込まれた濊族や孔列文土器人〔の流れを汲む集団〕など南部朝鮮半島の先住勢力の言葉に由来すると表現するのが適切であると考えます。

6　「六国諸軍事安東大将軍・倭国王」の持つ意味

『宋書』倭国伝に〔先代の倭王讃の弟である〕珍が使節を派遣して貢献し（438）、「使持節・都督倭・百済・新羅・任那・秦韓・慕韓・六国諸軍事・安東大将軍・倭国王」を自称し、上表して〔讃以来の爵号（宋の高祖による詔除：421）の〕除正を求めたとあります。この時、南朝の宋は珍を「安東将軍・倭国王」に除しました。『宋書』倭国伝が「自称」と表現したのは南朝の宋（420〜479）が授けた称号ではないとの立場からです。ところで、倭王珍が自称した「使持節・都督倭・百済・新羅・任那・秦韓・慕韓六国諸軍事・安東大将軍・倭国王」称号中の「秦韓・慕韓」は倭が過去の支配権にまで遡及し

て追加したものではなく、紀元5世紀前葉のこの時期、任那¹(「安晃辰氾氏」以来の朝鮮半島西南部の阿毎氏の倭地：支配階級は古韓語を話す「天孫族」(倭人))・秦韓(旧辰韓の一部)・慕韓(旧馬韓の一部：支配階級の多くは、旧馬韓諸国の臣智等(国邑の首長や有力家臣)の流れを汲む、古韓語を話す「天孫族」(辰族)と思われる)と百済(旧馬韓の一部)・新羅(旧辰韓および旧弁辰の一部)が併存し、倭王珍が倭を始めとする六国を支配していた〔と認識していた〕事実をそのまま反映したものと考えられます。

　このことは、ある時を境に旧馬韓すべてが一斉に百済に組み込まれたり、旧辰韓すべてが一斉に新羅の支配下に入ったりしたのではなく、古代朝鮮史におけるいわゆる三国時代(紀元4世紀～7世紀頃)に入っても百済の支配下に組み込まれずに残っていた慕韓と百済との間で、あるいは新羅の支配下に組み込まれずに残っていた秦韓と新羅との間で、あるいは百済・新羅と任那および倭との間でのせめぎ合いが続いていたことを教えてくれます。「逸予台米」率いる「貴弥辰氾氏」の旧辰国勢力の北遷により南部朝鮮半島に権力の大きな空白が生じたことで新羅の南下侵入を許し、加えて高句麗の攻勢により紀元4世紀初に北部朝鮮半島の楽浪・帯方郡が滅亡したことで百済の南部朝鮮半島における勢力拡大に弾みがついたであろうことを考えれば、以降、百済・新羅が南部朝鮮半島における地歩を固めるためには相応の年数を要したに相違ありません。百済・新羅の勢力拡大に対抗して、倭もまた南部朝鮮半島に対する軍事行動を起こしたものと考えられます。

　『宋書』倭国伝に拠ると、順帝昇明二年(478)の倭王武の上表文に「封国偏遠，作藩于外，自昔祖禰，躬擐甲冑，跋渉山川，不遑寧処。東征毛人五十五国，西服衆夷六十六国，渡平海北九十五国，王道融泰，廓土遐畿，累葉朝宗，不愆于歳」：「〔倭は〕国を〔中国の天子の都から〕偏遠に封ぜられ、海外にあって藩屏となり、昔より我が祖先は甲冑を身にまとい、山川を跋渉し、休むことなく働き、安らいで落ち着くことはなかった。東は〔中国・四国地方の〕毛人を征すること五十五国、西は〔周辺の九州各地の〕夷人を服〔従〕させること六十六国、〔対馬海峡を〕渡っては、海北の〔南部朝鮮半島の〕九十五国を平定した。〔天子の〕政道をゆきわたらせ、〔天子の〕都から遠くまで領土を広げ、代々天子に朝謁し、時節を違えることはなかった」とあるからです。すなわち、『宋書』倭国伝にみる倭王珍の「使持節・都督倭・・・六国諸軍事・安東大将軍・倭国王」の自称号、〔六国に加羅を加えて七国とした〕倭王武の「使持節・都督倭・百済・新羅・任那・加羅・秦韓・慕韓・七国諸軍事・安東大将軍・倭国王」の自称号は、

593

5世紀における倭の朝鮮半島南部支配の実態を如実に示したものであるといえます。また、栄山江流域の大型甕棺墳や前方後円墳の存在は、その築造時期（紀元4世紀後半〜6世紀前半）[2]から推して、紀元6世紀前半までは全羅道方面に倭（九州王権）の支配下にあった地域が確実に存在していたことを証明するものです。そうした視点からみると、倭[3]にとっての「白村江の戦い」（663）とは、全羅道方面に残された同族（倭人勢力）を救援するための戦いでもあったことになります。

　因みに、倭王珍・倭王武の自称号中にある「秦韓」・「慕韓」の語は『古事記』・『日本書紀』のいずれにも見出すことはできず、神功紀は新羅・高麗・百済の三国を三韓としています。「韓人（からひと）」の語義について付言しますと、応神紀七年条の「韓人（からひと）」は高麗人・百済人・任那人・新羅人の総称と解され、欽明紀十七年条の「韓人（からひと）」は高麗人を含まないと解されますが、本来は「韓国（からくに）」すなわち「朝鮮半島南部の阿毎（あめ）氏の倭地・旧倭地（『安晁辰氾氏（あめしょう）』の辰国の旧馬韓の一部）」の出身者、とりわけ上代日本語と同系の古韓語を話していた「天孫族」出身者（倭人）に対する呼称であったと思われます。古韓語を話したといえば、「白村江（はくすきのえ）の戦い」（663）の後に、滅亡した百済（くだら）から日本に渡来し、天智四年（665）に近江国の神崎（かんさき）の郡（こおり）に居住させられ、田を給された百済の百姓男女四百余人や同五年に東国に居住させられ、僧俗に関係なく三年の間、国から食料を賜った百済の男女二千余人などは上代日本語が全く通じない人々だったのでしょうか。百済人（くだらひと）とは申せ、百済（くだら）に併呑された旧馬韓の地に留（とど）まった「賁弥辰氾氏（ひみしう）」の旧辰国遺民や、百済に割譲された旧任那四県の倭人（みまな）の流れを汲む人々など、古韓語を話した「天孫族（てんそんぞく）」出身者（「辰族」・倭人）が多くいたのではなかったかと筆者には思えるのです。なお、『神頌契丹古伝』の原書名『日韓正宗溯源（にっかんせいそうそげん）』（1926年発行）にある「韓」の語は、日清戦争後に清朝の冊封体制から離脱した李氏朝鮮が使用した国号「大韓帝国」（1897〜1910）に由来し、日韓併合下の朝鮮半島および朝鮮民族を指すと解されます。朝鮮民族が国号に「韓」を使用するのは近代の「大韓帝国」に始まります。古韓と近現代の韓とに継承関係はなく「韓」〔の語〕は朝鮮民族とは本来無関係です。古韓と近現代の韓とを明確に区別することが肝要です。

　ついでながら申せば、統一新羅（とういつしらぎ）の成立（676）を受けての紀元8世紀以降に本格化する朝鮮半島の均質化（標準化）にともない次第に民族として形成され、『三国史記』や『三国遺事』が成立した高麗（こうらい）時代（918〜1392）にその民族意識が芽生（めば）えたと考えられる朝鮮民族にとって、燕人である満によって遼河平野に建国された朝鮮（「智淮氏燕（チワイシェン）」）に由来する「朝鮮（しょうこ）」の称呼もまた「韓」と同じく借り物です。朝鮮民族が国号・民族称

594

に冠すべき自前の称呼は「高麗(こうらい)」(Korea)であろうと考えます。

　紀元4世紀頃においても、その多くが北部朝鮮半島に留まっていたと考えられる古代漢族（北部朝鮮半島の楽浪・帯方郡の遺民など）の子孫や紀元3世紀以降に朝鮮半島に侵入してきた高句麗や百済や新羅など東北アジア系騎馬民勢力の子孫が日本列島にほとんど入っていないことは、前節のHLAハプロタイプの分析から明らかです。例外的に日本に帰化した古代漢族系の氏族としては、前2世紀初に既に南部朝鮮半島に来住していた秦始皇の正胤の子孫である「太秦公宿祢(うずまさのきみのすくね)」を始めとして、平安時代初期（9世紀初）編纂の『新選姓氏録(しんせんしょうじろく)』に記録された漢高祖七世孫万徳使主(まんとくのおみ)の子孫である「桑原村主(くわばらのすぐり)」、後漢光武帝七世孫慎近王の子孫である「下村主(しものすぐり)」等々があります。東北アジア系騎馬民勢力の子孫としては百済や高句麗の滅亡後に日本に亡命して来た旧百済や旧高句麗の王侯貴族出身の氏族が多く記録されています。浜名の言を借りると「韓の王統は概(おおむ)ね日本に存す」あるいは「韓の諸神は多く日本に祀(まつ)らる」という状況が生まれたわけです。

1　任那

「　最後に、『翰苑』「地惣任那」の「此新羅有辰韓卞辰廿四國及任那加羅慕韓之地也」」*に少し触れておきたい。

　これによれば、任那加羅は辰韓、卞辰（弁辰）、慕韓ではない、ということがわかる。

　井上秀雄氏によれば、『魏書』では、倭は朝鮮半島南部にあり、任那は半島内の倭のことだという。確かに半島から倭が消えた後に任那は現れたようにみえる。要するに朝鮮半島内で生き残った倭が、倭ではなくなって存在したもの、それが任那だったのかもしれない。」

（「任那再考」2015.02.15、矢治一俊氏ホームページ『倭国と日本国の関係史』より）

「『翰苑』「地惣任那」の「此新羅有辰韓卞辰廿四國及任那加羅慕韓之地也」」*

　齊書云、加羅國三韓種也。今訊新羅耆老云、加羅任那昔爲新羅所滅、其故今並在
　國南七八百里。此新羅有辰韓卞辰廿四國、及任那加羅慕韓之地也。

　（拙訳）

　『斉書』に云う「加羅国は三韓の種である」と。今、新羅の老人に問うと「加羅・任那は昔、新羅に滅ぼされたので、今、国の南七八百里に並んである。これは新羅が辰韓・弁辰の二十四国及び任那・加羅・慕韓の地を領有しているということである」と云う。

2　栄山江流域の大型甕棺墳や前方後円墳の存在は、その築造時期（4世紀後半〜6世紀前半）

（朴天秀「栄山江流域の古墳」後藤直・茂木雅博編『東アジアと日本の考古学Ⅰ』同成社、2001、3–31ページ）

（東　潮「前方後円墳がなぜ韓国にも存在するのか？」『幻の加耶と古代日本』文春文庫ビジュアル版、1994、142–154ページ）

3　倭

『新唐書』日本伝に「咸亨元年, 遣使賀平高麗。後稍習夏音, 惡倭名, 更号日本。使者自言, 国近日所出, 以爲名。或云日本乃小国, 爲倭所并, 故冒其号。使者不以情, 故疑焉。又妄夸其国都方數千里, 南、西盡海, 東、北限大山, 其外即毛人云。」：「〔高宗の〕咸亨元年（670）、〔倭国（畿内王権）は〕使者を派遣し、〔唐が〕高麗（高句麗）を平定したことを慶賀した。その後、次第に夏音（中国の言葉）に習熟すると、『倭』の名称を嫌うようになり、改めて『日本』を号した。使者が言うには、国が日の出る所に近いので、〔『日本』を〕国名とした。或いは『日本』（九州王権）は小国であったが、倭（畿内王権）に併合されたので、倭は〔九州王権の国号であった〕『日本』を新たに国号としたのであると云う。使者は実情を語っていないと判断され、その説明を〔唐朝は〕疑った。又、その国都は数千里四方あると誇張し、南と西は海で限られ、東と北は大山で限られ、〔大山の〕外は毛人〔の居住地域である〕と云う。」の記述があります。『新唐書』の記述に依拠すると、改号の時期は定(さだ)かでありませんが、九州王権は国号を「倭」から「日本」に改めていたことになります。隋の煬帝(ようだい)に宛てた大業三年（607）の国書で、倭(俀)王は「日出処天子」：「日の出る所の天子」を自称していますので、この後、倭(俀)(たい)（九州王権）は「日の出る所」すなわち「日本」（ひのもと）を新たな国号としたことが考えられます。

第3章 古代の朝鮮半島の住人

　因みに『旧唐書』日本国伝の「日本国者，倭国之別種也。以其国在日辺，故以日本為名。或日：倭国自悪其名不雅，改為日本。或云：日本旧小国，併倭国之地。」は「日本国（改号後の畿内王権）は、倭国（九州王権）の別種である。その国は日の辺りにあったので、日本を国名とした。或いは云う：倭国（改号前の畿内王権：『旧唐書』倭国伝記載の唐の太宗貞観五年（631）遣使・同二十二年（648）奉表の倭国*）はその名が雅でないのを嫌い、日本と改めた。或いは云う：日本（畿内王権）は旧は小国であったが、倭国（九州王権：『隋書』倭（俀）国伝までの倭国）の地を併せたのである。」と訳すことになります。

　　　「『旧唐書』倭国伝記載の唐の太宗貞観五年（631）遣使・同二十二年（648）奉表の倭国」*
　　　　『隋書』俀（倭）国伝は隋代に俀国から三度の遣使があったことを記録しています。
　　　・「開皇二十年（600）、俀王の姓は阿毎、字は多利思比孤、阿輩雞弥と号す。
　　　　　使者を派遣し、〔隋の〕朝廷に詣った。・・・」
　　　・「大業三年（607）、俀王の多利思比孤が使者を派遣し、朝貢してきた。・・・」
　　　・「明年（608）、煬帝は文林郎の裴清を使者として俀国に派遣した。・・・
　　　　〔俀王は〕また命じて、送使を裴〔世〕清に随行させ、土産物を貢献して来た。
　　　　この後、〔俀国の朝貢は〕遂に途絶えた。」（送使による貢献は、俀国訪問の使命を達した
　　　　裴清の帰路の随行を果した後のことであり、その年も後半の出来事と思われます。）
　　　別に、『隋書』帝紀第三は倭国からの二度の遣使を記録しています。
　　　・「〔大業〕四年（608）三月・・・百済、倭、赤土、迦羅舎国から派遣された使者らが並んで
　　　　土産物を貢献した。」（この四年（608）三月の倭国の貢献は、同年の後半と推定される俀
　　　　国送使による貢献とは明らかに別のものです：筆者）
　　　・「六年（610）春正月・・・倭国は使者を派遣し、土産物を貢献して来た。」

　吉留路樹氏（『倭国ここに在り』、葦書房、1991）は、『隋書』は「俀」と「倭」を使い分けており、俀（倭）国伝記載の「俀」国を歴代中国王朝と交流のあった阿毎氏の王朝（九州王権：筆者）、帝紀の「倭〔国〕」を新参の推古朝（畿内王権：筆者）としています。
　帝紀の記述にある倭国を推古朝とするのには相応の理由があります。何しろ、『隋書』俀（倭）国伝に「この後、〔俀国の朝貢は〕遂に途絶えた。」とあり、大業四年（608）の送使による貢献を最後に、「俀」国（九州王権）の隋朝への遣使はあり得ないからです。
　吉留氏の見解に従えば、『隋書』帝紀の〔大業〕四年（608）・六年（610）貢献の倭国も、改号前の畿内王権に加える必要があります。但し、このことは推古十五年（607）に大礼小野妹子を大唐に派遣し、推古十六年（608）に大唐から帰朝した小野妹子に従って来朝した鴻臚寺掌客・裴世清が推古朝の朝廷に参内したとする一連の推古紀の記述を、そのまま認めるものではありません。小野妹子の大唐派遣や裴世清の推古朝訪問の事実はあったとしても、古田武彦氏（『古代は輝いていたⅢ　法隆寺の中の九州王朝』朝日新聞社、1985）が指摘したように、裴世清の倭国訪問（訪問時の称号は「文林郎」）と推古朝訪問（訪問時の称号は「鴻臚寺掌客」）の間には「十年以上（おそらく十二年）のずれ」のあることが疑われるからです。

597

すなわち、小野妹子の大唐派遣や裴世清の推古朝訪問は〔隋代の〕推古十五年・十六年の出来事ではなく唐代に入ってからの出来事であり、裴世清の推古朝訪問は〔隋代は大業四年（608）の〕倭国訪問とは別個のものと考えられるのです。

むすびに

「画龍点睛を欠く」あるいは「木を見て森を見ず」という諺がありますが、本書も危うく肝腎なことをふれずに終わる、あるいは肝腎なことを見失うところでした。

『神頌契丹古伝』第六章（本書第２章第１節第２項に掲出）に次の記述がありました。

「　第六章　東大神族の傳統稱呼
　因亦念之雖世降族斁瓜瓞猶可繹綿緒而格其原壤

　　　・・・　　　　・・・　　　・・・

　　　　　　譯　　文
　因つて亦之を念ふ。世降り族斁ると雖。
　瓜瓞猶綿緒を繹ねて而して其の原壤に格る可し。

　　　・・・　　　・・・　　　・・・　　　　　　　」

　　　「譯文」の口語訳（拙訳）
　よって、またこう考える。時代が下がり〔我が〕族は敗れてしまったが、
　〔各地に散らばった同族を〕大瓜小瓞〔に例えるならば、
　その繋がっている蔓〕の緒を探しだし、それをたぐっていけば、
　本の根の生えている土壤（根本の地）に達することが出来るであろうと。

　　　・・・　　　・・・　　　・・・

「世降り族斁ると雖」：「時代が下がり〔我が〕族は敗れてしまったが」とありますが、肝腎なこととは、太古の中国に発祥し、「五原」に覇を唱えた「東族」（太古の「辰族」）を「五原」から駆逐し、「日神系神道勢力」に前一千年紀に亘って、燕山山脈の南→燕山山脈の北→遼西→遼東→朝鮮半島→日本という経路を辿っての移動を強いた勢力の本質とは何であったのかということです。

「東族」を「五原」から駆逐した勢力は『神頌契丹古伝』第二十一章（本書第１章第５節第７項に掲出）に拠ると「西族」とあります。蚩尤伝説に拠ると黄帝の率いた勢力とされています。また、前一千年紀に亘って、燕山山脈の南から日本へと至る移動を「日神系神道勢力」に強いた勢力とは、本書でみてきたように周王朝であり、漢王朝でした。「東族」が「五原」を逐われ、「日神系神道勢力」が前一千年紀に亘っての移動を余儀なくされたのは、中国（華夏）勢力の東進・膨張する圧力に抗しきれなかったからです。

599

鮮卑系とされる唐は華夏族の国ではありませんが、「白村江の戦い」（663）とは、東進・膨張する中国（唐）勢力と手を結んだ〔紀元3世紀末頃に南部朝鮮半島に南下侵入して来た、後来の〕新羅による、古韓の旧主である阿毎氏の倭に繋がる勢力の〔南部朝鮮半島からの〕最終追い落とし作戦であったと捉えることができます。

　「日神系神道勢力」の阿毎氏は、大陸から海によって隔てられた日本列島にその安住の地（終の住処というべきか）を見出し、弥生中期初頭（前2世紀前半）に国を肇めました。日本人は「日孫」を「神祖」とする王統を継ぐ王家を戴き、鏡を御神体とする「日神系神道」の流れを汲む祭祀を奉斎し、今日の日本の精神文化を築いたのです。

　それでは、中国勢力の「東進・膨張する圧力」の本質とは何なのでしょうか。古代からの中国と日本との関わりを壮大な文明論の視点から捉えたのは安田喜憲著『龍の文明・太陽の文明』（PHP新書、2001）でした。安田氏は日本民族が生き残るためには「〔西洋文明のドラゴンを含む〕覇権主義の龍と闘ってはならない」と力説しています。日本人の祖先となった「東族」や「日神系神道勢力」を日本列島にまで追いつめた中国勢力の「東進・膨張する圧力」、その本質こそが「覇権主義」に他なりません。かつて大陸の「覇権主義の龍」から日本を隔て、日本を守ってくれた海も、今日の「覇権主義の龍」にとっての大きな妨げになるとは思えません。「覇権主義の龍」とりわけ眠りから覚めた「中華文明の覇権主義の龍」から闘わずして日本を守るために、日本人はどのように備え、行動すればよいのか、我々には古くて新しい課題が突き付けられています。

表26 諸命題（仮説・定義・実証）の連関

H/D P/Q	構成要素の存在根拠	命題の構成要素	章-節-項-目
H1 (H1)	：H1		
	文献事実	『魏志』東夷伝や『後漢書』東夷列伝に「辰王」・「辰国」の語を散見するように、	1-1-2-
	H1	かつて	
	文献事実	辰王	
	H1	が統治する	
	文献事実	辰国	
	H1	が存在した。	
H2 (H2)	：H2		
	考古事実	朝鮮半島の多鈕鏡と細形銅剣	1-2-4-
	H2	の起源は	
	考古事実	十二台営子の多鈕粗文鏡と遼寧式銅剣	
	H2	にあり、	
	考古事実	朝鮮半島の細形銅剣文化	
	H2	は、	
	考古事実	それら遼西の青銅器文化	
	H2	を担った勢力の移動に伴い、遼西から	
	考古事実	遼河平野の瀋陽鄭家窪子	
	H2	を経由して	
	考古事実	朝鮮半島の錦江流域	
	H2	にもたらされた。	

H/D P/Q	構成要素の存在根拠	命題の構成要素	章-節-項-目
H3 (H1) (H3)	: H1×H3		1-2-5-
	考古事実	朝鮮半島の細形銅剣文化	
	H3	は	
	H1 (H1)	辰国	
	H3	の文化遺産であり、	
	考古事実	多鈕鏡と細形銅剣を組み合わせて副葬する前一千年紀の朝鮮半島の石槨墓	
	H3	は	
	H1 (H1)	辰国の王	
	H3	墓である。 　但し、表4に示した朝鮮半島周縁部の主要遺跡の墓を除く。	
H4 (H4)	: H4		1-3-2-
	考古事実	前一千年紀の東北アジアにおいて、「鏡と銅剣のセット	
	H4	を祭器とする祭儀を執り行う、固有のイデオロギーに根ざした祭祀」を護持継承する勢力が存在した。	
H4⁻² (H4) (H4⁻²)	: H4×H4⁻²		1-3-3-
	H4 (H4)	仮説4の「鏡と銅剣のセットを祭器とする祭儀を執り行う、固有のイデオロギーに根ざした祭祀」を護持継承する勢力	
	H4⁻²	は、前一千年紀に亘って、燕山山脈の南→燕山山脈の北→遼西→遼東→朝鮮半島→日本という経路を辿って移動した。	

表26　諸命題（仮説・定義・実証）の連関

H/D P/Q	構成要素の存在根拠	命題の構成要素	章-節-項-目
H5 (H4) (H5)	：H4×H5		1-3-3-
	考古事実	前一千年紀の東北アジアにおける鏡と銅剣を組み合わせて副葬する墓	
	H5	は、	
	H4 (H4)	仮説4の「鏡と銅剣のセットを祭器とする祭儀を執り行う、固有のイデオロギーに根ざした祭祀」を護持継承する勢力	
	H5	の王墓である。	
H5^{-2} (H1) (H3) (H4) (H5) (H5^{-2})	：H1×H3×H5×H5^{-2}：H1×H3×H4×H5×H5^{-2}		1-3-4-
	H3 (H1) (H3)	多鈕鏡と細形銅剣を組み合わせて副葬する前一千年紀の朝鮮半島の石槨墓は辰国の王墓であるとする仮説3	
	H5^{-2}	を敷衍すると、	
	考古事実	前一千年紀の東北アジアにおける鏡と銅剣を組み合わせて副葬する墓	
	H5^{-2}	は	
	H1 (H1)	辰国の王	
	H5^{-2}	墓であり、	
	H5 (H4) (H5)	仮説5の 前一千年紀の東北アジアにおける鏡と銅剣を組み合わせて副葬する墓を遺した、仮説4の「鏡と銅剣のセットを祭器とする祭儀を執り行う、固有のイデオロギーに根ざした祭祀」を護持継承する勢力	
	H5^{-2}	は	
	H1	辰国	
	H5^{-2}	である。したがって、前一千年紀の東北アジアにおける鏡と銅剣を組み合わせて副葬する墓は	
	H1	辰国	
	H5^{-2}	の考古学的指標である。 但し、表4に示した朝鮮半島周縁部の主要遺跡の墓を除く。	

H/D P/Q	構成要素の存在根拠	命題の構成要素	章-節-項-目
$H4^{-3}$ (H1) (H3) (H4) ($H4^{-2}$) ($H4^{-3}$) (H5) ($H5^{-2}$)	：$H4^{-2}×H4^{-3}×H5^{-2}$：$H1×H3×H4×H4\text{-}2×H4\text{-}3×H5×H5^{-2}$		1-3-4-
	$H5^{-2}$ (H1) (H3) (H4) (H5) ($H5^{-2}$)	仮説5^{-2}の「鏡と銅剣のセットを祭器とする祭儀を執り行う、固有のイデオロギーに根ざした祭祀」を護持継承する勢力である辰国	
	$H4^{-3}$	は、	
	$H4^{-2}$ (H4) ($H4^{-2}$)	仮説4^{-2}により、前一千年紀に亘って、燕山山脈の南→燕山山脈の北→遼西→遼東→朝鮮半島→日本という経路を辿って移動した。	
H6 (H1) (H6)	：$H1×H6$		1-4-4-1
	文献事実	「古頌之三」の文言「辰泛縋翅報案斜踉岐賁申釐倪叔斿厲珂洛秦弁支廉」	
	H6	と	
	文献事実	『魏志』韓伝記載の辰王に対する優呼「臣雲遣支報安邪踧支濆臣離児○不例拘邪秦○支廉」	
	H6	との比較対照において、	
	文献事実	「古頌之三」の文言	
	H6	と	
	H1 (H1)	辰王	
	H6	に対する優呼とは照応し、	
	文献事実	「古頌之三」の「辰泛縋翅報」の文言	
	H6	と	
	H1	辰王	
	文献事実	に対する優呼「臣雲遣支報」	
	H6	とは同音同義と解される。すなわち	
	H1	辰〔国〕王	
	H6	は	
	文献事実	「辰泛〔縋〕翅報」	
	H6	である。	

表26 諸命題（仮説・定義・実証）の連関

H/D P/Q	構成要素の 存在根拠	命題の構成要素	章-節-項-目
H6⁻² (H1) (H6) (H6⁻²)	：H1×H6×H6⁻²		1-4-4-1
	H6 (H1) (H6)	仮説6より、辰〔国〕王は「辰泛〔繡〕翅報」であるから、	
	H1 (H1)	「辰国」	
	H6⁻²	と	
	文献事実	「辰泛繡」	
	H6⁻²	は同義である。すなわち、	
	H1	辰国	
	H6⁻²	の国号は	
	文献事実	「しうく（辰泛繡）」	
	H6⁻²	であり、	
	文献事実	中国側からの呼称表記である「辰〔国〕」	
	H6⁻²	は	
	文献事実	「辰泛〔繡〕」	
	H6⁻²	の略称である。	
H7 (H4) (H7)	：H4×H7		1-4-5-2
	H4 (H4)	仮説4の「鏡と銅剣のセットを祭器とする祭儀を執り行う、固有のイデオロギーに根ざした祭祀」を護持継承する勢力	
	H7	における「鏡と銅剣のセットを祭器とする祭儀」とは、	
	文献事実	「鏡を『〔日〕神』の御神体とし、	
	H7	銅剣を『御霊振り（招魂）』の道具とする祭儀」である。	

H/D P/Q	構成要素の存在根拠	命題の構成要素	章-節-項-目
H8 (H4) (H8)	：H4×H8		
	H4 (H4)	仮説4の「鏡と銅剣のセットを祭器とする祭儀を執り行う、固有のイデオロギーに根ざした祭祀」を護持継承する勢力	1-4-5-3
	H8	における「固有のイデオロギー」とは、	
	文献事実	「『日祖』の子である『日孫』の降臨によって国が開かれたとする伝承	
	H8	にもとづく、	
	文献事実	『日孫』を『神祖』とする王統	
	H8	を継ぐ王を戴く自らを	
	文献事実	『神孫』	
	H8	であるとする信条」である。	
D1	：D1：		
	「天孫降臨伝承」		1-4-5-3
	文献事実	「『日祖』の子である『日孫』の降臨によって国が開かれたとする伝承」	
	D1	を「天孫降臨伝承」という。	
H8⁻² (H4) (H8)	：D1×H8：H4×H8		
	H8 (H4) (H8)	仮説4の「鏡と銅剣のセットを祭器とする祭儀を執り行う、固有のイデオロギーに根ざした祭祀」を護持継承する勢力における「固有のイデオロギー」とは、	1-4-5-3
	D1	「『天孫降臨伝承』	
	H8	にもとづく、『日孫』を『神祖』とする王統を継ぐ王を戴く自らを『神孫』であるとする信条」である。	

表26 諸命題（仮説・定義・実証）の連関

H/D P/Q	構成要素の 存在根拠	命題の構成要素	章-節-項-目
D2 (H4) (H8)	：D2×H8^{-2}：H4×H8		1-4-5-3
	「天孫思想」		
	H8^{-2} (H4) (H8)	仮説8^{-2}において、 仮説4の 「鏡と銅剣のセットを祭器とする祭儀を執り行う、固有のイデオロギーに根ざした祭祀」を護持継承する勢力における「固有のイデオロギー」とした、「『天孫降臨伝承』にもとづく、『日孫』を『神祖』とする王統を継ぐ王を戴く自らを『神孫』であるとする信条」	
	D2	を「天孫思想」という。	
D2^{-2} (H4) (H8)	：D2×D2^{-2}：H4×H8		1-4-5-3
	「天孫族」		
	D2 (H4) (H8)	「定義2の『天孫思想』	
	D2^{-2}	を有する集団」を「天孫族」という。	
H8^{-3} (H4) (H8)	：D2×H8^{-2}：H4×H8		1-4-5-3
	H8^{-2} (H4) (H8)	仮説4の 「鏡と銅剣のセットを祭器とする祭儀を執り行う、固有のイデオロギーに根ざした祭祀」を護持継承する勢力における「固有のイデオロギー」とは	
	D2 (H4) (H8)	「天孫思想」	
	H8^{-2}	である。	

H/D P/Q	構成要素の存在根拠	命題の構成要素	章-節-項-目
H4⁻⁴ (H4) (H8)	：D2×H4：H4×H8		
	H4 (H4)	前一千年紀の東北アジアにおいて、「鏡と銅剣のセットを祭器とする祭儀を執り行う、	1-4-5-3
	D2 (H4) (H8)	『天孫思想』	
	H4	に根ざした祭祀」を護持継承する勢力が存在した。	
H4⁻⁵ (H4) (H4⁻²) (H8)	：H4⁻²×H4⁻⁴：H4×H4⁻²×H8		
	H4⁻⁴ (H4) (H8)	仮説4⁻⁴の「鏡と銅剣のセットを祭器とする祭儀を執り行う、『天孫思想』に根ざした祭祀」を護持継承する勢力	1-4-5-3
	H4⁻² (H4) (H4⁻²)	は、前一千年紀に亘って、燕山山脈の南→燕山山脈の北→遼西→遼東→朝鮮半島→日本という経路を辿って移動した。	
H5⁻³ (H4) (H5) (H8)	：H4⁻⁴×H5：H4×H5×H8		
	H5 (H4) (H5)	前一千年紀の東北アジアにおける鏡と銅剣を組み合わせて副葬する墓は、	1-4-5-3
	H4⁻⁴ (H4) (H8)	仮説4⁻⁴の「鏡と銅剣のセットを祭器とする祭儀を執り行う、『天孫思想』に根ざした祭祀」を護持継承する勢力	
	H5	の王墓である。	

表26　諸命題（仮説・定義・実証）の連関

H/D P/Q	構成要素の 存在根拠	命題の構成要素	章-節-項-目
H5⁻⁴ (H1) (H3) (H4) (H5) (H5⁻²) (H8)	：H5⁻²×H5⁻³：H1×H3×H4×H5×H5⁻²×H8		
	H5⁻² (H1) (H3) (H4) (H5) (H5⁻²)	多鈕鏡と細形銅剣を組み合わせて副葬する前一千年紀の朝鮮半島の石槨墓は辰国の王墓であるとする仮説3を敷衍すると、前一千年紀の東北アジアにおける鏡と銅剣を組み合わせて副葬する墓は辰国の王墓であり、	1-4-5-3
	H5⁻³ (H4) (H5) (H8)	仮説5⁻³の前一千年紀の東北アジアにおける鏡と銅剣を組み合わせて副葬する墓を遺した、仮説4⁻⁴の「鏡と銅剣のセットを祭器とする祭儀を執り行う、『天孫思想』に根ざした祭祀」を護持継承する勢力	
	H5⁻²	は辰国である。したがって、前一千年紀の東北アジアにおける鏡と銅剣を組み合わせて副葬する墓は辰国の考古学的指標である。 　但し、表4に示した朝鮮半島周縁部の主要遺跡の墓を除く。	
H7⁻² (H4) (H7⁻²) (H8)	：H4⁻⁴×H7⁻²：H4×H7⁻²×H8		
	H4⁻⁴ (H4) (H8)	仮説4⁻⁴の「『天孫思想』に根ざした祭祀」	1-4-5-3
	H7⁻²	とは、	
	文献事実	「『日孫』を『神祖』とする王統	
	H7⁻²	の祖神を祀り、	
	文献事実	『日孫』を『神祖』とする王統	
	H7⁻²	を継ぐ王を祭祀権者とする祭祀」である。	

609

H/D P/Q	構成要素の 存在根拠	命題の構成要素	章-節-項-目
H7⁻³ (H4) (H7) (H7⁻²) (H7⁻³) (H8)		：H4⁻⁴×H7×H7⁻²×H7⁻³：H4×H7×H7⁻²×H7⁻³×H8	1-4-5-4
^	H4⁻⁴ (H4) (H8)	仮説4⁻⁴の 「鏡と銅剣のセットを祭器とする祭儀を執り行う、『天孫思想』に根ざした祭祀」	^
^	H7⁻³	とは、	^
^	H7 (H4) (H7)	仮説7により、「鏡を『〔日〕神』の御神体とし、銅剣を『御霊振り（招魂）』の道具とする祭儀を執り行う、	^
^	H7⁻² (H4) (H7⁻²) (H8)	仮説7⁻²により、「『日孫』を『神祖』とする王統の祖神を祀り、『日孫』を『神祖』とする王統を継ぐ王を祭祀権者とする祭祀」である。	^
D3 (H4) (H7) (H7-2) (H7⁻³) (H8)		：D3×H7⁻³：H4×H7×H7⁻²×H7⁻³×H8	1-4-5-4
^		「日神系神道」	^
^	H7⁻³ (H4) (H7) (H7⁻²) (H7⁻³) (H8)	仮説7⁻³の 「鏡を『〔日〕神』の御神体とし、銅剣を『御霊振り（招魂）』の道具とする祭儀を執り行う、『日孫』を『神祖』とする王統の祖神を祀り、『日孫』を『神祖』とする王統を継ぐ王を祭祀権者とする祭祀」	^
^	D3	を「日神系神道」という。	^
D4 (H4) (H7) (H7⁻²) (H7⁻³) (H8)		：D3×D4：H4×H7×H7⁻²×H7⁻³×H8	1-4-5-4
^		「日神系神道勢力」	^
^	D3 (H4) (H7) (H7⁻²) (H7⁻³) (H8)	定義3の「日神系神道」	^
^	D4	を護持継承する勢力を「日神系神道勢力」という。	^

表26 諸命題（仮説・定義・実証）の連関

H/D P/Q	構成要素の 存在根拠	命題の構成要素	章-節-項-目
H7^{-4} (H4) (H7) (H7^{-2}) (H7^{-3}) (H8)	: D3×H7^{-3} : H4×H7×H7^{-2}×H7^{-3}×H8		
	H7^{-3} (H4) (H7) (H7^{-2}) (H7^{-3}) (H8)	仮説4^{-4}の 「鏡と銅剣のセットを祭器とする祭儀を執り行う、『天孫思想』に根ざした祭祀」とは、	1-4-5-4
	D3 (H4) (H7) (H7^{-2}) (H7^{-3}) (H8)	定義3の「日神系神道」	
	H7^{-3}	である。	
H9 (H4) (H7) (H7^{-2}) (H7^{-3}) (H8) (H9)	: D4×H4^{-4}×H7^{-4}×H9 : H4×H7×H7^{-2}×H7^{-3}×H8×H9		
	H7^{-4} (H4) (H7) (H7^{-2}) (H7^{-3}) (H8)	仮説7^{-4}により、仮説4^{-4}の「鏡と銅剣のセットを祭器とする祭儀を執り行う、『天孫思想』に根ざした祭祀」とは、定義3の「日神系神道」である	1-4-5-5
	H9	ので、	
	H4^{-4} (H4) (H8)	仮説4^{-4}の「鏡と銅剣のセットを祭器とする祭儀を執り行う、『天孫思想』に根ざした祭祀」を護持継承する勢力	
	H9	は	
	D4 (H4) (H7) (H7^{-2}) (H7^{-3}) (H8)	定義4の「日神系神道勢力」	
	H9	である。	

H/D P/Q	構成要素の存在根拠	命題の構成要素	章-節-項-目
H4^{-6} (H4) (H7) (H7^{-2}) (H7^{-3}) (H8) (H9)	：D4×H4^{-4}×H9：H4×H7×H7^{-2}×H7^{-3}×H8×H9		
	H9 (H4) (H7) (H7^{-2}) (H7^{-3}) (H8) (H9)	仮説9により、仮説4^{-4}の「鏡と銅剣のセットを祭器とする祭儀を執り行う、『天孫思想』に根ざした祭祀」を護持継承する勢力は定義4の「日神系神道勢力」であるので、	1-4-5-5
	H4^{-4} (H4) (H8)	前一千年紀の東北アジアにおいて、	
	D4 (H4) (H7) (H7^{-2}) (H7^{-3}) (H8)	定義4の「日神系神道勢力」	
	H4^{-4}	が存在した。	
H4^{-7} (H4) (H4^{-2}) (H7) (H7^{-2}) (H7^{-3}) (H8) (H9)	：D4×H4^{-5}×H9：H4×H4^{-2}×H7×H7^{-2}×H7^{-3}×H8×H9		
	H9 (H4) (H7) (H7^{-2}) (H7^{-3}) (H8) (H9)	仮説9により、仮説4^{-4}の「鏡と銅剣のセットを祭器とする祭儀を執り行う、『天孫思想』に根ざした祭祀」を護持継承する勢力は定義4の「日神系神道勢力」であるので、	1-4-5-5
	D4 (H4) (H7) (H7^{-2}) (H7^{-3}) (H8)	定義4の「日神系神道勢力」	
	H4^{-5} (H4) (H4^{-2}) (H8)	は、前一千年紀に亘って、燕山山脈の南→燕山山脈の北→遼西→遼東→朝鮮半島→日本という経路を辿って移動した。	

表26 諸命題（仮説・定義・実証）の連関

H/D P/Q	構成要素の存在根拠	命題の構成要素	章-節-項-目
	：$D4 \times H5^{-3} \times H9$：$H4 \times H5 \times H7 \times H7^{-2} \times H7^{-3} \times H8 \times H9$		
$H5^{-5}$ (H4) (H5) (H7) ($H7^{-2}$) ($H7^{-3}$) (H8) (H9)	H9 (H4) (H7) ($H7^{-2}$) ($H7^{-3}$) (H8) (H9)	仮説9により、仮説4^{-4}の「鏡と銅剣のセットを祭器とする祭儀を執り行う、『天孫思想』に根ざした祭祀」を護持継承する勢力は定義4の「日神系神道勢力」であるので、	1-4-5-5
	$H5^{-3}$ (H4) (H5) (H8)	前一千年紀の東北アジアにおける鏡と銅剣を組み合わせて副葬する墓は、	
	D4 (H4) (H7) ($H7^{-2}$) ($H7^{-3}$) (H8)	定義4の「日神系神道勢力」	
	$H5^{-3}$	の王墓である。	

613

H/D P/Q	構成要素の存在根拠	命題の構成要素	章-節-項-目
H5⁻⁶ (H1) (H3) (H4) (H5) (H5⁻²) (H5⁻⁶) (H7) (H7⁻²) (H7⁻³) (H8) (H9)	: D4×H5⁻²×H5⁻⁵×H5⁻⁶ : H1×H3×H4×H5×H5⁻²×H5⁻⁶×H7×H7⁻²×H7⁻³×H8×H9		
	H5⁻⁵ (H4) (H5) (H7) (H7⁻²) (H7⁻³) (H8) (H9)	仮説5⁻⁵より、前一千年紀の東北アジアにおける鏡と銅剣を組み合わせて副葬する墓は、定義4の「日神系神道勢力」の王墓であり、	1-4-5-5
	H5⁻² (H1) (H3) (H4) (H5) (H5⁻²)	仮説5⁻²より、前一千年紀の東北アジアにおける鏡と銅剣を組み合わせて副葬する墓（但し、表4に示した朝鮮半島周縁部の主要遺跡の墓を除く）は辰国の王墓であるので、	
	H5⁻⁶	辰国は	
	D4 (H4) (H7) (H7⁻²) (H7⁻³) (H8)	定義4の「日神系神道勢力」	
	H5⁻⁶	である	

表26 諸命題（仮説・定義・実証）の連関

H/D P/Q	構成要素の 存在根拠	命題の構成要素	章-節-項-目
	：$D2 \times D2^{-2} \times D3 \times D4 \times H4^{-8} \times H7^{-4}$：$H4 \times H4^{-8} \times H7 \times H7^{-2} \times H7^{-3} \times H8$		
$H4^{-8}$ (H4) ($H4^{-8}$) (H7) ($H7^{-2}$) ($H7^{-3}$) (H8)	$H7^{-4}$ (H4) (H7) ($H7^{-2}$) ($H7^{-3}$) (H8)	仮説7^{-4}より、「日神系神道」は「天孫思想」に根ざした祭祀である	1-4-5-5
	$H4^{-8}$	ので、	
	D3 (H4) (H7) ($H7^{-2}$) ($H7^{-3}$) (H8)	「日神系神道」	
	$H4^{-8}$	を護持継承する	
	D4 (H4) (H7) ($H7^{-2}$) ($H7^{-3}$) (H8)	「日神系神道勢力」	
	$H4^{-8}$	は	
	D2 (H4) (H8)	「天孫思想」	
	$H4^{-8}$	を有する集団であり、	
	$D2^{-2}$ (H4) (H8)	定義2^{-2}の「天孫族」	
	$H4^{-8}$	を中核とする集団である。	

H/D P/Q	構成要素の 存在根拠	命題の構成要素	章-節-項-目
$H8^{-4}$ (H1) (H3) (H4) $(H4^{-8})$ (H5) $(H5^{-2})$ $(H5^{-6})$ (H7) $(H7^{-2})$ $(H7^{-3})$ (H8) $(H8^{-4})$ (H9)	：$H4^{-8} \times H5^{-6} \times H8^{-4}$ ：$H1 \times H3 \times H4 \times H4^{-8} \times H5 \times H5^{-2} \times H5^{-6} \times H7 \times H7^{-2} \times H7^{-3} \times H8 \times H8^{-4} \times H9$		
	$H5^{-6}$ (H1) (H3) (H4) (H5) $(H5^{-2})$ $(H5^{-6})$ (H7) $(H7^{-2})$ $(H7^{-3})$ (H8) (H9)	仮説5^{-6}より、 辰国は「日神系神道勢力」であり、	1-4-5-5
	$H8^{-4}$	また、	
	$H4^{-8}$ (H4) $(H4^{-8})$ (H7) $(H7^{-2})$ $(H7^{-3})$ (H8)	仮説4^{-8}により、「日神系神道勢力」は定義2^{-2}の「天孫族」を中核とする集団である	
	$H8^{-4}$	ので、辰国は「天孫族」を中核とする国であった。	
D5 (H4) (H8)	：$D2^{-2} \times D5$：$H4 \times H8$		
	「珂洛」（神族）		
	$D2^{-2}$ (H4) (H8)	定義2^{-2}の「天孫族」	1-4-5-6
	D5	を中核とする国の〔「天孫族」を含む〕住民を	
	文献事実	「珂洛」（神族）	
	D5	という。	

表26 諸命題（仮説・定義・実証）の連関

H/D P/Q	構成要素の存在根拠	命題の構成要素	章-節-項-目
H4^{-9} (H4) (H4^{-8}) (H4^{-9}) (H7) (H7^{-2}) (H7^{-3}) (H8)	: D5×H4^{-8}×H4^{-9} : H4×H4^{-8}×H4^{-9}×H7×H7^{-2}×H7^{-3}×H8		
	H4^{-8} (H4) (H4^{-8}) (H7) (H7^{-2}) (H7^{-3}) (H8)	仮説4^{-8}より、「日神系神道勢力」は定義2^{-2}の「天孫族」を中核とする集団である	1-4-5-6
	H4^{-9}	ので、	
	H4^{-8}	「天孫族」を中核とする「日神系神道勢力」	
	H4^{-9}	の国の住民は	
	D5 (H4) (H8)	定義5の「珂洛」（神族）	
	H4^{-9}	である。	
D6 (H1) (H4) (H6) (H6^{-2}) (H8)	: D2^{-2}×D6×H6^{-2} : H1×H4×H6×H6^{-2}×H8		
		「辰族（辰汦固朗）」	
	H6^{-2} (H1) (H6) (H6^{-2})	辰国（「辰汦繻」）	1-4-5-6
	D6	の	
	D2^{-2} (H4) (H8)	「天孫族」	
	D6	を、「辰族」あるいは	
	文献事実	「辰汦固朗」	
	D6	という。	

617

H/D P/Q	構成要素の存在根拠	命題の構成要素	章-節-項-目
H10 (H4) (H7) (H7^{-2}) (H7^{-3}) (H8) (H10)	：D4×H10：H4×H7×H7^{-2}×H7^{-3}×H8×H10		
	D4 (H4) (H7) (H7^{-2}) (H7^{-3}) (H8)	定義4の「日神系神道勢力」	1-4-6-
	H10	にあっては、宝器としての鏡は祭祀権（王権）を象徴し、宝器としての銅剣は王位継承者の正統性を象徴した。	
H6^{-3} (H1) (H6) (H6^{-2}) (H6^{-3})	：H6^{-2}×H6^{-3}：H1×H6×H6^{-2}×H6^{-3}		
	H6^{-3}	「粛慎」は「辰汭縺・辰」の音写であり、その意義は	2-1-2-
	H6^{-2} (H1) (H6) (H6^{-2})	「辰汭縺すなわち辰〔国〕」	
	H6^{-3}	である。	
H11 (H11)	：H11		
	文献事実	「朱申」および「息慎」	2-1-2-
	H11	は	
	文献事実	「粛慎」	
	H11	と同義である。	
H11^{-2} (H1) (H6) (H6^{-2}) (H6^{-3}) (H11)	：H6^{-3}×H11：H1×H6×H6^{-2}×H6^{-3}×H11		
	H11 (H11)	「朱申」・「息慎」・「粛慎」	2-1-2-
	H6^{-3} (H1) (H6) (H6^{-2}) (H6^{-3})	は「辰汭縺・辰」すなわち「辰汭縺」（辰国）と同義である。	

表 26 諸命題（仮説・定義・実証）の連関

H/D P/Q	構成要素の存在根拠	命題の構成要素	章-節-項-目
H11⁻³ (H1) (H6) (H6⁻²) (H6⁻³) (H11) (H11⁻³)	：H6×H11⁻²×H11⁻³：H1×H6×H6⁻²×H6⁻³×H11×H11⁻³		
	H11⁻² (H1) (H6) (H6⁻²) (H6⁻³) (H11)	仮説11⁻²により、「朱申」・「息慎」・「粛慎」は「辰汔繿」（辰国）と同義である	2-1-2-
	H11⁻³	ので、「朱申」・「息慎」・「粛慎」の王は	
	H6 (H1) (H6)	「辰汔〔繿〕翅報」（辰〔国〕王）	
	H11⁻³	である。	
H12 (H1) (H3) (H4) (H5) (H5⁻²) (H6) (H6⁻²) (H6⁻³) (H11) (H12)	：H5⁻²×H11⁻²×H12 ：H1×H3×H4×H5×H5⁻²×H6×H6⁻²×H6⁻³×H11×H12		
	考古事実	鏡と銅剣を組み合わせて副葬する北京市昌平県白浮村2号・3号墓	2-1-3-
	H12	は、	
	H5⁻² (H1) (H3) (H4) (H5) (H5⁻²)	仮説5⁻²により辰国の王墓であり、	
	H11⁻² (H1) (H6) (H6⁻²) (H6⁻³) (H11)	仮説11⁻²より辰国は「粛慎」と同義である	
	H12	ので、1号墓を含む北京市昌平県白浮村の3基の木槨木棺墓は粛慎の王墓である。	

H/D P/Q	構成要素の存在根拠	命題の構成要素	章-節-項-目
H13 (H11) (H13)	: H11×H13		2-1-14-
	文献事実	周成王は、	
	H11 (H11)	粛慎（息慎）	
	H13	の王	
	文献事実	に「栄伯」	
	H13	すなわち「北国伯」	
	文献事実	を錫命した。	
	H13	この時、粛慎（息慎）の王は「韓」の国号を賜り、姓を「韓」とした。すなわち、	
	文献事実	『詩経』大雅・韓奕に「以先祖受命」とある周宣王時の「韓侯」の「先祖」	
	H13	にあたる初代「韓侯」となった。	
H11⁻⁴ (H1) (H6) (H6⁻²) (H6⁻³) (H11) (H11⁻³) (H11⁻⁴) (H13)	: H11⁻³×H11⁻⁴×H13 : H1×H6×H6⁻²×H6⁻³×H11×H11⁻³×H11⁻⁴×H13		2-1-14-
	H13 (H11) (H13)	仮説13により、周成王より錫命を受けた粛慎（息慎）の王は加えて「韓侯」を称した	
	H11⁻⁴	ので、	
	H11⁻³ (H1) (H6) (H6⁻²) (H6⁻³) (H11) (H11⁻³)	仮説11⁻³により、粛慎（息慎）の王	
	H13	である「韓侯」	
	H11⁻³	は「辰沄〔纉〕翅報」（辰〔国〕王）である。	

表26 諸命題（仮説・定義・実証）の連関

H/D P/Q	構成要素の存在根拠	命題の構成要素	章-節-項-目
H13⁻² (H1) (H3) (H4) (H5) (H5⁻²) (H6) (H6⁻²) (H6⁻³) (H11) (H12) (H13) (H13⁻²)	: H12×H13×H13⁻² : H1×H3×H4×H5×H5⁻²×H6×H6⁻²×H6⁻³×H11×H12×H13×H13⁻²		
	考古事実	鏡と銅剣を組み合わせて副葬する北京市昌平県白浮村2号・3号墓	2-1-16-
	H13⁻²	は、	
	H12 (H1) (H3) (H4) (H5) (H5⁻²) (H6) (H6⁻²) (H6⁻³) (H11) (H12)	仮説12より粛慎（しゅくしん）の王墓である	
	H13⁻²	ので、	
	H13 (H11) (H13)	仮説13により「韓」の王墓である。	
	H13⁻²	すなわち、2号・3号墓の被葬者は「韓侯」である。	
H14 (H14)	: H14		
	考古事実	周の北部に位置し、中原系の青銅礼器を多数副葬する内蒙古自治区寧城県南山根M101号墓	2-3-4-1
	H14	の被葬者は、	
	文献事実	周の諸侯で「北国伯」の地位にあり、『詩経』大雅・韓奕に謡（うた）われた「周宣王時の『韓侯』」	
	H14	である。	

H/D P/Q	構成要素の存在根拠	命題の構成要素	章-節-項-目
H14⁻² (H1) (H3) (H4) (H5) (H5⁻²) (H14) (H14⁻²)	: H1×H5⁻²×H14×H14⁻² : H1×H3×H4×H5×H5⁻²×H14×H14⁻²		
	考古事実	鏡と銅剣を組み合わせて副葬する内蒙古自治区寧城県南山根M101号墓	2-3-4-1
	H5⁻² (H1) (H3) (H4) (H5) (H5–2)	は、仮説5⁻²により辰国の王墓であるので、	
	H14 (H14)	仮説14により同墓の被葬者とされた「周宣王時の『韓侯』」	
	H14⁻²	は	
	H1 (H1)	辰王	
	H14⁻²	である。	
H14⁻³ (H1) (H3) (H4) (H5) (H5⁻²) (H14) (H14⁻³)	: H5⁻²×H14×H14⁻³ : H1×H3×H4×H5×H5⁻²×H14×H14⁻³		
	H14 (H14)	仮説14により、内蒙古自治区寧城県南山根M101号墓の被葬者は「周宣王時の『韓侯』」であるので、	2-3-4-3
	考古事実	南山根M101号・M102号墓に代表される夏家店上層文化圏の青銅器副葬墓	
	H5⁻² (H1) (H3) (H4) (H5) (H5⁻²)	を遺した辰国	
	H14⁻³	とは	
	文献事実	「韓」	
	H14⁻³	である。	

表 26 諸命題（仮説・定義・実証）の連関

H/D P/Q	構成要素の存在根拠	命題の構成要素	章-節-項-目
H15 (H15)	：H15		
	文献事実	「韓」	2-3-6-2
	H15	は	
	文献事実	斉の釐公二十五年（前706）	
	H15	に、	
	文献事実	「寧義雛」	
	H15	を戴く	
	文献事実	「武伯山軍」	
	H15	の主導する造反勢力によって滅ぼされた。	
H15⁻² (H15⁻²)	：H15⁻²		
	文献事実	『史記』に記述された斉の釐公二十五年（前706）の山戎また北戎	2-3-6-2
	H15⁻²	とは、	
	文献事実	『神頌契丹古伝』にある「寧義雛」と「武伯山軍」の合同軍	
	H15⁻²	のことである。	
H16 (H1) (H3) (H4) (H5) (H5⁻²) (H16)	：H5⁻²×H16：H1×H3×H4×H5×H5⁻²×H16		
	考古事実	鏡と銅剣を組み合わせて副葬する遼寧省朝陽県十二台営子1号〜3号墓	2-5-2-
	H16	は、「韓」を滅ぼし、その領土を継承した、	
	文献事実	「和族」	
	H16	の「翅報」（皇）と推察される	
	文献事実	東冥の「阿辰泛須氏」出身の「寧義雛（寧義氏）」	
	H16	に始まる、「武伯山軍」および「和族」を中核とする	
	H5⁻² (H1) (H3) (H4) (H5) (H5⁻²)	辰国の王墓	
	H16	である。	

H/D P/Q	構成要素の存在根拠	命題の構成要素	章-節-項-目
D7 (H1) (H3) (H4) (H5) (H5⁻²) (H16)	: D7×H16 : H1×H3×H4×H5×H5⁻²×H16		
	「遼西辰国」		2-5-2-
	H16 (H1) (H3) (H4) (H5) (H5⁻²) (H16)	「韓」を滅ぼし、その領土を継承した、「和族」の「翅報」（皇）と推察される東冥の「阿辰沄須氏」出身の「寧義雛（寧義氏）」に始まる、「武伯山軍」および「和族」を中核とする辰国	
	D7	を、「遼西辰国」と称する。	
H15⁻³ (H1) (H3) (H4) (H5) (H5⁻²) (H15) (H15⁻³) (H16)	: D7×H15×H15⁻³ : H1×H3×H4×H5×H5⁻²×H15×H15⁻³×H16		
	考古事実	中国典籍に記述された山戎	2-5-2
	H15⁻³	とは、	
	H15 (H15)	「韓」の滅亡（前706）	
	H15⁻³	後は	
	D7 (H1) (H3) (H4) (H5) (H5⁻²) (H16)	「遼西辰国」	
	H15⁻³	を指す呼称である。	
H17 (H17)	: H17		2-5-5-4
	考古事実	燕山地域に「『ハ』字状の鐔をもつ有柄式短剣」に代表される簡素なオルドス青銅器群を副葬する、春秋前期から戦国中期にかけての「軍都山類型」の集団墓	
	H17	を遺した勢力とは、	
	文献事実	『史記』匈奴列伝に記載のある牧畜騎馬民の東胡	
	H17	である。	

表26 諸命題（仮説・定義・実証）の連関

H/D P/Q	構成要素の存在根拠	命題の構成要素	章-節-項-目
H18 (H1) (H3) (H4) (H5) (H5⁻²) (H16) (H18)	：D7×H5⁻²×H18：H1×H3×H4×H5×H5⁻²×H16×H18		
	考古事実	鏡と銅剣を組み合わせて副葬する遼寧省本渓市梁家村1号墓	2-6-1-
	H5⁻² (H1) (H3) (H4) (H5) (H5⁻²)	を遺した辰国	
	H18	とは、王都を遼東に遷した	
	D7 (H1) (H3) (H4) (H5) (H5⁻²) (H16)	「遼西辰国」	
	H18	である。	
D8 (H1) (H3) (H4) (H5) (H5⁻²) (H16) (H18)	：D8×H18：H1×H3×H4×H5×H5⁻²×H16×H18		
	「遼東辰国」		2-6-1-
	H18 (H1) (H3) (H4) (H5) (H5⁻²) (H16) (H18)	仮説18の 遼東に王都を遷し、 遼寧省本渓市梁家村1号墓を遺した辰国	
	D8	を「遼西辰国」改め「遼東辰国」と称する。	

H/D P/Q	構成要素の存在根拠	命題の構成要素	章-節-項-目
H1⁻² (H1) (H1⁻²) (H3) (H4) (H5) (H5⁻²) (H6) (H6⁻²) (H8) (H16) (H18)	: D6×D8×H1⁻²×H6 : H1×H1⁻²×H3×H4×H5×H5⁻²×H6×H6⁻²×H8×H16×H18		2-6-4-
	D8 (H1) (H3) (H4) (H5) (H5⁻²) (H16) (H18)	「遼東辰国」	
	H1⁻²	は、	
	H6 (H1) (H6)	辰〔国〕王(「辰沄〔繒〕翅報」)	
	H1⁻²	によって任命された、	
	D6 (H1) (H4) (H6) (H6⁻²) (H8)	「辰族(辰沄固朗)」	
	H1⁻²	出身の首長が治める国邑の連合体であった。	
D9 (H1) (H4) (H6) (H6⁻²) (H8)	: D6×D9×H6 : H1×H4×H6×H6⁻²×H8		2-6-4-
	「辰諸国」		
	H6 (H1) (H6)	辰〔国〕王(「辰沄〔繒〕翅報」)	
	D9	によって任命された、	
	D6 (H1) (H4) (H6) (H6⁻²) (H8)	「辰族(辰沄固朗)」	
	D9	出身の首長が治める諸国邑(国々)を「辰諸国」という。	

表26 諸命題（仮説・定義・実証）の連関

H/D P/Q	構成要素の存在根拠	命題の構成要素	章-節-項-目
H19 (H1) (H3) (H4) (H5) (H5⁻²) (H16) (H18) (H19)	: D8×H19 : H1×H3×H4×H5×$H5^{-2}$×H16×H18×H19		
	D8 (H1) (H3) (H4) (H5) ($H5^{-2}$) (H16) (H18)	「遼東辰国」	2-6-7-
	H19	の傘下にあった	
	文献事実	「弁那」（匈奴）の「繻耘伊逗氏」	
	H19	は、戦国前期の頃（前6世紀〜前5世紀）からの一時期、	
	D8	「遼東辰国」	
	H19	をその支配下に置いた。	

H/D P/Q	構成要素の 存在根拠	命題の構成要素	章-節-項-目
H20 (H1) (H3) (H4) (H5) (H5^{-2}) (H6) (H16) (H18) (H19) (H20)	：H5^{-2}×H6×H19×H20 ：H1×H3×H4×H5×H5^{-2}×H6×H16×H18×H19×H20		2-6-7-
	考古事実	鏡と銅剣を組み合わせて副葬する鄭家窪子6512号墓	
	H5^{-2} (H1) (H3) (H4) (H5) (H5^{-2})	は、	
	H19 (H1) (H3) (H4) (H5) (H5^{-2}) (H16) (H18) (H19)	仮説19の 「弁那」(匈奴)の「繻耘伊逗氏」の「氿翅報」(大皇)	
	H20	を、	
	H6 (H1) (H6)	辰〔国〕王(「辰氿〔繻〕翅報」)	
	H20	として戴いた	
	H5^{-2}	辰国の王墓である。	
D10 (H1) (H3) (H4) (H5) (H5^{-2}) (H6) (H16) (H18) (H19) (H20)	：D10×H20：H1×H3×H4×H5×H5^{-2}×H6×H16×H18×H19×H20		2-6-7-
	「弁那(匈奴)辰国」		
	H20 (H1) (H3) (H4) (H5) (H5^{-2}) (H6) (H16) (H18) (H19) (H20)	仮説20の 「弁那(匈奴)」の「繻耘伊逗氏」の「氿翅報」(大皇)を辰〔国〕王(「辰氿〔繻〕翅報」)として戴いた辰国	
	D10	を、「弁那(匈奴)辰国」と称する。	

表 26 諸命題（仮説・定義・実証）の連関

H/D P/Q	構成要素の存在根拠	命題の構成要素	章-節-項-目
H21 (H21)	：H21		2-7-5-2
	文献事実	「辰氿殷」（箕子朝鮮）	
	H21	は遼河平野に位置した。	
D11	：D11：		2-7-5-5
		「朝鮮」	
	文献事実	満が建国し、孫の右渠に至った朝鮮国および朝鮮国の領域の地域名称となった朝鮮	
	D11	を、以下「」括弧付きの「朝鮮」と表記する。	
H22 (H22)	：H22		2-7-7-
	文献事実	浿水すなわち「孛涙勃大水」	
	H22	を、今日の遼寧省北票市の東を流れる牤牛河および牤牛河と合流して以降の大凌河に擬定する。	
H23 (H23)	：H23		2-7-7-
	文献事実	朝鮮王満の都した王険	
	H23	を今日の遼寧省北鎮市付近に擬定する。	
H24 (H24)	：H24		2-8-4-
	考古事実	弥生中期初頭	
	H24	に北部九州の博多湾岸に侵出し、	
	考古事実	吉武高木3号木棺墓	
	H24	を遺した勢力は、南部朝鮮半島の	
	文献事実	辰王家である「安晁辰氿氏」	
	H24	の分派である。北部九州に拠した	
	文献事実	「安晁辰氿氏」	
	H24	出身の王は「大皇（「阿輩雞弥」）」を号し、姓を「阿毎氏」とした。漢は「東委」（東夷）である「阿毎氏」の勢力を「倭」と表記呼称した。	

H/D P/Q	構成要素の存在根拠	命題の構成要素	章-節-項-目
H25 (H24) (H25)	: H24×H25		2-8-5-
	文献事実	『後漢書』濊伝に記述の臨屯・真番が廃され、楽浪・玄菟に併合された昭帝始元五年（前82）	
	H25	前後に	
	文献事実	「賁弥辰氿氏」に辰王位を譲った「安晃辰氿氏」	
	H25	は、	
	H24 (H24)	北部九州の分家筋にあたる倭	
	H25	と合体し、「辰氿」の称号をはずし「阿毎氏」を称した。	
	文献事実	辰王位を譲った後の「安晃辰氿氏」	
	H25	が支配していた朝鮮半島南部は	
	H24	倭	
	H25	の領域になった。	
	文献事実	「賁弥辰氿氏」の辰国	
	H25	は朝鮮半島南部の	
	H24	倭	
	H25	地を除く	
	文献事実	馬韓諸国および辰韓諸国	
	H25	で構成された。	

表26 諸命題（仮説・定義・実証）の連関

H/D P/Q	構成要素の存在根拠	命題の構成要素	章-節-項-目
H5^{-2}[改] (H1) (H3) (H4) (H5) (H5^{-2}[改]) (H24) (H25)		：H1×H3×H5×H5^{-2}[改]×H24×H25 ：H1×H3×H4×H5×H5^{-2}[改]×H24×H25	2-8-6-
	H3 (H1) (H3)	多鈕鏡と細形銅剣を組み合わせて副葬する前一千年紀の朝鮮半島の石槨墓は辰国の王墓であるとする仮説3	
	H5^{-2}[改]	を敷衍すると、	
	考古事実	前一千年紀の東北アジアにおける鏡と銅剣を組み合わせて副葬する墓	
	H5^{-2}[改]	は	
	H1 (H1)	辰国の王	
	H5^{-2}[改]	墓であり、	
	H5 (H4) (H5)	仮説5の 前一千年紀の東北アジアにおける鏡と銅剣を組み合わせて副葬する墓を遺した、仮説4の「鏡と銅剣のセットを祭器とする祭儀を執り行う、固有のイデオロギーに根ざした祭祀」を護持継承する勢力	
	H5^{-2}[改]	は	
	H1	辰国	
	H5^{-2}[改]	である。したがって、前一千年紀の東北アジアにおける鏡と銅剣を組み合わせて副葬する墓は	
	H1	辰国	
	H5^{-2}[改]	の考古学的指標である。 　但し、表4に示した朝鮮半島周縁部の主要遺跡の墓ならびに日本列島および	
	H25 (H24) (H25)	仮説25より倭の領域になった前1世紀の朝鮮半島南部	
	H5^{-2}[改]	の、鏡と銅剣を組み合わせて副葬する墓を除く。	

H/D P/Q	構成要素の 存在根拠	命題の構成要素	章-節-項-目
H4^{-3}〔改〕 (H1) (H3) (H4) (H4^{-2}) (H4^{-3}〔改〕) (H5) (H5^{-2}〔改〕) (H24) (H25)	:H4^{-2}×H4^{-3}〔改〕×H5^{-2}〔改〕 :H1×H3×H4×H4^{-2}×H4^{-3}〔改〕×H5×H5^{-2}〔改〕×H24×H25		2-8-6-
	H5^{-2}〔改〕 (H1) (H3) (H4) (H5) (H5^{-2}〔改〕) (H24) (H25)	仮説5^{-2}〔改〕の 「鏡と銅剣のセットを祭器とする祭儀を執り行う、固有のイデオロギーに根ざした祭祀」を護持継承する勢力である辰国	
	H4^{-3}〔改〕	は、	
	H4^{-2} (H4) (H4^{-2})	仮説4^{-2}	
	H4^{-3}〔改〕	および	
	仮説5^{-2}〔改〕	仮説5^{-2}〔改〕	
	H4^{-3}〔改〕	により、前一千年紀に亘って、燕山山脈の南→燕山山脈の北→遼西→遼東→朝鮮半島という経路を辿って移動した。	

表26 諸命題（仮説・定義・実証）の連関

H/D P/Q	構成要素の存在根拠	命題の構成要素	章-節-項-目
H5^{-4}［改］ (H1) (H3) (H4) (H5) (H5^{-2}［改］) (H8) (H24) (H25)	：H5^{-2}［改］×H5^{-3}：H1×H3×H4×H5×H5^{-2}×H8×H24×H25		
	H5^{-2}［改］ (H1) (H3) (H4) (H5) (H5^{-2}［改］) (H24) (H25)	多鈕鏡と細形銅剣を組み合わせて副葬する前一千年紀の朝鮮半島の石槨墓は辰国の王墓であるとする仮説3を敷衍すると、前一千年紀の東北アジアにおける鏡と銅剣を組み合わせて副葬する墓は辰国の王墓であり、	2-8-6-
	H5^{-3} (H4) (H5) (H8)	仮説5^{-3}の前一千年紀の東北アジアにおける鏡と銅剣を組み合わせて副葬する墓を遺した、仮説4^{-4}の「鏡と銅剣のセットを祭器とする祭儀を執り行う、『天孫思想』に根ざした祭祀」を護持継承する勢力	
	H5^{-2}［改］	は辰国である。したがって、前一千年紀の東北アジアにおける鏡と銅剣を組み合わせて副葬する墓は辰国の考古学的指標である。 　但し、表4に示した朝鮮半島周縁部の主要遺跡の墓ならびに日本列島および仮説25より倭の領域になった前1世紀の朝鮮半島南部の、鏡と銅剣を組み合わせて副葬する墓を除く。	

H/D P/Q	構成要素の存在根拠	命題の構成要素	章-節-項-目
	:D4×H5^{-2}［改］×H5^{-5}×H5^{-6}［改］ :H1×H3×H4×H5×H5^{-2}［改］×H5^{-6}［改］×H7×H7^{-2}×H7^{-3}×H8×H9×H24×H25		
H5^{-6}［改］ (H1) (H3) (H4) (H5) (H5^{-2}［改］) (H5^{-6}［改］) (H7) (H7^{-2}) (H7^{-3}) (H8) (H9) (H24) (H25)	H5^{-5} (H4) (H5) (H7) (H7^{-2}) (H7^{-3}) (H8) (H9)	仮説5^{-5}より、前一千年紀の東北アジアにおける鏡と銅剣を組み合わせて副葬する墓は、定義4の「日神系神道勢力」の王墓であり、	2-8-6-
	H5^{-2}［改］ (H1) (H3) (H4) (H5) (H5^{-2}［改］) (H24) (H25)	仮説5^{-2}［改］より、前一千年紀の東北アジアにおける鏡と銅剣を組み合わせて副葬する墓(但し、表4に示した朝鮮半島周縁部の主要遺跡の墓ならびに日本列島および仮説25より倭の領域になった前1世紀の朝鮮半島南部の、鏡と銅剣を組み合わせて副葬する墓を除く)は辰国の王墓であるので、	
	H5^{-6}［改］	辰国は	
	D4 (H4) (H7) (H7^{-2}) (H7^{-3}) (H8)	定義4の「日神系神道勢力」	
	H5^{-6}［改］	である。	
H26 (H24) (H25) (H26)	:H25×H26:H24×H25×H26		
	H25 (H24) (H25)	仮説25の 「賁弥辰氾氏」に辰王位を譲った後、「安晁辰氾氏」改め「阿毎氏」	2-8-7-
	H26	の王族を中心とする朝鮮半島南部の倭人の主力は、栄山江流域から北部九州に移動した。それに伴い、細形銅剣を代表とする青銅器文化の中心も南部朝鮮半島の栄山江流域から北部九州に移った。	

表26　諸命題（仮説・定義・実証）の連関

H/D P/Q	構成要素の存在根拠		命題の構成要素	章-節-項-目
P1 (P1)	：P1			2-9-1-
	文献事実		『漢書』地理志の楽浪郡条中の一県「夫租」の名称	
	P1		は、	
	考古事実		「高常賢墓」出土の銀印の「夫租長印」の印文	
	P1		により、『漢書』地理志に記載のとおり、「夫租」であることが実証された。	
H27 (P1) (H27)	：P1×H27			2-9-2-1
	P1 (P1)		実証1により、夫租県は沃沮（夭租）県の誤りでないことが実証されたことから、沃沮県は存在せず、	
	文献事実		漢代に沃沮と呼称された地域	
	H27		が存在した。	
H27^{-2} (P1) (H27) (H27^{-2})	：P1×H27×H27^{-2}			2-9-2-1
	H27 (P1) (H27)		漢代に沃沮と呼称された地域が	
	H27^{-2}		東沃沮とは別に	
	H27		存在したが、	
	H27^{-2}		沃沮の大半が高句麗の領域になったことで、後漢末迄には事実上消滅した。沃沮が事実上消滅したことで、魏代の東沃沮は「東」を省いて単に沃沮と呼称されるようになり、〔東〕沃沮を南北に分ける、北沃沮と南沃沮の区分名称が新たに生まれた。	

635

H/D P/Q	構成要素の 存在根拠	命題の構成要素		章-節-項-目
D12 (P1) (H27) (H27^{-2})	: D12×H27×H27^{-2} : P1×H27×H27^{-2}			2-9-2-1
^	「沃沮」			^
^	^	H27 (P1) (H27)	仮説27により、 漢代に沃沮と呼称されていた地域	^
^	^	D12	を、	^
^	^	H27^{-2} (P1) (H27) (H27^{-2})	仮説27^{-2}の 魏代に東沃沮の呼称となった沃沮	^
^	^	D12	と区別するために、本書では以下「」括弧付きで「沃沮」と表記する。	^
H28 (P1) (H27) (H27^{-2}) (H28)	: D12×H28 : P1×H27×H27^{-2}×H28			2-9-2-1
^	文献事実	楽浪郡「領東七県」中の不耐（不而）・華麗の両県城		^
^	H28	は		^
^	D12 (P1) (H27) (H27^{-2})	「沃沮」		^
^	H28	にあった。		^
H29 (P1) (H29)	: P1×H29			2-9-2-2
^	P1 (P1)	楽浪郡「領東七県」中の一県である夫租県		^
^	H29	は、北部朝鮮半島の大同江流域に位置する今日の平壌市に置かれた。		^
H30 (H30)	: H30			2-9-2-3
^	文献事実	『魏志』東沃沮伝・同濊伝および『後漢書』濊伝にある単単大〔山〕領		^
^	H30	を		^
^	事実	今日の千山山脈		^
^	H30	に擬定する。		^

表26 諸命題（仮説・定義・実証）の連関

H/D P/Q	構成要素の存在根拠	命題の構成要素	章-節-項-目
H31 (P1) (H27) (H27⁻²) (H31)	：D12×H31：P1×H27×H27⁻²×H31		
	D12 (P1) (H27) (H27⁻²)	「沃沮」	2-9-2-7
	H31	の地理的範囲を、渾江流域を中心とする鴨緑江北岸支流域および鴨緑江北岸部に擬定する。	
H32 (P1) (H27) (H27⁻²) (H32)	：D12×H32：P1×H27×H27⁻²×H32		
	D12 (P1) (H27) (H27⁻²)	「沃沮」	2-9-2-8
	H32	の主要先住民は	
	文献事実	濊族	
	H32	であり、	
	文献事実	魏代の東沃沮	
	H32	の住民もまた濊族が主体である。	
H33 (H23) (H33)	：H23×H33		
	文献事実	楽浪郡治の朝鮮県	2-9-2-10
	H33	は、	
	H23 (H23)	仮説23で朝鮮王満の都した王険の所在地に擬定した今日の遼寧省北鎮市付近より南の、遼河平野南西部	
	H33	に置かれた。	

H/D P/Q	構成要素の存在根拠		命題の構成要素	章-節-項-目
H34 (H23) (H34)	：H23×H34			
	H34		大凌河と遼河に挟まれた地域のうち、	2-9-2-10
	H23 (H23)		王険の所在地に擬定した北鎮付近	
	H34		より南の盤山・大窪を含む双台子河下流域までの範囲を	
	文献事実		楽浪郡	
	H34		の中核郡域に擬定する。のち、旧真番・臨屯ならびに高句麗を除く旧第一玄菟郡の郡域が楽浪郡に併せられ、さらに別けて領東は東部都尉の管轄となった。	
D13 (H23) (H34)	：D13×H34：H23×H34			
	「遼河平野南西部」			
	H34 (H23) (H34)		仮説34で楽浪郡の中核郡域に擬定した、大凌河と遼河に挟まれた地域のうちの北鎮付近より南の盤山・大窪を含む双台子河下流域までの範囲	2-9-2-10
	D13		を、本書において以下「」括弧付きで「遼河平野南西部」と称する。	
H35 (H23) (H33) (H35)	：H33×H35：H23×H33×H35			
	文献事実		前108年に	2-9-2-11
	H33 (H23) (H33)		「遼河平野南西部」に置かれた楽浪郡治の朝鮮県	
	H35		は、後漢代のある時期に大同江流域に移動した。	
D14 (H23) (H33) (H35)	：D14×H35：H23×H33×H35			
	「第二楽浪郡」			
	H35 (H23) (H33) (H35)		仮説35の大同江流域に移動後の楽浪郡	2-9-2-11
	D14		を第二楽浪郡と称する。移動前の楽浪郡を単に楽浪郡または第一楽浪郡と称する。	

表26 諸命題（仮説・定義・実証）の連関

H/D P/Q	構成要素の存在根拠	命題の構成要素	章-節-項-目
H36 (H23) (H33) (H35) (H36)	：D14×H35×H36：H23×H33×H35×H36			
^	H35 (H23) (H33) (H35)	仮説35により、楽浪郡治の朝鮮県が「遼河平野南西部」から大同江流域に移動した	2-9-2-11
^	H36	ことで、他の十七県も「遼河平野南西部」および遼東半島西岸部（千山山脈の西：領西）から朝鮮半島内の大同江流域を中心とする範囲に移動した。その際、楽浪郡の県名および郡内の主要な地名・河川名の多くは、そのままそっくり	^
^	D14 (H23) (H33) (H35)	第二楽浪郡	^
^	H36	に移された。すなわち、地名遷移がおこなわれた。	^
H37 (H37)	：H37		
^	文献事実	漢が「朝鮮」を滅ぼす	2-9-2-12
^	H37	と遼東郡は郡を進めて大凌河を越え、楽浪郡域の「遼河平野南西部」を除く、遼河平野北西部と遼河以東の遼河平野東部をその郡域に編入した。	^
H38 (H23) (H33) (H35) (H36) (H38)	：H36×H38：H23×H33×H35×H36×H38		
^	H36 (H23) (H33) (H35) (H36)	楽浪郡治の朝鮮県以下十八県は、	2-9-3
^	H38	後漢の安帝の時代（106～125）	^
^	H36	に「遼河平野南西部」および遼東半島西岸部から北部朝鮮半島の大同江流域を中心とする範囲に移動した。	^
^	H38	第一楽浪郡の中核郡域であった「遼河平野南西部」は遼東属国に再編された。	^

H/D P/Q	構成要素の存在根拠	命題の構成要素		章-節-項-目
Q1	：Q1：			
	Q1	『魏志』には東沃沮伝はあるが沃沮伝（あるいは西沃沮伝）はない。東沃沮という呼称が成立するためには，沃沮（あるいは西沃沮）の存在が前提となると思われるが、なぜ沃沮伝（あるいは西沃沮伝）はないのか？		2-9-6-1
H39 (P1) (H27) (H27⁻²) (H39)	：D12×H27⁻²×H39：P1×H27×H27⁻²×H39			
	H27⁻² (P1) (H27) (H27⁻²)	H27⁻²により、後漢末迄には「沃沮」が事実上消滅したことで、魏代の東沃沮は「東」を省いて単に沃沮と呼ばれるようになった。		2-9-6-1
	H39	すなわち、		
	文献事実	『魏志』東沃沮伝・濊伝等		
	H39	において、漢代の情報に係る沃沮の文言は本来の		
	D12 (P1) (H27) (H27⁻²)	「沃沮」		
	H39	の意義を有し、魏代の情報に係る沃沮の文言は東沃沮の意義を有する。		
H40 (H24) (H25) (H40)	：H25×H40：H24×H25×H40			
	文献事実	『漢書』地理志に「歳時を以て来たり、献見すと云う」と記述された、		2-10-1-3
	H40	前1世紀の		
	文献事実	漢の楽浪郡に貢献した倭人		
	H40	とは、		
	H25 (H24) (H25)	阿毎氏の倭		
	H40	の勢力であった。		

表26 諸命題（仮説・定義・実証）の連関

H/D P/Q	構成要素の 存在根拠	命題の構成要素	章-節-項-目
H41 (H24) (H25) (H41)	：H25×H41：H24×H25×H41		
	文献事実	『漢書』地理志が記した「楽浪海中」の倭人の百余国	2-10-1-5
	H41	という数は、前漢代の馬韓諸国の数と	
	H25 (H24) (H25)	阿毎氏の倭	
	H41	の諸国の数を合わせた数であった。	
H41^{-2} (H1) (H4) (H6) (H6^{-2}) (H8) (H24) (H25) (H41^{-2})	：D6×H25×H41^{-2}：H1×H4×H6×H6^{-2}×H8×H24×H25×H41^{-2}		
	文献事実	『漢書』地理志にいう「楽浪海中」の倭人	2-10-1-6
	H41^{-2}	とは、	
	H25 (H24) (H25)	阿毎氏の倭	
	H41^{-2}	の支配階級である	
	文献事実	倭人	
	H41^{-2}	および倭人と同種（同じ古韓語を話す集団）の	
	文献事実	「賁弥辰沑氏」の辰国	
	H41^{-2}	の支配階級である馬韓の	
	D6 (H1) (H4) (H6) (H6^{-2}) (H8)	「天孫族」	
	H41^{-2}	のことである。	

H/D P/Q	構成要素の存在根拠	命題の構成要素	章-節-項-目
H42 (H1) (H24) (H25) (H42) (H44)	：H25×H42×H44：H1×H24×H25×H42×H44		2-10-2-2
	H42	紀元前後の頃、	
	文献事実	「貴弥辰沄氏」の辰国	
	H42	は、	
	H25 (H24) (H25)	朝鮮半島東南部の阿毎氏の倭	
	H42	の支配地域に	
	文献事実	「弁那」（匈奴）の「繻耘伊逗氏」	
	H42	を招き入れた。	
	文献事実	「弁那」（匈奴）の一派	
	H42	の南下侵攻によって、	
	H25 (H24) (H25)	朝鮮半島東南部の阿毎氏の倭の勢力	
	H42	は北部九州への移動を余儀なくされた。	
	文献事実	「弁那」（匈奴）の「繻耘伊逗氏」	
	H42	によって新たに支配された諸国を	
	文献事実	「弁韓」	
	H42	とした。「弁韓」の名称の「弁」は	
	文献事実	「弁那」（匈奴）	
	H42	の「弁」に因むものであり、「韓」は	
	H44 (H1) (H44)	辰国の領地を意味する「韓」（後掲、仮説44）	
	H42	に因むものである。	

表26 諸命題（仮説・定義・実証）の連関

H/D P/Q	構成要素の存在根拠	命題の構成要素	章-節-項-目
H43 (H23) (H33) (H35) (H36) (H38) (H43)	：H38×H43：H23×H33×H35×H36×H38×H43		
	文献事実	「賣弥辰汦氏」の辰国の三韓体制	2-10-2-3
	H43	は、	
	H38 (H23) (H33) (H35) (H36) (H38)	紀元2世紀前葉の後漢の安帝の時代（106～125）に楽浪郡治が大同江流域に移動して	
	H43	程なく崩壊した。	
H42^{-2} (H1) (H23) (H24) (H25) (H33) (H35) (H36) (H38) (H42) (H42^{-2}) (H44)	：H38×H42×H42^{-2} ：H1×H23×H24×H25×H33×H35×H36×H38×H42×H42^{-2}×H44		2-10-2-4
	H38 (H23) (H33) (H35) (H36) (H38)	紀元2世紀前葉の後漢安帝の時代（106～125）に楽浪郡治が大同江流域に移動して	
	H42^{-2}	程なく、	
	H42 (H1) (H24) (H25) (H42) (H44)	弁韓	
	H42^{-2}	は辰国から自立し、国号を「弁那（匈奴）辰国」すなわち	
	文献事実	「弁辰」	
	H42^{-2}	に改め、この地に「弁那（匈奴）辰国」を再興した。「繪耘伊逗氏」の「汦翅報」（大皇）を戴く、旧弁韓諸国の連合体が「弁那（匈奴）辰国」すなわち	
	文献事実	「弁辰」	
	H42^{-2}	である。	

H/D P/Q	構成要素の存在根拠	命題の構成要素	章-節-項-目
H44 (H1) (H44)	：H1×H44		
	H44	「韓」〔の語〕は	2-10-3-1
	H1 (H1)	辰国	
	H44	の領地を意味する普通名詞である。	
H44^{-2} (H1) (H43) (H44) (H44^{-2})	：H43×H44×H44^{-2}：H1×H43×H44×H44^{-2}		
	H44 (H1) (H44)	辰国 の領地を意味する「韓」	2-10-3-1
	文献事実	が付された「馬韓」の呼称	
	H44^{-2}	が、	
	H43 (H43)	辰王が馬韓の支配権を失った	
	H44^{-2}	後も	
	文献事実	『魏志』や『後漢書』に用いられた	
	H44^{-2}	のは、辰国時代に「馬韓」の語が固有名詞として定着していたことによる。結果的に「馬韓」の呼称は辰国の旧領地であることを示すこととなった。	

表26 諸命題（仮説・定義・実証）の連関

H/D P/Q	構成要素の存在根拠	命題の構成要素	章-節-項-目
H44⁻³ (H1) (H4) (H6) (H6⁻²) (H8) (H24) (H25) (H41⁻²) (H44⁻³)	：D2⁻²×H1×H41⁻²×H44⁻³：H1×H4×H6×H6⁻²×H8×H24×H25×H41⁻²×H44⁻³		
	文献事実	『魏志』や『後漢書』の韓伝に記述された南部朝鮮半島の諸国	2-10-3-1
	H44⁻³	に、韓族という種族は存在しなかった。	
	文献事実	『魏志』辰韓伝にみえる「馬韓人」や『後漢書』韓伝にみえる「馬韓種人」	
	H44⁻³	とは、	
	H41⁻² (H1) (H4) (H6) (H6⁻²) (H8) (H24) (H25) (H41⁻²)	倭人と同種の	
	H1 (H1)	〔辰国	
	H44⁻³	の〕支配階級である馬韓の	
	D2⁻² (H4) (H8)	「天孫族」	
	H44⁻³	を指す言葉である。	
D15	：D15：		3-2-3-
	「日韓比率」		
	D15	「日韓比率」とは、各HLAハプロタイプについて、日本人の保有頻度を韓国人の保有頻度で除した値です。 「日韓比率」＝日本人の保有頻度／韓国人の保有頻度	

H/D P/Q	構成要素の存在根拠	命題の構成要素	章-節-項-目
H45 (H45)	：H45		
	H45	過去のある時点における韓国人および日本人の一人一人（「仮想対象集団N」という）が、父方および母方から受け継いで保有する二つずつの「延べHLAハプロタイプ」各々の由来する仮想「初来先祖」が属した仮想先祖集団すべてを、あらかじめ設定したいくつかの「族区分」に振り分けたと仮定して得られた「族区分」毎の仮想「先祖集団」族があるとして、仮想対象集団Nの保有する任意のHLAハプロタイプについて、当該ハプロタイプに係る「初来先祖」各々の延べ人数の合計を属する「先祖集団」族毎に得たとき、当該ハプロタイプに係る仮想「初来先祖」各々の延べ人数の合計が最も多い仮想「先祖集団」族がそれらの中に存在する。	3-2-4-1-4
D16 (H45)	：D16：H45		
	H45	過去のある時点における韓国人および日本人の一人一人（「仮想対象集団N」という）が、父方および母方から受け継いで保有する二つずつの「延べHLAハプロタイプ」各々の由来する仮想「初来先祖」が属した仮想先祖集団すべてを、あらかじめ設定したいくつかの「族区分」に振り分けたと仮定して得られた「族区分」毎の仮想「先祖集団」族の中で、仮想対象集団Nの保有する任意のHLAハプロタイプについて、当該ハプロタイプに係る「初来先祖」各々の延べ人数の合計を属する「先祖集団」族毎に得たとき、当該ハプロタイプに係る仮想「初来先祖」各々の延べ人数の合計が最も多い仮想「先祖集団」族を、	3-2-4-1-4
	D16	当該HLAハプロタイプの「延べハプロタイプ」の「主に由来する仮想『先祖集団』族」という。	

表26 諸命題（仮説・定義・実証）の連関

H/D P/Q	構成要素の存在根拠		命題の構成要素	章-節-項-目
H46 (H46)	：H46			
		H46	表13のHLAハプロタイプの各々について、当該HLAハプロタイプの「延べHLAハプロタイプ」が②のルートで来住した仮想「先祖集団」に主に由来する場合、当該HLAハプロタイプの「日韓比率」が高いほど、当該HLAハプロタイプの「延べハプロタイプ」の由来する仮想「先祖集団」の、朝鮮半島への来住時期が総じて早い傾向にある。また、当該HLAハプロタイプの「延べHLAハプロタイプ」の由来する仮想「先祖集団」の中に、①または③のルートで来住した仮想「先祖集団」が存在する場合、当該HLAハプロタイプの「日韓比率」を高める方向へ作用する。	3-2-5-1
H47 (H46) (H47)	：H46×H47			
		H46 (H46)	仮説46にもとづき、	
		H47	〔②のルートで来住した仮想「先祖集団」に主に由来する「延べHLAハプロタイプ」に係ると考えられる〕表13の韓国人の保有頻度が0.9％以上のHLAハプロタイプについて、「日韓比率」が0.2以上と推定されるHLAハプロタイプは、主に紀元前の朝鮮半島に来住した仮想「先祖集団」に由来する「延べHLAハプロタイプ」に係るHLAハプロタイプである。	3-2-5-2
H48 (H46) (H48)	：H46×H48			
		H46 (H46)	仮説46にもとづき、	
		H48	〔②のルートで来住した仮想「先祖集団」に主に由来する「延べHLAハプロタイプ」に係ると考えられる〕表13の韓国人の保有頻度が0.9％以上のHLAハプロタイプについて、「日韓比率」が0.2未満と推定されるHLAハプロタイプは、主に紀元後の朝鮮半島に来住した仮想「先祖集団」に由来する「延べHLAハプロタイプ」に係るHLAハプロタイプである。	3-2-5-2

あとがき

　本書はその内容の大半を浜名寛祐の著した『神頌契丹古伝』に負っています。漢学者の家に生まれた浜名は和漢の書に通じた碩学ですが、真実を希求する飽くなき執念と卓越した着想力をもって契丹国の名臣耶律羽之が編纂した『頌叙』の解読に挑みました。その姿勢は知の冒険者そのものといえます。難解を極める『頌叙』解読という困難な作業に、これ以上の適任はいなかったのではないでしょうか。もし『頌叙』が浜名その人と出会っていなかったならば、そう考えた時、浜名と『頌叙』との奇しき出会いに、神仏の導きにも似た不可思議な力の働きを感じないわけにはいきません。

　『神頌契丹古伝』（原書は『日韓正宗溯源』）が大正十五年（1926）に出版されて以来90年近い歳月が流れました。この間の考古学の成果には目を見張るものがあり、「明治人」浜名寛祐が平成の今を生きていたならば、必ずや今日の目線での解説を付したに違いありません。もとより『神頌契丹古伝』は筆者には難解な上に、浜名の解説は多岐に渉っています。本書が取り上げた『神頌契丹古伝』の内容はその一部に過ぎず、筆者が理解し得た箇所に限られますが、本書の中で新たな息吹を吹き込まれ甦ったものと信じています。

　本書の執筆に当たっては多くの先学の研究成果を引用させて頂きましたが、とりわけ、甲元眞之・王建新両先生の研究成果を拝借することなしには本書が世に出ることはありませんでした。深く感謝致しますとともに、お断りすることなく、その多くを引用させていただきました非礼をお詫び申し上げる次第です。

　また、本来読者の側に居るべき浅学非才の身には決して見いだせなかったであろう有用な史料や情報を、インターネットの検索機能のお蔭で居ながらにして閲覧できたことは、時代の恩恵以外の何物でもありません。貴重な情報を惜しまず公開し、ご提供頂いた各位に対し、この場を借りて御礼申し上げます。

　執筆に当たってはできるだけわかりやすく、筆者自身を納得させることを第一に心がけました。先学の研究成果をもとに、いわばコーディネーターの立場で、鏡と銅剣を組み合わせて副葬する墓を遺した勢力の移動の軌跡に沿って一つの古代史ロマンを提示したつもりです。

　多くの方々のお蔭で世に出た本書が古代東北アジア史解明の一助となれば幸いです。

2014年12月17日

［著者略歴］

安部　裕治（あべ・ゆうじ）

1951年生まれ。

1973年　北海道大学農学部農業経済学科卒業。

古代東北アジア史の復元
辰国残映 ―日本国の源流が見えてきた―

2015年１月６日　初版　第１刷発行
2016年２月５日　第二版第１刷発行
2019年７月21日　第三版第１刷発行

著　者　安部裕治
発行所　ブックウェイ
〒670-0933　姫路市平野町62
TEL.079 (222) 5372　FAX.079 (244) 1482
https://bookway.jp

印刷所　小野高速印刷株式会社

©Yuji Abe 2015, Printed in Japan
ISBN978-4-907439-54-5

乱丁本・落丁本は送料小社負担でお取り換えいたします。

本書のコピー、スキャン、デジタル化等の無断複製は著作権法上での例外を除き禁じられています。本書を代行業者等の第三者に依頼してスキャンやデジタル化することは、たとえ個人や家庭内の利用でも一切認められておりません。

表紙写真：福岡市埋蔵文化財センター所蔵